成功的路上注定荆棘遍布，我只想陪你一起完成这段不寻常的旅程。

2021年度全国税务师职业资格考试

财务与会计
应试指南 上册

■ 陈楠　中华会计网校 编

感恩21年相伴　助你梦想成真

中国商业出版社

图书在版编目（CIP）数据

　　财务与会计应试指南：上下册／陈楠，中华会计网校编.—北京：中国商业出版社，2021.4
　　2021年度全国税务师职业资格考试
　　ISBN 978-7-5208-1581-9

　　Ⅰ.①财… Ⅱ.①陈… ②中… Ⅲ.①财务会计-资格考试-自学参考资料 Ⅳ.①F234.4

　　中国版本图书馆 CIP 数据核字（2021）第 055854 号

责任编辑：朱文昊　黄世嘉

中国商业出版社出版发行
010-63180647　www.c-cbook.com
（100053　北京广安门内报国寺 1 号）
新华书店经销
三河市中晟雅豪印务有限公司印刷

*

787 毫米×1092 毫米　16 开　31 印张　814 千字
2021 年 4 月第 1 版　2021 年 4 月第 1 次印刷
定价：92.00 元

****

（如有印装质量问题可更换）

前　言

正保远程教育

- **发展**：2000—2021年：感恩21年相伴，助你梦想成真

- **理念**：学员利益至上，一切为学员服务

- **成果**：18个不同类型的品牌网站，涵盖13个行业

- **奋斗目标：构建完善的"终身教育体系"和"完全教育体系"**

中华会计网校

- **发展**：正保远程教育旗下的第一品牌网站

- **理念**：精耕细作，锲而不舍

- **成果**：每年为我国财经领域培养数百万名专业人才

- **奋斗目标：成为所有会计人的"网上家园"**

"梦想成真"书系

- **发展**：正保远程教育主打的品牌系列辅导丛书

- **理念**：你的梦想由我们来保驾护航

- **成果**：图书品类涵盖会计职称、注册会计师、税务师、经济师、资产评估师、审计师、财税、实务等多个专业领域

- **奋斗目标：成为所有会计人实现梦想路上的启明灯**

图书特色

1 高分战术

解读考试整体情况，了解大纲总体框架

一、考试总体情况
从历年考试情况来看，《财务与会计》科目具有计算量大、考核面广、注重基础知识等特点，因此如何掌握有效的学习方法，全面深入的分析重难点，把握考试脉络，就成为决定考试……

二、本书内容体系
1. 2021 年大纲基本结构
2021 年税务师《财务与会计》共分十八章，前六章属于财务管理内容，后十二章属于会计……

三、命题规律及应试方法
（一）题型、题量及各题型命题特点
各题型分值及命题特点如下表所示：

考情解密

历年考情概况

本章属于财务管理部分基础章节，在历年考试中，主要考查了财务管理目标理论、利益相关者的要求及财务管理环境、各种年金形式的计算、资本资产定价模型、资产的风险及衡量等知识点。在考试中，主要以单项选择题和多项选择题形式考查，同时还可能与投资管理等章节……

考点详解及精选例题

核心考点1　财务管理目标★★

一、财务管理目标理论（见表1-1）

企业财务管理目标主要有三种观点：利润最大化、股东财富最大化和企业价值最大化。

真题精练

一、单项选择题
1.（2018 年*）以股东财富最大化作为财务管理目标的首要任务是协调相关者的利益关……
3.（2019 年）甲公司计划投资一存续期为 10 年的项目。其中前 4 年无现金流入，后 6 年每年年初现金流入 200 万元。若当年……

同步训练　限时50分钟

扫我做试题

一、单项选择题
1. 下列关于财务管理环节的表述中，正确的是（　）。
A. 财务预测为决策提供可靠的依据
C. 企业追求利润最大化的措施有利于企业资源的合理配置
D. 利润最大化没有反映创造的利润与投入资本之间的关系

本章知识串联

```
财务管理目标理论★★ ─── 利润最大化（每股收益最大化） ─── 关注每个理论
                    ─── 股东财富最大化                    的优缺点
                    ─── 企业价值最大化
```

2 应试指导及同步训练

- 深入解读本章考点及考试变化内容
- 全方位透析考试，钻研考点
- 了解命题方向和易错点
- 夯实基础，快速掌握答题技巧
- 本章知识体系全呈现

3 易错易混知识点辨析

避开设题陷阱　　快速查漏补缺

一、预付年金现值的计算 VS 递延年金现值的计算

(1) 预付年金的现值计算：
现值　方法 1：$A\times[(P/A, i, n)\times(1+i)]$
　　　方法 2：$A\times(P/A, i, n-1)+A$

(2) 递延年金的现值计算（递延期为 m，年额支付的期数为 n）：
现值　方法 1：$A\times[(P/A, i, m+n)-(P/A, i, m)]$
　　　方法 2：$A\times(P/A, i, n)\times(P/F, i, m)$

【例题 1·单选题】丙公司发行 4 年期、面值是 1 000 万元的公司债券，发行价格是 950 万元，票面年利率为 6%，筹资费用率为 2%。若公司适用企业所得税率为 25%，则发行该批债券的资本成本为（　）。
A. 4.02%　　　　B. 4.83%
C. 6.00%　　　　D. 6.06%
解析：债券的资本成本 = 1 000×6%×(1−25%)/[950(1−2%)] = 4.83%　答案：B

【例题 2·单选题】某公司普通股当前市价为……

4 考前模拟试卷

名师精心预测，模拟演练，助力通关

模拟试卷（一）　　**模拟试卷（二）**

一、单项选择题（共 40 题，每题 1.5 分，每题的备选项中，只有 1 个最符合题意。）
1. 下列关于企业财务管理目标的说法中，正确的是（　）。
A. 利润最大化目标体现了财务管理目标与企业管理目标的一致性，是长远利益和眼前利益的有机结合
B. 每股收益最大化考虑了利润与风险的关系
C. 每股收益最大化可能造成企业经营行为短期化
D. 以企业价值最大化作为财务管理目标

一、单项选择题（共 40 题，每题 1.5 分，每题的备选项中，只有 1 个最符合题意。）
1. 大兴公司当初以 1 000 万元购入一块土地，目前市价为 900 万元，如欲在这块土地上兴建厂房，则项目的机会成本为（　）万元。
A. 1 000　　　　B. 900
C. 100　　　　　D. 1 900
2. A公司拟购置一处房产，房主提出三种付款方案：(1) 从第 1 年开始，每年年初支……

目 录 CONTENTS

上 册

第一部分 高分战术

2021 年高分战术 ·· 3
    一、考试总体情况 ·· 3
    二、本书内容体系 ·· 3
    三、命题规律及应试方法 ·· 4

第二部分 应试指导及同步训练

第 1 章 财务管理概论 ·· 11
    考情解密 ·· 11
    考点详解及精选例题 ·· 12
    真题精练 ·· 21
    真题精练答案及解析 ·· 22
    同步训练 ·· 23
    同步训练答案及解析 ·· 28
    本章知识串联 ·· 31

第 2 章 财务预测和财务预算 ·· 33
    考情解密 ·· 33
    考点详解及精选例题 ·· 33
    真题精练 ·· 39
    真题精练答案及解析 ·· 40
    同步训练 ·· 41
    同步训练答案及解析 ·· 44
    本章知识串联 ·· 48

第 3 章　筹资与股利分配管理 …… 49

- 考情解密 …… 49
- 考点详解及精选例题 …… 49
- 真题精练 …… 56
- 真题精练答案及解析 …… 57
- 同步训练 …… 58
- 同步训练答案及解析 …… 62
- 本章知识串联 …… 65

第 4 章　投资管理 …… 66

- 考情解密 …… 66
- 考点详解及精选例题 …… 66
- 真题精练 …… 72
- 真题精练答案及解析 …… 74
- 同步训练 …… 74
- 同步训练答案及解析 …… 80
- 本章知识串联 …… 84

第 5 章　营运资金管理 …… 85

- 考情解密 …… 85
- 考点详解及精选例题 …… 85
- 真题精练 …… 91
- 真题精练答案及解析 …… 92
- 同步训练 …… 93
- 同步训练答案及解析 …… 96
- 本章知识串联 …… 100

第 6 章　财务分析与评价 …… 101

- 考情解密 …… 101
- 考点详解及精选例题 …… 101
- 真题精练 …… 107
- 真题精练答案及解析 …… 108
- 同步训练 …… 108
- 同步训练答案及解析 …… 112
- 本章知识串联 …… 116

第 7 章　财务会计概论 ·· 118
考情解密 ·· 118
考点详解及精选例题 ·· 118
真题精练 ·· 123
真题精练答案及解析 ·· 124
同步训练 ·· 124
同步训练答案及解析 ·· 127
本章知识串联 ·· 129

第 8 章　流动资产（一）·· 130
考情解密 ·· 130
考点详解及精选例题 ·· 130
真题精练 ·· 138
真题精练答案及解析 ·· 138
同步训练 ·· 139
同步训练答案及解析 ·· 142
本章知识串联 ·· 145

第 9 章　流动资产（二）·· 146
考情解密 ·· 146
考点详解及精选例题 ·· 147
真题精练 ·· 155
真题精练答案及解析 ·· 157
同步训练 ·· 159
同步训练答案及解析 ·· 165
本章知识串联 ·· 170

第 10 章　非流动资产（一）·· 171
考情解密 ·· 171
考点详解及精选例题 ·· 172
真题精练 ·· 187
真题精练答案及解析 ·· 189
同步训练 ·· 191
同步训练答案及解析 ·· 201
本章知识串联 ·· 207

第 11 章　非流动资产（二） ·· 208

考情解密 ··· 208
考点详解及精选例题 ··· 209
真题精练 ··· 225
真题精练答案及解析 ··· 227
同步训练 ··· 229
同步训练答案及解析 ··· 239
本章知识串联 ··· 246

下　册

第 12 章　流动负债 ··· 247

考情解密 ··· 247
考点详解及精选例题 ··· 247
真题精练 ··· 256
真题精练答案及解析 ··· 258
同步训练 ··· 259
同步训练答案及解析 ··· 265
本章知识串联 ··· 270

第 13 章　非流动负债 ··· 271

考情解密 ··· 271
考点详解及精选例题 ··· 271
真题精练 ··· 287
真题精练答案及解析 ··· 289
同步训练 ··· 290
同步训练答案及解析 ··· 301
本章知识串联 ··· 307

第 14 章　所有者权益 ··· 308

考情解密 ··· 308
考点详解及精选例题 ··· 308
真题精练 ··· 315

　　　　真题精练答案及解析 …………………………………… 316
　　　　同步训练 ………………………………………………… 317
　　　　同步训练答案及解析 …………………………………… 320
　　　　本章知识串联 …………………………………………… 322

第 15 章　收入、费用、利润和产品成本 …………………… 323
　　　　考情解密 ………………………………………………… 323
　　　　考点详解及精选例题 …………………………………… 323
　　　　真题精练 ………………………………………………… 335
　　　　真题精练答案及解析 …………………………………… 339
　　　　同步训练 ………………………………………………… 342
　　　　同步训练答案及解析 …………………………………… 348
　　　　本章知识串联 …………………………………………… 352

第 16 章　所得税 ……………………………………………… 353
　　　　考情解密 ………………………………………………… 353
　　　　考点详解及精选例题 …………………………………… 353
　　　　真题精练 ………………………………………………… 358
　　　　真题精练答案及解析 …………………………………… 361
　　　　同步训练 ………………………………………………… 362
　　　　同步训练答案及解析 …………………………………… 368
　　　　本章知识串联 …………………………………………… 372

第 17 章　会计调整 …………………………………………… 373
　　　　考情解密 ………………………………………………… 373
　　　　考点详解及精选例题 …………………………………… 373
　　　　真题精练 ………………………………………………… 377
　　　　真题精练答案及解析 …………………………………… 379
　　　　同步训练 ………………………………………………… 379
　　　　同步训练答案及解析 …………………………………… 388
　　　　本章知识串联 …………………………………………… 395

第 18 章　财务报告 …………………………………………… 396
　　　　考情解密 ………………………………………………… 396
　　　　考点详解及精选例题 …………………………………… 396
　　　　真题精练 ………………………………………………… 406

  真题精练答案及解析 ·················· 407
  同步训练 ································ 408
  同步训练答案及解析 ·················· 412
  本章知识串联 ·························· 415

第三部分　易错易混知识点辨析

  2021 年易错易混知识点辨析 ················· 419

第四部分　考前模拟试卷

  2021 年考前模拟试卷 ······················· 439
   模拟试卷（一） ···························· 439
   模拟试卷（一）参考答案及详细解析 ········· 450
   模拟试卷（二） ···························· 459
   模拟试卷（二）参考答案及详细解析 ········· 471

正保文化官微

关注正保文化官方微信公众号，回复"勘误表"，获取本书勘误内容。

第一部分

高 分 战 术

梦想成真辅导丛书

2021年高分战术

一、考试总体情况

从历年考试情况来看,《财务与会计》科目具有计算量大、考核面广、注重基础知识等特点,因此如何掌握有效的学习方法,全面深入的分析重难点,把握考试脉络,就成为决定考试成败的关键因素。我们只要能够运用有效的学习方法全面合理地掌握大纲内容,通过有针对性地练习不断提高技术水平、明确方向、把握规律,考场上胆大心细、沉着应战,就一定能够取得优异的成绩!

二、本书内容体系

1. 2021年大纲基本结构

2021年税务师《财务与会计》共分十八章,前六章属于财务管理内容,后十二章属于会计内容。具体结构如下:

(1)财务管理。

这部分内容对应第1~6章,主要包括财务管理概论、财务预测和财务预算、筹资与股利分配管理、投资管理、营运资金管理和财务分析与评价六个章节,难度适中,为财务管理的基础知识介绍。

(2)会计基本理论。

这部分内容对应第7章,主要包括会计基本假设、会计要素、会计计量属性以及会计信息质量要求,是会计的基础理论,对该部分知识的理解和掌握将为后续会计部分的学习奠定理论基础。

(3)资产、负债、所有者权益要素。

这部分内容对应第8~14章,主要包括流动资产、非流动资产、流动负债、非流动负债及所有者权益,该部分内容完全按照资产负债表的结构顺序进行编写。在介绍报表要素的同时还穿插了与之有关的外币交易、非货币性资产交换、或有事项、债务重组以及借款费用等内容的讲解,可考核性和综合性比较强。

(4)收入、费用、利润要素。

这部分内容对应第15~16章,主要包括收入确认五步法、特定交易的收入确认,期间费用,利润的核算,所得税的计算等内容。该部分内容涉及的知识点比较多,但常见的情形或处理方法比较固定,掌握解题步骤,多做练习,自然熟能生巧。在这部分内容中,收入确认五步法及特定交易的收入确认难度较大,可考性极强,考点众多,属于近年来计算或综合分析题的主要出题点;所得税的核算内容比较复杂,经常与资产、负债、收入、前期差错,以及日后调整事项等知识点相结合进行考查,难度较大,是历年综合分析题的"常客"。

(5) 会计调整。

这部分内容对应第 17 章,主要包括会计政策变更、会计估计变更、前期差错更正和资产负债表日后事项等内容,除差错更正和日后调整事项外,其他内容难度适中,但在应用时容易混淆,应仔细辨别。

(6) 财务报告。

这部分内容对应第 18 章,主要包括四大报表及附注的填列,难度不高,要注意理解记忆。

2. 各章分值比重及难易度

部分	章节	分值比重	难易度	重要程度
财务	财务管理概论	3%	中	★★
	财务预测和财务预算	4%	中	★★
	筹资与股利分配管理	7%	中	★
	投资管理	5%	难	★★★
	营运资金管理	4%	中	★★
	财务分析与评价	1%	中	★★★
会计	财务会计概论	3%	易	★
	流动资产(一)	5%	中	★★
	流动资产(二)	6%	中	★★★
	非流动资产(一)	8%	中	★★★
	非流动资产(二)	12%	难	★★★
	流动负债	4%	中	★★
	非流动负债	14%	难	★★★
	所有者权益	3%	易	★
	收入、费用、利润和产品成本	14%	中	★★
	所得税	1%	难	★★★
	会计调整	4%	难	★★★
	财务报告	2%	中	★

三、命题规律及应试方法

(一) 题型、题量及各题型命题特点

各题型分值及命题特点如下表所示:

题型	题量	分值	特点
单项选择题	40	60	(1) 题目覆盖面广,基本每章都有题目涉及,强调基础知识及基础计算;(2) 需要计算的题目比重较高,有个别题目的计算量也较大,所需时间最多
多项选择题	20	40	更注重某个会计核算项目的界定、会计处理表述的正误判断或某指标影响因素的分析,对知识掌握的准确性提出更高的要求

续表

题型	题量	分值	特点
计算题	2	16	(1)财务管理与会计平均分配题量，覆盖面较广；(2)客观题形式主观题本质，更强调计算结果，不测试计算过程，因此对计算的正确性要求更高，在一定程度上加大了应试的难度
综合分析题	2	24	以大量信息为背景，将有关联的知识点融合，综合考查考生对复杂知识点的理解和应用，综合性强、计算量大、陷阱更多

(二)命题规律

从近三年的情况来看，税务师《财务与会计》科目各年考试难度有所不同。

(1)从试题内容方面来看：

①覆盖面广。

考试试题基本能覆盖大纲所规定的全部范围。因此，一定要精读大纲，全面掌握大纲内容。

②重点突出。

虽然考核范围广，但是重点章节考查的力度大，因此应着重掌握重点章节、重点内容。《财务与会计》应关注的重点内容包括固定资产投资决策、财务分析、非流动资产的核算、非流动负债的核算、收入的确认原则及其应用、所得税及会计调整等。

③综合性强。

从近几年考试的趋势来看，无论是客观题还是主观题，都不再局限于考查纯记忆性的知识点，而是跨章节、多角度地针对某一类问题或者某一个业务的各个环节进行考核。

(2)从考核思路方面来看：

①计算要求高。

税务师考试更加注重对结果的考核，结果直接体现在选项上，而不是考查解析过程，与其他考试相比，难度有所增加。近年来，各类题型中计算性题目的比例居高不下。

②前后关联性强。

上一步的计算结果直接影响下一步的计算，从而可能导致多个小题做错。以会计调整为例，如果前面调整分录错误，那么后面的应交所得税、所得税费用以及递延所得税等都无法计算正确。

③干扰项迷惑性比较强。

如果不能准确地排除干扰项，就很容易失分。比如综合分析题属于不定项选择题，题目条件本身并没有明确指出该小题是单选题还是多选题，如不小心应对，很容易出现错选或漏选。

(三)命题趋势预测

从考核形式上看，2021年考试将继续采用机考形式；从考试内容上看，2021年考题将延续历年的重要出题点。考生应根据考试大纲在全面复习的基础上着重把握以下知识点：

(1)财务管理概论——货币的时间价值及风险与收益。

(2)财务预测和财务预算——资金需要量预测和本量利分析。

(3)筹资与股利分配管理——资本成本与资本结构。

(4)投资管理——固定资产投资决策。

(5)营运资金管理——应收账款管理、流动负债管理。

(6)财务分析与评价——基本财务比率分析。

(7)存货的初始计量、期末计价及其会计处理。

(8)固定资产、无形资产、投资性房地产——初始计量、后续计量，投资性房地产与非投资性房地产之间的转换，以及资产减值的核算。

(9)金融资产——初始计量、后续计量，金融工具重分类的会计处理。

(10)长期股权投资——初始投资成本的确定，权益法下的会计处理，金融资产与成本法或权益法的转换。

(11)应交税费(增值税)、应付职工薪酬等流动负债的基本核算。

(12)长期负债及借款费用——应付债券的核算，资本化期间的确定，专门借款、一般借款费用化金额和资本化金额的计算，租赁负债与使用权资产的基本核算，债务重组的概念及判断、不同重组方式下债务人和债权人的会计处理。

(13)收入、费用和利润的核算——收入确认五步法原则及其应用，特定交易的收入确认规范，政府补助的核算。

(14)所得税——暂时性差异的判断，递延所得税和所得税费用的确认和计量。

(15)会计调整——会计政策变更追溯调整法、前期差错更正追溯重述法的运用及相关账务处理，资产负债表日后调整事项的处理(注意其与或有事项等的结合)。

(四)学习方法

1. 备考技巧

(1)目标≠梦想。坚定的目标是成功的基石，但一定要将梦想照进现实。遇到困难时要努力克服，能够通过考试的人无一不是一路披荆斩棘走过的，学习本身就是一个痛苦挣扎后破茧而出的过程。在此送大家一句励志名言："书山有路勤为径，学海无涯苦作舟"。

(2)基础压倒一切。没有打下坚实的基础就谈不上融会贯通，更无法做到考场上的游刃有余。我们只有把基础知识吃透，并在此基础上进行必要的练习和归纳总结，才能够做到融会贯通。

(3)习题是过关法宝。备考过程中一定要做足够数量的高质量练习题。如果没有进行系统训练，我们很可能误入"陷阱"而自我感觉良好，但也不要为了做题而做题，做题的目的是掌握知识，而不仅仅是将题目做对。在平时的练习中出现题目做错的现象是正常，大家切勿气馁，要在做题的过程中总结做题规律，掌握题目所涉及的知识点，举一反三，以将题目所对应的知识点掌握牢固。对于经典的题目，如历年考题，我们应多研究，不仅应弄懂考题对应的知识点，还应揣摩考题的出题角度，这有助于我们把握命题规律、有针对性地进行复习。

2. 解题技巧

(1)单项选择题。

在各考试题型中，单项选择题难度最小。但从近几年的考试概况来看，该题型的考查内容涉及面宽，计算量大，综合性强。对于这类题目要分情况处理：①会做的题目，直接选择，不要犹豫；②不会做的题目，可以采用"排除法"进行选择，按照自己的理解，剔除不恰当选项，选择四个选项中最合理的那个选项。另外，应注意时间上的把控，由于这类题型在整套试卷中的难度不高，应尽量快速答题，给其他题型留出充裕的答题时间。

(2)多项选择题。

根据税务师考试的要求，多项选择题的备选答案中有 2 个或 2 个以上符合题意，至少有 1 个错项，考生多选、错选、不选不得分，少选时每个选项得 0.5 分。对于这类题型，大家做题时一定要谨慎，优先选择有把握的选项，能多得分最好，如果存在不确定的选项，宁可少选，也不能冒险多选，以免得不偿失。同时，这也要求考生在平时复习时多注意积累和巩固，全面准确地掌握相关知识,将"漏网之鱼"降到最少。

(3) 计算题及综合分析题。

计算题及综合分析题在整套试卷中是难度最大、综合性最强的。但并不是每个小题都很难,总会有几个相对简单的小题。在正式做题之前先大致判断下题目的难易程度,先做自己最熟练的题目,确保准确得分,之后继续本着"先易后难"的原则,争取在剩余时间内最大限度地拿到分数。要注意的是,综合分析题是不定项选择题,"包括……""有……"这样的字眼,通常表明该小题为多选题。

3. 考试技巧

(1) 合理把控答题时间——"好钢用在刀刃上"。

《财务与会计》的考试时间为 150 分钟,对于单项选择题和多项选择题,建议按照每题 1 分钟的速度答题,对于计算题和综合分析题,建议按照每小题 3.5 分钟的速度答题,另外留出 20 分钟的检查时间。这个时间安排是就整体而言的,具体到每个题的时间则需要个人灵活掌握。做题时遇到难度比较大、一时没有解题思路的题目,可暂时先放下,不要有任何的心理负担,先将会做的题目做完后再啃这些"硬骨头"。

(2) 提前熟悉机考系统——"事半功倍"。

机考模式下的答题方式与纸质考试下的答题方式有较大的区别,所以考生应特别注意在机考模式下的训练;建议考生充分利用中华会计网校的机考模拟系统,熟悉机考环境和特点,以便更好地应对考试。

(3) 留出时间检查——"转角捡到分"。

留出时间检查的要求对于某些考生而言是比较奢侈的,毕竟有些人不能做完题目,但是交卷前的几分钟确实很难有实质性的突破,不妨镇定下来,迅速看一下前面做过标记的题目,很可能当时纠结半天的某点,豁然开朗。

(4) 考试结束后——"贵人多忘事"。

考题的难易程度、考场的发挥不可避免地会影响我们的情绪,或者沾沾自喜,或者懊恼沮丧,心情久久不能平静。但是考过之后"神马"都是浮云,为了下一科的考试,要有健忘意识,因为与其浪费时间做这些无用功,不如将宝贵的时间花在下一科考试的临场准备上。

考场好比战场,考试就如作战,而作战的胜负常取决于场内、场外各项有利条件的创造和利用。我们相信,如果各位考生能以充足的学习时间来增强自己的实力,以正确的学习方法来战略部署,以正常的临场发挥来掌控战场的主动性,那么,通过考试就如探囊取物一般轻而易举。

最后,预祝各位考生在 2021 年能够梦想成真!

2021年考试变化讲解

关于左侧小程序码,你需要知道——

亲爱的读者,无论你是新学员还是老考生,本着"逢变必考"的原则,今年考试的变动内容你都需要重点掌握。微信扫描左侧小程序码,网校老师为你带来2021年本科目考试变动解读,助你第一时间掌握重要考点。

第二部分
应试指导及同步训练

梦想成真辅导丛书

第1章 财务管理概论

考情解密

历年考情概况

本章属于财务管理部分基础章节,在历年考试中,主要考查了财务管理目标理论、利益相关者的要求及财务管理环境、各种年金形式的计算、资本资产定价模型、资产的风险及衡量等知识点。在考试中,主要以单项选择题和多项选择题形式考查,同时还可能与投资管理等章节相结合考查计算题。平均分值在4分左右。

近年考点直击

考点	主要考查题型	考频指数	考查角度
财务管理目标理论	多选题	★★	(1)股东财富最大化目标的优点; (2)各种财务管理目标的特点
利益相关者的要求	多选题	★★	股东和债权人利益冲突协调方式
财务管理环境	多选题	★★	经济周期中各阶段采用的财务管理战略
利率的构成	单选题	★★	(名义)利率构成要素的判断
货币时间价值的运用	单选题、多选题	★★★	(1)单利复利基本概念运用; (2)递延年金现值的计算; (3)年金公式的运用
资产的风险及衡量	单选题、多选题	★★	(1)资产组合的风险分散; (2)根据期望值和标准离差评价方案的优劣
资本资产定价模型	多选题	★★★	资本资产定价模型的运用

本章2021年考试主要变化

(1)原2020年教材的第一章、第二章合并而来;
(2)删除:①金融机构、金融市场的分类;②风险管理应遵循的原则具体说明;③风险矩阵和风险清单的具体内容;④资本资产定价模型的有效性和局限性具体内容;⑤未来现金流量折现法与市场比较法的比较内容。

考点详解及精选例题

核心考点1　财务管理目标★★*

扫我解疑难

一、财务管理目标理论（见表1-1）

企业财务管理目标主要有三种观点：利润最大化、股东财富最大化和企业价值最大化。

表1-1　财务管理目标理论

类型	优点	局限性
利润最大化	指标计算简单、易于理解	(1)没有考虑利润实现时间和资金时间价值； (2)没有考虑风险问题； (3)没有反映创造的利润与投入资本之间的关系； (4)可能导致短期化的财务决策倾向，影响企业长期发展
	每股收益最大化是利润最大化的另一种表现方式，它反映了所创造利润与投入资本之间的关系，但其并没有弥补利润最大化的其他缺陷	
股东财富最大化	(1)考虑了风险因素； (2)在一定程度上能避免短期行为； (3)对上市公司而言，比较容易量化，便于考核和奖惩	(1)通常只适用于上市公司； (2)受某些因素影响，股价不完全反映企业财务管理状况； (3)强调更多的是股东利益
企业价值最大化	(1)考虑了取得报酬的时间，并用时间价值的原理进行了计量； (2)考虑了风险与报酬的关系； (3)克服了企业在追求利润上的短期行为； (4)用价值代替价格，避免过多地受到外界市场因素的干扰	(1)企业的价值过于理论化，不易操作； (2)对于非上市公司，企业价值评估受评估标准和评估方式的影响，很难做到客观和准确

关于"扫我解疑难"，你需要知道——

亲爱的读者，下载并安装"中华会计网校"App，扫描对应二维码，即可获赠知识点概述分析及知识点讲解视频（前10次试听免费），帮助您夯实相关考点内容。若想获取更多的视频课程，建议选购中华会计网校辅导课程。

* 本书用"★"表示了解；"★★"表示熟悉；"★★★"表示掌握。

『提示』

（1）企业价值可以理解为企业所有者权益和债权人权益的市场价值，它等于企业所能创造的预计未来现金流量的现值。

（2）利润最大化、股东财富最大化、企业价值最大化，都是以股东财富最大化为基础。本书以股东财富最大化为财务管理目标。

二、利益相关者的要求

以股东财富最大化作为财务管理目标的首要任务就是要协调相关者的利益关系，协调他们之间的利益冲突。参见表1-2。

表1-2　主要利益相关者的冲突与协调

冲突主体	协调方式
股东与经营者	①解聘：通过股东约束经营者； ②接收：通过市场约束经营者； ③激励：股票期权、绩效股
股东与债权人	①限制性借债；如规定借款的用途、借款的担保条件和借款的信用条件等； ②收回借款或停止借款

【例题1·单选题】某公司董事会召开公司战略发展讨论会，拟将企业价值最大化作为财务管理目标，下列理由中，难以成立的是（　　）。

A. 价值代替价格，避免了过多受外界市场因素的干扰

B. 易于操作，有利于进行量化考核和评价

C. 将企业长期稳定地发展和持续的获利能力放在首位，克服短期行为

D. 充分考虑了风险与报酬的关系

解析 以企业价值最大化作为财务管理目标主要问题是过于理论化，不易于操作。

答案 B

【例题2·多选题】以股东财富最大化作为财务管理目标的首要任务就是协调相关者的利益关系，下列属于股东和债权人利益冲突的解决方式有（　　）。

A. 股权激励

B. 限制性借债

C. 收回借款或停止借款

D. 通过市场约束债权人

E. 压缩投资

解析 协调股东和债权人利益冲突的方式有：限制性借债、收回借款或停止借款。

答案 BC

核心考点2　财务管理的环境★★

扫我解疑难

财务管理环境是指对企业财务活动和财务管理产生影响的外部条件。财务管理环境是实施财务管理的基本条件。

一、经济环境

（一）经济周期

在不同的经济周期，企业应采用不同的财务管理战略。详见表1-3。

表1-3　经济周期中的财务管理战略

战略	复苏	繁荣	衰退	萧条
投资战略	①增加厂房设备 ②实行长期租赁	①扩充厂房设备	①停止扩张 ②出售多余设备	①建立投资标准 ②压缩管理费用
存货战略	③建立存货储备	②继续增加存货	③削减存货 ④停止长期采购	③削减存货
市场战略	④开发新产品	③提高产品价格 ④开展营销规划	⑤停产不利产品	④保持市场份额 ⑤放弃次要利益
人力战略	⑤增加劳动力	⑤增加劳动力	⑥停止扩招雇员	⑥裁减雇员

(二)通货膨胀

通货膨胀对企业财务活动的影响是多方面的,为了减少其对企业造成的不利影响,企业应当采取措施予以防范。详见表1-4。

表1-4 通货膨胀的表现及防范

项目		主要内容
通货膨胀的表现		①资金占用的大量增加,从而增加企业的资金需求; ②企业利润虚增,造成企业资金由于利润分配而流失; ③利润上升,加大企业的权益资本成本; ④有价证券价格下降,增加企业的筹资难度; ⑤资金供应紧张,增加企业的筹资困难
不同阶段的防范措施	初期	①进行投资可以避免风险,实现资本保值; ②与客户签订长期购货合同,以减少物价上涨造成的损失; ③取得长期负债,保持资本成本的稳定
	持续期	①采用比较严格的信用条件,减少企业债权; ②调整财务政策,防止和减少企业资本流失等

二、金融环境

(一)金融工具

金融工具是指融通资金双方在金融市场上进行资金交易、转让的工具。借助金融工具,资金从供给方转移到需求方。具体内容如表1-5所示。

表1-5 金融工具

类别	基本金融工具	衍生金融工具
含义	根据主合同基本条款产生的金融工具	在基本金融工具的基础上通过特定技术设计形成的新的金融工具
主要形式	货币、票据、债券、股票等	远期合约、互换、掉期等

金融工具具有流动性、风险性和收益性的特征。

(二)利率

利率是资金的价格,它是衡量资金增值的基本单位,是资金的增值同投入资金的价值比。

$K = K_0 + IP + DP + LP + MP$

即:名义利率=纯利率+通货膨胀预期补偿率+风险(违约+流动性+期限)补偿率

名义利率的影响因素参见表1-6。

表1-6 名义利率的影响因素

名称		符号	内容
纯利率		K_0	是指没有风险、没有通货膨胀情况下的平均利率,只受货币的供求关系、平均利润和国家调节的影响
通货膨胀预期补偿率		IP	是由于通货膨胀造成货币实际购买力下降而对投资者的补偿,它与将来的通货膨胀水平有关,与当前的通货膨胀水平关系不大
风险补偿率	违约风险补偿率	DP	是指由于借款人无法按时支付利息或偿还本金而给投资者带来的风险
	流动性风险补偿率	LP	是指一项资产能否迅速转化为现金,如果能迅速转化为现金,说明其变现能力强,流动性风险小
	期限风险补偿率	MP	是指在一定时期内利率变动的幅度,利率变动幅度越大,期限风险越大

『提示』风险补偿率受风险大小的影响，风险越大，要求的报酬率越高，当风险升高时，就相应要求提高报酬率。

【例题3·多选题】 在通货膨胀持续期，企业可以采取的措施有（ ）。

A．调整财务政策，防止和减少企业资本流失

B．进行投资，实现资本保值

C．与客户签订长期购货合同

D．采取比较严格的信用条件，减少企业债权

E．取得长期负债，保持资本成本的稳定

解析 在通货膨胀持续期，企业可以采用比较严格的信用条件，减少债权；调整财务政策，防止和减少企业资本流失。

答案 AD

【例题4·单选题】 下列关于利率的表述中，正确的是（ ）。

A．纯利率是指没有风险情况下的平均利率

B．通货膨胀预期补偿率与将来的通货膨胀水平有关，与当前的通货膨胀水平关系不大

C．流动性风险与资产的变现能力成正比

D．风险补偿率受风险大小的影响，风险越大，要求的报酬率越低

解析 选项A，纯利率是指没有风险、没有通货膨胀情况下的平均利率；选项C，流动性风险与资产的变现能力成反比；选项D，风险补偿率受风险大小的影响，风险越大，要求的报酬率越高。

答案 B

核心考点3　货币的时间价值 ★★★

扫我解疑难

终值（Future Value）：又称将来值，是现在一定量的货币折算到未来某一时点所对应的金额，通常记作F。

现值（Present Value）：是指未来某一时点上一定量的货币折算到现在所对应的金额，通常记作P。

一、货币时间价值的计算（见表1-7）

表1-7　货币时间价值

项目		计算方法
复利	终值	$F=P(1+i)^n$ $(1+i)^n$ 称为复利终值系数，记为 $(F/P, i, n)$
	现值	$P=F/(1+i)^n$ $1/(1+i)^n$ 称为复利现值系数，记为 $(P/F, i, n)$
年金	普通年金终值	$F=A\times[(1+i)^n-1]/i$ $[(1+i)^n-1]/i$ 称为年金终值系数，记为 $(F/A, i, n)$
	年偿债基金	$A=F\times i/[(1+i)^n-1]$ $i/[(1+i)^n-1]$ 称为"偿债基金系数"，记为 $(A/F, i, n)$
	普通年金现值	$P=A\times[1-(1+i)^{-n}]/i$ $[1-(1+i)^{-n}]/i$ 称为年金现值系数，记为 $(P/A, i, n)$
	年资本回收额	$A=P\times i/[1-(1+i)^{-n}]$ $i/[1-(1+i)^{-n}]$ 称为"资本回收系数"，记为 $(A/P, i, n)$

『提示1』年金是指间隔期相等的系列等额收付款。理解年金概念，只要时间间隔相等即可，不一定是1年。当年金间隔为短于1年的时候，如时间间隔为半年时，则需要将年利率转化为半年的利率，通常直接用"年利率/2"计算得出半年的利率。

『提示2』在期数、折现率相等的前提下：

(1)复利终值与复利现值的计算互为逆运算，复利终值系数与复利现值系数互为倒数。

(2)普通年金终值与年偿债基金的计算互为逆运算，年金终值系数与偿债基金系数互为倒数。

(3)普通年金现值与年资本回收额的计算互为逆运算，年金现值系数与资本回收系数互为倒数。

二、特殊的年金计算

(一)预付年金

1. 预付年金终值(见图1-1)

预付年金的终值系数和普通年金终值系数相比，**期数加1，而系数减1**。

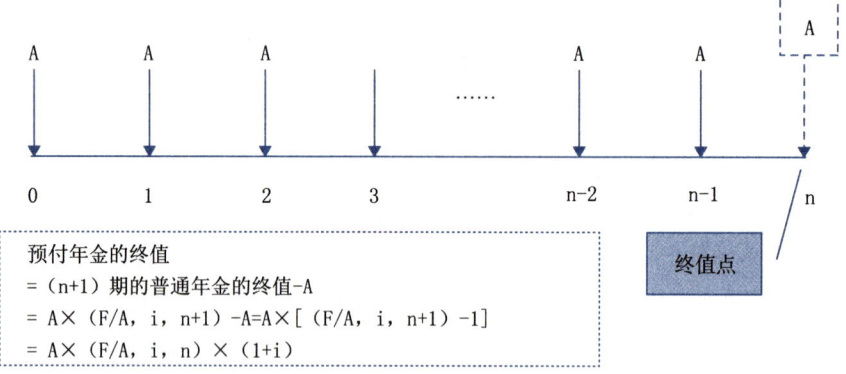

图1-1 预付年金的终值

2. 预付年金现值(见图1-2)

预付年金的现值系数和普通年金现值系数相比，**期数减1，而系数加1**。

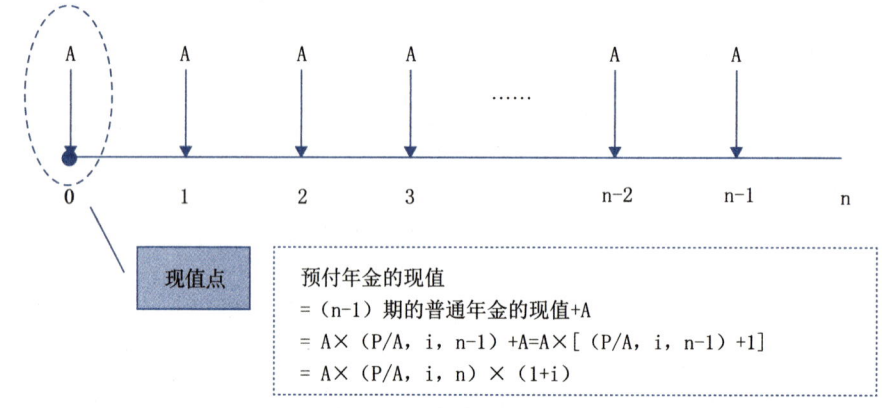

图1-2 预付年金的现值

(二)递延年金

递延年金是指间隔一定时期后每期期末或期初收入或付出的系列等额款项。

『提示』递延年金的现金流可以发生在递延期之后的期初或者期末，因此可以和普通年金或者预付年金结合。这里以结合普通年金形式为例进行说明。

1. 递延年金的现值的三种计算方法

计算公式1：$P_A = A \times (P/A, i, n) \times (P/F, i, m)$

『提示』先将其从第m+1期开始看作是期数为n期的普通年金，将其折现到第m期期末，然后将该现值金额折现到第一期期初(见图1-3)。

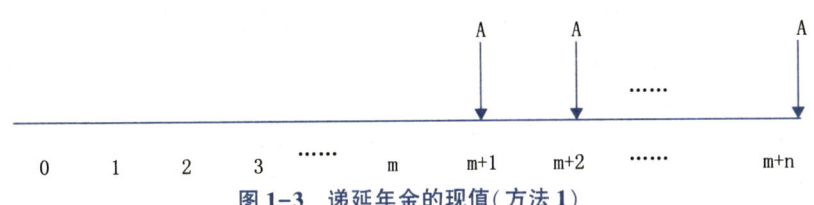

图1-3 递延年金的现值(方法1)

计算公式2：$P_A = A \times (P/A, i, m+n) - A \times (P/A, i, m) = A \times [(P/A, i, m+n) - (P/A, i, m)]$

『提示』 先把递延年金转换成普通年金。假设第一期至第m期每期期末均有一个等额的收付，这样就转换为m+n期的普通年金现值问题，计算出期数为m+n期的普通年金现值，再把第一期至第m期这段期间多算的现值金额减掉，就得出递延年金的现值(见图1-4)。

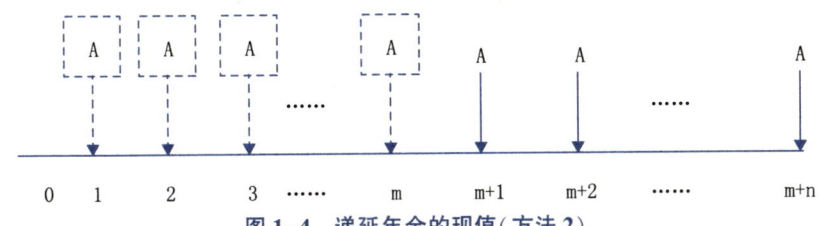

图1-4 递延年金的现值(方法2)

计算公式3：$P_A = A \times (F/A, i, n) \times (P/F, i, m+n)$

『提示』 先计算出最终年金终值，再折现到零时点(见图1-5)。

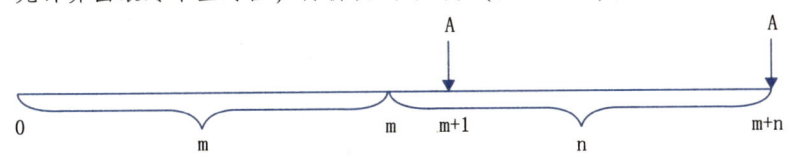

图1-5 递延年金的现值(方法3)

2. 递延年金终值

递延年金终值计算公式与普通年金终值计算方法相同，不受递延期的影响。

(三)永续年金

永续年金是指无限期的年金，因此没有终值，但是可以计算现值，其计算公式为：

$P = A/i$

【例题5·单选题】某人希望在第5年末取得本利和20 000元，则在年利率为2%，复利计息的方式下，此人每年年末应当存入银行( )元。[(F/A, 2%, 5)= 5.204 0]

A. 4 243.13　　B. 3 843.20
C. 18 144.30　　D. 4 852.48

解析 每年应当存入银行的数额 = 20 000/(F/A, 2%, 5)= 3 843.20(元)

答案 B

【例题6·单选题】某公司决定连续5年每年年初存入银行10万元以备5年后使用，假设银行存款利率为2%，则5年后该公司可以使用的资金额为( )万元。[已知(F/A, 2%, 6) = 6.308 1，(F/A, 2%, 5) = 5.204 0]

A. 53.08　　B. 51.22
C. 52.04　　D. 51.00

解析 本题是计算预付年金终值的问题，5年后的本利和 = 10×[(F/A, 2%, 5+1)-1] = 53.08(万元)。

答案 A

核心考点4　资产的风险与收益 ★★

扫我解疑难

一、资产收益的含义与计算

(一)资产收益的含义

资产的收益是指资产的价值在一定时期

的增值,一般情况下以金额和百分比两种方式表示。

(二)资产收益的计算

单期资产收益率

$$=\frac{资产价值(价格)的增值}{期初资产价值(价格)}\times100\%$$

$$=\frac{利息(股息)收益+资本利得}{期初资产价值(价格)}\times100\%$$

单期资产收益率=利息(股息)收益率+资本利得收益率

『提示』为了便于比较和分析,对于计算期限短于或长于1年的资产,在计算收益率时一般要将不同期限的收益率转化成年收益率。如果不作特殊说明的话,资产的收益指的就是资产的年收益率。

二、资产收益率的类型

资产收益率包括实际收益率、预期收益率和必要收益率三种类型,财务管理中主要运用后两个来进行财务的预测与决策。

(1)预期收益率,是指在**不确定的条件**下,预测的某资产**未来可能实现**的收益率。

(2)必要收益率,表示投资者对某资产合理要求的**最低收益率**。必要收益率由**无风险收益率**和**风险收益率**组成。

三、资产的风险及其衡量

(一)风险管理理念及工具方法

风险管理是指企业为实现风险管理目标对企业风险进行有效识别、评估、预警和应对等管理活动的过程。

企业进行风险管理,一般应遵循融合性、全面性、重要性、平衡性等原则。

企业进行风险管理的工具方法一般包括风险矩阵、风险清单等,可结合自身的风险管理目标和实际情况,单独或综合应用不同的方法。

(二)资产风险的衡量(见表2-8)

资产的风险是资产收益率的不确定性,其大小可用资产收益率的**离散程度**来衡量。

表2-8 风险的衡量

指标	计算公式	风险衡量	适用范围
方差(σ^2)	$\sigma^2=\sum_{i=1}^{n}(X_i-\bar{E})^2P_i$	期望值相同的情况下,**方差越大,风险越大**	只适用比较预期收益率相同的资产的风险大小
标准离差(σ)	$\sigma=\sqrt{\sum_{i=1}^{n}(X_i-\bar{E})^2P_i}$	期望值相同的情况下,**标准离差越大,风险越大**	
标准离差率(V)	$V=\frac{\sigma}{\bar{E}}=\frac{标准离差}{期望值}$	**标准离差率越大,风险越大**	预期收益率相同或不相同均适用

『提示』

(1)两个投资方案期望值相同时,方差越大,标准离差越大,标准离差率越大,因此风险也越大;

(2)两个投资方案期望值不同时,标准离差率越大,风险越大。

四、证券资产组合的风险与收益

(一)证券资产组合的预期收益率

$E(R_p)=\sum W_i\times E(R_i)$

$E(R_p)$——证券资产组合的预期收益率;

$E(R_i)$——组合内第i项资产的预期收益率;

W_i——第i项资产在整个组合中所占的价值比例。

(二)证券资产组合的风险及其衡量

1.两项资产组合的收益率的方差

$\sigma_p^2=w_1^2\sigma_1^2+w_2^2\sigma_2^2+2w_1w_2\rho_{1,2}\sigma_1\sigma_2$

σ_p——证券资产组合的标准差;

σ_1和σ_2——组合中两项资产的标准差;

w_1和w_2——组合中两项资产所占的价值比例;

$\rho_{1,2}$——两项资产收益率的相关程度,即相关系数。

『提示』

(1)当 $\rho_{1,2}=1$ 时,两项资产的收益率完全正相关,两项资产的风险完全不能互相抵消,所以这样的组合不能降低任何风险。

(2)当 $\rho_{1,2}=-1$ 时,两项资产的收益率完全负相关,两者之间的非系统风险可以充分地相互抵消,甚至完全消除。

(3)在实务中,大多数资产两两之间具有不完全的相关关系,即相关系数小于1大于-1。

2. 系统风险和非系统风险(见表1-9)

表1-9 系统风险和非系统风险

类型	特征	说明
非系统风险	可以通过证券资产组合而分散掉	特定企业或特定行业所特有,与政治、经济和其他影响所有资产的市场因素无关。 在证券资产组合中资产数目较低时,增加资产的个数,分散风险的效应会比较明显,但资产数目增加到一定程度时,风险分散的效应就会逐渐减弱
系统风险	不能通过资产组合消除	由影响整个市场的风险因素所引起,包括宏观经济形势的变动、国家经济政策的变化、税制改革、企业会计准则变革、政治因素等

3. 系统风险的衡量(见表1-10)

表1-10 系统风险的衡量

项目	内容
单项资产的系统风险系数	$\beta_i = \dfrac{COV(R_i, R_m)}{\sigma_m^2} = \dfrac{\rho_{i,m}\sigma_i\sigma_m}{\sigma_m^2} = \rho_{i,m} \times \dfrac{\sigma_i}{\sigma_m}$
证券资产组合的系统风险系数	$\beta_p = \sum W_i \beta_i$

(1)单项资产的 β 系数是表示单项资产收益率的变动受市场平均收益率变动的影响程度。即相对于市场组合的平均风险而言,单项资产所含的系统风险的大小。

(2)证券资产组合其所含的系统风险的大小可以用组合的 β 系数来衡量,即所有单项资产 β 系数的加权平均数,权数为各种资产在证券资产组合中所占的价值比例。

『提示』 由于单项资产的 β 系数不尽相同,因此通过替换资产组合中的资产或者改变不同资产在组合中的价值比例,可以改变组合的风险特性。

β 系数的基本含义见表1-11。

表1-11 β系数的基本含义

β 系数	含义
β = 1	①该资产的收益率与市场平均收益率呈同方向、同比例的变化; ②该资产所含的系统风险与市场组合的风险一致
β < 1	①该资产收益率的变动幅度小于市场组合收益率的变动幅度; ②该资产的系统风险小于市场组合的风险

续表

β系数	含义
β>1	①该资产收益率的变动幅度大于市场组合收益率的变动幅度; ②该资产的系统风险大于市场组合的风险

【例题7·单选题】某投资公司的一项投资组合中包含A、B和C三种股票,权重分别为30%、50%和20%,三种股票的预期收益率分别为20%、10%和-5%,则该项投资组合的预期收益率为( )。

A. 8.33%　　　　B. 10%

C. 12%　　　　　D. 15%

解析 ▶ 该项投资组合的预期收益率=30%×20%+50%×10%+20%×(-5%)=10%

答案 ▶ B

【例题8·单选题】下列关于风险大小的判断中,不正确的是( )。

A. 资产的期望收益越高,风险越大

B. 资产收益率的离散程度越大,风险越大

C. 在期望值相同的情况下,标准离差越大,风险越大

D. 在期望值不同的情况下,标准离差率越大,风险越大

解析 ▶ 期望收益反映预计收益的平均化,在各种不确定性因素影响下,它代表着投资者的合理预期,并不是衡量风险大小的指标。

答案 ▶ A

核心考点5　资本资产定价模型 ★★★

扫我解疑难

一、资本资产定价模型

(一)资本资产定价模型的基本原理

资本资产定价模型的表达公式:$R = R_f + \beta \times (R_m - R_f)$

R——某资产的必要收益率;

β——该资产的系统风险系数;

R_f——无风险收益率(通常以短期国债的利率来近似替代);

R_m——市场组合收益率(通常用股票价格指数收益率的平均值或所有股票的平均收益率来代替);

$(R_m - R_f)$——市场风险溢酬。

某资产的风险收益率=$\beta \times (R_m - R_f)$

(二)证券市场线(SML线)

如果把资本资产定价模型关系中的β看作自变量,必要收益率R作为因变量,无风险利率(R_f)和市场风险溢酬($R_m - R_f$)作为已知系数,那么这个关系式在数学上就是一个直线方程,叫作证券市场线,简称为SML。SML就是关系式$R = R_f + \beta \times (R_m - R_f)$所代表的直线。该直线的横坐标是β系数,纵坐标是必要收益率。

SML上每个点的横、纵坐标对应着每一项资产(或资产组合)的β系数和必要收益率。因此,任意一项资产或资产组合的β系数和必要收益率都可以在SML上找到对应的点。

(三)证券资产组合的必要收益率

证券资产组合的必要收益率=$R_f + \beta_p \times (R_m - R_f)$

其中:β_p是证券资产组合的β系数。

『提示』市场风险溢酬($R_m - R_f$)反映由于承担了市场平均风险所要求获得的补偿,它反映的是市场作为整体对风险的平均"容忍"程度,也就是市场整体对风险的厌恶程度,对风险越是厌恶和回避,要求的补偿就越高,因此,市场风险溢酬的数值就越大。

【例题9·单选题】甲企业拟投资某证券资产组合,假设股票价格指数平均收益率为12%,β系数为0.2,无风险报酬率为5%,则该证券组合的必要收益率是( )。

A. 7.4%

B. 8.37%

C. 6.4%

D. 13.37%

解析 该证券资产组合的必要收益率＝5%＋0.2×(12%－5%)＝6.4%　　**答案** C

【例题10·单选题】 下列关于资本资产定价模型的说法中，不正确的是(　)。

A. 如果市场风险溢酬提高，则所有的资产的风险收益率都会提高，并且提高的数值相同

B. 如果无风险收益率提高，则所有的资产的必要收益率都会提高，并且提高的数值相同

C. 对风险的平均"容忍"程度越低，市场风险溢酬越大

D. 如果某资产的β＝1，则该资产的必要收益率＝市场平均收益率

解析 选项A，某资产的风险收益率＝该资产的β系数×市场风险溢酬(R_m-R_f)，不同资产的β系数不同，即使β系数都大于0，其增加的数值也会不同。　　**答案** A

二、财务估值方法

(一)未来现金流量折现法

未来现金流量折现法下的价值模型：

$$V = \sum_{t=1}^{n} \frac{CF_t}{(1+r)^t}$$

式中，V表示资产的价值；CF表示未来现金流量；r表示折现率；t表示期限。

『提示』折现率的选择：

(1)在进行债券估值时，应选择市场利率作为折现率；

(2)在进行项目投资决策时，应选择项目的必要报酬率或项目所在行业的平均收益率作为折现率；

(3)在进行企业价值评估时，一般选择加权资本成本作为折现率。

(二)市场比较法

市盈率法下的估值模型：

每股价值＝预计每股收益×标准市盈率

真题精练

一、单项选择题

1. (2018年*)以股东财富最大化作为财务管理目标的首要任务是协调相关者的利益关系。下列不属于股东和经营者利益冲突解决方式的是(　)。

   A. 因经营者决策失误企业被兼并

   B. 因经营者经营不善导致公司贷款被银行提前收回

   C. 因经营者经营绩效达到规定目标获得绩效股

   D. 因经营者绩效不佳被股东解聘

2. (2019年)下列不同的经济周期，企业采用的财务管理战略错误的是(　)。

   A. 在经济繁荣期，应提高产品价格

   B. 在经济复苏期，应实行长期租赁

   C. 在经济萧条期，应保持市场份额

   D. 在经济衰退期，应增加长期采购

3. (2019年)甲公司计划投资一存续期为10年的项目。其中前4年无现金流入，后6年每年年初现金流入200万元。若当年市场利率为6%，则甲公司该投资项目现金流入的现值是(　)万元。[已知(P/A, 6%, 6)＝4.917 3，(P/F, 6%, 4)＝0.792 1]

   A. 825.74　　B. 779.00

   C. 875.28　　D. 734.90

4. (2019年)下列两项证券资产中能够最大限度减低风险的是(　)。

   A. 两项证券资产的收益率完全正相关

   B. 两项证券资产的收益率完全负相关

   C. 两项证券资产的收益率不完全相关

   D. 两项证券资产的收益率的相关系数为0

5. (2020年)某证券资产组合由甲、乙、丙三只股票构成，β系数分别为0.6、1.0和

* 本书所涉及2018—2020年的考题均为考生回忆，并按照涉及的知识点内容顺序进行展示，特此注明。

1.5，每股市价分别为8元、4元和20元，股票数量分别为400股、200股和200股。假设当前短期国债收益率为3%，股票价值指数平均收益率为10%，则该证券资产组合的风险收益率是（　）。

A. 10.63%　　　B. 11.63%
C. 7.63%　　　 D. 8.63%

二、多项选择题

1. (2020年)下列企业财务管理目标中，考虑了风险因素的有（　）。

   A. 企业价值最大化
   B. 每股收益最大化
   C. 利润最大化
   D. 企业净资产最大化
   E. 股东财富最大化

2. (2019年)对股东和债权人的利益冲突，通常采用的解决方式有（　）。

   A. 收回借款或停止借款
   B. 限制性借债
   C. 采取扩招雇员措施
   D. 股权激励
   E. 增加设备更新改造支出

3. (2018年)下列关于货币时间价值系数关系的表述中，正确的有（　）。

   A. 普通年金终值系数和偿债基金系数互为倒数关系
   B. 复利终值系数和复利现值系数互为倒数关系
   C. 单利终值系数和单利现值系数互为倒数关系
   D. 复利终值系数和单利现值系数互为倒数关系
   E. 普通年金现值系数和普通年金终值系数互为倒数关系

4. (2020年)下列关于各项年金的说法中，正确的有（　）。

   A. 普通年金终值是每次收付款的复利终值之和
   B. 永续年金无法计算其终值
   C. 递延年金无法计算其现值
   D. 预付年金与普通年金的区别仅在于收付款时点不同
   E. 递延年金的终值与普通年金的终值计算方法一样

5. (2019年)下列关于衡量资产风险的表述中，正确的有（　）。

   A. 一般来说，离散程度越大，风险越大
   B. 期望值不相同的两个项目，标准离差率越大，风险越大
   C. 期望值不相同的两个项目标准离差越大，标准离差率越大
   D. 期望值相同的两个项目，标准离差越大，风险越大
   E. 期望值相同的两个项目，标准离差越大，标准离差率越大

真题精练答案及解析

一、单项选择题

1. **B** 【解析】股东和经营者利益冲突的解决途径有：解聘、接收、激励（股票期权、绩效股）。股东和债权人利益冲突的解决方式有：限制性借款、收回借款或停止借款。

2. **D** 【解析】选项D，企业若处于经济衰退期，应停止长期采购。

3. **A** 【解析】现金流入的现值=200×(P/A, 6%, 6)×(P/F, 6%, 4)×(1+6%)≈825.74(万元)

4. **B** 【解析】当两项资产的收益率完全负相关时，两项资产的非系统风险可以充分地相互抵消，甚至完全消除。因而这样的组合能够最大限度地降低风险。选项B正确。

5. **C** 【解析】该证券资产组合的总价值=8×400+4×200+20×200=8 000(元)，因此该证券资产组合的β系数=0.6×(8×400)/

8 000+1.0×(4×200)/8 000+1.5×(20×200)/8 000=1.09,该证券资产组合的风险收益率=1.09×(10%-3%)=7.63%。

二、多项选择题

1. AE 【解析】选项 BC 均没有考虑风险问题;选项 D 不属于企业财务管理目标。

2. AB 【解析】股东和债权人的利益冲突,可以通过以下方式解决:(1)限制性借债;(2)收回借款或停止借款。因此选项 AB 正确。

3. ABC 【解析】复利现值系数=1/(1+i)ⁿ,复利终值系数=(1+i)ⁿ,两者的乘积为1,所以两者互为倒数。普通年金现值系数是年金终值系数与复利现值系数的乘积,但是要注意虽然复利现值系数和复利终值系数之间互为倒数,但年金终值系数和年金现值系数并不是互为倒数的。

4. ABDE 【解析】选项 C,递延年金可以计算现值。

5. ABDE 【解析】期望值不相同的两个项目,分母是不固定的,无法进行判断。因此选项 C 不正确。

同步训练 限时50分钟

扫我做试题

一、单项选择题

1. 下列关于财务管理环节的表述中,正确的是( )。
   A. 财务预测为决策提供可靠的依据
   B. 财务计划是财务战略的具体化
   C. 财务控制是财务管理的核心,其成功与否直接关系到企业的兴衰成败
   D. 财务分析是确定有关责任单位和个人完成任务的过程

2. 下列关于利润最大化的表述中,不正确的是( )。
   A. 利润最大化是指企业财务管理以实现企业价值最大为目标
   B. 利润指标计算简单,易于理解
   C. 企业追求利润最大化的措施有利于企业资源的合理配置
   D. 利润最大化没有反映创造的利润与投入资本之间的关系

3. 下列关于企业财务管理目标的说法中,正确的是( )。
   A. 利润最大化目标体现了财务管理目标与企业管理目标的一致性,是长远利益和眼前利益的有机结合
   B. 每股收益最大化考虑了利润与风险的关系
   C. 每股收益最大化可能造成企业经营行为的短期化
   D. 以企业价值最大化作为财务管理目标

关于"扫我做试题",你需要知道——

亲爱的读者,微信扫描对应小程序码,并输入封面防伪激活码,即可同步在线做题,交卷后还可查看做题时间、正确率及答案解析。微信搜索小程序"会计网题库",选择对应科目,点击图书拓展,即可练习本书全部"扫我做试题"。

有利于量化考核和评价

4. 下列各项措施中,对协调公司债权人与股东冲突无效的是( )。
   A. 规定借款用途
   B. 发行新的公司债券
   C. 要求提供借款担保
   D. 收回借款或停止借款

5. 下列各项中,不属于通货膨胀对企业活动影响的表现是( )。
   A. 引起资金占用的大量增加,从而增加企业的资金需求
   B. 引起有价证券价格下降,增加企业的筹资难度
   C. 引起企业利润虚减,造成企业的资源流失
   D. 引起资金供应紧张,增加企业的筹资困难

6. 下列各项中,属于企业在复苏阶段采取的财务管理战略是( )。
   A. 实行长期租赁
   B. 出售多余设备
   C. 提高产品价格
   D. 建立投资标准

7. 下列各项中,属于经济周期中衰退阶段采用的财务管理战略的是( )。
   A. 建立投资标准
   B. 开展营销规划
   C. 出售多余设备
   D. 保持市场份额

8. 下列各项中,不属于风险补偿率的是( )。
   A. 违约风险补偿率
   B. 流动性风险补偿率
   C. 期限风险补偿率
   D. 通货膨胀预期补偿率

9. 下列各项影响上市公司债券票面利率的是( )。
   A. 风险补偿率
   B. 预期收益率
   C. 基本获利率
   D. 内含报酬率

10. 下列关于利率的说法中,错误的是( )。
    A. 利率是资金的增值同投入的资金的价值比
    B. 风险补偿率是资本提供者因承担风险所获得的超过纯利率、通货膨胀预期补偿率的回报
    C. 期限风险是指借款人到期不能支付本金或利息的风险
    D. 风险补偿率受风险大小的影响,风险越大,要求的报酬率越高

11. 某市新开发小区的商品房现价为20 000元/平方米,某购房者拟购买一套100平方米的住房,但由于资金问题决定以分期付款方式完成购房。按照首期支付100万元,然后分6年每年年末支付30万元。如果目前贷款利率为6%,则下列各项中错误的是( )。[已知(P/A,6%,6)= 4.917 3]
    A. 所有支付款项的现值为247.519万元
    B. 6年中每年年末付款30万元,其现值为147.519万元
    C. 若采用一次付款方式,应支付的金额为280万元
    D. 购房者如能够一次性全款支付,则优于分期付款

12. 甲公司计划购买一台新设备来替换现有的旧设备,已知新设备的购买价格比旧设备的现时价格高120 000元,但是使用新设备比旧设备每年可为企业节约付现成本25 000元。假设公司要求的最低报酬率为8%,不考虑相关税费,则甲公司购买的新设备至少应使用( )年。[已知(P/A,8%,7)= 5.206 4,(P/A,8%,6)= 4.622 9]
    A. 6.0   B. 6.3
    C. 6.5   D. 7.0

13. 南方公司拟购建一条新生产线,项目总投资800万元,建设期为2年,可以使用6年。若公司要求的年报酬率为10%,该

项目每年产生的最低收益为( )万元。(已知年报酬率为10%时,6年的年金现值系数为4.355 3,2年的年金现值系数为1.735 5,2年的复利现值系数为0.826 4)。

　　A. 86.41　　　　B. 104.65
　　C. 149.96　　　D. 222.27

14. 某企业近期付款购买了一台设备,总价款为100万元,从第2年年末开始付款,分5年平均支付,年利率为10%,则为购买该设备支付价款的现值为( )万元。[已知(P/F,10%,1)=0.909 1,(P/A,10%,2)=1.735 5,(P/A,10%,5)=3.790 8,(P/A,10%,6)=4.355 3]

　　A. 41.11　　　　B. 52.40
　　C. 57.63　　　　D. 68.92

15. 下列关于货币时间价值的表述中,错误的是( )。

　　A. 普通年金终值系数和偿债基金系数互为倒数
　　B. 普通年金终值系数和普通年金现值系数互为倒数
　　C. 复利终值系数和复利现值系数互为倒数
　　D. 普通年金现值系数和资本回收系数互为倒数

16. 甲乙两方案的预期收益率均为30%,在两方案无风险报酬率相等的情况下,若甲方案标准离差为0.13,乙方案的标准离差为0.05。则下列表述中,正确的是( )。

　　A. 甲方案和乙方案的风险相同
　　B. 甲方案的风险大于乙方案
　　C. 甲方案的风险小于乙方案
　　D. 依各自风险报酬系数大小而定

17. 甲乙丙三个投资方案,甲和乙的期望投资报酬率均为20%,丙的期望投资报酬率为18%,甲方案的标准离差大于乙方案的标准离差,丙的标准离差等于甲方案的标准离差,则下列表述正确的是( )。

　　A. 甲方案的风险大于丙方案风险,丙方案的风险大于乙方案的风险
　　B. 甲方案的风险小于乙方案风险,但大于丙方案的风险
　　C. 甲方案的风险大于乙方案风险,但小于丙方案的风险
　　D. 甲方案的风险大于乙方案风险,且等于丙方案的风险

18. 下列关于系统风险和非系统风险的表述中,不正确的是( )。

　　A. 在证券组合中,随着资产种类增加能分散非系统风险
　　B. 通过资产多样化不能达到完全消除风险的目的
　　C. 系统风险对所有资产或所有企业有相同的影响
　　D. 市场组合中的非系统风险已经被消除,所以市场组合的风险就是系统风险

19. 下列关于两项资产组合风险分散情况的说法中,错误的是( )。

　　A. 当收益率相关系数为0时,不能分散任何风险
　　B. 当收益率相关系数在0~1之间时,相关系数越大风险分散效果越小
　　C. 当收益率相关系数在-1~0之间时,相关系数越大风险分散效果越小
　　D. 当收益率相关系数为-1时,能够最大限度地降低风险

20. 2016年,MULTEX公布的甲公司股票的β系数是1.15,市场上短期国库券利率为4%、标准普尔股票价格指数的收益率是10%,则2016年甲公司股票的必要收益率是( )。

　　A. 6.90%　　　　B. 10.90%
　　C. 14.60%　　　D. 11.50%

21. 某证券投资组合中有A、B两种股票,β系数分别为0.85和1.15,A、B两种股票所占价值比例分别为40%和60%,假设短期国债利率为4%,市场平均收益率

为10%，则该证券投资组合的风险收益率为（ ）。
A. 6.00%
B. 6.18%
C. 10.18%
D. 12.00%

22. 某只股票要求的收益率为15%，收益率的标准差为25%，与市场投资组合收益率的相关系数是0.2，市场投资组合要求的收益率是14%，市场组合的标准差为4%，假设处于市场均衡状态，则市场风险溢价和该股票的β系数分别为（ ）。
A. 4%；1.25
B. 5%；1.75
C. 4.25%；1.45
D. 5.25%；1.55

23. 下列有关资本资产定价模型的表述中，错误的是（ ）。
A. 资本资产定价模型中的资本资产主要是指股票资产
B. 证券市场线对任何公司、任何资产都是适合的
C. 证券市场线的一个暗示是，全部风险都需要补偿
D. $R_m - R_f$称为市场风险溢酬

二、多项选择题

1. 下列关于财务管理的环节的表述中，正确的有（ ）。
A. 财务预算是财务战略的具体化，是财务计划的分解和落实
B. 财务计划是财务管理的核心，其正确与否直接关系到企业的兴衰成败
C. 财务决策的方法有定性决策和定量决策两类
D. 财务控制的方法有前馈控制、过程控制和反馈控制等
E. 财务评价与奖惩紧密联系，是构建激励与约束机制的关键环节

2. 关于企业价值最大化，下列说法中正确的有（ ）。
A. 企业价值最大化等同于股东财富最大化
B. 企业价值最大化考虑了资金的时间价值和风险因素
C. 企业价值最大化目标反映了所有者、债权人、管理者及国家等各方面的要求
D. 过于理论化，不易操作
E. 没有考虑利润与所承担风险的关系

3. 为确保企业财务管理目标的实现，下列各项中，可用于协调股东与经营者利益冲突的措施有（ ）。
A. 所有者解聘经营者
B. 所有者向企业派遣财务总监
C. 公司被其他公司接收或兼并
D. 所有者给经营者以"股票期权"
E. 限制性借债

4. 下列各项中，属于在通货膨胀初期应采取的措施有（ ）。
A. 进行投资，实现资本保值
B. 采用比较严格的信用条件，减少债权
C. 签订长期购货合同，减少物价上涨造成的损失
D. 取得长期负债，保持资本成本的稳定
E. 调整企业的财务政策

5. 在经济周期的不同阶段，企业应该采取不同的财务管理战略，下列说法中正确的有（ ）。
A. 在复苏和繁荣阶段，都应该增加劳动力
B. 在衰退和萧条阶段，都应该削减存货
C. 在衰退阶段，应该出售多余设备，停止长期采购
D. 处于衰退阶段的企业应建立投资标准，并保持市场份额
E. 在复苏和繁荣阶段，都应该建立存货储备

6. 下列各项属于经济周期中繁荣阶段采用的财务管理战略的有（ ）。
A. 建立投资标准
B. 开展营销规划
C. 出售多余设备
D. 保持市场份额

E. 提高产品价格

7. 下列关于风险补偿率的说法中，不正确的有（ ）。
   A. 违约风险是指违反合同约定的风险
   B. 变现能力越强，流动性风险越大
   C. 利率变动幅度越小，期限风险越大
   D. 风险越大，要求的报酬率越高
   E. 流动性风险的大小与其变现能力成反比

8. 某公司向银行借入一笔款项，年利率为10%，分6次还清，从第5年至10年每年初偿还本息3 000元。下列计算该笔借款现值的算式中，正确的有（ ）。
   A. 3 000×(P/A,10%,6)×(P/F,10%,3)
   B. 3 000×(P/A,10%,6)×(P/F,10%,4)
   C. 3 000×[(P/A,10%,9)-(P/A,10%,3)]
   D. 3 000×[(P/A,10%,10)-(P/A,10%,4)]
   E. 3 000×(F/A,10%,6)×(P/F,10%,9)

9. 下列关于资金时间价值系数关系的表述中，正确的有（ ）。
   A. 普通年金现值系数×投资回收系数=1
   B. 普通年金终值系数×偿债基金系数=1
   C. 普通年金现值系数×(1+折现率)=预付年金现值系数
   D. 普通年金终值系数×(1+折现率)=预付年金终值系数
   E. 普通年金现值系数×普通年金终值系数=1

10. 下列关于必要收益率的说法中，不正确的有（ ）。
    A. 对于某项确定的资产，其必要收益率是确定的
    B. 无风险收益率也称无风险利率，是指无风险资产的收益率，即纯利率（资金的时间价值）
    C. 通常用短期国库券的利率近似地代替无风险收益率
    D. 必要收益率表示投资者对某资产合理要求的最低收益率
    E. 如果不存在违约风险，那么其就是无风险资产

11. 下列关于风险衡量的表述中，正确的有（ ）。
    A. 期望收益反映预计收益的平均化，在各种不确定性因素影响下，它代表着投资者的合理预期
    B. 离散程度越大，风险越小
    C. 反映离散程度的指标包括期望值、平均差、方差、标准离差、标准离差率和全距等
    D. 标准离差以绝对数衡量决策方案的风险
    E. 标准离差率以相对数反映决策方案的风险程度

12. 下列关于市场风险溢酬的表述中，正确的有（ ）。
    A. 市场风险溢酬反映市场作为整体对风险的平均"容忍"程度
    B. 如果市场的抗风险能力强，则要求的补偿就越高，市场风险溢酬的数值就越大
    C. 如果市场整体对风险越是厌恶和回避，要求的补偿就越高
    D. 通常用所有股票的平均收益率作为无风险收益率
    E. 通常用股票价格指数收益率的平均值来代替市场组合收益率

13. 假设无风险报酬率为4%，市场组合的预期报酬率为15%，标准差为10%。已知甲股票的标准差为24%，它与市场组合的相关系数为0.5，则下列结论正确的有（ ）。
    A. 甲股票的β系数为1.2
    B. 甲股票的β系数为0.8
    C. 甲股票的必要收益率为9.6%
    D. 甲股票的必要收益率为17.2%
    E. 甲股票的系统风险大于市场组合风险

14. 下列关于资本资产定价模型表述正确的有（ ）。
    A. 如果无风险收益率提高，则市场上所有资产的必要收益率均提高
    B. 如果某项资产的β=1，则该资产的必

要收益率等于市场平均收益率

C. 市场上所有资产的β系数应是正数

D. 如果市场风险溢酬提高，则市场上所有资产的风险收益率均提高

E. 如果市场对风险的平均"容忍"程度越高，市场风险溢酬越小

同步训练答案及解析

一、单项选择题

1. A 【解析】选项B，财务预算是财务战略的具体化，是财务计划的分解和落实；选项C，财务决策是财务管理的核心，决策成功与否直接关系到企业的兴衰成败；选项D，财务评价是指将报告期实际完成数与规定的考核指标进行对比，确定有关责任单位和个人完成任务的过程。

2. A 【解析】利润最大化是指企业财务管理以实现利润最大为目标。

3. C 【解析】选项A，利润最大化可能造成经营行为的短期化，为使企业利润最大化，一些企业可能会少提折旧、少计成本、费用，这种行为严重时就可能影响到企业今后的发展；选项B，每股收益最大化没有考虑利润与风险的关系；选项D，以企业价值最大化作为财务管理目标很难量化考核和评价该指标。

4. B 【解析】为协调所有者与债权人的利益冲突，通常可采用以下方式：（1）限制性借债，如规定借款的用途、借款的担保条件和借款的信用条件等；（2）收回借款或停止借款。选项B会增加新的债权人，不能协调公司债权人与股东冲突。

5. C 【解析】选项C，引起企业利润虚增，造成企业资金由于利润分配而流失。

6. A 【解析】选项B，属于经济衰退阶段的财务管理战略；选项C，属于经济繁荣阶段的财务管理战略；选项D，属于经济萧条阶段的财务管理战略。

7. C 【解析】选项AD属于萧条阶段的财务管理战略；选项B属于繁荣阶段的财务管理战略。

8. D 【解析】风险补偿率是资本提供者因承担风险所获得的超过纯利率、通货膨胀预期补偿率的回报，包括违约风险补偿率、流动性风险补偿率和期限风险补偿率。

9. A 【解析】债券的票面利率即名义利率，名义利率=纯利率+通货膨胀预期补偿率+违约风险补偿率+期限风险补偿率+流动性风险补偿率。

10. C 【解析】选项C，期限风险是指在一定时期内利率变动的幅度。

11. C 【解析】选项A，分期付款的总现值=100+30×(P/A，6%，6)=247.519(万元)；选项B，6年中每年年末付款30万元，其现值=30×4.9173=147.519(万元)；选项C，采用一次付款方式，应该支付2×100=200(万元)；选项D，因为分期付款的现值247.5万元大于一次付款的现值200万元，所以采用一次付款优于分期付款。

12. B 【解析】假设设备至少使用n年，则120 000=25 000×(P/A，8%，n)，(P/A，8%，n)=4.8；用内插法计算：(7−n)/(5.2064−4.8)=(7−6)/(5.2064−4.6229)，解得n=6.3(年)。

13. D 【解析】A×4.3553×0.8264=800，所以，A=222.27(万元)。

14. D 【解析】P=100/5×(P/A，10%，5)×(P/F，10%，1)=20×3.7908×0.9091=68.92(万元)

15. B 【解析】普通年金终值系数和偿债基金系数互为倒数，普通年金现值系数和资本回收系数互为倒数，选项B不正确。

16. B 【解析】期望值相同的情况下，标准离差大的，则风险大。因此甲方案的风险大于乙方案的风险。

17. C 【解析】三个方案在期望投资报酬率不同的时候，直接计算标准离差率，标准离差率越大，风险也就越大。

18. C 【解析】尽管绝大部分企业和资产都不可避免地受到系统风险的影响，但并不意味着系统风险对所有资产或所有企业有相同的影响。有些资产受系统风险的影响大一些，而有些资产受的影响较小。

19. A 【解析】只要收益率相关系数不为1，都是可以分散风险的。选项A不正确。

20. B 【解析】2016年甲公司股票的必要收益率=4%+1.15×(10%-4%)=10.90%

21. B 【解析】β系数=0.85×40%+1.15×60%=1.03，证券组合的风险收益率=1.03×(10%-4%)=6.18%。

22. A 【解析】β=0.2×25%/4%=1.25；由：$R_f+1.25×(14%-R_f)=15\%$；得：$R_f=10\%$。市场风险溢价=14%-10%=4%。

23. C 【解析】证券市场线的一个暗示是，只有系统风险才有资格要求补偿。

二、多项选择题

1. ADE 【解析】选项B，财务决策是财务管理的核心，决策成功与否直接关系到企业的兴衰成败。选项C，财务决策的方法有经验判断法和定量分析方法两类；财务预测的方法有定性预测和定量预测两类。

2. BCD 【解析】企业价值最大化和股东财富最大化是两个财务管理目标，并不等同，选项A错误。选项E是利润最大化的局限性。

3. ABCD 【解析】选项E是股东和债权人之间利益冲突的协调方法。

4. ACD 【解析】选项BE属于通货膨胀持续期应采取的措施。

5. ABCE 【解析】选项D，建立投资标准并保持市场份额是萧条阶段采取的财务管理战略。

6. BE 【解析】选项AD属于萧条阶段的财务管理战略；选项C属于衰退阶段的财务管理战略。

7. ABC 【解析】选项A，违约风险是指由于借款人无法按时支付利息或偿还本金而给投资者带来的风险；选项B，变现能力越强，流动性风险越小；选项C，利率变动幅度越大，期限风险越大。

8. ACE 【解析】题目年金是从第5年年初至第10年年初发生的，即从第4年年末至第9年年末发生的，年金A是3 000，i=10%，年金期数是6期，递延期是3期，因此n=6，m=3。将数据带入公式可以得出选项ACE是正确的。

9. ABCD 【解析】普通年金现值系数与投资回收系数互为倒数，普通年金终值系数与偿债基金系数互为倒数，所以选项AB正确，选项E错误；在其他条件相同的情况下，普通年金现值×(1+折现率)=预付年金现值，所以选项C正确；在其他条件相同的情况下，普通年金终值×(1+折现率)=预付年金终值，所以选项D正确。

10. ABE 【解析】必要收益率与认识到的风险有关，对于某项确定的资产，不同的人认识到的风险不同，因此，不同的人对同一资产合理要求的最低收益率(即必要收益率)也会存在差别。所以，选项A不正确；无风险收益率也称无风险利率，它的大小由纯利率(资金的时间价值)和通货膨胀补贴两部分组成，选项B不正确；无风险资产一般满足两个条件：一是不存在违约风险；二是不存在再投资收益率的不确定性，所以，选项E不正确。

11. ADE 【解析】选项B，离散程度越大，风险越大；选项C，期望值不是反映离散程度的指标。

12. ACE 【解析】选项B，如果市场的抗风险能力强，则对风险的厌恶和回避就不是很强烈，要求的补偿就越低，市场风险溢酬的数值就越小。选项D，通常以短期国债的利率作为无风险收益率。

13. ADE 【解析】β系数=（0.5×24%）/10%=1.2；必要收益率=4%+1.2×（15%-4%）=17.2%。甲股票的β系数大于1，说明其收益率的变动幅度大于市场组合收益率的变动幅度，因此，其所含的系统风险大于市场组合风险。

14. ABE 【解析】选项C，β系数也可以是负数或者0，不一定是正数。选项D，β系数为负数的话，市场风险溢酬提高，资产的风险收益率是降低的。

本章知识串联

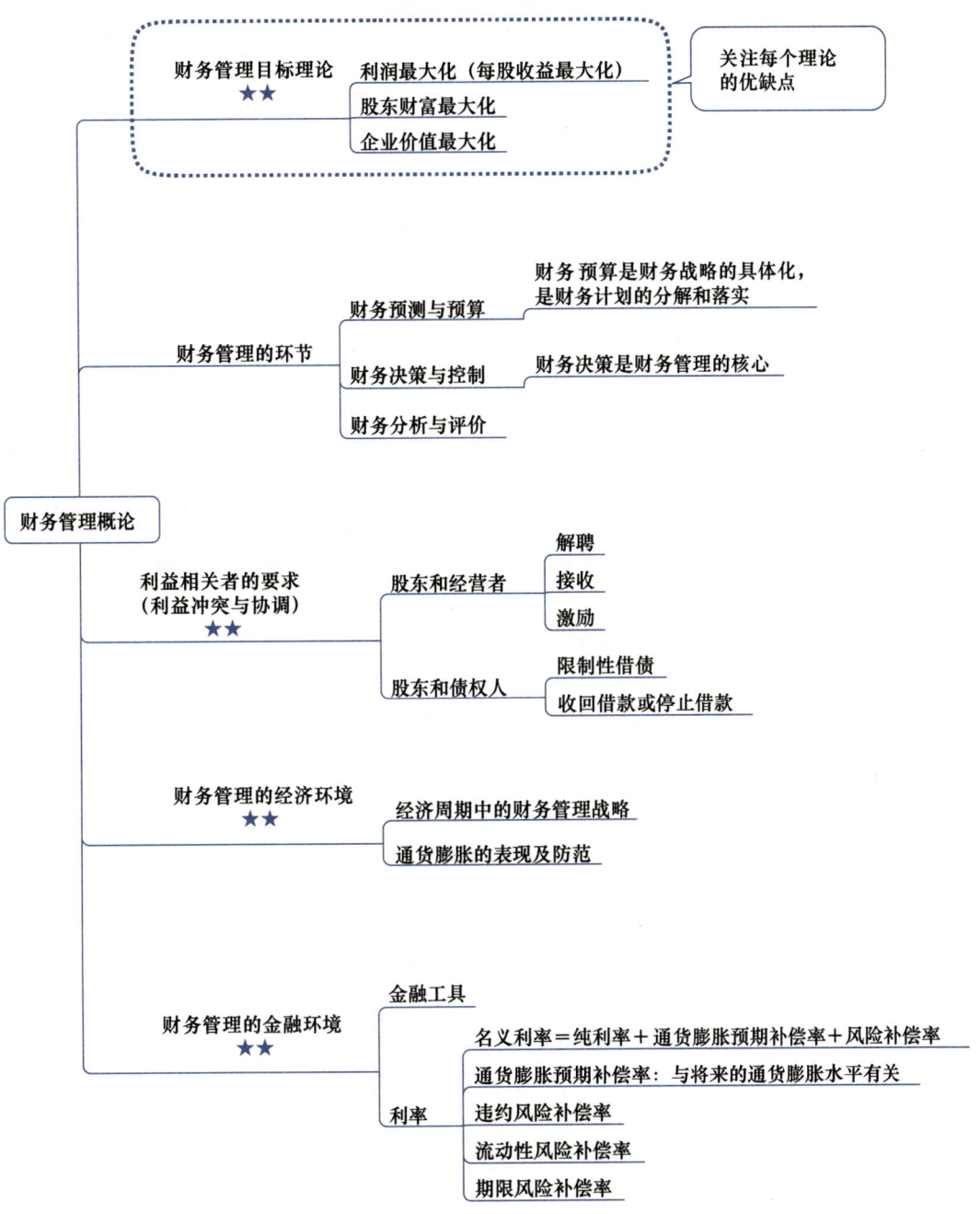

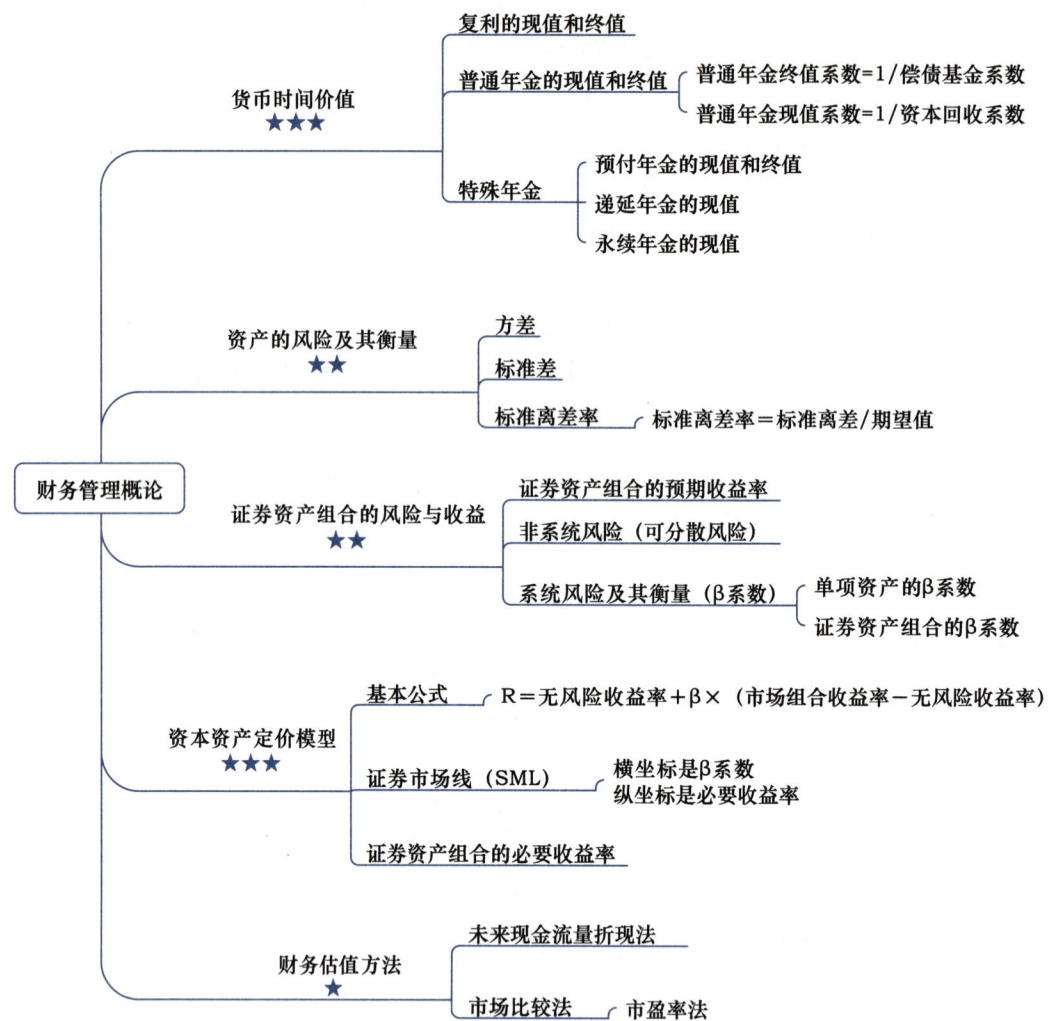

第2章 财务预测和财务预算

考情解密

历年考情概况

本章属于财务管理部分的重要章节，在历年考试中，主要考查了资金需要量预测的计算、本量利分析、实现目标利润必须达到的经济指标及财务预算等知识点。考试中，主要以单项选择题和多项选择题形式考查，也可能与其他章节结合出计算题，平均分值在5分左右。

近年考点直击

考点	主要考查题型	考频指数	考查角度
资金需要量预测	单选题	★★★	(1)高低点法资金需要量计算； (2)销售百分比法资金需要量计算
本量利分析	单选题、计算题	★★★	(1)盈亏临界点的计算； (2)安全边际率的计算； (3)本量利分析的计算应用
财务预算	单选题、多选题	★★	(1)全面预算的内容； (2)零基预算法的优点； (3)弹性预算法的特点

本章2021年考试主要变化

1. 删除：①高低点法例题的资金需要量预测表；②运用回归直线法注意的问题；③固定成本、变动成本、单位成本与产销量的关系。

2. 调整：全部成本按其性态的分类内容，由"变动成本和固定成本"调整为"固定成本、变动成本和混合成本"。

3. 新增：混合成本的定义。

考点详解及精选例题

核心考点1 资金需要量预测★★★（见表2-1）
扫我解疑难

资金需要量预测是指企业根据生产经营的需求，对未来所需资金的估计和推测，它是企业制订融资计划的基础。

表 2-1 资金需要量预测的方法

名称	方法内容
因素分析法	资金需要量=(基期资金平均占用额-不合理资金占用额)×(1±预测期销售增减率)×(1-预测期资金周转速度变动率)
销售百分比法	该方法是根据销售增长与资产、负债和留存收益增长之间的关系,预测未来资金需求量的方法 外部融资需求量=$\frac{A}{S_1}×\Delta S-\frac{B}{S_1}×\Delta S-P×E×S_2$ 其中:A 为随销售而变化的敏感性资产;B 为随销售而变化的敏感性负债;S_1 为基期销售额;S_2 为预测期销售额;ΔS 为销售变动额;P 为销售净利率;E 为利润留存率;A/S_1 为敏感资产与销售额的关系百分比;B/S_1 为敏感负债与销售额的关系百分比
资金习性预测法	资金占用 Y=a+bX 其中:X 为产销量,a 为不变资金,b 为单位产销量所需变动资金
资金习性预测法-高低点法	$b=\frac{(最高收入期的资金占用量-最低收入期的资金占用量)}{(最高销售收入-最低销售收入)}$ a=最高收入期的资金占用量-b×最高销售收入 =最低收入期的资金占用量-b×最低销售收入
资金习性预测法-回归分析法	$a=\frac{\sum X_i^2 \sum Y_i - \sum X_i \sum X_i Y_i}{n\sum X_i^2 - (\sum X_i)^2}$ $b=(n\sum X_i Y_i - \sum X_i \sum Y_i)/[n\sum X_i^2 - (\sum X_i)^2]$

『提示 1』

(1)销售百分比法下预测资金需要量,要区分"外部融资需要量"和"融资需要量"。根据本书的相关理念,留存收益也是融资来源,但不构成外部融资。

(2)常见的敏感资产包括库存现金、应收账款、存货等;常见的敏感负债包括应付票据、应付账款、应付职工薪酬、应交税费等,不包括短期借款、长期负债等筹资性负债。

『提示 2』

(1)不变资金包括为维持经营活动而占用的最低数额的现金,原材料的保险储备,必要的成品储备,厂房、机器设备等占用的资金。

(2)变动资金一般包括直接构成产品实体的原材料、外购件等占用的资金。在最低储备以外的现金、存货、应收账款等也具有变动资金的性质。

『提示 3』

(1)因素分析法计算简便,容易掌握,但预测结果不太精确。它通常用于品种繁多、规格复杂、资金用量较小的项目。

(2)销售百分比法的优点,是能为筹资管理提供短期预计的财务报表,以适应外部筹资的需要,且易于使用。但在有关因素发生变动的情况下,必须相应地调整原有的销售百分比。

【例题 1 · 单选题】下列各项中,不属于因素分析法的特点的是( )。

A. 计算简便,容易掌握

B. 工作量大

C. 预测结果不太精确

D. 通常适用于品种繁多、规格复杂、资金用量较小的项目

解析 ▶ 因素分析法计算简便,容易掌握,但预测结果不太精确。它通常适用于品种繁多、规格复杂、资金用量较小的项目。

答案 ▶ B

【例题 2 · 单选题】甲公司采用销售百分比法预测 2020 年外部资金需要量。2019 年销售收入为 8 000 万元,销售净利润率为 15%,

敏感资产和敏感负债分别占销售收入的48%和22%。若预计2020年甲公司销售收入将比上年增长20%，留存收益将增加240万元，则应追加外部资金需要量为（　　）万元。

A．128　　　　　B．144
C．176　　　　　D．266

解析▶ 应追加外部资金需要量＝8 000×20%×(48%－22%)－240＝176(万元)

答案▶ C

核心考点2　本量利分析★★★

扫我解疑难

一、本量利分析概述

1. 本量利分析的基本假设

(1)总成本由固定成本和变动成本两部分组成；

(2)销售收入与业务量呈完全线性关系；

(3)产销平衡；

(4)产品产销结构稳定。

2. 固定成本、变动成本和混合成本

(1)固定成本。

固定成本是指与商品产销数量没有直接联系，在一定时期和一定产销数量内其发生总额保持相对稳定不变的成本。

(2)变动成本。

变动成本是指其发生额随商品产销量的增减变化而相应变动的成本。

(3)混合成本。

混合成本是指除固定成本和变动成本以外的成本，他们因业务量的变动而变动，但不成正比例关系，可以运用一定的方法分解为固定成本和变动成本。

二、本量利分析的原理及应用

本量利分析的基本原理就是在假设单价、单位变动成本和固定成本为常量以及产销一致的基础上，将利润、产销量分别作为自变量与因变量，给定产销量便可以求出其利润，或者给定目标利润就可计算出目标产销量。

(一)本量利分析相关公式(见表2-2)

表2-2　本量利分析相关公式

项目	计算公式
基本关系式	利润＝销售收入－总成本 　　＝销售收入－(变动成本＋固定成本) 　　**＝销售量×单价－销售量×单位变动成本－固定成本** 　　＝销售量×(单价－单位变动成本)－固定成本
边际贡献	边际贡献总额＝销售收入－变动成本 　　　　　　＝(单价－单位变动成本)×销售数量 　　　　　　＝单位边际贡献×销售数量 　　　　　　＝固定成本＋利润(息税前利润) 单位边际贡献＝单价－单位变动成本 　　　　　＝单价×边际贡献率 　　　　　＝单价×(1－变动成本率) 边际贡献率＝边际贡献总额/销售收入 　　　　＝单位边际贡献/单价 　　　　＝1－变动成本率 其中：变动成本率＝变动成本总额/销售收入＝单位变动成本/单价

(二)盈亏临界点的确定(见表2-3)

盈亏临界点也称保本点、损益平衡点。盈亏临界点是指企业处于不亏不赚，即**利润总额为0**的状态。

表 2-3 盈亏临界点的计算

项目	计算公式
盈亏临界点销售量	盈亏临界点销售量=固定成本/(单价-单位变动成本)=固定成本/单位边际贡献 『提示』该公式适用于产销单一产品的企业
盈亏临界点销售额	盈亏临界点销售额=固定成本/边际贡献率 =固定成本/(1-变动成本率)
盈亏临界点作业率	盈亏临界点作业率=盈亏临界点销售量/正常经营销售量×100% =盈亏临界点销售额/正常经营销售额×100%

(三)安全边际和安全边际率

安全边际,是指正常销售额超过盈亏临界点销售额的差额,它表明销售额下降多少企业仍不至于亏损。计算公式如下:

安全边际=正常销售额-盈亏临界点销售额

『提示』有时企业为了考察当年的生产经营情况,还可以用本年实际订货额代替正常销售额来计算安全边际。

安全边际率,即安全边际与正常销售额(或当年实际订货额)的比值。安全边际率的计算公式如下:

安全边际率

$=\dfrac{安全边际}{正常销售额(或实际订货额)}\times 100\%$

『提示』安全边际或安全边际率的数值越大,企业发生亏损的可能性越小,抵御营运风险的能力越强,盈利能力越大。

(四)预测目标利润和实现目标利润必须达到的经济指标(见表2-4)

表 2-4 预测目标利润和实现目标利润必须达到的经济指标

项目		计算公式
预测目标利润额	利用盈亏临界点	利润预测值 =(销售收入预测值-盈亏临界点销售收入)-(销售收入预测值-盈亏临界点销售收入)×变动成本率 =(销售收入预测值-盈亏临界点销售收入)×(1-变动成本率) =(销售收入预测值-盈亏临界点销售收入)×边际贡献率
	利用基础公式	利润预测值 =销售收入-变动成本总额-固定成本 =(销售价格-单位变动成本)×预计销售量-固定成本 =单位边际贡献×预计销售量-固定成本 =边际贡献总额-固定成本 =销售收入×边际贡献率-固定成本 =销售收入×(1-变动成本率)-固定成本
实现目标利润必须达到的经济指标		目标利润=销售数量×销售价格-销售数量×单位变动成本-固定成本 根据本量利公式解方程即可

『提示』本量利分析时进行利润预测得到的利润预测值严格来讲是<u>息税前利润</u>。

(五)利润敏感性分析

利润敏感性分析,就是研究本量利分析的假设前提中的诸因素发生微小变化时,对利润的影响方向和程度。

有些因素只发生了较小的变动,却导致利润很大的变动,称这些因素为敏感因素;

有些因素变动幅度很大，却有可能只对利润产生较小的影响，称为不敏感因素。

反映各因素对利润敏感程度的指标为利润的敏感系数，计算公式如下：

$$敏感系数 = \frac{利润变动百分比}{因素变动百分比}$$

【例题3·单选题】 某企业某产品单价1 000元，单位变动成本500元，若该产品盈亏临界点销售量为400件，固定成本总额为（　　）元。

A. 750 000　　B. 500 000
C. 420 000　　D. 200 000

解析 ▶ 400 = 固定成本/（1 000-500），所以固定成本=200 000（元）。　**答案** ▶ D

【例题4·单选题】 A公司计划在2019年度实现销售收入7 800万，根据相关的数据分析，该公司平均每年的固定成本总额为1 750万元，其主打产品W和Y的售价有较大差异，综合计算两种产品的平均变动成本率为65%，则A公司2019年度若完成其销售计划，可实现的利润为（　　）万元。

A. 3 932.50　　B. 2 117.50
C. 980　　　　D. 1 820

解析 ▶ A公司的盈亏临界点销售额 = 1 750/（1-65%）= 5 000（万元）

A公司可实现的利润 =（销售收入预测值-盈亏临界点销售收入）×（1-变动成本率）
=（7 800-5 000）×（1-65%）= 980（万元）
　答案 ▶ C

【例题5·单选题】 某企业生产一种产品，单价8万元，单位变动成本6万元，固定成本2 000万元，预计产销量为2 000件，若想实现利润3 000万元，可采取的措施不包括（　　）。

A. 单价提高到8.5万元
B. 单位变动成本降低到5.5万元
C. 销量提高到2 500件
D. 单价降低到7万元，同时销量提高到2 500件

解析 ▶ 单价降低到7万元，销售量提高到2 500件，可实现的利润=2 500×7-2 500×6-2 000=500（万元），未实现目标利润，所以选项D不正确。　**答案** ▶ D

核心考点3　财务预算★★

扫我解疑难

一、全面预算

全面预算通常包括经营预算、资本支出预算和财务预算三个部分。

二、财务预算

（一）财务预算的内容

财务预算包括现金预算、预计利润表、预计资产负债表和预计现金流量表。

现金预算又称现金收支预算，是以销售预算、生产预算、成本与费用预算、预计资本支出预算为基础编制，是**财务预算的核心**；其内容包括现金收入、现金支出、现金余缺及资金的筹集与运用四个部分（见表2-5）。

表2-5　现金预算的内容

组成部分	内容
现金收入	期初现金余额、预算期销售现金收入
现金支出	预算期内各种现金支出
现金余缺	预算期内现金收入和现金支出的差额
资金的筹集与运用	反映预算期内向银行借款、还款、支付利息、短期投资、投资收回等内容

【例题6·多选题】 在编制现金预算时，计算某一期间的现金余缺金额时应该考虑的直接因素有（　　）。

A. 期初现金余额

B. 预算期销售现金收入
C. 预算期现金支出
D. 预算期资金筹措与使用
E. 预算期银行借款金额

解析 现金余缺是预算期内现金收入和现金支出的差额。现金收入包括期初现金余额、预算期销售现金收入。故选项ABC会直接影响某一期间的现金余缺金额。

答案 ABC

(二)财务预算的编制方法

1. 增量预算法与零基预算法(出发点特征)(见表2-6)

表2-6 增量预算法与零基预算法

方法	定义	优点	缺点
增量预算法	以历史期实际经济活动及其预算为基础,结合预算期经济活动及相关影响因素的变动情况,通过调整历史期经济活动项目及金额形成预算的预算编制方法	—	导致无效费用开支项目无法得到有效控制
零基预算法	零基预算法是指企业不以历史期经济活动及其预算为基础,以零为起点,从实际需要出发分析预算期经济活动的合理性,经综合平衡形成预算的预算编制方法	①以零为起点编制预算,不受历史期经济活动中的不合理因素影响,能够灵活应对内外环境的变化,预算编制更贴近预算期企业经济活动需要;②有助于增加预算编制透明度,有利于进行预算控制	①预算编制工作量较大、成本较高;②预算编制的准确性受企业管理水平和相关数据标准准确性影响较大

【**指点迷津**】零基预算法适用于企业各项预算的编制,特别是不经常发生的预算项目或预算编制基础变化较大的预算项目。

2. 固定预算法与弹性预算法(数量特征)(见表2-7)

表2-7 固定预算法与弹性预算法

方法	定义	优点	缺点
固定预算法(静态预算法)	在编制预算时,只将预算期内正常、可实现的某一固定的业务量(如生产量、销售量等)水平作为唯一基础来编制预算的方法	—	适应性差、可比性差
弹性预算法(动态预算法)	在成本性态分析的基础上,以业务量、成本和利润间的关系为依据,按照预算期内可能的一系列业务量(如生产量、销售量、工时等)水平编制系列预算的方法	考虑了预算期可能的不同业务量水平,更贴近企业经营管理实际情况	①编制工作量大;②市场及变动、预算项目与业务量依存关系的判断影响预算的合理性

『**提示**』(1)固定预算法一般适用于经营业务稳定,生产产品产销量稳定,能准确预测产品需求及产品成本的企业,也可用于编制固定费用预算。

(2)弹性预算法适用于企业各项预算的编制,特别是市场、产能等存在较大不确定性,且其预算项目与业务量之间存在明显的数量依存关系的预算项目。

3. 定期预算法与滚动预算法(时间特征)(见表2-8)

表 2-8　定期预算法与滚动预算法

方法	定义	优点	缺点
定期预算法	在编制预算时，以不变的会计期间（如日历年度）作为预算期的一种编制预算的方法	预算期间与会计期间相对应，有利于对预算执行情况进行分析和评价	不利于前后各个期间的预算衔接，不能适应连续不断的业务活动过程的预算管理
滚动预算法	企业根据上一期预算执行情况和新的预测结果，按既定的预算编制周期和滚动频率，对原有的预算方案进行调整和补充，逐期滚动，持续推进的预算编制方法	通过持续滚动预算编制、逐期滚动管理，实现动态反映市场、建立跨期综合平衡，从而有效指导企业营运，强化预算的决策与控制职能	①预算滚动的频率越高，对预算沟通的要求越高，预算编制的工作量越大；②过高的滚动频率容易增加管理层的不稳定感，导致预算执行者无所适从
	按照滚动的时间单位不同可分为逐月滚动、逐季滚动和混合滚动		

真题精练

一、单项选择题

1. （2020 年）采用销售百分比法预测资金需要量时，下列资产负债表项目会影响外部融资需求量金额的是（　　）。
   A. 应付票据　　　B. 实收资本
   C. 固定资产　　　D. 短期借款

2. （2018 年）长江公司 2017 年末的敏感性资产为 2 600 万元，敏感性负债为 800 万元，2017 年度实现销售收入 5 000 万元，预计 2018 年度销售收入将提高 20%，销售净利润率为 8%，利润留存率为 60%，则基于销售百分比法预测下，2018 年度长江公司需从外部追加资金需要量为（　　）万元。
   A. 93　　　　　　B. 72
   C. 160　　　　　 D. 312

3. （2019 年）甲公司 2018 年度销售收入 500 万元、资金需要量 90 万元；2017 年度销售收入 480 万元、资金需要量 72 万元；2016 年度销售收入 560 万元、资金需要量 80 万元。若甲公司预计 2019 年度销售收入 600 万元，则采用高低点法预测的资金需要量是（　　）万元。
   A. 84　　　　　　B. 100
   C. 75　　　　　　D. 96

4. （2018 年）长江公司只生产甲产品，其固定成本总额为 160 000 元，每件单位变动成本 50 元，则下列关于甲产品单位售价对应的盈亏临界点销售量计算正确的是（　　）。
   A. 单位售价 100 元，盈亏临界点销售量 1 600 件
   B. 单位售价 60 元，盈亏临界点销售量 6 400 件
   C. 单位售价 70 元，盈亏临界点销售量 8 000 件
   D. 单位售价 50 元，盈亏临界点销售量 3 200 件

5. （2020 年）甲公司只生产销售一种产品，2019 年度利润总额为 100 万元，销售量为 50 万件，产品单位边际贡献为 4 元。则甲公司 2019 年的安全边际率是（　　）。
   A. 50%　　　　　B. 65%
   C. 35%　　　　　D. 45%

二、多项选择题

1. （2018 年改）与财务预算编制的其他方法相比，下列属于零基预算法优点的有（　　）。
   A. 不受历史期经济活动中的不合理因素影响
   B. 能够灵活应对内外环境的变化

C. 有利于进行预算控制
D. 考虑了预算期可能的不同业务量水平
E. 实现动态反映市场、建立跨期综合平衡

2. (2019年改)与固定预算法相比,下列属于弹性预算法特点的有( )。
   A. 考虑了预算期可能的不同业务量水平
   B. 更贴近企业经营管理实际情况
   C. 适应性差
   D. 导致无效费用开支项目无法得到有效控制
   E. 可比性差

3. (2020年)与增量预算法相比,下列关于零基预算法特点的表述中错误的有( )。
   A. 认为企业现有业务活动是合理的,不需要进行调整
   B. 预算编制工作量较大、成本较高
   C. 容易受历史期经济活动中的不合理因素影响,预算编制难度加大
   D. 有助于增加预算编制的透明度,有利于进行预算控制
   E. 特别适用于不经常发生的预算项目或预算编制基础变化较大的预算项目

三、计算题

(2019年)甲家政公司专门提供家庭保洁服务,按提供保洁服务的小时数向客户收取费用,收费标准为200元/小时。甲公司2018年每月发生租金、水电费、电话费等固定费用合计为40 000元。甲公司有2名管理人员,负责制定工作规程、员工考勤、业绩考核等工作,每人每月获得固定工资5 000元。另有20名保洁工人,接受公司统一安排对外提供保洁服务,工资按照底薪加计时工资制,即每人每月除获得3 500元的底薪外,另可获80元/小时的提成收入。甲公司每天平均提供100小时的保洁服务,每天最多提供120小时的保洁服务。

假设每月按照30天计算,不考虑相关税费。

根据上述资料,回答下列问题。

(1) 甲公司2018年每月发生固定成本( )元。
   A. 40 000   B. 50 000
   C. 110 000   D. 120 000

(2) 甲公司2018年每月的息税前利润为( )元。
   A. 240 000   B. 310 000
   C. 360 000   D. 430 000

(3) 甲公司每月的盈亏临界点作业率为( )。
   A. 26.67%   B. 33.33%
   C. 28%   D. 21%

(4) 甲公司预计2019年提供保洁服务的小时数增加10%,假定其他条件保持不变,则保洁服务小时数的敏感系数为( )。
   A. 1   B. 1.9
   C. 1.2   D. 1.5

真题精练答案及解析

一、单项选择题

1. A 【解析】销售百分比法下,需要考虑经营性资产与经营性负债项目,其中经营性资产项目包括库存现金、应收账款、存货等;经营性负债项目包括应付票据、应付账款等,不包括短期借款、短期融资券、长期负债等筹资性负债。

2. B 【解析】外部追加资金需要量=(2 600−800)×20%−5 000×(1+20%)×8%×60%=72(万元)。

3. A 【解析】b=(80−72)/(560−480)=0.1; a=72−480×0.1=24;因此资金需要量Y=a+bX=24+0.1X=24+0.1×600=84(万元)。

4. C 【解析】选项A,盈亏临界点销售量=160 000/(100−50)=3 200(件),错误;选项B,盈亏临界点销售量=160 000/(60−

50)=16 000(件),错误;选项C,盈亏临界点销售量=160 000/(70-50)=8 000(件),正确;选项D,盈亏临界点销售量不存在。

5. A 【解析】利润总额=单位边际贡献×销售量-固定成本,因此,固定成本=50×4-100=100(万元)。盈亏临界点销售量=100/4=25(万件),安全边际率=(50-25)/50=50%。

二、多项选择题

1. ABC 【解析】选项D,属于弹性预算法的优点。选项E,属于滚动预算法的优点。

2. AB 【解析】弹性预算法考虑了预算期可能的不同业务量水平,更贴近企业经营管理实际情况,所以选项AB是答案。

3. AC 【解析】选项A,增量预算法认为企业现有业务活动是合理的,不需要进行调整;选项C,零基预算法是以零为起点编制预算,不受历史期经济活动中的不合理因素影响。

三、计算题

(1)D;(2)A;(3)B;(4)D。

【解析】

(1)固定成本=40 000+5 000×2+3 500×20=120 000(元)

(2)每月的息税前利润=(200-80)×100×30-120 000=240 000(元)

(3)盈亏临界点销售量=120 000/(200-80)=1 000(小时)

盈亏临界点作业率=盈亏临界点销售量1 000/正常经营销售量(100×30)≈33.33%

(4)提供保洁服务的小时数增加10%,则提供的总的小时数=100×30×(1+10%)=3 300(小时);预计息税前利润=(200-80)×3 300-120 000=276 000(元)。

利润变化的百分比=(276 000-240 000)/240 000=0.15

因此保洁服务小时数的敏感系数=0.15/10%=1.5

同步训练 限时48分钟

扫我做试题

一、单项选择题

1. 甲企业上年度资金平均占用额为5 000万元,经分析,其中不合理部分300万元,预计本年度销售增长7%,资金周转速度减慢1%。则预测本年度资金需用量为( )万元。
 A. 5 079.29 B. 4 978.71
 C. 5 614.29 D. 6 640.37

2. 甲公司采用销售百分比法预测2020年外部资金需求量,2020年销售收入将比上年增长20%,2019年销售收入为2 000万元,敏感资产和敏感负债分别占销售收入的59%和14%,销售净利率为10%,股利支付率为60%,若甲公司2020年销售净利率、股利支付率均保持不变,则甲公司2020年外部融资需求量为( )万元。
 A. 36   B. 60
 C. 84   D. 100

3. 在采用销售百分比法预测资金需要量时,要区分敏感项目与非敏感项目,下列各项中,一般属于非敏感项目的是( )。
 A. 应付账款 B. 应收账款
 C. 应付债券 D. 存货

4. 某企业历年现金占用与销售额之间的关系如下表所示:

单位:万元

年度	销售收入(X)	现金占用(Y)
2015	1 000	60

续表

年度	销售收入(X)	现金占用(Y)
2016	1 200	55
2017	1 300	70
2018	1 400	83
2019	1 500	80

若该企业2020年预计销售收入1 100万元，则采用高低点法预测其资金需要量是（　　）万元。

A. 41　　　　　　B. 64
C. 70　　　　　　D. 75

5. 下列关于本量利分析的基本假设的说法中，错误的是（　　）。

A. 企业所发生的全部成本可以按其性态区分为变动成本、固定成本和混合成本

B. 销售收入必须随业务量的变化而变化，两者之间应保持完全线性关系

C. 当期产品的生产量与业务量相一致，同时考虑存货水平变动对利润的影响

D. 同时生产销售多种产品的企业，其销售产品的品种结构应不变

6. 某企业生产一种产品，单价20元，单位变动成本12元，固定成本80 000元/月，每月实际销售量为25 000件。以一个月为计算期，下列说法错误的是（　　）。

A. 盈亏临界点销售量为10 000件

B. 安全边际为300 000元

C. 盈亏临界点作业率为60%

D. 销售利润率为24%

7. 下列关于安全边际率的计算公式中，错误的是（　　）。

A. 安全边际率＝安全边际÷正常销售额

B. 安全边际率＝1－盈亏临界点作业率

C. 安全边际率＝(正常销售额－盈亏临界点销售额)÷正常销售额

D. 安全边际率＝盈亏临界点销售量/正常销售量

8. 某企业上年度甲产品的销售数量为10 000件，销售价格为每件18 000元，单位变动成本为12 000元，固定成本总额为50 000 000元，若企业要求甲产品的利润总额增长12%，则在其他条件不变情况下，应将甲产品的单位变动成本降低（　　）。

A. 1%　　　　　　B. 0.67%
C. 2%　　　　　　D. 2.4%

9. 甲出版社正在与一畅销书作者洽谈新书出版的问题，预计出版该书的固定成本总额为80万元，单位变动成本为11元/册；同时与作者约定，一次性支付稿酬120万元，另按销售量给予售价10%的提成。预计该书的销售量为50万册，为实现税前目标利润150万元，该书的售价应定为（　　）元/册。

A. 20　　　　　　B. 18
C. 15.6　　　　　D. 17.3

10. 某企业生产一种产品，单价12元，单位变动成本8元，固定成本3 000元，销售量1 000件，所得税税率25%。欲实现目标税后利润1 500元，若其他因素不变，企业采取的措施中无效的是（　　）。

A. 固定成本降低至2 000元

B. 单价提高至13元

C. 销量增加至1 200件

D. 单位变动成本降低至7元

11. 下列关于弹性预算法的表述中，正确的是（　　）。

A. 能够使预算期间与会计期间相对应，便于将实际数与预算数进行对比

B. 预算项目与业务量依存关系的判断影响预算的合理性

C. 不以历史期经济活动及其预算为基础，以零为起点

D. 可能导致无效费用开支项目无法得到有效控制

12. 下列各项预算编制方法中，以零为起点编制预算，不受历史期经济活动中的不合理因素影响的是（　　）。

A. 定期预算法　　B. 固定预算法
C. 弹性预算法　　D. 零基预算法

二、多项选择题

1. 一般情况下,下列关于外部融资需求的表述正确的有( )。
   A. 预计销售增加额越大,外部融资需求越大
   B. 销售净利率越大,外部融资需求越少
   C. 销售净利率越大,外部融资需求越大
   D. 股利支付率越高,外部融资需求越大
   E. 股利支付率越低,外部融资需求越小

2. 下列各项指标中,与保本点销售量呈同向变化关系的有( )。
   A. 单位售价
   B. 预计销量
   C. 固定成本总额
   D. 单位变动成本
   E. 单位边际贡献

3. 下列关于盈亏临界点的表述中,错误的有( )。
   A. 盈亏临界点销售量(额)越小,企业经营风险越小
   B. 实际销售量(额)超过盈亏临界点销售量(额)越多,企业留存收益增加越多
   C. 盈亏临界点销售量(额)越大,企业的盈利能力就越强
   D. 实际销售量(额)小于盈亏临界点销售量(额)时,企业将产生亏损
   E. 盈亏临界点的含义是企业的销售总收入等于总成本的销售量(额)

4. 甲企业只产销一种产品。2019年度产品的销售量为20万件,销售单价为180元,单位变动成本为120元,固定成本总额为600万元。如果该企业要求2020年度利润增长20%,则在其他条件不变的情况下,能保证其实现的措施有( )。
   A. 提高销售单价至186元
   B. 增加销售数量2万件
   C. 固定成本降低100万元
   D. 单位变动成本降低5元
   E. 增加销售数量1万件,同时降低固定成本60万元

5. 如果企业欲降低某种产品的盈亏临界点销售量,在其他条件不变的情况下,采取的下列措施中无效有( )。
   A. 增加产品销售数量
   B. 降低固定成本总额
   C. 提高产品销售单价
   D. 降低产品单位变动成本
   E. 降低产品单位边际贡献

6. 与固定预算法相比,弹性预算法的特点有( )。
   A. 考虑了预算期可能的不同业务量水平
   B. 更贴近企业经营管理实际情况
   C. 编制预算的弹性较大,不受现有费用约束
   D. 保持预算在时间上的持续性
   E. 有利于企业近期和长期目标的结合

7. 定期预算法的优点包括( )。
   A. 使预算期间与会计期间相对应
   B. 便于将实际数与预算数进行对比
   C. 有利于对预算执行情况进行分析和评价
   D. 实现动态反映市场、建立跨期综合平衡
   E. 强化预算的决策与控制职能

8. 下列各项中,属于零基预算编制方法的优点有( )。
   A. 预算编制工作量较小
   B. 不受历史期经济活动中的不合理因素影响
   C. 预算编制更贴近预算期企业经济活动需要
   D. 有助于增加预算编制透明度
   E. 预算编制成本较低

三、计算题

1. 某公司只生产和销售甲产品一种产品(单位:件),2019年度甲产品单位变动成本(包含销售税金)为90元,边际贡献率为40%,固定成本总额为120万元,实现甲产品销售收入675万元。2019年该公司适用的所得税税率为25%,股利支付率为70%。

   该公司2019年度敏感资产总额为472.5万元,敏感负债总额为81万元。

   该公司计划2020年实现净利润比2019年度增长20%。假定2020年度该公司产品售价、成本水平、所得税税率和股利支付率

均与2019年度相同。

(1)该公司为实现2020年度的计划利润指标，2020年度应实现销售收入( )元。

A. 5 763 750　　B. 7 500 000
C. 7 125 000　　D. 7 425 000

(2)该公司为实现2020年的利润计划目标，2020年度的追加外部资金需要量为( )元。

A. 30 000　　B. 367 500
C. 435 000　　D. 97 500

(3)在其他条件不变时，该公司为了保证2020年度实现净利润比2019年度增长10%，甲产品单位变动成本应降低到( )元。

A. 81　　B. 83.55
C. 85.45　　D. 86.67

(4)该公司2019年度的盈亏临界点销售量为( )件。

A. 8 889　　B. 13 334
C. 150 000　　D. 20 000

2. 金陵公司只生产和销售甲产品(单位：件)，2018年度甲产品单位变动成本为69元，边际贡献率为40%，固定成本总额为3 026 152元，全年实现净利润为303 000元。2018年年末资产负债表中所有者权益总额为4 500 000元，敏感资产总额为3 710 324元，敏感负债总额为254 751元。

2019年公司计划生产销售甲产品的数量比2018年增加5 000件，固定成本相应增加505 000元，单位变动成本相应下降10%，销售单价保持不变。考虑到公司能筹集到相应的营运资金，为此公司将2019年分配利润总额定为2019年实现净利润的80%。假设公司适用企业所得税税率为25%，且每个年度均无纳税调整事项。

根据上述资料，回答下列各题：

(1)金陵公司2019年利润总额将比2018年增加( )元。

A. 274 048.10　　B. 705 037.72
C. 733 000.00　　D. 2 142 812.80

(2)金陵公司2019年外部追加资金需要量为( )元。

A. 184 328.08　　B. 129 995.84
C. 395 800.00　　D. 505 750.00

(3)金陵公司2019年的盈亏临界点销售收入与2018年相比变化情况为( )。

A. 减少1 161 500元
B. 增加1 161 500元
C. 减少111 037.39元
D. 增加111 037.39元

(4)金陵公司2020年在没有增加固定资产投资的情况下，甲产品销售量比2019年增加1 000件。若其他条件不变，公司要想使2020年利润总额比2019年增长30%，则2020年单位变动成本为( )元。

A. 61.52　　B. 62.10
C. 60.23　　D. 59.58

同步训练答案及解析

一、单项选择题

1. A 【解析】预测本年度资金需要量=(5 000-300)×(1+7%)×(1+1%)=5 079.29(万元)

2. C 【解析】外部融资需求量=(59%-14%)×2 000×20%-2 000×(1+20%)×10%×(1-60%)=84(万元)

3. C 【解析】敏感项目是指直接随销售额变动的资产、负债项目，例如库存现金、应收账款、存货、应付账款、应付费用等项目。非敏感项目是指不随销售额变动的资产、负债项目，例如固定资产、长期股权投资、短期借款、应付债券、实收资本、留存收益等项目。本题选项中，应付债券属于非敏感项目。

4. B 【解析】b=(80-60)/(1 500-1 000)=

0.04，a=80-0.04×1 500=20（万元），因此资金需要量预测模型为：Y=20+0.04X。将2020年的销售收入代入上式，解得资金需要量 Y=20+0.04×1 100=64（万元）。

5. C 【解析】产销平衡假设当期产品的生产量与业务量相一致，不考虑存货水平变动对利润的影响。即假定每期生产的产品总量均能在当期全部销售出去，实现产销平衡，在进行保本分析时不考虑存货的影响。

6. C 【解析】盈亏临界点销售量=80 000/（20-12）=10 000（件）；安全边际=25 000×20-10 000×20=300 000（元）；盈亏临界点作业率=10 000/25 000×100%=40%，安全边际率=1-40%=60%，边际贡献率=（20-12）/20=40%，销售利润率=60%×40%=24%，选项C不正确。

7. D 【解析】选项D，安全边际率=（正常销售量-盈亏临界点销售量）÷正常销售量。

8. A 【解析】原来的利润=（18 000-12 000）×10 000-50 000 000=10 000 000（元）
增加12%后，利润总额=10 000 000×（1+12%）=11 200 000（元）
（18 000-单位变动成本）×10 000-50 000 000=11 200 000，得出单位变动成本=11 880（元）
单位变动成本降低的比率=（12 000-11 880）/12 000=1%

9. A 【解析】（90%×P-11）×50-（120+80）=150，解得：P=20（元/册）。

10. C 【解析】目标税前利润=1 500/（1-25%）=2 000（元）
设销售量为Q，则2 000=（12-8）×Q-3 000，Q=1 250（件），选项C不正确。

11. B 【解析】选项A是定期预算法的优点；选项C是对零基预算法的说明；选项D是增量预算法的缺陷。

12. D 【解析】零基预算法的优点表现为：①以零为起点编制预算，不受历史期经济活动中的不合理因素影响，能够灵活应对内外环境的变化，预算编制更贴近预算期企业经济活动需要；②有助于增加预算编制透明度，有利于进行预算控制。

二、多项选择题

1. BDE 【解析】外部融资额=敏感资产销售百分比额×预计销售增加额-敏感负债销售百分比×预计销售增加额-预计销售额×销售净利率×（1-股利支付率），可以看出，当预计销售额增加时，资金需要量会增加，但同时增加的留存收益也会增加，故无法判断外部筹资需求量的变动情况，所以选项A不正确；销售净利率越大，增加的留存收益越多，外部融资需求越少，所以选项C不正确。

2. CD 【解析】保本销售量=固定成本/（单价-单位变动成本）=固定成本/单位边际贡献，可见，固定成本总额和单位变动成本越大，保本点销售量越大。

3. BC 【解析】选项B，实际销售量（额）超过盈亏临界点销售量（额）越多，说明企业盈利越多，但是无法确定股利支付率，不能判断留存收益的变化情况。选项C，盈亏临界点销售量（额）越小，企业的盈利能力越强。

4. ABE 【解析】2019年度的利润=20×（180-120）-600=600（万元）；2020年度目标利润=600×（1+20%）=720（万元）。选项A，利润=20×（186-120）-600=720（万元），符合题意；选项B，利润=（20+2）×（180-120）-600=720（万元），符合题意；选项C，利润=20×（180-120）-（600-100）=700（万元），不符合题意；选项D，利润=20×（180-115）-600=700（万元），不符合题意；选项E，利润=21×（180-120）-（600-60）=720（万元），符合题意。

5. AE 【解析】选项A，销售数量的变动不影响盈亏临界点的销售量。选项E，在其他条件不变的情况下,降低产品单位边际贡献将提高盈亏临界点的销售量。

6. AB 【解析】弹性预算法优点:考虑了预算期可能的不同业务量水平,更贴近企业经营管理实际情况。所以本题答案是选项AB。

7. ABC 【解析】定期预算法的优点是能够使预算期间与会计期间相对应,便于将实际数与预算数进行对比,也有利于对预算执行情况进行分析和评价。选项DE是滚动预算法的优点。

8. BCD 【解析】零基预算法的优点:①以零为起点编制预算,不受历史期经济活动中的不合理因素影响,能够灵活应对内外环境的变化,预算编制更贴近预算期企业经济活动需要;②有助于增加预算编制透明度,有利于进行预算控制。其缺点:①预算编制工作量较大、成本较高;②预算编制的准确性受企业管理水平和相关数据标准准确性影响较大。

三、计算题

1. (1)B;(2)A;(3)D;(4)D。

【解析】

(1)单价=90/(1-40%)=150(元)

2019年销售量=6 750 000/150=45 000(件)

2019年净利润=(6 750 000-1 200 000-90×45 000)×(1-25%)=1 125 000(元)

2020年计划实现的净利润=1 125 000×(1+20%)=1 350 000(元)

2020年预计利润总额=1 350 000/(1-25%)=1 800 000(元)

2020年预计销售量=边际贡献/单位边际贡献=(1 800 000+1 200 000)/(150-90)=50 000(件)

2020年应实现的销售收入=50 000×150=7 500 000(元)

(2)追加资金需要量=预计年度销售增加额×(基期敏感资产总额/基期销售额-基期敏感负债总额/基期销售额)-预计年度留存收益的增加额

2020年需要追加外部资金需要量=(7 500 000-6 750 000)×(4 725 000/6 750 000-810 000/6 750 000)-1 350 000×(1-70%)=30 000(元)

(3)2020年计划实现的净利润=1 125 000×(1+10%)=1 237 500(元)

预计利润总额=1 237 500/(1-25%)=1 650 000(元)

单位边际贡献=(1 650 000+1 200 000)/45 000=63.33(元)

单位变动成本=150-63.33=86.67(元)

(4)变动成本率=单位变动成本/单价,变动成本率+边际贡献率=1,所以单价=单位变动成本/变动成本率=90/(1-40%)=150(元),单位边际贡献=单价-单位变动成本=150-90=60(元);盈亏临界点销售量=固定成本/单位边际贡献=1 200 000/60=20 000(件)。

2. (1)A;(2)B;(3)D;(4)C。

【解析】

(1)2018年利润总额=303 000/(1-25%)=404 000(元);2018年销售单价=69/(1-40%)=115(元/件);2018年销售数量=(404 000+3 026 152)/(115×40%)=74 569(件);2019年单位变动成本=69×(1-10%)=62.1(元/件);2019年边际贡献率=1-变动成本率=1-62.1/115×100%=46%;2019年利润总额=(74 569+5 000)×115×46%-(3 026 152+505 000)=678 048.1(元);金陵公司2019年利润总额将比2018年增加的金额=678 048.1-404 000=274 048.1(元)。

(2)2019销售收入比2018年增加额=5 000×115=575 000(元)

外部追加资金需要量=[3 710 324/(74 569×115)]×575 000-[254 751/(74 569×115)]×575 000-678 048.1×(1-25%)×(1-80%)=248 784.62-17 081.56-101 707.22=129 995.84(元)

(3)2018年盈亏临界点的销售收入=固定

成本/(单价-单位变动成本)×单价=3 026 152/(115-69)×115=7 565 380(元)

2019年盈亏临界点的销售收入=固定成本/(单价-单位变动成本)×单价=(3 026 152+505 000)/(115-62.1)×115=7 676 417.39(元)

2019年与2018年相比,增加的金额=7 676 417.39-7 565 380=111 037.39(元)。

(4)预计2020年利润总额=678 048.1×(1+30%)=881 462.53(元)

单位变动成本=(单价×销售量-利润总额-固定成本)/销售量=[115×(74 569+5 000+1 000) - 881 462.53 - (3 026 152+505 000)]/(74 569+5 000+1 000)=4 852 820.47/80 569=60.23(元)

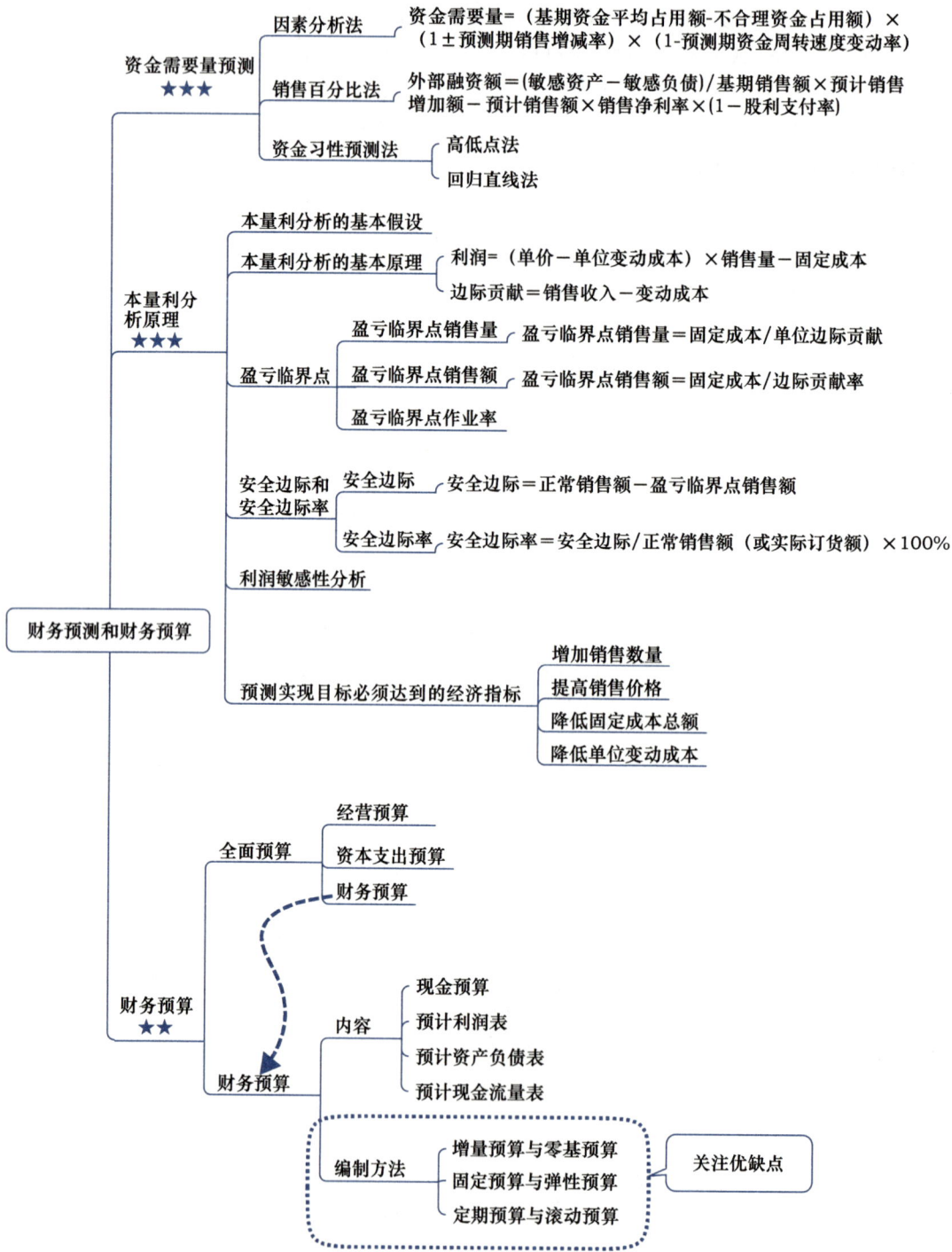

第3章 筹资与股利分配管理

考情解密

历年考情概况

本章属于比较重要的章节，在历年考试中，主要考查了债务筹资、股权筹资、资本成本及资本结构等知识点。考试中主要以单项选择题和多项选择题形式考查，偶尔也会在计算题中出现。近年平均分值在6分左右。

近年考点直击

考点	主要考查题型	考频指数	考查角度
筹资方式	多选题	★★	(1)股权筹资形式； (2)长期借款保护条款
资本成本	单选题	★★	(1)债券资本成本； (2)加权资本成本计算
资本结构	单选题	★★	每股收益无差别点的分析
杠杆系数	单选题	★	经营杠杆系数的计算
股利政策	单选题、多选题	★★	(1)股利支付形式； (2)股利政策的特点

本章2021年考试主要变化

1. 删除：①股票的发行价格与股票的上市交易；②长期借款的信用条件；③公司债券的发行价格；④账面价值权数的优缺点、市场价值权数的优缺点；⑤影响资本结构因素6条内容的解释说明。
2. 调整：①吸收直接投资的出资方式相关内容；②租赁的相关内容。

考点详解及精选例题

核心考点1　股权及债务筹资★★

扫我解疑难

一、股权筹资的特点（见表3-1）

表3-1　股权筹资的特点

筹资方式	特点
吸收直接投资	(1)能够尽快形成生产能力； (2)容易进行信息沟通； (3)资本成本较高； (4)不易进行产权交易

续表

筹资方式	特点
普通股筹资	(1)两权分离，有利于公司自主经营管理； (2)资本成本较高； (3)能提高公司的社会声誉，促进股权流通和转让； (4)不易及时形成生产能力
留存收益	(1)不用发生筹资费用； (2)维持公司的控制权分布； (3)筹资数额有限
优先股	(1)优点。 ①优先股的股息率一般为固定比率，使得优先股融资具有财务杠杆作用； ②优先股一般没有到期日，实际上是一种永久性负债，但不需要偿还本金，只需支付固定股息； ③能增强公司的信誉，提高公司的举债能力； ④由于优先股股东一般没有投票权，所以发行优先股不会因稀释控制权而引起普通股股东的反对，其筹资能顺利进行； ⑤当使用债务融资风险很大，利率很高，而发行普通股又会产生控制权问题，优先股是一种较好的筹资选择。 (2)缺点。 ①优先股的资本成本虽低于普通股，但高于债券； ②优先股在股息分配、资产清算等方面拥有优先权，使普通股股东在公司经营不稳定时收益受到影响； ③优先股筹资后对公司的限制较多

【例题1·单选题】下列有关利用留存收益筹资特点的说法中，错误的是(   )。

A. 不用发生筹资费用
B. 维持公司的控制权分布
C. 可能会稀释原有股东的控制权
D. 筹资数额有限

解析 ▶ 利用留存收益筹资，不用对外发行新股或吸收新投资者，由此增加的权益资本不会改变公司的股权结构，不会稀释原有股东的控制权，选项C不正确。 **答案** ▶ C

二、债务筹资

1. 发行公司债券、银行借款(见表3-2)

表3-2　债务筹资的方式

方式	要点		内容
发行公司债券			发行债券的企业以债券为书面承诺，答应在未来的特定日期，偿还本金并按事先规定的利率付给利息
银行借款	保护性条款	例行性保护条款	①定期提交财务报表；②保持存货储备量；③及时清偿债务；④不准以资产作其他承诺的担保或抵押；⑤不准贴现应收票据或出售应收账款，以避免或有负债等
		一般性保护条款	①保持企业的资产流动性；②限制企业非经营性支出；③限制企业资本支出的规模；④限制公司再举债规模；⑤限制公司的长期投资
		特殊性保护条款	①要求公司的主要领导人购买人身保险；②借款的用途不得改变；③违约惩罚条款

2. 租赁

租赁，是指在一定期间内，出租人将资产的使用权让与承租人以获取对价的合同。融资租赁的基本形式，如表3-3所示：

表3-3 融资租赁的基本形式

方式	具体规定
直接租赁	是指出租人直接向承租人提供租赁资产的租赁形式
售后回租	（1）承租人先将某资产卖给出租人，再将该资产租回。 （2）承租人一方面通过出售资产获得了现金，另一方面又通过租赁满足了对资产的需要
杠杆租赁	（1）杠杆租赁下，出租人引入资产时只支付所需款项的一部分，其余款项则通过该资产抵押担保的方式，向第三方申请贷款解决。 （2）资产出租后，出租人以收取的租金偿还贷款。出租人利用自己的少量资金推动了大额的租赁业务

3. 债务筹资的优缺点（见表3-4）

表3-4 债务筹资的优缺点

筹资方式	优点	缺点
银行借款	①筹资速度快；②资本成本较低；③筹资弹性较大	①限制条款多；②筹资数额有限
发行公司债券	①一次筹资数额大；②募集资金的使用限制条件少；③提高公司的社会声誉	相对于银行借款筹资，发行公司债券筹资的资本成本负担较高
融资租赁	①无须大量资金就能迅速获得资产；②财务风险小；③筹资的限制条件较少；④租赁能延长资金融通的期限	资本成本负担较高

核心考点2 资本成本及结构★★

扫我解疑难

一、资本成本的概念

资本成本是指资金使用者为筹集资金和使用资金所支付的代价，包括**筹资费用**和**用资费用**。

资本成本一般采用相对数表示资本成本，它是年用资费用与净筹资额的比率，计算公式为：

资本成本 = 年用资费用/（筹资总额 - 筹资费用）

= 年用资费用/[筹资总额×（1-筹资费率）]

二、资本成本的计算

（一）个别资本成本的计算（见图3-1）

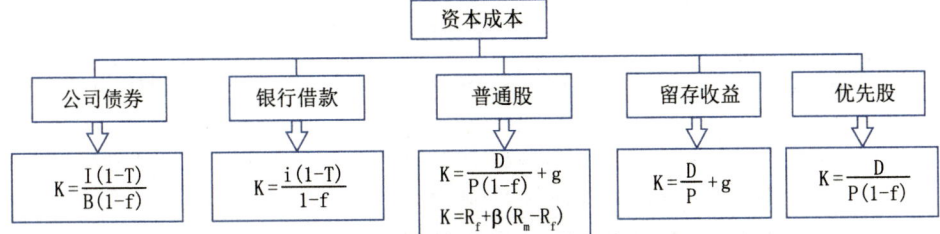

注：K—资本成本；T—所得税税率；I—票面年利息；B—筹资额；f—筹资费用率；D—预计下一年的每股股利（普通股、留存收益）/优先股年股息；P—当前每股市价；g—股利年增长率；i—银行借款年利率；R_f—无风险收益率；R_m—市场组合收益率；β—资产的系统风险系数。

图3-1 个别资本成本的计算

『提示』如果已知上年股利为 D_0，计算公式中的 D 等于 $D_0(1+g)$。

"D_0"和"D"的本质区别是，与"D_0"对应的股利"已经收到"，而与"D"对应的股利"还未收到"。

(二)加权资本成本

加权资本成本是各种筹资方式的资本成本的加权平均数，其权数为各种筹资方式资金的数额占全部资金的比重。计算公式为：

$$K_w = \sum_{j=1}^{n} K_j \times W_j$$

其中，K_w 表示加权资本成本；K_j 表示第 j 种个别资本成本；W_j 表示第 j 种个别资本在全部资本中的比重。

『提示』对权重的价值选择时，可以是账面价值权数、市场价值权数、目标价值权数。其选择见表 3-5。

表 3-5 权重的价值选择

价值权数选择	基本内容
账面价值	以各项个别资本的会计报表账面价值为基础来计算资本权数
市场价值	以各项个别资本的现行市价为基础来计算资本权数
目标价值	以各项个别资本预计的未来价值为基础来确定资本权数

『提示』目标价值是目标资本结构要求下的产物，是公司筹措和使用资金对资本结构的一种要求。对于公司筹措新资金，需要反映期望的资本结构而言，目标价值是有益的，适宜于未来的筹资决策，但目标价值的确定难免具有主观性。

三、杠杆效应

杠杆效应表现为：由于特定固定支出或费用的存在，当某一财务变量以较小幅度变动时，另一相关变量会以较大幅度变动。

(一)杠杆效应的形式

财务管理中的杠杆效应，包括经营杠杆、财务杠杆和总杠杆三种效应形式(见表 3-6)。

表 3-6 杠杆效应

形式	杠杆效应动因	杠杆效应表现
经营杠杆	固定性经营成本	资产报酬(息税前利润)变动率大于产销业务量变动率
财务杠杆	固定性资本成本	普通股收益(或每股收益 EPS)变动率大于息税前利润变动率
总杠杆	固定经营成本和固定资本成本	普通股每股收益变动率大于产销业务量变动率

(二)杠杆系数与杠杆风险(见表 3-7)

表 3-7 杠杆系数与杠杆风险

项目	杠杆系数的计算公式	杠杆风险
经营杠杆系数(DOL)	DOL=息税前利润变动率/产销业务量变动率 DOL=基期边际贡献/基期息税前利润 DOL=1+基期固定成本/基期息税前利润	经营杠杆系数越高，表明息税前利润受产销量变动的影响程度越大，经营风险也就越大
财务杠杆系数(DFL)	DFL=普通股每股收益变动率/息税前利润变动率 DFL=基期息税前利润/基期利润总额 DFL=1+基期利息/(基期息税前利润-基期利息)	财务杠杆系数越高，表明普通股收益的波动程度越大，财务风险也就越大

续表

项目	杠杆系数的计算公式	杠杆风险
总杠杆系数(DTL)	DTL=普通股每股收益变动率/产销量变动率 简化后： DTL=DOL×DFL=基期边际贡献/基期利润总额	总杠杆系数一定的情况下，经营杠杆系数与财务杠杆系数此消彼长

【例题2·单选题】甲公司只生产一种产品，2×20 年的销售量为 18 万件，单价 1 000元/件，变动成本率为65%，固定成本总额为 1 050 万元，则经营杠杆系数 DOL 为( )。

A. 1.15　　　　B. 1.10
C. 1.2　　　　 D. 1.05

解析 ▶ 经营杠杆系数 = 18×1 000×(1-65%)/[18×1 000×(1-65%)-1 050]=1.2

答案 ▶ C

四、资本结构

(一)资本结构的概念

资本结构是指企业资本总额中各种资本的构成及其比例关系。

本书所指的资本结构，是指狭义的资本结构，即是指长期负债与股东权益的构成比例。

(二)最优资本结构决策方法(见图3-2)

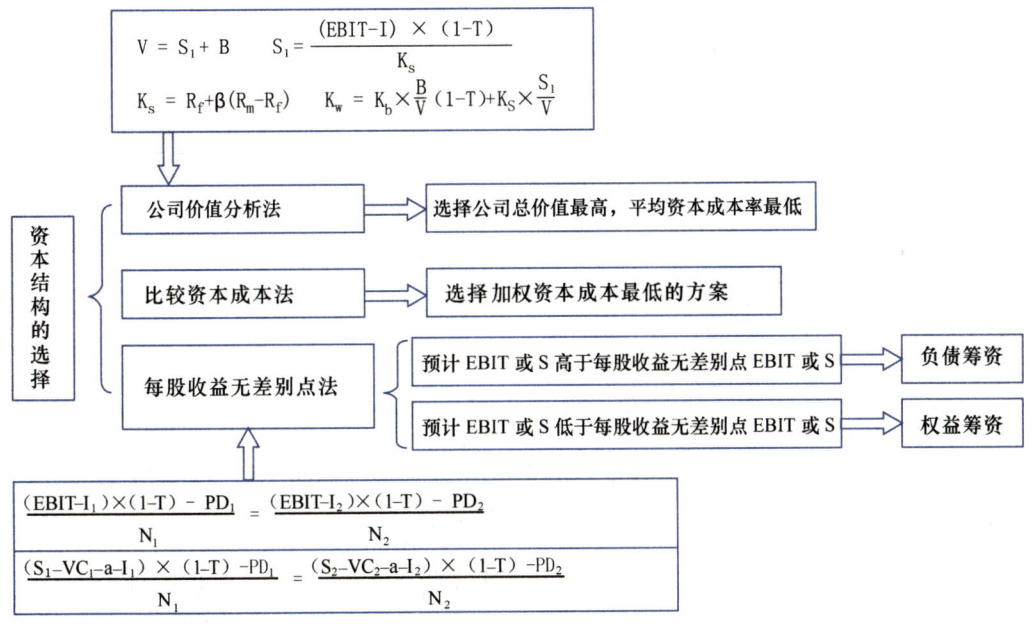

图3-2　资本结构的选择方法

核心考点3　股利分配★★

扫我解疑难

一、股利分配的形式（见表3-8）

表3-8　股利分配的形式

股利分配形式		主要特点
现金股利	优点	(1)有利于改善企业长短期资金结构； (2)有利于股东取得现金收入和增强投资能力
	缺点	增加企业的财务压力，导致企业偿债能力下降
股票股利		(1)没有现金流出企业，也不会导致公司的财产减少； (2)将公司的未分配利润转化为股本和资本公积； (3)增加流通在外的股票数量，同时降低股票的每股价值； (4)不改变公司股东权益总额，但会改变股东权益各项目结构

【思路点拨】股利分配形式还包括财产股利和负债股利。财产股利主要形式为证券股利和实物股利。

二、股利分配的政策（见图3-3）

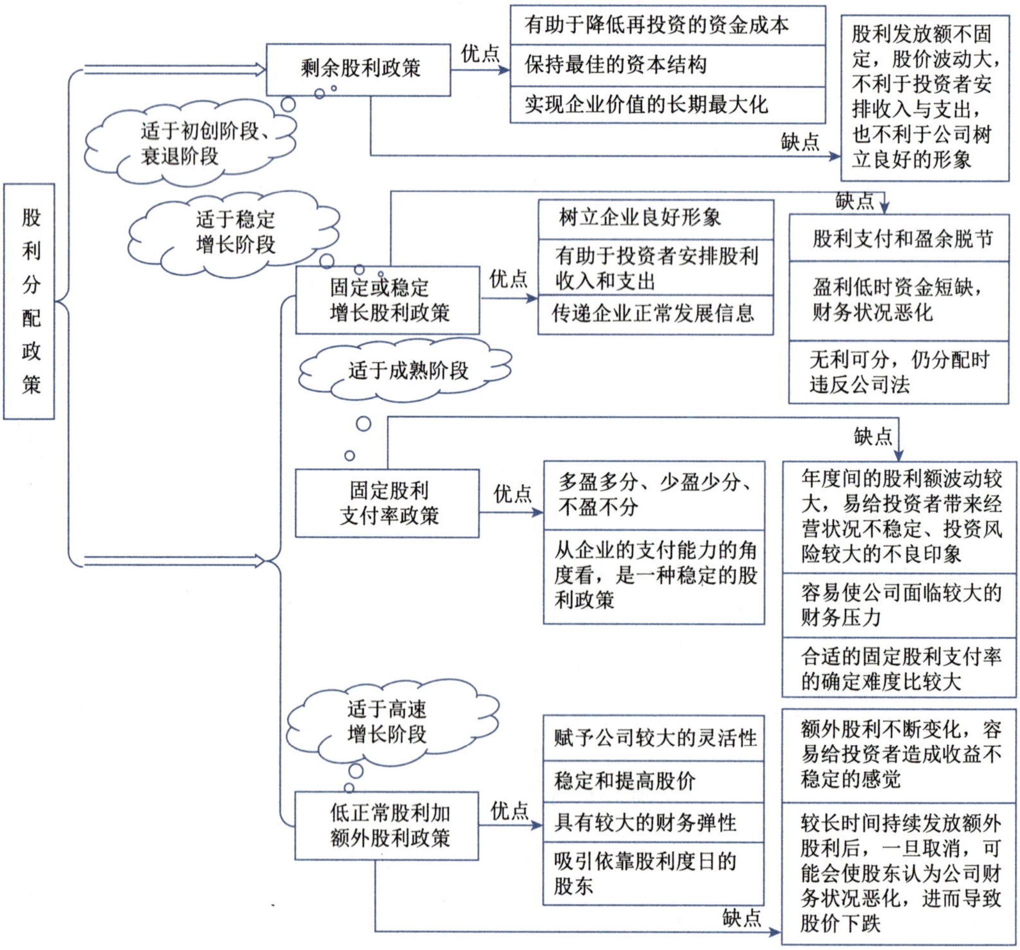

股利分配政策

- **剩余股利政策**（适于初创阶段、衰退阶段）
  - 优点：
    - 有助于降低再投资的资金成本
    - 保持最佳的资本结构
    - 实现企业价值的长期最大化
  - 缺点：股利发放额不固定，股价波动大，不利于投资者安排收入与支出，也不利于公司树立良好的形象

- **固定或稳定增长股利政策**（适于稳定增长阶段）
  - 优点：
    - 树立企业良好形象
    - 有助于投资者安排股利收入和支出
    - 传递企业正常发展信息
  - 缺点：
    - 股利支付和盈余脱节
    - 盈利低时资金短缺，财务状况恶化
    - 无利可分，仍分配时违反公司法

- **固定股利支付率政策**（适于成熟阶段）
  - 优点：
    - 多盈多分、少盈少分、不盈不分
    - 从企业的支付能力的角度看，是一种稳定的股利政策
  - 缺点：
    - 年度间的股利额波动较大，易给投资者带来经营状况不稳定、投资风险较大的不良印象
    - 容易使公司面临较大的财务压力
    - 合适的固定股利支付率的确定难度比较大

- **低正常股利加额外股利政策**（适于高速增长阶段）
  - 优点：
    - 赋予公司较大的灵活性
    - 稳定和提高股价
    - 具有较大的财务弹性
    - 吸引依靠股利度日的股东
  - 缺点：额外股利不断变化，容易给投资者造成收益不稳定的感觉；较长时间持续发放额外股利后，一旦取消，可能会使股东认为公司财务状况恶化，进而导致股价下跌

图3-3　股利分配政策

【例题3·多选题】下列关于股利分配政策的说法中，正确的有( )。

A. 剩余股利政策有利于企业保持理想的资本结构，实现企业价值的长期最大化

B. 固定或稳定增长的股利政策有利于树立公司的良好形象，稳定股票的价格

C. 固定股利支付率政策能使股利支付与盈余多少保持一致，有利于公司股价的稳定

D. 低正常股利加额外股利政策有利于公司灵活掌握资金调配，增强股东的信心

E. 固定或稳定增长的股利政策赋予公司较大的灵活性，使公司在股利发放上留有余地，并且具有较大的财务弹性

解析 选项C，固定股利支付率政策会导致各年股利不稳定，波动较大，不利于稳定股价；选项E，低正常股利加额外股利政策赋予公司较大的灵活性，使公司在股利发放上留有余地，并且具有较大的财务弹性。

答案 ABD

三、股票分割与股票回购（见表3-9）

表3-9 股票分割与股票回购

种类	项目	内容
股票分割	概念	又称拆股，即将一股股票拆分成多股股票的行为
	作用	(1)降低股票价格； (2)传递"公司发展前景良好"的信号，有助于提高投资者对公司股票的信心
股票回购	概念	上市公司出资将其发行在外的普通股以一定价格购买回来予以注销或作为库存股的一种资本运作方式
	方式	公开市场回购、要约回购、协议回购
	影响	(1)需要大量资金支付回购成本，容易造成资金紧张，降低资产流动性，影响公司的后续发展； (2)在一定程度上削弱了对债权人利益的保护，忽视了公司的长远发展； (3)容易导致公司操纵股价

【思路点拨】股票股利与股票分割的异同（见表3-10）

表3-10 股票股利与股票分割的异同

内容	股票股利	股票分割
不同点	(1)面值不变； (2)股东权益结构改变； (3)属于股利支付方式	(1)面值变小； (2)股东权益结构不变； (3)不属于股利支付方式
相同点	(1)普通股股数增加(股票分割增加更多)； (2)每股收益和每股市价下降(股票分割下降更多)； (3)股东持股比例不变； (4)资产总额、负债总额、股东权益总额不变	

真题精练

一、单项选择题

1. （2019年）甲公司以680万元价格溢价发行面值为600万元，期限3年，年利率为8%的公司债券，每年付息一次，一次还本。该批债券的筹资费用率为2%。适用的企业所得税税率为25%，则甲公司该债券的资本成本是（ ）。

   A. 5.40%

   B. 5.12%

   C. 7.12%

   D. 4.65%

2. （2018年）采用每股收益无差别点分析法确定最优资本结构时，下列表述中错误的是（ ）。

   A. 在每股收益无差别点上无论选择债务筹资还是股权筹资，每股收益都是相等的

   B. 当预期息税前利润大于每股收益无差别点时，应当选择财务杠杆较大的筹资方案

   C. 每股收益无差别点分析法确定的公司加权资本成本最低

   D. 每股收益无差别点是指不同筹资方式下每股收益相等时的息税前利润或业务量水平

3. （2019年）以本公司持有的其他公司的股份、政府公债等证券向股东发放股利，该股利为（ ）。

   A. 现金股利

   B. 股票股利

   C. 负债股利

   D. 财产股利

二、多项选择题

1. （2019年）下列属于长期借款的一般性保护条款的有（ ）。

   A. 不得改变借款的用途

   B. 限制企业非经营性支出

   C. 不准以资产作其他承诺的担保或抵押

   D. 保持企业的资产流动性

   E. 限制公司的长期投资

2. （2018年改）下列关于股利政策的表述中正确的有（ ）。

   A. 固定股利政策有可能导致公司违反我国的《公司法》的规定

   B. 剩余股利政策有助于降低再投资的资金成本，保持最佳的资本结构，实现企业价值的长期最大化

   C. 剩余股利政策有利于投资者安排收入和支出

   D. 低正常股利加额外股利政策赋予公司较大的灵活性，使公司股利发放上留有余地，并具有较大的财务弹性

   E. 固定股利支付率政策体现了"多盈多分、少盈少分、无盈不分"的股利分配原则

三、计算题

（2020年）甲公司2019年年初资本总额为1 500万元，资本结构如下表：

资本来源	筹资金额
股本	50万股（面值1元、发行价格16元）
资本公积	750万元
长期借款	500万元（5年期、年利率8%、分期付息一次还本）
应付债券	200万元（按面值发行、3年期、年利率5%、分期付息一次还本）

（1）甲公司因需要筹集资金500万元，现有两个方案可供选择，并按每股收益无差别点分析法确定最优筹资方案：

方案一：采用发行股票方式筹集资金。发

行普通股 20 万股，股票的面值为 1 元，发行价格 25 元。

方案二：采用发行债券方式筹集资金。期限 3 年，债券票面年利率为 6%，按面值发行，每年年末付息，到期还本。

(2) 预计甲公司 2019 年度息税前利润为 200 万元。

(3) 甲公司筹资后，发行的普通股每股市价为 28 元，预计 2020 年每股现金股利为 2 元，预计股利每年增长 3%。

(4) 甲公司适用的企业所得税税率为 25%。不考虑筹资费用和其他因素影响。根据上述资料，回答以下问题：

(1) 针对以上两个筹资方案，每股收益无差别点的息税前利润是(   )万元。

A. 150
B. 155
C. 160
D. 163

(2) 甲公司选定最优方案并筹资后，其普通股的资本成本为(   )。

A. 8.14%
B. 11.14%
C. 7.14%
D. 10.14%

(3) 甲公司选定最优方案并筹资后，其加权资本成本是(   )。

A. 7.47%
B. 8.47%
C. 7.06%
D. 8.07%

(4) 甲公司选定最优方案并筹资后，假设甲公司 2019 年实现息税前利润与预期的一致，其他条件不变，则甲公司 2020 年的财务杠杆系数是(   )。

A. 1.33
B. 1.50
C. 1.67
D. 1.80

真题精练答案及解析

一、单项选择题

1. A 【解析】该债券的资本成本 = 600×8%×(1-25%)/[680×(1-2%)] = 5.40%

2. C 【解析】每股收益无差别点法是通过计算各备选筹资方案的每股收益无差别点并进行比较来选择最佳资本结构融资方案的方法。每股收益无差别点是指不同筹资方式下每股收益都相等时的息税前利润或业务量水平。在每股收益无差别点上，无论是采用债务或股权筹资方案，每股收益都是相等的。当预期息税前利润或业务量水平大于每股收益无差别点时，应当选择财务杠杆效应较大的筹资方案，反之亦然。与加权资本成本无关。

3. D 【解析】财产股利，是公司以现金以外的资产支付的股利，主要有两种形式：一是证券股利，即以本公司持有的其他公司的有价证券或政府公债等证券作为股利发放；二是实物股利，即以公司的物资、产品或不动产等充当股利。因此选项 D 正确。

二、多项选择题

1. BDE 【解析】长期借款的一般性保护条款主要包括：①保持企业的资产流动性。②限制企业非经营性支出。③限制企业资本支出的规模。④限制公司再举债规模。⑤限制公司的长期投资。因此选项 BDE 正确。选项 A，属于特殊性保护条款；选项 C，属于例行性保护条款。

2. ABDE 【解析】选项 C，剩余股利政策不利于投资者安排收入和支出。

三、计算题

(1) B；(2) D；(3) C；(4) C。

【解析】

(1) 如果两个方案的每股收益相等，则：
(EBIT-500×8%-200×5%)×(1-25%)/(50+20)=(EBIT-500×8%-200×5%-500×6%)×(1-25%)/50，解得：EBIT=155(万元)。

(2) 预计甲公司 2019 年的息税前利润为 200 万元，大于每股收益无差别点的息税前利润，因此选择财务杠杆效应较大的筹资方案，即方案二。普通股的资本成本=2/28+3%≈10.14%。

(3) 长期借款的资本成本=8%×(1-25%)=6%；原应付债券的资本成本=5%×(1-25%)=3.75%；新发行债券的资本成本=6%×(1-25%)=4.5%。因此，加权资本成本=6%×500/(1 500+500)+3.75%×200/(1 500+500)+4.5%×500/(1 500+500)+10.14%×(50+750)/(1 500+500)≈7.06%。

(4) 2020 年的财务杠杆系数=200/(200-500×8%-200×5%-500×6%)≈1.67。

同步训练 限时56分钟

扫我做试题

一、单项选择题

1. 某公司拟发行债券，债券面值为 500 元，5 年期，票面利率为 8%，每年末付息一次，到期还本，若预计发行时市场利率为 10%，债券发行费用为发行额的 0.5%，该公司适用的所得税税率为 25%，则该债券的资本成本为(　)。[已知(P/A,10%,5)=3.790 8,(P/F,10%,5)=0.620 9]
   A. 5.80%　　　　B. 6.29%
   C. 6.53%　　　　D. 8.50%

2. 要求公司的主要领导人购买人身保险，属于长期借款保护条款中的(　)。
   A. 例行性保护条款
   B. 一般性保护条款
   C. 特殊性保护条款
   D. 例行性保护条款或一般性保护条款

3. 某公司普通股当前市价为每股 50 元，拟按当前市价增发新股 200 万股，预计每股筹资费用率为 5%，最近刚发放的每股股利为 2.5 元，以后每年股利增长率为 4%，则该公司普通股的资本成本为(　)。
   A. 10.53%　　　B. 9.47%
   C. 5.26%　　　　D. 11.00%

4. 某公司一年前发行普通股股票 1 000 万元，筹资费用率 3%，每股发行价为 7 元，目前每股市价为 12 元，预计下一年每股股利 0.2 元，以后股利增长率维持 3% 不变，所得税税率 25%，该公司目前留存了 20 万元的留存收益，则留存收益的资本成本为(　)。
   A. 4.72%　　　　B. 4.67%
   C. 5.86%　　　　D. 3.06%

5. 甲公司现有资金中普通股与长期债券的比例为 2∶1，加权平均资本成本为 12%，假定债券的资本成本和权益资本成本、所得税税率不变，普通股与长期债券的比例为 1∶2，则甲公司加权资本成本将(　)。
   A. 等于 12%
   B. 无法确定
   C. 小于 12%
   D. 大于 12%

6. 某公司上年的销售量为 10 万台，单价为 18 元/台，变动成本率为 70%，固定性经营成本为 20 万元；预计本年的销售量会提高 20%(即达到 12 万台)，单价、变动成本率和固定成本保持不变，则本年的经营杠杆系数为(　)。
   A. 1.45　　　　B. 1.30

C. 1.59　　　　　D. 1.38

7. 某公司无优先股，利息为24万元，变动成本率为60%，所得税税率为25%。当销售额为600万元时，息税前利润为120万元，则该公司的总杠杆系数为（　　）。
   A. 2.50　　　　　B. 1.25
   C. 2.00　　　　　D. 2.40

8. 某企业某年的财务杠杆系数为2.5，息税前利润（EBIT）的计划增长率为10%，假定其他因素不变，则该年普通股每股收益（EPS）的增长率为（　　）。
   A. 4%　　　　　B. 5%
   C. 20%　　　　D. 25%

9. 某公司息税前利润为1 100万元，债务资金300万元，税前债务资本成本为6%（不考虑筹资费用），所得税税率为25%，权益资金4 500万元，普通股资本成本为10%，则在公司价值分析法下，公司此时股票的市场价值为（　　）万元。
   A. 13 525　　　B. 8 151
   C. 8 115　　　　D. 5 410

10. 甲公司2020年实现税后利润1 000万元，2020年年初未分配利润为200万元，公司按10%提取法定盈余公积。预计2021年需要新增投资资本500万元，目标资本结构（债务/权益）为4/6，公司执行剩余股利分配政策，2020年可分配现金股利（　　）万元。
    A. 600　　　　　B. 700
    C. 800　　　　　D. 900

11. 与分配股票股利相比，公司分配现金股利的优点是（　　）。
    A. 改善公司长短期资金结构
    B. 增加公司股票的流动性
    C. 提高公司的偿债能力
    D. 提高公司的收款速度以弥补现金股利支出后的现金缺口

12. 下列各项股利分配政策中，有利于企业保持理想的资本结构，使综合资本成本降至最低的是（　　）。
    A. 剩余股利政策
    B. 固定股利政策
    C. 固定股利支付率政策
    D. 低正常加额外股利政策

13. 既适用于企业发展的初创阶段，又适用于衰退阶段的股利分配政策是（　　）。
    A. 固定股利政策
    B. 剩余股利政策
    C. 固定股利支付率政策
    D. 稳定增长股利政策

14. 下列各项中不属于股票回购影响的是（　　）。
    A. 股票回购容易造成资金紧张，影响公司后续发展
    B. 股票回购在一定程度上削弱了对债权人利益的保护
    C. 股票回购不会导致资本结构发生变化
    D. 股票回购容易导致公司操纵股价

二、多项选择题

1. 与其他筹资方式相比，下列属于发行普通股股票筹资特点的有（　　）。
   A. 两权分离，有利于公司自主经营管理
   B. 资本成本较低
   C. 能提高公司的社会声誉，促进股权流通和转让
   D. 不易及时形成生产能力
   E. 筹资速度快

2. 与银行借款筹资相比，下列属于发行公司债券筹资方式特点的有（　　）。
   A. 一次筹资数额大
   B. 筹资的限制条件较多
   C. 资本成本负担较高
   D. 提高公司的社会声誉
   E. 无须大量资金就能迅速获得资产

3. 与其他融资方式相比，下列属于融资租赁筹资方式特点的有（　　）。
   A. 能延长资金融通的期限
   B. 筹资的限制条件较多
   C. 财务风险小
   D. 资本成本负担较低
   E. 无须大量资金就能迅速获得资产

4. 下列关于各种筹资方式的表述中，错误的有（　　）。
   A. 普通股筹资没有固定的利息负担，财务风险较低，因此资本成本也较低
   B. 由于留存收益筹资不用对外发行新股，因此不会改变公司的股权结构
   C. 通过发行债券筹资，企业可以获得财务杠杆效应
   D. 短期借款方式筹资速度快，使用灵活
   E. 长期借款方式筹资与发行股票和债券相比，其资本成本较高

5. 如果没有优先股，下列项目中，影响财务杠杆系数的有（　　）。
   A. 息税前利润
   B. 资产负债率
   C. 所得税税率
   D. 普通股股利
   E. 固定成本

6. 下列关于每股收益无差别点的说法中，正确的有（　　）。
   A. 企业预计销售额高于每股收益无差别点销售额的情况下，企业应该选择负债融资的方式
   B. 企业预计销售额低于每股收益无差别点销售额的情况下，企业应该选择所有者权益融资的方式
   C. 企业预计息税前利润高于每股收益无差别点息税前利润的情况下，企业应该选择所有者权益融资的方式
   D. 企业预计息税前利润低于每股收益无差别点息税前利润的情况下，企业应该选择负债融资的方式
   E. 企业预计息税前利润低于每股收益无差别点息税前利润的情况下，企业应该选择所有者权益融资的方式

7. 某公司息税前利润为500万元，资本总额账面价值1 000万元。假设无风险报酬率为6%，证券市场平均报酬率为10%，所得税税率为25%。债务市场价值（等于债务面值）为600万元时，税前债务利息率（等于税前债务资本成本）为9%，股票β系数为1.8，在公司价值分析法下，下列说法正确的有（　　）。
   A. 权益资本成本为13.2%
   B. 股票市场价值为2 534.09万元
   C. 平均资本成本为11.97%
   D. 公司总价值为1 600万元
   E. 平均资本成本为11.1%

8. 关于股利分配形式，下列说法中正确的有（　　）。
   A. 发放股票股利是企业向股东分配股利的基本形式
   B. 发放现金股利有利于改善企业长短期资金结构
   C. 发放现金股利会导致企业的偿债能力下降
   D. 发放股票股利会降低股票的每股价值
   E. 发放股票股利可以增强股东的投资能力

9. 采用固定股利支付率政策，其结果可能有（　　）。
   A. 可使得股利的发放随着企业经营业绩的好坏而上下波动
   B. 会导致各年股利不稳定，出现较大波动
   C. 容易造成公司股价不稳定
   D. 容易造成股利支付与盈余相脱节
   E. 有利于维持股价的稳定

10. 关于发放股票股利和股票分割，下列说法中正确的有（　　）。
    A. 都不会对公司股东权益总额产生影响
    B. 都会导致股数增加
    C. 都会导致每股面额降低
    D. 都可以达到降低股价的目的
    E. 都会导致每股收益降低

11. 下列属于股票回购对上市公司的影响有（　　）。
    A. 容易造成资金紧张
    B. 影响公司的后续发展
    C. 损害公司的根本利益
    D. 导致公司操纵股价
    E. 增强了对债权人利益的保护

三、计算题

1. 某公司目前资本结构为：总资本 2 500 万元，其中债务资本 1 000 万元（年利息 100 万元）；普通股资本 1 500 万元（300 万股）。为了使今年的息税前利润达到 2 000 万元，该公司需要购进原材料 1 000 吨，共计 10 万元，同时需要追加筹资 400 万元来构建生产线。

(1)为了解决今年的购货所需资金问题，该公司决定从 A 银行贷款，利率为 8%，银行要求保留 10% 的补偿性余额，同时要求按照贴现法计息。

(2)筹集生产线所需资金有如下方案：

甲方案：增发普通股 100 万股，每股发行价 2 元；同时向银行借款 200 万元，利率为 10%。

乙方案：按面值发行 300 万元的公司债券，票面利率 15%；同时按面值发行优先股 100 万元，优先股股利率为 10%。

已知所得税税率 25%，不考虑筹资费用因素。

根据上述资料，回答下列问题：

(1)为解决购货所需资金，该公司从 A 银行贷款的实际利率为（　）。

A. 8.89%　　　B. 9.76%
C. 8.27%　　　D. 9.00%

(2)不考虑资料(1)的影响，该公司筹资生产线所需资金的两种方案每股收益无差别点的息税前利润为（　）万元。

A. 200　　　　B. 231.33
C. 160　　　　D. 273.33

(3)不考虑资料(1)的影响，该公司应选择生产线的筹资方案是（　）。

A. 甲方案
B. 乙方案
C. 无法比较
D. 均可以

(4)不考虑资料(1)和优先股股利的影响，该公司选择生产线的筹资方案后财务杠杆系数为（　）。

A. 1.08　　　B. 1.02
C. 1.01　　　D. 1.07

2. 泰山公司 2020 年实现销售收入 800 万元，固定成本 235 万元（其中利息费用 20 万元，优先股股利 15 万元），变动成本率为 60%，普通股 80 万股。2021 年泰山公司计划销售收入提高 50%，固定成本和变动成本率不变。2020 年度的利息费用和优先股股利在 2021 年保持不变。

计划 2021 年筹资 360 万元，以满足销售收入的增长需要，有以下两个方案。

方案一：新增发普通股，发行价格为 6 元/股。

方案二：新增发行债券，票面金额 100 元/张，票面年利率 5%，预计发行价格 120 元/张。

采用每股收益无差别点法选择方案，假设企业所得税税率为 25%。

根据上述资料，回答下列问题：

(1)采用每股收益无差别点法，泰山公司应选择的方案是（　）。

A. 两个方案一致
B. 无法确定
C. 方案一
D. 方案二

(2)筹资后，2021 年每股收益为（　）元。

A. 1.29　　　B. 0.92
C. 2.11　　　D. 0.19

(3)筹资后，2021 年息税前利润为（　）万元。

A. 260　　　　B. 200
C. 280　　　　D. 180

(4)筹资后，2021 年利润总额为（　）万元。

A. 225　　　　B. 245
C. 520　　　　D. 440

同步训练答案及解析

一、单项选择题

1. C 【解析】债券发行价格 = 500×8%×(P/A,10%,5)+500×(P/F,10%,5) = 462.08(元),债券的资本成本 = 500×8%×(1-25%)/[462.08×(1-0.5%)]×100% = 6.53%。

2. C 【解析】特殊性保护条款是针对某些特殊情况而出现在部分借款合同中的条款,只有在特殊情况下才能生效,主要包括:要求公司的主要领导人购买人身保险;借款的用途不得改变;违约惩罚条款等。

3. B 【解析】普通股的资本成本 = 2.5×(1+4%)/[50×(1-5%)]+4% = 9.47%

4. B 【解析】留存收益的资本成本 = 0.2/12+3% = 4.67%

5. C 【解析】股票筹资的资本成本比债务筹资高,因此若减少股票筹资的比重,则加权资本成本下降。

6. C 【解析】经营杠杆系数 = 基期边际贡献/(基期边际贡献-固定成本) = 基期销售收入×(1-变动成本率)/[基期销售收入×(1-变动成本率)-固定成本] = 10×18×(1-70%)/[10×18×(1-70%)-20] = 1.59

7. A 【解析】总杠杆系数 = 边际贡献/(息税前利润-利息) = 600×(1-60%)/(120-24) = 2.5

8. D 【解析】财务杠杆系数 = 每股收益增长率/息税前利润增长率 = 每股收益增长率/10% = 2.5,所以每股收益增长率为25%。

9. C 【解析】股票的市场价值 = (1 100-300×6%)×(1-25%)/10% = 8 115(万元)

10. B 【解析】2021年新增投资资本需权益资金 = 500×6/(4+6) = 300(万元),2020年可分配现金股利 = 1 000-300 = 700(万元)。

11. A 【解析】在企业营运资金和现金较多而又不需要增加投资的情况下,采用现金分配形式既有利于改善企业长短期资金结构,又有利于股东取得现金收入和增强投资能力。否则,会增加企业的财务压力,导致偿债能力下降。

12. A 【解析】剩余股利政策的优点:留存收益优先满足再投资的需要,有助于降低再投资的资金成本,保持最佳的资本结构,实现企业价值的长期最大化。

13. B 【解析】剩余股利政策不利于投资者安排收入与支出,也不利于公司树立良好的形象,一般适用于公司初创阶段;在衰退阶段,产品销售收入减少,利润下降,公司为了不被解散或被其他公司兼并重组,需要投入新的行业和领域,因此,公司已不具备较强的股利支付能力,应采用剩余股利政策。所以选项B是本题答案。

14. C 【解析】股票回购会导致资产和所有者权益的减少,负债不变,导致资本结构发生改变。

二、多项选择题

1. ACD 【解析】发行普通股筹资的特点:(1)两权分离,有利于公司自主经营管理;(2)资本成本较高;(3)能提高公司的社会声誉,促进股权的流通和转让;(4)不易及时形成生产能力。

2. ACD 【解析】公司债券的筹资特点:(1)一次筹资数额大;(2)募集资金的使用限制条件少;(3)资本成本负担较高;(4)提高公司的社会声誉。

3. ACE 【解析】融资租赁的筹资特点:(1)无须大量资金就能迅速获得资产;(2)财务风险小;(3)筹资的限制条件较少;(4)租赁能延长资金融通的期限;(5)资本成本负担较高。

4. AE 【解析】选项A,没有固定的利息负担,财务风险较低是普通股筹资的优点,但是利用普通股筹资的资本成本较高；选项 E，与发行股票和债券相比，长期借款的资本成本比较低。

5. ABE 【解析】在不考虑优先股的情况下，影响财务杠杆系数的因素有单价、单位变动成本、固定成本、销售量（额）、利息。资产负债率影响利息。

6. ABE 【解析】如果预计销售额或者息税前利润大于每股收益无差别点销售额或每股收益无差别点息税前利润，应该采用负债融资方式，反之采用所有者权益融资方式。

7. ABC 【解析】权益资本成本 = 6% + 1.8×（10% - 6%）= 13.2%，股票市场价值 =（500 - 600 × 9%）×（1 - 25%）/13.2% = 2 534.09（万元），公司总价值 = 600 + 2 534.09 = 3 134.09（万元），平均资本成本 = 9%×(1-25%)×600/3 134.09+13.2%×2 534.09/3 134.09 = 11.97%。

8. BCD 【解析】选项 A，支付现金股利是企业向股东分配股利的基本形式；选项 E，发放现金股利有利于股东取得现金收入和增强投资能力。

9. ABC 【解析】固定股利支付率政策使股利支付随着企业经营业绩的好坏而上下波动，体现了"多盈多分，少盈少分，不盈不分"的原则，所以选项 D 不正确；采用此股利政策，会导致各年股利不稳定，波动较大，不利于稳定股价，所以选项 E 错误。

10. ABDE 【解析】发放股票股利可以导致股数增加，同时降低股票的每股收益和每股价格，但是不会导致每股面额降低，也不会对公司股东权益总额产生影响（仅仅是引起股东权益各项目的结构发生变化）。股票分割时，发行在外的股数增加，使得每股面额降低，每股收益下降，每股股价降低；但公司价值不变，股东权益总额、股东权益各项目的金额及其相互间的比例也不会改变。

11. ABCD 【解析】股票回购对上市公司的影响有：(1)股票回购需要大量资金支付回购成本，容易造成资金紧张，降低资产流动性，影响公司的后续发展；(2)股票回购无异于股东退股和公司资本的减少，也可能会使公司发起人股东更注重创业利润的实现，从而不仅在一定程度上削弱了对债权人利益的保护，而且也忽视了公司的长远发展，损害了公司的根本利益；(3)股票回购容易导致公司操纵股价。

三、计算题

1. (1) B；(2) D；(3) B；(4) A。

【解析】

(1) 向 A 银行贷款实际利率 = 8%/(1 - 10% - 8%) = 9.76%

(2) (EBIT - 100 - 200 × 10%) × (1 - 25%)/(300 + 100) = [(EBIT - 100 - 300 × 15%) × (1 - 25%) - 100 × 10%]/300

解得：EBIT = 273.33（万元）。

(3) 甲方案筹资后的每股收益 = (2 000 - 100 - 200 × 10%) × (1 - 25%)/(300 + 100) = 3.53（元）；乙方案筹资后的每股收益 = [(2 000 - 100 - 300 × 15%) × (1 - 25%) - 100 × 10%]/300 = 4.60（元）；由于乙方案筹资后的每股收益最高，因此，最优的筹资方案为乙方案。

(4) 筹资后的财务杠杆系数 = 息税前利润 2 000/[息税前利润 2 000 - 利息(100 + 300 × 15%)] ≈ 1.08

2. (1) D；(2) C；(3) C；(4) B。

【解析】

(1) 假设每股收益无差别点的息税前利润为 EBIT，则：[(EBIT - 20) × (1 - 25%) - 15]/(80 + 360/6) = [(EBIT - 20 - 360/120 × 100 × 5%) × (1 - 25%) - 15]/80，解得 EBIT = 75（万元）。

2021 年预计收入 = 800 × (1 + 50%) = 1 200（万元）

2021 年预计 EBIT = 1 200 × (1 - 60%) - (235 - 20 - 15) = 280（万元）>每股收益无差

别点的息税前利润,因此选择负债筹资,即方案二。

(2)选择负债筹资,其每股收益=[(280-20-360/120×100×5%)×(1-25%)-15]/80≈2.11(元)。

(3)2021年预计收入=800×(1+50%)=1 200(万元)

EBIT=1 200×(1-60%)-(235-20-15)=280(万元)

(4)利润总额=息税前利润280-利息(20+360/120×100×5%)=245(万元)

本章知识串联

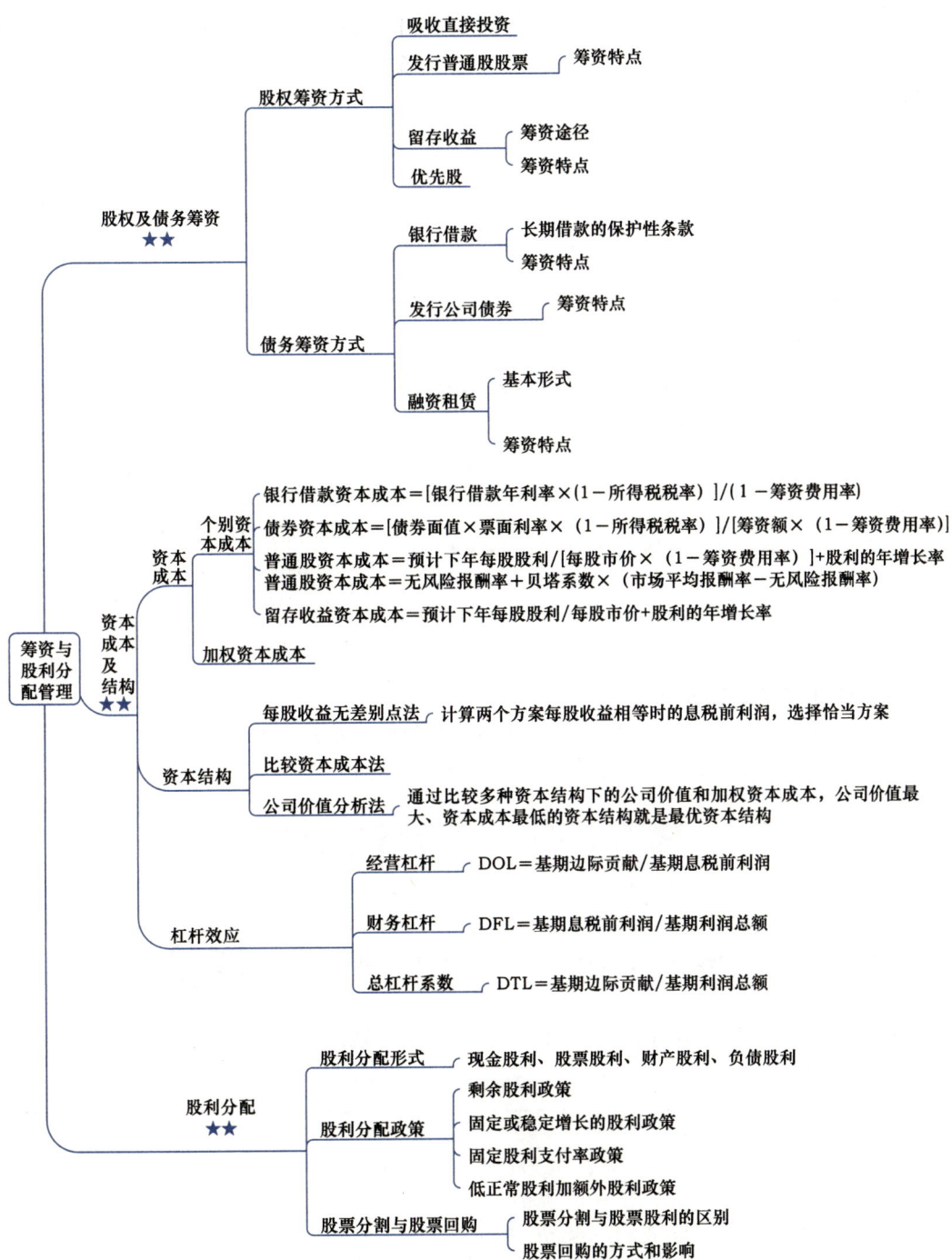

第4章 投资管理

考情解密

历年考情概况

本章属于财务管理部分的重点章节,在历年考试中所占比重比较大,以往年度主要考查了投资项目现金流量的计算、固定资产投资决策方法、并购支付方式及公司收缩等知识点。考试中主要以单项选择题、多项选择题和计算题形式考查。近年平均分值为6分左右。

近年考点直击

考点	主要考查题型	考频指数	考查角度
投资项目现金流量	单选题、计算题	★★★	(1)每年现金净流量金额计算; (2)流动资金投资额的计算、最后一年现金净流量的计算
固定资产投资决策方法	单选题、计算题	★★★	(1)年等额净回收额的适用情况; (2)投资回收期、净现值的计算
公司并购与收缩	单选题、多选题	★	(1)并购支付的基本方式; (2)公司收缩方式

本章2021年考试主要变化

删除:①被并购企业的价值评估中采用折现式价值评估模式下对现金流量测算和折现率选择的讲解;②公司分立效应分析和分拆上市功能效应分析的内容。

考点详解及精选例题

核心考点1 固定资产投资项目的现金流量★★★(见表4-1)

扫我解疑难

固定资产投资决策是建立在投资项目的现金流估算基础之上。

表4-1 投资项目的现金流量

分类	项目	内容
建设期现金流量	含义	建设期现金流量主要为**现金流出量**。一般包括:固定资产投资、流动资产投资(垫支的营运资金)、其他投资费用、原有固定资产的变现收入
	计算	某年流动资金投资额(垫支数) =**本年流动资金需用额-截至上年的流动资金投资额** =本年流动资金需用额-上年流动资金需用额 本年流动资金需用额 =**本年流动资产需用额-本年流动负债需用额**
	备注	原有固定资产的变现收入表现为现金流入,常见于固定资产更新投资

续表

分类	项目	内容
经营期现金流量	内容	经营期现金流量表现为净现金流量（NCF），等于现金流入量减去现金流出量
经营期现金流量	计算	经营期现金净流量 ＝销售收入－付现成本－所得税 ＝净利润＋折旧等非付现成本 ＝（销售收入－付现成本）×（1－所得税税率）＋折旧等非付现成本×所得税税率
经营期现金流量	备注	严格来说，净利润应为"息税前利润×（1－所得税税率）"，即息前税后利润
终结期现金流量	含义	终结期的现金流量主要是现金流入量，包括固定资产变价净收入、固定资产变现净损益对现金净流量的影响和垫支营运资金的收回
终结期现金流量	计算	固定资产变现净损益对现金净流量的影响＝（账面价值－变价净收入）×所得税税率 固定资产的账面价值＝固定资产原值－按照税法规定计提的累计折旧
终结期现金流量	备注	①账面价值－变价净收入＞0，发生变价净损失，可抵税，减少现金流出，增加现金净流量； ②账面价值－变价净收入＜0，实现变价净收益，应纳税，增加现金流出，减少现金净流量

【例题1·单选题】 关于现金流量的估计，下列说法中错误的是（ ）。

A. 差额成本、未来成本、重置成本、机会成本等都属于相关成本，在分析决策时必须加以考虑

B. 只有增量现金流量才是与项目相关的现金流量

C. 在项目投资决策中，不需要考虑投资方案对公司其他项目的影响

D. 通常，在进行投资分析时，假定开始投资时筹措的营运资本在项目结束时收回

解析 ▶ 在项目投资决策中，要考虑投资方案对公司其他项目的影响。所以选项C的说法不正确。   **答案** ▶ C

核心考点2　固定资产投资决策的常用方法★★★（见表4-2）

表4-2　固定资产投资决策的常用方法

方法		公式	评价标准
投资回收期法	各年现金净流量相等	投资回收期（年）＝原始投资额÷年现金净流量（如果有建设期，投资回收期应当考虑）	投资回收期一般不超过固定资产使用年限的一半，多个方案中以**最短者为优**
投资回收期法	各年现金净流量不相等	投资回收期＝n＋$\dfrac{第n年末尚未收回的投资额}{第n+1年的现金净流量}$	投资回收期一般不超过固定资产使用年限的一半，多个方案中以**最短者为优**
投资回报率法		投资回报率＝年均现金净流量÷原始投资额	选择投资回报率最高的方案
净现值法		净现值＝$\sum\limits_{t=0}^{n}\dfrac{NCF_t}{(1+r)^t}$ 其中，NCF_t——第t年的现金净流量； n——项目预计使用年限； r——折现率	净现值大于0的方案是可取的，否则是不可取的。多个方案中，应选择**净现值最大**的方案投资
现值指数法		现值指数＝$\dfrac{未来现金净流量现值}{原始投资额现值}$	现值指数大于1的方案是可取的；否则不可取。在现值指数大于1的多个方案中，现值指数最大的方案为最优方案

续表

方法	公式	评价标准
内含报酬率法	$NPV=\sum_{t=0}^{n}\frac{NCF_t}{(1+r)^t}=0$ 内含报酬率是使上述等式成立的 r 值，采用插值法计算内含报酬率是考试的一种常见方式，需要掌握	选择**内含报酬率最大**的方案
年金净流量法	年金净流量（ANCF）=$\frac{现金净流量总现值}{年金现值系数}$=$\frac{现金净流量总终值}{年金终值系数}$	年金净流量大于 0，说明每年平均的现金流入能抵补现金流出，方案可行。在两个以上寿命期不同的投资方案比较时，**年金净流量越大，方案越好**

『提示』

（1）投资回收期法和投资回报率法没有考虑资金的时间价值。

（2）净现值法和现值指数法的结果受选定折现率的影响，而内含报酬率法不受此因素影响。

核心考点3　有价证券投资管理 ★★

扫我解疑难

一、股票投资和债券投资的优缺点（见表4-3）

表4-3　股票投资和债券投资的优缺点

优缺点	股票投资	债券投资
优点	①投资收益高； ②能降低购买力损失； ③流动性很强； ④能达到控制股份公司的目的	①投资收益比较稳定； ②投资安全性好
缺点	投资风险较大	购买债券不能达到参与和控制发行企业经营管理活动的目的

『提示』要注意将股票、债券投资的优缺点与股票、债券筹资的优缺点对比记忆。

二、股票和债券的估价模型（见表4-4）

表4-4　股票和债券的估价模型

种类	类型	计算公式	各指标含义
债券	一年付息一次	$P=\sum_{t=1}^{n}\frac{I}{(1+k)^t}+\frac{F}{(1+k)^n}=I\times(P/A,k,n)+F\times(P/F,k,n)$	P——债券价值； k——适用的折现率（市场利率）； F——债券面值； I——票面利息； n——债券距到期日的时间； i——票面利率
	到期一次还本付息	$P=\frac{F\times(1+n\times i)}{(1+k)^n}=F\times(1+n\times i)\times(P/F,k,n)$	
	贴现发行	$P=\frac{F}{(1+k)^n}=F\times(P/F,k,n)$	

第4章 投资管理

续表

种类	类型		计算公式	各指标含义
股票	基本模型	永远持有，股利没有规律	$P = \sum_{i=1}^{n} \dfrac{d_i}{(1+k)^i}$	P——普通股票的价值； d_i——预计第 i 年的股利； k——投资者要求的报酬率； P_n——在第 n 期末将股票出售的价格； d_0——上一期支付的股利； d_1——下一期预计支付的股利； g——股利的增长率
		持有 n 期，第 n 期末以 P_n 的价格出售	$P = \sum_{i=1}^{n} \dfrac{d_i}{(1+k)^i} + \dfrac{P_n}{(1+k)^n}$	
	零增长模型	永远持有，每年股利固定	$P = \dfrac{d_0}{k}$	
	固定增长模型	永远持有，股利按照一定比例增长	$P = \dfrac{d_0 \times (1+g)}{k-g} = \dfrac{d_1}{k-g}$	
	阶段性增长模型	n 期高增长，以后永续固定增长或固定不变	n 期高增长阶段价值为 $P = \sum_{i=1}^{n} d_i / (1+k)^i$，永续阶段价值公式参见固定增长模型和零增长模型，两阶段价值相加，即为股票价值	

『提示』

（1）一般来讲，股价低于股票价值时，投资可行；相反，则投资不可行。

（2）债券投资的折现率大于资本成本，投资可行；否则不可行。

【例题 2 · 单选题】 某投资人持有甲公司的股票，要求的报酬率为 12%。预计甲公司未来三年的每股股利分别为 1.0 元、1.2 元、1.5 元。在此以后转为正常增长，年增长率为 8%。则该公司股票的内在价值为（　）元。[已知：（P/F, 12%, 1) = 0.892 9，(P/F, 12%, 2) = 0.797 2，(P/F, 12%, 3) = 0.711 8]

A. 29.62
B. 31.75
C. 30.68
D. 28.66

解析 股票的价值 = 1.0×(P/F, 12%, 1)+1.2×(P/F, 12%, 2)+1.5×(P/F, 12%, 3)+1.5×(1+8%)/(12%−8%)×(P/F, 12%, 3)= 31.75(元)

答案 B

【例题 3 · 单选题】 甲公司拟对外发行面值为 60 万元，票面年利率为 6%、每半年付息一次、期限为 4 年的公司债券。若债券发行时的市场年利率为 8%，则该债券的发行价格是（　）万元。[已知（P/A, 8%, 4) = 3.312，(P/A, 4%, 8) = 6.733，(P/F, 8%, 4) = 0.735，(P/F, 4%, 8) = 0.731]

A. 55.98
B. 56.02
C. 58.22
D. 60.00

解析 债券的发行价格 = 60×6%×1/2×(P/A, 4%, 8)+60×(P/F, 4%, 8) = 60×6%×1/2×6.733+60×0.731 = 55.98(万元)

答案 A

核心考点4　公司并购与收缩 ★★

一、公司并购

(一)被并购企业的价值评估

1. 折现式价值评估模式

$$V = \sum_{t=1}^{n} \dfrac{FCF_t}{(1+k)^t}$$

其中：V—目标公司价值；FCF—目标公司自由现金流量；K—折现率；t—期限；n—折现期。

通过这个模型估计的是企业整体价值，因为并购中实际使用的是目标公司的股权价值，因此，目标公司股权价值＝V－目标公司债务价值。

由于目标公司为可持续经营企业，因此，并购估值中期限一般取无穷大。

2. 非折现式价值评估模式

非折现式价值评估模式包括市盈率法、账面资产净值法和清算价值法等，表4-5主要介绍市盈率法的应用。

表4-5 市盈率法

项目	内容
公式	每股价值＝预计每股收益×标准市盈率 其中，市盈率＝每股价格÷每股收益
遵循原则	①以一家或多家具有**相似的发展前景和风险特征**的公司为参照； ②考虑主并企业自身的市盈率； ③以最近10个或20个交易日的市盈率进行加权平均
适用情况	并购公司或目标公司为上市公司

【例题4·单选题】下列关于被并购企业价值评估方法的表述，不正确的是(　)。

A. 企业价值评估是并购方制定合理支付价格范围的主要依据

B. 现金流量折现模式是折现式价值评估模式中最科学的一种

C. 目标公司股权价值就等于目标公司自由现金流量的现值

D. 并购估值中期限一般取无穷大

解析 通过现金流量折现模式估算的是企业整体价值V，因为并购中实际使用的目标公司的股权价值，因此，目标公司股权价值＝V－目标公司债务价值。　**答案** C

(二)并购支付方式(见表4-6)

表4-6 并购支付方式

并购支付方式	项目	内容
现金支付方式	优点	是一种最简捷、最迅速的方式，且最受那些现金拮据的目标公司所欢迎
	缺点	①大宗并购交易会给并购公司造成巨大现金压力； ②短期内大量现金支付会引起并购公司的流动性问题，而寻求外部融资，又会受融资能力限制； ③一些国家规定，如果目标公司接受现金价款，必须缴纳所得税
股票对价方式	对价支付	企业集团通过增发新股换取目标公司的股权
	优点	避免企业集团现金的大量流出，并购后能够保持良好的现金支付能力，减少财务风险
	缺点	①稀释企业集团原有的控制权结构与每股收益水平； ②程序复杂，可能会延误并购时机，增大并购成本

续表

并购支付方式	项目	内容
卖方融资方式	对价支付	作为并购公司的企业集团暂不向目标公司支付全额价款,而是作为对目标公司所有者的负债,承诺在未来一定时期内分期、分批支付并购价款的方式
	优点	①支付方式灵活,可以避免企业集团陷入并购前未预料的并购"陷阱"; ②减少了并购当时的现金负担,从而使企业集团在并购后能够保持正常运转; ③使企业集团获得税收递延支付的好处
杠杆收购方式	对价支付	企业集团通过借款的方式购买目标公司的股权,取得控制权后,再以目标公司未来创造的现金流量偿付借款
	目标公司应具备的条件	①有较高而稳定的盈利历史和可预见的未来现金流量; ②公司的利润与现金流量有明显的增长潜力; ③具有良好抵押价值的固定资产和流动资产; ④有一支富有经验和稳定的管理队伍。管理层收购中多采用杠杆收购方式

【例题5·多选题】下列关于并购支付方式的表述中,不正确的有( )。

A. 不同支付方式不会影响主并企业和目标企业的控制权关系和法律地位

B. 现金支付方式的简捷和迅速注定它是最常用的一种并购支付方式

C. 卖方融资方式由于可以保护并购企业的利益,所以任何企业都可以采用这种方式

D. 由于不同并购支付方式之间有较大差异,所以必须单独使用

E. 采用股票对价方式可以避免并购企业的大量现金流出,减少财务风险

解析 选项A,不同的支付方式会影响主并企业和目标企业的控制权关系和法律地位,甚至影响并购的成败,因此并购支付方式选择是并购决策的重要环节;选项B,由于大额现金支付会给并购公司造成巨大的现金压力,而且会引起并购公司的流动性问题,同时有些国家还需要缴纳所得税,因此对于巨额的并购交易,现金支付的比率一般都比较低;选项C,作为一种未来债务的承诺,采用卖方融资方式的前提是,企业集团有着良好的资本结构和风险承受能力;选项D,每种并购支付方式各有优劣,可单独使用,也可以组合使用。 **答案** ABCD

二、公司收缩

公司收缩是公司重组的一种形式,它是指对公司股本或资产进行重组而缩减主营业务范围或缩小公司规模的各种资本运作方式。公司收缩主要方式有:资产剥离、公司分立、分拆上市(见表4-7)。

表4-7 公司收缩

方式	项目	内容
资产剥离	动因分析	(1)适应经营环境变化,调整经营战略; (2)提高管理效率; (3)提高资源利用效率; (4)弥补并购决策失误或成为并购决策的一部分; (5)获取税收或管制方面的收益
	效应分析	(1)资产剥离对公司的收缩作用主要表现在业务的收缩上,回收的资金用于公司核心业务的发展; (2)资产剥离的消息通常会对股票市场价值产生积极的影响

方式	项目	内容
公司分立	标准式公司分立	母公司将其在某子公司中所拥有的股份，按母公司股东在母公司中的持股比例分配给现有母公司的股东，从而在法律上和组织上将子公司的经营从母公司的经营中分离出去的行为。 ①会形成一个与母公司有着**相同股东和持股结构的新公司**。 ②在分立过程中，不存在股权和控制权向母公司和其股东之外第三者转移的情况，因为现有股东对母公司和分立出来的子公司同样保持着它们的权利
	衍生式公司分立	换股式公司分立，是指母公司把其在子公司中占有的股份分配给母公司的**一些股东**（而不是全部母公司股东），用以交换上述股东在母公司中的股份的行为
		解散式公司分立，是指母公司将子公司的控制权移交给它的股东。在解散式分立中，母公司所拥有的全部子公司都分立出来，因此，原母公司不复存在。 在拆股后，除管理队伍会发生变化以外，所有权比例也可能发生变化，这取决于母公司选择怎样的方式向其股东提供子公司的股票
分拆上市	广义	已上市公司或者尚未上市公司将其中部分业务独立出来单独上市
	狭义	已上市公司将其中部分业务或者已上市母公司将其中某个子公司独立出来，另行公开招股上市

【例题6·多选题】下列关于公司分立的表述中，正确的有（　　）。

A．公司分立可以分为标准式分立和衍生式分立

B．换股式公司分立会形成一个与母公司有着相同股东和持股结构的新公司

C．标准式分立不存在股权和控制权向母公司和其股东之外第三者转移的情况

D．标准式公司分立的子公司可以是原来就存在的子公司，也可以是为了分立考虑临时组建的子公司

E．解散式分立中母公司将自己的所有资产全部事先分解成一个个子公司才能完成最终母公司的自动消失

解析 选项B，标准式公司分立会形成一个与母公司有着相同股东和持股结构的新公司。

答案 ACDE

真题精练

一、单项选择题

1．（2020年）甲公司计划进行一项固定资产投资，总投资额600万元，预计该固定资产投产后第一年的流动资产需用额为50万元，流动负债需用额为10万元；预计该固定资产投产后第二年的流动资产需用额为80万元，流动负债需用额为25万元。则该固定资产投产后第二年流动资金投资额是（　　）万元。

A．25　　　　B．15

C．55　　　　D．40

2．（2019年）甲公司拟购买一台价值40万元的设备，预计使用年限为5年，采用年限平均法计提折旧，预计净残值为零。该设备预计每年为公司实现销售收入50万元，相应付现成本22万元，适用的企业所得税税率为25%。假设不考虑其他相关税费，会计折旧与税法规定一致，则该设备经营期每年现金净流量为（　　）万元。

A．50　　　　B．28

C. 115　　　　　D. 23
3. (2020年)甲公司计划投资一项目,一次性总投资为100万元,建设期为0,经营期为6年,该项目的现值指数为1.5。若当前市场利率为8%,则该投资项目的年金净流量为( )万元。[已知(P/A,8%,6)=4.6229,(F/A,8%,6)=7.3359]
　A. 6.82　　　　　B. 10.82
　C. 12.45　　　　D. 16.45
4. (2018年)公司并购的支付方式是指并购活动中并购公司和目标公司之间的交易形式。下列不属于并购支付方式的是( )。
　A. 现金支付方式
　B. 股票对价方式
　C. 杠杆收购方式
　D. 买方融资方式

二、多项选择题

(2020年)下列属于公司收缩主要方式的有( )。
　A. 吸收合并
　B. 分拆上市
　C. 公司分立
　D. 新设合并
　E. 资产剥离

三、计算题

(2018年)黄河公司因技术改造需要,2019年拟引进一套生产线,有关资料如下:
(1)该套生产线总投资520万元,建设期1年,2019年年初投入100万元,2019年年末投入420万元。2019年年末新生产线投入使用,该套生产线采用年限平均法计提折旧,预计使用年限为5年(与税法相同),预计净残值为20万元(与税法相同)。
(2)该套生产线预计生产使用第一年流动资产需要额为30万元,流动负债需要额为10万元。预计生产使用第2年流动资产需要额为50万元,流动负债需要额为20万元。生产线使用期满后,流动资金将全部收回。
(3)该套生产线投入使用后,每年将为公司新增销售收入300万元,每年付现成本为销售收入的40%。
(4)假设该公司使用企业所得税税率25%,要求的最低投资报酬率为10%,不考虑其他相关费用。
(5)相关货币时间价值参数如下表所示:

年份(n)	1	2	3	4	5	6
(P/F, 10%, n)	0.9091	0.8264	0.7513	0.6830	0.6209	0.5645
(P/A, 10%, n)	0.9091	1.7355	2.4869	3.1699	3.7908	4.3553

根据以上资料,回答下列问题:
(1)该套生产线投产后第二年流动资金的投资额是( )万元。
　A. 10　　　　　B. 30
　C. 50　　　　　D. 20
(2)该套生产线投产后每年产生的经营期现金流量是( )万元。
　A. 170　　　　　B. 160

C. 175　　　　　D. 165
(3)该套生产线投产后终结期的现金流量是( )万元。
　A. 20　　　　　B. 40
　C. 50　　　　　D. 30
(4)该投资项目的净现值是( )万元。
　A. 71.35　　　　B. 90.96
　C. 99.22　　　　D. 52.34

真题精练答案及解析

一、单项选择题

1. B 【解析】第一年流动资金需用额 = 50−10 = 40(万元),第二年流动资金需用额 = 80−25 = 55(万元),第二年流动资金投资额 = 55−40 = 15(万元)。

2. D 【解析】该设备经营期每年计提折旧 = 40/5 = 8(万元),经营期每年现金流量 = (销售收入−付现成本)×(1−25%) + 折旧×25% = (50−22)×75% + 8×25% = 23(万元)。

3. B 【解析】现值指数 = 未来现金净流量的现值/原始投资额现值 100 = 1.5,因此未来现金净流量的现值 = 1.5×100 = 150(万元);净现值 = 150−100 = 50(万元);年金净流量 = 50/(P/A, 8%, 6) = 50/4.622 9 ≈ 10.82(万元)。

4. D 【解析】并购支付方式主要包括以下四种:现金支付方式、股票对价方式、杠杆收购方式、卖方融资方式。

二、多项选择题

BCE 【解析】公司收缩的主要方式有:资产剥离、公司分立、分拆上市。

三、计算题

(1) A;(2) B;(3) C;(4) A。

【解析】

(1) 投产后第一年流动资金需用额 = 投资额 = 30−10 = 20(万元),投产后第二年流动资金需要额 = 50−20 = 30(万元),因此投产后第二年的流动资金投资额 = 30−20 = 10(万元)。

(2) 每年的折旧额 = (520−20)/5 = 100(万元)

每年的经营期现金流量 = (300−300×40%)×(1−25%) + 100×25% = 160(万元)

(3) 终结期的现金流量 = 收回的流动资金 30 + 残值收入 20 = 50(万元)

(4) 净现值
= 160×(P/A, 10%, 5)×(P/F, 10%, 1) + 50×(P/F, 10%, 6) − [100 + (420 + 20)×(P/F, 10%, 1) + 10×(P/F, 10%, 2)]
= 160×3.790 8×0.909 1 + 50×0.564 5 − [100 + (420 + 20)×0.909 1 + 10×0.826 4]
≈ 71.35(万元)

同步训练 限时69分钟

扫我做试题

一、单项选择题

1. 甲公司拟建一条生产线,预计投产第一年的流动资产需用额为 100 万元,流动负债的需用额 70 万元;第二年流动资产的需用额为 60 万元,流动负债的需要额为 40 万元,第三年的流动资产需用额为 70 万元,流动负债的需要额为 30 万元,则流动资金投资合计数为( )万元。

A. 20   B. 40
C. 50   D. 70

2. 下列关于终结期现金流量的说法中,正确的是( )。

A. 终结阶段的现金流量主要是现金流入量和现金净支出

B. 终结阶段的现金流量主要是固定资产变价净收入、固定资产变现净损益对现金净

流量的影响和垫支营运资金的收回

C. 如果发生变现净收益，可抵税，减少现金流出，增加现金净流量

D. 如果发生变现净损失，应纳税，增加现金流出，减少现金净流量

3. 甲公司2020年末处置现有的闲置设备一台（本年度的折旧已提），收到现金20 000元，无其他相关费用。该设备于2012年末以100 000元购入，使用年限为10年（与税法规定相同），并按年限平均法计提折旧，预计净残值率为10%。假设公司其他事项的应纳税所得额大于0，适用企业所得税税率为25%，则甲公司处置该项设备对2020年现金流量的影响是（　　）元。

A. 减少2 000　　B. 减少18 000
C. 增加20 000　　D. 增加22 000

4. 甲公司购建一条生产线用于生产新产品，生产线价值为200万元，使用寿命为5年，预计净残值为10万元，按年限平均法计提折旧（与税法规定一致）。甲公司购建该生产线后预计第一年可以生产销售A产品100万件，每件产品销售价格为2元，变动成本为1.2元。以后每年销售增加20万件，最后一年收回残值收入15万元。假设该公司适用企业所得税税率为25%，则该项投资的投资回收期为（　　）年。

A. 3.24　　B. 2.95
C. 2.87　　D. 2.52

5. 某公司购买一台新设备用于生产新产品，设备价值为50万元，使用寿命为5年，预计净残值为5万元，按年限平均法计提折旧（与税法规定一致）。使用该设备预计每年能为公司带来销售收入50万元，付现成本15万元，最后一年收回残值收入5万元。假设该公司适用企业所得税税率为25%，则该项投资的投资回报率为（　　）。

A. 50%　　B. 57.5%
C. 60%　　D. 59%

6. 甲公司计划投资一条新的生产线，项目一次性投资800万元，建设期3年，经营期为10年，经营期年现金净流量230万元。若当期市场利率为9%，则该项目的净现值为（　　）万元。[已知：(P/A, 9%, 13) = 7.486 9, (P/A, 9%, 3) = 2.531 3]

A. 93.87　　B. 339.79
C. 676.07　　D. 921.99

7. 已知甲项目的投资额为500万元，建设期为1年，项目的预计使用年限为10年，投产后1至5年每年的净现金流量为90万元，第6至10年每年净现金流量为80万元，贴现率为10%，则该项目的净现值为（　　）万元。[已知(P/F, 10%, 1) = 0.909 1, (P/F, 10%, 5) = 0.620 9, (P/F, 10%, 10) = 0.385 5, (P/A, 10%, 5) = 3.790 8, (P/A, 10%, 10) = 6.144 6]

A. −12.34　　B. −18.66
C. 12.34　　D. 18.66

8. 某投资项目的项目期限为5年，投资期为1年，投产后每年的现金净流量均为1 500万元，原始投资额现值为2 500万元，资本成本为10%，则该项目年金净流量为（　　）万元。[已知(P/A, 10%, 4) = 3.169 9, (P/A, 10%, 5) = 3.790 8]

A. 574.97　　B. 840.51
C. 594.82　　D. 480.79

9. 甲企业计划投资某项目，该项目全部投资均于建设起点一次性投入，建设期为零，经营期为8年，投产后每年产生的现金净流量相等，若该项目的投资回收期为5年，则该项目的内含报酬率是（　　）。[已知(P/A, 11%, 8) = 5.146 1, (P/A, 12%, 8) = 4.967 6]

A. 9.38%　　B. 11.82%
C. 11.36%　　D. 12.42%

10. 下列关于同一项目的固定资产投资评价方法的表述中，正确的是（　　）。

A. 当投资回收期大于项目周期一半时，项目的净现值大于0

B. 当项目净现值大于0时，说明此项目的现值指数小于1

C. 当项目净现值大于0时，项目的实际报酬率高于所要求的报酬率

D. 当项目的年金净流量大于1，说明项目的净现值大于0

11. 丁公司拟投资8 000万元，经测算，该项投资的经营期为4年，每年年末的现金净流量均为3 000万元，则该投资项目的内含报酬率为（　　）。[已知（P/A，17%，4）= 2.743 2，（P/A，20%，4）= 2.588 7]

　　A. 17.47%　　　　B. 18.49%
　　C. 19.53%　　　　D. 19.88%

12. 某投资者欲投资购买某普通股股票，已知该种股票刚刚支付的每股股利为1.2元，以后的股利每年以2%的速度增长，投资者持有3年后以每股15元的价格出售，投资者要求的必要收益率为6%，则该股票的每股市价不超过（　　）元时，投资者才会购买。

[已知：（P/F，6%，1）= 0.943 4，（P/F，6%，2）= 0.890 0，（P/F，6%，3）= 0.839 6，（P/F，6%，4）= 0.792 1]

　　A. 15.93　　　　B. 15.86
　　C. 30.6　　　　 D. 20.8

13. 某企业拟投资购入一种贴现发行的债券，该债券的面值为2 000元，期限为5年。若市场利率为10%，则该债券的价值为（　　）元。[已知（P/A，10%，5）= 3.790 8，（P/F，10%，5）= 0.620 9]

　　A. 1 241.80　　　B. 2 141.48
　　C. 1 244.85　　　D. 1 428.48

14. 某投资者于2021年1月2日以105元的价格，购买A公司于2019年1月2日发行的5年期的债券，债券面值为100元，票面利率6%，每年12月31日付息，到期还本。则该投资者购入债券并持有至到期日的收益率为（　　）。[已知：（P/A，5%，3）= 2.723 2；（P/A，4%，3）= 2.775 1；（P/F，5%，3）= 0.863 8；（P/F，4%，3）= 0.889 0]

　　A. 6%　　　　　B. 4.19%
　　C. 2.25%　　　 D. 3.12%

15. 相对股票投资而言，企业进行债券投资的优点是（　　）。

　　A. 财务风险高
　　B. 流动性强
　　C. 投资收益高
　　D. 投资安全性好

16. 下列关于并购支付方式优缺点的表述中，正确的是（　　）。

　　A. 卖方融资方式通常用于目标公司获利不佳，急于脱手的情况
　　B. 股票对价支付方式会给企业带来巨大的现金压力
　　C. 杠杆收购方式可以使企业集团获得税收递延支付的好处
　　D. 现金支付方式的优点是避免企业集团现金的大量流出，减少财务风险

17. 下列关于杠杆收购方式的表述中，正确的是（　　）。

　　A. 必须保证较高比率的自有资金
　　B. 可以避免并购企业的大量现金流出，减少财务风险
　　C. 可以保护并购企业的利润，任何企业都可以采用这种方式
　　D. 多用于管理层收购

二、多项选择题

1. 对同一投资项目而言，下列关于投资决策方法的表述中，错误的有（　　）。

　　A. 如果净现值大于零，其现值指数一定大于1
　　B. 如果净现值小于零，表明该项目将减损股东价值，应予以放弃
　　C. 如果净现值大于零，其内含报酬率一定大于设定的折现率
　　D. 如果净现值大于零，其投资回收期一定短于项目经营期的1/2
　　E. 净现值、现值指数和内含报酬率的评价

结果可能不一致

2. 在考虑所得税的情况下，下列各项影响内含报酬率大小的有（ ）。
   A. 原始投资额
   B. 各年的付现成本
   C. 各年的销售收入
   D. 固定资产残值
   E. 资本成本

3. 诚信公司拟投资一项目60万元，投产后年营业收入18万元，营业成本15万元，预计有效期10年，按直线法计提折旧，无残值。所得税税率为25%，投资人要求的必要报酬率为10%，则该项目（ ）。[已知（P/A，10%，10）=6.144 6]
   A. 经营期现金净流量为2.25万元
   B. 投资回收期7.27年
   C. 现值指数小于1
   D. 内含报酬率小于10%
   E. 该项目可行

4. 下列属于终结期现金流量的有（ ）。
   A. 固定资产的残值收回
   B. 流动资金的收回
   C. 机器设备安装成本
   D. 固定资产筹建费用
   E. 房屋建造费用

5. 乙公司投资购买一台新设备，设备价值为70万元，预计使用寿命为7年，期满无残值，按直线法计提折旧（与税法规定一致）。该设备预计每年能为公司带来销售收入48万元，付现成本9万元。最后一年全部收回第一年垫付的流动资金8万元。假设乙公司适用企业所得税税率为25%，则下列关于该项目现金流量的说法，正确的有（ ）。
   A. 该项目第一年的现金流出量为70万元
   B. 该项目第二年产生的净利润为21.75万元
   C. 该项目第三年所得税对于现金流量的影响为7.25万元
   D. 该项目第四年的现金净流量为29万元
   E. 该项目最后一年的现金净流量为39.75万元

6. 一项长期投资方案的现值指数小于1，说明（ ）。
   A. 该方案的内含报酬率大于企业的资本成本
   B. 该方案的内含报酬率小于企业的资本成本
   C. 该方案净现值大于0
   D. 该方案生产经营期净现金流量的总现值大于原始投资额的现值
   E. 该方案不可行

7. 下列关于股票投资和债券投资优缺点的表述中，不正确的有（ ）。
   A. 股票投资的缺点为一般风险较大，收益不稳定
   B. 股票投资的收益高，所以增加了购买力的损失
   C. 债券投资收益比较稳定，但投资风险比较大
   D. 债券投资的缺点是购买债券不能达到参与和控制发行企业经营管理活动的目的
   E. 债券优先于股票求偿，债券投资安全性优于股票

8. 甲公司是一家上交所上市的食品生产企业，其年平均市盈率为11。甲公司2020年12月31日资产负债表主要数据如下：资产总额为12 000万元，债务总额为3 000万元。当年净利润为2 000万元。为了进一步扩大企业规模，甲公司拟并购一家主营业务为日化用品生产的乙公司，乙公司2020年12月31日主要数据如下：负债总额为600万元，资产负债率为20%，当年净利润为300万元，与乙公司具有相同经营范围和风险特征的上市公司平均市盈率为8。假设目标公司被收购后的盈利水平能够迅速提高到并购公司当年的资产报酬率水平，且市盈率能够达到甲公司的水平，则下列计算正确的有（ ）。
   A. 甲公司总资产报酬率为16.67%

B. 乙公司预计净利润为 480 万元
C. 乙公司价值为 5 501.1 万元
D. 乙公司资产总额为 2 730 万元
E. 乙公司资产总额为 3 000 万元

9. 下列属于杠杆收购具备的条件的有(　　)。
  A. 有较高而稳定的盈利历史和可预见的未来现金流量
  B. 公司的利润与现金流量有明显的增长潜力
  C. 具备良好抵押价值的固定资产和流动资产
  D. 有一支富有经验和稳定的管理队伍
  E. 需要充分的资金

10. 下列各项中，属于剥离动因的有(　　)。
  A. 适应经营环境变化
  B. 提高管理效率
  C. 提高资源利用效率
  D. 弥补并购决策失误或成为并购决策的一部分
  E. 避免股权被稀释

11. 下列关于公司收缩的表述中，错误的有(　　)。
  A. 资产剥离会导致公司资产总量的减少
  B. 按照剥离业务中所出售资产的形式，剥离可以划分为出售固定资产、出售无形资产、出售子公司等形式
  C. 资产剥离的消息通常会对股票市场价值产生积极的影响
  D. 资产剥离、分拆上市、公司分立等是公司收缩的主要方式
  E. 资产置换属于公司分拆的一种特殊方式

三、计算题

1. 黄河公司原有资本结构为：普通股 10 000 万元，资本成本为 10%；长期债券 2 000 万元，资本成本为 8.5%。现向银行借款 800 万元，期限为 5 年，年利率为 5%，分期付息，一次还本，筹资费用为零。
   该筹资用于购买价值为 800 万元的大型设备(不考虑相关税费)，购入后立即投入使用，每年可为公司增加利润总额 160 万元。
   设备预计可使用 5 年，采用直线法计提折旧，预计净残值为 0。黄河公司向银行取得新的长期借款后，公司普通股市价为 10 元/股，预计下年的每股股利由 1.8 元增加到 2.0 元，以后每年增加 1%，假设适用所得税税率为 25%，不考虑其他因素的影响。
   根据上述资料，回答以下问题：
   (1)若该设备投资项目的期望投资收益率为 16%，标准离差为 0.08，则该设备投资项目标准离差率为(　　)。
   A. 8%　　　　　B. 16%
   C. 50%　　　　D. 60%
   (2)黄河公司新增银行借款后的综合资本成本为(　　)。
   A. 9.4%　　　　B. 9.49%
   C. 17.97%　　　D. 18.3%
   (3)该设备投资项目投资回收期为(　　)年。
   A. 2.50　　　　B. 2.86
   C. 4.50　　　　D. 5.00
   (4)经测算当贴现率为 20% 时，该设备投资项目净现值为 37.368 万元，当贴现率为 24% 时，该设备投资项目净现值为 -31.288 万元；采用插值法计算该设备投资项目的内含报酬率为(　　)。
   A. 21.50%　　　B. 23.15%
   C. 21.82%　　　D. 22.18%

2. 远山公司 2021 年计划投资购入一台新设备。
   (1)该设备投资额 600 万元，购入后直接使用。预计投产后每年增加 300 万元销售收入，每年增加付现成本 85 万元。
   (2)预计投产后第一年年初流动资产需要额 20 万元，流动负债需要额 10 万元，预计投产后第二年年初流动资产需要额 40 万元，流动负债需要额 15 万元。
   (3)预计使用年限 6 年，预计净残值率

5%，年限平均法计提折旧，与税法一致，预计第 4 年年末需支付修理费用 4 万元，最终报废残值收入 40 万元。

（4）所得税税率 25%，最低投资报酬率 8%。

[已知：(P/A, 8%, 6) = 4.623, (P/F, 8%, 1) = 0.926, (P/F, 8%, 4) = 0.735, (P/F, 8%, 6) = 0.63]

根据上面资料，回答下面各题：

(1) 该设备投产后，第二年年初需增加的流动资金投资额是（　）万元。

A. 15
B. 10
C. 25
D. 40

(2) 该项目第 6 年年末现金净流量是（　）万元。

A. 257.5
B. 247.5
C. 267.5
D. 277.5

(3) 该项目的投资回收期是（　）年。

A. 3.12
B. 3.00
C. 3.38
D. 4.00

(4) 该项目的净现值是（　）万元。

A. 268.54
B. 251.37
C. 278.73
D. 284.86

3. 黄山公司原有普通股 10 000 万元、资本成本 10%，长期债券 2 000 万元、资本成本 8%。现向银行借款 600 万元，借款年利率为 6%，每年复利一次，期限为 5 年，筹资费用率为零。该借款拟用于投资购买一价值为 600 万元的大型生产设备（无其他相关税费），购入后即投入使用，每年可为公司增加利润总额 120 万元。该设备可使用 5 年，按平均年限法计提折旧，期满无残值。该公司适用企业所得税税率为 25%。向银行借款增加了公司财务风险，普通股市价由 16 元跌至 14 元，每股股利由 2.7 元提高到 2.8 元，对债券的市价和利率无影响。预计普通股股利以后每年增长 1%。

根据上述资料，回答下列问题。

(1) 黄山公司新增银行借款后的加权资本成本为（　）。

A. 9.40%
B. 9.49%
C. 18.15%
D. 18.30%

(2) 该投资项目的投资回收期为（　）年。

A. 2.50
B. 2.86
C. 4.50
D. 5.00

(3) 经测算，当贴现率为 18% 时，该投资项目的净现值为 15.84 万元；当贴现率为 20% 时，该投资项目的净现值为 -5.17 万元。采用插值法计算该投资项目的内含报酬率为（　）。

A. 18.50%
B. 19.15%
C. 19.35%
D. 19.51%

(4) 若投资项目的无风险收益率为 6%，市场组合的收益率为 10%，该资产的系统风险系数为 2，则该投资项目的风险报酬率为（　）。

A. 5%
B. 8%
C. 10%
D. 20%

同步训练答案及解析

一、单项选择题

1. B 【解析】第一年流动资金需用额=100-70=30(万元),第一年的流动资金投资额=30-0=30(万元);第二年的流动资金需用额=60-40=20(万元),第二年的流动资金投资额=20-30=-10(万元);第三年的流动资金需要额=70-30=40(万元),第三年的流动资金投资额=40-20=20(万元);因此流动资金投资额=30-10+20=40(万元)。

2. B 【解析】终结阶段的现金流量主要是现金流入量,包括固定资产变价净收入、固定资产变现净损益对现金净流量的影响和垫支营运资金的回收,选项A错误,选项B正确。如果发生变现净损失,可抵税,减少现金流出,增加现金净流量;如果发生变现净收益,应纳税,增加现金流出,减少现金净流量,选项CD错误。

3. D 【解析】因为变现收入20 000元,账面价值=100 000-100 000×(1-10%)/10×8=28 000(元),因此变现净损失=8 000(元),可以减少所得税=8 000×25%=2 000(元),因此处置设备对现金流量的影响=20 000+2 000=22 000(元)。

4. D 【解析】第一年的现金流量=[100×(2-1.2)-(200-10)/5]×(1-25%)+(200-10)/5=69.5(万元),第二年的现金流量=[120×(2-1.2)-(200-10)/5]×(1-25%)+(200-10)/5=81.5(万元),第三年的现金流量=[140×(2-1.2)-(200-10)/5]×(1-25%)+(200-10)/5=93.5(万元),故投资回收期=2+(200-69.5-81.5)/93.5=2.52(年)。

5. D 【解析】企业前四年的现金净流量=(50-15)-(50-15-45/5)×25%=28.5(万元),最后一年的现金净流量=(50-15)-(50-15-45/5)×25%+5=33.5(万元),年均现金净流量=(28.5×4+33.5)/5=29.5(万元),该项投资回报率=29.5/50=59%。

6. B 【解析】该项目的净现值=230×[(P/A,9%,13)-(P/A,9%,3)]-800=230×(7.486 9-2.531 3)-800=339.79(万元)

7. B 【解析】该项目的净现值=-500+[90×(P/A,10%,5)+80×(P/A,10%,5)×(P/F,10%,5)]×(P/F,10%,1)=-500+(90×3.790 8+80×3.790 8×0.620 9)×0.909 1=-18.66(万元)

8. D 【解析】项目的净现值=1 500×(P/A,10%,4)/(1+10%)-2 500=1 500×3.169 9/1.1-2 500=1 822.59(万元),项目年金净流量=项目的净现值/年金现值系数=1 822.59/3.790 8=480.79(万元)。

9. B 【解析】假设设项目投资额为1,因为该项目的投资回收期为5年,因此每年现金净流量为1/5,内含报酬率是使得1/5×(P/A,IRR,8)-1=0成立的贴现利率,即(P/A,IRR,8)=5。利用内插法计算内含报酬率:(IRR-11%)/(12%-11%)=(5-5.146 1)/(4.967 6-5.146 1)

解得,IRR=11.82%。

10. C 【解析】选项A,投资回收期属于非贴现法指标,没有考虑时间价值;而净现值、内含报酬率属于贴现法指标,考虑了时间价值,所以投资回收期、投资回报率与净现值以及内含报酬率之间没有对应关系。选项B,项目的净现值大于0,说明现金流入量的现值大于现金流出量的现值,则现值指数大于1。选项D,年金净流量指标的结果大于0,说明每年平均的现金流入能抵补现金流出,则项目的净现值大于0。

11. B 【解析】内含报酬率对应的4年期年

金现值系数 = 8 000/3 000 = 2.666 7
(20% - 内含报酬率)/(20% - 17%) = (2.588 7-2.666 7)/(2.588 7-2.743 2)
解得,内含报酬率 = 18.49%。

12. A 【解析】根据题意,该股票预计第一年的股利为每股 1.2×(1+2%),第二年的股利为每股 1.2×(1+2%)^2,第三年的股利为每股 1.2×(1+2%)^3,所以目前股票的内在价值 = 1.2×(1+2%)×(P/F, 6%, 1)+1.2×(1+2%)^2×(P/F, 6%, 2)+1.2×(1+2%)^3×(P/F, 6%, 3) + 15 ×(P/F, 6%, 3) = 15.93(元)。

13. A 【解析】贴现发行的债券的价值 = 2 000×(P/F, 10%, 5) = 1 241.80(元)

14. B 【解析】由题意可知:105 = 100×6%×(P/A, i, 3) + 100×(P/F, i, 3),采用插值法计算:
当 i = 5% 时,100×6%×(P/A, 5%, 3) + 100×(P/F, 5%, 3) = 102.72。
当 i = 4% 时,100×6%×(P/A, 4%, 3) + 100×(P/F, 4%, 3) = 105.55。
(5%-i)/(5%-4%) = (102.72-105)/(102.72-105.55),所以 i = 4.19%。

15. D 【解析】股票投资和债券投资比较而言,债券投资的优点是投资收益比较稳定,投资安全性好,所以选项 A 不正确,选项 D 正确;股票投资的优点是投资收益高,能降低购买力的损失,流动性很强,能达到控制股份公司的目的,所以选项 BC 不正确。

16. A 【解析】选项 B,股票对价支付方式的优点是避免企业集团现金的大量流出,减少财务风险。选项 C,卖方融资方式可以使企业集团获得税收递延支付的好处。选项 D,现金支付方式的优点是最简捷、最迅速的方式,且最为那些现金拮据的目标公司所欢迎。

17. D 【解析】杠杆并购需要目标公司具备以下条件:①有较高而稳定的盈利历史和可预见的未来现金流量;②公司的利润与现金流量有明显的增长潜力;③具有良好抵押价值的固定资产和流动资产;④有一支富有经验和稳定的管理队伍等。因此,管理层收购中多采用杠杆收购方式。

二、多项选择题

1. DE 【解析】投资回收期一般不能超过固定资产使用期限的一半,选项 D 错误。净现值、现值指数和内含报酬率的评价结果一定一致,选项 E 错误。

2. ABCD 【解析】根据内含报酬率的公式,可知资本成本与内含报酬率的大小无关。

3. BCD 【解析】年折旧额 = 60/10 = 6(万元),经营期现金净流量 = (18-15)×(1-25%) + 6 = 8.25(万元),由此可知,选项 A 不正确;投资回收期 = 60/8.25 = 7.27(年),由此可知,选项 B 正确;现值指数 = 8.25×(P/A, 10%, 10)/60 = 0.84,由此可知,选项 C 正确;根据现值指数小于 1 可知,按照 10% 作为折现率计算得出现金流入量现值小于 60 万元,而按照内含报酬率作为折现率计算得出的现金流入量现值 = 60 万元,因此,内含报酬率低于 10%,即选项 D 正确;综上所述,该项目是不可行的,所以选项 E 不正确。

4. AB 【解析】终结期的现金流量包括固定资产变价净收入、固定资产变现净损益对现金净流量的影响、垫支营运资金的收回等。

5. BCE 【解析】项目第一年的现金流出量 = 70+8 = 78(万元),选项 A 错误;该项目第 2-6 年中每年的现金流量都是一样的,每年的折旧额 = 70/7 = 10(万元),每年的所得税额 = (48-9-10)×25% = 7.25(万元),因此每年的净利润 = 48-(9+10)-7.25 = 21.75(万元),第 2-6 年每年的现金净流量 = 净利润+折旧 = 21.75+10 = 31.75(万元),选项 BC 正确,选项 D 错误;最后一年的现金净流量 = 31.75+8 = 39.75(万元),选项 E 正确。

6. BE 【解析】现值指数是指生产经营期各

年的净现金流量的总现值与原始投资额的现值之比,现值指数小于1,说明净现金流量的总现值小于原始投资额的现值,净现值小于0;内含报酬率是使得项目的净现值等于0的折现率,折现率与净现值成反向变动,因为净现值小于0,所以该方案的内含报酬率小于企业的资本成本。

7. BC 【解析】股票投资的收益高,会降低购买力损失,所以选项B不正确;债券投资收益比较稳定,投资安全性优于股票,投资风险比较小,选项C不正确。

8. ACE 【解析】甲公司总资产报酬率 = 2 000÷12 000 = 16.67%,乙公司资产总额 = 600÷20% = 3 000(万元),乙公司预计净利润 = 3 000×16.67% = 500.1(万元),乙公司价值 = 500.1×11 = 5 501.1(万元)。

9. ABCD 【解析】杠杆收购是指企业集团通过借款的方式购买目标公司的股权,取得控制权后,再以目标公司未来创造的现金流量偿付借款,所以不需要充分的资金。

10. ABCD 【解析】资产剥离的动因主要有:①适应经营环境变化,调整经营战略;②提高管理效率;③提高资源利用效率;④弥补并购决策失误或成为并购决策的一部分;⑤获取税收或管制方面的收益。

11. AE 【解析】选项A,资产剥离表面上看是资产的一进一出,对等交易,公司资产总量并没有减少;选项E,资产置换属于资产剥离的一种特殊方式。

三、计算题

1. (1)C;(2)C;(3)B;(4)D。
【解析】
(1)标准离差率 = 标准离差/期望值 = 0.08/16% = 50%
(2)新增银行借款的资本成本 = 800×5%×(1-25%)/800 = 3.75%
因为借款导致股票的资本成本 = 2/10 + 1% = 21%
综合资本成本 = 3.75%×800/(10 000 + 2 000+800) + 21%×10 000/(10 000 + 2 000 + 800) + 8.5%×2 000/(10 000 + 2 000 + 800) = 17.97%
(3)折旧 = 800/5 = 160(万元),每年的现金流量 = 160×(1-25%) + 160 = 280(万元),所以投资回收期 = 800/280 = 2.86(年)。
(4)假设其内含报酬率为i,故(24% - 20%)/(20% - i) = (-31.288 - 37.368)/(37.368 - 0),解得,i = 22.18%。

2. (1)A;(2)B;(3)C;(4)A。
【解析】
(1)第一年流动资金投资额 = 流动资产需要额 20 - 流动负债需要额 10 = 10(万元)
第二年流动资金需要量 = 40 - 15 = 25(万元)
第二年流动资金投资额 = 25 - 10 = 15(万元)
(2)每年计提折旧额 = 600×(1-5%)/6 = 95(万元)
第6年年末的现金净流量 = 300 - 85 - [300 - 85 - 95 - (600×5% - 40)]×25% + 40 + 25 = 247.5(万元)
或 = [300 - 85 - 95 - (600×5% - 40)]×(1 - 25%) + 95 + 600×5% + 25 = 247.5(万元)
(3)NCF_0 = -600 - 10 = -610(万元)
NCF_1 = (300 - 85)×(1 - 25%) + 95×25% - 15 = 170(万元)
NCF_2 = (300 - 85)×(1 - 25%) + 95×25% = 185(万元)
NCF_3 = (300 - 85)×(1 - 25%) + 95×25% = 185(万元)
NCF_4 = (300 - 85)×(1 - 25%) + 95×25% - 4×(1 - 25%) = 182(万元)
NCF_5 = (300 - 85)×(1 - 25%) + 95×25% = 185(万元)
NCF_6 = 247.5(万元)
投资回收期 = 3 + (610 - 170 - 185 - 185)/182 = 3.38(年)
(4)净现值
= -610 - 15×(P/F, 8%, 1) + 185×(P/A, 8%, 6) - 4×(1 - 25%)×(P/F, 8%, 4) + (247.5 - 185)×(P/F, 8%, 6)
= -610 - 15×0.926 + 185×4.623 - 4×0.75×

0.735+62.5×0.63
=268.54(万元)
3. (1)C；(2)B；(3)D；(4)B。

【解析】

(1)向银行借款后，银行借款资本成本=6%×(1-25%)=4.5%，普通股资本成本=2.8/14+1%=21%，所以加权资本成本=21%×10 000/12 600+8%×2 000/12 600+4.5%×600/12 600=18.15%。

(2)每年计提折旧额=600/5=120(万元)，年现金净流量=120×(1-25%)+120=210(万元)，投资回收期=600/210=2.86(年)。

(3)假设项目的内含报酬率为i，根据题目条件可以列式：(i-20%)/(18%-20%)=[0-(-5.17)]/[15.84-(-5.17)]，所以i=19.51%。

(4)风险报酬率=系统风险系数×(市场组合收益率-无风险报酬率)=2×(10%-6%)=8%

本章知识串联

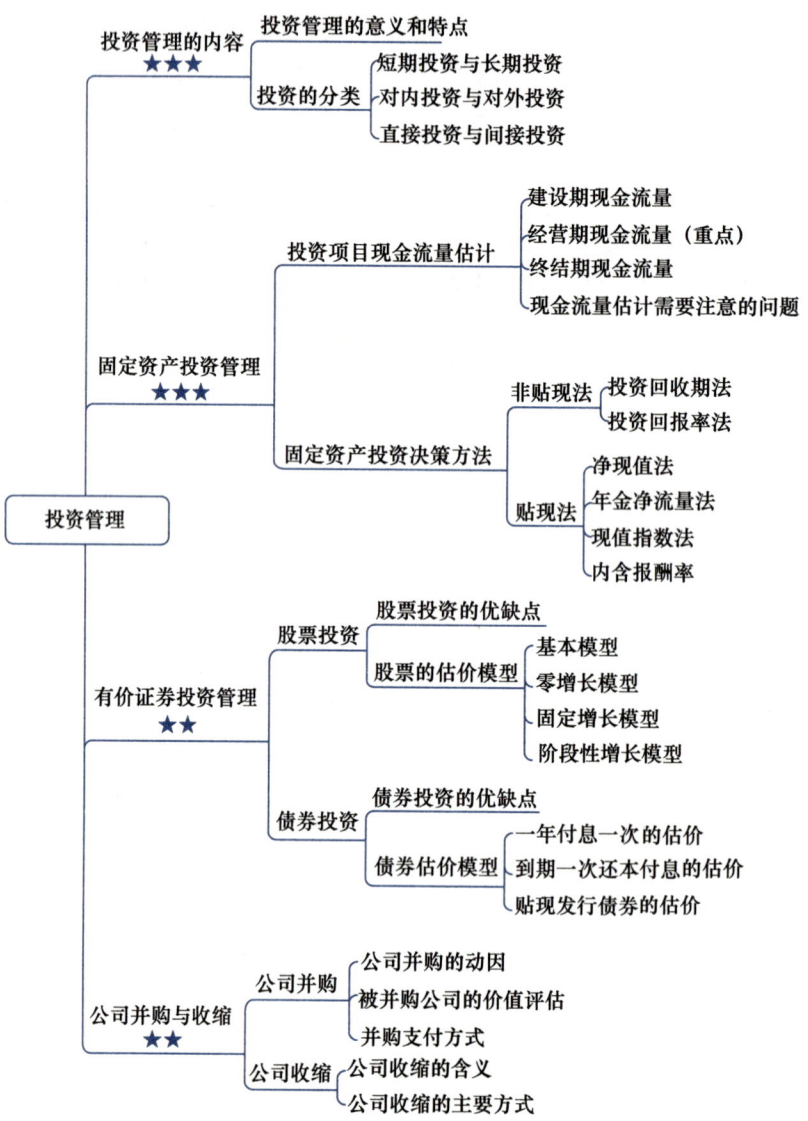

第5章 营运资金管理

考情解密

历年考情概况

本章内容比较简单,在历年考试中,主要考查了应收账款管理及存货管理、流动负债管理等知识点。考试中一般以单项选择题和多项选择题形式考查,近年平均分值在4分左右。

近年考点直击

考点	主要考查题型	考频指数	考查角度
营运资金管理	单选题	★★	流动资产投资策略
现金管理	单选题	★	现金周转天数
应收账款管理	单选题、多选题	★★	(1)应收账款机会成本的计算; (2)企业信用政策; (3)应收账款保理
存货管理	单选题	★★	经济订货批量
流动负债管理	单选题、多选题	★★	(1)短期借款成本计算; (2)短期贷款利息支付方式

本章2021年考试主要变化

1. 删除:①流动负债的分类;②营运资金的实物形态具有变动性和易变现性的解释;③账龄分析表的举例。
2. 新增:补偿性余额对应的实际利率的计算公式。

考点详解及精选例题

核心考点1　营运资金管理策略 ★★

扫我解疑难

营运资金是指在企业生产经营活动中占用在流动资产上的资金。这里指的是狭义的营运资金,表示流动资产减去流动负债后的余额。

一、流动资产的投资策略(见表5-1)

表5-1　流动资产的投资策略

类型	特点
紧缩的流动资产投资策略	①维持低水平的流动资产与销售收入比率; 『提示』这里的流动资产通常只包括生产经营过程中生产的存货、应收款项以及现金等生产性流动资产。 ②可以节约流动资产的持有成本,同时可能伴随着更高风险,如更紧的应收账款信用政策和较低的存货占用水平,以及缺乏现金用于偿还应付账款等; ③只要不可预见的事件没有损坏企业的流动性而导致严重的问题发生,该策略会提高企业效益

续表

类型	特点
宽松的流动资产投资策略	①维持高水平的流动资产与销售收入比率； ②拥有较高的流动性，企业的财务与经营风险较小； ③较高的流动资产持有成本，提高企业的资金成本，降低企业的收益水平

『提示』 从理论上来说，最优的流动资产投资是使流动资产的持有成本与短缺成本之和最低。

二、流动资产的融资策略

1. 流动资产和流动负债的类型(见表5-2)

表5-2 流动资产和流动负债的类型

种类	类型	项目	内容
流动资产	永久性流动资产	含义	用于满足企业的长期最低需求，占有量通常相对稳定
		融资方式	一般来源于长期资金(长期负债或权益性资金)
	波动性(临时性)流动资产	含义	季节性或临时性原因形成，占用量随当时需求而波动
		融资方式	一般来源于低成本的短期融资(短期借款、短期融资券)
流动负债	自发性负债(经营性流动负债)	含义	直接产生于企业的持续经营过程
		特征	可供企业长期使用
	临时性负债(筹资性流动负债)	含义	满足临时性流动资金需要
		特征	只供企业短期使用

2. 流动资产融资策略的选择(见图5-1)

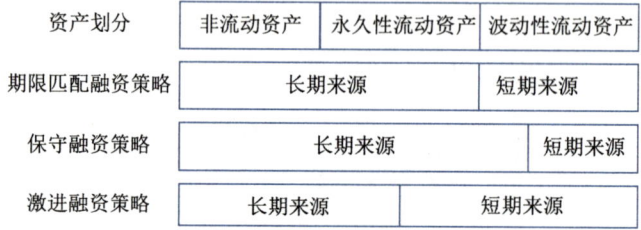

图5-1 可供选择的流动资产融资策略

3. 三种融资策略的特点(见表5-3)

表5-3 三种融资策略的特点

融资策略类型	融资策略特点
匹配型融资策略	融资风险、成本、收益均适中
保守型融资策略	融资风险低、融资成本高、收益低
激进型融资策略	融资风险高、融资成本低、收益高

【例题1·单选题】某企业拥有流动资产500万元(其中永久性流动资产160万元)，企业共融资1 500万元，其中80%为长期融资，则以下说法正确的是( )。
A. 该企业采取的是激进融资策略
B. 该企业采取的是保守融资策略

C. 该企业的风险和收益居中
D. 该企业的风险和收益较高

解析 ▶ 该企业的波动性流动资产=500-160=340（万元），大于短期融资1 500×(1-80%)=300（万元），所以该企业采取的是保守的融资策略，这种类型的策略收益和风险均较低。

答案 ▶ B

核心考点2 现金管理★

扫我解疑难

一、现金的持有动机与管理目标（见表5-4）

表5-4 现金的持有动机与管理目标

项目	主要内容
持有现金的动机	(1)交易性动机； (2)预防性动机； (3)投机性动机
(交易性)现金管理目标	(1)在满足需要的基础上尽量减少现金的持有量； (2)加快现金的周转速度

二、最佳现金持有量的确定（见表5-5）

表5-5 最佳现金持有量的确定（存货模式）

项目	内容
假设条件	(1)公司的现金流入量是稳定并且可以预测的；(2)公司的现金流出量是稳定并且可以预测的；(3)在预测期内，公司的现金需求量是一定的；(4)在预测期内，公司不能发生现金短缺，并且可以出售有价证券来补充现金
考虑的成本	(1)持有成本，是由于持有现金损失其他投资机会而发生损失，它与**现金持有量成正比**；(2)转换成本，是将有价证券转换为现金发生的手续费等开支，它与**转换次数成正比，与现金持有量成反比**
计算公式	持有现金总成本 $C=$持有成本+转换成本$=Q/2×R+T/Q×F$ 两次转换之间现金持有量由 Q 到 0，因此计算持有现金的机会成本时用到的是平均数 Q/2。 最佳现金持有量：$Q^*=\sqrt{2TF/R}$ 持有现金最低总成本$=\sqrt{2TFR}$ 其中：Q——现金持有量；R——有价证券的报酬率；T——全年现金需求总量；F——一次的转换成本

『提示』存货模式下，仅考虑持有成本和转换成本，不考虑现金的短缺成本等。

三、现金收支日常管理

（一）现金周转期（见图5-2）

现金周转期是指介于企业支付现金与收到现金之间的时间段，它等于经营周期减去应付账款周转期。

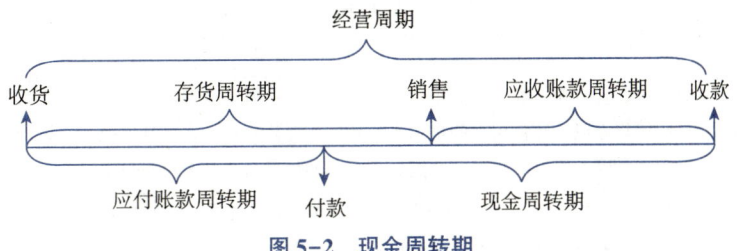

图5-2 现金周转期

现金周转期=存货周转期+应收账款周转期-应付账款周转期

『提示』减少现金周转期的方法：

(1)加快制造与销售产成品来减少存货周转期；

(2)加速应收账款的回收来减少应收账款周转期；

(3)减缓支付应付账款来延长应付账款周转期。

(二)收款管理

1. 收款成本

①浮动期成本；②管理收款系统的相关费用(例如银行手续费)；③第三方处理费用或清算相关费用。

2. 收款浮动期

收款浮动期是指从支付开始到企业收到资金的时间间隔。

(三)付款管理

控制现金支出的目标是在不损害企业信誉条件下，尽可能推迟现金的支出。具体措施包括：①使用现金浮游量；②推迟应付款的支付；③改进员工工资支付模式；④争取现金流出与现金流入同步；⑤使用零余额账户。

核心考点3　应收账款管理★★

扫我解疑难

一、应收账款管理的目标

(1)在适当利用赊销增加企业产品的市场占有率的条件下控制应收账款的余额。

(2)加快应收账款的周转速度。

二、企业信用政策

企业信用政策由信用标准、信用条件和收账政策组成。其中信用条件包括：信用期间、现金折扣和折扣期间。

三、信用政策决策(见表5-6)

表5-6　信用政策决策

项目	说明
决策原则	选择利润最大的信用政策方案
计算公式	信用政策下的利润=销售产品的利润-应收账款的机会成本-现金折扣成本-坏账成本-管理成本-收账成本 其中： 应收账款的机会成本=应收账款平均余额×变动成本率×资本成本 　　　　　　　　　＝日销售额×平均收现期×变动成本率×资本成本 现金折扣成本=销售额×享受现金折扣的客户比率×现金折扣率 坏账成本=赊销额×预计坏账损失率 管理成本=销售额×管理成本率 收账成本=销售额×收账成本率

四、应收账款的日常管理(见表5-7)

表5-7　应收账款的日常管理

项目	要点
应收账款追踪分析	对应收账款实施追踪分析的重点是赊销商品的销售与变现能力。如果客户所赊购的商品不能顺利销售与变现，经常出现的情形有两种：积压或赊销。在这种情况下，客户能否严格履行赊销企业的信用条件，取决于两个因素：客户的信用品质；客户现金的持有量与调剂程度
应收账款账龄分析	应收账款账龄分析主要是考查研究应收账款的账龄结构。所谓应收账款的账龄结构，是指各账龄应收账款的余额占应收账款总计余额的比重

续表

项目	要点
建立应收账款坏账准备制度	一般来说,确定坏账损失的标准主要有两条:①因债务人破产或死亡,以其破产财产或遗产清偿后,仍不能收回的应收款项;②债务人逾期未履行偿债义务,且有明显特征表明无法收回
应收账款保理	分类:有追索权保理(非买断型);无追索权保理(买断型);明保理;暗保理;折扣保理;到期保理
	财务管理作用的主要体现:融资功能;减轻企业应收账款的管理负担;减少坏账损失、降低经营风险;改善企业的财务结构

核心考点4 存货管理 ★★

扫我解疑难

一、存货管理的目标

(1)合理确定存货量,在保证生产的前提下尽量减少存货。

(2)加强存货的日常控制,加快存货的周转速度。

二、存货管理的成本(见表5-8)

企业存货的最优化,就是使企业存货总成本TC值最小。

表5-8 存货管理的成本

项目		内容
存货的成本(TC)	取得成本(TC_a)	为取得某种存货而支付的成本,分为订货成本和购置成本,即 $TC_a = F_1 + D/Q \times K + DU$ ①订货成本 $= F_1 + D/Q \times K$ 其中,F_1表示固定的订货成本;D表示存货年需要量;K表示每次订货的变动成本;Q表示每次进货量。 ②购置成本,用DU表示
	储存成本(TC_c)	$TC_c = F_2 + K_c \times Q/2$ 其中,F_2表示固定的储存成本;K_c表示储存存货的单位变动成本;Q表示每次进货量
	缺货成本(TC_s)	
	总成本	TC=取得成本+储存成本+缺货成本 $= F_1 + D/Q \times K + DU + F_2 + K_c \times Q/2 + TC_s$
经济订货基本模型	经济批量	$EOQ = \sqrt{\dfrac{2KD}{K_c}}$
	经济批量下的总成本	$TC(EOQ) = \sqrt{2KDK_c}$

三、存货的日常控制(见表5-9)

通过加强对存货的控制,可以改善企业的生产经营活动、提高资金的利用效率,从而实现提高企业价值的目标。

表5-9 存货的日常控制

项目	要点
归口分级控制法	(1)在财务部门对存货资金进行统一分配调度、协调、管理的基础上,将存货资金的管理指标分解到产、供、销各部门进行归口管理; (2)对存货资金实行分级管理

续表

项目	要点
ABC 控制法	基本原则：保证重点，照顾一般 分类标准： (1) A 类：金额占到存货总金额 70% 以上，而品种数量只占 10% 的商品； (2) B 类：金额占到存货总金额 20% 左右，品种数量占存货总量 20% 左右的商品； (3) C 类：金额占到存货总金额的 10% 左右，品种数量占存货总量 70% 以上的商品 管理原则：A 类(品种少，资金投入量极大)重点控制；C 类(品种繁多，资金投入量极少)只需按总额控制；B 类(介于 A 类与 C 类之间)一般控制
适时制(JIT)存货原理	零存货是 JIT 存货管理的最高目标。通过均衡生产来实现零库存是 JIT 存货管理的核心内容

核心考点5 流动负债管理★★

扫我解疑难

一、短期借款

1. 短期借款的信用条件(见表 5-10)

表 5-10 短期借款的信用条件

信用条件	要点
信用额度	信用机构对借款企业规定的无抵押、无担保借款的最高限额。 『提示』企业在信用额度内可随时使用借款，但金融机构并不承担必须提供全部信用额度的义务
周转信用协议	在协议有效期内，只要企业的借款总额未超过协议规定的最高限额，金融机构须满足企业提出的借款要求，对周转信用协议负有法律责任，而借款企业则必须按借款限额未使用部分的一定比例向金融机构支付承诺费
补偿性余额	补偿性余额提高了借款的实际利率 实际利率=名义利率/(1-补偿性余额比例)×100%
借款抵押	抵押品通常是借款企业的存货、有价证券、应收账款等
偿还条件	分为到期一次偿还和贷款期内定期等额偿还；企业倾向于前一种(后一种会提高实际年利率)，银行倾向于后一种(前一种会增加企业拒付风险，并降低实际利率)
其他承诺	包括要求企业及时提供财务报表、保持适当的财务水平等

2. 短期借款的成本

短期借款成本主要包括利息、手续费等。短期借款成本的高低主要取决于贷款利率的高低和利息的支付方式。具体内容见表5-11。

表 5-11 短期借款利息的支付方式

支付方式	特点	实际利率
收款法	借款到期时向银行支付利息	实际利率=名义利率
贴现法	发放贷款时，先从本金中扣除利息部分，贷款到期时再偿还全部本金	实际利率=名义利率/(1-名义利率)×100%

续表

支付方式	特点	实际利率
加息法	分期等额偿还贷款	实际利率=2×名义利率

【例题2·单选题】 某公司向银行借款100万元,年利率为8%,银行要求保留12%的补偿性余额,则该借款的实际年利率为( )。

A. 6.67% B. 7.14%
C. 9.09% D. 11.04%

解析 ▶ 借款的实际年利率=100×8%/[100×(1-12%)]=9.09%,所以选项C正确。

答案 ▶ C

二、商业信用

商业信用是指企业在商品或劳务交易中,以延期付款或预收货款方式进行购销活动而形成的借贷关系,商业信用产生于企业生产经营的商品、劳务交易之中,是一种"自发性筹资"。商业信用的形式主要有:应付账款、应付票据、预收货款和应计未付款。

放弃现金折扣的信用成本率=[折扣(%)]/[1-折扣(%)]×360天/[付款期(信用期)-折扣期]

『提示』放弃现金折扣的信用成本率与折扣百分比大小、折扣期长短和付款期长短有关,与货款额和折扣额没有关系。

短期借款与商业信用筹资的优缺点的具体内容见表5-12。

表5-12　短期借款与商业信用筹资的优缺点

短期筹资方式	优点	缺点
短期借款	①筹资速度快; ②款项使用灵活; ③资本成本低	①借款数量有限; ②筹资风险大
商业信用	①商业信用容易获得; ②企业有较大的机动权; ③企业一般不用提供担保	①商业信用筹资成本高; ②容易恶化企业的信用水平; ③受外部环境影响较大,稳定性较差

真题精练

一、单项选择题

1.(2020年)下列各项中,属于流动资产保守融资策略特点的是( )。

A. 最大限度地使用短期融资
B. 短期融资支持部分永久性流动资产和所有的波动性流动资产
C. 长期融资支持非流动资产、永久性流动资产和部分波动性流动资产
D. 长期融资仅支持所有的非流动资产和一部分永久性流动资产

2.(2019年)下列关于流动资产投资策略的表述中,错误的是( )。

A. 采用紧缩的流动资产投资策略,可以节约流动资产的持有成本
B. 在紧缩的流动资产投资策略下,流动资产与销售收入比率较低
C. 在宽松的流动资产投资策略下,企业的财务和经营风险较小
D. 制定流动资产投资策略时,不需要权衡资产的收益性和风险性

3.(2020年)甲公司2019年度存货周转期为85天,应收账款周转期为65天,应付账款周转期为80天,则甲公司2019年度的现金周转期为( )天。

A. 45 B. 70
C. 50 D. 65

4. (2020年) 甲公司2019年度实现销售收入7 200万元，变动成本率为60%。确定的信用条件为"2/10，1/20，n/30"，其中有70%的客户选择10天付款，20%的客户选择20天付款，10%的客户选择30天付款。假设甲公司资金的机会成本率为10%，全年按360天计算。则2019年甲公司应收账款的机会成本为(　　)万元。
   A. 16.8　　　　　　B. 18.0
   C. 26.8　　　　　　D. 28.0

5. (2018年) 长江公司产品生产每年需要某原材料150 000公斤，每次订货变动成本为93元。单位变动储存成本为1.5元/公斤，则长江公司该原材料的最优经济订货批量为(　　)公斤。
   A. 4 313　　　　　　B. 8 600
   C. 5 314　　　　　　D. 7 000

6. (2019年) 甲公司与乙银行签订一份周转信用协议，协议约定：2018年度信贷最高限额为800万元，借款利率为6%，承诺费率为0.5%。同时乙银行要求包括15%的补偿性余额。甲公司2018年度实际借款500万元，则该笔借款的实际利率是(　　)。
   A. 7.41%　　　　　　B. 7.06%
   C. 6.35%　　　　　　D. 6.30%

二、多项选择题

1. (2018年) 下列各项属于企业信用政策组成内容的有(　　)。
   A. 信用条件　　　　B. 销售政策
   C. 收账政策　　　　D. 周转信用协议
   E. 最佳现金持有量

2. (2019年) 下列关于应收账款保理的表述中，正确的有(　　)。
   A. 有助于改善企业资产的流动性，增强债务清偿能力
   B. 可分为有追索权保理和无追索权保理
   C. 实质是企业利用未到期应收账款向银行抵押获得短期借款的融资方式
   D. 是一项单纯的收账管理业务
   E. 能降低企业坏账发生的可能性有效控制坏账风险

3. (2020年) 下列关于短期贷款利息支付方式的表述中，正确的有(　　)。
   A. 采用收款法时，短期贷款的实际利率与名义利率相同
   B. 采用贴现法时，短期贷款的实际利率要高于名义利率
   C. 采用加息法时，短期贷款的名义利率是实际利率的2倍
   D. 对于同一笔短期贷款，企业应尽量选择收款法支付利息
   E. 对于同一笔短期贷款，企业支付利息的方式对企业当期损益没有影响

真题精练答案及解析

一、单项选择题

1. C 【解析】在保守融资策略中，长期融资支持非流动资产、永久性流动资产和部分波动性流动资产，选项C正确。选项ABD是激进融资策略的特点。

2. D 【解析】制定流动资产投资策略时，需要权衡资产的收益性与风险性。选项D不正确。

3. B 【解析】现金周转期=存货周转期+应收账款周转期-应付账款周转期=85+65-80=70(天)

4. A 【解析】应收账款的收款时间=70%×10+20%×20+10%×30=14(天)，应收账款的机会成本=7 200×60%×14/360×10%=16.8(万元)。

5. A 【解析】最优经济订货批量=(2×150 000×93/1.5)$^{1/2}$≈4 313(公斤)

6. A 【解析】企业应向银行支付的承诺费=(800-500)×0.5%=1.5(万元)，企业可动用的借款额=500-500×15%=425(万元)，

因此该笔借款的实际利率=(1.5+500×6%)/425×100%≈7.41%。

二、多项选择题

1. AC 【解析】企业的信用政策包括信用标准、信用条件和收账政策。

2. ABCE 【解析】保理可分为有追索权保理（非买断型）和无追索权保理（买断型）、明保理和暗保理、折扣保理和到期保理。应收账款保理对于企业而言，其财务管理作用主要体现在：①融资功能。应收账款保理，其实质也是一种利用未到期应收账款这种流动资产作为抵押从而获得银行短期借款的一种融资方式。②减轻企业应收账款的管理负担。专业的保理企业会建立一套有效的收款政策，及时收回账款，使企业减轻财务管理负担，提高财务管理效率。③减少坏账损失、降低经营风险。一方面可提供信用风险控制与坏账担保，帮助企业降低其客户违约的风险，另一方面也可以借助专业的保理商去催收账款，能在很大程度上降低坏账发生的可能性，有效控制坏账风险。④改善企业的财务结构。企业通过出售应收账款，将流动性稍弱的应收账款置换为具有高度流动性的货币资金，增强了企业资产的流动性，提高了企业的债务清偿能力。

3. ABDE 【解析】选项C，加息法是银行发放分期等额偿还贷款时采用的利息收取方法，采用加息法时，由于贷款本金分期均衡偿还，借款企业实际只平均使用了贷款本金的一半，却支付了全额利息。这样企业所负担的实际利率便要高于名义利率大约1倍。

同步训练 限时41分钟

扫我做试题

一、单项选择题

1. A公司在生产经营淡季资产为1 200万元，在生产经营旺季资产为1 400万元。企业的长期负债、自发性负债和股东权益可提供的资金为1 000万元。则该公司采取的营运资金融资策略是( )。
   A. 保守型融资策略
   B. 期限匹配融资策略
   C. 适合型融资策略
   D. 激进型融资策略

2. 下列各项中，不属于现金支出管理措施的是( )。
   A. 推迟支付应付款
   B. 提高信用标准
   C. 使用现金浮游量
   D. 争取现金收支同步

3. 收款浮动期是指从支付开始到企业收到资金的时间间隔。下列不属于收款浮动期类型的是( )。
   A. 邮寄浮动期 B. 结算浮动期
   C. 到账浮动期 D. 处理浮动期

4. 下列各项措施中，能够延长现金周转期的是( )。
   A. 增加存货量
   B. 延迟支付货款
   C. 加速应收账款的回收
   D. 加快产品的生产和销售

5. 在利用存货模式确定最佳现金持有量时，需考虑的成本是( )。
   A. 持有成本和转换成本
   B. 交易成本和转换成本
   C. 交易成本和机会成本
   D. 持有成本和短缺成本

6. A公司现金收支状况比较稳定，预计全年

(按 360 天计算)需要现金 150 000 元,每次转换金额为 60 000 元。现金与有价证券的转换成本为每次 600 元,有价证券的年利率为 5%。则下列说法不正确的是( )。

A. 该公司全年现金转换成本为 1 500 元

B. 该公司全年持有现金总成本为 3 000 元

C. 该公司最佳现金持有量为 60 000 元

D. 该公司每年需要现金转换 1 次

7. 某企业 2020 年的信用条件为"2/15,n/30",有占销售额 60% 的客户在折扣期内付款可以享受公司提供的折扣;不享受折扣的销售额中,有 80% 可以在信用期内收回,另外 20% 在信用期满后 10 天(平均数)收回。当年销售收入为 1 000 万元,变动成本率为 80%。为使 2021 年销售收入比上年增加 10%,将信用政策改为"5/10,n/20",享受折扣的比例将上升至销售额的 70%;不享受折扣的销售额中,有 50% 可以在信用期内收回,另外 50% 可以在信用期满后 20 天(平均数)收回,假设变动成本率不变,机会成本率为 10%。则该公司 2021 年因信用政策改变使应收账款的机会成本比上一年减少( )万元。(一年按 360 天计算)

A. 0.13　　　　B. 0.71

C. 0.88　　　　D. 0.93

8. 甲企业预测的年赊销额为 2 000 万元,对客户实行的信用条件是"2/40,n/65",所有客户中,享受现金折扣的占 80%,其余客户在信用期付款。假设甲公司的变动成本率为 60%,有价证券的报酬率为 8%,一年按 360 天计算,则应收账款的机会成本为( )万元。

A. 20　　　　B. 12

C. 17.78　　　D. 8

9. C 公司生产和销售甲产品。目前的信用政策为"2/15,n/30",有占销售额 60% 的客户在折扣期内付款可以享受公司提供的折扣;不享受折扣的销售额中,有 80% 可以在信用期内收回,另外 20% 在信用期满后 10 天(平均数)收回。目前的销售收入为 1 000 万元,销售产品的利润率(销售利润/销售收入)为 20%。收账成本占销售收入的 5%。假定有价证券报酬率为 10%,变动成本率为 70%,则在目前的信用政策下,企业实现的利润为( )万元。(一年按 360 天计算)

A. 131.94　　　B. 171.94

C. 133.76　　　D. 200.00

10. 某企业全年耗用 A 材料 2 400 吨,每次的订货变动成本为 1 600 元,每吨材料变动储存成本为 12 元,则最优订货量对应的订货批次为( )次。

A. 12　　　　B. 6

C. 3　　　　　D. 4

11. 下列各项中,可以导致经济订货基本模型中的经济订货批量减少的因素是( )。

A. 单位变动储存成本减少

B. 单位缺货成本降低

C. 每次订货费用增加

D. 存货年需要量减少

12. 甲公司某零件年需要量为 18 000 件,每次订货成本为 20 元,单位储存成本 0.5 元/件。按照经济订货量进货,下列计算结果中错误的是( )。

A. 经济订货量为 1 200 件

B. 年订货次数为 15 次

C. 总订货成本为 300 元

D. 与进货批量相关的总成本为 900 元

13. 甲公司拟以"3/10,n/40"的信用条件购进原材料一批,如果甲公司在 10 天以后付款,则甲公司放弃现金折扣的信用成本率是( )。

A. 3.00%　　　B. 27.84%

C. 37.11%　　　D. 30.93%

14. 下列各项中,能使放弃现金折扣成本降低的是( )。

A. 信用期、折扣期不变,折扣百分比降低

B. 折扣期、折扣百分比不变,信用期

缩短

C. 折扣百分比不变，信用期和折扣期等量延长

D. 折扣百分比、信用期不变，折扣期延长

15. 下列借款利息支付方式中，企业有效年利率高于报价利率大约一倍的是（　）。

　　A. 收款法　　　B. 贴现法
　　C. 加息法　　　D. 补偿性余额法

二、多项选择题

1. 在流动资产投资策略的选择上，如果企业的管理政策趋于保守，那么以下表述合理的有（　）。

　　A. 具有低水平的流动资产与销售收入比率
　　B. 企业资产具有较高的流动性
　　C. 盈利能力较强
　　D. 营运风险较低
　　E. 采用宽松的流动资产投资策略

2. 下列关于流动资产融资策略的表述中，不正确的有（　）。

　　A. 期限匹配融资策略下，长期融资等于非流动资产
　　B. 保守融资策略下，短期融资大于波动性流动资产
　　C. 保守融资策略下，收益和风险较低
　　D. 激进融资策略下，收益和风险居中
　　E. 激进融资策略下，短期融资大于波动性流动资产

3. 下列关于现金管理内容的相关表述，正确的有（　）。

　　A. 现金是获利能力最弱的一项资产，过多地持有现金会降低资产的获利能力
　　B. 现金管理的动机包括交易性动机、持有性动机和投机性动机
　　C. 现金管理主要指对交易性现金的管理
　　D. 国家对于现金的管理制度主要包括现金收入管理、库存现金的限额、现金存取规定
　　E. 采用存货模式确定最佳现金持有量时，

需要考虑持有成本和转换成本

4. 企业在利用存货模式计算持有现金总成本时，应考虑（　）。

　　A. 有价证券报酬率
　　B. 全年现金需求总量
　　C. 现金持有量
　　D. 一次转换成本
　　E. 持有现金机会成本

5. 下列有关信用政策的表述中，正确的有（　）。

　　A. 缩短信用期间可能增加当期现金流量
　　B. 积极型收账政策有利于减少坏账损失
　　C. 降低信用标准意味着将延长信用期间
　　D. 延长信用期间将增加应收账款的机会成本
　　E. 信用条件包括信用期间、现金折扣和收账政策

6. 下列关于经济订货模型的表述中，正确的有（　）。

　　A. 存货管理需考虑取得成本、储存成本和转换成本
　　B. 存货的订货成本和储存成本都可以分为固定成本和变动成本
　　C. 订货成本是指取得订单的成本，如差旅费、运输费、采购金额等
　　D. 生产企业以紧急采购代用材料解决库存材料中断之急，那么紧急额外购入成本是缺货成本
　　E. 存货管理的目标是零库存，保证购进的存货量正好是生产所需

7. 在短期借款的信用条件和成本计算方法中，导致企业实际利率高于名义利率的有（　）。

　　A. 信用额度
　　B. 贴现法
　　C. 银行要求保留补偿性余额
　　D. 收款法
　　E. 加息法

8. 下列关于短期借款的说法中，正确的有（　）。

A. 在收款法下,借款人收到款项时就要支付利息
B. 商业信用筹资没有资金成本
C. 加息法下,有效年利率大约是报价利率的 2 倍
D. 信用额度是信用机构对借款企业规定的无抵押、无担保借款的最高限额
E. 采用收款法时,短期贷款的实际利率就是名义利率

三、计算题

甲公司生产某种产品,该产品单位售价 160 元,单位成本 120 元,2020 年度实现销售 360 万件。甲公司 2020 年度采用 "n/30" 的信用政策,其平均收款期为 50 天,40%的销售额在信用期内未付款,逾期应收账款的坏账损失占逾期账款金额的 4.5%,收账费用占逾期账款金额的 3%。为扩大销售量、缩短平均收款期,甲公司拟在 2021 年实行 "5/10、2/30、n/50" 新的信用政策;采用该政策后,经测算:产品销售额将增加 15%,占销售额 40%的客户会在 10 天内付款、占销售额 30%的客户会在 30 天内付款、占销售额 20%的客户会在 50 天内付款、剩余部分的平均收款期为 80 天,逾期应收账款的收回需支出的收账费用及坏账损失占逾期账款金额的 10%。假设有价证券报酬率为 8%,一年按 360 天计算,其他条件不变。(不考虑变动成本率)

根据上述资料,回答以下各题:

(1)在新的信用政策下,甲公司应收账款平均收款期为( )天。
A. 23   B. 26
C. 30   D. 31

(2)在新的信用政策下,甲公司应收账款机会成本为( )万元。
A. 382.72   B. 396.80
C. 456.32   D. 588.80

(3)在新的信用政策下,甲公司现金折扣成本为( )万元。
A. 1 324.80   B. 1 497.50
C. 1 684.48   D. 1 722.24

(4)不考虑其他因素,甲公司实行新的信用政策能增加利润总额为( )万元。
A. 1 588.68   B. 1 687.04
C. 16 160.64 D. 16 560.00

同步训练答案及解析

一、单项选择题

1. **D** 【解析】企业生产经营淡季的资产为企业的长期资产和稳定性流动资产,生产经营旺季的资产为企业的长期资产、稳定性流动资产和波动性流动资产。A 公司的长期资产和稳定性流动资产 1 200 万元大于长期负债、自发性负债和股东权益提供的资金 1 000 万元,所以该公司的营运资金筹资政策属于激进型筹资策略。

2. **B** 【解析】提高信用标准与现金支出管理无关。

3. **C** 【解析】收款浮动期主要是由纸基支付工具导致的,有以下三种类型:邮寄浮动期、处理浮动期和结算浮动期。

4. **A** 【解析】现金周转期=存货周转期+应收账款周转期−应付账款周转期,延迟支付货款会延长应付账款周转期,从而可以缩短现金周转期,所以选项 B 不正确;加速应收账款的回收会缩短应收账款周转期,从而可以缩短现金周转期,所以选项 C 不正确;加快产品的生产和销售会缩短产品生产周期,意味着存货周转期缩短,从而可以缩短现金周转期,所以选项 D 不正确。

5. **A** 【解析】持有现金总成本=持有成本+转换成本,最佳现金持有量为 $C = (2TF/R)^{1/2}$。

6. **D** 【解析】全年现金转换成本=(150 000/

60 000)×600=1 500(元)

全年现金持有机会成本=(60 000/2)×5%=1 500(元)

持有现金的总成本=1 500+1 500=3 000(元)

最佳现金持有量=[(2×150 000×600)/5%]$^{1/2}$=60 000(元)

转换次数=150 000/60 000=2.5(次),因此选项D不正确。

7. D 【解析】目前信用政策下的平均收账时间=60%×15+40%×80%×30+40%×20%×40=21.8(天);应收账款的平均余额=日销售额×平均收账时间=1 000/360×21.8=60.56(万元);应收账款的机会成本=应收账款的平均余额×机会成本率×变动成本率=60.56×10%×80%=4.84(万元);改变信用政策的平均收账时间=70%×10+30%×50%×20+30%×50%×40=16(天);应收账款的平均余额=日销售额×平均收账时间=1 000×(1+10%)/360×16=48.89(万元);应收账款的机会成本=应收账款的平均余额×机会成本率×变动成本率=48.89×10%×80%=3.91(万元);2021年因信用政策改变使应收账款的机会成本比上一年减少的金额=4.84-3.91=0.93(万元)。

8. B 【解析】平均收账天数=80%×40+20%×65=45(天)

应收账款平均余额=2 000×45/360=250(万元)

应收账款的机会成本=250×8%×60%=12(万元)

9. C 【解析】销售产品的利润=1 000×20%=200(万元)

应收账款的平均收款时间=60%×15+40%×80%×30+40%×20%×40=21.8(天)

应收账款的机会成本=1 000/360×21.8×10%×70%=4.24(万元)

现金折扣金额=1 000×60%×2%=12(万元)

收账成本=1 000×5%=50(万元)

信用条件下的利润=200-4.24-12-50=133.76(万元)

10. C 【解析】经济订货批量=(2×2 400×1 600/12)$^{1/2}$=800(吨);最优订货量下的订货批次=2 400/800=3(次)。

11. D 【解析】经济订货批量=(2×存货年需要量×每次订货费用/单位变动储存成本)$^{1/2}$,由此可知,选项D正确,选项AC会导致经济订货批量增加。在存货经济订货量基本模型中,不允许缺货,因此不选B。

12. D 【解析】选项A,经济订货量=(2×18 000×20/0.5)$^{1/2}$=1 200(件);选项B,年订货次数=18 000/1 200=15(次);选项C,总订货成本=15×20=300(元);选项D,与进货批量有关的总成本=(2×18 000×20×0.5)$^{1/2}$=600(元)。

13. C 【解析】放弃现金折扣的机会成本=[3%/(1-3%)]×[360/(40-10)]×100%=37.11%

14. A 【解析】放弃现金折扣成本=折扣百分比/(1-折扣百分比)×360/(信用期-折扣期),由此可知,选项A会使放弃现金折扣成本降低,选项B、D会导致放弃现金折扣成本提高,选项C不会影响放弃现金折扣成本的数值。

15. C 【解析】一般来说,借款企业可以用三种方法支付银行贷款利息,包括收款法、贴现法、加息法。补偿性余额是企业借款的信用条件,不是利息支付方式。加息法要求企业在贷款期内分期偿还本息之和的金额,由于贷款分期均衡偿还,借款企业实际上只平均使用了贷款本金的半数,却支付全额利息。这样,企业所负担的有效年利率便高于报价利率大约1倍。

二、多项选择题

1. BDE 【解析】选项A,在流动资产投资策略的选择上,如果公司管理是保守的,它将选择一个高水平的流动资产与销售收入的比率。这将导致更高的流动性（安全性），但会导致更低的盈利能力。

2. ABD 【解析】期限匹配融资策略的特点：长期融资＝非流动资产＋永久性流动资产、短期融资＝波动性流动资产，收益和风险居中；保守融资策略的特点：长期融资＞（非流动资产＋永久性流动资产）、短期融资＜波动性流动资产，收益和风险较低；激进融资策略的特点：长期融资＜（非流动资产＋永久性流动资产）、短期融资＞波动性流动资产，收益和风险较高。

3. ACE 【解析】选项B，现金管理的动机有：交易性动机、预防性动机和投机性动机；选项D，国家对于现金的管理制度主要包括：现金的使用范围、库存现金的限额、现金存取规定等。

4. ABCD 【解析】现金总成本＝持有成本＋转换成本＝现金持有量/2×有价证券的报酬率＋全年现金需求总量/现金持有量×一次转换成本

5. ABD 【解析】信用标准和信用期间是两项不同的决策，二者无必然联系，信用标准是企业用来衡量客户是否有资格享受商业信用所应具备的基本条件，降低信用标准并不一定意味着延长信用期限，所以选项C不正确；信用条件包括信用期间、现金折扣和折扣期间，选项E不正确。

6. BD 【解析】选项A，存货管理需考虑的成本有：取得成本、储存成本和缺货成本。选项C，取得成本分为订货成本和购置成本，其中购置成本是指为购买存货本身所支出的成本，即存货本身的价值，因此采购金额属于购置成本，不属于订货成本。选项E，存货管理的目标是合理确定存货量，在保证生产的前提下尽量减少存货；加强存货的日常管理，加快存货的周转速度。

7. BCE 【解析】选项A，信用额度是信用机构对借款企业规定的无抵押、无担保的最高限额，属于正常的借款，名义利率等于实际利率；选项D，收款法是在借款到期时向银行支付利息的方法，银行向企业贷款一般都采用这种方法。短期贷款的实际利率就是名义利率。

8. CDE 【解析】收款法是在借款到期时向银行支付利息的方法。所以选项A的说法不正确。如果没有现金折扣或使用不带息票据，商业信用筹资不负担成本。在存在现金折扣时，放弃现金折扣时所付出的成本较高。所以选项B的说法不正确。

三、计算题

(1) D；(2) C；(3) D；(4) B。

【解析】

(1) 在新的信用政策下，应收账款平均收款期 $= 10 \times 40\% + 30 \times 30\% + 50 \times 20\% + 80 \times 10\% = 31$（天）。

(2) 在新的信用政策下，应收账款余额 $= 160 \times 360 \times (1 + 15\%) \times 31/360 = 5\,704$（万元），应收账款机会成本 $= 5\,704 \times 8\% = 456.32$（万元）。

(3) 在新的信用政策下，应收账款现金折扣金额 $= 160 \times 360 \times (1 + 15\%) \times 40\% \times 5\% + 160 \times 360 \times (1 + 15\%) \times 30\% \times 2\% = 1\,722.24$（万元）。

(4) 采用旧信用政策下：

应收账款的机会成本 $= 160 \times 360 \times 50/360 \times 8\% = 640$（万元）

应收账款的坏账损失 $= 160 \times 360 \times 40\% \times 4.5\% = 1\,036.8$（万元）

应收账款的收账费用 $= 160 \times 360 \times 40\% \times 3\% = 691.2$（万元）

利润总额 $= (160 - 120) \times 360 - 640 - 1\,036.8 - 691.2 = 12\,032$（万元）

采用新信用政策下：

应收账款平均收账时间 $= 40\% \times 10 + 30\% \times 30 + 20\% \times 50 + 10\% \times 80 = 31$（天）

应收账款的机会成本 $= 160 \times 360 \times (1 + 15\%) \times 31/360 \times 8\% = 456.32$（万元）

现金折扣金额 $= 160 \times 360 \times (1 + 15\%) \times 40\% \times 5\% + 160 \times 360 \times (1 + 15\%) \times 30\% \times 2\% =$

1 722.24(万元)

应收账款的坏账损失、收账费用 = 160×360×(1+15%)×10%×10% = 662.4(万元)

利润总额 = 160×360×(1+15%) - 120×360×(1+15%) - 456.32 - 1 722.24 - 662.4 = 13 719.04(万元)

增加的利润总额 = 13 719.04 - 12 032 = 1 687.04(万元)

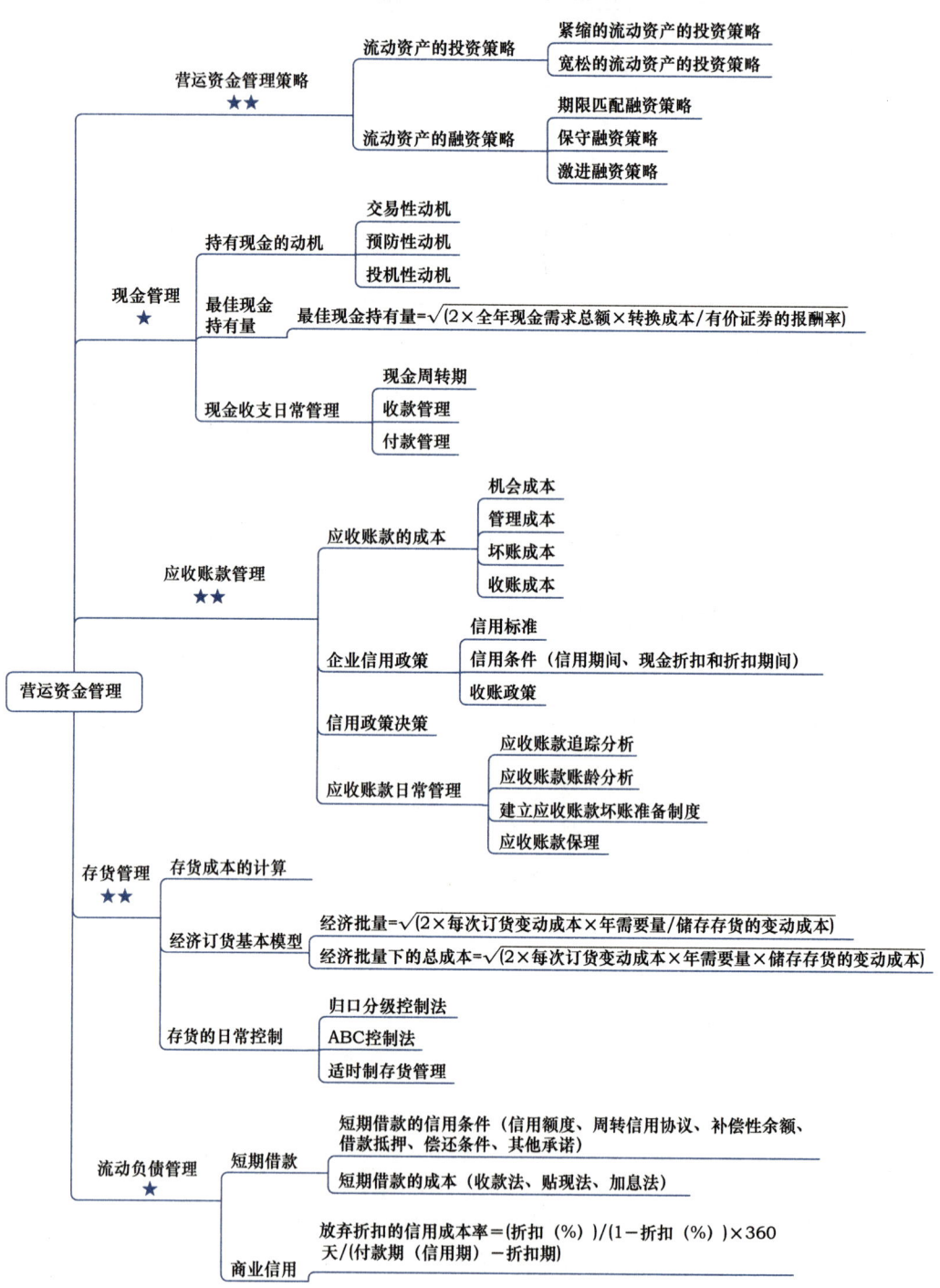

第6章 财务分析与评价

考情解密

历年考情概况

本章属于财务管理部分相对重要的章节,考试所占比重较高。在往年主要考查了资产质量状况分析、偿债能力分析、稀释每股收益、杜邦分析指标等知识点。考试中主要以单项选择题、多项选择题形式考查,也可以结合其他章节内容在计算题中出现。近年平均分值为3分。

近年考点直击

考点	主要考查题型	考频指数	考查角度
基本财务分析	单选题、多选题	★★	(1)已获利息倍数; (2)盈利能力分析指标
上市公司财务分析	单选题、多选题	★★	(1)市盈率分析; (2)稀释每股收益

本章2021年考试主要变化

本章无实质性变动。

考点详解及精选例题

核心考点1 基本财务分析 ★★★

扫我解疑难

一、偿债能力分析的指标(见表6-1)

表6-1 偿债能力分析的指标

指标	项目	内容
流动比率	公式	流动比率=流动资产/流动负债
	评价	一般来说,**流动比率越高,说明资产的流动性越强,短期偿债能力越强**; 并不是流动比率越高越好,过高的流动比率,可能是由于存货超储积压、存在大量应收账款,因此会造成企业机会成本增加、获利能力降低; 当企业现金流量为红字(即负数),仍可能有一个较高的流动比率
速动比率	公式	速动比率=速动资产/流动负债
	评价	一般来说,**速动比率越高,说明资产的流动性越强,短期偿债能力越强**; 速动比率高,偿债能力强,但是现金和应收账款占用过多,同样会影响企业的获利能力

续表

指标	项目	内容
现金比率	公式	现金比率=现金及现金等价物/流动负债
	评价	一般来说，**现金比率越高，说明资产的流动性越强，短期偿债能力越强**；现金比率过大，表示企业持有大量不能产生收益的现金，可能会降低获利能力
资产负债率（衡量企业的长期偿债能力）	公式	资产负债率=负债总额/资产总额
	评价	①**负债比率越高**，企业利用债权人提供资金进行经营活动的能力越强，债权人发放贷款的安全程度越低，**企业偿还长期债务的能力越弱**；反之亦然。 ②资产负债率降低，说明企业（长期）偿债能力增强，但负债不高，也说明企业没有很好地利用负债增加企业收益。 ③在企业资产净利润率高于负债资本成本率的条件下，企业负债经营会使所有者的收益增加。(记住这句话的前提以及结论) ④所有者总希望利用负债经营得到财务杠杆利益，从而提高资产负债率。但债权人希望企业的资产负债率低一些，因为债权人的利益主要表现在权益的安全方面。 ⑤资产负债率若大于100%，说明企业资不抵债，债权人的本金可能都不能收回
产权比率	公式	产权比率=负债总额/所有者权益总额
	评价	①产权比率是用来表明由债权人提供的和由投资者提供的资金来源的相对关系，反映企业基本财务结构是否稳定。 ②**产权比率越高**，说明企业偿还长期债务的能力越弱；产权比率越低，说明**企业偿还长期债务的能力越强**。 ③产权比率降低，债权人投入的资金受到所有者权益保障的程度提高，对债权人有利
已获利息倍数	公式	已获利息倍数=息税前利润/利息总额=（利润总额+利息费用）/（利息费用+资本化利息）
	评价	一般来说，已获利息倍数至少应等于1。**该项指标越大，说明支付债务利息的能力越强；该项指标越小，说明支付债务利息的能力越弱**
现金流动负债比率	公式	现金流动负债比率=年经营现金净流量/年末流动负债×100%
	评价	一般该指标大于1，表示企业流动负债的偿还有可靠保证。该指标越大，表明企业经营活动产生的现金净流量越多，越能保障企业按期偿还到期债务，但也并不是越大越好，该指标过大则表明企业流动资金利用不充分，盈利能力不强
带息负债比率	公式	带息负债比率=带息负债总额/负债总额 『提示』带息负债总额=短期借款+一年内到期的长期负债+长期借款+应付债券+应付利息
	评价	该指标体现了企业未来的偿债压力，尤其是偿还利息的压力

『提示1』流动资产与速动资产参见图6-1。

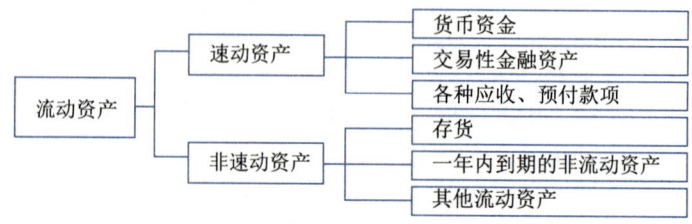

图6-1 流动资产的组成

『提示2』权益乘数=资产/所有者权益

①关系公式。

权益乘数 = 1 + 产权比率 = 1/(1 - 资产负债率)

②变动关系。

权益乘数、产权比率和资产负债率三者呈同方向变动。

【例题1·单选题】甲公司2017年实现净利润500万元，年末资产总额为8 000万元，净资产为3 200万元。若该公司2018年的资产规模和净利润水平与上年一致，而净资产收益率比上一年度提高两个百分点，则甲公司2018年年末的产权比率是( )。

A. 1.63　　B. 1.75
C. 1.82　　D. 2.82

解析▶ 2018年度的净资产收益率=500/3 200+2%=17.63%，2018年度的净利润与2017年度一致，2018年度的净资产=500/17.63%=2 836(万元)，2018年年末的产权比率=权益乘数-1=8 000/2 836-1=1.82。

答案▶ C

二、资产质量状况分析的指标（见表6-2、表6-3、表6-4、表6-5）

表6-2　应收账款周转率

指标	项目	内容
应收账款周转次数	公式	应收账款周转次数=营业收入净额/应收账款平均余额 营业收入净额=营业收入-销售退回、折让、折扣 应收账款平均余额=(期初应收账款+期末应收账款)/2
	评价	应收账款周转次数越多，说明应收账款的变现能力越强，企业应收账款的管理水平越高；应收账款周转次数越少，说明应收账款的变现能力越弱，企业应收账款的管理水平越低
应收账款周转天数	公式	应收账款周转天数=360/应收账款周转次数 或=应收账款平均余额×360/营业收入净额
	评价	应收账款周转天数越少，应收账款周转次数越多，说明应收账款的变现能力越强，企业应收账款的管理水平越高；应收账款周转天数越多，周转次数越少，说明应收账款的变现能力越弱，企业应收账款的管理水平越低

『提示』应收账款平均余额计算时是使用**未扣除**坏账准备的应收账款金额。

表6-3　存货周转率

指标	项目	内容
存货周转次数	公式	存货周转次数=营业成本/存货平均余额 其中，平均存货余额=(期初存货+期末存货)/2
	评价	存货周转次数越多，说明存货周转越快，企业实现的利润会相应增加，企业的存货管理水平越高；存货周转次数越少，说明企业占用在存货上的资金越多，存货管理水平低
存货周转天数	公式	存货周转天数=360/存货周转次数=平均存货余额×360/营业成本
	评价	存货周转天数越少，存货周转次数越多，说明存货周转越快，企业实现的利润会相应增加，企业的存货管理水平越高；存货周转天数越多，存货周转次数越少，说明企业占用在存货上的资金越多，存货管理水平低

『提示』存货平均余额计算时是使用**未扣除**存货跌价准备的金额。

表 6-4 流动资产周转率

项目	内容
公式	流动资产周转率(次)=营业收入净额/平均流动资产总额 平均流动资产总额=(流动资产年初数+流动资产年末数)/2
评价	一般情况下,该指标越高,表明企业流动资产周转速度越快,利用越好

表 6-5 总资产周转率

项目	内容
公式	总资产周转率=总资产周转次数=营业收入净额/平均资产总额 平均资产总额=(期初总资产+期末总资产)/2 总资产周转天数=360/总资产周转次数
评价	总资产周转率用来衡量企业资产整体的使用效率; 对总资产周转情况的分析应结合各项资产的周转情况,以发现影响企业资产周转的主要因素

【例题 2·单选题】某公司2018年度销售收入为800万元,销售成本为销售收入的60%,赊销比例为销售收入的90%,销售净利率为10%,期初应收账款账面价值为24万元,期初坏账准备为2万元,期末应收账款账面价值为36万元,期末坏账准备为3万元。该公司的应收账款周转率为( )次。

A. 21.00　　　　B. 22.15
C. 24.00　　　　D. 26.67

解析 ▶ 本题由于能够计算出赊销收入,所以应当采用赊销收入计算,赊销收入=800×90%=720(万元),应收账款周转率=赊销收入/应收账款平均余额=720/[(36+3+24+2)/2]=22.15(次)。 **答案** ▶ B

三、盈利能力分析的指标(见表 6-6)

表 6-6 盈利能力分析的指标

指标	计算公式
营业利润率	营业利润率=利润总额/营业收入净额×100%
总资产报酬率	**总资产报酬率=净利润/平均资产总额×100%** 资产平均总额=(期初资产总额+期末资产总额)/2
净资产收益率	净资产收益率=净利润/平均净资产×100%
成本费用利润率	成本费用利润率=利润总额/成本费用总额×100%
资本收益率	资本收益率=净利润/平均资本×100%
利润现金保障倍数	利润现金保障倍数=经营现金净流量/净利润

四、经济增长状况分析的指标(见表 6-7)

表 6-7 经济增长状况分析的指标

指标	计算公式
营业收入增长率	营业收入增长率=本年营业收入增长额/上年营业收入×100% 其中:本年营业收入增长额=本年营业收入-上年营业收入
总资产增长率	总资产增长率=本年资产增长额/年初资产总额×100% 其中:本年资产增长额=年末资产总额-年初资产总额

第6章 财务分析与评价

续表

指标	计算公式
营业利润增长率	营业利润增长率=本年营业利润增长额/上年营业利润总额×100% 其中：本年营业利润增长额=本年营业利润-上年营业利润
资本保值增值率	资本保值增值率=期末所有者权益/期初所有者权益×100%
资本积累率	资本积累率=本年所有者权益增长额/年初所有者权益×100% 其中：本年所有者权益增长额=年末所有者权益-年初所有者权益
技术投入比率	技术投入比率=本年科技支出合计/本年度营业收入净额×100%

五、获取现金能力的指标（见表6-8）

表6-8 获取现金能力的指标

指标	项目	内容
销售现金比率	公式	销售现金比率=经营活动现金流量净额÷销售收入
	评价	该比率反映每元销售收入得到的现金流量净额，其数值越大越好
每股营业现金净流量	公式	每股营业现金净流量=经营活动现金流量净额÷普通股股数
	评价	该指标反映企业分配股利能力，超过此限度，可能需要借款分红
全部资产现金回收率	公式	全部资产现金回收率=经营活动现金流量净额÷平均总资产×100%
	评价	该指标说明企业全部资产产生现金流的能力

【例题3·单选题】某公司2018年年初所有者权益为1.25亿元，2018年年末所有者权益为1.50亿元。该公司2018年的资本积累率是（ ）。
A. 16.67% B. 20.00%
C. 25.00% D. 120.00%

解析 资本积累率=本年所有者权益增长额/年初所有者权益×100%=（1.5-1.25）/1.25×100%=20%

答案 B

核心考点2 上市公司财务分析指标★★

扫我解疑难

一、上市公司财务分析指标（见表6-9）

表6-9 上市公司财务分析指标

指标	计算公式
每股股利	每股股利=现金股利总额/期末发行在外的普通股股数 每股股利的多少很大程度取决于每股收益的多少。但上市公司每股股利发放多少，除了受上市公司盈利能力大小影响以外，还取决于企业的股利分配政策和投资机会 股利发放率=每股股利/每股收益 股利发放率反映每1元净利润有多少用于普通股股东的现金股利发放，反映**普通股股东的当期收益水平**
市盈率	市盈率=每股市价/每股收益 **市盈率越高，意味着投资者对股票的收益预期越看好，投资价值越大**；反之，投资者对该股票评价越低。 市盈率越高，也说明获得一定的预期利润投资者需要**支付更高的价格**，因此，投资于该股票的风险也越大；市盈率越低，说明投资于该股票的风险越小

续表

指标	计算公式
每股净资产	每股净资产=期末净资产/期末发行在外的普通股股数 每股净资产显示了发行在外每一普通股股份所能分配的企业账面净资产的价值。 每股净资产指标是理论上股票的最低价值
市净率	市净率=每股市价/每股净资产 一般来说，市净率较低的股票，投资价值较高；反之，则投资价值较低。 但有时较低市净率反映的可能是投资者对公司前景的不良预期，而较高市净率则相反

二、每股收益（见表6-10）

表6-10 每股收益的计算

指标	计算公式
基本每股收益	基本每股收益=净利润/发行在外普通股加权平均数 其中：发行在外普通股加权平均数=期初发行在外普通股股数+当期新发行普通股股数×已发行时间/报告时间-当期回购普通股股数×已回购时间/报告期时间
稀释每股收益	稀释每股收益=（原净利润+增加的净利润）/（原发行在外普通股加权平均数+新增的普通股加权平均数）

1. 常见的潜在普通股及稀释性每股收益的计算（见表6-11）

表6-11 稀释每股收益的计算

稀释性潜在普通股	分母调整	分子调整
可转换公司债券	调整项目为增加的潜在普通股，按照可转换公司债券合同规定，可以转换为普通股的加权平均数	调整项目为可转换债券当期已确认为费用的利息、溢价或折价摊销等的税后影响额
认股权证、股份期权	可以转换的普通股股数的加权平均数与按照当期普通股平均市场价格能够发行的普通股股数的加权平均数的差额	—

2. 其他调整因素

企业派发股票股利、公积金转增资本、拆股或并股等，会增加或减少其发行在外普通股或潜在普通股的数量，并不影响所有者权益金额，也不改变企业的盈利能力。但是，为了保持会计指标的前后期可比性，应当按调整后的股数重新计算各列报期间的每股收益。

核心考点3 综合分析与评价★★

扫我解疑难

一、杜邦分析法（见表6-12）

表6-12 杜邦分析法

指标	指标分析
净资产收益率	净资产收益率是综合性最强的财务比率，也是杜邦财务分析系统的核心指标。提高净资产收益率是所有者利润最大化的基本保证，净资产收益率的高低，取决于总资产报酬率和权益乘数
总资产报酬率	总资产报酬率是销售净利润率和总资产周转率的乘积，需要从销售成果和资产运营两方面来分析
销售净利润率	反映了企业净利润与销售收入的关系，影响因素是销售收入和成本费用
总资产周转率	对总资产周转率进行分析时，还应对流动资产周转率、存货周转率、应收账款周转率等各有关资产组成部分的使用效率作深入分析，以找出影响资产周转的问题所在

指标	指标分析
权益乘数	企业资产负债率越高，权益乘数就越大，说明企业有较高的负债程度，既可能给企业带来较多的杠杆利益，也可能带来较大的财务风险

『提示』各指标之间的关系为：

净资产收益率＝总资产报酬率×权益乘数

总资产报酬率＝销售净利润率×总资产周转率

权益乘数＝资产总额/所有者权益总额＝资产总额/(资产总额－负债总额)＝1/(1－资产负债率)

净资产收益率＝销售净利润率×总资产周转率×权益乘数

【例题4·多选题】根据杜邦等式可知，提高净资产收益率的途径包括( )。

A. 加强负债管理，提高资产负债率
B. 加强资产管理，提高总资产周转率
C. 加强销售管理，提高销售净利润率
D. 增强资产流动性，提高流动比率
E. 加强负债管理，降低资产负债率

解析 ▶ 净资产收益率＝销售净利润率×总资产周转率×权益乘数，权益乘数＝1/(1－资产负债率)。 **答案** ▶ ABC

二、综合绩效评价(见表6-13)

表6-13 企业综合绩效评价指标表

评价内容	评价指标	
	基本指标	修正指标
盈利能力状况	净资产收益率 总资产报酬率	销售(营业)利润率、利润现金保障倍数、成本费用利润率、资本收益率
资产质量状况	总资产周转率 应收账款周转率	不良资产比率、流动资产周转率、资产现金回收率
债务风险状况	资产负债率 已获利息倍数	速动比率、现金流动负债比率、带息负债比率、或有负债比率
经营增长状况	销售(营业)增长率 资本保值增值率	销售(营业)利润增长率、总资产增长率、技术投入比率

『提示』在资产质量状况指标中，存货周转率并不属于其基本指标或者修正指标，注意考试中的运用。

【例题5·多选题】根据我国《中央企业综合绩效评价实施细则》的规定，评价企业债务风险状况的基本指标包括( )。

A. 资本保值增值率
B. 速动比率
C. 已获利息倍数
D. 总资产报酬率
E. 资产负债率

解析 ▶ 选项A是评价企业经营增长状况的基本指标，选项B是评价企业债务风险状况的修正指标，选项D是评价企业盈利能力状况的基本指标。 **答案** ▶ CE

真题精练

一、单项选择题

1. (2019年)甲公司2018年度实现利润总额800万元，利息发生额为150万元，其中符合资本化条件的为50万元，其余的费用化。则甲公司2018年度已获利息倍数是( )。

A. 6.00   B. 5.33

C. 8.50　　　　　D. 9.00
2. (2018年改)下列不属于反映盈利能力的财务指标是(　)。
   A. 营业利润率　　B. 总资产报酬率
   C. 净资产收益率　D. 已获利息倍数
3. (2020年)下列关于市盈率财务指标的表述中,错误的是(　)。
   A. 市盈率是股票每股市价与每股收益的比率
   B. 该指标的高低反映市场上投资者对股票投资收益和投资风险的预期
   C. 该指标越高,反映投资者对股票的预期越看好,投资价值越大,投资风险越小
   D. 该指标越高,说明投资者为获得一定的预期利润需要支付更高的价格

二、多项选择题
1. (2019年)下列属于反映企业盈利能力的财务指标的有(　)。
   A. 总资产报酬率　　B. 产权比率
   C. 营业利润率　　　D. 现金比率
   E. 总资产周转率
2. (2020年)下列因素中,影响企业稀释每股收益的有(　)。
   A. 每股股利
   B. 净利润
   C. 可转换公司债券
   D. 每股市价
   E. 发行在外的普通股加权平均数

真题精练答案及解析

一、单项选择题
1. A 【解析】费用化利息金额 = 150 - 50 = 100(万元)
   已获利息倍数 = (利润总额 + 利息费用) / (利息费用 + 资本化利息) = (800 + 100) / (100 + 50) = 6,选项A正确。
2. D 【解析】选项D,属于偿债能力指标。
3. C 【解析】选项C,市盈率越高,说明获得一定的预期利润投资者需要支付更高的价格,因此,投资于该股票的风险也越大。

二、多项选择题
1. AC 【解析】反映企业盈利能力的财务指标包括:营业利润率、总资产报酬率、净资产收益率、成本费用利润率、资本收益率、利润现金保障倍数,因此选项AC正确。
2. BCE 【解析】每股收益 = 净利润 / 发行在外普通股的加权平均数,选项C,可转换公司债券在转股时会导致发行在外普通股股数的增加,同时因转股不再需要支付利息,导致净利润增加,进而影响稀释每股收益。

同步训练　限时54分钟

扫我做试题

一、单项选择题
1. 2020年销售净利率为19.03%,净资产收益率为11.76%,总资产周转率为30.89%,2020年资产负债率为(　)。
   A. 50.00%　　　　B. 38.20%
   C. 61.93%　　　　D. 69.90%
2. 甲公司2019年发生利息费用50万元,实现净利润120万元;2020年发生利息费用80万元,实现净利润150万元。若该公司适用企业所得税税率为25%,则该公司2020年已获利息倍数比2019年(　)。
   A. 减少0.525　　　B. 减少0.7
   C. 增加1.33　　　D. 增加2.33
3. 下列有关反映企业状况的财务指标的表述

中，正确的是( )。
A. 已获利息倍数提高，说明企业支付债务利息的能力降低
B. 市盈率提高，说明企业的债务比重降低
C. 净资产利润率越高，说明企业所有者权益的获利能力越强，每股收益较高
D. 产权比率越高，说明企业偿还长期债务的能力越弱，负债的增加会导致产权比率上升

4. 乙公司2020年平均负债总额为2 000万元，平均权益乘数为4，经营活动现金流量净额为1 000万元，则2020年乙公司的全部资产现金回收率为( )。
   A. 0.375　　　　　B. 0.345
   C. 0.315　　　　　D. 0.425

5. 某公司2020年年初存货为68万元，年末有关财务数据为：流动负债50万元，流动比率为2.8，速动比率为1.6，全年营业成本为640万元。假设该公司2020年年末流动资产中除速动资产外仅有存货一项，则该公司2020年度存货周转次数为( )次。
   A. 6.4　　　　　B. 8.0
   C. 10.0　　　　　D. 12.0

6. A公司无优先股，2019年末股东权益总额为1 000万元(每股净资产10元)，2020年初决定投资一新项目，需筹集资金500万元，股东大会决定通过发行新股的方式筹集资金，发行价格为每股10元。2020年留存收益100万元，无其他影响股东权益的事项，则2020年末该公司的每股净资产为( )元/股。
   A. 2.50　　　　　B. 6.67
   C. 10.67　　　　　D. 5.00

7. 甲公司2020年净利润350万元，流通在外普通股加权平均数为500万股，优先股100万股，优先股股利为1元/股，若2020年末普通股每股市价20元。则市盈率为( )。
   A. 40　　　　　B. 35
   C. 50　　　　　D. 55

8. 乙公司2020年1月1日发行在外普通股30 000万股，2020年7月1日以2020年1月1日总股本30 000万股为基础，每10股送2股。2020年11月1日，回购普通股2 400万股，若2020年净利润为59 808万元，则2020年基本每股收益为( )元。
   A. 1.68　　　　　B. 1.48
   C. 1.78　　　　　D. 1.84

9. 甲股份有限公司所有的股票均为普通股，均发行在外，每股面值1元。甲公司2020年度部分业务资料如下：(1)2020年初股东权益金额为24 500万元，其中股本10 000万元。(2)2月18日，公司董事会制订2019年度的利润分配方案：分别按净利润的10%计提法定盈余公积；分配现金股利500万元，以10股配送3股的形式分配股票股利。该利润分配方案于4月1日经股东大会审议通过。(3)7月1日增发新股4 500万股。(4)为了奖励职工，11月1日回购本公司1 500万股。(5)2020年度公司可供股东分配的净利润为5 270万元。甲公司2020年的基本每股收益为( )元。
   A. 0.53　　　　　B. 0.22
   C. 0.35　　　　　D. 0.34

10. 甲公司适用所得税税率为25%。2020年归属于普通股股东的净利润为25 000万元，期初发行在外普通股股数为70 000万股，年内普通股股数未发生变化。2020年7月1日公司按面值发行到期一次还本、分期付息的5年期可转换公司债券20 000万元，票面年利率为6%，每100元债券可转换为60股面值为1元的普通股。甲公司发行可转换公司债券时二级市场上与之类似的没有转换权的债券市场利率为9%。已知，(P/F，9%，5)=0.649 9，(P/A，9%，5)=3.889 7。则2020年度稀释每股收益为( )元。
    A. 0.32　　　　　B. 0.36
    C. 0　　　　　D. 0.34

11. 甲公司2020年度归属于普通股股东的净利润为1 200万元，发行在外的普通股加权平均数为2 000万股，当年该普通股平均市场价格为每股5元。2020年1月1日，甲公司对外发行认股权证1 000万份，行权日为2021年6月30日，每份认股权可以在行权日以3元的价格认购甲公司1股新发的股份。甲公司2020年度稀释每股收益金额是(　　)元。

    A. 0.4　　　　　B. 0.3
    C. 0.5　　　　　D. 0.6

12. 某公司2019年年末资产总额为4 000万元，资产负债率为60%；2019年度实现销售收入1 400万元，实现净利润280万元。若2020年该公司的资产规模、销售收入和净利润水平不变，净资产收益率比2019年度提高三个百分点，则该公司2020年年末的权益乘数应为(　　)。

    A. 2.59　　　　B. 2.36
    C. 3.04　　　　D. 2.93

13. 下列关于权益乘数的表述中，错误的是(　　)。

    A. 权益乘数＝1+产权比率
    B. 权益乘数＝1/(1-资产负债率)
    C. 权益乘数＝资产总额/所有者权益
    D. 权益乘数＝所有者权益/资产总额

14. 某企业适用所得税税率为25%，2020年计算应交所得税为25万元。在2020年计算应纳税所得额时的调整额包括超过税前列支标准的业务招待费20万元和取得国库券利息收入10万元两项。如果该企业2020年度平均净资产余额为500万元。假定不考虑其他因素，则该企业2020年度的净资产收益率为(　　)。

    A. 13%　　　　B. 13.2%
    C. 18%　　　　D. 20%

15. 根据企业综合绩效评价指标及权重表，下列属于盈利能力状况基本指标的是(　　)。

    A. 销售增长率　　B. 净资产收益率
    C. 资本收益率　　D. 销售利润率

16. 下列属于财务绩效中评价企业经营增长状况基本指标的是(　　)。

    A. 销售利润增长率
    B. 总资产增长率
    C. 销售增长率
    D. 技术投入比率

二、多项选择题

1. 下列各项财务指标中，能反映企业短期偿债能力的有(　　)。

    A. 流动比率　　B. 产权比率
    C. 现金比率　　D. 资产负债率
    E. 速动比率

2. 某企业本期期末的流动比率为120%，现拟赊购材料一批(不考虑增值税)，将会导致(　　)。

    A. 流动比率不变
    B. 流动比率提高
    C. 流动比率降低
    D. 速动比率降低
    E. 速动比率提高

3. 下列各项中，属于衡量经济增长状况的指标有(　　)。

    A. 营业收入增长率
    B. 总资产增长率
    C. 销售现金比率
    D. 资本积累率
    E. 资本保值增值率

4. 甲公司2020年年初的负债总额为5 000万元，资产总额是12 500万元，本年所有者权益增长了10 500万元，年末资产负债率为40%，负债的年均利率为8%，净利润为1 125万元，经营现金净流量为1 300万元，假设不存在其他因素，适用的所得税税率为25%。根据上述资料，该公司计算的下列指标中，正确的有(　　)。

    A. 2020年年末所有者权益的金额为18 000万元
    B. 2020年年末的产权比率为0.67
    C. 2020年的息税前利润为2 460万元

D. 2020年总资产报酬率为8.2%
E. 2020年已获利息倍数3.21

5. 下列各项中，影响上市公司报告年度稀释每股收益的有（　　）。
   A. 已发行的可转换公司债券
   B. 已派发的股票股利
   C. 已发行的股份期权
   D. 持有的已回购的普通股
   E. 已发行的认股权证

6. 下列关于杜邦分析体系各项指标的表述中，正确的有（　　）。
   A. 净资产收益率是核心指标，是所有者利润最大化的基本保证
   B. 净资产收益率＝销售净利率×总资产周转率，提高销售净利率是提高企业盈利能力的关键所在
   C. 总资产周转率体现了企业经营期间全部资产从投入到产出的流转速度，往往企业销售能力越强，总资产周转效率越高
   D. 权益乘数主要受资产负债率影响，与资产负债率同方向变化
   E. 净资产收益率与企业的销售规模、成本水平、资产运营、资本结构等构成一个相互依存的系统

7. 下列关于杜邦分析系统的相关指标的说法中，正确的有（　　）。
   A. 提高净资产收益率是所有者利润最大化的基本保证
   B. 净资产收益率是销售净利润率和总资产周转率的乘积，需要从销售成果和资产运营两方面来分析

C. 权益乘数越高，说明企业有较高的负债程度，通常可能带来较大的财务风险和较少的杠杆利益
D. 净资产收益率受到销售净利润率、总资产周转率和权益乘数的影响
E. 在企业销售净利润率和总资产周转率一定的情况下，产权比率越低，企业的净资产收益率越高

8. 根据《中央企业综合效绩评价实施细则》的规定，下列指标中，能反映企业资产质量状况的有（　　）。
   A. 总资产周转率　　B. 不良资产比率
   C. 应收账款周转率　D. 总资产增长率
   E. 技术投入比率

9. 根据我国《中央企业综合绩效评价实施细则》的规定，评价企业盈利能力状况的基本指标包括（　　）。
   A. 资本保值增值率
   B. 净资产收益率
   C. 已获利息倍数
   D. 总资产报酬率
   E. 销售（营业）利润率

三、计算题

1. 东恒公司2020年年末产权比率为0.8，流动资产占总资产的40%，当年发生了利息费用1 600万元，全部费用化，净利润为15 000万元，所得税税率是25%，年初资产总额为102 000万元。该企业2020年年末资产负债表中的负债项目如下所示（单位：万元）：

负债项目	金额
流动负债：	
短期借款	2 000.00
应付账款	3 000.00
预收账款	2 500.00
其他应付款	4 500.00
一年内到期的长期负债	4 000.00
流动负债合计	16 000.00

续表

负债项目	金额
非流动负债：	
长期借款	12 000.00
应付债券	20 000.00
非流动负债合计	32 000.00
负债合计	48 000.00

根据上述资料，回答下列问题。

(1) 东恒公司的所有者权益总额是（　）万元。

A. 56 000　　　　B. 60 000
C. 64 000　　　　D. 68 000

(2) 东恒公司的流动比率是（　）。

A. 2.0　　　　　B. 2.5
C. 2.7　　　　　D. 3.0

(3) 东恒公司的资产负债率是（　）。

A. 44.44%　　　B. 50%
C. 55.56%　　　D. 60%

(4) 东恒公司总资产报酬率是（　）。

A. 14.44%　　　B. 10%
C. 15.56%　　　D. 14.29%

2. 东阳公司2020年度销售收入为800万元，销售成本为销售收入的60%，赊销比例为销售收入的90%，销售净利率为10%；期初应收账款账面价值为24万元，期初坏账准备为2万元，期末应收账款账面价值为36万元，期末坏账准备为3万元；期初资产总额为600万元，其中存货为50万元，存货周转次数为8次，期末存货是资产总额的10%。

2020年1月1日发行在外普通股股数为82万股。2020年5月31日，经股东大会同意并经相关监管部门核准，东阳公司以2020年5月20日为股权登记日，向全体股东每10股发放1.5份认股权证，共计发放12.3万份认股权证，每份认股权证可以在2021年5月31日按照每股6元的价格认购1股东阳公司普通股。东阳公司归属于普通股股东的净利润2020年度为36万元。东阳公司股票2020年6月至2020年12月平均市场价格为每股10元。假定不考虑其他因素。根据以上资料，回答下列问题。

(1) 该公司2020年期末的资产总额为（　）万元。

A. 650　　　　　B. 750
C. 680　　　　　D. 700

(2) 该公司2020年的总资产报酬率为（　）。

A. 12.31%　　　B. 12.6%
C. 12.8%　　　　D. 12.9%

(3) 该公司2020年稀释每股收益为（　）元。

A. 0.38　　　　　B. 0.43
C. 0.42　　　　　D. 0.47

(4) 该公司2020年的应收账款周转率为（　）次。

A. 21　　　　　B. 22.15
C. 24　　　　　D. 26.67

同步训练答案及解析

一、单项选择题

1. A 【解析】净资产收益率=销售净利率×总资产周转率×权益乘数

因此权益乘数=11.76%/(19.03%×30.89%)=2

权益乘数=1/(1-资产负债率)，因此资产负债率=1-1/2=50%。

2. B 【解析】2019年已获利息倍数=(120/75%+50)/50=4.2；2020年已获利息倍数=(150/75%+80)/80=3.5；2020年已获利息倍数比2019年减少=4.2-3.5=0.7。

3. D 【解析】选项A，已获利息倍数提高，说明企业支付债务利息的能力提高；选项B，市盈率的高低与企业的债务比重没有直接关系；选项C，净资产利润率越高，说明企业所有者权益的获利能力越强，但是不能说明每股收益较高。

4. A 【解析】权益乘数=4，可以推出资产负债率=75%，所以平均资产总额=2 000/75%=2 666.67(万元)，全部资产现金回收率=经营活动现金流量净额/资产平均总额=1 000/2 666.67=0.375。

5. C 【解析】2020年末流动资产/50=2.8，推出2020年末流动资产=2.8×50=140(万元)，(140-期末存货)/50=1.6，得出期末存货=60(万元)。2020年度存货周转次数=营业成本/平均存货=640/[(68+60)÷2]=10(次)。

6. C 【解析】每股净资产=股东权益总额/发行在外的普通股股数=(1 000+500+100)/(1 000/10+500/10)=1 600/150=10.67(元/股)

7. A 【解析】每股收益=归属于普通股的净利润/普通股加权平均数=(350-100×1)/500=0.5(元)；市盈率=每股市价/每股收益=20/0.5=40。

8. A 【解析】基本每股收益=59 808/(30 000×1.2-2 400×2/12)=1.68(元)

9. C 【解析】甲公司2020年发行在外的普通股加权平均数=10 000×130%×12/12+4 500×6/12-1 500×2/12=15 000(万股)
甲公司2020年的基本每股收益=5 270/15 000=0.35(元)

10. D 【解析】2020年度基本每股收益=25 000÷70 000=0.36(元)；可转换公司债券负债成分的公允价值=20 000×0.649 9+20 000×6%×3.889 7=17 665.64(万元)；转换所增加的净利润=17 665.64×9%×(1-25%)/2=596.22(万元)；增加的普通股股加权平均数=20 000÷100×60×6/12=6 000(万股)；增量股每股收益=596.22/6 000=0.10(万元)，具有稀释性；稀释每股收益=(25 000+596.22)÷(70 000+6 000)=0.34(元)。

11. C 【解析】调整增加的普通股股数=1 000-1 000×3/5=400(万股)，甲公司2020年度稀释每股收益金额=1 200/(2 000+400)=0.5(元)。

12. D 【解析】净资产收益率=销售净利率×总资产周转率×权益乘数
2019年净资产收益率=(280÷1 400)×(1 400÷4 000)×[1÷(1-60%)]=17.5%
或：2019年净资产收益率=280÷[4 000×(1-60%)]=17.5%
2020年净资产收益率=17.5%+3%=20.5%
2020年该公司的权益乘数=净资产收益率/(销售净利率×总资产周转率)=20.5%÷[(280÷1 400)×(1 400÷4 000)]=2.93

13. D 【解析】权益乘数=资产总额/所有者权益=(负债总额+所有者权益)/所有者权益=1+产权比率；权益乘数=资产总额/所有者权益=资产总额/(资产总额-负债总额)=1/(1-资产负债率)。

14. A 【解析】该企业2020年应纳税所得额=25/25%=100(万元)，利润总额=100-20+10=90(万元)，净利润=利润总额-所得税费用=90-25=65(万元)，则2020年度的净资产收益率=净利润/平均净资产=65/500=13%。

15. B 【解析】选项A属于经营增长状况的基本指标；选项CD属于盈利能力状况的修正指标。

16. C 【解析】反映经营增长状况的基本指标有：销售(营业)增长率、资本保值增值率。选项 ABD 属于反映经营增长状况的修正指标。

二、多项选择题

1. ACE 【解析】选项 BD 是反映企业长期偿债能力的指标。

2. CD 【解析】流动比率=流动资产/流动负债×100%，速动比率=速动资产/流动负债×100%，速动资产中不包括存货。赊购材料使流动资产（存货）和流动负债（应付账款）增加相同的金额，因为流动比率为120%＞100%，说明分子大于分母，当分子、分母增加相同金额时，将会导致分母的变动幅度大于分子的变动幅度，所以该指标将会变小。同时，赊购材料一批，速动资产不变，流动负债增加，所以，速动比率降低。

3. ABDE 【解析】衡量经济增长状况的指标主要有：营业收入增长率、总资产增长率、营业利润增长率、资本保值增值率、资本积累率和技术投入比率等。

4. ABE 【解析】①年初所有者权益 = 12 500−5 000=7 500（万元）

期末所有者权益 = 7 500 + 10 500 = 18 000（万元）

②期末产权比率=负债/所有者权益=1/(所有者权益/负债)=1/(资产/负债−1)=1/(1/资产负债率−1)=1/(1/40%−1)=0.67

③年末负债 = 18 000/(1−40%)×40% = 12 000（万元）

年均负债 = (5 000+12 000)/2 = 8 500（万元）

利息费用=8 500×8%=680（万元）

税前利润=1 125/(1−25%)=1 500（万元）

息税前利润=1 500+680=2 180（万元）

④已获利息倍数=2 180/680=3.21

⑤总资产报酬率 = 1 125/[(12 500 + 18 000+12 000)/2]=5.29%

5. ACE 【解析】选项 BD 影响基本每股收益。

6. ACDE 【解析】净资产收益率=总资产报酬率×权益乘数=销售净利润率×总资产周转率×权益乘数

7. AD 【解析】选项 B，总资产报酬率是销售净利润率和总资产周转率的乘积，需要从销售成果和资产运营两方面来分析；选项 C，负债比例越大，权益乘数就高，说明企业有较高的负债程度，既可能给企业带来较多的杠杆利益，也可能带来较大的财务风险；选项 E，产权比率越低，企业的资产负债率越低，因此会导致企业的净资产收益率降低。

8. ABC 【解析】评价企业资产质量状况的指标，基本指标有总资产周转率、应收账款周转率，修正指标有不良资产比率、流动资产周转率、资产现金回收率，因此选项 ABC 正确。选项 DE 是评价企业经营增长状况的修正指标。

9. BD 【解析】评价企业的盈利能力状况的基本指标有两个：净资产收益率和总资产报酬率。因此选项 BD 正确。

三、计算题

1. （1）B；（2）C；（3）A；（4）D。

【解析】

（1）产权比率 = 负债总额/所有者权益总额，所有者权益总额 = 负债总额/产权比率=48 000/0.8=60 000（万元）。

（2）流动资产占总资产的比率=流动资产/总资产×100%=40%，所以，流动资产=总资产×40%=(48 000+60 000)×40%=43 200（万元），流动比率=流动资产/流动负债=43 200/16 000=2.7。

（3）资产负债率 = 负债总额/资产总额×100% = 48 000/(48 000 + 60 000)×100%=44.44%

（4）总资产报酬率=净利润÷平均资产总额=15 000/[(108 000+102 000)/2]=14.29%

2. （1）D；（2）A；（3）C；（4）B。

【解析】

（1）根据存货周转次数=销售成本/平均存货=800×60%/[(50+期末存货)/2]=8（次），则期末存货=70（万元），因为期末存货是资产总额的 10%,所以期末资产总额 = 70/10% = 700(万元)。

(2)总资产报酬率 = 净利润/平均总资产 = 800×10%/[(600+700)/2]×100% = 12.31%

(3)2020 年发行在外普通股加权平均数 = 82(万股)

基本每股收益 = 36/82 = 0.44(元)

2020 年调整增加的普通股股数 = (12.3 − 12.3×6/10)×7/12 = 2.87(万股)

稀释每股收益 = 36/(82+2.87) = 0.42(元)

(4)该题能够计算出赊销收入,所以应当采用赊销收入计算,赊销收入 = 800×90% = 720(万元),应收账款周转率 = 赊销收入/应收账款平均余额 = 720/[(36+3+24+2)/2] = 22.15(次)。

本章知识串联

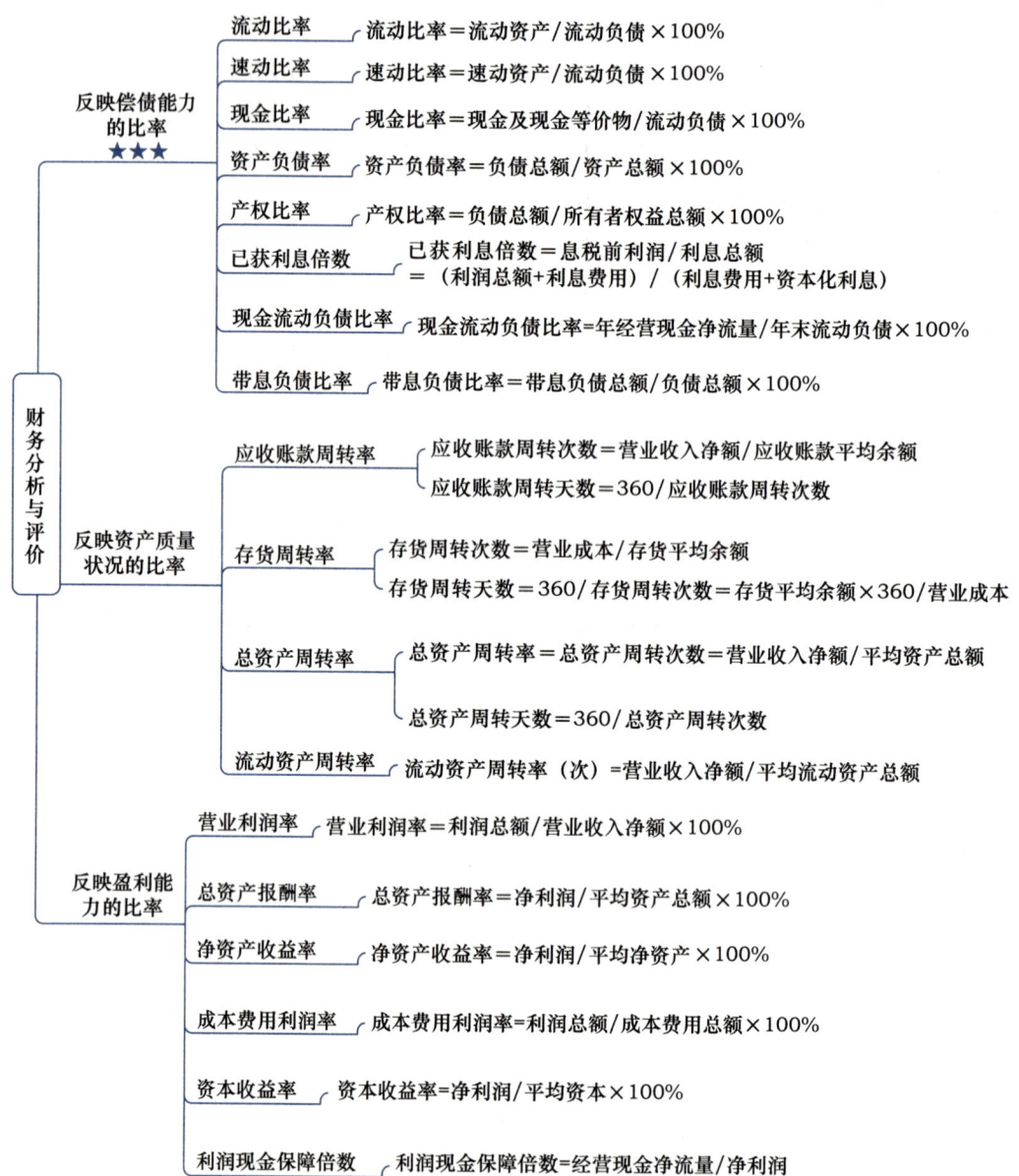

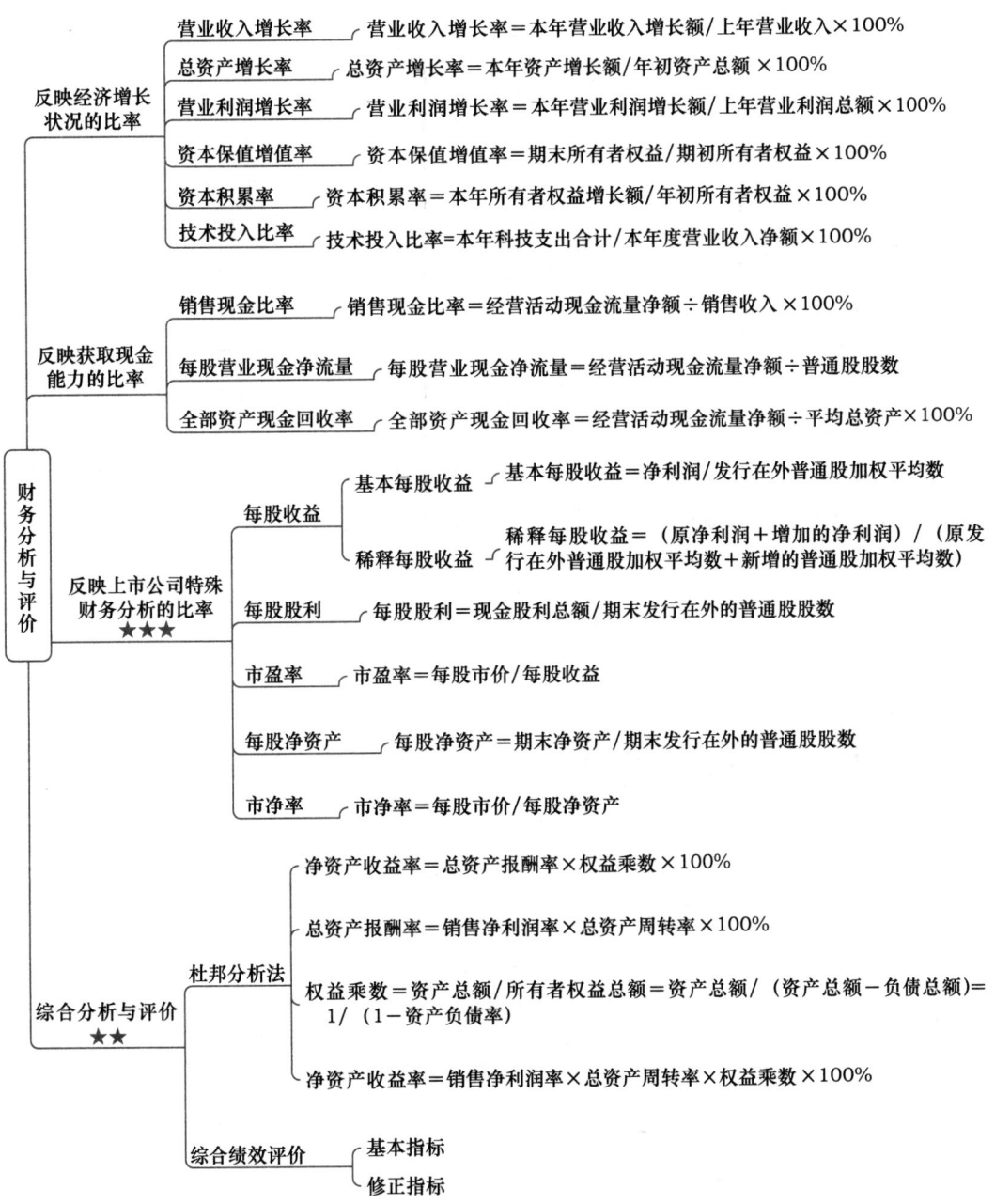

第7章 财务会计概论

考情解密

历年考情概况

本章属于会计部分的基础章节，在整体考试中所占比重不大。往年主要考查了会计基本假设、会计信息质量要求、会计要素及会计计量属性等知识点。考试中主要以单项选择题和多项选择题形式考查，近年平均分值通常为2分左右。

近年考点直击

考点	主要考查题型	考频指数	考查角度
会计基本假设	单选题	★	会计基本假设的概念及应用
信息质量要求	多选题	★★	谨慎性的实务应用

本章2021年考试主要变化

删除了所有者权益和负债的区分，本章其他考试内容未发生实质性变化。

考点详解及精选例题*

核心考点1　会计基本假设★

会计基本假设是对会计核算所处时间、空间环境等所作出的合理假定，是企业会计确认、计量和报告的前提。相关规定见表7-1。

表7-1　会计基本假设

基本假设	内容
会计主体	会计主体是会计为之服务的特定单位。会计主体界定了会计核算内容的<u>空间范围</u>
持续经营	持续经营是指企业会计确认、计量和报告应当以企业持续、正常的生产经营活动为前提，并假设在可以预见的未来，企业的经营活动将以既定的经营方针和目标继续经营下去，而不会面临破产清算
会计分期	会计分期是指在企业持续不断的经营过程中，人为地将其划分为一个个间距相等、首尾相接的会计期间。会计分期界定了会计核算内容的<u>时间范围</u>

---

* 为保持内容的完整统一，将破产清算会计统一放在第18章进行讲解。

续表

基本假设	内容
货币计量*	货币计量是指企业会计核算采用货币作为计量单位,记录、反映企业的经济活动情况,并假定币值保持不变

【思路点拨】 会计主体可以是一个独立的法律主体,如企业法人;也可以不是一个独立的法律主体,如企业内部相对独立的核算单位等。此外,会计分期假设是以"持续经营"假设为前提而存在的。

【例题1·单选题】 下列有关会计主体的表述不正确的是( )。

A. 会计主体可以是营利组织,也可以是非营利组织

B. 会计主体必须要有独立的资金,并独立编制财务报告对外报送

C. 企业的经济活动应与投资者的经济活动相区分

D. 会计主体可以是独立的法人,也可以是非法人

解析 会计主体即会计信息所反映的特定单位。会计主体界定了会计工作的范围,将本企业的经济活动与其他企业的经济活动相区分。会计主体不同于法律主体。一般来讲,法律主体必然是一个会计主体,但会计主体不一定是法律主体。现实生活中,行政事业单位、企业、企业的分支机构以及由若干家企业通过控股关系组成的集团公司均可作为一个会计主体。故选项A、C、D的表述均正确。当某一会计主体不能独立对外时,如独立核算的销售部门等,则无须对外报送独立的财务报告,故选项B不正确。 **答案** ▶ B

核心考点2 财务会计信息质量要求★★

扫我解疑难

会计信息质量要求是对企业财务报告中所提供会计信息质量的基本要求,是使财务报告中所提供的会计信息对投资者等信息使用者决策有用应具备的基本特征。会计信息质量要求的总括情况如表7-2所示。

表7-2 会计信息质量要求的总括情况

层次	信息质量要求	反映方面	考试情况
首要层级 总括要求 普遍适用	可靠性	受托责任	—
	相关性	决策相关	—
	可理解性	信息传递	—
	可比性	政策选择	重点
次要层级 具体要求 业务核算	实质重于形式	业务核算	重点
	重要性	业务核算	重点
	谨慎性	业务核算	重点
	及时性	信息时效	—

---

* 关于货币计量下涉及外币的详细内容,统一在第8章进行讲解。

一、可靠性

可靠性要求企业应当**以实际发生的交易或者事项为依据**进行确认、计量和报告，如实反映符合确认和计量要求的各项会计要素及其他相关信息，保证会计信息真实可靠、内容完整。

二、相关性

相关性要求企业提供的会计信息应当与**财务报告使用者的经济决策需要相关**，有助于财务报告使用者对企业过去、现在或者未来的情况作出评价或者预测。

相关性是以可靠性为基础的，会计信息在可靠性前提下，尽可能做到相关，以满足投资者等财务报告使用者的决策需要。

三、可理解性

可理解性要求企业提供的会计信息应当**清晰明了**，便于投资者等财务报告使用者理解和使用。

四、可比性

可比性要求企业提供的会计信息应当具有可比性。主要包括两层含义：

1. 同一企业不同时期可比（纵向可比）

同一企业对于不同时期发生的相同或者相似的交易或者事项，应当采用一致的会计政策，不得**随意**变更。但是，满足会计信息可比性要求，并非表明企业不得变更会计政策。

『提示』纵向可比，要联系**会计政策变更**的问题。因此复习中请与会计政策的内容结合阅读。

2. 不同企业相同会计期间可比（横向可比）

不同企业同一会计期间发生的相同或者相似的交易或者事项，应当采用规定的会计政策，确保会计信息口径一致、相互可比，以使不同企业按照一致的确认、计量和报告要求提供有关会计信息。

五、实质重于形式

实质重于形式要求企业应当按照交易或者事项的**经济实质**进行会计确认、计量和报告，不仅仅以交易或者事项的法律形式为依据。

【思路点拨】这里通常是考查"名不副实"的情况判断。判断一般是按照下列顺序进行：

（1）账务处理是否正确？

（2）账务处理后，法律上（或业务中）的"名"与会计处理结果的"实"是否一致？

六、重要性

重要性要求企业提供的会计信息应当反映与企业财务状况、经营成果和现金流量有关的所有重要交易或者事项。

（1）对资产、负债、损益等有较大影响，并进而影响财务报告使用者据以作出合理判断的重要事项，必须按照规定的会计方法和程序进行处理，并在财务报告中予以充分、准确的披露。

（2）对于次要的会计事项，在不影响会计信息真实性和不至于误导财务报告使用者作出正确判断的前提下，可适当简化处理。

（3）在实务中，如果某会计信息的省略或者错报会影响投资者等财务报告使用者据此作出决策的，该信息就具有重要性。

七、谨慎性

谨慎性要求企业对交易或者事项进行会计确认、计量和报告时应当保持应有的谨慎，**不应高估资产或者收益、不应低估负债或者费用**。

遵循这一原则并不意味着企业可以任意设置各种秘密准备，否则，就属于滥用谨慎性，需要按照重大会计差错更正的要求进行相应的会计处理。

八、及时性

及时性要求企业对于已经发生的交易或者事项，应当及时进行确认、计量和报告，不得提前或者延后。

【例题2·单选题】下列各项中，体现实质重于形式会计信息质量要求的是（ ）。

A. 将处置固定资产产生的净损失计入资产处置损益

B. 对不存在标的资产的亏损合同确认预计负债

C. 对于售后回购商品业务，需分析其是否具有融资交易或租赁交易性质，分情况进行处理

D. 对无形资产计提减值准备

解析 ▶ 对于售后回购的商品，法律形式上属于销售和购买，但如果其经济实质构成融资交易或租赁交易，则说明其实质与形式不符，应当按经济实质进行账务处理，因此体现了实质重于形式的原则。　**答案** ▶ C

核心考点3　财务会计要素及确认★★

扫我解疑难

会计要素是根据交易或者事项的经济特征所确定的财务会计对象和基本分类，具体内容参见表7-3。

表 7-3　财务会计要素及其确认

要素 \ 内容	特征/内容	确认条件
资产	①资产是由企业过去的交易或事项形成的；（过去） ②资产应为企业拥有或者控制的资源；（现在） ③资产预期会给企业带来经济利益（将来）	符合资产定义的资源，在同时满足以下条件时，确认为资产： ①与该资源有关的经济利益很可能流入企业； ②该资源的成本或者价值能够可靠地计量
负债	①负债是由企业过去的交易或事项形成的；（过去） ②负债是企业承担的现时义务；（现在） ③负债预期会导致经济利益流出企业（将来）	符合负债定义的义务，在同时满足以下条件时，确认为负债： ①与该义务有关的经济利益很可能流出企业； ②未来流出的经济利益的金额能够可靠地计量
所有者权益	所有者权益的来源主要包括所有者投入的资本、其他权益工具、直接计入所有者权益的利得和损失（其他综合收益）、留存收益等	所有者权益的确认和计量取决于资产和负债的确认和计量
收入	①收入是企业在日常活动中形成的； ②收入是与所有者投入资本无关的经济利益的总流入； ③收入最终会导致所有者权益的增加	企业应当在履行了合同中的履约义务，即在客户取得相关商品控制权时确认收入
费用	①费用是企业在日常活动中发生的； ②费用是与向所有者分配利润无关的经济利益的总流出； ③费用会导致所有者权益的减少	①相关的经济利益应当很可能流出企业； ②经济利益流出企业的结果会导致资产的减少或者负债的增加； ③经济利益的流出额能够可靠计量
利润	利润包括收入减去费用后的净额、直接计入当期利润的利得和损失等	利润的金额取决于收入和费用、直接计入当期利润的利得和损失金额的计量

【相关链接】 利得是指由企业非日常活动所形成的、会导致所有者权益增加的、与所有者投入资本无关的经济利益的流入。损失是指由企业非日常活动所发生的、会导致所有者权益减少的、与向所有者分配利润无关的经济利益的流出。利得和损失包括两种情况：

（1）直接计入所有者权益的利得和损失，通常计入其他综合收益；

（2）直接计入当期利润的利得和损失，通常包括资产处置损益、信用减值损失、公允价值变动损益、投资收益（部分）、营业外收入、营业外支出等，其中后两者只影响利润总额，不影响营业利润。

【例题3·多选题】下列各项中，可以作为资产要素基本特征的有( )。

A. 必须是过去的交易或事项所产生的
B. 必须是以实物形式存在的
C. 必须是企业拥有或实际控制的
D. 与该资源有关的经济利益很可能流入企业
E. 必须能够给企业带来未来的经济利益

解析 ▶ 选项B，资产不一定以实物形式存在。选项D，与该资源有关的经济利益很可能流入企业属于资产的确认条件，不是资产要素的基本特征。　　答案 ▶ ACE

核心考点4　会计要素的计量属性★

扫我解疑难

会计计量是为了将符合确认条件的会计要素登记入账并列报于财务报表而**确定其金额**的过程。会计的计量属性反映的是会计要素的确定基础。

（一）历史成本

历史成本又称实际成本，是指取得或制造某项财产物资时所实际支付的现金或者其他等价物。

（二）重置成本

重置成本又称现行成本，是指按照当前市场条件下，重新取得同样一项资产所需支付的现金或现金等价物金额。

【化功大法】重置成本主要适用于盘盈资产的计量，如盘盈的存货、盘盈的固定资产。

（三）可变现净值

可变现净值，是指在正常生产经营过程中，以资产预计售价减去进一步加工成本和预计销售费用以及相关税费后的净值。

【思路点拨】可变现净值适用于存货期末计价。

（四）现值

现值是指对未来现金流量以恰当的折现率进行折现后的价值，是考虑货币时间价值因素等的一种计量属性。

【思路点拨】在固定资产的弃置费用、资产减值中的预计资产未来现金流量现值、分期收款销售商品、摊余成本计量的债权投资/应付债券等，均运用的是货币时间价值(复利或年金)的方法。

（五）公允价值

公允价值，是指按照市场参与者在计量日发生的有序交易中，出售一项资产所能收到或者转移一项负债所需支付的价格，即脱手价格。

企业以公允价值计量相关资产或负债，应当采用市场参与者在对该资产或负债定价时为实现其经济利益最大化所使用的假设，包括有关风险的假设。

【思路点拨】对于交易性金融资产、其他债权投资、其他权益工具投资、交易性金融负债、投资性房地产的后续计量(公允价值模式)等，均使用了公允价值。

计量属性的应用要求如表7-4所示。

表7-4　计量属性的应用要求

计量属性	适用对象	计量要求
历史成本	资产	(1)购置资产时支付的现金或现金等价物的金额； (2)购置资产时所付出的对价的公允价值
历史成本	负债	(1)因承担现时义务而实际收到的款项或者资产的金额； (2)因承担现时义务的合同金额； (3)日常活动中为偿还负债预期需要支付的现金或者现金等价物的金额
重置成本	资产、负债	资产按照现在购买相同或者相似资产所需支付的现金或现金等价物的金额计量，负债按照现在偿付该项债务所需支付的现金或现金等价物的金额计量

续表

计量属性	适用对象	计量要求
可变现净值	资产(存货)	按照其正常对外销售所能收到现金或者现金等价物的金额扣减该资产至完工时估计将要发生的成本、估计的销售费用以及相关税费后的金额计量
现值	资产	按照预计从其持续使用和最终处置中所产生的未来现金流入量的折现金额计量
	负债	按照预计期限内需要偿还的未来现金流出量的折现金额计量
公允价值	资产	按照市场参与者在计量日发生的有序交易中,出售一项资产所能收到价格计量
	负债	按照市场参与者在计量日发生的有序交易中,转移一项负债所需支付的价格计量

计量属性分析如表 7-5 所示。

表 7-5　计量属性分析

计量属性	基础	适用范围
历史成本	历史实际交易	有限适用
可变现净值	假设当前市场	存货
重置成本	假设当前市场	盘盈资产
公允价值	假设当前市场	大量适用
现值	假设未来市场的现金流	大量适用

【思路点拨】会计中对于价值或者计量金额,涉及大量会计估计。在计量属性中,只有历史成本中的**实际支付或者收到的现金部分**不属于会计估计。

【例题 4·多选题】在现值计量下,下列表述中,正确的有(　)。

A. 资产按照预计从其持续使用和最终处置中所产生的未来净现金流入量的折现金额计量

B. 资产按照现在购买相同或相似资产所需支付的现金或现金等价物的金额计量

C. 负债按照预期期限内需要偿还的未来净现金流出量的折现金额计量

D. 负债按照现在偿付该项债务所需支付的现金或现金等价物的金额计量

E. 资产和负债按照市场参与者在计量日发生的有序交易中,出售资产所能收到或者转移负债所需支付的价格计量

解析 选项 B、D,是重置成本下资产和负债的计量方式;选项 E,是公允价值下资产和负债的计量方式。　**答案** AC

真题精练

一、单项选择题

(2019 年)下列关于会计基本假设的表述中,正确的是(　)。

A. 持续经营明确的是会计核算的空间范围

B. 会计主体是指会计为之服务的特定单位,必须是企业法人

C. 货币是会计核算的唯一计量单位

D. 会计分期是费用跨期摊销、固定资产折旧计提的前提

二、多项选择题

1.(2018 年)下列各项交易或事项中,不属于体现会计信息质量谨慎性要求的有(　)。

A. 资产负债表日对发生减值的固定资产计提减值准备

B. 融资性售后回购方式销售商品取得的价

款不确认为收入

C. 期末存货按照成本与可变现净值孰低法计量

D. 不论是否存在减值迹象，使用寿命不确定的无形资产均应当至少于每年年度终了进行减值测试

E. 投资性房地产成本模式转为公允价值模式进行计量，采用追溯调整法进行计量

2.（2020年）下列会计核算中体现了谨慎性会计信息质量要求的有（ ）。

A. 应低估资产或收益

B. 不高估资产或收益

C. 计提特殊准备项目以平滑利润

D. 应确认预计发生的损失

E. 不确认可能发生的收益

真题精练答案及解析

一、单项选择题

D 【解析】选项 A，会计主体规定了会计核算的空间范围。选项 B，会计主体可以是一个独立的法律主体，如企业法人；也可以不是一个独立的法律主体，如企业内部相对独立的核算单位、由多个企业法人组成的企业集团，以及由企业管理的证券投资基金、企业年金基金等。选项 C，会计核算除了使用货币计量外，还可以使用非货币计量单位，如实物数量等。

二、多项选择题

1. BE 【解析】选项 B，属于体现会计信息实质重于形式的要求。选项 E，属于体现会计信息可比性的要求。投资性房地产由成本计量模式转为公允价值计量模式，确认和计量的方法变了，作为会计政策变更处理，要进行追溯调整，保证同一企业不同时期具有可比性。

2. BDE 【解析】选项 A，谨慎性要求企业不应高估资产或者收益、低估负债或者费用；选项 C，遵循谨慎性要求并不意味着企业可以任意设置各种秘密准备，否则，就属于滥用谨慎性要求。

同步训练 限时40分钟

扫我做试题

一、单项选择题

1. 下列关于会计基本假设的说法中，不正确的是（ ）。

   A. 出现权责发生制和收付实现制的区别，其原因是会计分期假设的存在

   B. 由于有了会计分期假设，才进而出现了应收、应付、摊销等会计处理方法

   C. 明确持续经营假设，这样会计人员可以相应选择会计政策和估计方法

   D. 业务收支以人民币以外的货币为主的企业，可以选择其中一种货币作为记账本位币，编报的财务报表也应当以该种货币编制

2. 企业固定资产可以按照其经济利益预期消耗方式，确定采用某一方法计提折旧，这个过程所体现出的会计核算的基本假设是（ ）。

   A. 会计主体　　　B. 持续经营
   C. 会计分期　　　D. 货币计量

3. 下列说法中，体现了可比性要求的是（ ）。

   A. 核算发出存货的计价方法一经确定，

不得随意改变,如有变更需在财务报告中说明

B. 对特定的资产、负债采用公允价值计量

C. 分期收款发出商品的销售考虑以折现值确认为当期收入

D. 期末对存货采用成本与的可变现净值孰低法计价

4. 甲公司在编制2×20年度财务报表时,发现2×18年度某项管理用无形资产未摊销,应摊销金额为20万元,甲公司将该20万元补提的摊销额计入2×20年度的管理费用。甲公司2×18年和2×20年实现的净利润分别为20 000万元和18 000万元。不考虑其他因素,甲公司上述会计处理体现的会计信息质量要求是( )。

A. 重要性　　　B. 相关性
C. 可比性　　　D. 及时性

5. 下列属于实质重于形式要求的是( )。

A. 票面利率与实际利率相差不大时可以采用票面利率核算

B. 固定资产采用加速折旧的方法

C. 无法估计销售退回可能性的销售不确认收入

D. 投资企业能否对被投资企业实施控制的判断

6. 下列各项中,体现实质重于形式会计信息质量要求的是( )。

A. 将处置固定资产产生的净损失计入资产处置损益

B. 对不存在标的资产的亏损合同确认预计负债

C. 在满足相关条件时,将租入的生产设备确认为本企业的使用权资产

D. 对无形资产计提减值准备

7. 下列关于会计信息质量要求的表述中,错误的是( )。

A. 融资性质的售后回购在会计上不确认收入体现了实质重于形式的要求

B. 企业会计政策不得随意变更体现了可比性的要求

C. 避免企业出现提供会计信息的成本大于收益的情况体现了重要性的要求

D. 适度高估负债和费用,低估资产和收入体现了谨慎性的要求

8. 下列关于费用和损失的表述中,正确的是( )。

A. 费用是企业日常活动中形成的会导致所有者权益减少的经济利益总流出

B. 费用和损失都是经济利益的流出并最终导致所有者权益的减少

C. 费用和损失的主要区别在于是否计入企业的当期损益

D. 企业发生的损失在会计上应计入营业外支出

9. 在历史成本计量下,下列表述中错误的是( )。

A. 负债按预期需要偿还的现金或现金等价物的折现金额计量

B. 负债按因承担现时义务的合同金额计量

C. 资产按购买时支付的现金或现金等价物的金额计量

D. 资产按购置资产时所付出的对价的公允价值计量

10. 下列资产计量中,属于按历史成本计量的是( )。

A. 应收账款按扣减坏账准备后的净额列报

B. 固定资产按加速折旧法计提折旧

C. 无形资产按购入时一次性实际支付的全部价款(不含税)作为取得资产的入账价值

D. 交易性金融资产期末按公允价值调整账面价值

11. 下列各项业务中,通常应采用"可变现净值"作为计量属性的是( )。

A. 对应收款项计提坏账准备

B. 对存货计提存货跌价准备

C. 对其他债权投资进行后续计量

D. 对固定资产计提固定资产减值准备

12. 企业资产按购买时付出对价公允价值计量，负债按照承担现时义务的合同金额计量，则所采用的计量属性为（　　）。
    A. 可变现净值　　B. 公允价值
    C. 历史成本　　　D. 重置成本

二、多项选择题

1. 下列各项中，不应作为资产在年末资产负债表中反映的有（　　）。
    A. 持有待售的固定资产
    B. 协商转让中的无形资产
    C. 拟进行债务重组的应收债权
    D. 或有事项中很可能获得的第三方赔偿款
    E. 截至期末尚未批准处理的盘亏存货

2. 下列各项中不可以确认为资产的有（　　）。
    A. 企业的一部分存货被证明已经无使用价值和转让价值
    B. 赊销给客户一部分产品预计两个月后即可收回的货款
    C. 无形资产研发项目在研究阶段发生的支出
    D. 企业预计在下个月要购进的一批产品
    E. 根据合同已经售出，但尚未运离企业的商品

3. 下列关于收入与利得的表述中，正确的有（　　）。
    A. 收入是企业日常活动中形成的会导致所有者权益增加的经济利益总流入
    B. 收入与利得都是经济利益的流入并最终导致所有者权益的增加
    C. 企业所发生的利得在会计上均计入营业外收入
    D. 收入是从企业的日常活动中产生的，不是偶发的交易或事项中产生的
    E. 收入与利得的区别主要在于是否计入企业的当期损益

4. 下列表述中，符合现行会计准则规定的会计信息质量要求的有（　　）。
    A. 因被投资方将要发生亏损，投资方将股权投资从权益法改为成本法核算
    B. 因所得税会计核算方法改变而进行追溯调整
    C. 当存货减值时，应当计提存货跌价准备
    D. 企业为了实现利润目标，将不属于本期的收入提前确认
    E. 因执行企业会计准则将存货发出计价方法由原来的后进先出法改为先进先出法

5. 下列关于会计信息质量要求的表述中，正确的有（　　）。
    A. 在物价上涨期间，采用先进先出法计量发出存货的成本体现了谨慎性原则的要求
    B. 避免企业出现提供会计信息的成本大于收益的情况体现了重要性原则的要求
    C. 企业会计政策不得随意变更体现了可比性原则的要求
    D. 企业提供的信息应简洁地反映其财务状况和经营成果体现了相关性原则的要求
    E. 融资性质的售后回购在会计上一般不确认为收入体现了实质重于形式原则的要求

6. 上市公司的下列会计行为中，符合会计信息质量要求中的重要性的有（　　）。
    A. 某贸易公司购入商品时发生运杂费500元，由于金额较小，该公司将其直接计入销售费用
    B. 递延所得税负债应及时足额确认
    C. 发现前期非重大差错不进行追溯重述，直接调整发现当期相关项目
    D. 对按资产负债表日存在状况编制的会计报表产生重大影响的事项，才可能作为资产负债表日后调整事项
    E. 投资性房地产后续计量以公允价值模式转为成本模式，并进行了追溯调整

7. 按照《企业会计准则第8号——资产减值》的规定，期末对固定资产进行减值测试时，可能涉及的计量属性有（　　）。
    A. 历史成本　　B. 现值
    C. 重置成本　　D. 可变现净值
    E. 公允价值

同步训练答案及解析

一、单项选择题

1. D 【解析】我国企业会计准则规定，企业通常应选择人民币作为记账本位币，业务收支以人民币以外的货币为主的企业，可以选定其中一种货币作为记账本位币。但是，编报的财务报表应当折算为人民币。

2. B 【解析】企业对于它所有的机器设备……

动中发生的、会导致所有者权益减少的、与向所有者分配利润无关的经济利益总流出；选项C，费用和损失都可以计入当期损益，两者的主要区别在于是否为日常活动中发生；选项D，企业发生的损失可能计入营业外支出，也可能计入其他综合收益和资产处置损益的借方等。

【解析】选项A，在历史成本计量下，(负)债按照因承担现时义务而实际收到的款(项)或者资产的金额，或者承担现时义务的(合)同金额，或者按照日常活动中为偿还负(债)预期需要支付的现金或现金等价物的金(额)计量。

【解析】选项A、B，均体现了会计信(息)质量的谨慎性要求；选项D，体现公允(价)值计量属性。

【解析】选项A，通常采用一定折现(率)计算未来现金流量的现值与应收款项(的)账面价值比较；选项C，使用的是公允(价)值计量属性；选项D，采用资产的可收(回)金额与固定资产账面价值比较，资产(可)收回金额应当根据资产的公允价值减(去)处置费用后的净额与资产预计未来现(金)流量的现值两者之间较高者确定。

【解析】在历史成本计量下，资产按(照)购买时支付的现金或者现金等价物的(金)额，或者按照购买资产时所付出的对(价)的公允价值计量。负债按照因承担现(时)义务而实际收到的款项或者资产的金(额)，或者承担现时义务的合同金额，或(者)按照日常活动中为偿还负债预期需要(支)付的现金或者现金等价物的金额计量。

7. D 【解析】谨慎性要求企业对交易或事项应当保持应有的谨慎，不应高估资产或收益，不应低估负债或费用，选项D不正确。

8. B 【解析】选项A，费用是企业在日常活(动中)……

二、多项选择题

1. DE 【解析】选项D，赔偿款只有基本确定可以收到的时候才予以确认；选项E，待处理财产损溢属于资产类科目，但要在期末结转为零。所以期末，此科目的金额

始终为零，不需要在资产负债表中列示。

2. ACDE 【解析】选项 A，已经没有任何价值，预期不能为企业带来经济利益，不能作为资产予以确认；选项 B，是由于过去赊销业务形成的，并且预计两个月后即可收回的货款，说明预期会给企业带来经济利益，应确认为企业资产；选项 C，应确认的费用；选项 D，尚未取得的产品不能作为企业的资产；选项 E，根据合同该商品已经售出，尽管实物仍在企业，但此时客户已取得该商品的控制权，所以不能作为企业的存货。

3. BD 【解析】选项 A，收入是企业日常活动中形成的、会导致所有者权益增加的、与所有者投入资本无关的经济利益的总流入；选项 C，利得不是均计入营业外收入，也可能计入其他综合收益、资产处置损益、投资收益等；选项 E，收入与利得的主要区别在于收入是日常活动产生的，而利得是非日常活动产生的。

4. BCE 【解析】选项 A、D，属于滥用会计政策，违背了可比性要求。

5. BCE 【解析】选项 A，在物价上涨时对发出存货采用先进先出法计价，会导致期末存货和当期利润虚增，不能体现谨慎性要求；选项 D，相关性是指企业提供的会计信息应当与财务报告使用决策需要相关，也就是有用性；企业提供的信息应简洁地反映其财务状况和经营成果体现了可理解性原则的要求。

6. ACD 【解析】选项 B 体现的是谨慎性要求；选项 E 属于会计核算错误。

7. ABE 【解析】按准则规定，期末对固定资产进行减值测试时，应比较其账面价值与可收回金额的大小。固定资产的账面价值=账面原价-累计折旧-减值准备，账面原价涉及的是历史成本计量属性；计算可收回金额时，会涉及现值与公允价值计量属性，故选 A、B、E。存货的减值，适用《企业会计准则第 1 号——存货》，涉及可变现净值计量属性，选项 D 错误。

同步训练答案及解析

一、单项选择题

1. **D** 【解析】我国企业会计准则规定，企业通常应选择人民币作为记账本位币，业务收支以人民币以外的货币为主的企业，可以选定其中一种货币作为记账本位币。但是，编报的财务报表应当折算为人民币。

2. **B** 【解析】企业对于它所有的机器设备、厂房等固定资产，只有在持续经营的前提下，才可以在机器设备的使用年限内，按照其价值和使用情况，确定采用某一折旧方法计提折旧。

3. **A** 【解析】选项B，对特定的资产、负债采用公允价值计量体现了相关性要求；选项C，分期收款发出商品的销售考虑以折现值确认为收入体现了实质重于形式的要求；选项D，期末对存货采用成本与可变现净值孰低法计价体现了谨慎性要求。

4. **A** 【解析】甲公司将补提的以前年度的摊销额直接计入当期报表，没有追溯调整以前年度报表，是因为该金额不具有重要性，这一处理思路体现了重要性要求。

5. **D** 【解析】选项A，属于重要性原则，选项B、C，属于谨慎性原则。

6. **C** 【解析】对于满足相关条件的租赁合同，尽管在法律形式上资产的所有权在租赁期间仍然属于出租方，但由于在资产租赁期内，承租企业有权获得在使用期间因使用已识别资产所产生的几乎全部经济利益，并有权在该使用期间主导已识别资产的使用，因此，企业应将满足条件的租入固定资产作为一项使用权资产计价入账，计提折旧，体现了实质重于形式的要求。

7. **D** 【解析】谨慎性要求企业对交易或事项应当保持应有的谨慎，不应高估资产或收益，不应低估负债或费用，选项D不正确。

8. **B** 【解析】选项A，费用是企业在日常活动中发生的、会导致所有者权益减少的、与向所有者分配利润无关的经济利益总流出；选项C，费用和损失都可以计入当期损益，两者的主要区别在于是否为日常活动中发生；选项D，企业发生的损失可能计入营业外支出，也可能计入其他综合收益和资产处置损益的借方等。

9. **A** 【解析】选项A，在历史成本计量下，负债按照因承担现时义务而实际收到的款项或者资产的金额，或者承担现时义务的合同金额，或者按照日常活动中为偿还负债预期需要支付的现金或现金等价物的金额计量。

10. **C** 【解析】选项A、B，均体现了会计信息质量的谨慎性要求；选项D，体现公允价值计量属性。

11. **B** 【解析】选项A，通常采用一定折现率计算未来现金流量的现值与应收款项的账面价值比较；选项C，使用的是公允价值计量属性；选项D，采用资产的可收回金额与固定资产账面价值比较，资产可收回金额应当根据资产的公允价值减去处置费用后的净额与资产预计未来现金流量的现值两者之间较高者确定。

12. **C** 【解析】在历史成本计量下，资产按照购买时支付的现金或者现金等价物的金额，或者按照购买资产时所付出的对价的公允价值计量。负债按照因承担现时义务而实际收到的款项或者资产的金额，或者承担现时义务的合同金额，或者按照日常活动中为偿还负债预期需要支付的现金或者现金等价物的金额计量。

二、多项选择题

1. **DE** 【解析】选项D，赔偿款只有基本确定可以收到的时候才予以确认；选项E，待处理财产损溢属于资产类科目，但要在期末结转为零。所以期末，此科目的金额始终为零，不需要在资产负债表中列示。

2. ACDE 【解析】选项 A，已经没有任何价值，预期不能为企业带来经济利益，不能作为资产予以确认；选项 B，是由于过去赊销业务形成的，并且预计两个月后即可收回的货款，说明预期会给企业带来经济利益，应确认为企业资产；选项 C，应确认的费用；选项 D，尚未取得的产品不能作为企业的资产；选项 E，根据合同该商品已经售出，尽管实物仍在企业，但此时客户已取得该商品的控制权，所以不能作为企业的存货。

3. BD 【解析】选项 A，收入是企业日常活动中形成的、会导致所有者权益增加的、与所有者投入资本无关的经济利益的总流入；选项 C，利得不是均计入营业外收入，也可能计入其他综合收益、资产处置损益、投资收益等；选项 E，收入与利得的主要区别在于收入是日常活动产生的，而利得是非日常活动产生的。

4. BCE 【解析】选项 A、D，属于滥用会计政策，违背了可比性要求。

5. BCE 【解析】选项 A，在物价上涨时对发出存货采用先进先出法计价，会导致期末存货和当期利润虚增，不能体现谨慎性要求；选项 D，相关性是指企业提供的会计信息应当与财务报告使用决策需要相关，也就是有用性；企业提供的信息应简洁地反映其财务状况和经营成果体现了可理解性原则的要求。

6. ACD 【解析】选项 B 体现的是谨慎性要求；选项 E 属于会计核算错误。

7. ABE 【解析】按准则规定，期末对固定资产进行减值测试时，应比较其账面价值与可收回金额的大小。固定资产的账面价值=账面原价-累计折旧-减值准备，账面原价涉及的是历史成本计量属性；计算可收回金额时，会涉及现值与公允价值计量属性，故选 A、B、E。存货的减值，适用《企业会计准则第 1 号——存货》，涉及可变现净值计量属性，选项 D 错误。

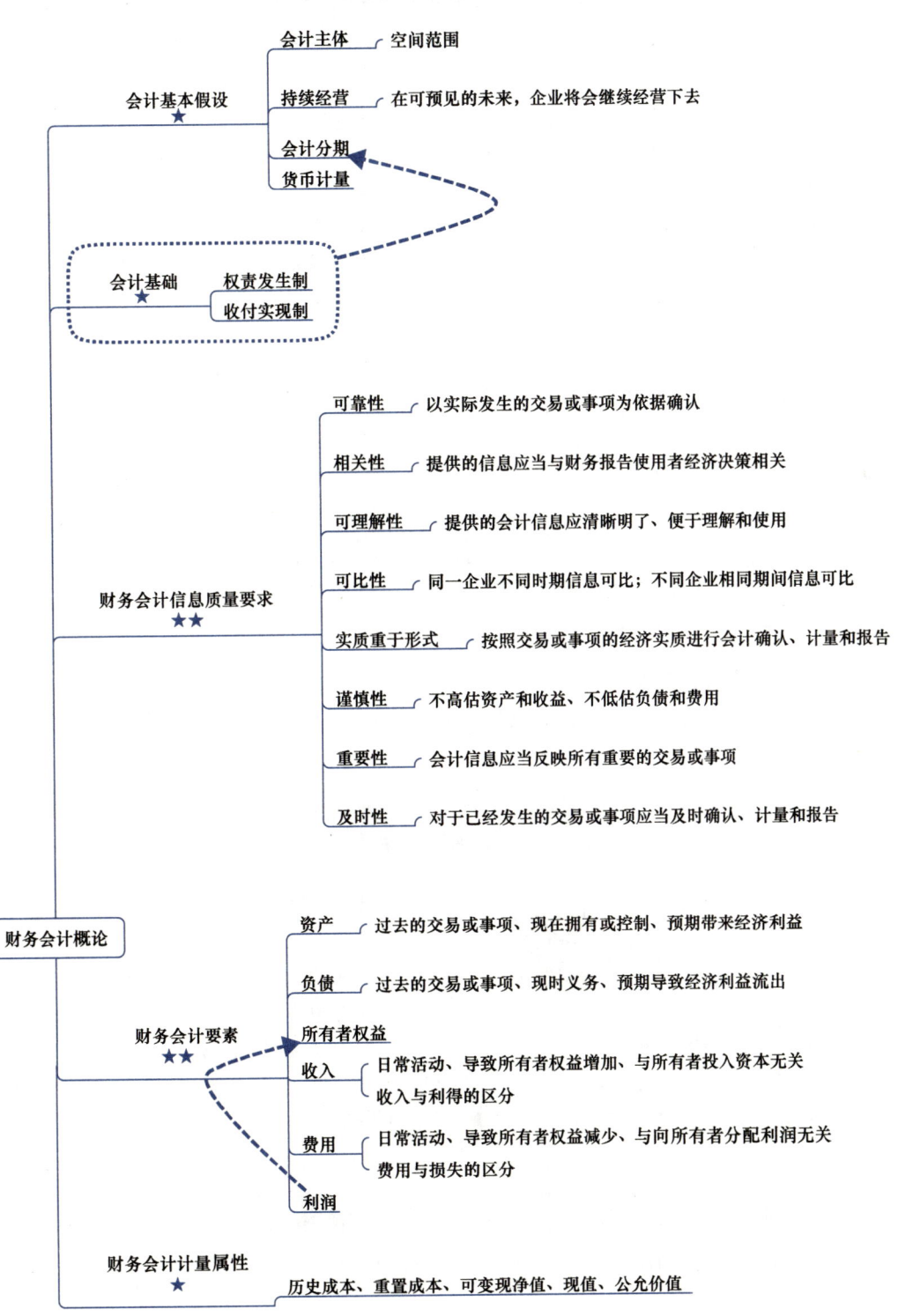

第8章 流动资产（一）

考情解密

历年考情概况

本章内容属于重点章节，在历年考试中，主要考查了货币资金、应收款项（含其他应收款等）的核算、外币交易等知识点。在历年考试中，主要以单项选择题和多项选择题形式进行考查，近年平均分值在5分左右。

近年考点直击

考点	主要考查题型	考频指数	考查角度
货币资金	单选题	★★	（1）应调增企业银行存款日记账账面余额的业务；（2）可动用银行存款金额的计算
其他应收款	多选题	★	其他应收款的核算范围
应收款项减值的核算	单选题	★★	坏账准备的计提
汇兑损益	单选题	★★★	外币交易汇兑差额的计算

本章2021年考试主要变化

将现金折扣的相关讲解移至收入章节，对部分内容进行了精简，本章其他考试内容未发生实质性变化。

考点详解及精选例题*

核心考点1　货币资金的核算

扫我解疑难

一、银行存款的核算★★

1. 银行存款账户的开立

银行存款账户分为基本存款账户、一般存款账户、临时存款账户和专用账户。

银行存款总账由会计登记掌管，银行存款日记账由出纳逐笔登记，并经常与银行提供的对账单进行核对，以便进行内部控制。

2. 银行存款的对账

（1）银行存款对账的三个方面如表8-1所示。

表8-1　银行存款对账的三个方面

对账要求	对账内容
账证相符	银行存款日记账与银行存款收、付款凭证相互核对

---

* 关于金融资产的相关内容，统一在第11章进行讲解。

续表

对账要求	对账内容
账账相符	银行存款日记账与银行存款总账相互核对
账单相符	在账证、账账相符的基础上，银行存款日记账与银行对账单相互核对

(2)未达账项的调整。

未达账项，是指银行与企业之间，由于凭证传递上的时间差，一方已登记入账，而另一方尚未入账的收支项目。银行存款余额调节表如表8-2所示。

表8-2 银行存款余额调节表

项目	金额	项目	金额
企业银行存款日记账余额		银行对账单余额	
加：银收企未收		加：企收银未收	
减：银付企未付		减：企付银未付	
调节后的存款余额		调节后的存款余额	

(3)调节要求。

①银行存款余额调节表是用来核对企业和银行的记账有无错误，不能作为记账的依据。

②对于未达账项，无须进行账面调整，待结算凭证收到后再进行账务处理。

③调节后的银行存款余额，反映了企业可以动用的银行存款实有数额。

3．无法收回的银行存款

有确凿证据表明无法收回的部分，应当根据企业管理权限报经批准后，进行如下处理：

借：营业外支出
　　贷：银行存款

二、其他货币资金 ★

1．其他货币资金的范围

主要包括外埠存款、银行汇票存款、银行本票存款、信用卡存款、信用证保证金存款、存出投资款等。

(1)外埠存款。

外埠存款，是指企业到外地进行临时和零星采购时，汇往采购地银行开立采购专户存款的款项。

(2)存出投资款。

存出投资款，是指企业已存入证券公司但尚未进行交易性投资的现金。

2．其他货币资金的核算(见图8-1)

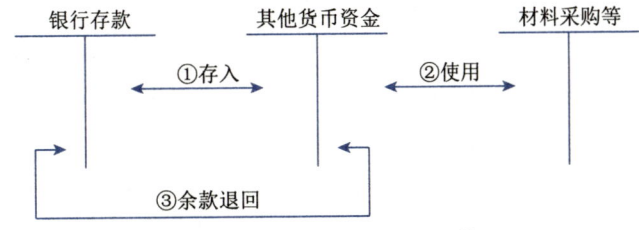

图8-1 其他货币资金的核算

3．无法收回的其他货币资金

有确凿证据表明无法收回的，应当根据企业管理权限报经批准后，进行如下处理：

借：营业外支出
　　贷：其他货币资金

【思路点拨】

(1)备用金属于其他应收款核算的内容，不属于货币资金范畴；

(2)商业承兑汇票、银行承兑汇票属于应收票据,不属于其他货币资金范畴。

【例题1·单选题】 在下列各项中,使得企业银行存款日记账余额大于银行对账单余额的是( )。

A. 企业开出支票,对方未到银行兑现
B. 银行误将其他公司的存款计入本企业银行存款账户
C. 银行代扣水电费,企业尚未接到通知
D. 银行收到委托收款结算方式下结算款项,企业尚未收到通知

解析 ▶ 选项C,银行已经付款,企业尚未付款,导致企业银行存款日记账余额大于银行对账单余额。

答案 ▶ C

核心考点2　应收款项的核算

扫我解疑难

一、应收票据的一般核算 ★

1. 应收票据的一般核算(见表8-3)

表8-3　应收票据的一般核算

业务环节	具体账务处理
收到应收票据	借:应收票据 　贷:主营业务收入等 　　　应交税费——应交增值税(销项税额)
计提票据利息	借:应收票据 　贷:财务费用
应收票据背书转让	借:材料采购、原材料、库存商品等 　　应交税费——应交增值税(进项税额) 　贷:应收票据[账面价值] 　　　银行存款[差额,或借记]
应收票据到期	借:银行存款 　贷:应收票据 　　　财务费用[带息票据剩余的未提利息]
若付款人无力支付商业承兑汇票的票款	借:应收账款 　贷:应收票据 　　　财务费用[带息票据剩余的未提利息]

2. 应收票据贴现的核算(见表8-4)

表8-4　应收票据贴现的核算

业务环节	具体账务处理
(1)满足金融资产终止确认条件	
应收票据贴现	借:银行存款 　　财务费用 　贷:应收票据
(2)不满足金融资产终止确认条件	
应收票据贴现	借:银行存款 　　财务费用 　贷:**短期借款**

续表

业务环节	具体账务处理	
票据到期，承兑人已经付款	借：短期借款 　　贷：应收票据	
票据到期，承兑人无力付款，银行向贴现企业追偿	①偿还银行款项： 借：短期借款 　　贷：银行存款	②确认对承兑人的应收款项： 借：应收账款 　　贷：应收票据
票据到期，承兑人无力付款，贴现企业也无力付款	确认对承兑人的应收账款： 借：应收账款 　　贷：应收票据 【思路点拨】对于贴现企业无力偿付款项给银行，则原确认的短期借款无须单独做账务处理，继续挂账即可，而此时银行则作逾期贷款处理	

二、应收账款的核算★★

应收账款是企业因销售商品、产品或提供劳务等经营活动而应收取的款项，包括**代垫运费**等。对于应收账款核算时，应当注意以下问题：

(1)应收账款是指流动资产性质的债权，不包括长期性质的债权；

(2)应收账款是企业应收客户的款项，不包括企业付出的各类存出保证金，如投标保证金和租入包装物保证金。

三、其他应收款项的核算★★

其他应收款核算的内容如下：

(1)应收的各种赔款、罚款；

(2)应收出租包装物的租金；

(3)应向职工收取的各种垫付款项；

(4)备用金；

(5)存出的保证金，如租入包装物支付的押金；

(6)其他各种应收、暂付款项。

"其他应收款"科目余额一般在借方，表示应收未收的其他应收款项；期末如为**贷方**余额，反映企业尚未支付的**其他应付款**。

四、预付账款的核算★（见图8-2）

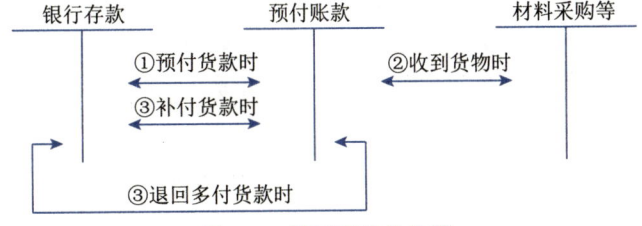

图8-2　预付账款的核算

【相关链接】预付账款不多的企业，也可以不设"预付账款"科目，而将预付账款业务在"应付账款"科目核算。但在编制会计报表时，仍然要将"预付账款"和"应付账款"的金额分开报告。

【例题2·单选题】下列关于预付账款的表述，不正确的是(　)。

A. 预付账款属于资产类科目

B. 预付账款是企业购货引起的，是预先付给供应商的款项

C. 预付账款不多的企业可以不设预付账款科目，将预付账款业务在应收账款科目核算

D. 编制会计报表时，要将预付账款和应付账款的金额分开报告

解析　预付账款不多的企业可以不设预

付账款科目，将预付账款业务在应付账款科目核算。

答案 ▶ C

核心考点3 应收款项减值的核算

扫我解疑难

一、金融资产减值的判断★

满足下述条件之一的，就应该考虑提取减值准备：

(1)发行方或债务人发生严重财务困难；

(2)债务人违反了合同条款，如偿付利息或本金发生违约或逾期等；

(3)债权人出于经济或法律等方面因素的考虑，对发生财务困难的债务人作出让步；

(4)债务人很可能倒闭或进行其他财务重组；

(5)因发行方发生重大财务困难，该金融资产无法在活跃市场继续交易；

(6)无法辨认一组金融资产中的某项资产的现金流量是否已经减少，但根据公开的数据对其进行总体评价后发现，该组金融资产自初始确认以来的预计未来现金流量确已减少且可计量，如该组金融资产的债务人支付能力逐步恶化，或债务人所在国家或地区失业率提高、担保物在其所在地区的价格明显下降、所处行业不景气等；

(7)权益工具发行方经营所处的技术、市场、经济或法律环境等发生重大不利变化，使权益工具投资人可能无法收回投资成本；

(8)权益工具投资的公允价值发生严重或非暂时性下跌；

(9)其他表明金融资产发生减值的客观证据。

二、应收款项减值的确定★★★

(一)应收款项减值测试(见图8-3)

企业应当按照应收款项整个存续期内预期信用损失的金额计量其损失准备。

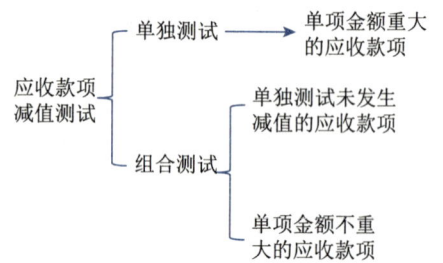

图8-3 应收款项减值测试

(二)应收款项坏账准备计提公式

当期应提取的坏账准备金额=当期期末算得的应收款项应保有的坏账准备余额-坏账准备原有余额

(三)应收账款坏账的处理(见表8-5)

表8-5 应收账款坏账的相关处理

坏账情况	账务处理分录
计提坏账准备	计提坏账准备的分录： 借：信用减值损失 　　贷：坏账准备	冲减坏账准备的分录： 借：坏账准备 　　贷：信用减值损失
发生坏账损失	借：坏账准备 　　贷：应收账款
收回坏账	借：应收账款 　　贷：坏账准备 借：银行存款 　　贷：应收账款	或： 借：银行存款 　　贷：坏账准备

『提示』预付账款、应收利息、其他应收款、长期应收款等资产计提减值比照上述原则处理。

核心考点4　外币交易的核算

扫我解疑难

一、记账本位币的确定★

按照我国现行制度的规定，企业一般以人民币作为记账本位币，如果企业的业务收支以外国货币为主，也可以选用某一种外国货币作为记账本位币。但是，编报的财务报表应当折算为人民币。

1. 记账本位币的选择

(1)该货币主要影响商品和劳务的销售价格，通常以该货币进行商品和劳务的计价和结算；

(2)该货币主要影响商品和劳务所需人工、材料和其他费用，通常以该货币进行上述费用的计价和结算；

(3)融资活动获得的货币以及保存从经营活动中收取款项所使用的货币。

【思路点拨】记账本位币确定原则，一般是考虑企业直接生产和销售的计价货币，即"生产成本"和"销售定价"，特殊情况考虑"筹资和保存所收取款项"所使用的货币，对于该内容，请按图8-4的顺序记忆掌握。

图8-4　记账本位币确定原则

值得注意的是，确定记账本位币时通常不用考虑缴纳税款所用的货币币种。

2. 境外经营的特殊考虑

如果企业存在境外经营，即通过在境外设立子公司、合营企业、联营企业、分支机构开展经营活动，企业选定境外经营的记账本位币，除考虑一般因素外，还应当考虑下列因素：

(1)境外经营对其所从事的活动是否拥有很强的自主性；

(2)境外经营活动中与企业的交易是否在境外经营活动中占有较大比重；

(3)境外经营活动产生的现金流量是否直接影响企业的现金流量、是否可以随时汇回；

(4)境外经营活动产生的现金流量是否足以偿还其现有债务和可预期的债务。

【思路点拨】对于境外经营记账本位币的确定，首先考虑记账本位币确定的一般原则(或基本原则)，并进一步考虑其他事项，该内容请按图8-5所列关键词理解掌握：

图8-5　境外经营确定记账本位币的特殊考虑

3. 记账本位币的变更

企业记账本位币一经确定，不得随意变更，除非企业经营所处的主要经济环境发生重大变化。

企业因经营所处的主要经济环境发生重大变化，确需变更记账本位币的，应当采用变更当日的即期汇率将所有项目折算为变更后的记账本位币。

二、外币交易的账务处理(见表8-6)

表8-6　外币交易的账务处理

外币交易	核算内容要点
把外币卖给银行	借：银行存款(人民币户)[兑出外币金额×买入价] 　　财务费用[倒挤差额] 贷：银行存款(外币户)[外币金额×选定的折算汇率]

续表

外币交易	核算内容要点
向银行购入外汇	借：银行存款(外币户)[外币金额×选定的折算汇率] 财务费用[倒挤差额] 贷：银行存款(人民币户)[购入外币金额×卖出价]
外币借贷业务	借：银行存款(外币户)[借入外币金额×借入外币时的市场汇率] 贷：短期借款(外币户)
外币购销业务	企业发生买入或者卖出以外币计价的商品或劳务时，应按企业选定的折算汇率将外币金额折合为记账本位币入账
外币投入资本	应当采用交易日即期汇率折算，不得采用合同约定的汇率和即期汇率的近似汇率折算，外币投入资本与相应的货币性项目的记账本位币金额之间不产生外币资本折算差额

【思路点拨】"买入价"和"卖出价"是站在银行等金融机构的角度上来说的，如银行卖出外汇，按照卖出价出售外汇，此时对于企业而言，就是买入外汇。外币交易中的汇率如图8-6所示。

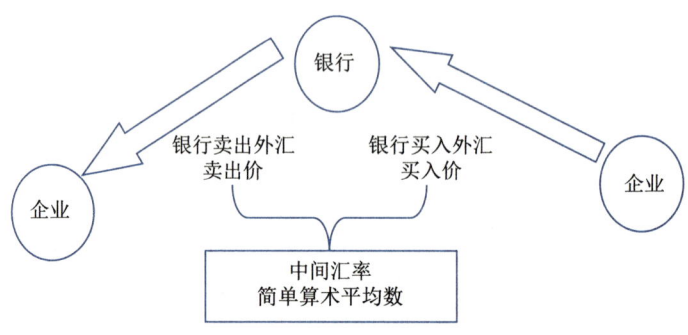

图8-6 外币交易中的汇率

三、期末汇兑损益的计算★★★

1. 货币性项目与非货币性项目(见表8-7)

表8-7 货币性项目与非货币性项目

项目	内容
外币货币性项目	货币性资产：库存现金、银行存款、应收账款、其他应收款、长期应收款等； 货币性负债：应付账款、短期借款、其他应付款、长期应付款等
外币非货币性项目	存货、长期股权投资、固定资产、无形资产、实收资本、资本公积、预收账款和预付账款等

2. 外币货币性项目的汇兑损益

外币货币性项目汇兑差额的处理如表8-8所示。

表8-8 外币货币性项目汇兑差额的处理

情形		核算期间	账务处理
一般情形		—	财务费用
外币专门借款 (本金及利息)		资本化期间	计入资产成本
		其他情形	计入财务费用
外币一般借款		不区分	计入财务费用

期末汇兑损益的计算公式如下：

期末汇兑损益=期末外币余额×期末即期汇率-(期初记账本位币余额+本期增加记账本位币金额-本期减少记账本位币金额)

3. 外币非货币性项目的期末汇兑损益(见表8-9)

表8-9　外币非货币性项目的期末汇兑损益

项目	核算内容
以历史成本计量的外币非货币性项目	已在交易发生日按当日即期汇率折算，资产负债表日不应改变其原记账本位币金额，**不产生汇兑差额**
以成本与可变现净值孰低法计量的存货	如果其可变现净值以外币确定，则在确定存货的期末价值时，应先将可变现净值折算为记账本位币，再与以记账本位币反映的存货成本进行比较，按照二者孰低计量
以公允价值计量的股票、基金等非货币性项目	如果期末的公允价值以外币反映，则应当先将该外币按照公允价值确定当日的即期汇率折算为记账本位币金额，再与原记账本位币金额进行比较，其差额作为公允价值变动，计入<u>当期损益</u>或<u>其他综合收益</u>

【思路点拨】（1）外币金融资产汇兑差额的处理如表8-10所示。

表8-10　外币金融资产汇兑差额的处理

金融资产类别	期末汇率变动损益	处置时汇兑损益
以摊余成本计量的金融资产	当期损益(财务费用)	当期损益
以公允价值计量且其变动计入其他综合收益的金融资产(债权性)	当期损益(财务费用)	当期损益(投资收益)
指定为以公允价值计量且其变动计入其他综合收益的非交易性权益工具投资	其他综合收益	留存收益
以公允价值计量且其变动计入当期损益的金融资产	公允价值变动损益	当期损益(投资收益)

注意，对于以公允价值计量的非货币性金融资产(权益投资)，期末计量时，不区分汇率变动及公允价值变动影响，合并一起处理；处置时，也不区分汇率变动影响和处置损益，合并在一起处理。

（2）期末汇兑差额计算步骤如下：

STEP1：计算外币账户的外币余额及累计记账本位币余额。

STEP2：STEP1所计算的外币余额乘以月末即期汇率折算为记账本位币余额。

STEP3：STEP2所计算的记账本位币余额减去STEP1所计算的累计记账本位币余额，即为该外币账户期末调整时产生的汇兑差额。

①按此方法计算，若结果为<u>正数</u>，则在外币账户正常余额方向调整(资产账户在借方调整增加，负债账户在贷方调整增加)；

②若结果为<u>负数</u>，则在外币账户正常余额的反方向调整(资产账户在贷方调整减少，负债账户在借方调整减少)。

真题精练

一、单项选择题

1. (2019年)甲公司2019年5月31日银行存款日记账余额为85 000元,银行对账单余额为107 500元。经核对,存在下列未达账项:(1)银行计提企业存款利息1 800元,企业尚未收到通知;(2)企业开出转账支票支付货款21 750元,银行尚未办理入结算;(3)企业收到转账支票一张,金额为1 050元,企业已入账,银行尚未入账。则甲公司5月31日可动用的银行存款实有数额是( )元。
   A. 105 700
   B. 86 800
   C. 66 100
   D. 64 300

2. (2020年)甲公司采用备抵法核算应收款项的坏账准备,期末按应收款项余额的5%计提坏账准备。2018年年末应收款项期末余额为5 600万元,2019年发生坏账损失300万元,收回上一年已核销的坏账50万元,2019年年末应收款项期末余额为8 000万元。不考虑其他因素,则甲公司2019年应收款项减值对当期利润总额的影响金额为( )万元。
   A. -420
   B. -120
   C. -170
   D. -370

3. (2019年)甲公司记账本位币为人民币,外币业务采用交易发生日的即期汇率折算,按月计算汇兑损益。3月11日出口一批价值10万美元的商品,收款期限30天。当日即期汇率为1美元=6.28元人民币。3月31日的即期汇率为1美元=6.30元人民币。4月10日如期收到上述货款并存入银行,当日即期汇率1美元=6.32元人民币。假设不考虑相关税费,则上述业务对甲公司4月份利润总额影响为( )元。
   A. 4 000
   B. 2 000
   C. 0
   D. -4 000

二、多项选择题

(2020年)下列各项中,应通过"其他应收款"科目核算的有( )。
   A. 用于外地采购物资拨付的款项
   B. 销售商品代垫的运输费用
   C. 出租包装物应收的租金
   D. 租入包装物支付的押金
   E. 向企业各职能部门拨付的备用金

真题精练答案及解析

一、单项选择题

1. B 【解析】可动用的银行存款实有数额=85 000+1 800=86 800(元),或=107 500-21 750+1 050=86 800(元)。

2. D 【解析】2019年应计提的坏账准备=8 000×5%-(5 600×5%-300+50)=370(万元),应计入信用减值损失,因此对当期利润总额的影响金额为-370万元。

3. B 【解析】该业务对甲公司4月份利润总额影响金额=10×10 000×(6.32-6.30)=2 000(元)。

二、多项选择题

CDE 【解析】选项A,通过"其他货币资金"科目核算;选项B,通过"应收账款"科目核算。

同步训练 限时60分钟

扫我做试题

一、单项选择题

1. 下列关于银行存款余额调节表的表述中，正确的是( )。
   A. 银行存款余额调节表是用来核对企业和银行的记账有无错误，并作为记账依据
   B. 调节前的银行存款日记账余额，反映企业可以动用的银行存款实有数额
   C. 调节后的银行存款余额，反映企业可以动用的银行存款实有数额
   D. 对于未达账项，企业需根据银行存款余额调节表进行账务处理

2. 某企业2×20年12月31日银行存款日记账余额为10万元，经查无记账差错，但发现：(1)企业期末计提了12月1日至31日的定期存款利息2万元；(2)银行支付了水电费5万元，但企业尚未入账；(3)企业已转账支付购买办公用品款1万元，但银行尚未入账。则该企业12月31日可动用的银行存款实有数额为( )万元。
   A. 4   B. 5
   C. 7   D. 10

3. 下列未达账项在编制"银行存款余额调节表"时，应调增企业银行存款日记账账面余额的是( )。
   A. 企业已开支票，持有人尚未到银行办理结算
   B. 企业已收到银行汇票存入银行，但银行尚未收到
   C. 银行已为企业支付电费，企业尚未收到付款通知
   D. 银行已为企业收取货款，企业尚未收到收款通知

4. 甲公司2×20年4月20日向乙公司销售一批商品，含税货款总额为58 000元。乙公司开来一张出票日为4月22日，面值为58 000元、票面年利率为6%、期限为60天的商业承兑汇票。次月16日甲公司因急需资金，持该票据到银行贴现，贴现率为10%。若该项贴现业务符合金融资产终止确认条件，则甲公司取得的贴现额是( )元。
   A. 58 477.74   B. 57 994.20
   C. 58 510.56   D. 59 085.00

5. 甲公司2×20年3月1日销售产品一批给乙公司，价税合计为500 000元，同日乙公司交来一张面值为500 000元、期限为6个月的无息商业承兑汇票。甲公司2×20年6月1日将应收票据向银行申请贴现，贴现率为10%。另外发生手续费100元。假定每月按30天计算。则甲公司贴现时计入财务费用的金额是( )元。
   A. 12 400   B. 12 500
   C. 12 600   D. 12 700

6. 下列关于记账本位币的表述中，错误的是( )。
   A. 业务收支以人民币以外的货币为主的企业，可以选定其中的一种外币作为记账本位币
   B. 以人民币以外的货币作为记账本位币的企业，向国内有关部门报送的财务报表应当折算为人民币
   C. 企业应在每个资产负债表日，根据当年每种货币的使用情况决定是否需要变更记账本位币
   D. 变更记账本位币时应采用变更当日的即期汇率将所有项目折算为变更后的记账本位币

7. 甲公司以人民币为记账本位币，发生外币

交易时采用交易日的即期汇率进行折算。2×20年12月6日，甲公司以每股9美元的价格购入乙公司B股1 000万股作为交易性金融资产核算，当日即期汇率为1美元=6.63元人民币。2×20年12月31日，乙公司股票市价为每股10美元。2×20年12月20日，甲公司以每股6.5美元的价格购入丙公司B股10 000万股作为其他权益工具投资核算，当日即期汇率为1美元=6.65元人民币。2×20年12月31日，丙公司股票市价为每股7美元。2×20年12月31日市场汇率1美元=6.5元人民币。上述业务的期末调整处理影响当期营业利润的金额为（　　）万元。

  A. -2 420　　　B. 5 330
  C. 2 910　　　D. 7 750

8. 甲股份有限公司对外币业务采用业务发生时的即期汇率折算，按月结算汇兑损益。2×20年3月20日，该公司自银行购入240万美元，银行当日的美元卖出价为1美元=6.60元人民币，当日即期汇率为1美元=6.57元人民币。2×20年3月31日的即期汇率为1美元=6.58元人民币。甲股份有限公司购入的该240万美元于2×20年3月所产生的汇兑损失为（　　）万元人民币。

  A. 2.4　　　B. 4.8
  C. 7.2　　　D. 9.6

9. 下列关于企业外币交易会计处理的表述中，不正确的是（　　）。

  A. 结算外币应收账款形成的汇兑差额应计入财务费用
  B. 结算外币应付账款形成的汇兑差额应计入财务费用
  C. 出售外币交易性金融资产形成的汇兑差额应计入投资收益
  D. 出售外币其他权益工具投资形成的汇兑差额应计入其他综合收益

二、多项选择题

1. 下列经济业务，涉及的会计科目的处理中，错误的有（　　）。

  A. 企业到外地进行临时和零星采购时，汇往采购地银行开立采购专户存货的款项应通过"其他应收款"核算
  B. 企业取得金融资产时，包含在支付价款中的已宣告但是尚未发放的股利或是利息，应该计入金融资产的成本
  C. 预付账款不多的企业，可以不设"预付账款"科目
  D. 企业存出的投资款应该通过其他应收款科目来核算
  E. 企业支付给员工的备用金以及差旅费应该通过"其他应收款"科目来核算

2. 下列业务中，会使企业其他货币资金增加的有（　　）。

  A. 以银行本票支付劳务费用
  B. 将银行存款汇往在外地银行开立的临时采购账户
  C. 通过银行将人民币存款兑换为外币并存入银行
  D. 以银行汇票存款转账购买材料
  E. 企业为了采购开出银行汇票

3. 下列各项中，应通过"其他应收款"科目核算的有（　　）。

  A. 企业代扣代缴的个人所得税
  B. 租入周转材料支付的押金
  C. 拨出的用于购买国库券的存款
  D. 代缴的个人养老保险金
  E. 支付的工程投标保证金

4. 下列各项中，应通过"其他应收款"科目核算的有（　　）。

  A. 销售商品应该收取的款项
  B. 应收的赔款、罚款
  C. 销售原材料应该收取的款项
  D. 租入包装物支付的押金
  E. 信用证保证金存款

5. 下列关于记账本位币的选择和变更的说法中，正确的有（　　）。

  A. 记账本位币的选择应根据企业经营所处的主要经济环境的改变而改变

B. 只有当有确凿证据表明企业所处的主要经济环境发生重大变化时，企业才可以变更记账本位币

C. 企业经批准变更记账本位币的，应采用变更当日的即期汇率将所有项目折算为变更后的记账本位币

D. 在变更记账本位币时，由于采用变更当日的即期汇率折算所产生的汇兑差额应计入财务费用

E. 企业选择人民币以外的货币作为记账本位币的，在编制财务报表时应折算为人民币

6. 下列各项中，期末需要按照当日即期汇率进行折算的有（　　）。

   A. 以公允价值计量且其变动计入当期损益的金融资产

   B. 长期应付款

   C. 固定资产

   D. 长期股权投资

   E. 资本公积

7. 下列以外币计价的项目中，期末因汇率波动产生的汇兑差额应计入当期损益的有（　　）。

   A. 其他权益工具投资

   B. 无形资产

   C. 长期应付款

   D. 债权投资

   E. 交易性金融资产

8. 以下关于外币交易的处理，说法正确的有（　　）。

   A. 以历史成本计量的外币非货币性项目，按交易发生日当日即期汇率折算，不产生汇兑差额

   B. 如存货的可变现净值以外币确定，确定存货的期末价值时，要先将可变现净值折算为记账本位币，可变现净值小于存货成本的差额计入资产减值损失

   C. 以外币计量的交易性金融资产，由于汇率变动引起的价值变动影响计入公允价值变动损益

   D. 企业为购买作为其他权益工具投资的外币金融资产而兑换外币时发生的折算差额，应当计入其他综合收益

   E. 投资者以外币投入的资本，可以选择合同约定汇率折算或交易发生日的即期汇率折算，但不能采用近似汇率

9. 下列事项中，属于应收款项等金融资产发生减值的客观证据有（　　）。

   A. 发行方或债务人发生严重财务困难

   B. 债务人违反了合同条款

   C. 虽然金融资产可以在活跃的市场上继续交易，但是其发行方发生重大财务困难

   D. 债务人很可能倒闭或进行其他财务重组

   E. 债务人违反了合同条款，如偿付利息或本金发生逾期

10. 下列关于应收款项减值测试和确定的表述中，正确的有（　　）。

    A. 对于单项金额重大的应收款项，在资产负债表日应单独进行减值测试

    B. 对于单项金额非重大的应收款项，应当采用组合方式进行减值测试，分析判断是否发生减值

    C. 对经单独测试后未发生减值的单项金额重大的应收款项，无须再分析判断是否发生减值

    D. 若在资产负债表日有客观证据表明应收款项发生了减值，应将其账面价值减记至预计未来现金流量现值

    E. 单项金额重大的应收款项减值测试需预计该项应收款项未来现金流量现值的，可以采用现时折现率计算

三、计算题

乙公司的记账本位币为人民币，对外币交易采用交易日的即期汇率折算，按月计算汇兑损益。乙公司4月末外币应收账款余额100万美元，外币银行存款余额500万美元，乙公司5月份发生外币业务交易如下：

（1）5月2日接受投资者投入资本100万美

元,投资合同约定的汇率是1美元=6.95元人民币,当日的即期汇率为1美元=6.80元人民币。

(2)5月10日企业将200万美元到银行兑换为人民币,银行当日的美元买入价为1美元=6.8元人民币,美元卖出价为1美元=6.9元人民币,中间价为1美元=6.85元人民币。

(3)5月15日收到上期应收账款100万美元,当日即期汇率为1美元=6.80元人民币。假定该公司选择按收款当日的即期汇率折算应结转的应收账款。

(4)5月20日,从海外采购一批原材料,销售合同约定价款为200万美元,款项尚未支付,当日的即期汇率为1美元=6.75元人民币。假设不考虑相关税费,4月30日即期汇率为1美元=6.90元人民币,5月31日即期汇率为1美元=6.72元

人民币。

根据上述资料,回答下列各项问题。

(1)银行存款账户期末的汇兑损益为( )万元人民币。
A. -80 B. 65
C. 90   D. 0

(2)应收账款账户期末的汇兑损益为( )万元人民币。
A. -10 B. 10
C. 0   D. -5

(3)应付账款账户期末的汇兑收益为( )万元人民币。
A. 6   B. 8
C. 12.5 D. 10

(4)上述外币账户期末汇兑差额对乙公司损益的影响金额为( )万元人民币。
A. 91   B. -84
C. 90   D. 74

同步训练答案及解析

一、单项选择题

1. C 【解析】银行存款余额调节表不作为记账依据,企业不需要根据银行存款余额调节表进行账务处理,所以选项A、D错误;调节后的银行存款余额反映企业可以动用的银行存款实有数额,选项B错误。

2. B 【解析】可动用的银行存款实有数额=10-5=5(万元)
【思路点拨】(1)计提存款利息时,不影响企业银行存款,分录为:
借:应收利息
　　贷:财务费用
(2)企业已转账支付购买办公用品,但银行尚未入账,属于银行的未达账项,调节的是银行对账单余额,不调节企业银行存款日记账余额。

3. D 【解析】调整后的金额=银行存款日记账上的金额+银行已收企业未收-银行已付企业未付,或调整后的金额=银行对账单余额+企业已收账银行未收-企业已付账银行未付。选项A,调减银行对账单余额;选项B,调增银行对账单余额;选项C,调减企业银行存款日记账余额。

4. B 【解析】甲公司取得的贴现额=58 000×(1+6%×60/360)×(1-10%×36/360)=57 994.2(元)

5. C 【解析】票据到期值=票据面值=500 000(元),贴现息=500 000×10%×90/360=12 500(元),贴现额=500 000-12 500=487 500(元),企业实际收到的银行存款=487 500-100=487 400(元),计入财务费用的金额=500 000-487 400=12 600(元)。

6. C 【解析】只有当有确凿证据表明企业所处的主要经济环境发生重大变化时,企业才可以变更记账本位币,所以选项C不正确。

7. B 【解析】上述业务的期末调整处理影响当期营业利润的金额=1 000×10×6.5-

1 000×9×6.63＝5 330(万元)。外币其他权益工具投资持有期间汇兑差额和公允价值变动一并计入其他综合收益，不影响当期营业利润。

8. B 【解析】3月20日购入时：
借：银行存款——美元户
(240×6.57) 1 576.8
财务费用 7.2
贷：银行存款——人民币户
(240×6.6) 1 584

3月31日计算外币银行存款的汇兑损益：
借：银行存款——美元户 2.4
贷：财务费用[240×(6.58-6.57)]2.4
2×20年3月，所产生的汇兑损失＝7.2-2.4＝4.8(万元人民币)。

9. D 【解析】出售外币其他权益工具投资形成的汇兑差额，应计入留存收益，不计入其他综合收益。

二、多项选择题

1. ABD 【解析】选项A，企业到外地进行临时和零星采购时，汇往采购地银行开立采购专户存货的款项应通过"其他货币资金——外埠存款"科目核算；选项B，企业取得金融资产时，包含在支付价款中的已宣告但尚未发放的现金股利或已到期但尚未发放的利息，应该作为应收款项，计入应收股利或是应收利息；选项D，企业存出的投资款属于其他货币资金，应该通过"其他货币资金——存出投资款"科目核算。

2. BE 【解析】选项A、D，均使企业其他货币资金减少；选项C，使企业银行存款一增一减，与其他货币资金无关。

3. BE 【解析】选项A，应计入应交税费；选项C，应计入其他货币资金；选项D，应计入其他应付款。

4. BD 【解析】选项A、C，应该通过"应收账款"科目进行核算；选项E通过"其他货币资金"科目核算。

5. BCE 【解析】选项A，企业记账本位币一经确定，不得随意变更，除非企业经营所处的主要经济环境发生重大变化。确需变更记账本位币的，应采用变更当日的即期汇率将所有项目折算为变更后的记账本位币。选项D，由于折算时采用的是同一即期汇率(变更当日的即期汇率)，所以不会产生汇兑差额。

6. AB 【解析】选项A，以公允价值计量且其变动计入当期损益的金融资产属于外币非货币性项目，采用公允价值确定日的即期汇率(这里是期末的即期汇率)折算；选项B，外币货币性项目，如库存现金、银行存款、应收账款等货币性资产和应付账款、其他应付款等货币性负债，应采用资产负债表日的即期汇率计算，也就是需要进行期末即期汇率折算；选项C、D、E，外币非货币性项目，如存货、长期股权投资、固定资产、无形资产、实收资本、资本公积等，在交易日按当日的即期汇率折算，不需要进行期末即期汇率折算。

7. CDE 【解析】选项C、D，长期应付款、债权投资是外币货币性项目，产生的汇兑差额计入财务费用；选项E，相应的汇率变动的影响与公允价值变动的影响一并计入公允价值变动损益。

8. ABC 【解析】选项D，属于外币兑换时发生的汇兑损益，因此应当计入当期损益。选项E，投资者以外币投入的资本，应按交易发生日的即期汇率折算。

9. ABDE 【解析】选项C，应该表述为因发行方发生重大财务困难，该金融资产无法在活跃的市场上继续交易。

10. ABD 【解析】选项C，对经单独测试后未发生减值的单项金额重大的应收款项，应当采用组合方式进行减值测试，分析判断是否发生减值；选项E，单项金额重大的应收款项减值测试需要预计该项应收款项未来现金流量现值的，应采用应收款项发生时的初始折现率计算未来现金流量的现值。

三、计算题

（1）A；（2）A；（3）A；（4）B

【解析】（1）银行存款期末汇兑损益＝(500+100−200+100)×6.72−(500×6.90+100×6.80−200×6.85+100×6.80)＝−80(万元人民币)

（2）应收账款账户汇兑损益＝0−(100×6.9−100×6.8)＝−10(万元人民币)

（3）应付账款的期末汇兑损益＝200×(6.72−6.75)＝−6(万元人民币)，属于汇兑收益6万元人民币。

（4）上述外币账户期末汇兑差额对乙公司损益的影响金额＝−80−10+6＝−84(万元人民币)

本章知识串联

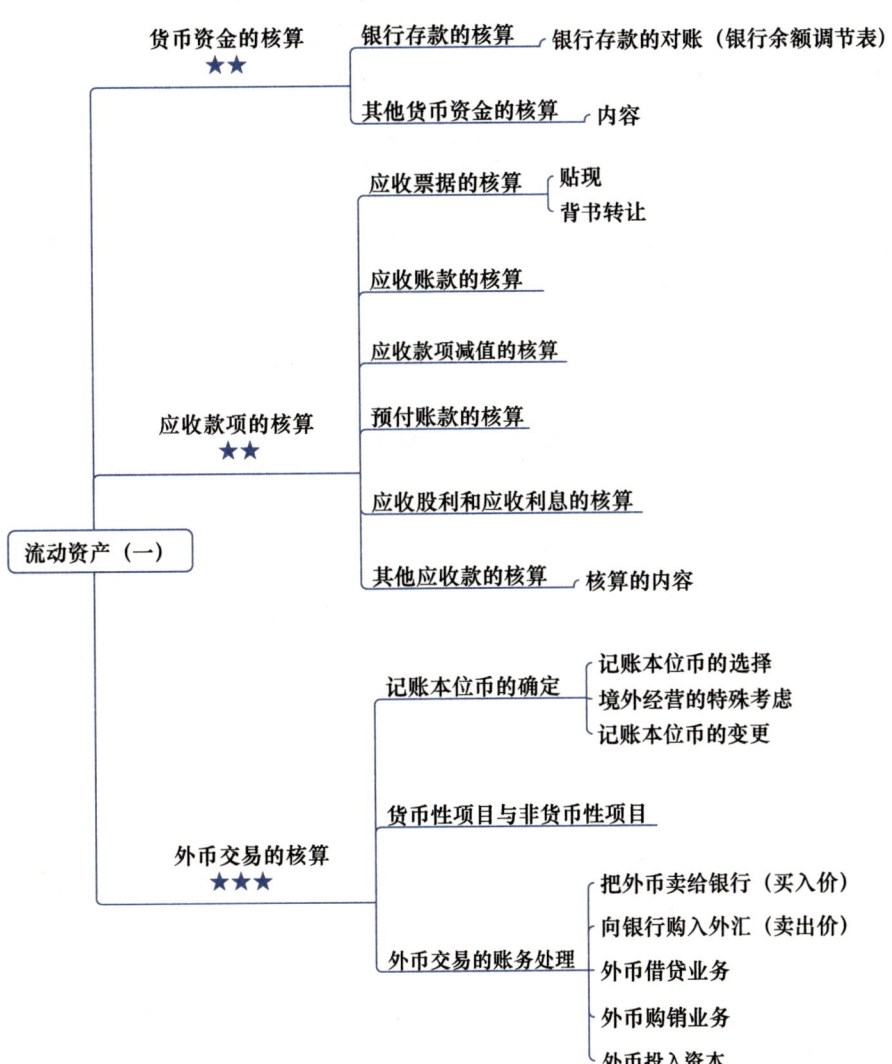

第9章 流动资产（二）

考情解密

历年考情概况

本章属于比较重要的章节。在历年考试中，主要考查了存货的初始计量、后续计量以及期末计量，产品成本的核算等内容。主要以单项选择题、多项选择题或综合分析题进行考查，近年平均分值在12分左右。

近年考点直击

考点	主要考查题型	考频指数	考查角度
存货的初始确认和计量*	单选题、多选题	★★★	(1)存货项目的核算内容； (2)存货入账成本的计算； (3)不计入存货初始计量成本的内容
产品成本的核算	单选题	★★	(1)约当产量的计算； (2)约当产量法下单位产品成本金额的计算
存货发出的核算	单选题、多选题	★★★	(1)存货发出的计价方法； (2)不同核算方法下发出存货成本大小的对比； (3)一次加权平均法下存货成本的计算； (4)毛利率法下期末存货成本的计算； (5)商品进销差价的计算； (6)计划成本法下发出材料实际成本的计算； (7)材料成本差异借贷方核算内容
存货的期末计量	单选题	★★★	(1)存货减值迹象； (2)存货跌价准备的计算； (3)比较成本与可变现净值的三种方法； (4)存货账面价值变动； (5)存货清查会计处理的判断

本章2021年考试主要变化

（1）删除原材料及其他存货的具体核算；
（2）将库存商品、包装物核算内容移至存货的确认和计量。

---

* 产品成本核算内容在教材中第15章，但本质属于存货核算范畴，因此调整到本章；非货币性资产交换相关内容在第10章讲解。

考点详解及精选例题

核心考点1　存货的确认和初始计量

扫我解疑难

一、存货的内容★

存货，是指企业在日常活动中持有以备**出售**的产成品或商品、处在生产过程中的在产品、在生产或提供劳务过程中**耗用**的材料和物料等。存货的类型如表9-1所示。

表9-1　存货的类型

主要类型	特殊项目
原材料	外购半成品(外购件)/修理用备件(备品备件)/**包装材料**
在产品	已加工完毕但尚未检验的产品/已检验但尚未办理入库手续的产品
半成品	不包括从一个生产车间转给另一个生产车间继续加工的自制半成品/不能单独计算成本的自制半成品(这两类属于在产品)
产成品	企业接受外来原材料加工制造的代制品和为外单位加工修理的代修品，制造和修理完成验收入库后，应视同企业的产成品
商品	—
周转材料	包装物/低值易耗品/建造承包商的钢模板、木模板、脚手架和其他周转材料
委托代销商品	

【思路点拨】（1）库存商品具体内容如下：

① 库存商品包括库存的外购商品、自制产成品、存放在门市部准备出售的商品、发出展览的商品以及寄存在外的商品等。

② 工业企业接受来料加工制造的代制品和为外单位加工修理的代修品，在制造和修理完成验收入库后，视同企业的产成品，属于库存商品。

③ 可以降价出售的不合格品，也属于库存商品，但应当与合格商品分开记账。

④ 委托外单位加工的商品，不属于库存商品。

⑤ 已经完成销售手续并确认销售收入，但购买单位在月末未提取的商品，应作为代管商品处理，单独设置"代管商品"备查簿进行登记，不属于库存商品。

（2）周转材料具体内容如下：

① 包装物，指为了包装本企业产成品和商品而储备的各种包装容器，如桶、箱、瓶、坛、袋等。通常包括以下情况：生产中用于包装产品作为产品组成部分的；随同产品出售不单独计价的；随同产品出售单独计价的；出租或出借给购买单位使用的。

② 计划上单独列作企业商品产品的自制包装物，应作为"库存商品"处理。

③ 企业的各种包装材料，如纸、绳、铁丝、铁皮等，应在"原材料"科目内核算。

④ 用于储存和保管产品、材料而不对外出售的包装物，应按其价值的大小和使用年限的长短，分别在"固定资产"或"周转材料"或单设的"低值易耗品"科目核算。

⑤低值易耗品，指不能作为固定资产的各种用具物品，如工具、管理用具、玻璃器皿、劳动保护用品以及在经营过程中周转使用的容器等。

(3) 为建造固定资产等各项工程而储备的各种材料应作为工程物资核算，不属于存货；

(4) 包装材料和包装物分属于不同的存货类型；

(5) 房地产开发企业购入的用于建造商品房的土地使用权，属于企业的存货。

二、存货的初始计量★★★

1. 外购存货的核算(见表9-2)

表9-2 外购存货的核算

成本构成	内容		
购买价款	企业购入的材料或商品的发票账单上列明的价款，但不包括按规定可以抵扣的增值税		
相关费用	(1) 相关费用：运输费、装卸费、搬运费、保险费、包装费、中途的仓储费等。 (2) 运输途中的合理损耗。 (3) 入库前的挑选整理费等		
相关税金	增值税	一般纳税人	可以抵扣的，确认为进项税额，不计入存货成本
			不能抵扣的，应计入存货成本
		小规模纳税人	计入存货成本
	进口关税	计入存货成本	

【思路点拨】保险费、仓储费及采购过程的毁损短缺(见表9-3和表9-4)

表9-3 保险费及仓储费的处理

项目	发生阶段	核算原则
保险费用	采购过程中的保险费	计入存货采购成本
	企业日常的保险费	计入管理费用等
仓储费用	采购过程中的仓储费用	计入存货采购成本
	日常一般仓储费用	计入管理费用
	生产过程中为达到下一生产阶段所必需的仓储费用	计入存货生产成本

表9-4 采购过程中发生的毁损短缺

损耗性质	账务处理
合理的损耗	计入存货采购成本(不减少存货总成本，增加入库存货单位成本)
应从供应单位/外部运输机构等收回的物资短缺/其他赔款	冲减物资的采购成本
遭受意外灾害发生的损失/尚待查明原因的途中损耗	通过"待处理财产损溢"科目过渡，在查明原因后分别进行处理

存货入库总成本=采购总成本−他人赔偿损耗−意外损失等

$$存货入库单位成本 = \frac{采购总成本 - 他人赔偿损耗 - 意外损失等}{实际入库数量}$$

【例题1·单选题】 甲公司为增值税一般纳税人。2×20年4月1日，购入原材料200吨，收到的增值税专用发票上注明的售价每吨为1 000元，增值税额为26 000元。另发生运费，取得运输业增值税专用发票，发票上注明不含税价款5 000元（增值税税率为9%），途中仓储费用为500元，原材料运抵企业后，验收入库原材料为198吨，运输途中发生合理损耗2吨。该原材料的单位成本为（　）元/吨。

A. 1 037.88　　B. 1 027.50
C. 1 040.66　　D. 1 171.47

解析 ▶ 由于合理损耗列入存货的采购成本，所以，该原材料的入账成本=1 000×200+5 000+500=205 500（元），单位成本=205 500/198=1 037.88（元/吨）。**答案** ▶ A

2. 进一步加工取得的存货（见表9-5）

表9-5　进一步加工取得的存货

成本构成	内容
采购成本	材料购买价款、运输费、装卸费、保险费以及其他可归属于存货采购成本的相关税费
加工成本	直接人工以及按照一定方法分配的制造费用
其他成本	（1）使存货达到目前场所和状态所发生的其他支出，如为特定客户设计产品所发生的设计费用等。 （2）为生产特定存货，占用借款而发生的借款费用，按借款费用准则的有关规定予以资本化的借款费用

【相关链接】 商品流通企业的进货费用的处理（见图9-1）

商品流通企业的进货费用分摊
- 计入存货采购成本
- 先行归集
  - 商品已售，计入当期损益
  - 期末分摊　商品未售，计入期末存货成本
- 金额较小的，发生时直接计入当期损益

图9-1　商品流动企业的进货费用的处理

3. 投资者投入的存货

除合同或协议约定价值不公允外，应当按照投资合同或协议约定的价值确定。

核心考点2　产品成本的核算

扫我解疑难

一、生产费用的分配★

1. 在产品的内容

企业在产品是指没有完成全部生产过程、不能作为商品销售的产品。在产品的界定如表9-6所示。

表9-6　在产品的界定

项目	属于在产品范围	不属于在产品的特殊情况
内容	（1）正在车间加工的产品； （2）已经完成一个或几个加工步骤、但还需继续加工的半成品； （3）未经装配和未经验收入库的产品； （4）返修的废品	（1）不可修复的废品； （2）已领未用的原材料； （3）对外销售的自制半成品

2. 生产费用在完工产品和在产品之间的分配

（1）生产费用分配的基本方法分别如表9-7、9-8和9-9所示。

表 9-7　完工产品负担法

分配方法	核算特点	适用范围
不计算在产品成本（在产品成本为零）	本月发生的产品费用，全部由其**完工产品成本负担**	各月末**在产品数量很小**
在产品成本按年初数固定计算	月初在产品成本与月末在产品成本相等，当月发生的费用，全部由当月**完工产品成本负担** 【思路点拨】年终时根据实际盘点的在产品数量，重新计算在产品成本	各月末**在产品数量比较稳定**

表 9-8　比例负担法

分配方法	核算特点	适用范围
在产品成本按其所耗用的原材料费用计算	在产品成本按其**所耗用的原材料**费用计算，其他费用全部由完工产品成本负担	原材料费用在生产成本中占的**比重大**，而且原材料是在生产**开始时一次全部投入**使用
按约当产量比例计算	将实际结存的在产品数量按其完工程度折合为大约相当的完工产品数量，然后按照在产品约当产量和完工产品产量的比例分配生产费用	在产品**数量较多**，变动也较**大**，同时产品成本中各项费用的**比重又相差不多**

表 9-9　定额负担法

分配方法	核算特点	适用范围
定额比例法	完工产品和月末在产品成本可以按照定额消耗量或定额费用的比例进行分配 直接材料一般按定额消耗量或定额费用比例分配，加工费用一般按定额工时比例分配	各月在产品**数量变动较大**，且各项消耗定额比较**准确**、**稳定**的情况
在产品按定额成本计算	根据月末在产品数量和各项费用的单位定额，计算出月末在产品定额成本，然后倒算完工产品成本	各月在产品**数量变动不大**，各项消耗定额比较**准确**、**稳定**的情况
	【思路点拨】月末在产品成本脱离定额的差异全部由完工产品成本负担	

(2)约当产量比例法。
①约当产量基本计算公式。
某项费用分配率=该项费用总额/（完工产品产量+在产品约当产量）

在产品约当产量=在产品数量×完工百分比

完工产品应负担费用=完工产品产量×费用分配率

在产品应负担费用=在产品约当产量×费用分配率

【指点迷津】对于加工费用的分配，应按上述约当产量的公式计算分配。

对于直接材料费用，需要分情况确定材料费用的分配基数。材料费用分配基数的确定具体如表9-10所示。

表 9-10　材料费用分配基数的确定

原材料投入情况	材料费用分配基数
生产开工时一次性投入	在产品数量+完工产品数量
生产过程中分次投入	在产品约当产量+完工产品数量

②确定期末在产品的完工程度。

如果企业具备较健全的产品工时定额资料，可以按每道工序累计单位工时定额计算在该工序的在产品完工程度（假定当前工序的完工程度为50%）。

产品完工率＝（前面工序累计工时定额＋本工序工时定额×50%）/单位产品工时定额×100%

根据各工序在产品完工程度和各工序在产品数量，就可以计算出各工序在产品的约当产量，各工序在产品约当产量的合计数即为某产品月末在产品约当产量。

【例题2·单选题】 甲公司只生产一种产品乙产品，2×20年5月初在产品数量为零，5月共投入原材料74 680元，直接人工和制造费用共计23 400元。乙产品需要经过两道加工工序，工时定额为20小时，其中第一道工序12小时，第二道工序8小时，原材料在产品生产时陆续投入。5月末乙产品完工344件，在产品120件，其中第一道工序80件，第二道工序40件。甲公司完工产品和在产品费用采用约当产量比例法分配，各工序在产品完工百分比均为50%。则甲公司2×20年5月完工乙产品的单位产品成本是（　　）元。

A. 245.2　　　　B. 256.3
C. 275.0　　　　D. 282.8

解析 ▶ 第一道工序的完工率＝12×50%/（12+8）×100%＝30%；第二道工序的完工率＝（12+8×50%）/（12+8）×100%＝80%；所以在产品的约当产量＝80×30%+40×80%＝56（件）。单位产品的成本＝（74 680+23 400）/（344+56）＝245.2（元）。　**答案** ▶ A

二、产品成本计算的基本方法★（参见表9-11）

表9-11　产品成本计算的基本方法

成本计算方法	成本对象	适用范围
品种法	产品品种	（1）大量大批的单步骤生产； （2）管理上不要求分步计算产品成本的大量大批多步骤生产
分批法 （订单法）	产品批别 （或订单）	（1）单件小批单步骤生产； （2）管理上不要求分步计算成本的多步骤生产
分步法	生产步骤	适用于大量大批多步骤生产，而且管理上要求分步计算产品成本的工业企业

【思路点拨】 分步法可分为逐步结转分步法和平行结转分步法。

1. 逐步结转分步法

逐步结转分步法适用于各步骤半成品有独立的经济意义，管理上要求核算半成品成本的企业。

2. 平行结转分步法

适用于管理上不要求核算各步骤半成品成本的企业。

【例题3·多选题】 下列关于各种成本计算方法的表述中，错误的有（　　）。

A. 品种法主要适用于产品大量大批的单步骤生产，或管理上不要求分步计算产品成本的大量大批多步骤生产

B. 分批法适用于产品单件小批单步骤生产和管理上不要求分步计算成本的多步骤生产

C. 分步法适用于产品大量大批多步骤生产，而且管理上要求分步计算产品成本的生产

D. 平行结转分步法适用于各步骤半成品有独立的经济意义，管理上要求核算半成品成本的产品生产

E. 逐步结转分步法适用于管理上不要求核算半成品成本的产品生产

解析 ▶ 选项D，逐步结转分步法适用于各步骤半成品有独立的经济意义，管理上要求核算半成品成本的企业；选项E，平行结转分步法适用于管理上不要求核算半成品成本的企业。　**答案** ▶ DE

核心考点3　存货发出的核算

扫我解疑难

一、存货发出的基本计价方法★★★（见表9-12）

表9-12　存货发出的基本计价方法

计价方法	计价特点
先进先出法	假定"先入库的存货先发出"，并根据这种假定的成本流转次序确定发出存货成本
月末一次加权平均法	在材料等存货按实际成本进行明细分类核算时，以本月各批进货数量和月初数量为权数，计算材料等存货平均单位成本
移动加权平均法	在每次收货后，立即根据库存存货数量和总成本，计算出新的平均单位成本
个别计价法	对库存和发出的每一特定存货或每一批特定存货的个别成本或每批成本加以认定

【思路点拨】（1）对于性质和用途相似的存货，应当采用相同的成本计算方法确定发出存货的成本；

（2）对于不能替代使用的存货、为特定项目专门购入或制造的存货以及提供的劳务，通常采用个别计价法确定发出存货的成本。

【例题4·单选题】下列存货计价方法中，能够准确反映本期发出存货和期末结存存货的实际成本、成本流转与实物流转完全一致的是（　　）。

A. 先进先出法
B. 移动加权平均法
C. 月末一次加权平均法
D. 个别计价法

解析▶个别计价法是指对库存和发出的每一特定存货或每一批特定存货的个别成本或每批成本加以认定的一种方法。　答案▶D

二、存货发出的其他计价方法★★

1. 毛利率法、零售价法、售价金额法（见表9-13）

表9-13　毛利率法、零售价法、售价金额法

计价方法	计算公式
毛利率法	销售净额＝商品销售收入－销售退回与折让 销售毛利＝销售净额×毛利率 销售成本＝销售净额－销售毛利＝销售净额×（1－毛利率） 期末存货成本＝期初存货成本＋本期购货成本－本期销售成本
零售价法	成本率＝（期初存货成本＋本期购货成本）/（期初存货售价＋本期购货售价）×100% 期末存货成本＝期末存货售价总额×成本率 本期销售成本＝期初存货成本＋本期购货成本－期末存货成本
售价金额法	进销差价率＝（期初库存商品进销差价＋本期发生的商品进销差价）/（期初库存商品售价＋当期发生的商品售价）×100% 本期已销售商品应分摊的进销差价＝本期商品销售收入×进销差价率 本期销售商品的实际成本＝本期商品销售收入－本期已销售商品应分摊的进销差价

【思路点拨】（1）本月收入存货的计划成本中不包括暂估入账的存货的计划成本；

（2）发出存货负担的成本差异，除委托外部加工发出存货可以按月初成本差异率计算外，都应使用当月的实际成本差异率；

（3）如果月初的成本差异率与本月成本差异率相差不大，也可以按月初的成本差异率计算。计算方法一经确定，不得随意变更。

【例题5·单选题】丁商场2×20年11月初存货成本为885 000元，售价为946 000元；本月购入存货成本603 000元，售价

654 000 元；本月实现销售收入 830 000 元。在采用零售价法核算的情况下，该商场 11 月存货的销售成本为（　　）元。

A. 716 100　　　　B. 771 900
C. 719 000　　　　D. 770 000

解析 ▶ 期末存货的售价 = 946 000 + 654 000 - 830 000 = 770 000（元），成本率 =（885 000 + 603 000）/（946 000 + 654 000）× 100% = 93%，月末的存货成本 = 770 000×93% = 716 100（元），11 月存货的销售成本 = 885 000 + 603 000 - 716 100 = 771 900（元）。 **答案** ▶ B

2. 计划成本法

（1）材料成本差异计算公式。

本月材料成本差异率 =（月初结存材料成本差异+本月收入材料成本差异总额）/（月初结存材料计划成本+本月收入材料计划成本总额）×100%

本月发出材料应负担的差异额 = 发出材料的计划成本×材料成本差异率

（2）按计划成本计价的原材料的核算，见表 9-14。

表 9-14　按计划成本计价的原材料的核算

业务情况	账务处理	
原材料验收入库	借：原材料［计划成本］ 贷：材料采购/委托加工物资等［实际成本］ 　　材料成本差异［或借方差额］	
原材料发出	发出时： 借：生产成本等相关科目 贷：原材料［计划成本］	月末分担材料成本差异： 借：材料成本差异 　　贷：生产成本等相关科目 或者相反分录
材料计划成本的调整	调减计划成本： 借：材料成本差异 贷：原材料	调增计划成本： 借：原材料 　　贷：材料成本差异

【思路点拨】 对于材料成本差异的结转，见表 9-15。

表 9-15　"材料成本差异"结转表

发出材料的用途	材料成本差异计入的科目
产品生产/辅助生产等领用	"生产成本——基本生产成本/辅助生产成本" "制造费用"
行政管理部门领用	"管理费用"
对外销售材料	"其他业务成本"
发出委托加工材料	"委托加工物资"
基建工程等部门领用	"在建工程"
销售机构领用	"销售费用"
盘亏、毁损材料	"待处理财产损溢"

【例题 6·单选题】 东方公司采用计划成本法对材料进行日常核算。2×20 年 12 月，月初结存材料的计划成本为 200 万元，材料成本差异账户贷方余额为 3 万元；本月入库材料的计划成本为 1 000 万元，材料成本差异账户借方发生额为 6 万元；本月发出材料的计划成本为 800 万元。则该公司月末材料的实际成本为（　　）万元。

A. 400　　　　B. 399
C. 401　　　　D. 403

解析 ▶ 材料成本差异率 =（-3+6）/（200+1 000）×100% = 0.25%，为超支差异，期末库存材料应负担的材料成本差异 =（200+1 000-800）×0.25% = 1（万元），故期末库存材料的实际成本 =（200+1 000-800）+1 = 401（万元）。

答案 ▶ C

【例题 7·多选题】 "材料成本差异"科目贷方反映的内容有（　　）。

A. 购进材料实际成本大于计划成本的差异

B. 购进材料实际成本小于计划成本的差异

C. 发出材料应负担的超支差异

D. 发出材料应负担的节约差异

E. 调整库存材料计划成本时，调整增加的计划成本

解析 购进材料产生的超支差异应该记入"材料成本差异"账户的借方，节约差异应该记入"材料成本差异"账户的贷方；结转超支差异应该记入"材料成本差异"账户的贷方，结转节约差异应该记入"材料成本差异"账户的借方。

答案 BCE

扫我解疑难

核心考点4　存货期末的核算

一、存货的期末计量（成本与可变现净值孰低）★★★

1. 存货可变现净值的确定（见图9-2）

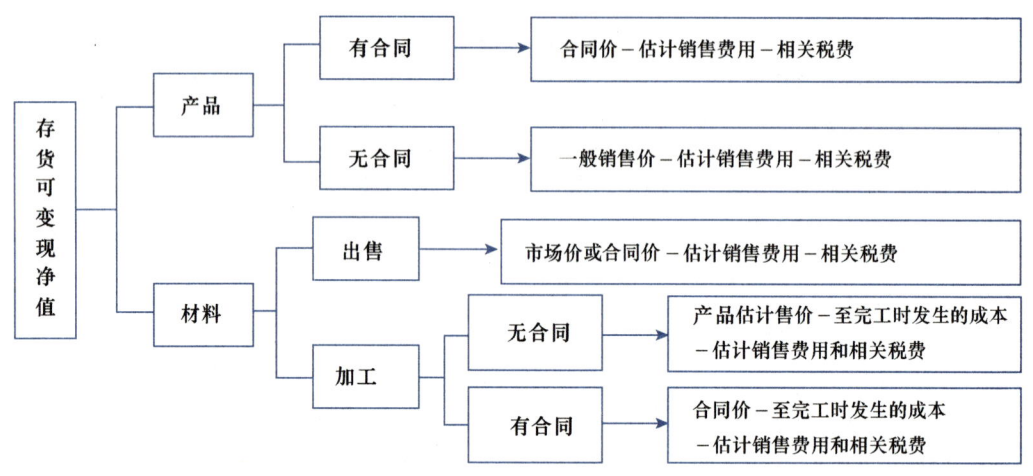

图9-2　存货可变现净值的确定

2. 存货减值的判断（见表9-16）

表9-16　存货减值的判断

项目	内容
存货减值迹象的判断	当存在下列情况之一时，表明存货发生减值，应当计提存货跌价准备： (1) 存货的市场价格持续下跌，并且在可预见的未来无回升的希望； (2) 企业使用该项原材料生产的产品的成本大于产品的销售价格； (3) 企业因产品更新换代，原有库存原材料已不适应新产品的需要，而该原材料的市场价格又低于其账面成本； (4) 因企业所提供的商品或劳务过时或消费者偏好改变而使市场的需求发生变化，导致市场价格逐渐下跌； (5) 其他足以证明该项存货实质上已经发生减值的情形
存货可变现净值为零的情形	存在下列情形之一的，表明存货的可变现净值为零： (1) 已霉烂变质的存货； (2) 已过期且无转让价值的存货； (3) 生产中已不再需要，并且已无使用价值和转让价值的存货； (4) 其他足以证明已无使用价值和转让价值的存货

3. 成本与可变现净值孰低的比较(见表9-17)

表9-17 成本与可变现净值三种比较方法

方法	主要内容
单项比较法	也称逐项比较法或个别比较法，指对库存的每一种存货的成本与可变现净值逐项进行比较，每项存货均取较低数确定期末的存货成本的计算方法
分类比较法	也称类比法，指按存货类别的成本与可变现净值进行比较，每类存货取其较低数确定存货的期末成本的计算方法
综合比较法	也称总额比较法，指按全部存货的总成本与可变现净值总额相比较，以较低数作为期末全部存货的成本的计算方法

【思路点拨】(1)存货跌价准备通常应当按单个存货项目计提。

(2)单项比较法确定的期末存货成本最低；分类比较法次之；总额比较法最高。

4. 存货跌价准备的账务处理

(1)企业提取/补提跌价准备：
　借：资产减值损失
　　　贷：存货跌价准备

(2)转回的存货跌价准备(因存货价值回升)：
　借：存货跌价准备
　　　贷：资产减值损失

【思路点拨】 必须在原已计提的存货跌价准备金额范围内冲减。

(3)转销/结转已计提的跌价准备：
　借：存货跌价准备
　　　贷：主营业务成本等

二、存货清查的核算★(见表9-18)

表9-18 存货清查的核算

清查结果	批准前的账务处理	批准后的账务处理
存货盘盈	借：原材料[库存商品等] 　　贷：待处理财产损溢——待处理流动资产损溢	借：待处理财产损溢——待处理流动资产损溢 　　贷：**管理费用**
存货盘亏、毁损	借：待处理财产损溢——待处理流动资产损溢 　　　存货跌价准备 　　贷：原材料[库存商品等] 　　　　应交税费——应交增值税(进项税额转出)* 　　　　应交税费——应交消费税	借：原材料[库存现金等] 　　　其他应收款 　　　管理费用[管理原因造成] 　　　营业外支出——非常损失[自然灾害等非常损失] 　　贷：待处理财产损溢——待处理流动资产损溢

* 因管理不善等原因造成存货盘亏或毁损的，与其相关的进项税额需要转出。

真题精练

一、单项选择题

1. (2018年)下列各项不应计入存货成本的是( )。
   A. 存货加工过程中的制造费用
   B. 存货在生产过程中为达到下一个生产阶段所必需的仓储费用
   C. 为使存货达到可销售状态所发生的符合资本化条件的借款费用
   D. 非正常消耗的直接材料

2. (2020年)下列关于原材料采购过程中的短缺和毁损的处理中，错误的是( )。
   A. 定额内合理的途中损耗，应计入材料

的采购成本

B. 属于保险公司负责赔偿的损失，应记入"其他应收款"科目

C. 属于自然灾害造成的损失，应记入"营业外支出"科目

D. 属于无法收回的其他损失，应记入"营业外支出"科目

3. （2020年）某企业生产的甲产品需要经过两道工序，第一道工序工时定额12小时，第二道工序工时定额8小时。月末，甲产品在第一道工序的在产品数量是50件、在第二道工序的在产品数量是80件，则月末甲产品的在产品约当产量是( )件。

   A. 65　　　　　　B. 79
   C. 84　　　　　　D. 105

4. （2019年）某企业基本生产车间生产甲产品。本月完工300件，月末在产品50件，甲产品月初在产品的成本和本期生产费用总额为147 300元，其中直接材料71 400元，直接人工26 400元，制造费用49 500元。原材料在开工时一次投入，月末在产品完工程度为60%。按约当产量比例法计算完工产品和在产品成本，则甲产品本月完工产品的总成本为( )元。

   A. 130 200　　　　B. 133 909
   C. 130 909　　　　D. 130 299

5. （2019年）甲公司原材料按计划成本法核算。2019年6月期初"原材料"借方余额为40 000元、"材料成本差异"科目贷方余额为300元，期初的"原材料"科目余额中含有5月末暂估入账的原材料计划成本10 000元。2019年6月入库原材料的计划成本为50 000元，实际成本为49 500元。2019年6月发出原材料的计划成本为45 000元。假设6月月末暂估入账原材料为零，不考虑相关税费，则甲公司6月月末库存原材料的实际成本为( )元。

   A. 44 550　　　　B. 45 450
   C. 25 250　　　　D. 34 650

6. （2020年）某商品零售企业对存货采用售价金额计价法核算。2020年6月30日分摊前"商品进销差价"科目余额300万元、"库存商品"科目余额380万元、"委托代销商品"科目余额50万元、"发出商品"科目余额120万元，本月"主营业务收入"科目贷方发生额650万元。则该企业6月份的商品进销差价率是( )。

   A. 25%　　　　　　B. 28%
   C. 29%　　　　　　D. 30%

7. （2018年）长江公司对存货发出计价采用月末一次加权平均法，2018年1月甲存货的收发存情况为：1月1日，结存40 000件，单价为5元；1月17日，售出35 000件；1月28日，购入20 000件，单价为8元。假设不考虑增值税等税费，长江公司2018年1月31日甲存货的账面金额为( )元。

   A. 185 000　　　　B. 162 500
   C. 150 000　　　　D. 200 000

8. （2019年）甲公司采用销售毛利率法核算乙商品的发出成本。乙商品期初成本48 000元，本期购货成本15 000元，本期销售收入总额为35 000元，其中发生销售折让2 000元。根据以往经验估计，乙商品的销售毛利率为20%，则乙商品本期期末成本为( )元。

   A. 3 000　　　　　B. 35 000
   C. 36 600　　　　D. 26 400

9. （2018年）下列情形中，表明存货可变现净值为零的是( )。

   A. 存货市价持续下降，但预计次年将会回升

   B. 存货在生产中已不再需要，并且已无使用和转让价值

   C. 因产品更新换代，使原有库存原材料市价低于其账面成本

   D. 存货已过期，但可降价销售

10. （2019年）长江公司期末存货采用成本与可变现净值孰低法计量。2018年12月31日，库存甲材料的账面价值（成本）为

90万元,市场销售价格为85万元。该批甲材料可用于生产2台乙产品,每台市场销售价格为75万元,单位成本为70万元,预计销售费用每台为2万元。假设不考虑相关税费,甲材料之前未计提过减值准备,2018年年末长江公司对甲材料应计提存货跌价准备的金额为( )万元。

A. 5　　　　　B. 10
C. 0　　　　　D. 6

11. (2020年)企业按成本与可变现净值孰低法对期末存货计价时,下列表述中错误的是( )。

A. 单项比较法确定的期末存货成本最低
B. 分类比较法确定的期末存货成本介于单项比较法和总额比较法之间
C. 总额比较法确定的期末存货成本最高
D. 存货跌价准备通常应当按单个存货项目计提,不得采用分类比较法计提

12. (2018年)下列交易或事项会引起存货账面价值发生增减变动的是( )。

A. 月末将完工产品验收入库
B. 商品已发出但尚不符合收入确认条件
C. 发出物资委托外单位加工
D. 转回已计提的存货跌价准备

13. (2018年)长江公司系增值税一般纳税人,2×17年年末盘亏一批原材料,该批原材料购入成本为120万元,购入时确认进项税额为15.6万元,经查,盘亏系管理不善被盗所致,确认由相关责任人赔偿20万元。假定不考虑其他因素,确认的盘亏净损失对2×17年度利润总额的影响金额为( )万元。

A. 100.8　　　B. 115.6
C. 140.4　　　D. 160.4

二、多项选择题

1. (2019年)在存货初始计量时,下列费用应在发生时确认为当期损益,不计入存货成本的有( )。

A. 为特定客户设计产品的设计费用
B. 非正常消耗的制造费用
C. 生产产品正常发生的水电费
D. 采购原材料发生的运输费用
E. 仓储费用(不包括生产过程中为达到下一个生产阶段所必需的费用)

2. (2018年)根据《企业会计准则第1号——存货》的规定发出存货计价方法包括( )。

A. 月末一次加权平均法
B. 先进先出法
C. 后进先出法
D. 个别计价法
E. 移动加权平均法

3. (2020年)当原材料采用计划成本计价时,通过"材料成本差异"账户借方核算的有( )。

A. 入库材料的实际成本大于计划成本的差异
B. 入库材料的实际成本小于计划成本的差异
C. 出库结转的实际成本大于计划成本的差异
D. 出库结转的实际成本小于计划成本的差异
E. 调整库存材料计划成本时调整减少的计划成本

真题精练答案及解析

一、单项选择题

1. D 【解析】下列费用应当在发生时确认为当期损益,不计入存货成本:①非正常消耗的直接材料、直接人工和制造费用;②仓储费用(不包括在生产过程中为达到下一个生产阶段所必需的费用);③不能归属于使存货达到目前场所和状态的其他支出。

2. D 【解析】选项D,属于无法收回的其他损失的,应在报经批准后将其从"待处理

财产损溢"科目转入"管理费用"科目。

3. B 【解析】第一道工序的完工率=(12×50%)/(12+8)=30%；第二道工序的完工率=(12+8×50%)/(12+8)=80%，因此月末在产品的约当产量=50×30%+80×80%=79(件)。

4. A 【解析】在产品约当产量=50×60%=30(件)；本月完工产品总成本=71 400/(300+50)×300+(26 400+49 500)/(300+30)×300=130 200(元)。

5. D 【解析】材料成本差异率=[-300+(49 500-50 000)]/[(40 000-10 000)+50 000]×100%=-1%，月末原材料的实际成本=[(40 000-10 000)+50 000-45 000]×(1-1%)=34 650(元)。

6. A 【解析】进销差价率=月末分摊前"商品进销差价"科目余额/("库存商品"科目余额+"委托代销商品"科目余额+"发出商品"科目余额+"主营业务收入"科目贷方发生额)×100%=300/(380+50+120+650)×100%=25%。

7. C 【解析】一次加权平均单位成本=(5×40 000+8×20 000)/(40 000+20 000)=6(元/件)，因此月末甲存货的账面金额=6×(40 000-35 000+20 000)=150 000(元)。

8. C 【解析】销售净额=35 000-2 000=33 000(元)，销售成本=33 000×(1-20%)=26 400(元)，期末存货成本=48 000+15 000-26 400=36 600(元)。

9. B 【解析】存在下列情形之一的，表明存货的可变现净值为零：①已霉烂变质的存货；②已过期且无转让价值的存货；③生产中已不再需要，并且已无使用价值和转让价值的存货；④其他足以证明已无使用价值和转让价值的存货。

10. C 【解析】乙产品公允价值-销售费用=75×2-2×2=146(万元)，大于产品成本140万元，乙产品未发生减值，因此，甲材料未发生减值，不需要计提存货跌价准备。

11. D 【解析】选项D，在某些情况下，比如：①与在同一地区生产和销售的产品系列相关、具有相同或类似最终用途或目的，且难以与其他项目分开计量的存货，可以合并计提存货跌价准备；②对于数量繁多、单价较低的存货，可以按存货类别计提存货跌价准备。

12. D 【解析】转回已计提的减值，要借记"存货跌价准备"科目，贷记"资产减值损失"科目，会增加存货的账面价值。

13. B 【解析】管理不善造成存货盘亏应记入管理费用，进项税额需要转出，其金额=120+15.6-20=115.6(万元)。

二、多项选择题

1. BE 【解析】选项B、E，均应计入当期损益，若为生产过程中未达到下一个生产阶段所必需的仓储费用，此时应计入存货成本；选项A、C、D，均应计入存货成本。

2. ABDE 【解析】在实际成本核算方式下，企业采用的发出存货成本的计价方法包括个别计价法、先进先出法、月末一次加权平均法、移动加权平均法。新企业会计准则执行之后，后进先出法已取消。

3. ADE 【解析】选项BC，在"材料成本差异"账户的贷方核算。

同步训练 限时115分钟

扫我做试题

一、单项选择题

1. 下列资产中不属于企业存货范围的是( )
   A. 企业接受外来原材料加工制造完成的代制品
   B. 企业为外单位加工修理完成的代修品
   C. 企业接受委托以收取手续费方式代销的商品，本企业并非主要责任人
   D. 企业中已加工检验完毕但尚未办理入库手续的产品

2. 某企业为增值税一般纳税人，2×20年4月1日从外地购入原材料5 000吨，收到的增值税专用发票上注明的售价为每吨100元，增值税税款为65 000元，另发生运费2 000元(涉及的增值税税款为180元)，装卸费1 000元，途中保险费为800元。所购原材料到达后验收发现短缺20%，其中合理损耗5%，另15%的短缺尚待查明原因，运输途中发生的相关税费全部由实收材料负担。该批材料的采购成本为( )元。
   A. 435 336   B. 432 650
   C. 503 660   D. 428 800

3. 下列关于约当产量比例法的相关表述中，正确的是( )。
   A. 原材料是在生产开始时一次就全部投入时，在产品无论完工程度如何，月末在产品可以只计算原材料费用
   B. 完工产品和月末在产品成本按照定额消耗量或定额费用的比例进行分配，这种方法称为约当产量比例法
   C. 如果原材料是分次投入，在产品无论完工程度如何，都应负担全部原材料费用
   D. 采用约当产量比例法，可以按每道工序累计单位工时定额计算在该工序的在产品完工程度，各工序在产品约当产量的合计数即为某产品月末在产品约当产量

4. 甲产品月初在产品定额工时360小时，制造费用1 800元；本月发生制造费用4 156元。假设本月在产品的每小时制造费用定额为5.2元，月末在产品定额工时为600小时。若月末在产品成本按定额成本法计算，则本月完工的甲产品制造费用为( )元。
   A. 2 736   B. 2 773
   C. 2 808   D. 2 836

5. 某企业基本生产车间生产甲产品，本月完工300件，月末在产品40件，甲产品月初在产品成本和本期生产费用总额147 500元，其中直接材料71 400元，直接人工25 600元，制造费用为50 500元。原材料在开工时一次投入，月末在产品完工程度为50%。企业按约当产量比例法计算分配生产费用，下列说法中不正确的是( )。
   A. 在产品应负担的直接人工费用为1 600元
   B. 完工产品应负担的制造费用为47 343.75元
   C. 在产品应负担的直接材料费用为4 462.50元
   D. 完工产品总成本为134 343.75元

6. 丁公司采用移动加权平均法核算发出产成品的实际成本。2×20年11月初产成品的账面数量为200件，账面余额为12 000元。本月10日和20日分别完工入库该产成品4 000件和6 000件，单位成本分别为64.2元和62元。本月15日和25日分别销售该产成品3 800件和5 000件。丁公司

11月末该产成品的账面余额为( )万元。
A. 86 800　　　B. 87 952.9
C. 86 975　　　D. 89 880

7. 某股份有限公司采用月末一次加权平均法计算发出材料的实际成本,并按成本与可变现净值孰低法对期末存货计价。该公司2×20年12月1日甲材料的结存数量为200千克,账面实际成本为40 000元;12月4日购进该材料300千克,每千克单价为180元(不含税,下同);12月10日发出材料400千克;12月15日又购进该材料500千克,每千克单价为200元;12月19日发出材料300千克,12月27日发出材料100千克。若2×20年12月初"存货跌价准备——甲材料"科目的贷方余额为0元,2×20年末材料的可变现净值为每千克180元,则该公司2×20年12月31日甲材料的账面价值为( )元。
A. 39 800　　　B. 39 600
C. 38 800　　　D. 36 000

8. 下列各项业务中,应在"材料成本差异"科目借方核算的是( )。
A. 外购材料的实际成本小于计划成本的差额
B. 债务重组中取得原材料的初始确认金额小于库存同类型存货的计划成本的差额
C. 调整库存材料计划成本时,调整减少的计划成本
D. 结转发出材料应分担的材料成本差异超支额

9. 下列关于存货后续计量的表述,不正确的是( )。
A. 存货准则规定的计价方法有先进先出法、加权平均法、个别计价法等
B. 对于性质和用途相似的存货,应当采用相同的成本计算方法确认发出存货的成本
C. 同一项目的存货,采用不同的计价方法,计算的发出存货的成本是相同的
D. 对于不能替代使用的存货、为特定项目专门购入或制造的存货以及提供的劳务,通常采用个别计价法确认发出存货的成本

10. 某零售企业期初商品存货的售价为500 000元,期初商品进销差价率为25%。本期购进的商品存货成本为8 000 000元,售价为11 500 000元。期末库存商品的售价金额与期初库存商品的售价金额相同。期末库存商品的成本为( )元。
A. 347 415　　　B. 151 050
C. 375 000　　　D. 348 950

11. A公司为增值税一般纳税人,采用计划成本法对材料进行日常核算。2×20年6月1日"材料成本差异"科目借方余额为2 000元,"原材料"科目余额为400 000元。本月购入原材料60 000公斤,计划单位成本10元/公斤。增值税专用发票上注明的价款550 000元,增值税税款71 500元。A公司另外还支付运费8 000元,保险费50 000元,途中仓储费2 000元。本月生产领用原材料50 000公斤,在建工程领用原材料20 000公斤。不考虑其他因素,则A公司2×20年6月30日结存的原材料实际成本为( )元。
A. 300 000　　　B. 323 000
C. 303 600　　　D. 320 500

12. H公司2×20年4月初库存原材料的计划成本为500万元,"材料成本差异"账户的借方余额为50万元,4月5日发出委托加工原材料一批,计划成本80万元;4月10日生产领用原材料一批,计划成本340万元;4月25日购入原材料一批,实际成本310万元,计划成本为300万元。委托加工原材料的材料成本差异在发出时结转。则4月末"材料成本差异"账户的借方余额为( )万元。
A. 18.00　　　B. 27.452
C. 34.50　　　D. 25.74

13. 下列各项中,不属于周转材料的是( )。
A. 生产过程中使用的包装材料

B. 出租或出借的多次使用的包装物
C. 随同产品出售不单独计价的包装物
D. 随同产品出售单独计价的包装物

14. 下列情形中，一般不属于应该计提存货跌价准备的是( )。
   A. 该存货的市价发生暂时性下跌
   B. 使用该项原材料生产的产品成本大于产品的销售价格
   C. 生产中不再需要，且该原材料的市场价格又低于其账面价值
   D. 因消费者偏好改变而使市场的需求发生变化，导致该材料市场价格逐渐下跌，低于生产成本

15. 乙公司期末存货采用成本与可变现净值孰低法计量。期末原材料的账面余额为1 200万元，数量为120吨，该原材料专门用于生产与丙公司所签合同约定的Y产品。该合同约定：乙公司为丙公司提供Y产品240台，每台售价10.5万元(不含增值税，下同)。将该原材料加工成240台Y产品尚需发生加工成本总额1 100万元，估计销售每台Y产品尚需发生相关税费1万元。期末该原材料市场上每吨售价9万元，估计销售每吨原材料需发生相关税费0.1万元。期末该原材料的账面价值为( )万元。
   A. 1 068   B. 1 180
   C. 1 080   D. 1 200

16. 甲公司期末存货采用成本与可变现净值孰低法计量。2×20年11月18日，公司与华山公司签订销售合同，约定于2×21年2月1日向华山公司销售某类机器1 000台，每台售价1.5万元(不含增值税)。2×20年12月31日，公司库存该类机器1 300台，每台成本1.4万元。2×20年资产负债表日该机器的市场销售价格为每台1.3万元(不含增值税)。预计销售税费为每台0.05万元。则2×20年12月31日甲公司该批机器在资产负债表"存货"中应列示的金额为( )万元。

   A. 1 625   B. 1 775
   C. 1 820   D. 1 885

17. W公司有甲、乙两种存货，采用先进先出法计算发出存货的实际成本，并按单个存货项目的成本与可变现净值孰低法对期末存货计价。该公司2×20年12月初甲、乙存货的账面余额分别为40 000元和50 000元；"存货跌价准备"科目的贷方余额为8 000元(其中甲、乙存货分别为3 000元和5 000元)。2×20年12月31日甲、乙存货的账面余额分别为40 000元和60 000元；可变现净值分别为45 000元和54 000元。该公司12月甲存货并未领用或销售，期初乙存货中有40 000元对外销售。则该公司2×20年12月31日应补提的存货跌价准备为( )元。
   A. 0   B. -2 000
   C. 2 000   D. 5 000

18. 某增值税一般纳税企业2×20年6月因洪水灾害毁损库存原材料一批，该批原材料实际成本为40 000元，收回残料价值2 000元。保险公司赔偿11 200元。该企业购入材料的增值税税率为13%。该批毁损原材料造成的非常损失净额为( )元。
   A. 32 200   B. 26 800
   C. 32 000   D. 33 600

二、多项选择题

1. 下列关于存货核算的相关表述中，正确的有( )
   A. 包装材料和包装物通常在企业的原材料中进行核算
   B. 企业为特定客户设计产品所发生的设计费用应当作为存货成本
   C. 企业提供劳务时，只有从事劳务提供人员的直接人工和其他直接费用方可计入存货成本
   D. 企业的半成品包括从一个生产车间转给另一个生产车间继续加工的自制半成品

E. 企业（商品流通企业）采购商品的进货费用金额较小的，可在发生时直接计入当期损益，不计入存货成本

2. 下列各项中，应当作为企业存货核算的有（　　）。

   A. 工程物资
   B. 委托加工物资
   C. 正在加工中的在产品
   D. 已出售但尚未发出的商品
   E. 存放在门市部准备出售的商品

3. 下列各项中，不应计入存货成本的有（　　）。

   A. 以非货币性资产交换方式取得存货时支付的运费
   B. 生产过程中发生的季节性停工损失
   C. 为特定客户设计产品支付的设计费
   D. 原材料在投入使用前发生一般仓储费用
   E. 非正常消耗的直接人工和制造费用

4. 下列关于个别计价法的表述中，正确的有（　　）

   A. 个别计价法要求存货项目必须是可以辨别认定的
   B. 采用个别计价法的存货项目必须有详细的记录，据以了解每一个别存货或每批存货项目的具体情况
   C. 各种类型的存货均可采用个别计价法进行收发核算
   D. 个别计价法可用于可替代使用的存货
   E. 个别计价法能够准确反映本期发出存货和期末结存存货的实际成本，成本流转和实物流转完全一致

5. 下列各项税费中，应计入委托加工物资成本的有（　　）。

   A. 支付的加工费
   B. 支付的收回后直接对外销售（售价不高于受托方计税价格）的委托加工物资的消费税
   C. 支付的收回后继续生产应税消费品的委托加工物资的消费税
   D. 支付的收回后继续生产非应税消费品的委托加工物资的消费税
   E. 支付的按加工费计算的增值税（取得了专用发票）

6. 原材料采用计划成本法核算时，下列属于材料成本差异科目借方核算范围的有（　　）。

   A. 结转发出材料应分担的材料成本差异超支额
   B. 结转发出材料应分担的材料成本差异节约额
   C. 材料采购的实际成本小于计划成本的节约额
   D. 收入材料的实际成本大于库存同类型材料计划成本的差额
   E. 调整库存材料计划成本时，调整减少的计划成本

7. 商品流通企业的库存商品采用售价金额核算时，下列处理原则中正确的有（　　）

   A. 企业平时商品存货的进、销、存均按售价记账，售价与进价的差额记入"商品进销差价"科目
   B. 企业一般应按商品类别或实物负责人计算确定商品的差价率
   C. 企业期末通过计算进销差价率的办法计算本期应分摊的进销差价，并据以调整本期销售费用
   D. 委托代销商品可用上月的差价率计算应分摊的进销差价
   E. 企业应在年度终了，对商品的进销差价进行一次核实调整

8. 下列项目中，表明存货发生减值的情况有（　　）。

   A. 企业因为产品更新换代，原有库存原材料已不适用新产品的需要，而该原材料的市场价格高于其账面成本
   B. 企业使用该项原材料生产的产品的成本大于产品的销售价格
   C. 因企业所提供的商品或劳务过时，导致市场价格逐渐下跌
   D. 原材料市价持续下跌，并且在可预见

的未来无回升的希望

E. 原材料的计划成本小于实际成本

9. 下列情形中，表明存货的可变现净值为零的有（　　）。

   A. 生产中已不再需要，并且已无使用价值和转让价值的存货

   B. 企业因产品更新换代，原有库存原材料已不适应新产品的需求，而原材料的市场价格又低于其账面成本

   C. 该存货的市场价值持续下跌，且可预见的未来无回升的希望

   D. 已霉烂变质的存货

   E. 采购过程中的合理损耗

10. 甲公司期末存货采用"成本与可变现净值孰低法"进行计量，该企业有甲乙两类存货，2×20年年末甲类存货的情况为：M存货账面成本是5 800元，可变现净值是5 720元；N存货账面成本是7 600元，可变现净值是7 800元。乙类存货的情况为：X存货账面成本是3 000元，可变现净值是2 800元；Y存货账面成本是4 200元，可变现净值是3 500元。若上述存货采用成本与可变现净值孰低法确定期末存货成本，下列表述中不正确的有（　　）。

    A. 单项比较法确定的存货减值金额为780元

    B. 单项比较法确定的存货可变现净值为19 820元

    C. 分类比较法确定的存货减值金额为900元

    D. 分类比较法确定的期末存货账面价值为19 620元

    E. 综合比较法确定的存货减值金额为980元

11. 下列关于财产清查结果会计处理的表述中，错误的有（　　）。

    A. 属于无法查明原因的现金短缺，经批准后计入管理费用

    B. 属于无法查明原因的现金溢余，经批准后计入营业外收入

    C. 对于盘盈的存货，按管理权限报经批准后计入营业外收入

    D. 属于管理不善造成的存货短缺，全部计入管理费用

    E. 对于盘盈的固定资产，按管理权限报经批准后计入营业外收入

12. 下列各项中会引起存货账面价值发生增减变动的有（　　）。

    A. 冲回多计提的存货跌价准备

    B. 发生的存货盘盈

    C. 发出商品但尚未确认收入

    D. 存货已经霉烂变质

    E. 委托外单位加工发出的材料

13. 下列有关存货的会计处理方法中，不正确的有（　　）。

    A. 采用成本与可变现净值孰低法对存货计价，只能按单个存货项目计提存货跌价准备

    B. 投资者投入存货的成本，应当按照投资合同或协议约定的价值确定，合同或协议约定价值不公允的除外

    C. 已计提存货跌价准备的存货对外销售时应同时结转已计提的存货跌价准备，并冲减资产减值损失

    D. 资产负债表日，对已计提存货跌价准备的存货，只要当期存货的可变现净值大于账面成本，就应将减计的金额在原已计提的存货跌价准备金额内转回

    E. 用于生产产品的材料的可变现净值等于该材料的市价减去估计的销售费用以及相关税费

三、计算题

长江公司属增值税一般纳税人，适用增值税税率13%；原材料采用计划成本法进行日常核算，甲材料主要用于生产H产品。2×20年5月1日，甲材料单位计划成本为120元/千克，计划成本总额为240 000元，材料成本差异为4 800元（超支）。5月发生以下经济业务：

(1) 2 日，从外地采购一批甲材料共计 1 000 千克，增值税专用发票注明价款 120 000 元，增值税 15 600 元；发生运费 5 000 元（但未取得运输业增值税专用发票）。上述款项以银行存款支付，但材料尚未到达；

(2) 8 日，发出甲材料 600 千克委托长城公司（增值税一般纳税人）代为加工一批应税消费品（非金银首饰）。假定委托加工物资发出材料的材料成本差异按月初材料成本差异率结转；

(3) 12 日，收到 2 日从外地购入的甲材料，验收入库的实际数量为 800 千克，短缺 200 千克。经查明，其中 180 千克是由于对方少发货原因，对方同意退还已付款项；20 千克系运输途中的合理损耗，运费由实收材料全部负担；

(4) 16 日，生产车间为生产 H 产品领用甲材料 1 500 千克；

(5) 23 日，以银行存款支付长城公司加工费 15 000 元（不含增值税）和代收代缴的消费税 3 000 元。委托加工收回后的物资，准备继续用于生产应税消费品；

(6) 31 日，库存的甲材料计划全部用于生产与 X 公司签订不可撤销的销售合同的 H 产品。该合同约定：长江公司为 X 公司提供 H 产品 10 台，每台售价 12 000 元。将甲材料加工成 10 台 H 产品尚需加工成本总额 35 000 元，估计销售每台 H 产品尚需发生相关税费 1 200 元。5 月末，市场上甲材料的售价为 110 元/千克，H 产品的市场价格为 11 500 元/台。

根据上述资料，回答下列各题。

(1) 长江公司 2×20 年 5 月 12 日验收入库的甲材料的实际成本是（ ）元。

A. 100 100 　　　　B. 98 400
C. 103 400 　　　　D. 102 500

(2) 长江公司 2×20 年 5 月 23 日验收入库的委托加工物资的实际成本是（ ）元。

A. 88 440 　　　　B. 89 837

C. 91 440 　　　　D. 92 837

(3) 长江公司 2×20 年 5 月甲材料的成本差异率是（ ）。

A. 4.05% 　　　　B. 3.25%
C. 3.53% 　　　　D. 4.08%

(4) 长江公司 2×20 年 5 月 31 日的库存甲材料应计提存货跌价准备（ ）元。

A. 0 　　　　B. 13 965.2
C. 14 416 　　　　D. 15 670.5

四、综合分析题

恒盛公司是一家工业生产企业，为增值税一般纳税人，适用的增值税税率为 13%。企业只有 A 材料，用于生产甲产品。该公司原材料采用计划成本法进行日常核算。2×20 年 1 月 1 日，A 材料的计划单价为 150 元/千克，月初材料成本差异为 2 500 元（借方）。A 材料库存数量为 500 千克。

(1) 2×20 年 1 月，材料采购的资料如下：

① 1 月 5 日向一般纳税人购入 A 材料 100 千克，价款为 14 000 元（不含增值税额）。验收入库时发现短缺 5%，经查属于运输途中合理损耗。该批原材料入库前的挑选整理费用为 380 元。

② 1 月 10 日向一般纳税人购入 A 材料 150 千克，并取得了增值税专用发票。涉及下列支出：不包含增值税的买价 21 200 元；向车站支付临时储存费 200 元；采购员差旅费 300 元。1 月 10 日如数收到材料并验收入库。

(2) 2×20 年 1 月，生产车间生产甲产品的资料如下：

① 用于生产甲产品的原材料均为开工时一次投入。

② 甲产品的工时定额为 30 小时，其中第一道工序的工时定额为 10 小时，第二道工序的工时定额为 20 小时。

③ 月初在产品的成本为 7 300 元，其中材料成本 3 600 元，直接人工 2 200 元，制造费用 1 500 元。

④1月1日,生产车间领用A材料400千克。

⑤1月发生直接人工10 000元,制造费用3 000元。

⑥期末甲产品完工840件,甲在产品数量为500件,其中第一道工序在产品300件,第二道工序在产品200件。每道工序在产品的完工程度为40%,该企业完工产品和在产品成本分配采用约当产量法。

(3)恒盛公司以其生产的甲产品一批换入大海公司的一台生产经营用设备,甲产品的账面价值为42 000元,计税价格等于公允价值(等于按收入准则确定的交易价格)50 000元。交换过程中恒盛公司以现金支付给大海公司11 300元,同时为换入设备支付相关费用500元。设备的原价为80 000元,已提折旧22 000元,已提减值准备2 000元,设备的不含税公允价值为60 000元。甲产品和生产设备的增值税税率均为13%,假定该交易具有商业实质。根据上述资料,回答下列各题。

(1)2×20年1月5日,恒盛公司采购A材料产生的材料成本差异为( )元。

A. -620 B. -130
C. 130 D. 620

(2)2×20年1月10日,恒盛公司采购A材料的实际采购成本为( )元。

A. 21 735 B. 21 400
C. 21 200 D. 21 700

(3)2×20年1月末的材料成本差异率为( )。

A. -1.25% B. 1.22%
C. 1.52% D. 1.37%

(4)2×20年1月,恒盛公司甲在产品的约当产量为( )件。

A. 120 B. 160
C. 180 D. 200

(5)2×20年1月末完工甲产品的成本为( )元。

A. 57 967.17 B. 54 411.94
C. 69 096.17 D. 69 976.19

(6)恒盛公司换入设备的入账价值为( )元。

A. 60 000 B. 60 500
C. 52 500 D. 56 000

同步训练答案及解析

一、单项选择题

1. C 【解析】企业接受委托以收取手续费方式代销的商品,不属于企业的存货。

2. D 【解析】该批材料的采购成本=(100×5 000)×(1-15%)+2 000+1 000+800=428 800(元)。

3. D 【解析】选项A,约当产量比例法下,如果原材料是生产开工时一次投入,在产品无论完工程度如何,都应负担全部原材料费用;选项B,完工产品和月末在产品成本可以按照定额消耗量或定额费用的比例进行分配,这种方法称为定额比例法;选项C,如果原材料是分次投入,在产品应按完工程度折合为约当产量与完工产品产量的比例进行分配。

4. D 【解析】在产品制造费用=5.2×600=3 120(元),完工产品制造费用=1 800+4 156-3 120=2 836(元)。

5. C 【解析】本题中,约当产量=40×50%=20(件)。

(1)直接材料的分配:
直接材料分配率=71 400÷(300+40)=210
在产品应负担的直接材料费用=40×210=8 400(元)
完工产品应负担的直接材料费用=300×210=63 000(元)
(2)直接人工的分配:
直接人工分配率=25 600÷(300+20)=80

在产品应负担的直接人工费用 = 20×80 = 1 600(元)

完工产品应负担的直接人工费用 = 300×80 = 24 000(元)

(3)制造费用的分配：

制造费用分配率 = 50 500÷(300+20) = 157.812 5

在产品应负担的制造费用 = 20×157.812 5 = 3 156.25(元)

完工产品应负担的制造费用 = 300×157.812 5 = 47 343.75(元)

(4)完工产品成本和在产品成本的计算：

月末在产品总成本 = 8 400 + 1 600 + 3 156.25 = 13 156.25(元)

完工产品总成本 = 63 000 + 24 000 + 47 343.75 = 134 343.75(元)

6. C 【解析】2×20年11月10日，完工入库后产品的单位成本 = (12 000 + 4 000×64.2)/(200+4 000) = 64(元)，11月15日销售产品3 800件，剩余产品成本 = (4 000 + 200 − 3 800)×64 = 25 600(元)；11月20日完工入库后产品的单位成本 = (25 600 + 6 000×62)/(400+6 000) = 62.125(元)；11月25日销售5 000件后，产品的账面余额 = (6 000 + 400 − 5 000)×62.125 = 86 975(元)。

7. D 【解析】材料的单位成本 = (40 000 + 300×180 + 500×200)/(200+300+500) = 194(元)；期末原材料的成本 = (40 000 + 300×180 + 500×200) − (400+300+100)×194 = 38 800(元)。可变现净值总额 = 200×180 = 36 000(元)，低于成本，故期末材料应该按照可变现净值计价，所以2×20年12月31日甲材料的账面价值为36 000元。

8. C 【解析】调整减少的计划成本应该通过"材料成本差异"借方核算；外购材料时，实际成本小于计划成本属于节约差，应该通过"材料成本差异"的贷方进行核算。

9. C 【解析】由于各种存货是分次购入或分批生产形成的，同一项目的存货的单价和单位成本往往不同，因此采用不同的计价方法计算出来的发出存货的成本是不一样的。

10. D 【解析】期初结存商品进销差价 = 500 000×25% = 125 000(元)，本月购进商品进销差价 = 11 500 000 − 8 000 000 = 3 500 000(元)，商品进销差价率 = (125 000 + 3 500 000)/(500 000 + 11 500 000)×100% = 30.21%，期末库存商品结存成本 = 500 000×(1 − 30.21%) = 348 950(元)。

11. C 【解析】该企业本月增加材料的实际成本 = 550 000 + 8 000 + 50 000 + 2 000 = 610 000(元)，本月增加材料的计划成本 = 60 000×10 = 600 000(元)，产生材料成本(超支)差异10 000元。本月材料成本差异率 = (2 000 + 10 000)/(400 000 + 600 000)×100% = 1.2%。

结存材料实际成本 = (400 000 + 600 000 − 70 000×10)×(1+1.2%) = 303 600(元)

12. B 【解析】因为题目条件中给出委托加工原材料的材料成本差异在发出时结转，所以结转材料成本差异时应该采用月初的材料成本差异率，月初的材料成本差异率 = 50/500×100% = 10%，发出委托加工物资结转的材料成本差异 = 80×10% = 8(万元)，本月材料成本差异率 = (50+10−8)/(500+300−80)×100% = 7.22%，材料成本差异的借方余额 = 50 + 10 − 8 − 340×7.22% = 27.452(万元)。

13. A 【解析】选项A，生产过程中使用的包装材料应通过"原材料"科目核算。

14. A 【解析】选项A，如果该存货的市价持续下跌，并且在可预见的未来无回升的希望，表明存货的可变现净值低于成本，应计提存货跌价准备。

15. B 【解析】Y产品的可变现净值 = 240×(10.5−1) = 2 280(万元)，Y产品成本 = 1 200+1 100 = 2 300(万元)，Y产品成本大于可变现净值，所以Y产品发生减值，据此判断原材料发生减值,期末原材料应按照可变现净值计量,期末原材料的账面价值=期末原材料的可变现净值=2 280-1 100=1 180(万元)。

16. B 【解析】有合同部分:存货的成本=1 000×1.4=1 400(万元),可变现净值=(1.5-0.05)×1 000=1 450(万元),未发生减值。无合同部分:存货的成本=300×1.4=420(万元),可变现净值=(1.3-0.05)×300=375(万元)。2×20年12月31日甲公司该批机器在资产负债表"存货"中列示的金额=1 400+375=1 775(万元)。

17. C 【解析】甲存货期初存货跌价准备为3 000元,期末成本小于可变现净值,没有发生减值,所以期末应该转回的减值准备为3 000元;乙存货应补提的存货跌价准备=(60 000-54 000)-5 000×10 000/50 000=5 000(元),所以本期末应该补提的存货跌价准备=5 000-3 000=2 000(元)。

18. B 【解析】该批毁损原材料造成的非常损失净额=40 000-2 000-11 200=26 800(元),注意自然灾害导致的存货盘亏进项税不转出。

二、多项选择题

1. BE 【解析】包装物属于企业的周转材料,而包装材料属于企业的原材料,因此选项A不正确;企业提供劳务的,所发生的从事劳务提供人员的直接人工和其他直接费用以及可归属的间接费用,计入存货成本,因此选项C不正确;企业的半成品不包括从一个生产车间转给另一个生产车间继续加工的自制半成品,这种情况属于企业的在产品,因此选项D不正确。

2. BCE 【解析】选项A,工程物资是为建造固定资产而储备的各种材料,在资产负债表中"在建工程"项目列示,不属于存货;选项D,应该终止确认库存商品,设置"代管商品"备查即可。

3. DE 【解析】原材料在投入使用前发生一般仓储费用和非常消耗的直接材料应当在发生时确认为当期损益,不能计入存货成本。

4. ABE 【解析】个别计价法不能用于可替代使用的存货。如果用于可替代使用的存货,则可能导致企业任意选用较高或较低的单位成本进行计价,来调整当期的利润。因此选项C、D不正确。

5. ABD 【解析】选项C,消费税可以抵扣,应计入应交税费——应交消费税的借方;选项E,增值税可以抵扣,不计入委托加工物资的成本。

6. BDE 【解析】选项A、C,在贷方核算。材料成本差异科目借方登记材料实际成本大于计划成本的差异(超支额)和结转的材料的实际成本小于计划成本的差异,以及调整库存材料计划成本时调整减少的计划成本。

7. ABDE 【解析】期末通过计算进销差价率的办法计算本期应分摊的进销差价,并据以调整本期销售成本。

8. BCD 【解析】存在下列情况之一时表明存货的可变现净值低于成本,应计提存货跌价准备:①该存货的市价持续下跌,并且在可预见的未来无回升的希望;②企业使用该项原材料生产的产品的成本大于产品的销售价格;③企业因产品更新换代,原有库存原材料已不适用新产品的需要,而该原材料的市场价格又低于其账面成本;④因企业所提供的商品或劳务过时或消费者偏好改变而使市场的需求发生变化,导致市场价格逐渐下跌;⑤其他足以证明该项存货实质上已经发生减值的情形。

9. AD 【解析】选项B、C,表明存货的可变现净值低于成本,应计提存货跌价准备,但其可变现净值并不为零。选项E,采购过程中的合理损耗计入存货的成本,此选项是迷惑项。

10. ADE 【解析】三种计算方法如下:

项目		成本	可变现净值	单项比较法		分类比较法		综合比较法	
				减值	期末账面价值	减值	期末账面价值	减值	期末账面价值
甲类存货	M	5 800	5 720	80	5 720	—	—	—	—
	N	7 600	7 800	0	7 600	—	—	—	—
小结		13 400	13 520	—	—	0	13 400	—	—
乙类存货	X	3 000	2 800	200	2 800	—	—	—	—
	Y	4 200	3 500	700	3 500	—	—	—	—
小结		7 200	6 300	—	—	900	6 300	—	—
合计数		20 600	19 820	980	19 620	900	19 700	780	19 820

11. CDE 【解析】选项 C，对于盘盈的存货，按管理权限批准后冲减管理费用；选项 D，对于管理不善造成的存货短缺，应先扣除残料价值、可以收回的保险赔偿和过失人赔偿，将净损失计入管理费用。选项 E，固定资产盘盈做前期差错处理，通过"以前年度损益调整"科目核算。

12. ABD 【解析】选项 C，借记"发出商品"等科目，贷记"库存商品"科目；选项 E，借记"委托加工物资"科目，贷记"原材料"科目，不影响存货账面价值。

13. ACDE 【解析】选项 A，企业通常应当按照单个存货项目计提存货跌价准备，对于数量繁多、单价较低的存货，可以按照存货类别计提存货跌价准备；选项 C，应是冲减销售成本；选项 D，只有以前减记存货价值的影响因素已经消失时，减记的金额才应当予以恢复，如果是当期其他原因造成存货可变现净值高于成本，则不能转回已计提的存货跌价准备；选项 E，用于生产产品的材料的可变现净值=该材料所生产的产成品的估计售价-至完工时估计将要发生的成本-估计的销售费用以及相关税费。

三、计算题

(1) C；(2) A；(3) D；(4) C。

【解析】(1) 长江公司 2×20 年 5 月 12 日验收入库的甲材料的实际成本 = 120 000/1 000×820+5 000=103 400（元）。

(2) 月初甲材料的成本差异率 = 4 800/240 000 = 2%，长江公司 2×20 年 5 月 23 日验收入库的委托加工物资的实际成本 = 120×600×（1 + 2%）+ 15 000 = 88 440（元）。

(3) 长江公司 2×20 年 5 月甲材料的成本差异率 = [4 800 + (103 400 - 120×800) - 4 800×600/(240 000/120)]/(240 000 + 120×800 - 120×600) = 4.08%

(4) 2×20 年 5 月 31 日库存甲材料加工成 H 产品的成本 = (240 000 + 4 800) + 103 400 - 600×120×(1 + 2%) - 1 500×120×(1 + 4.08%) + 35 000 = 122 416（元）。

H 产品的可变现净值 = 12 000×10 - 1 200×10 = 108 000（元），H 产品的可变现净值低于成本，故甲材料应按成本与可变现净值孰低计量。

甲材料的成本 = 122 416 - 35 000 = 87 416（元），甲材料的可变现净值 = 108 000 - 35 000 = 73 000（元），故库存甲材料应计提存货跌价准备 = 87 416 - 73 000 = 14 416（元）。

四、综合分析题

(1) C；(2) B；(3) D；(4) B；(5) B；(6) B。

【解析】(1) A 材料的实际成本 = 14 000 + 380 = 14 380（元），A 材料的计划成本 =

$100×(1-5\%)×150=14\,250$(元),A材料产生的材料成本差异=实际成本-计划成本=$14\,380-14\,250=130$(元)(超支差)。

(2)由于是向增值税一般纳税人购入材料且取得增值税专用发票,按规定所支付的增值税可以抵扣。因此,A材料的实际采购成本=$21\,200+200=21\,400$(元)。

(3)1月10日购入A材料的计划成本=$150×150=22\,500$(元)

1月10日购入A材料产生的材料成本差异=$21\,400-22\,500=-1\,100$(元)

1月末的材料成本差异率=$(2\,500+130-1\,100)/(150×500+14\,250+22\,500)×100\%=1.37\%$

(4)在产品的约当产量=$300×(10×40\%)/30+200×(10+20×40\%)/30=160$(件)

(5)完工甲产品应负担的材料费用=$[3\,600+400×150×(1+1.37\%)]×840/(840+500)=40\,383.94$(元)

完工甲产品应负担的直接人工费用=$(2\,200+10\,000)×840/(840+160)=10\,248$(元);完工甲产品应负担的制造费用=$(1\,500+3\,000)×840/(840+160)=3\,780$(元),完工甲产品的成本=$40\,383.94+10\,248+3\,780=54\,411.94$(元)。

(6)恒盛公司换入设备的成本=$50\,000+50\,000×13\%+11\,300+500-60\,000×13\%=60\,500$(元)

①借:固定资产　　　　　　60 500
　　应交税费——应交增值税(进项税额)　　　　　　　　7 800
　贷:主营业务收入　　　　50 000
　　应交税费——应交增值税(销项税额)　　　　　　　　6 500
　　银行存款　　　　　　11 800

②借:主营业务成本　　　　42 000
　贷:库存商品　　　　　　42 000

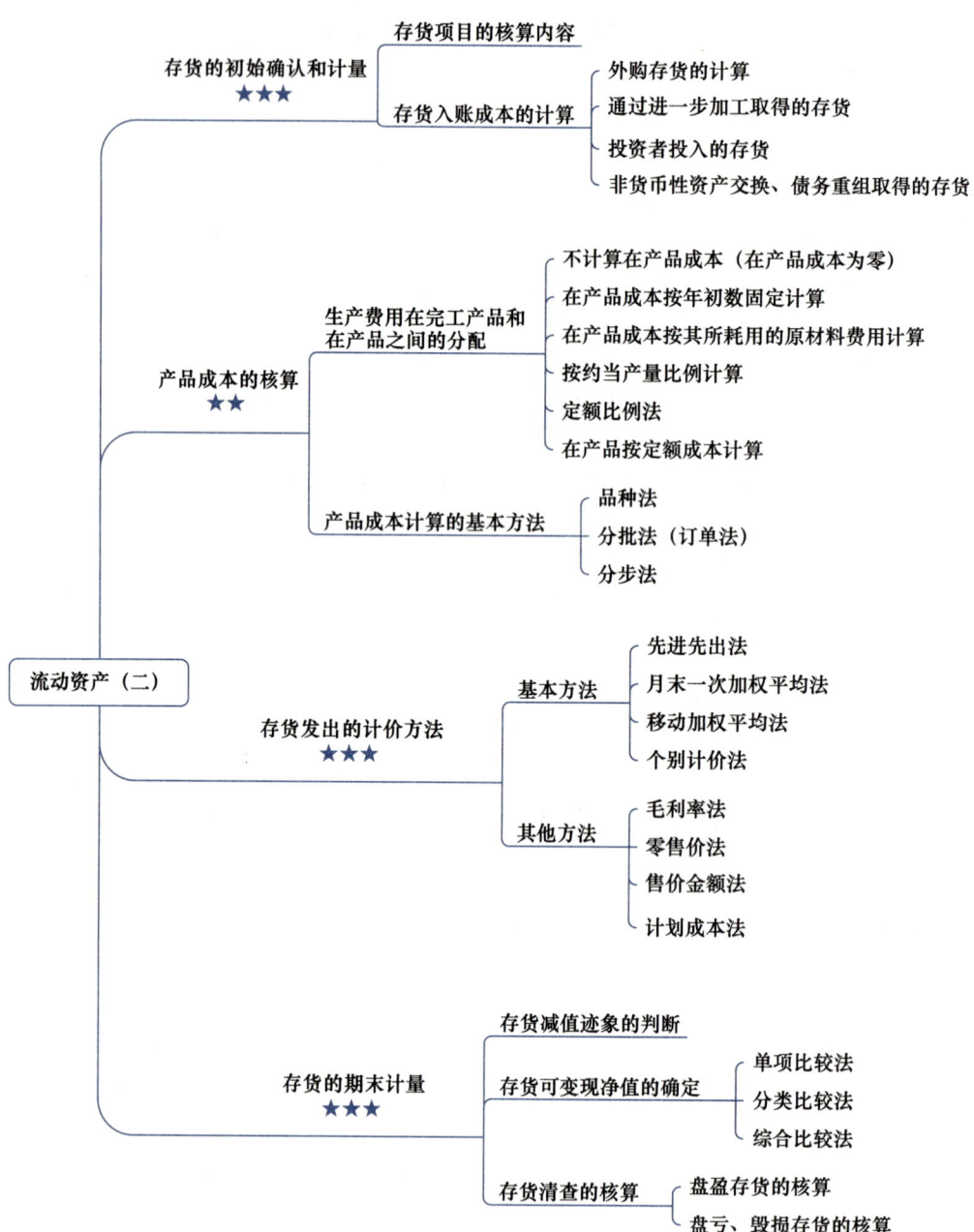

第10章 非流动资产（一）

考情解密

历年考情概况

本章属于重要的章节，往年主要考查了固定资产的初始计量、固定资产折旧、固定资产后续支出、无形资产、投资性房地产的基本核算要求及非货币性资产交换等知识点。考试时本章内容在各种题型中均可能会出现，近年平均分值在11分左右。

近年考点直击

考点	主要考查题型	考频指数	考查角度
固定资产的初始计量	单选题、多选题	★★★	（1）影响固定资产入账价值的因素； （2）自行建造固定资产时入账成本的确定； （3）影响在建工程成本的项目
固定资产折旧	单选题、多选题	★★	（1）固定资产的折旧范围； （2）固定资产折旧额的计算
固定资产的后续支出及处置	单选题、多选题	★★	（1）固定资产后续支出的处理原则； （2）更新改造固定资产入账价值的计算； （3）不直接影响处置损益的项目； （4）不通过"固定资产清理"科目核算的项目
无形资产的核算	单选题、多选题	★★★	（1）取得无形资产时的会计处理原则； （2）内部研发无形资产的会计处理原则； （3）无形资产摊销会计处理表述的判断
投资性房地产的核算	多选题	★★	投资性房地产转换的账务处理
资产减值	单选题、多选题	★★★	（1）资产可收回金额表述的判断； （2）资产减值的计算； （3）每年均需减值测试的资产
非货币性资产交换	多选题	★★	以账面价值计量并涉及补价的非货币性资产交换
持有待售资产	多选题	★	非流动资产划为持有待售的条件

『提示』为了帮助学员更好地学习掌握相关知识，将投资性房地产的相关内容调整至本章，并在本章对非货币性资产交换的相关内容进行汇总讲解。与使用权资产相关的内容汇总至第13章进行讲解。

本章2021年考试主要变化

（1）删除企业合并取得的固定资产的相关讲解；
（2）新增后续期间固定资产弃置义务发生变化时的处理思路。

考点详解及精选例题

核心考点1　固定资产初始计量

扫我解疑难

一、外购的固定资产★★

（一）一般外购固定资产的成本

外购固定资产的成本包括**买价**、**相关税费**、使固定资产达到预定可使用状态前所发生的可归属于该项资产的**运输费**、**装卸费**、**安装费**和**专业人员服务费**等，但不包括允许抵扣的增值税进项税额。

以一笔款项购入多项没有单独标价的固定资产，应当按照各项固定资产**公允价值比例**对总成本进行分配，分别确定各项固定资产的成本。

【例题1·单选题】丁公司为增值税一般纳税人。2×20年3月1日，为降低采购成本，向甲公司一次购进了三套不同型号且有不同生产能力的设备X、Y、Z。丁公司以银行存款支付不含税价款480万元、包装费4万元、专业人员服务费2万元。X设备在安装过程中领用外购原材料账面成本6万元，该原材料购入时的进项税额为0.78万元，支付安装费4万元。假定设备X、Y和Z分别满足固定资产的定义及其确认条件，公允价值分别为192.96万元、259.48万元、83.56万元。如不考虑其他相关税费，则X设备的入账价值为（　　）万元。

A. 199.521　　B. 192.96
C. 178.56　　D. 184.96

解析▶ X设备的入账价值 =（480+4+2）×192.96/(192.96+259.48+83.56)+(6+4) = 184.96（万元）。**答案**▶ D

（二）分期付款购入固定资产

购入固定资产超过正常信用条件延期支付价款，实质上具有融资性质的，固定资产的成本以购买价款的**现值**为基础确定，并将合同或协议约定的购买价款总额记入"长期应付款"科目。账务处理如下：

（1）分期付款购入固定资产时：

借：固定资产/在建工程[应付购买价款的现值]
　　未确认融资费用[倒挤差额]
　贷：长期应付款[应支付的总金额]

（2）每期期末按实际利率法摊销时：

借：财务费用/在建工程
　贷：未确认融资费用[各期的摊销额]

二、自行建造的固定资产（见表10-1）★★★

表10-1　自行建造的固定资产的核算

1. 发包方式

业务阶段	会计处理
按合同规定向承包企业预付工程款、备料款	借：预付账款 　贷：银行存款 后续： 借：在建工程 　贷：预付账款
将设备交付承包企业进行安装	借：在建工程——在安装设备 　贷：工程物资
与承包企业办理工程价款结算时，按补付的工程款	借：在建工程 　贷：银行存款/应付账款
工程完工，转入固定资产	借：固定资产 　贷：在建工程

2. 自营方式

业务阶段	会计处理
领用工程物资、计提工程人员工资	借：在建工程 　　贷：工程物资、应付职工薪酬
辅助生产部门为工程提供的水、电、设备安装、修理、运输等劳务	借：在建工程 　　贷：生产成本——辅助生产成本
发生管理费、征地费、可行性研究费、临时设施费、公证费、监理费等	借：在建工程——待摊支出 　　贷：银行存款
满足资本化条件的借款费用	借：在建工程——待摊支出 　　贷：长期借款、应付利息等
建设期间工程物资盘亏报废毁损	借：在建工程——待摊支出 　　贷：工程物资
负荷联合试车　发生的费用	借：在建工程——待摊支出 　　贷：银行存款、原材料等
负荷联合试车　形成的产品对外销售或转为库存商品	借：银行存款、库存商品 　　贷：在建工程——待摊支出
在建工程达到预定可使用状态时，应计算分配待摊支出	借：在建工程——某工程 　　贷：在建工程——待摊支出
结转在建工程成本	借：固定资产 　　贷：在建工程——某工程

【思路点拨】为建造固定资产取得土地使用权发生的土地出让金应确认为无形资产。

【例题2·多选题】甲企业为增值税一般纳税人，采用自营方式建造生产厂房，下列各项应计入厂房建造成本的有(　　)。

A．工程领用生产用的原材料应负担的增值税

B．工程达到预定可使用状态前进行负荷联合试车发生的试车费用

C．工程建设期间发生的工程物资盘亏净损失

D．工程达到预定可使用状态后，但尚未办理竣工决算前发生的借款费用

E．工程领用的库存商品的成本

解析▶ 选项A，按照税法的规定，建造厂房领用外购原材料应负担的增值税可以抵扣，不计入厂房成本；选项D，在建工程发生的借款费用在工程达到预定可使用状态时应该停止借款费用的资本化，所以不能计入成本。

答案▶ BCE

三、对弃置费用的考虑

弃置费用通常是指根据国家法律和行政法规、国际公约等规定，企业承担的环境保护和生态恢复等义务所确定的支出，如核电站的弃置和恢复环境义务等，其核算参见表10-2。

表10-2　弃置费用的核算

业务阶段	账务处理
购入资产形成弃置义务	企业应当根据或有事项的规定，按照**现值**计算确定应计入固定资产成本的金额和相应的预计负债。分录为： 借：固定资产 　　贷：预计负债

续表

业务阶段	账务处理
资产使用期间	在固定资产的使用寿命内,按弃置费用计算确定各期应负担的利息费用,分录为: 借:财务费用 贷:预计负债[每期摊销]
资产寿命届满,支付弃置费用	借:预计负债 贷:银行存款

『提示』固定资产的弃置义务在后续期间可能会发生支出金额、预计弃置时点、折现率等方面的变动,从而引起原确认的预计负债的变动。此时,应按照以下原则调整该固定资产的成本:

(1)对于预计负债的减少,以该<u>固定资产账面价值为限</u>扣减固定资产成本;如果预计负债的减少额超过该固定资产账面价值,<u>超出部分确认为当期损益</u>;

(2)对于预计负债的增加,增加该固定资产的成本;

(3)按照上述原则调整的固定资产,在资产剩余使用年限内计提折旧;

(4)一旦该固定资产的使用寿命结束,预计负债的所有后续变动应在发生时确认为<u>损益</u>。

【例题3·多选题】下列关于不同方式取得固定资产的说法中,不正确的有( )。

A. 以分期付款方式购买固定资产且具有融资性质的,应以所购固定资产应付购买款的现值为基础确定固定资产的入账价值

B. 在确定固定资产成本时,不需要考虑弃置费用

C. 投资者投入固定资产的成本,应按照合同或协议约定的价值确认(合同或协议价格不公允的除外)

D. 自行建造固定资产的成本,由建造这项资产竣工决算之前所发生的必要支出构成

E. 以一笔款项购入多项没有单独标价的固定资产,应该按照各项固定资产的账面价值比例对总成本进行分配,确认各项固定资产成本

解析 ▶ 选项B,对于存在弃置费用的固定资产,应当按照弃置费用现值计入固定资产成本并相应地确认预计负债;选项D,自行建造固定资产的成本,由建造这项资产达到预定可使用状态前所发生的必要支出构成;选项E,应该按照各项固定资产的公允价值比例对总成本进行分配。 答案 ▶ BDE

核心考点2 固定资产折旧

扫我解疑难

一、固定资产折旧范围★

(一)基本规范

除下列情况外,企业应对所有固定资产计提折旧:

(1)已提足折旧仍继续使用的固定资产;

(2)按规定单独估价作为固定资产入账的土地。

【思路点拨】未使用的、大修理停用的固定资产均需计提折旧,前者的折旧计入管理费用,后者的折旧费用照常计入相关资产成本或当期损益。

(二)折旧的特殊规定

(1)对已达到预定可使用状态的固定资产,无论是否交付使用,尚未办理竣工决算的,应当按照估计价值确认为固定资产,并计提折旧;待办理了竣工决算手续后,再按实际成本调整原来的暂估价值,但不需要调整原已计提的折旧额。

(2)处于更新改造过程而停止使用的固定资产,符合固定资产确认条件的,应当转入在建工程,停止计提折旧;不符合固

定资产确认条件的,不应转入在建工程,照提折旧。

(3)固定资产提足折旧后,不管能否继续使用,均不再计提折旧;提前报废的固定资产,也不再补提折旧。

【思路点拨】(1)当月增加的固定资产,当月不提折旧,从下月起开始计提;当月减少的固定资产,当月照提折旧;

(2)对符合固定资产确认条件的固定资产装修费用,应当在两次装修期间与固定资产剩余使用寿命两者中较短的期间内计提折旧。

二、固定资产折旧的方法 ★★★(见表10-3)

表10-3 固定资产折旧的方法

1. 直线法	
折旧方法	计算公式
年限平均法	年折旧率=(固定资产年折旧额/固定资产原值)×100% =[(1-预计净残值率)/预计使用年限]×100%
工作量法	单位工作量折旧额=[固定资产原值×(1-预计残值率)]/预计总工作量 月折旧额=单位工作量折旧额×当月实际完成工作量

2. 加速折旧	
折旧方法	计算公式
双倍余额递减法	年折旧率=2/预计使用年限×100% 年折旧额=期初固定资产账面净值×年折旧率 最后两年,将固定资产账面净值扣除预计净残值后的余额平均摊销
年数总和法	年折旧率=尚可使用年限/预计使用年限的逐年数字总和×100% 年折旧额=(固定资产原价-预计净残值)×年折旧率

注意,计提的固定资产折旧费,应根据固定资产的用途和所处的特定状态计入相关资产的成本或者当期损益。

【思路点拨】(1)每计提一次减值准备,都视为一个新固定资产的出现,需重新测定折旧的基本因素。

(2)在采用加速折旧法计提折旧时,如果会计年度和折旧年度不一致,先以折旧年度为期间,计算每一折旧年度应计提的折旧额,然后再按照每一个会计年度所涵盖的具体期间段来分析计算相应会计年度的折旧额。

(3)企业至少应当于每年年度终了,对固定资产的使用寿命、预计净残值和折旧方法进行复核。确需变更的,应当改变固定资产折旧方法。

(4)对于固定资产的各组成部分,如果各自具有不同的使用寿命或者以不同的方式为企业提供经济利益,则适用不同的折旧率或折旧方法,单独确认为固定资产。

【例题4·单选题】某公司于2×17年12月购入一台设备,成本为50 000元,预计使用年限为5年,预计净残值为2 000元。该公司采用双倍余额递减法计提折旧,则在2×20年12月31日,该设备累计计提的折旧额为( )元。

A. 30 000 B. 38 000
C. 39 200 D. 40 000

解析 ▶ 该设备2×18年计提的折旧=50 000×2/5=20 000(元),2×19年计提的折旧=(50 000-20 000)×2/5=12 000(元),2×20年计提的折旧=(50 000-20 000-12 000)×2/5=7 200(元),则在2×20年年末该设备累计计提的折旧额=20 000+12 000+7 200=39 200(元)。

答案 ▶ C

核心考点3 固定资产后续支出与处置

扫我解疑难

一、固定资产的后续支出★★（见表10-4）

表10-4 固定资产后续支出的处理

支出情况	处理原则
大修理和日常修理费用	通常不符合固定资产确认条件的，应当在发生时计入当期损益，不得采用预提或待摊的方式处理
发生的更新改造等支出	不符合固定资产确认条件的，应当在发生时计入当期管理费用(或销售费用)等
	符合固定资产确认条件的，应计入固定资产成本，同时将被替换部分的账面价值扣除

二、固定资产的处置★（见表10-5）

表10-5 固定资产处置的核算

清理阶段			账务处理
企业因出售、转让、报废和毁损、对外投资、非货币性资产交换、债务重组等形式处置固定资产，将固定资产转入清理			借：固定资产清理 　　累计折旧 　　固定资产减值准备 　贷：固定资产
清理过程中发生相关税费和收取赔偿款等			借：固定资产清理 　贷：银行存款 借：其他应收款[应收赔偿] 　贷：固定资产清理
出售收入和残料			借：银行存款/原材料等 　贷：固定资产清理 　　　应交税费——应交增值税(销项税额)
清理净损失	属于筹建期间		借：管理费用 　贷：固定资产清理
	属于生产经营期间	出售损失	借：**资产处置损益** 　贷：固定资产清理
		报废损失	借：**营业外支出** 　贷：固定资产清理
清理净收益	属于筹建期间		借：固定资产清理 　贷：管理费用
	属于生产经营期间	出售收益	借：固定资产清理 　贷：**资产处置损益**
		报废收益	借：固定资产清理 　贷：**营业外收入**

核心考点4　无形资产的核算

扫我解疑难

一、无形资产的内容和特征★

无形资产包括专利权、非专利技术、商标权、著作权、土地使用权、特许权等。

【思路点拨】 商誉是不可辨认资产，不属于无形资产。

二、无形资产的确认与计量★★

（一）无形资产的初始计量

1. 外购的无形资产

外购无形资产以成本进行计量，成本包括购买价款、相关税费以及直接归属于使该项资产达到预定用途所发生的其他支出（如专业服务费、测试无形资产是否能够正常发挥作用的费用等）。

如果购买无形资产的价款超过正常信用条件延期支付，实质上具有融资性质的，无形资产的成本以购买价款的**现值**为基础确定。

2. 研发的无形资产

（1）企业自行进行的无形资产研究开发项目，区分为**研究阶段**与**开发阶段**。

①企业研究阶段的支出全部费用化，计入管理费用。

②开发阶段的支出符合资本化条件的，确认为无形资产；不符合资本化条件的计入管理费用。

③无法区分研究阶段支出和开发阶段支出，应当将其全部费用化，计入管理费用。

（2）企业对研究开发的支出应当能够单独核算，同时从事多项研究开发活动的，所发生的支出能够按照合理的标准在各项研究开发活动之间进行分配。研发支出无法明确分配的，应当计入当期损益，不计入开发活动的成本。

（二）无形资产的后续计量

1. 使用寿命有限的无形资产

使用寿命有限的无形资产，其摊销金额应在使用寿命内系统合理摊销，其相关内容参见表10-6。

表10-6　无形资产摊销的核算

项目	内容
摊销起止时间	无形资产的摊销期自其可供使用时开始至终止确认时止
摊销方法	企业选择的无形资产摊销方法，应当反映与该无形资产有关的经济利益的预期消耗方式。无法可靠确定经济利益的预期消耗方式的，应当采用**直线法摊销**
摊销原则	无形资产一般按月进行摊销，当月增加的无形资产（达到预定可使用状态）当月开始摊销，当月减少的无形资产当月不再摊销
摊销金额	无形资产的应摊销金额为其成本扣除预计残值后的金额。已计提减值准备的无形资产，还应扣除已计提的无形资产减值准备累计金额
无形资产残值	使用寿命有限的无形资产，其残值应当视为零。但下列情况除外： ①有第三方承诺在无形资产使用寿命结束时购买该无形资产； ②可以根据活跃市场得到预计残值信息，并且该市场在无形资产使用寿命结束时很可能存在

【思路点拨】（1）在土地上自行开发建造厂房等地上建筑物时，土地使用权与地上建筑物应当分别进行摊销和提取折旧。

（2）企业至少应当于每年年度终了，对使用寿命有限的无形资产的使用寿命及摊销方法进行复核。

2. 使用寿命不确定的无形资产

使用寿命不确定的无形资产不应摊销，在每个会计期间对使用寿命不确定的无形资产的使用寿命进行复核。如果有证据表明其使用寿命是有限的，应当按照**会计估计变更**处理。

【例题5·多选题】下列关于无形资产的表述中,正确的有(　　)。

A. 使用寿命有限的无形资产的残值一律应视为零

B. 已经购入但尚未投入使用的无形资产的价值不应进行摊销

C. 使用寿命不确定的无形资产不应进行摊销

D. 无形资产的摊销额只能计入当期损益,不可计入相关产品或其他资产的成本

E. 只有很可能为企业带来经济利益且其成本能够可靠计量的无形资产才能予以确认

解析▶选项A,一般情况下,使用寿命有限的无形资产,其残值应当视为零,但是也有特殊情况,例如:①有第三方承诺在无形资产使用寿命结束时购买该无形资产,该承诺属于不可撤销合同,合同中承诺的买价就是无形资产的残值;②可以根据活跃市场得到预计残值信息,并且该市场在无形资产使用寿命结束时很可能存在。上述情况下残值不为零,因此选项A不正确;选项B,无形资产达到预定用途起就需要摊销,与是否投入使用无关,故选项B不正确;选项D,无形资产专门用于生产产品或者其他资产的情况下,其摊销额应计入相关资产成本中,故选项D不正确。　答案▶CE

三、无形资产处置和报废的核算★(见表10-7)

表10-7　无形资产的处置及报废

处置情况	无形资产出售等	无形资产报废
账务处理	借:银行存款 　　累计摊销 　　无形资产减值准备 　　资产处置损益[或记入贷方] 　贷:无形资产 　　　应交税费——应交增值税(销项税额)	借:累计摊销 　　无形资产减值准备 　　营业外支出[差额] 　贷:无形资产

核心考点5　投资性房地产的核算

扫我解疑难

一、投资性房地产的范围★

1. 属于投资性房地产的内容

(1)一般原则规范。

①已出租的建筑物和已出租的土地使用权;

②持有并准备增值后转让的土地使用权。不包括持有并准备增值后转让的房屋。

(2)特殊情况规范。

①一项房地产,部分用于赚取租金或资本增值,部分用于生产商品、提供劳务或经营管理,用于赚取租金或资本增值的部分,如果能够单独计量和出售的,可以将该部分确认为投资性房地产,不能单独计量和出售的,不确认为投资性房地产;

②企业将建筑物出租并按出租协议向承租人提供保安和维修等其他服务,所提供的其他服务在整个协议中不重大的,应当将该建筑物确认为投资性房地产;

③已出租的投资性房地产租赁期届满,暂时空置但继续用于出租的,仍作为投资性房地产。

2. 不属于投资性房地产的内容

①自用房地产(生产经营用)。企业出租给本企业职工居住的宿舍,属于间接为企业自身的生产经营服务,具有自用的性质,不属于投资性房地产。

②作为存货的房地产。

③按照国家有关规定认定的闲置土地。

二、投资性房地产的后续计量★★

1. 投资性房地产的后续计量模式(见表10-8)

表 10-8 投资性房地产的后续计量

计量方式	账务处理要点
成本模式	①设置"投资性房地产""投资性房地产累计折旧(摊销)""投资性房地产减值准备"科目; ②按期(月)计提折旧或摊销,通过"其他业务成本"科目核算; ③存在减值迹象的,按照资产减值的有关规定处理; ④符合条件可以转为公允价值模式
公允价值模式	①设置"投资性房地产——成本""投资性房地产——公允价值变动"科目; ②不计提折旧或摊销,也不计提减值准备; ③期末确认公允价值变动,通过"公允价值变动损益"科目核算; **④不可以转为成本模式**

2. 公允价值计量的条件

有确凿证据表明投资性房地产的公允价值能够持续可靠取得的,可以对投资性房地产采用公允价值模式进行后续计量。公允价值计量的条件(同时满足):

(1)投资性房地产所在地有活跃的房地产交易市场,意味着投资性房地产可以在房地产交易市场中直接交易;

(2)企业能够从房地产交易市场上取得同类或类似房地产的市场价格及其他相关信息,从而对投资性房地产的公允价值做出科学合理的估计。

『提示』 投资性房地产进行改扩建等再开发后将继续作为投资性房地产的,在再开发期间应继续作为投资性房地产核算,再开发期间不计提折旧或摊销。

三、投资性房地产的转换 ★★

企业有确凿证据表明房地产用途发生改变,应当将投资性房地产转换为其他资产或者将其他资产转换为投资性房地产。投资性房地产转换的账务处理如表 10-9 所示。

表 10-9 投资性房地产转换的账务处理

1. 成本模式下的转换	
转换方向	账务处理

投资性房地产转非投资性房地产	借:固定资产/无形资产等
	    投资性房地产累计折旧/投资性房地产累计摊销
	    投资性房地产减值准备
	  贷:投资性房地产
	    累计折旧/累计摊销
	    固定资产减值准备/无形资产减值准备

非投资性房地产转投资性房地产	自用房地产转换为投资性房地产:
	借:投资性房地产
	    累计折旧/累计摊销
	    固定资产减值准备/无形资产减值准备
	  贷:固定资产/无形资产
	    投资性房地产累计折旧/投资性房地产累计摊销
	    投资性房地产减值准备
	作为存货的房地产转换为投资性房地产:
	借:投资性房地产
	    存货跌价准备
	  贷:开发产品

2. 公允价值模式下的转换

转换方向	账务处理
投资性房地产转非投资性房地产	借：固定资产/无形资产等[公允价值] 　　贷：投资性房地产——成本 　　　　　　　　　　　——公允价值变动[或借记] 　　　　公允价值变动损益[差额，或借记]
非投资性房地产转投资性房地产	借：投资性房地产——成本[公允价值] 　　累计折旧/累计摊销 　　固定资产减值准备/无形资产减值准备/存货跌价准备 　　公允价值变动损益[或贷记其他综合收益] 　　贷：固定资产/无形资产/开发产品

【思路点拨】(1)企业对投资性房地产的计量模式一经确定，不得随意变更。

(2)成本模式转为公允价值模式的，应当作为会计政策变更处理。将计量模式变更时公允价值与账面价值的差额，调整期初留存收益(盈余公积和未分配利润)。

【例题6·单选题】2×20年7月1日，甲公司将一项按照成本模式进行后续计量的投资性房地产转换为固定资产。该资产在转换前的账面原价为4 000万元，已计提折旧200万元，已计提减值准备100万元，转换日的公允价值为3 850万元，假定不考虑其他因素，转换日甲公司应借记"固定资产"科目的金额为( )万元。

A. 3 700　　　　B. 3 800
C. 3 850　　　　D. 4 000

解析 ▶ 成本模式下是对应结转，分录为：
借：固定资产　　　　　　　　4 000
　　投资性房地产累计折旧　　　 200
　　投资性房地产减值准备　　　 100
　　贷：投资性房地产　　　　　4 000
　　　　累计折旧　　　　　　　 200
　　　　固定资产减值准备　　　 100

答案 ▶ D

四、投资性房地产的处置 ★★（见表10-10）

表10-10　投资性房地产的处置

后续计量模式	账务处理	
	确认收入	结转成本
成本模式	借：银行存款 　　贷：其他业务收入	借：其他业务成本 　　投资性房地产累计折旧/摊销 　　投资性房地产减值准备 　　贷：投资性房地产
公允价值模式	借：银行存款 　　贷：其他业务收入	借：其他业务成本 　　贷：投资性房地产——成本 　　　　　　　　　　——公允价值变动[或借记] 借：公允价值变动损益 　　贷：其他业务成本 或相反分录。 借：其他综合收益 　　贷：其他业务成本

【思路点拨】 房地产类资产对比(见表10-11)

表10-11　房地产类资产对比

会计分类	固定资产	无形资产	投资性房地产	存货
适用企业	各种企业	各种企业	各种企业	房地产开发企业
资产形态	房屋建筑物 土地注1 房屋+土地注2	土地使用权	房屋建筑物 土地使用权	房屋+土地注3
后续计量	历史成本	历史成本	成本模式 公允价值模式	历史成本
折旧或摊销	计提折旧 单独入账的土地不提折旧	计提摊销	成本模式下，计提折旧或摊销	—注4
适用减值准则	资产减值	资产减值	成本模式下适用资产减值	适用存货，考虑跌价准备
公允价值变动的影响	—	—	公允价值模式下，确认公允价值变动损益	—
资产核算转换	转换为投资性房地产	转换为投资性房地产	转换为固定资产、无形资产、存货	转换为投资性房地产

注1：由于历史沿革原因，导致部分国企存在单独作为固定资产入账的土地。
注2：普通企业外购的房屋建筑物一般应当遵循"房地分离"原则，分别作为固定资产和无形资产入账。如果确实无法在地上建筑物和土地使用权之间进行合理分配的，应全部作为固定资产，按照固定资产确认和计量的规定进行处理。
注3：房地产开发企业开发的商品房应遵循"房地合一"原则，房屋建筑物与土地使用权都计入"开发成本"，然后转入"开发产品"中，构成房地产开发企业的存货项目。
注4：对于房地产开发企业来说，用于开发建造商品房的土地使用权是其存货，因此在持有期间无论是否开发，均不能摊销。开发建造的属于商品房的房屋建筑物也不能计提折旧。但应当在期末考虑是否需要计提存货跌价准备。

核心考点6　资产减值的核算

扫我解疑难

一、资产发生减值的迹象★(见表10-12)

表10-12　资产发生减值的迹象

分类	减值迹象
外部因素	(1)资产的市价当期大幅度下跌，其跌幅明显高于因时间的推移或者正常使用而预计的下跌； (2)企业经营所处的经济、技术或者法律等环境以及资产所处的市场在当期或者将在近期发生重大变化，从而对企业产生不利影响； (3)市场利率或者其他市场投资报酬率在当期已经提高，从而影响企业计算资产预计未来现金流量现值的折现率，导致资产可收回金额大幅度降低

续表

分类	减值迹象
内部因素	(1)有证据表明资产已经陈旧或者其实体已经损坏； (2)资产已经或者将被闲置、终止使用或者计划提前处置； (3)企业内部报告的证据表明资产的经济绩效已经低于或者将低于预期，如资产所创造的净现金流量或者实现的营业利润(或亏损)远远低于(或高于)预计金额等； (4)其他表明资产可能已经发生减值的迹象

二、确定可收回金额★★

可收回金额应当根据资产的公允价值减去处置费用后的净额与资产预计未来现金流量的现值两者之间较高者确定。

1. 公允价值减去处置费用后的净额

(1)存在销售协议的，应当根据公平交易中资产的销售协议价格减去可直接归属于该资产处置费用后的金额确定；

(2)不存在销售协议但存在活跃市场的，应当按照该资产的市场价格减去处置费用后的金额确定；

(3)在销售协议和资产活跃市场均不存在的情况下，应当以可获取的最佳信息为基础，估计资产的公允价值减去处置费用后的净额。

2. 资产预计未来现金流量现值的确定

(1)预计未来现金流量的内容。

①资产持续使用过程中预计产生的现金流入；

②为实现资产持续使用过程中产生的现金流入所必需的预计现金流出(包括为使资产达到预定可使用状态所发生的现金流出)；

③资产使用寿命结束时，处置资产所收到或者支付的净现金流量。

【思路点拨】预计资产未来现金流量应当以资产的当前状况为基础，不应包括与将来可能会发生的、尚未作出承诺的重组事项或者与资产改良有关的预计未来现金流量，也不包括筹资活动产生的和与所得税收付有关的现金流量。

(2)折现率。

该折现率是企业在购置或者投资资产时所要求的必要报酬率；折现率的确定通常以该资产的市场利率为依据。

(3)预计未来现金流量现值的计算。

预计未来现金流量现值 = $\sum [$第 t 年预计资产未来现金流量$/(1+$折现率$)^t]$

三、其他与资产减值相关的规范★

有迹象表明某一项资产可能发生减值的，企业应当以单项资产为基础估计其可收回金额。

企业难以对单项资产的可收回金额进行估计的，应当以该资产所属的资产组为基础确定资产组的可收回金额。

因企业合并所形成的商誉、尚未达到预定可使用状态的无形资产和使用寿命不确定的无形资产，无论是否存在减值迹象，每年都应当进行减值测试。

不得转回的资产减值准备：长期股权投资减值准备、固定资产减值准备、无形资产减值准备、在建工程减值准备、工程物资减值准备、使用权资产减值准备、生产性生物资产减值准备、商誉减值准备、投资性房地产减值准备等。

【例题7·单选题】2×20年12月31日，AS公司对购入的时间相同、型号相同、性能相似的设备进行检查时发现该类设备可能发生减值。该类设备公允价值总额为82万元；直接归属于该类设备的处置费用为2万元，尚可使用3年，预计其在未来2年内产生的现金流量分别为：40万元、30万元，第3年产生的现金流量以及使用寿命结束时处置形成的现金流量合计为20万元；在考虑相关因素的基础上，公司决定采用3%的折现率。则2×20年12月31日该设备的可收回金额为( )万元。[(P/F, 3%, 1) = 0.970 87；

(P/F, 3%, 2) = 0.942 60；(P/F, 3%, 3) = 0.915 14]

A. 82.00　　　B. 20.00
C. 80.00　　　D. 85.42

解析 预计未来现金流量的现值 = 40 × 0.970 87 + 30 × 0.942 60 + 20 × 0.915 14 = 85.42(万元)；资产的公允价值减去处置费用后的净额 = 82 - 2 = 80(万元)；可收回金额为两者中的较高者，即85.42万元。　**答案** D

核心考点7　非货币性资产交换

扫我解疑难

一、非货币性资产交换的认定 ★★

非货币性资产交换，是指企业主要以固定资产、无形资产、投资性房地产和长期股权投资等非货币性资产进行的交换。该交换不涉及或只涉及少量的货币性资产(即补价)。相关货币性与非货币性资产的内容，见表10-13。

表10-13　货币性与非货币性资产

类别	定义	示例
货币性资产	企业持有的货币资金和收取固定或可确定金额的货币资金的权利	现金、银行存款、以摊余成本计量的应收账款和应收票据等
非货币性资产	货币性资产以外的资产。该类资产在将来为企业带来的经济利益不固定或不可确定	长期股权投资、投资性房地产、固定资产、在建工程、无形资产等

补价占整个资产交换金额的比例**低于25%**，则认定所涉及的补价为"少量"。

二、资产的确认与终止确认 ★

(一)基本原则

企业应当分别按照下列原则对非货币性资产交换中的换入资产进行确认，对换出资产终止确认：

(1)对于换入资产，企业应当在换入资产符合资产定义并满足资产确认条件时予以确认。

(2)对于换出资产，企业应当在换出资产满足资产终止确认条件时终止确认。

(二)特殊情况的处理

换入资产的确认时点与换出资产的终止确认时点存在不一致的，企业在资产负债表日应当按照下列原则进行处理：

(1)换入资产满足资产确认条件，换出资产尚未满足终止确认条件的，在确认换入资产的同时将交付换出资产的义务确认为一项负债。

(2)换入资产尚未满足资产确认条件，换出资产满足终止确认条件的，在终止确认换出资产的同时将取得换入资产的权利确认为一项资产。

三、**以公允价值为基础计量的基本原则** ★★

(一)以公允价值为基础计量非货币性资产交换的条件

1. 非货币性资产交换**同时满足**下列条件的，应当以公允价值为基础计量：

(1)该项交换具有商业实质。

(2)换入资产或换出资产的公允价值能够可靠地计量。

换入资产和换出资产的公允价值均能够可靠计量的，应当以换出资产的公允价值为基础计量，但有确凿证据表明换入资产的公允价值更加可靠的除外。

2. 以公允价值为基础计量的具体要求**(假定不考虑补价)**(见表10-14)

表 10-14 公允价值计量的原则说明

计量基础	换入资产（初始计量）	换出资产（处置损益）
换出资产公允价值	以换出资产的公允价值和应支付的相关税费作为换入资产的成本	在终止确认时，将换出资产的公允价值与其账面价值之间的差额计入当期损益等
换入资产公允价值	以换入资产的公允价值和应支付的相关税费作为换入资产的初始计量金额	在终止确认时，将换入资产的公允价值与换出资产账面价值之间的差额计入当期损益

非货币性资产交换涉及相关税费的，按照相关税收规定计算确定。

（二）同时换入或换出多项资产

1. 同时换入的多项资产

（1）一般情况下，换入资产入账价值的计量如表 10-15 所示。

表 10-15 换入资产入账价值的计量

资产类别	计量原则
换入的金融资产	以该金融资产的**公允价值**为基础计量
除金融资产外的其他资产	（1）计算分摊基数，即"换出资产公允价值总额-金融资产公允价值±支付/收到的补价的公允价值"。 （2）将上述分摊基数按各项换入资产**公允价值相对比例**分摊到每项资产。 注：换入资产的公允价值不能够可靠计量的，可按各项换入资产的原账面价值的相对比例或其他合理的比例分摊。 （3）各资产根据分摊结果+应支付的相关税费计算入账成本

（2）有确凿证据表明换入资产的公允价值更加可靠的，换入资产入账价值的计量如表 10-16 所示。

表 10-16 换入资产入账价值的计量

资产类别	计量原则
换入的金融资产	以该金融资产的**公允价值**为基础计量
除金融资产外的其他资产	按其他资产的公允价值+应支付的相关税费

2. 同时换出的多项资产

（1）一般情况下资产终止确认损益的计算：

各项换出资产终止确认的损益 = 各项换出资产的公允价值 - 各项换出资产的账面价值

（2）有确凿证据表明换入资产的公允价值更加可靠时：

①计算分摊基数，即"换入资产公允价值总额±支付/收到的补价的公允价值"。

②将上述分摊基数按各项**换出资产公允价值相对比例**分摊到每项资产。

注：换出资产的公允价值不能够可靠计量的，可以按照各项换出资产的账面价值的相对比例分摊。

③计算换出资产终止确认的损益，即"分摊至各项换出资产的金额-各项换出资产的账面价值"。

四、以账面价值为基础计量的基本原则 ★★

非货币性资产交换不具有商业实质，或者虽然具有商业实质但换入资产和换出资产的公允价值均不能可靠计量的，应当以换出资产的**账面价值**为基础进行计量。

（一）不涉及补价情形下的计量原则

换入资产的入账成本 = 换出资产的账面价值 + 应支付的相关税费（不包括可抵扣的增值税进项税额）

对于换出资产，由于按照账面价值结转，因此**在终止确认时不确认损益**。

(二)涉及补价情形下的计量原则

1. 支付补价方

换入资产的入账价值=换出资产账面价值+支付补价的**账面价值**+应支付的相关税费(不包括可抵扣的增值税进项税额)

2. 收到补价方

换入资产的入账价值=换出资产账面价值-收到补价的**公允价值**+应支付的相关税费(不包括可抵扣的增值税进项税额)

【思路点拨】对于支付补价方和收到补价方,要分别采用补价的"账面价值"和"公允价值",存在差异的主要情况是以货币资金以外的其他货币性资产(如某些金融资产)作为补价。即:

(1)支付补价方,将作为补价的金融资产按"账面价值"结转,结转后无损益。

(2)收到补价方,应当将收到的作为补价的金融资产按"公允价值"入账。

(三)同时换入或换出多项资产

以账面价值为基础计量的非货币性资产交换,同时换入或换出多项资产的,应当按照下列规定进行处理:

1. 同时换入的多项资产

(1)计算入账资产的分摊基数:

①支付补价方,分摊基数为"换出资产账面价值总额+支付补价的**账面价值**";

②收到补价方,分摊基数为"换出资产账面价值总额-收到补价的**公允价值**"。

(2)将上述分摊基数按各项换入资产的**公允价值的相对比例**分摊到每项资产。

【思路点拨】换入资产的公允价值不能够可靠计量的,可以按照各项换入资产的"原账面价值的相对比例"或"其他合理的比例"进行分摊。

(3)计算各项换入资产的初始计量金额:分摊至各项换入资产的金额+应支付的相关税费(不包括可抵扣的增值税进项税额)。

2. 同时换出的多项资产

此种情形下,各项换出资产终止确认时均不确认损益。

核心考点8 持有待售的非流动资产、处置组和终止经营

一、基本概念 ★

1. 处置组

处置组,是指在一项交易中作为整体通过出售或其他方式一并处置的一组资产,以及在该交易中转让的与这些资产直接相关的负债。

企业合并中取得的商誉应当按照合理的方法分摊至相关的资产组或资产组组合,如果处置组即为该资产组或者包括在该资产组或资产组组合中,处置组也应当包含分摊的商誉。

2. 终止经营

终止经营是指企业满足下列条件之一的、能够单独区分的组成部分,且该组成部分已经处置或划分为持有待售类别:

(1)该组成部分代表一项独立的主要业务或一个单独的主要经营地区;

(2)该组成部分是拟对一项独立的主要业务或一个单独的主要经营地区进行处置的一项相关联计划的一部分;

(3)该组成部分是专为转售而取得的子公司。

【思路点拨】企业主要通过出售而非持续使用一项非流动资产或处置组收回其账面价值的,应当将其划分为持有待售类别。

二、持有待售类别分类的基本要求 ★

(一)分类原则

非流动资产或处置组划分为持有待售类别,应当同时满足两个条件:

(1)**可立即出售**。根据类似交易中出售此类资产或处置组的惯例,在当前状况下即可立即出售。

(2)**出售极可能发生**。出售极可能发生,即企业已经就一项出售计划作出决议且获得确定的购买承诺,预计出售将在一年内完成。

(二)专为转售而新取得的非流动资产或处置组

对于企业专为转售而新取得的非流动资产或处置组，如果在取得日满足"预计出售将在一年内完成"的规定条件，且短期(通常为 3个月)内很可能满足划分为持有待售类别的其他条件，企业应当在取得日将其划分为持有待售类别。

(三)延长一年期限的例外条款

有些情况下，由于发生一些企业无法控制的原因，可能导致出售未能在一年内完成。如果涉及的出售不是关联方交易，且有充分证据表明企业仍然承诺出售非流动资产或处置组，企业可以继续将非流动资产或处置组划分为持有待售类别。企业无法控制的原因包括：

(1)买方或其他方意外设定导致出售延期的条件，企业针对这些条件已经及时采取行动，且预计能够自设定导致出售延期的条件起一年内顺利化解延期因素。

(2)发生罕见情况，导致出售未能在一年内完成，企业针对这些新情况在最初一年内已经采取必要措施且重新满足了持有待售类别的划分条件。

三、持有待售的非流动资产或处置组的计量★

(一)划分为持有待售类别时的计量

企业在初始计量时，应当按照相关会计准则规定计量流动资产、适用其他准则计量规定的非流动资产和负债。

(1)如果持有待售的非流动资产或处置组整体的账面价值**低于**其公允价值减去出售费用后的净额，企业不需要对账面价值进行调整；

(2)如果账面价值**高于**其公允价值减去出售费用后的净额，企业应当将账面价值减记至公允价值减去出售费用后的净额，减记的金额确认为资产减值损失，计入当期损益，同时计提持有待售资产减值准备。

(二)资产负债表日的重新计量

企业在资产负债表日重新计量持有待售的非流动资产时，如果其账面价值高于公允价值减去出售费用后的净额，应当将账面价值减记至公允价值减去出售费用后的净额，减记的金额确认为资产减值损失，计入当期损益，同时计提持有待售资产减值准备。

如果后续资产负债表日持有待售的非流动资产公允价值减去出售费用后的净额增加，以前减记的金额应当予以恢复，并在划分为持有待售类别后非流动资产确认的资产减值损失金额内转回，转回金额计入当期损益，划分为持有待售类别前确认的资产减值损失不得转回。

持有待售的非流动资产**不应**计提折旧或摊销。

(三)持有待售的处置组的后续计量

(1)持有待售的处置组中的非流动资产不应计提折旧或摊销，持有待售的处置组中的负债和适用其他准则计量规定的非流动资产的利息或租金收入、支出以及其他费用应当继续予以确认。

(2)非流动资产或处置组因不再满足持有待售类别划分条件而不再继续划分为持有待售类别或非流动资产从持有待售的处置组中移除时，应当按照以下两者孰低计量：

①划分为持有待售类别前的账面价值，按照假定不划分为持有待售类别情况下本应确认的折旧、摊销或减值等进行调整后的金额；

②可收回金额。

(四)终止确认时的计量

持有待售的非流动资产或处置组在终止确认时，企业应当将尚未确认的利得或损失计入当期损益。

真题精练

一、单项选择题

1. (2018年)下列与固定资产相关的费用，不会增加固定资产入账价值的是( )。
   A. 安装费用
   B. 预计的报废清理费用
   C. 符合资本化条件的借款费用
   D. 预计的弃置费用

2. (2020年)甲公司2020年3月1日开始自营建造一条生产线，购进工程物资总额为60万元，领用工程物资50万元、库存商品10万元，工程负担职工薪酬15万元，建设期间发生工程物资盘亏2万元，发生负荷联合试车费用5万元，试车形成的库存商品为0.5万元。不考虑增值税等影响，该生产线的总成本是( )万元。
   A. 72.5 B. 81.5
   C. 73.5 D. 78.5

3. (2018年)长江公司2013年12月20日购入一项不需安装的固定资产，入账价值为540 000万元。长江公司采用年数总和计提折旧，预计使用年限为8年，净残值为零。从2017年1月1日开始，公司决定将折旧方法变更为年限平均法，预计使用年限和净残值保持不变，则长江公司2017年该项固定资产应计提的折旧额为( )万元。
   A. 45 000 B. 67 500
   C. 108 000 D. 28 125

4. (2018年)下列固定资产中，不应计提折旧的是( )。
   A. 因闲置而停止使用的九成新固定资产
   B. 更新改造过程中停止使用的固定资产
   C. 季节性生产停止使用的固定资产
   D. 修理过程中停止使用的固定资产

5. (2019年)下列各项固定资产中，应计提折旧的是( )。
   A. 未交付使用但已达到预定可使用状态的固定资产
   B. 划分为持有待售的固定资产
   C. 按规定单独估价作为固定资产入账的土地使用权
   D. 未提足折旧提前报废的设备

6. (2019年)甲公司某项固定资产原值为500万元，预计使用年限为10年，已计提折旧200万元。现对该固定资产的某一主要部件进行更换，发生支出合计55万元，符合会计准则规定的固定资产确认条件，被更换部分的原值为80万元，则该固定资产更换部件后的入账价值是( )万元。
   A. 355 B. 275
   C. 220 D. 307

7. (2020年)下列关于内部研发无形资产会计处理的表述中，错误的是( )。
   A. 研究阶段发生的支出应全部费用化
   B. 研究阶段发生的符合资本化条件的支出应计入无形资产成本
   C. 开发阶段发生的符合资本化条件的支出应计入无形资产成本
   D. 开发阶段发生的未满足资本化条件的支出应计入当期损益

8. (2018年)下列关于内部研发无形资产的会计处理中，错误的是( )。
   A. 研究阶段发生的符合资本化条件的支出可以计入无形资产成本
   B. 开发阶段发生的符合资本化条件的支出应计入无形资产成本
   C. 研究阶段发生的支出应全部费用化
   D. 开发阶段发生的未满足资本化条件的支出应计入当期损益

9. (2020年)甲公司2019年1月1日以银行存款600万元从乙公司购入一项无形资产，摊销年限为10年，预计净残值为0，采用直线法摊销。2019年6月30日和2019年

12月31日该项无形资产的可收回金额分别为513万元和432万元。假设减值测试后，该无形资产的摊销年限、预计净残值、摊销方法等均不变。不考虑其他因素，该无形资产2020年1月应计提的摊销额为（　　）万元。

A. 5.0　　　　　　B. 4.0
C. 4.8　　　　　　D. 4.5

10. （2020年）2019年12月31日，甲公司对一项账面价值为70万元、已计提减值准备10万元的固定资产进行减值测试，确定其公允价值为60万元、处置费用为3万元；预计其未来现金流量的现值为55万元。不考虑其他因素，则2019年12月31日，甲公司对该固定资产应计提的资产减值准备为（　　）万元。

A. 3　　　　　　　B. 5
C. 13　　　　　　 D. 15

11. （2019年）甲公司2018年1月1日以银行存款400万元从乙公司购入一项特许权，并作为无形资产核算。合同规定该特许权的使用年限为8年。合同期满甲公司支付少量续约成本后，可以再使用2年。甲公司预计合同期满时将支付续约成本。甲公司2018年末预计该项无形资产的可收回金额为340万元。假设不考虑其他因素，该项无形资产2018年末应计提的减值准备金额为（　　）万元。

A. 10　　　　　　B. 20
C. 0　　　　　　 D. 30

12. （2019年）下列关于资产的可收回金额的表述中，正确的是（　　）。

A. 当资产的可收回金额大于该项资产的账面价值时，原计提的资产减值准备应当转回

B. 资产的可收回金额应当根据资产的公允价值减去处置费用后的净额与资产预计未来现金流量的现值两者之间的较高者确定

C. 资产的可收回金额估计时无须遵循重要性原则

D. 对资产未来现金流量的预计应以经企业管理层批准的最近财务预算或者预测数据为基础，时间至少5年

13. （2020年）以公允价值为基础计量的非货币性资产交换中，涉及补价且没有确凿证据表明换入资产的公允价值更加可靠的情况下，下列会计处理错误的是（　　）。

A. 收到补价的，换出资产的公允价值与其账面价值的差额计入当期损益

B. 收到补价的，以换入资产的公允价值减去支付补价的公允价值，加上应支付的相关税费，作为换入资产的成本

C. 支付补价的，换出资产的公允价值与其账面价值的差额计入当期损益

D. 支付补价的，以换出资产的公允价值加上支付补价的公允价值和应支付的相关税费，作为换入资产的成本

14. （2020年）受新冠肺炎疫情影响，甲公司2020年1月31日决定将账面原值为70万元、已计提累计折旧20万元（采用年限平均法计提折旧、每月计提折旧额1万元）的乙设备对外出售，划分为持有待售的非流动资产。随着国内疫情形势好转，甲公司2020年5月31日决定不再出售该设备，此时该设备的可收回金额为50万元。假设该设备一直没有计提减值准备，则2020年5月31日该设备作为固定资产的入账价值是（　　）万元。

A. 44　　　　　　B. 46
C. 48　　　　　　D. 50

二、多项选择题

1. （2020年）下列各项中，属于影响固定资产折旧的基本因素有（　　）。

A. 固定资产的使用寿命
B. 固定资产原值
C. 固定资产预计净残值
D. 固定资产减值准备金额
E. 固定资产折旧计提的方法

2. （2019年）在固定资产的清理过程中，下列

各项影响固定资产清理净损益的有( )。
A. 毁损固定资产取得的赔款
B. 固定资产的弃置费用
C. 盘盈的固定资产的重置成本
D. 报废固定资产的原值和已计提的累计折旧
E. 转让厂房应缴纳的土地增值税

3. (2019年)下列关于无形资产摊销的表述中,正确的有( )。
A. 不能为企业带来经济利益的无形资产,应将其账面价值全部摊销计入管理费用
B. 企业无形资产的摊销应当自无形资产可供使用时起,至不再作为无形资产确认时止
C. 使用寿命不确定的无形资产不应计提摊销
D. 企业内部研究开发项目研究阶段的支出应当资本化,并在资产的使用寿命内摊销
E. 只要能为企业带来经济利益的无形资产就应当计提摊销

4. (2020年)将作为存货的房产转换为采用公允价值模式计量的投资性房地产,该项房产在转换日的公允价值与其账面价值的差额应计入的会计科目可能有( )。
A. 公允价值变动损益
B. 投资收益
C. 其他综合收益
D. 资本公积
E. 其他业务成本

5. (2020年)下列各项资产中,即使没有出现减值迹象,也应当至少每年进行减值测试的有( )。
A. 使用寿命不确定的非专利技术
B. 企业合并形成的商誉
C. 在建工程
D. 持有待售的处置组
E. 土地使用权

6. (2018年)企业将非流动资产或处置组划分为持有待售时,应满足的条件有( )。
A. 非流动资产或处置组拟结算费用
B. 出售极可能发生,预计将在一年内完成
C. 根据类似交易出售此类资产或处置组的惯例,在当前状况下即可立即出售
D. 非流动资产或处置组已发生减值
E. 出售该资产应具有商业实质

真题精练答案及解析

一、单项选择题

1. B 【解析】固定资产入账价值包括购买价款、相关税费、使固定资产达到预定可使用状态的运输费、安装费等。如果是自营建造的固定资产,则入账价值还应包括符合资本化条件的借款费用。此外应当考虑预计弃置费用的因素。

2. B 【解析】该生产线的总成本 = 50+10+15+2+5-0.5 = 81.5(万元)。

3. A 【解析】截止到2016年年末,该项固定资产累计折旧额 = 540 000×(8/36+7/36+6/36) = 315 000(万元),账面价值 = 540 000 - 315 000 = 225 000(万元)。2017年折旧额 = 225 000/(8-3) = 45 000(万元)。

4. B 【解析】对于更新改造而停止使用的固定资产,其所发生的更新改造支出符合固定资产确认条件的,应当将该固定资产转入在建工程,停止计提折旧。

5. A 【解析】对于已达到预定可使用状态的固定资产来说,无论是否交付使用,均应当按照暂估价值确认为固定资产,并计提折旧。

6. D 【解析】该固定资产更换部件后的入账价值 = 500 - 200 + 55 - (80 - 200/500×80) = 307(万元)

7. B 【解析】企业研究阶段的支出全部费用化,计入当期损益(管理费用),选项B

错误。

8. A 【解析】研究阶段的支出应当费用化，计入当期损益，不会出现符合资本化条件的情形。

9. B 【解析】2019 年 6 月 30 日计提减值前的账面价值 = 600 - 600/10×6/12 = 570（万元），可收回金额为 513 万元，发生减值，计提减值后的账面价值 = 513（万元）；2019 年 12 月 31 日计提减值前的账面价值 = 513 - 513/(10×12-6)×6 = 486（万元），可收回金额为 432 万元，发生减值，计提减值后的账面价值 = 432（万元）；2020 年 1 月应计提的摊销额 = 432/9×1/12 = 4（万元）。

10. C 【解析】固定资产公允价值减去处置费用后的净额 = 60 - 3 = 57（万元），预计未来现金流量的现值为 55 万元，可收回金额为两者孰高者，即 57 万元。因此固定资产应计提的减值金额 = 70 - 57 = 13（万元）。
注意：70 万元是固定资产的账面价值，是扣除减值准备 10 万元之后的金额。

11. B 【解析】2018 年该项无形资产的摊销额 = 400/(8+2) = 40（万元），减值前的账面价值 = 400 - 40 = 360（万元），因此应计提的减值准备金额 = 360 - 340 = 20（万元）。

12. B 【解析】固定资产、无形资产等资产的减值准备一经计提，不得转回，选项 A 错误；在估计资产可收回金额时，应当遵循重要性原则，选项 C 错误；建立在预算或者预测基础上的预计现金流量最多涵盖 5 年，企业管理层如能证明更长的期间是合理的，可以涵盖更长的时间，选项 D 错误。

13. B 【解析】收到补价的，以换出资产的公允价值，减去收到补价的公允价值，加上应支付的相关税费，作为换入资产的成本，换出资产的公允价值与其账面价值之间的差额计入当期损益。有确凿证据表明换入资产的公允价值更可靠的，以换入资产的公允价值和应支付的相关税费作为换入资产的初始计量金额，换入资产的公允价值加上收到补价的公允价值，与换出资产账面价值之间的差额计入当期损益。

14. B 【解析】乙设备按假设不划分为持有待售类别情况下本应确认的折旧或减值等进行调整后的金额 = 70 - 20 - 1×4 = 46（万元），小于此时的可收回金额 50 万元，因此固定资产的入账价值为 46 万元。

二、多项选择题

1. ABC 【解析】影响固定资产折旧的基本因素或者说企业计算提取各期固定资产折旧的主要依据有：①固定资产的原值；②固定资产的预计净残值；③固定资产的使用寿命。

2. ADE 【解析】选项 B，对于存在弃置费用的固定资产，在取得固定资产时，应按照弃置费用的现值，借记"固定资产"，贷记"预计负债"，不影响"固定资产清理"科目；选项 C，盘盈固定资产，应按照其重置成本，借记"固定资产"，贷记"以前年度损益调整"，不影响"固定资产清理"科目。

3. BC 【解析】选项 A，不能为企业带来经济利益的无形资产，应按照其账面价值予以报废，将账面价值转入"营业外支出"；选项 D，研究阶段支出应当全部费用化，计入当期损益（管理费用）；选项 E，使用寿命不确定的无形资产不能进行摊销。

4. AC 【解析】将作为存货的房产转换为采用公允价值模式计量的投资性房地产，应按该项房产在转换日的公允价值，借记"投资性房地产——成本"科目，按其账面余额，贷记"开发产品"等科目，按其差额，贷记"其他综合收益"科目或借记"公允价值变动损益"科目。

5. AB 【解析】因企业合并所形成的商誉、使用寿命不确定的无形资产以及尚未研发完成的无形资产，无论是否存在减值迹象，都应当至少每年进行减值测试。
6. BC 【解析】同时满足下列条件的非流动资产应当划分为持有待售：①可立即出售。根据类似交易中出售此类资产或处置组的惯例，在当前状况下即可立即出售。②出售极可能发生。出售极可能发生，即企业已经就一项出售计划作出决议且获得确定的购买承诺，预计出售将在一年内完成。

同步训练 限时130分钟

扫我做试题

一、单项选择题

1. 下列关于固定资产确认的表述中，正确的是（　　）。
   A. 环保设备和安全设备等资产不能直接为企业带来经济利益，故不能确认为固定资产
   B. 企业购置计算机硬件所附带的、无法单独计价的软件，应作为无形资产核算
   C. 对于固定资产的各组成部分，如果各自具有不同的使用寿命或者以不同的方式为企业提供经济利益，企业应将其一并确认为一项固定资产，并按较短的年限计提折旧
   D. 未满足固定资产确认条件的工具、器具等，应作为周转材料核算

2. 某公司2×20年1月2日以分期付款方式购入一台设备，总价款为150万元，购货合同约定购买之日首付60万元，以后每年年末支付30万元，分三年付清，假设银行同期贷款利率为10%。则该固定资产的入账价值为（　　）元。[已知(P/A,10%,3) = 2.486 9]
   A. 746 070　　　B. 1 500 000
   C. 1 346 070　　D. 1 046 070

3. 下列关于企业自行建造固定资产的核算规定中，符合现行企业会计准则规定的是（　　）。
   A. 在建工程发生的管理费、征地费、可行性研究费、临时设施费等，应在发生时计入当期损益
   B. 由于自然灾害等原因造成的在建工程报废或毁损，减去残料价值和过失人或保险公司等赔款后的净损失，应当计入在建工程的成本
   C. 建设期间发生的工程物资盘亏、报废及毁损净损失，应当计入在建工程的待摊支出当中
   D. 在建工程进行负荷联合试车发生的费用应当计入发生当期的主营业务（其他业务）成本中

4. 对在建工程业务核算时，下列各项中一般不通过"在建工程——待摊支出"科目核算的是（　　）。
   A. 在建工程发生的临时设施费
   B. 在建工程发生的征地费
   C. 在建工程进行负荷联合试车形成的对外销售产品的成本
   D. 在建工程领用的工程物资

5. 长江公司为增值税一般纳税人，2×20年10月采用自营方式建造一栋厂房，建造过程中，实际领用工程物资200万元。另外领用本公司所生产的产品一批，账面价值为240万元，该产品适用的增值税税率为13%，计税价格为250万元；发生的在建工程人员工资和应付福利费分别为120万元和20.2万元。假定该厂房已达到预定可使用状态，不考虑除增值税以外的其他相关税费。则该厂房的入账价值是（　　）

万元。
A. 622.7　　　　　B. 580.2
C. 666.4　　　　　D. 656.7

6. 下列关于固定资产弃置费用的处理中，错误的是( )。
   A. 应将固定资产的弃置费用按折现后的金额计入固定资产成本
   B. 取得固定资产时，应按弃置费用的终值确认预计负债
   C. 在固定资产的使用寿命内按照预计负债的摊余成本和实际利率计算利息费用
   D. 按实际利率摊销弃置费用时应借记"财务费用"科目

7. 丁公司自行建造某项生产用设备，建造过程中发生外购材料和设备成本 183 万元（不考虑增值税），人工费用 30 万元，资本化的借款费用 48 万元，安装费用 28.5 万元。为达到正常运转发生的测试费 18 万元，外聘专业人员服务费 9 万元，形成可对外出售的产品价值 3 万元。该设备预计使用年限为 10 年，预计净残值为零，采用年限平均法计提折旧。则设备每年应计提折旧额为( )万元。
   A. 30.45　　　　　B. 31.65
   C. 31.35　　　　　D. 31.45

8. 某套设备由 X、Y、Z 三个可独立使用的部件组成，已知 X、Y、Z 三个部件各自的入账价值和相应的预计使用年限，同时已知该设备的整体预计使用年限和税法规定的折旧年限，则下列表述中正确的是( )。
   A. 将 X、Y、Z 部件的预计使用年限分别作为各自的折旧年限
   B. 按照整体预计使用年限和 X、Y、Z 各部件的预计使用年限四者孰低作为设备的折旧年限
   C. 按照整体预计使用年限作为设备的折旧年限
   D. 按照整体预计使用年限与税法规定的折旧年限两者孰低作为设备的折旧年限

9. 关于固定资产的使用寿命、预计净残值和折旧方法的说法，正确的是( )。
   A. 企业应当对固定资产的使用寿命、预计净残值和折旧方法进行合理估计，一经确定，不得变更
   B. 若使用寿命预计数与原先估计数有差异，应当采用追溯调整法调整固定资产折旧
   C. 若预计净残值预计数与原先估计数有差异，应当按照孰低原则确定预计净残值
   D. 固定资产折旧方法的改变应当作为会计估计变更处理

10. 甲公司一套生产设备附带的电机由于连续工作时间过长而烧毁，该电机无法修复，需要用新的电机替换。该套生产设备原价 65 000 元，已计提折旧 13 000 元。烧毁的电机的成本为 12 000 元，购买新电机的成本为 18 000 元，安装完成后该套设备的入账价值为( )元。
    A. 52 000　　　　　B. 58 000
    C. 60 400　　　　　D. 62 800

11. 长城公司 2×20 年 2 月初向海润公司购入生产经营用设备一台，实际支付买价 50 万元，支付运费 2.5 万元，途中保险费 1.5 万元。该设备预计可使用 5 年，无残值。该企业固定资产折旧采用年数总和法计提。由于操作不当，该设备于 2×20 年年末报废，责成有关人员赔偿 4 万元，收回变价收入 2 万元，假定不考虑报废时发生的相关税费，则该设备的报废净损失为( )万元。
    A. 54.90　　　　　B. 48.90
    C. 60.90　　　　　D. 42.75

12. 下列各项，不通过"固定资产清理"科目核算的是( )。
    A. 固定资产改扩建
    B. 固定资产毁损
    C. 以固定资产抵偿债务
    D. 以固定资产换入股权

13. 下列关于无形资产的会计处理中，正确的是( )。

A. 超过正常信用期分期付款且具有融资性质的购入无形资产,应按购买价款的现值确定其成本

B. 使用寿命不确定的无形资产,在持有期间不需要摊销,也不需要进行减值测试

C. 外购土地使用权及建筑物的价款难以在两者之间进行分配的,应全部作为无形资产入账

D. 企业合并形成的商誉应确认为无形资产

14. 乙公司于2×18年1月购入一项无形资产并投入使用,初始入账价值为32万元,预计摊销期限为10年,采用直线法摊销。该项无形资产在2×18年12月31日预计可收回金额为27万元,在2×19年12月31日预计可收回金额为28万元。假设该项无形资产在计提减值准备后原预计摊销期限和摊销方法不变,则2×20年6月30日该项无形资产的账面价值为( )万元。

A. 22.50　　　　B. 24.00
C. 24.30　　　　D. 26.25

15. 甲公司2×19年2月开始研制一项新技术,2×20年5月初研发成功,并申请了专利技术。研究阶段发生相关费用18万元;开发过程发生工资费用20万元,材料费用50万元,发生其他相关费用5万元,其中符合资本化条件的支出为60万元;申请专利时发生注册费等相关费用15万元。法律规定的有效年限为15年,甲公司合理预计受益年限为6年,按直线法摊销。则甲公司2×20年度应确认的无形资产摊销额为( )万元。

A. 3.33　　　　B. 6.25
C. 8.33　　　　D. 9.75

16. 甲公司以300万元的价格对外转让一项无形资产。该项无形资产系甲公司以360万元的价格购入,购入时该无形资产预计使用年限为10年,法律规定的有效使用年限为12年。转让时该无形资产已使用5年,假定不考虑相关税费,且甲公司采用直线法摊销该无形资产。甲公司转让该无形资产对营业利润的影响为( )万元。

A. 90　　　　B. 105
C. 120　　　　D. 0

17. 甲企业处置一项以公允价值模式计量的投资性房地产,实际收到的金额为100万元,投资性房地产的账面余额为80万元。其中"成本"明细科目借方余额为90万元,"公允价值变动"明细科目贷方余额为10万元。该项投资性房地产是由自用房地产转换的,转换日公允价值大于账面价值的差额为10万元。假设不考虑相关税费,处置该项投资性房地产影响当期损益的金额为( )万元。

A. 30　　　　B. 20
C. 40　　　　D. 10

18. 2×20年6月,A房地产开发商将作为存货的商品房转换为采用公允价值模式计量的投资性房地产,转换日的商品房账面余额为100万元,已计提跌价准备20万元,该项房产在转换日的公允价值为150万元,则转换日不正确的会计处理是( )。

A. 借记"投资性房地产——成本"科目150万元

B. 贷记"公允价值变动损益"科目70万元

C. 借记"存货跌价准备"科目20万元

D. 冲减开发产品的账面价值80万元

19. 下列各项资产中,无论是否存在减值迹象,每年年末均应进行资产减值测试的是( )。

A. 长期股权投资

B. 固定资产

C. 使用寿命确定的无形资产

D. 使用寿命不确定的无形资产

20. 甲公司用一项投资性房地产从乙公司换

入一台设备B，换出投资性房地产的账面原价为30万元，已计提折旧8万元；B设备的账面原价为24万元，已提折旧3万元。甲公司为换入B设备支付相关税费1万元，从乙公司收取银行存款3万元。置换时，投资性房地产和B设备的公允价值分别为25万元和22万元。假定该交换具有商业实质，不考虑增值税等其他因素。甲公司因非货币性资产交换影响损益的金额为（　　）万元。

A. 5　　　　　　B. 3
C. 4　　　　　　D. 1.5

21. 长江公司以其拥有的专利权与华山公司交换生产设备一台，该交换具有商业实质。专利权的账面价值为300万元（未计提减值准备），公允价值和计税价格均为420万元，适用的增值税税率为6%。设备的账面原价为600万元，已计提折旧170万元，已计提减值准备30万元，公允价值和计税基础均为400万元，适用的增值税税率为13%。在资产交换过程中，华山公司收到长江公司支付的银行存款6.8万元。假设华山公司和长江公司分别向对方开具增值税专用发票。则华山公司换入的专利权入账价值为（　　）万元。

A. 420　　　　　B. 436
C. 425　　　　　D. 441

22. 下列各项交易，应当将固定资产划分为持有待售的是（　　）。

A. 甲公司2×20年10月1日与A公司签订不可撤销的销售协议，约定于2×21年11月30日将一台生产设备转让给A公司
B. 乙公司管理层作出决议，计划将一栋自用办公楼于本月底出售给B公司，但尚未签订销售协议
C. 丙公司与C公司签订一项销售协议，约定于次月1日将一条生产线出售给C公司，双方均已通过管理层决议
D. 丁公司2×20年1月1日与D公司达成初步意向，计划将本年10月31日将一台管理用设备转让给D公司，但尚未签订正式的书面协议

23. 甲公司2×20年3月31日与乙公司签订一项不可撤销的销售合同，将其不再使用的厂房转让给乙公司。合同约定，厂房转让价格为1 720万元（等于其公允价值），不存在处置费用。该厂房所有权的转移手续将于2×21年2月10日前办理完毕。甲公司厂房系2×15年9月达到预定可使用状态并投入使用，成本为3 240万元，预计使用年限为10年，预计净残值为40万元，采用年限平均法计提折旧，至2×20年3月31日签订销售合同时未计提减值准备。下列关于甲公司2×20年对厂房的会计处理中，错误的是（　　）。

A. 2×20年对该厂房应计提的折旧额为80万元
B. 2×20年对该厂房应计提资产减值损失的金额为80万元
C. 该厂房在期末资产负债表中应作为非流动资产列示
D. 该厂房在期末资产负债表中应在"持有待售资产"项目中列示

24. 甲公司的生产部门于2×18年12月底增加一项设备，该项设备原值为21 000元，预计净残值率为5%，预计可使用5年，采用年数总和法计提折旧。2×20年年末，在对该项设备进行检查后，估计其可回收金额为7 200元。该设备2×20年所生产的产品当年对外销售60%，则持有该项固定资产对甲公司2×20年度利润总额的影响数是（　　）元。

A. 1 830　　　　B. 5 022
C. 5 320　　　　D. 3 192

25. 甲公司2×20年年初取得一项非专利技术，取得成本为1 000万元，作为无形资产核算。甲公司无法预测其给企业带来经济利益的期限。根据税法规定，无形资产的摊销年限不得低于10年。2×20年年末，甲公司发现市场上已存在类似非

专利技术所生产的产品,从而对甲公司产品的销售造成重大不利影响。甲公司预计将该非专利技术出售可获得价款600万,预计在处置过程中还将发生相关费用50万元;如果甲公司继续持有该项非专利技术,则预期给企业带来未来现金流量的现值为750万元。不考虑其他因素,则2×20年年末甲公司对该项非专利技术的会计处理为( )。

A. 计提减值准备250万元

B. 计提减值准备350万元

C. 计提减值准备450万元

D. 计提减值准备150万元

26. 2×20年12月31日,甲企业对其拥有的一台机器设备进行减值测试时发现,该资产如果立即出售可以获得920万元的价款,发生的处置费用预计为20万元;如果继续使用,那么该资产预计的未来现金流量现值为888万元。该资产目前的账面价值是1 000万元。甲企业在2×20年12月31日应该计提的固定资产减值准备为( )万元。

A. 100　　　　　B. 120

C. 112　　　　　D. 20

27. 下列关于持有待售资产核算的表述中,错误的是( )。

A. 持有待售的非流动资产或处置组中的非流动资产不应计提折旧或摊销

B. 持有待售资产一般按照账面价值与公允价值减去出售费用后的净额孰低进行计量

C. 在对持有待售的非流动资产进行初始计量时,如果持有待售的非流动资产的账面价值低于其公允价值减去出售费用后的净额,企业应调整其账面价值

D. 持有待售的处置组中负债的利息和其他费用应当继续予以确认

二、多项选择题

1. 下列关于固定资产的确认的说法中,不正确的有( )。

A. 对于企业的环保设备和安全设备等资产,通常不能直接为企业带来经济利益,因此不确认为固定资产

B. 符合固定资产定义的资产,只有其所包含的经济利益很可能流入企业且其成本能够可靠地计量的,才能予以确认

C. 企业(建造承包商)为保证施工和管理的正常进行而购建的各种临时设施,如满足固定资产确认条件,则属于固定资产

D. 固定资产的各组成部分,即使各自具有不同的使用寿命或者以不同的方式为企业提供经济利益从而适用不同的折旧率或折旧方法,也应将其作为一个总体确认为一项固定资产

E. 企业购置计算机硬件所附带的、未单独计价的软件,通常作为无形资产

2. 下列各项中,通过"在建工程——待摊支出"核算的有( )。

A. 建设期间发生工程物资盘盈净收益

B. 进行负荷联合试车领用原材料费用

C. 工程管理费

D. 符合资本化的外币借款的汇兑差额

E. 可直接计入某项固定资产的支出

3. 企业自行建造固定资产过程中发生的下列事项,不应计入营业外支出的有( )。

A. 自然灾害等原因造成的在建工程报废或毁损的净损失

B. 工程项目尚未达到预定可使用状态时由于正常原因造成的单项工程报废损失

C. 建设期间发生的工程物资报废及毁损

D. 工程项目达到预定可使用状态前,试生产产品对外出售取得的收入

E. 基建工程发生的临时设施费支出

4. 下列关于固定资产折旧方法的选择中,说法正确的有( )。

A. 年限平均法又称直线法,适用于在各个会计期间使用程度比较均衡的固定资产

B. 工作量法适用于损耗程度与完成工作量成正比关系的固定资产或者在使用期内不能均衡使用的固定资产

C. 固定资产折旧方法一经确定，不得变更

D. 采用年数总和法计提折旧时无须考虑预计净残值

E. 实务中，采用双倍余额递减法计提折旧的，应在固定资产预计使用年限到期前两年转换成直线法

5. 下列固定资产中，应计提折旧的有（   ）。

A. 未使用的固定资产

B. 季节性停用的固定资产

C. 正在改扩建的固定资产

D. 大修理停用的固定资产

E. 划分为持有待售的固定资产

6. 下列关于固定资产折旧的表述，正确的有（   ）。

A. 符合固定资产确认条件的维修费，应按期提折旧

B. 日常维修保养期应计提折旧并计入当期成本费用

C. 已达预定使用状态并已办理竣工决算，但尚未投入使用的固定资产不计提折旧

D. 按实际成本调整原暂估价的，应同时调整已计提折旧

E. 提前报废的固定资产，不应补提折旧

7. 下列关于固定资产后续支出的表述中，正确的有（   ）。

A. 固定资产发生的不符合资本化条件的更新改造支出应当在发生时计入当期管理费用、销售费用或营业外支出

B. 固定资产发生的不符合资本化条件的装修费应当在发生时计入当期管理费用、销售费用或营业外支出

C. 固定资产的大修理费用和日常修理费用通常不符合资本化条件，应作为当期费用处理，不得采用预提或待摊方式处理

D. 固定资产发生后续支出计入其成本的，应当终止确认被替换部分的账面价值

E. 固定资产发生的后续支出，符合固定资产确认条件的，应计入固定资产成本

8. 下列各项中，应记入"固定资产清理"科目贷方的有（   ）。

A. 盘亏的固定资产账面净值

B. 因自然灾害造成固定资产损失而取得的赔款

C. 因改建厂房而结转的厂房账面价值

D. 支付的固定资产清理费用

E. 转让固定资产取得的变价收入

9. 下列有关固定资产会计处理的表述中，正确的有（   ）。

A. 企业已经就处置某固定资产作出决议，与受让方签订了不可撤销的合同，且该转让将在一年内完成的，应将该固定资产划分为持有待售资产

B. 固定资产出售、报废或毁损、盘亏时，都应先将固定资产账面价值转入"固定资产清理"账户

C. 出售固定资产所产生的净损益应通过"资产处置损益"科目核算

D. 计提减值准备后的固定资产以扣除减值准备后的账面价值为基础计提折旧

E. 采用出包方式建造固定资产时，预付的工程款应记入"预付账款"科目

10. 下列关于土地使用权会计处理的表述中，正确的有（   ）。

A. 房地产企业为开发商品房取得的土地使用权通常应确认为无形资产，但如果改变用途用于出租则作为投资性房地产核算

B. 随同地上建筑物一起用于出租的土地使用权应一并确认为投资性房地产

C. 企业取得土地使用权并在地上自行开发建造厂房等建筑物并自用时，土地使用权与建筑物应当分别进行摊销和计提折旧

D. 企业取得土地使用权通常应确认为无形资产，其使用寿命不确定的，不应进行摊销

E. 企业一并购入地上建筑物与土地使用权并自用的，相关购买价款应当在地上建筑物与土地使用权之间进行分配，难以分配的，应当全部作为固定资产核算

11. 企业无形资产的开发阶段支出,要确认为无形资产应当满足的条件有( )。
    A. 完成该无形资产以使其能够使用或出售在技术上具有可行性
    B. 具有完成该无形资产并使用或出售的意图
    C. 无形资产的研发必须经过科技部门的认定
    D. 有足够的技术、财务资源和其他资源支持,以完成该无形资产的开发,并有能力使用或出售该无形资产
    E. 归属于该无形资产开发阶段的支出能够可靠地计量

12. 土地使用权可能计入的科目有( )。
    A. 开发成本　　　B. 无形资产
    C. 投资性房地产　D. 固定资产
    E. 财务费用

13. 下列关于内部开发无形资产所发生支出的会计处理中,正确的有( )。
    A. 同时从事多项研究开发活动的,所发生的支出应当按照合理的标准在各项研究开发活动之间进行分配
    B. 若无法区分研究阶段和开发阶段支出,应将发生的全部研发支出费用化
    C. 研究阶段的支出,符合资本化的条件的,才能确认为无形资产
    D. 研发支出无法明确分配的,应当计入当期损益,不计入无形资产成本
    E. 企业以其他方式取得的正在进行中研究开发项目,应当将取得时支付的对价资本化

14. 下列各项中,能表明固定资产可能发生了减值的有( )。
    A. 资产的市价当期大幅度下跌,其跌幅明显高于因时间推移或者正常使用而预计的下跌
    B. 企业经营所处的经济、技术或者法律等环境以及资产所处的市场在当期或者将在近期发生重大变化,从而对企业产生不利影响
    C. 市场利率或者其他市场投资报酬率在当期已经降低,从而影响企业计算资产预计未来现金流量现值的折现率,导致资产可收回金额大幅度降低
    D. 有证据表明资产已经陈旧过时或者其实体已经损坏
    E. 资产已经或者将被闲置、终止使用或计划提前处置

15. 下列关于无形资产的表述中,正确的有( )。
    A. 企业为引进新技术、新产品进行宣传的广告费应计入无形资产的初始成本
    B. 使用寿命不确定的无形资产,按法律规定的最高摊销期限摊销
    C. 使用寿命有限的无形资产,其应摊销金额为成本扣除预计净残值和已计提的减值准备后的金额
    D. 无形资产也可能采用年数总和法进行摊销
    E. 无形资产的摊销金额均应计入当期损益

16. 一般工业企业拥有的下列房地产中,属于该企业投资性房地产的有( )。
    A. 已出租的机器设备
    B. 企业管理当局已作出书面决议明确将继续持有,待其增值后转让的土地使用权
    C. 企业持有以备出售的建筑物
    D. 已经出租但仍由本企业提供日常维护的建筑物
    E. 出租给本企业职工居住的建筑物

17. 下列关于投资性房地产核算的表述中,不正确的有( )。
    A. 投资性房地产后续计量模式的变更属于会计估计变更,不需进行追溯调整
    B. 处置投资性房地产时,应将实际收到的金额与账面价值的差额计入其他业务收入
    C. 企业通常应当采用成本模式对投资性房地产进行后续计量,也可采用公允价

值模式对投资性房地产进行后续计量

D. 处置投资性房地产时，与该投资性房地产相关的其他综合收益应转入其他业务成本

E. 采用成本模式计量的投资性房地产，符合条件时可转换为公允价值模式计量

18. 下列关于投资性房地产与非投资性房地产转换的会计处理的表述中，正确的有( )。

A. 采用成本模式计量的投资性房地产转换为自用房地产时，其账面价值与公允价值的差额计入公允价值变动损益

B. 采用成本模式计量的投资性房地产转换为存货时，其账面价值大于公允价值的差额计入公允价值变动损益

C. 自用房地产转换为采用公允价值模式计量的投资性房地产时，其账面价值大于公允价值的差额计入公允价值变动损益

D. 采用公允价值模式计量的投资性房地产转换为存货时，其账面价值与公允价值的差额计入其他综合收益

E. 存货转换为采用公允价值模式计量的投资性房地产时，其账面价值小于公允价值的差额计入其他综合收益

19. 下列项目中，属于资产预计未来现金流量组成范围的有( )。

A. 企业将来可能会发生的与资产改良有关的预计未来现金流量

B. 为使资产达到预定可使用状态所发生的现金流出

C. 企业已经承诺重组所能节约的费用和由重组所带来的其他利益

D. 与将来可能会发生的、尚未作出承诺的重组事项有关的预计未来现金流量

E. 在公平交易中，熟悉情况的交易双方自愿进行交易时，企业预期可从资产的处置中获取或者支付的、减去预计处置费用后的金额

20. 下列项目中，属于非货币性资产交换的有( )。

A. 以公允价值为50万元的投资性房地产换取一项专利权

B. 以公允价值为500万元的对联营企业的长期股权投资换取一批原材料

C. 以公允价值为100万元的无形资产换取固定资产，同时收到12万元的补价

D. 以公允价值为30万元的固定资产换取一辆小汽车，同时支付15万元的补价

E. 以一项应收账款180万元换取一项公允价值220万元的无形资产，同时支付银行存款40万元

21. 非货币性资产交换中以公允价值为基础确定换入资产入账价值应同时满足的条件有( )。

A. 换入的只能是非货币性资产，不能有货币性资产

B. 收到补价或支付补价不能超过整个资产交换金额的25%

C. 该项交换具有商业实质

D. 换入资产或换出资产的公允价值能够可靠地计量

E. 换入资产与换出资产的预计未来现金流量现值不同，但其差额与换入资产和换出资产的公允价值相比并不重大

22. 下列关于持有待售资产的核算表述中不正确的有( )。

A. 转为持有待售资产的固定资产应停止计提折旧

B. 将固定资产划分为持有待售资产前确认的资产减值损失不得转回

C. 持有待售资产应按照账面价值与公允价值减去处置费用后的净额的差额计提减值

D. 持有待售资产的处置损益一定为0

E. 终止确认持有待售的非流动资产或处置组时，应当将尚未确认的利得或损失计入留存收益

23. 乙公司将一项账面价值为165万元、预计使用年限为4年的固定资产划分为持有待

售资产。其公允价值是 138 万元，预计处置费用是 12 万元。下列关于持有待售资产的说法中，正确的有（　　）。

A. 划分为持有待售资产后，其账面价值仍是 165 万元
B. 划分为持有待售资产后，其账面价值需调整为 126 万元
C. 调整时计入资产减值损失的金额是 39 万元
D. 划分为持有待售之日起，停止计提折旧
E. 如果公允价值是 180 万元，处置费用是 10 万元，划分为持有待售资产后，其账面价值是 170 万元

24. 下列资产计提的资产减值准备，在相应持有期间可以通过损益转回的有（　　）。

A. 债权投资
B. 长期股权投资
C. 交易性金融资产
D. 库存商品
E. 投资性房地产

25. 下列关于持有待售非流动资产或处置组分类的表述中，正确的有（　　）。

A. 企业已经就一项出售计划作出决议但后期该协议可能出现重大调整或者撤销，仍可能将其划分为持有待售类别
B. 持有待售的非流动资产或处置组不再满足持有待售类别划分条件的，企业不应当继续将其划分为持有待售类别
C. 部分资产或负债从持有待售的处置组中移除后，处置组中剩余资产或负债新组成的处置组仍然满足持有待售类别划分条件的，企业应当将新组成的处置组划分为持有待售类别
D. 企业应当将拟结束使用而非出售的非流动资产或处置组划分为持有待售类别
E. 部分资产或负债从持有待售的处置组中移除后，只能将满足持有待售类别划分条件的非流动资产单独划分为持有待售类别

三、计算题

长江股份公司（以下简称"长江公司"）有关无形资产的业务资料如下：

(1) 2×19 年 1 月 1 日，从乙公司购入一项专利权 Y，支付价款 800 万元，同时支付相关税费 20 万元，该项专利自 2×19 年 1 月 10 日起用于 X 产品生产，法律保护期限为 15 年，长江公司预计运用该专利生产的产品在未来 10 年内会为企业带来经济利益。就该项专利技术，A 公司向长江公司承诺在第 5 年年末以 320 万元购买该专利权。按照长江公司管理层目前的持有计划来看，该公司准备在第 5 年年末将其出售给 A 公司。长江公司采用直线法摊销该项无形资产。2×19 年度为宣传新产品——X 产品发生相关广告费用 50 万元。

(2) 2×19 年 6 月 1 日购入一项非专利技术，支付价款 300 万元，为使该项非专利技术达到预定用途支付相关专业服务费用 20 万元。该项非专利技术合同或法律没有明确规定使用寿命，甲公司也无法合理确定无形资产为企业带来经济利益期限。

(3) 2×19 年 1 月 1 日购入的一项专利权 Z，初始入账价值为 600 万元。该无形资产预计使用年限为 10 年，该专利权能够在到期时展期 5 年且不需要付出重大成本。采用直线法摊销。

(4) 2×20 年 1 月 1 日，从 B 公司购买一项商标权，由于长江公司资金周转比较紧张，经与 B 公司协议采用分期付款方式支付款项。合同规定，该项商标权总计 300 万元，每年年末付款 100 万元，3 年付清。假定银行同期贷款利率为 5%，假定未确认融资费用采用实际利率法摊销，取得的商标权采用直线法按 5 年摊销。

已知（P/F，5%，1）= 0.952 4，（P/F，5%，2）= 0.907 0，（P/F，5%，3）= 0.863 8。

根据上述资料，不考虑其他因素，回答下列各题。

(1) 长江公司有关专利权 Y 摊销的下列说

法中,正确的是( )。
A. 专利权 Y 应从 2×19 年 1 月开始摊销
B. 专利权 Y 应从 2×19 年 2 月开始摊销
C. 专利权 Y 的摊销期为 15 年
D. 专利权 Y 的摊销期为 10 年
(2)下列有关长江公司对无形资产的会计处理中正确的是( )。
A. 2×19 年应将专利权 Y 的摊销金额 100 万元计入管理费用
B. 2×19 年 6 月购入的非专利技术入账价值应为 300 万元
C. 购入的非专利技术不需要进行摊销
D. 2×19 年 1 月 1 日购入的专利权 Z 应按预计使用年限 10 年进行摊销
(3)2×20 年 1 月 1 日购买的商标权在 2×20年应计提的摊销金额为( )元。
A. 600 000   B. 544 640
C. 480 000   D. 720 000
(4)2×21 年因购买商标权应确认的融资费用为( )元。
A. 136 160   B. 100 000
C. 92 968   D. 93 192

四、综合分析题

甲公司 2×17 年至 2×20 年与固定资产有关的业务资料如下:

(1)甲公司自行建造某项生产用大型设备,该设备由 A、B、C、D 四个部件组成,该四个部件可以以不同的方式为企业提供经济利益。建造过程中发生外购设备和材料成本 7 320 万元,人工成本 1 200 万元,资本化的借款费用 1 920 万元,安装费用 1 140 万元,为达到正常运转状态发生测试费 600 万元,外聘专业人员服务费 360 万元。另发生员工培训费 120 元。2×17年1月,该设备达到预定可使用状态并投入使用。因设备刚刚投产,未能满负荷运转,甲公司当年度亏损 720 万元。

该设备整体预计使用年限为 15 年,预计净残值为零,采用年限平均法计提折旧。A、B、C、D 各部件在达到预定可使用状态时的公允价值分别为 3 360 万元、2 880 万元、4 800 万元、2 160 万元,各部件的预计使用年限分别为 10 年、15 年、20 年和 12 年。按照税法规定该设备应采用年限平均法按 10 年计提折旧,预计净残值为零,其初始计税基础与会计计量相同。

(2)2×17 年 12 月 20 日,甲公司购进一台不需要安装的设备 F,设备价款为 700 万元,另发生运费 2 万元,专业人员服务费 20 万元,款项以银行存款支付;没有发生其他相关税费。该设备于当日投入使用,预计使用年限为 10 年,预计净残值为 25 万元,采用直线法计提折旧。

2×18年 12 月 31 日,甲公司对该设备进行检查时发现其已经发生减值,预计可收回金额为 560 万元;计提减值准备后,该设备原预计使用年限、折旧方法保持不变。预计净残值变更为 20 万元。

2×19 年 12 月 31 日,甲公司因生产经营方向调整,决定采用出包方式对设备 F 进行改良,同时对该项固定资产的某一主要部件进行更换,符合固定资产确认条件,被更换部件的原价为 325 万元,改良工程验收合格后支付工程价款。该设备于当日停止使用,开始进行改良。

2×20 年 3 月 30 日,改良工程完工并验收合格,甲公司以银行存款支付工程总价款 320 万元。

根据上述材料,不考虑其他相关税费,回答下列各题(单位以万元表示)。

(1)甲公司自行建造设备的成本是( )万元。
A. 12 180   B. 12 540
C. 12 660   D. 13 380

(2)甲公司自行建造设备 2×17 年度应计提的折旧额是( )万元。
A. 744.33   B. 825.55
C. 900.60   D. 1 149.50

(3)甲公司 2×17 年 12 月 20 日购入设备的

入账价值为( )万元。
A. 700　　　　　B. 722
C. 720　　　　　D. 702

(4)甲公司2×18年12月31日对设备F应计提的固定资产减值准备为( )万元。
A. 92.3　　　　B. 69.7
C. 182　　　　　D. 112

(5)甲公司2×19年12月31日设备F转入改良时的账面价值为( )万元。
A. 540　　　　　B. 500
C. 652.3　　　　D. 560

(6)2×20年3月30日改良后的设备F原值为( )万元。
A. 594.93　　　B. 520
C. 594　　　　　D. 500

同步训练答案及解析

一、单项选择题

1. D 【解析】选项A，企业的环保设备和安全设备等资产虽然不能直接为企业带来经济利益，但有助于企业从相关资产使用过程中获得经济利益，所以应当确认为固定资产。选项B，企业购置计算机硬件所附带的、无法单独计价的软件，与所购置的计算机硬件一并作为固定资产核算。选项C，对于固定资产的各组成部分，如果各自具有不同的使用寿命或者以不同的方式为企业提供经济利益，从而适用不同的折旧率或折旧方法的，应当将各组成部分分别单独确认为固定资产。

2. C 【解析】2×20年1月2日购入时，分期应付款的应付本金＝每期分期付款300 000元的年金现值＝300 000×(P/A, 10%, 3) = 300 000×2.486 9 = 746 070(元)，总价款的现值＝600 000＋746 070 = 1 346 070(元)。

3. C 【解析】在建工程发生的管理费、征地费、可行性研究费、临时设施费等，应当发生时计入在建工程——待摊支出中，因此选项A不正确；由于自然灾害等原因造成的在建工程报废或毁损，减去残料价值和过失人或保险公司等赔款后的净损失，应当计入当期的"营业外支出"中，因此选项B不正确；在建工程进行负荷联合试车发生的费用应当计入在建工程的成本中，因此选项D不正确。

4. D 【解析】在建工程发生的管理费、征地费、可行性研究费、临时设施费、公证费、监理费和应负担的税费，以及在建工程进行负荷联合试车发生的费用等均应记入"在建工程——待摊支出"科目。

5. B 【解析】该厂房的入账价值＝200＋240＋120＋20.2 = 580.2(万元)

6. B 【解析】取得固定资产时，应按弃置费用的现值，借记"固定资产"科目，贷记"预计负债"科目。

7. C 【解析】该生产设备的入账价值＝183＋30＋48＋28.5＋18＋9－3 = 313.5(万元)，每年应计提折旧额＝313.5/10 = 31.35(万元)。

8. A 【解析】由于各个设备可以独立使用，所以应按照X、Y、Z各部件的预计使用年限分别作为相应的折旧年限。

9. D 【解析】选项A，对于固定资产使用寿命、预计净残值和折旧方法，企业至少应于每期期末进行复核，如果发生变更的，应当作为会计估计变更处理；选项B，使用寿命预计数的变更，属于会计估计变更，不应追溯调整已经计提的折旧；选项C，若预计净残值预计数与原先估计数有差异，应当调整预计净残值，但不是按照孰低原则确定。

10. C 【解析】安装完成后该套设备入账价值＝65 000－13 000－(12 000－13 000×12 000/65 000)＋18 000 = 60 400(元)

11. D 【解析】设备原入账价值 = 50 + 2.5 + 15 = 67.5（万元）；已提折旧 = 67.5×5/15×10/12 = 18.75（万元）；报废净损失 = 67.5 - 18.75 - 4 - 2 = 42.75（万元）。

12. A 【解析】固定资产改扩建时账务处理如下：
借：在建工程
　　累计折旧
　　固定资产减值准备
　　贷：固定资产

13. A 【解析】选项 B，使用寿命不确定的无形资产，在持有期间不需要摊销，但至少应于每年年末进行减值测试；选项 C，无法合理分配的，应全部作为固定资产入账；选项 D，商誉不属于无形资产。

14. A 【解析】2×18 年 12 月 31 日无形资产计提减值准备前的账面价值 = 32 - 32/10 = 28.8（万元），高于其可收回金额 27 万元，所以其账面价值为 27 万元，尚可使用年限为 9 年；2×19 年摊销的金额为 3 万元，2×19 年 12 月 31 日的账面价值为 24 万元，低于其可收回金额，无形资产计提的减值准备不能转回，2×20 年 6 月 30 日该项无形资产的账面价值 = 24 - (24/8)/2 = 22.5（万元）。

15. C 【解析】无形资产的入账价值 = 60 + 15 = 75（万元），无形资产的摊销额 = 75/6×8/12 = 8.33（万元）。

16. C 【解析】转让该无形资产所获得的净收益 = 300 - (360 - 360÷10×5) = 120（万元），计入资产处置损益，对营业利润的影响为 120 万元。

17. A 【解析】处置该项投资性房地产的会计处理：
借：银行存款　　　　　　　　100
　　贷：其他业务收入　　　　　　100
借：其他业务成本　　　　　　80
　　投资性房地产——公允价值变动　10
　　贷：投资性房地产——成本　　90
借：其他业务成本　　　　　　10
　　贷：公允价值变动损益　　　　10
借：其他综合收益　　　　　　10
　　贷：其他业务成本　　　　　　10
所以，影响损益的金额 = 100 - 80 - 10 + 10 + 10 = 30（万元）。

18. B 【解析】作为存货的房产转为采用公允价值模式计量的投资性房地产的，贷方差额应计入其他综合收益。

19. D 【解析】无论是否存在减值迹象，对于使用寿命不确定的无形资产每年年末都需要进行减值测试。

20. B 【解析】甲公司因非货币性资产交换影响损益的金额 = 25 - (30 - 8) = 3（万元）。

21. A 【解析】华山公司换入的专利权入账价值 = 400×(1 + 13%) - 420×6% - 6.8 = 420（万元）。

22. C 【解析】企业将固定资产划分为持有待售，应同时满足下列条件：一是可立即出售；二是出售极可能发生（企业已经就一项出售计划作出决议且获得确定的购买承诺，预计出售将在一年内完成）。上述选项只有选项 C 同时满足这些条件，因此可以划分为持有待售。

23. C 【解析】选项 A，该厂房于 2×20 年 3 月底已满足持有待售固定资产的定义，因此应从下月起停止计提折旧，所以 2×20 年应计提的折旧额 = (3 240 - 40)/10×(3/12) = 80（万元）；选项 B，转换时，原账面价值 1 800 万元 [3 240 - (3 240 - 40)/10/12×(3 + 4×12 + 3)]大于调整后的预计净残值 1 720 万元，因此应确认的资产减值损失金额 = 1 800 - 1 720 = 80（万元）；选项 C，持有待售的资产应由非流动资产重分类为流动资产列示。

24. B 【解析】2×19 年的折旧额 = 21 000×(1 - 5%)×5/15 = 6 650（元），2×20 年的折旧额 = 21 000×(1 - 5%)×4/15 = 5 320（元），至 2×20 年年末，该固定资产的账

面价值 = 21 000 - 6 650 - 5 320 = 9 030 (元), 高于其可收回金额(7 200元), 应计提的减值准备额 = 9 030 - 7 200 = 1 830(元)。该设备对甲公司2×20年利润总额的影响数=折旧对损益的影响 5 320×60%+资产减值损失 1 830=5 022(元)。

25. A 【解析】无形资产的可收回金额指以下两项金额中的较高者：①无形资产的公允价值扣除处置费用后的净额；②预计未来现金流量的现值。因此，无形资产的可收回金额为750万元，在2×20年年末应计提的无形资产减值准备 = 1 000-750=250(万元)。

26. A 【解析】可收回金额应当根据资产的公允价值减去处置费用后的净额与资产预计未来现金流量的现值两者之间较高者确定。如资产的可收回金额低于其账面价值的，应当将资产的账面价值减记至可收回金额，减记的金额确认为资产减值损失，计入当期损益，同时计提相应的资产减值准备。因此，甲企业在2×20年12月31日应该计提的减值准备 = 1 000-(920-20)= 100(万元)。

27. C 【解析】选项C，在对持有待售的非流动资产进行初始计量时，如果持有待售的非流动资产的账面价值低于其公允价值减去出售费用后的净额，企业不需要对账面价值进行调整。

二、多项选择题

1. ADE 【解析】对于企业的环保设备和安全设备等资产，虽然不能直接为企业带来经济利益，却有助于企业从相关资产获得经济利益，也应当确认为固定资产，因此选项A不正确；对于固定资产的各组成部分，如果可以各自具有不同的使用寿命或者以不同的方式为企业提供经济利益从而适用不同的折旧率或折旧方法的，应当分别确认为固定资产，因此选项D不正确；企业购置计算机硬件所附带的、未单独计价的软件，与所购置的计算机硬件一并作为固定资产，因此选项E不正确。

2. ABCD

3. BCDE 【解析】选项BCE，应计入在建工程；选项D，应冲减在建工程。

4. ABE 【解析】选项C，固定资产折旧方法一经确定，不得随意变更，并非不得变更；选项D，只有双倍余额递减法下在计提折旧前期不考虑预计净残值，其他折旧方法均需要考虑预计净残值。

5. ABD 【解析】选项C，改扩建的固定资产在改扩建期间一般不再计提折旧；选项E，划分为持有待售的固定资产不计提折旧。

6. ABE 【解析】选项C，已达预定使用状态并已办理竣工决算，此时固定资产需要开始计提折旧；选项D，按照实际成本调整暂估价的，不需要调整以前计提的折旧。

7. CDE 【解析】选项A、B，固定资产发生的不符合资本化条件的更新改造支出和装修费用，应在发生时计入当期管理费用或销售费用。

8. BE 【解析】选项A，计入待处理财产损溢；选项C，应借记"在建工程"科目；选项BE记入"固定资产清理"科目的贷方。

9. ACDE 【解析】选项B，固定资产盘亏不通过"固定资产清理"科目核算，应通过"待处理财产损溢"科目核算。

10. BCDE 【解析】选项A，房地产企业为开发商品取得的土地使用权通常应确认为存货，如果改变用途用于出租则作为投资性房地产核算。

11. ABDE 【解析】企业的开发支出，同时满足下列条件的，可以确认为无形资产：①完成该无形资产以使其能够使用或出售在技术上具有可行性。②具有完成该无形资产并使用或出售的意图。③无形资产产生经济利益的方式。④有足够的技术、财务资源和其他资源支持，以完成该无形资产的开发，并有能力使用或出售该无形资产。⑤归属于该无形资产开发阶段的支出能够可靠地计量。

12. ABCD 【解析】房地产开发企业为开发用于出售的住宅小区而购入的土地使用权，记入"开发成本"等；对于企业用于出租的土地使用权，应该记入"投资性房地产"；对于企业自用的房屋占用的土地使用权，应记入"无形资产"；如果购买价款无法在其与建筑物之间合理分配，则确认为固定资产。

13. ABDE 【解析】选项 C，研究阶段的支出应予以费用化，不能资本化。

14. ABDE 【解析】选项 C，正确的表述为：市场利率或者其他市场投资报酬率在当期已经提高，从而影响企业计算资产预计未来现金流量现值的折现率，导致资产可收回金额大幅度降低。

15. CD 【解析】选项 A，外购无形资产成本不包括为引入新产品进行宣传发生的广告费、管理费用及其他间接费用。选项 B，使用寿命不确定的无形资产，不进行摊销。选项 E，无形资产的摊销金额可能计入当期损益，也可能计入产品或者其他资产成本。

16. BD 【解析】选项 A，已出租的机器设备不属于投资性房地产；选项 C，对于一般企业来说，应作为固定资产核算，对于房地产企业来说，则可能作为存货核算；选项 E，属于企业的自用房地产。

17. AB 【解析】选项 A，投资性房地产后续计量模式的变更属于会计政策变更，需要进行追溯调整；选项 B，处置投资性房地产时，应将实际收到的金额计入其他业务收入，同时将其账面价值计入其他业务成本。

18. CE 【解析】选项 AB，成本模式下的投资性房地产转换成自用房地产或者存货时，直接按照账面价值结转，不需要考虑公允价值；选项 D，将公允价值模式下的投资性房地产转为存货时，其差额应计入公允价值变动损益。

19. BCE 【解析】预计资产未来现金流量应当以资产的当前状况为基础，不应当包括与将来可能会发生的、尚未作出承诺的重组事项或者与资产改良有关的预计未来现金流量，也不应当包括筹资活动和所得税收付产生的现金流量。

20. ABC 【解析】选项 D，支付的补价÷(支付的补价+换出资产公允价值) = 15/(15+30) = 33.33% > 25%，不属于非货币性资产交换；选项 E，应收账款属于货币性资产。

21. CD 【解析】非货币性资产交换同时满足下列条件的，应当以公允价值和应支付的相关税费作为换入资产的成本，公允价值与换出资产账面价值的差额计入当期损益：该项交换具有商业实质；换入资产或换出资产的公允价值能够可靠地计量。

22. CDE 【解析】持有待售资产按照账面价值与公允价值减去处置费用后的净额孰低进行计量，意思就是说：如果账面价值大于公允价值减去处置费用后的净额，其差额应确认为减值损失，处置时处置价款(减去处置费用)一般等于账面价值，处置损益为 0；如果账面价值小于公允价值减去处置费用后的净额，那么按照账面价值计量，不需要计提减值，此种情况下处置时确认的损益不一定为 0。因此选项 CD 不正确。持有待售的非流动资产或处置组在终止确认时，企业应当将尚未确认的利得或损失计入当期损益，选项 E 不正确。

23. BCD 【解析】企业将固定资产划分为持有待售资产时，应将固定资产账面价值大于其公允价值减处置费用后的净额的差额计入资产减值损失[165-(138-12)=39(万元)]，因此，该资产被划分为持有待售资产后，其账面价值变为 126 万元，选项 A 错误。选项 E，如果公允价值是 180 万元，处置费用是 10 万元，则其公允价值减处置费用后的净额为 170 万元，高于原账面价值 165 万元，不需计提资产减值损失，所以其账面价值仍为 165 万元。

24. AD 【解析】选项 BE，投资性房地产和长期股权投资的减值一经计提不得转回；选项 C，交易性金融资产不计提减值。

25. BC 【解析】选项 A，企业已经就一项出售计划作出决议且获得确定的购买承诺，才可能划分为持有待售类别，其中确定的购买承诺是指企业与其他方签订的具有法律约束力的购买协议，该协议包含交易价格、时间和足够严厉的违约惩罚等重要条款，使协议出现重大调整或者撤销的可能性极小。选项 D，企业不应当将拟结束使用而非出售的非流动资产或处置组划分为持有待售类别。选项 E，部分资产或负债从持有待售的处置组中移除后，处置组中剩余资产或负债新组成的处置组仍然满足持有待售类别划分条件的，企业应当将新组成的处置组划分为持有待售类别，否则应当将满足持有待售类别划分条件的非流动资产单独划分为持有待售类别。

三、计算题

(1)A；(2)C；(3)B；(4)C。

【解析】(1)无形资产的摊销期自其可供使用时开始至终止确认时止。当月增加的无形资产，当月开始摊销；当月减少的无形资产，当月不再摊销，因此专利权 Y 应从 2×19 年 1 月开始摊销。按规定源自合同性权利或其他法定权利取得的无形资产，其使用寿命不应超过合同性权利或其他法定权利的期限，但如果企业使用资产的预期的期限短于合同性权利或其他法定权利规定的期限，则应当按照企业预期使用的期限确定其使用寿命。专利权 Y 应按 5 年作为摊销期，并将 A 公司向长江公司承诺在第 5 年购买该专利权的价款 320 万元作为无形资产的残值。

(2)专利权 Y 的 2×19 年的摊销金额 = (820－320)/5 = 100(万元)，因该专利权专门用于生产产品 X，因此其摊销应计入产品成本；2×19 年 6 月 1 日购入的非专利技术入账价值应 = 300 + 20 = 320(万元)，因其使用寿命不确定而不需要进行摊销；如果合同性权利或其他法定权利能够在到期时因续约等延续，则当有证据表明企业续约不需要付出重大成本时，续约期可包括在使用寿命的估计中，所以 2×19 年 1 月 1 日购入的专利权 Z 应按预计使用年限 15 年进行摊销。

(3) 2×20 年 1 月 1 日无形资产的入账价值 = 1 000 000 × 0.952 4 + 1 000 000 × 0.907 0 + 1 000 000 × 0.863 8 = 2 723 200(元)。当年应计提的摊销 = 2 723 200/5 = 544 640(元)。

(4) 2×20 年初未确认融资费用 = 3 000 000 － 2 723 200 = 276 800(元)；2×20 年应确认的融资费用 = 2 723 200 × 5% = 136 160(元)；2×21 年应确认的融资费用 = [(3 000 000 － 1 000 000) － (276 800 － 136 160)] × 5% = 92 968(元)。

四、综合分析题

(1)B；(2)B；(3)B；(4)A；(5)B；(6)A。

【解析】(1)设备的成本 = 7 320 + 1 200 + 1 920 + 1 140 + 600 + 360 = 12 540(万元)

(2)本题中，由于构成固定资产的各组成部分各自具有不同的使用寿命、以不同的方式为企业提供经济利益，从而适用不同的折旧率或者折旧方法，因此，企业应将各组成部分分别单独确认为单项固定资产。

A 部件的成本 = 12 540 ÷ (3 360 + 2 880 + 4 800 + 2 160) × 3 360 = 3 192(万元)

B 部件的成本 = 12 540 ÷ (3 360 + 2 880 + 4 800 + 2 160) × 2 880 = 2 736(万元)

C 部件的成本 = 12 540 ÷ (3 360 + 2 880 + 4 800 + 2 160) × 4 800 = 4 560(万元)

D 部件的成本 = 12 540 ÷ (3 360 + 2 880 + 4 800 + 2 160) × 2 160 = 2 052(万元)

因此，甲公司该设备在 2×17 年度应计提的折旧额=3 192÷10×11/12+2 736÷15×11/12+4 560÷20×11/12+2 052÷12×11/12=825.55(万元)。

(3)甲公司2×17年12月20日购入设备的入账价值=700+2+20=722(万元)

(4)F设备在2×18年度应计提的折旧额=(722-25)/10=69.7(万元);该设备在2×18年12月31日应计提的固定资产减值准备=(722-69.7)-560=92.3(万元)。

(5)2×19年度该设备计提的折旧额=(560-20)/9=60(万元),2×19年12月31日该设备转入改良时的账面价值=560-60=500(万元)。

(6)该项固定资产在转入改良时的账面价值=500(万元)。

加:发生的后续支出:320(万元);

减:被更换部件账面价值=325-(69.7+60)×325/722-92.3×325/722=225.07(万元);

或者,被更换部件账面价值=500×325/722=225.07(万元);

所以,对该项固定资产进行改良后的原值=500+320-225.07=594.93(万元)。

第10章 非流动资产(一)

本章知识串联

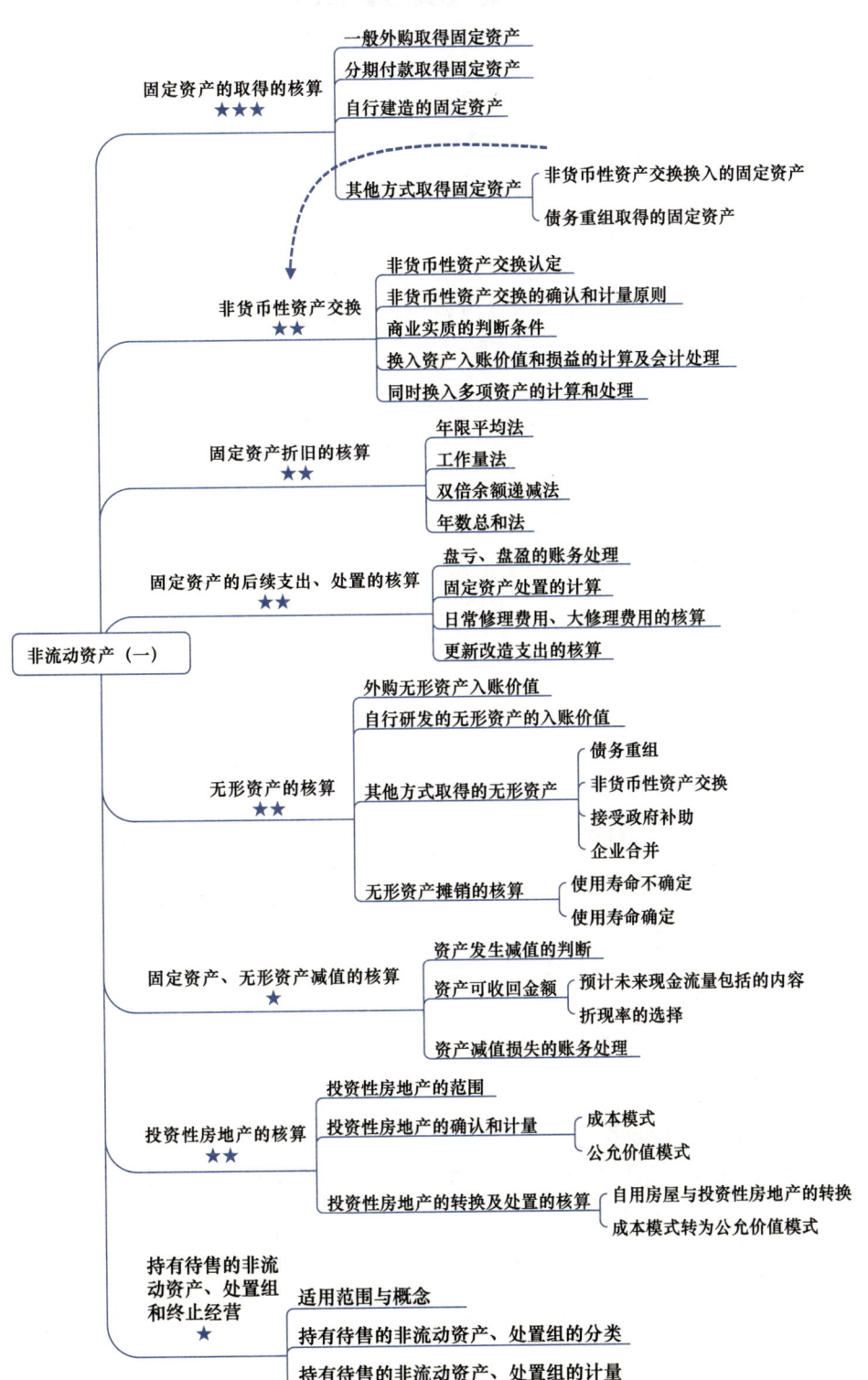

第11章 非流动资产（二）

考情解密

历年考情概况

本章属于非常重要的章节，且难度很大。在历年考试中，主要考查了债权投资的核算、以公允价值计量且其变动计入其他综合收益的金融资产的核算、长期股权投资的初始计量与后续计量及其转换等。考试中，本章内容在各种题型中均可能出现，近年平均分值在14分左右。

近年考点直击

考点	主要考查题型	考频指数	考查角度
金融资产分类	多选题	★	金融资产分类的表述判断
以摊余成本计量的金融资产的核算	单选题、多选题	★★★	以摊余成本计量的金融资产所涉及的利息调整的计算
以公允价值计量且其变动计入其他综合收益的金融资产的核算	单选题	★★	以公允价值计量且其变动计入其他综合收益的金融资产的账面价值的计算
以公允价值计量且变动计入当期损益的金融资产的核算	单选题	★★	（1）影响营业利润金额的计算；（2）影响投资收益金额的计算
长期股权投资的初始计量	单选题、多选题、综合分析题	★★★	（1）长期股权投资初始投资成本的计算；（2）非货币性资产交换取得长期股权投资入账价值的计算；（3）长期股权投资交易费用表述判断
长期股权投资的后续计量	综合分析题	★★	（1）长期股权投资权益法的核算；（2）成本法下被投资单位宣告现金股利时的处理
长期股权投资的转换	单选题、综合分析题	★★	（1）权益法转成本法核算；（2）成本法因减资而转为权益法的处理

本章2021年考试主要变化

（1）简化了企业合并的认定原则及业务的判定，新增了控制的认定原则；
（2）删除了合营安排的详细讲解。

考点详解及精选例题

核心考点1　以摊余成本计量的金融资产

扫我解疑难

一、金融资产的含义及分类★（见表11-1）

表11-1　金融资产含义及分类

项目	内容
金融资产的含义	金融资产，是指企业持有的现金、其他方的权益工具以及符合下列条件之一的资产： (1)从其他方收取现金或其他金融资产的合同权利； (2)在潜在有利条件下，与其他方交换金融资产或金融负债的合同权利； (3)将来须用或可用企业自身权益工具进行结算的非衍生工具合同，且企业根据该合同将收到可变数量的自身权益工具； (4)将来须用或可用企业自身权益工具进行结算的衍生工具合同，但以固定数量的自身权益工具交换固定金额的现金或其他金融资产的衍生工具合同除外
金融资产的分类	(1)以摊余成本计量的金融资产，即债权投资； (2)以公允价值计量且其变动计入其他综合收益的金融资产，包括：①其他债权投资；②其他权益工具投资； (3)以公允价值计量且其变动计入当期损益的金融资产，即交易性金融资产

【思路点拨】被划分为交易性金融资产的，可能是债权性质的投资，也可能是股权性质的投资。

二、以摊余成本计量的金融资产的含义★★

1. 分类条件

金融资产同时符合下列条件的，应当分类为以摊余成本计量的金融资产：

(1)企业管理该金融资产的业务模式是以收取合同现金流量为目标。

(2)该金融资产的合同条款规定，在特定日期产生的现金流量，仅为对本金和以未偿付本金金额为基础的利息的支付。

2. 摊余成本

金融资产或金融负债的摊余成本，应当以该金融资产或金融负债的初始确认金额经下列调整后的结果确定：

(1)扣除已偿还的本金。

(2)加上或减去采用实际利率法将该初始确认金额与到期日金额之间的差额进行摊销形成的累计摊销额。

(3)扣除累计计提的损失准备（仅适用于金融资产）。

3. 实际利率法

实际利率法，是指计算金融资产或金融负债的摊余成本以及将利息收入或利息费用分摊计入各会计期间的方法。

(1)实际利率，是指将金融资产或金融负债在预计存续期的估计未来现金流量，折现为该金融资产账面余额或该金融负债摊余成本所使用的利率。

(2)经信用调整的实际利率，是指将购入或源生的已发生信用减值的金融资产在预计存续期的估计未来现金流量，折现为该金融资产摊余成本的利率。

三、以摊余成本计量的金融资产的核算★★★（见表11-2）

表11-2 以摊余成本计量的金融资产的核算

业务情况	账务处理
取得金融资产时	借：债权投资——成本[面值] 　　应收利息[已到期但尚未发放的利息] 　贷：银行存款 　　　债权投资——利息调整[或借记][倒挤]
期末产生的利息收入	分期付息、一次还本的债券投资： 借：应收利息[债券面值×票面利率] 　贷：投资收益[期初摊余成本×实际利率] 　　　债权投资——利息调整[或借记][差额] 一次还本付息的债券投资： 借：债权投资——应计利息[债券面值×票面利率] 　贷：投资收益[期初摊余成本×实际利率] 　　　债权投资——利息调整[或借记][差额]
期末减值	借：信用减值损失 　贷：债权投资减值准备
处置金融资产	借：银行存款 　　债权投资减值准备 　贷：债权投资——成本、利息调整、应计利息等 　　　投资收益[或借记][差额]

【例题1·单选题】2×20年1月1日，甲公司购入乙公司于当日发行且可上市交易的债券100万张，支付价款9 500万元，另支付手续费90.12万元。该债券期限为5年，每张面值为100元，票面年利率为6%，于每年12月31日支付当年利息。甲公司有充裕的现金，管理层将该债券划分为以摊余成本计量的金融资产。12月31日，甲公司收到2×20年度利息600万元。则2×20年年末甲公司应确认的投资收益为（　　）万元。[（P/A，5%，5）= 4.329 5；（P/A，6%，5）= 4.212 4；（P/A，7%，5）= 4.100 2；（P/F，5%，5）= 0.783 5；（P/F，6%，5）= 0.747 3；（P/F，7%，5）= 0.713 0]

A. 600.00　　B. 400.00
C. 479.51　　D. 671.31

【解析】本题需要先计算实际利率：100×100×6%×（P/A，r，5）+ 100×100×（P/F，r，5）= 9 590.12（万元）。

利率	现值
6%	10 000.44
R	9 590.12
7%	9 590.12

根据上面的结果可以看出R=7%，2×20年年末甲公司应确认的投资收益 = 9 590.12×7% = 671.31（万元）。

答案 ▶ D

核心考点2　以公允价值计量且其变动计入其他综合收益的金融资产的核算

扫我解疑难

一、以公允价值计量且其变动计入其他综合收益的金融资产的确认★

（1）金融资产同时符合下列条件的，应当分类为以公允价值计量且其变动计入其他综合收益的金融资产：

①企业管理该金融资产的业务模式既以

收取合同现金流量为目标又以出售该金融资产为目标。

②该金融资产的合同条款规定，在特定日期产生的现金流量，仅为对本金和以未偿付本金金额为基础的利息的支付。

(2)在初始确认时，企业可以将非交易性权益工具投资指定为以公允价值计量且其变动计入其他综合收益的金融资产，并按规定确认股利收入。该指定一经做出，不得撤销。

二、以公允价值计量且其变动计入其他综合收益的金融资产的核算★★

(一)以公允价值计量且其变动计入其他综合收益的金融资产的核算原则

(1)分类为以公允价值计量且其变动计入其他综合收益的金融资产(即"其他债权投资")所产生的所有利得或损失，如与套期会计无关的，除减值损失或利得和汇兑损益之外，均应当计入其他综合收益，直至该金融资产终止确认或被重分类。

但是，采用实际利率法计算的该金融资产的利息应当计入当期损益。该金融资产计入各期损益的金额应当与视同其一直按摊余成本计量而计入各期损益的金额相等。

该金融资产终止确认时，之前计入其他综合收益的累计利得或损失应当从其他综合收益中转出，计入当期损益。

(2)直接指定为以公允价值计量且其变动计入其他综合收益的非交易性权益工具投资(即"其他权益工具投资")，除了获得的股利(明确代表投资成本部分收回的股利除外)计入当期损益外，其他相关的利得和损失(包括汇兑损益)，如与套期会计无关的，均应当计入其他综合收益，且后续不得转入当期损益。

当其终止确认时，之前计入其他综合收益的累计利得或损失应当从其他综合收益中转出，计入留存收益。

(二)以公允价值计量且其变动计入其他综合收益的金融资产的账务处理(见表11-3和表11-4)

表11-3 其他债权投资的账务处理

业务阶段	账务处理
取得金融资产	借：其他债权投资——成本[面值] 　　应收利息[已到期未发放的利息] 贷：银行存款 　　其他债权投资——利息调整[或借记，倒挤]
持有期间的利息收入	资产负债表日： 借：应收利息[分期付息] 　　其他债权投资——应计利息[一次还本付息] 　　其他债权投资——利息调整[差额，或贷记] 贷：投资收益[摊余成本×实际利率]
资产负债表日公允价值变动	借：其他债权投资——公允价值变动 贷：其他综合收益 或相反分录
出售该金融资产	借：银行存款 贷：其他债权投资——成本、公允价值变动、利息调整、应计利息 　　其他综合收益[公允价值累计变动，或借记] 　　投资收益[差额，或借记]

表11-4 其他权益工具投资的账务处理

业务阶段	账务处理
取得金融资产	借：其他权益工具投资——成本 　　应收股利[已宣告但尚未发放的现金股利] 　贷：银行存款
持有期间取得的股利收入	被投资企业宣告发放现金股利时： 借：应收股利 　贷：投资收益
资产负债表日公允价值变动	借：其他权益工具投资——公允价值变动 　贷：其他综合收益 或相反分录
出售该金融资产	借：银行存款 　　其他综合收益[公允价值累计变动，或贷记] 　贷：其他权益工具投资——成本 　　　其他权益工具投资——公允价值变动 　　　盈余公积[或借记] 　　　利润分配——未分配利润[或借记]

核心考点3　以公允价值计量且其变动计入当期损益的金融资产

扫我解疑难

一、以公允价值计量且其变动计入当期损益的金融资产★

根据《企业会计准则第22号——金融工具确认与计量》的规定，分类为以摊余成本计量的金融资产和以公允价值计量且其变动计入其他综合收益的金融资产之外的金融资产，企业应当将其分类为以公允价值计量且其变动计入当期损益的金融资产。

金融资产或金融负债满足下列条件之一的，表明企业持有该金融资产或承担该金融负债的目的是交易性的：

（1）取得相关金融资产或承担相关金融负债的目的，主要是为了近期出售或回购。

（2）相关金融资产或金融负债在初始确认时属于集中管理的可辨认金融工具组合的一部分，且有客观证据表明近期实际存在短期获利模式。

（3）相关金融资产或金融负债属于衍生工具。但符合财务担保合同定义的衍生工具以及被指定为有效套期工具的衍生工具除外。

【思路点拨】企业在非同一控制下的企业合并中确认的或有对价构成金融资产的，该金融资产应当分类为以公允价值计量且其变动计入当期损益的金融资产，不得指定为以公允价值计量且其变动计入其他综合收益的金融资产。

二、以公允价值计量且其变动计入当期损益的金融资产的核算★★（见表11-5）

企业应当设置"交易性金融资产"科目核算以公允价值计量且其变动计入当期损益的金融资产。企业持有的直接指定为以公允价值计量且其变动计入当期损益的金融资产，也在本科目核算。

表 11-5 交易性金融资产的核算

业务情况	账务处理
初始取得金融资产	借：交易性金融资产——成本［公允价值］ 　　投资收益［交易费用］ 　　应收利息/应收股利［已到付息期但尚未领取的利息或已宣告但尚未发放的现金股利］ 　贷：银行存款［实际支付的金额］
取得时购买价款中包含的现金股利或利息	借：银行存款 　贷：应收利息/应收股利
持有期间产生现金股利或利息	借：应收股利/应收利息 　贷：投资收益 借：银行存款 　贷：应收股利/应收利息
期末计量	借：交易性金融资产——公允价值变动 　贷：公允价值变动损益 或做相反分录
处置金融资产*	借：银行存款［实际收到的金额］ 　贷：交易性金融资产——成本 　　　　　　　　　　——公允价值变动［或借记］ 　　投资收益［差额，或借记］

【思路点拨】（1）持有期间"公允价值变动损益"与"交易性金融资产——公允价值变动"核算时对应出现，金额相同，方向相反。

（2）持有交易性金融资产确认投资收益有三种情况：第一，取得时支付的交易费用；第二，持有期间发放的现金股利或利息；第三，处置时的投资收益。

（3）当期损益和投资收益的区别。

某交易或事项对当期损益的影响额：该交易或事项在本期的相关账务处理中涉及的所有损益类科目借贷方相抵后的金额。就交易性金融资产而言，涉及的损益类科目为投资收益和公允价值变动损益，但要注意借贷方向的影响。

某交易或事项对投资收益的影响额：该交易或事项的有关核算中"投资收益"科目借贷方相抵后的金额。

【例题 2·单选题】2×20 年 1 月 1 日，甲公司购入乙公司于 2×19 年 1 月 1 日发行的面值 1 000 万元、期限 4 年、票面年利率为 8%、按年付息的债券，并将其划分为交易性金融资产，实际支付购买价款 1 100 万元（包括债券利息 80 万元，交易费用 2 万元）。2×20 年 1 月 5 日，收到乙公司支付的上述债券利息。2×20 年 12 月 31 日，甲公司持有的该债券的公允价值为 1 060 万元。2×21 年 1 月 5 日，收到乙公司支付的 2×20 年度的债券利息。2×21 年 2 月 10 日甲公司以 1 200 万元的价格将该债券全部出售，则甲公司出售该债券对当期营业利润的影响为（　）万元。

A. 100　　　　B. 102
C. 180　　　　D. 140

解析 ▶ 甲公司出售该债券对当期营业利润的影响=1 200-1 060=140（万元）**答案** ▶ D

---

*　按照最新企业会计准则应用指南，交易性金融资产处置时公允价值变动损益不再转入投资收益。

核心考点4　金融资产减值与重分类

扫我解疑难

一、金融资产减值 ★

（一）金融工具减值概述

（1）企业应当以预期信用损失为基础，对下列项目进行减值会计处理并确认损失准备：

①分类为以摊余成本计量的金融资产和以公允价值计量且其变动计入其他综合收益的金融资产；

②租赁应收款；

③合同资产；

④部分贷款承诺和财务担保合同。

（2）信用损失，是指企业按照原实际利率折现的、根据合同应收的所有合同现金流量与预期收取的所有现金流量之间的差额，即全部现金短缺的现值。其中，对于企业购买或源生的已发生信用减值的金融资产应按照该金融资产经信用调整的实际利率折现。

预期信用损失，是指以发生违约的风险为权重的金融工具信用损失的加权平均值。

（二）一般减值模型（见图11-1）

图11-1　三阶段减值模型

一般情况下，企业应当在每个资产负债表日评估相关金融工具的信用风险自初始确认后是否已显著增加，并按照下列情形分别计量其损失准备、确认预期信用损失及其变动：

（1）如果该金融工具的信用风险自初始确认后已显著增加，企业应当按照相当于该金融工具整个存续期内预期信用损失的金额计量其损失准备。由此形成的损失准备的增加或转回金额，应当作为减值损失或利得计入当期损益。

（2）如果该金融工具的信用风险自初始确认后并未显著增加，企业应当按照相当于该金融工具未来12个月内预期信用损失的金额计量其损失准备，由此形成的损失准备的增加或转回金额，应当作为减值损失或利得计入当期损益。

（3）未来12个月内预期信用损失，是指因资产负债表日后12个月内（若金融工具的预计存续期少于12个月，则为预计存续期）可能发生的金融工具违约事件而导致的预期信用。损失，是整个存续期预期信用损失的一部分。

【思路点拨】确认预期信用损失的情形（见表11-6）

表 11-6　确认预期信用损失的情形

情形	特点
确认 12 个月预期信用损失的情形	①信用风险自初始确认后并未显著增加； ②具有较低的信用风险
确认整个存续期预期信用损失的情形	①信用质量下降的资产，即信用风险自初始确认后显著增加； ②不良资产，即资产已发生信用减值

（三）对风险显著增加的判断

企业在评估金融工具的信用风险自初始确认后是否已显著增加时，应当考虑金融工具预计存续期内发生违约风险的变化，而不是预期信用损失金额的变化。企业应当通过比较金融工具在资产负债表日发生违约的风险与在初始确认日发生违约的风险，以确定金融工具预计存续期内发生违约风险的变化情况。

（四）金融工具的信用损失计量原则（见表 11-7）

表 11-7　金融工具的信用损失计量原则

金融工具类型	预期信用损失计量原则
金融资产	信用损失应为企业应收取的合同现金流量与预期收取的现金流量之间差额的现值
租赁应收款项	信用损失应为企业应收取的合同现金流量与预期收取的现金流量之间差额的现值
未提用的贷款承诺	信用损失应为在贷款承诺持有人提用相应贷款的情况下，企业应收取的合同现金流量与预期收取的现金流量之间差额的现值
财务担保合同	信用损失应为企业就该合同持有人发生的信用损失向其做出赔付的预期付款额，减去企业预期向该合同持有人、债务人或任何其他方收取的金额之间差额的现值
对于资产负债表日已发生信用减值但并非购买或源生已发生信用减值的金融资产	信用损失应为该金融资产账面余额与按原实际利率折现的估计未来现金流量的现值之间的差额

（五）金融资产减值的账务处理（见表 11-8）

表 11-8　金融资产减值的账务处理

金融资产类别	减值情况	账务处理
以摊余成本计量的金融资产	确认减值损失	借：信用减值损失 　　贷：债权投资减值准备
	确认减值利得	借：债权投资减值准备 　　贷：信用减值损失
以公允价值计量且其变动计入其他综合收益的金融资产	确认减值损失	借：信用减值损失 　　贷：其他综合收益——信用减值准备
	确认减值利得	借：其他综合收益——信用减值准备 　　贷：信用减值损失

二、金融资产的重分类★★

（一）重分类的要求

（1）企业对所有金融负债均不得进行重分类。金融资产（即非衍生债权资产）可以在以摊余成本计量、以公允价值计量且其变动计入其他综合收益和以公允价值计量且其变动计入当期损益之间进行重分类。

（2）企业对金融资产进行重分类，应当自重分类日起采用未来适用法进行相关会计处理，不得对以前已经确认的利得、损失（包括减值损失或利得）或利息进行追溯调整。

（3）重分类日，是指导致企业对金融资产进行重分类的业务模式发生变更后的首个报告期间的第一天。

（二）金融资产重分类的计量（见表11-9）

表11-9　金融资产重分类的计量

1. 以摊余成本计量的金融资产的重分类	
重分类情形	账务处理原则
重分类为以公允价值计量且其变动计入当期损益的金融资产	应当按照该金融资产在重分类日的公允价值进行计量。原账面价值与公允价值之间的差额计入当期损益（公允价值变动损益）
重分类为以公允价值计量且其变动计入其他综合收益的金融资产	应当按照该金融资产在重分类日的公允价值进行计量。原账面价值与公允价值之间的差额计入其他综合收益
2. 以公允价值计量且其变动计入其他综合收益的金融资产的重分类	
重分类情形	账务处理原则
重分类为以摊余成本计量的金融资产	将之前计入其他综合收益的累计利得或损失转出，调整该金融资产在重分类日的公允价值，并以调整后的金额作为新的账面价值，即视同该金融资产一直以摊余成本计量
重分类为以公允价值计量且其变动计入当期损益的金融资产	应当继续以公允价值计量该金融资产。同时，企业应当将之前计入其他综合收益的累计利得或损失从其他综合收益转入当期损益
3. 以公允价值计量且其变动计入当期损益的金融资产的重分类	
重分类情形	账务处理原则
重分类为以摊余成本计量的金融资产	应当以其在重分类日的公允价值作为新的账面余额
重分类为以公允价值计量且其变动计入其他综合收益的金融资产	应当继续以公允价值计量该金融资产

备注：对以公允价值计量且其变动计入当期损益的金融资产进行重分类的，企业应当根据该金融资产在重分类日的公允价值确定其实际利率。同时，企业应当自重分类日起对该金融资产适用金融资产减值的相关规定，并将重分类日视为初始确认日。

【例题3·单选题】关于以公允价值计量且其变动计入其他综合收益的金融资产的重分类，下列表述不正确的是（　）。

A. 以公允价值计量且其变动计入其他综合收益的金融资产重分类为以摊余成本计量的金融资产的，应将之前计入其他综合收益的累计利得或损失转出，调整该金融资产在重分类日的公允价值，并以调整后的金额作为新的账面价值

B. 以公允价值计量且其变动计入其他综合收益的金融资产重分类为以摊余成本计量的金融资产，不影响实际利率和预期信用损失的计量

C. 以公允价值计量且其变动计入其他综合收益的金融资产重分类为以公允价值计量且其变动计入当期损益的金融资产的，应当继续以公允价值计量该金融资产

D. 以公允价值计量且其变动计入其他综合收益的金融资产重分类为以公允价值计量且其变动计入当期损益的金融资产的，之前

计入其他综合收益的累计利得或损失不必作转出处理

解析 ▶ 选项D，以公允价值计量且其变动计入其他综合收益的金融资产重分类为以公允价值计量且其变动计入当期损益的金融资产的，应当继续以公允价值计量该金融资产；同时，企业应当将之前计入其他综合收益的累计利得或损失从其他综合收益转入当期损益。

答案 ▶ D

核心考点5 长期股权投资的初始计量

扫我解疑难

一、同一控制下的企业合并★

（一）初始投资成本

初始投资成本=合并日被合并方净资产在最终控制方合并财务报表中的账面价值×持股比例

（1）长期股权投资初始投资成本与所支付合并对价的账面价值（或发行股份面值总额）的差额，应当调整"资本公积——资本溢价或股本溢价"科目；"资本公积——资本溢价或股本溢价"科目不足冲减的，应依次借记"盈余公积""利润分配——未分配利润"科目。

（2）合并方为进行企业合并发生的各项直接相关费用，包括为进行企业合并而支付的审计费用、评估咨询费、法律服务费用等，应当于发生时计入当期损益（管理费用）。

（3）合并方作为合并对价发行的权益性证券或债务性证券的交易费用，应当抵减权益性证券的溢价收入或计入债务性证券的初始确认金额，权益性证券发行无溢价或溢价不足以抵减的，应当冲减盈余公积和未分配利润。

【思路点拨】同一控制下企业合并的会计处理强调"账面价值"，而不是"公允价值"。合并方不确认投出资产的处置损益（这是与非同一控制下企业合并会计处理的关键区别）。

（二）账务处理（见表11-10）

表11-10 同一控制下企业合并产生的长投初始投资成本的处理

投资成本与支付对价产生借方差额的处理	投资成本与支付对价产生贷方差额的处理
借：长期股权投资 　　资本公积——资本（股本）溢价 　　盈余公积 　　利润分配——未分配利润 　贷：银行存款/固定资产清理/股本等	借：长期股权投资 　贷：银行存款/固定资产清理/股本等 　　　资本公积——资本（股本）溢价

『提示』企业合并是指将两个或者两个以上单独的企业合并形成一个报告主体的交易或事项。企业合并的结果通常是一个企业取得了对一个或多个业务的控制权。构成企业合并需满足：①被合并的企业必须构成业务。②取得对一个或多个业务的控制权。

业务是指企业内部某些生产经营活动或资产负债的组合（以下简称组合），该组合具有投入、加工处理和产出能力，能够独立计算其成本费用或所产生的收入。

二、非同一控制下的企业合并★★

（一）初始投资成本

初始投资成本=合并方作为合并对价所付出的资产、发生或承担的负债及发行的权益性证券的公允价值之和

（1）为进行企业合并发生的审计费用、评估费用、法律服务费用等，应当于发生时计入当期损益（管理费用）。

（2）作为合并对价发行的权益性证券或债务性证券的交易费用，应当抵减权益性证券的溢价收入或计入债务性证券的初始确认金额。这里不区分合并还是非合并，均不计入长期股权投资的成本。

（3）所支付的非现金资产在购买日的公允价值与其账面价值的差额计入当期损益等。

【思路点拨】非同一控制下企业合并的会计处理强调"公允价值"，因此购买方要确认投出资产的处置损益等。

(二)账务处理(见表11-11)

表11-11 非同一控制下企业合并产生长投的账务处理

合并对价形式	账务处理
以库存商品、原材料等作为合并对价	借：长期股权投资 　　贷：主营业务收入/其他业务收入 　　　　应交税费——应交增值税(销项税额)
以固定资产、无形资产作为合并对价	借：长期股权投资 　　累计摊销 　　贷：无形资产/固定资产清理 　　　　资产处置损益[或借记]
以所发行的权益性证券作为合并对价	借：长期股权投资 　　贷：股本 　　　　资本公积——股本溢价

三、其他方式取得的长期股权投资 ★ (见表11-12)

表11-12 其他方式取得的长期股权投资

取得方式		处理原则
以支付现金方式取得		应当按照实际支付的购买价款作为初始投资成本
以发行权益性证券方式取得		应当按照发行权益性证券的**公允价值**作为初始投资成本
通过非货币性资产交换、债务重组方式取得初始投资成本		应当分别按照非货币性资产交换、债务重组准则的有关规定加以确定
企业进行公司制改制		对资产、负债的账面价值按照评估价值调整的，被投资单位的评估价值与原账面价值的差额记入"**资本公积(资本溢价或股本溢价)**"科目。长期股权投资应以评估价值作为改制时的认定成本，并将其与原账面价值的差异记入"**资本公积(其他资本公积)**"科目
国有独资或全资企业之间无偿划拨子公司	划入企业	在取得被划拨企业的控制权之日： 借：长期股权投资 　　贷：资本公积——资本溢价 (若批复明确作为资本金投入的，记入"实收资本"科目)
	划出企业	在丧失对被划拨企业的控制权之日： 借：资本公积——资本溢价(若批复明确冲减资本金的，记入"实收资本"科目) 　　盈余公积 　　利润分配——未分配利润 　　贷：长期股权投资——被划拨企业

【思路点拨】划入当期期末，划入企业应当以被划拨企业经审计等确定并经国资监管部门批复的资产和负债的账面价值及其在被划拨企业控制权转移之前发生的变动为基础，对被划拨企业的资产负债表进行调整，调整后应享有的被划拨企业资产和负债之间的差额，计入"资本公积(资本溢价)"。

【例题4·单选题】甲公司和乙公司是两个没有关联方关系的独立公司。甲公司2×20年1月1日，以一批库存商品作为对价自公开市场购入乙公司30%的股份，当日乙公司可辨认净资产公允价值为25 000万元。

已知该批库存商品的账面价值为4 000万元,已计提存货跌价准备500万元,公允价值为5 000万元,双方适用的增值税税率均为13%,不考虑其他费用。则下列关于甲公司会计处理的表述中,错误的是( )。

A. 甲公司对该项股权投资应采用权益法核算

B. 甲公司该项股权投资的初始投资成本为5 650万元

C. 甲公司应确认主营业务收入4 000万元

D. 甲公司应结转"库存商品"科目余额4 500万元

解析 ▶ 甲公司应确认主营业务收入5 000万元。

答案 ▶ C

核心考点6 长期股权投资的权益法核算

扫我解疑难

权益法下,"长期股权投资"科目体现了投资者所享有的被投资方所有者权益(调整后)份额,并随着被投资方所有者权益(调整后)的变动而变动。

一、权益法下调整的处理原则★(见表11-13)

表11-13 权益法下调整的账务处理原则

调整事项	账务处理
取得时的投资成本调整	①初始投资成本>投资方应享有被投资方可辨认净资产公允价值的份额,不做处理; ②初始投资成本<投资方应享有被投资方可辨认净资产公允价值的份额 借:长期股权投资——投资成本[差额] 贷:营业外收入
被投资单位实现利润或亏损	参见"二、权益法下投资损益的确认"的讲解
被投资单位其他综合收益变动	借:长期股权投资——其他综合收益 贷:其他综合收益 或编制相反分录
被投资单位除净损益、利润分配、其他综合收益以外的所有者权益的其他变动	借:长期股权投资——其他权益变动 贷:资本公积——其他资本公积 或编制相反分录

【思路点拨】被投资单位除净损益、其他综合收益以及利润分配以外的所有者权益的其他变动的因素主要包括:被投资单位接受其他股东的资本性投入、被投资单位发行可分离交易的可转债中包含的权益成分、以权益结算的股份支付、被投资单位收到专项拨款形成资本公积等。

二、权益法下投资损益的确认★★★

1. 被投资单位宣告发放现金股利或利润

借:应收股利
  贷:长期股权投资——损益调整

2. 被投资单位实现净利润

(1)对被投资单位实现的净损益的调整(见表11-14)。

表11-14 被投资单位净损益的调整

常见调整项目	投资时被投资方资产公允价值和账面价值不等	顺流、逆流交易
存货	调整后的净利润=账面净利润-(投资日存货公允价-存货账面价)×当期出售比例	交易发生当期,调整后的净利润=账面净利润-(存货内部交易价-存货账面价)×(1-当期出售比例); 后续期间,调整后的净利润=账面净利润+(存货内部交易价-存货账面价)×当期出售比例

续表

常见调整项目	投资时被投资方资产公允价值和账面价值不等	顺流、逆流交易
固定资产无形资产	调整后的净利润=账面净利润-(资产公允价/尚可使用年限-资产原价/预计使用年限)	交易发生当期,调整后的净利润=账面净利润-(资产售价-资产成本)+(资产售价-资产成本)/预计使用年限×(当期折旧、摊销月份/12); 后续期间,调整后的净利润=账面净利润+(资产售价-资产成本)/预计使用年限×(当期折旧、摊销月份/12)

调整原则说明:

①投资时点被投资方资产、负债等的账面价值与公允价值不等。

以取得投资时被投资单位固定资产、无形资产等的公允价值为基础计提的折旧额或摊销额,以及有关资产减值准备金额等对被投资单位净利润的影响。

②投资方与被投资企业之间的投出或出售的资产不构成业务的应当分为顺流交易和逆流交易进行会计处理。

投资方与联营企业及合营企业之间发生的未实现内部交易损益(即有关资产未对外部独立第三方出售),按照应享有的比例计算归属于投资方的部分,应当予以抵销,在此基础上确认投资损益。

借:长期股权投资——损益调整
　　贷:投资收益

亏损时,编制相反的会计分录。

【思路点拨】顺流或逆流交易产生的未实现内部交易损失,属于所转让资产发生减值损失的不应予以抵销。

3.确认被投资单位发生净亏损或被投资单位其他综合收益减少净额

借:投资收益
　　其他综合收益
　　贷:长期股权投资——损益调整
　　　　　　　　　　——其他综合收益
　　　　长期应收款
　　　　预计负债

除上述情况,仍未确认的应分担的被投资单位的损失,应在账外备查登记。

【思路点拨】(1)被投资单位以后期间实现盈利的,扣除未确认的亏损分担额后,应按与上述顺序相反的顺序处理。

(2)权益法下被投资单位所有者权益只发生内部结构变动时(如提取法定盈余公积、任意盈余公积和分派股票股利等),投资企业不需要做会计处理。

【例题5·单选题】2×20年1月1日,A公司以银行存款取得B公司30%的股权,初始投资成本为2 000万元,投资时B公司各项可辨认资产、负债的公允价值与其账面价值相同,可辨认净资产公允价值为7 000万元,A公司取得投资后即派人参与B公司生产经营决策,但无法对B公司实施控制。B公司2×20年实现净利润800万元,A公司在2×20年6月销售给B公司一批存货,售价为500万元,成本为300万元,该批存货尚未对外销售,假定不考虑所得税因素,A公司2×20年度因该项投资增加当期损益的金额为( )万元。

A.180　　　　　　B.280
C.100　　　　　　D.200

解析 增加当期损益的金额=100+180=280(万元)

借:长期股权投资——投资成本 2 100
　　贷:银行存款　　　　　　　 2 000
　　　　营业外收入　　　　　　　 100

2×20年投资收益的金额=[800-(500-300)]×30%=180(万元)

借:长期股权投资——损益调整 180
　　贷:投资收益　　　　　　　 180

答案 B

核心考点7　成本法及长期股权投资减值与处置

扫我解疑难

一、长期股权投资的成本法核算★

（一）成本法的适用范围

长期股权投资成本法适用于投资方能够对被投资单位实施**控制**的长期股权投资。控制的定义包含的三项基本要素：一是投资方拥有对被投资方的权力；二是因参与被投资方的相关活动而享有**可变回报**；三是有能力运用对被投资方的权力影响其回报金额。

1. 投资方对被投资方是否拥有权力

（1）投资方在判断是否拥有对被投资方的权力时，应当仅考虑与被投资方相关的实质性权利。

（2）除非有确凿证据表明其不能主导被投资方相关活动，下列情况表明投资方对被投资方拥有权力：①投资方持有被投资方半数以上的表决权的；②投资方持有被投资方半数或以下的表决权，但通过与其他表决权持有人之间的协议能够控制半数以上表决权的。

（3）投资方持有被投资方半数或以下表决权，但综合考虑事实和情况后，判断投资方持有的表决权足以使其目前有能力主导被投资方相关活动的，视为投资方对被投资方拥有权力。

（4）某些情况下，投资方可能难以判断其享有的权利是否足以使其拥有对被投资方的权力。

在这种情况下，投资方应当考虑其具有实际能力以单方面主导被投资方相关活动的证据，从而判断其是否拥有对被投资方的权力。

2. 参与被投资方的相关活动而享有可变回报

可变回报是不固定的并可能随被投资方业绩而变动的回报。

3. 有能力运用对被投资方的权力影响其回报金额

只有当投资方不仅拥有对被投资方的权力、通过参与被投资方的相关活动而享有可变回报，并且有能力运用对被投资方的权力来影响其回报的金额时，投资方才控制被投资方。

拥有决策权的投资方在判断是否控制被投资方时，需要考虑其决策行为是以主要责任人（即，实际决策人）的身份进行还是以代理人的身份进行。

此外，在其他方拥有决策权时，投资方还需要考虑其他方是否是以代理人的身份代表该投资方行使决策权。

【思路点拨】投资方在判断其是否能够控制被投资方时，应考虑所有的事实和情况，当且仅当投资方**同时具备**上述三个要素时，投资方才控制被投资方。

如果事实和情况表明上述控制三要素中的一个或多个发生变化，则投资方要重新判断其是否控制被投资方。

（二）成本法的核算思路（见表11-15）

表11-15　成本法的核算思路

项目	内容	
适用范围	投资企业能够对被投资单位实施**控制**的长期股权投资（即对子公司的长期股权投资）	
账务处理	被投资方实现净利润	不做处理
	被投资方宣告分配现金股利	借：应收股利 　贷：投资收益

二、长期股权投资的处置与减值 ★

（一）长期股权投资的减值（不允许转回）
借：资产减值损失
　　贷：长期股权投资减值准备

（二）长期股权投资的处置

1. 成本法下处置长期股权投资
借：银行存款等
　　长期股权投资减值准备
　　贷：长期股权投资
　　　　投资收益[或借记]

2. 权益法下处置长期股权投资
（1）结转长期股权投资账面价值。
借：银行存款等
　　长期股权投资减值准备
　　贷：长期股权投资——投资成本
　　　　　　　　　　——损益调整[或借记]
　　　　　　　　　　——其他综合收益[或借记]
　　　　　　　　　　——其他权益变动[或借记]
　　　　投资收益[或借记]

（2）结转资本公积。
借：资本公积——其他资本公积
　　贷：投资收益
或者编制相反分录。

（3）结转其他综合收益。
投资企业应当采用与被投资单位直接处置相关资产或负债相同的基础对相关的其他综合收益进行会计处理，具体参见表11-16。

表11-16　权益法下结转其他综合收益的处理

被投资方其他综合收益产生的情况	投资方其他综合收益的处置
只能转入留存收益的其他综合收益	借：其他综合收益 　　贷：盈余公积、利润分配——未分配利润 或编制相反分录
可以重分类进损益的其他综合收益	借：其他综合收益 　　贷：投资收益 或编制相反分录

【例题6·单选题】甲公司于2×20年7月1日以900万元取得D公司20%的普通股股份，采用权益法核算。2×20年7月1日D公司可辨认净资产的公允价值为4 000万元（与账面价值相同）。2×20年D公司实现净利润600万元（假定利润均衡发生），未分配现金股利。2×20年12月31日，D公司因持有的其他债权投资公允价值变动调整增加其他综合收益150万元。2×21年4月1日，甲公司转让对D公司的全部投资，售价为1 200万元。则甲公司转让投资时，应确认的投资收益为（　）万元。

A. 250
B. 180
C. 240
D. 210

解析　应确认的投资收益＝1 200－（900＋600×6/12×20％＋150×20％）＋150×20％（确认的其他综合收益在处置时转入投资收益）＝240（万元）。需要注意的是，因为被投资企业的其他综合收益是其他债权投资公允价值变动引起的，因此投资方在处置股权投资时，可以将其按比例确认的其他综合收益转为投资收益，如果被投资企业是由于其他权益工具投资公允价值变动而确认的其他综合收益，则投资方应将其按比例确认的其他综合收益转为留存收益。

答案　C

核心考点8　股权投资核算方法的转换

扫我解疑难

一、金融资产与长期股权投资转换的会计处理★（见表11-17）

表11-17　金融资产与长期股权投资转换的会计处理

转换情形		处理原则
金融资产转权益法	长投入账	原持有的股权投资公允价值加上新增投资成本之和，作为改按权益法核算的初始投资成本
	金融资产终止确认	①原持有的股权投资分类为交易性金融资产的，其公允价值与原账面价值之间的差额计入投资收益； ②原持有的股权投资分类为其他权益工具投资的，其公允价值与原账面价值之间的差额以及原计入其他综合收益的累计公允价值变动，应当转入留存收益
金融资产转成本法（非同一控制下企业合并）	长投入账	原持有股权投资的公允价值加上新增投资成本之和，作为改按成本法核算的初始投资成本
	金融资产终止确认	①原持有的股权投资分类为交易性金融资产的，其公允价值与原账面价值之间差额计入投资收益； ②原持有的股权投资分类为其他权益工具投资的，其公允价值与原账面价值之间的差额以及原计入其他综合收益的累计公允价值变动，应当转入留存收益
权益法转金融资产	金融资产入账	剩余股权的公允价值作为改按金融资产核算的入账价值
	长投终止确认	剩余股权在丧失共同控制或重大影响之日的公允价值与账面价值之间的差额计入当期损益
	结转其他综合收益和其他权益	①原采用权益法核算的相关其他综合收益应当在终止采用权益法核算时，采用与被投资单位直接处置相关资产或负债相同的基础进行会计处理； ②因被投资方除净损益、其他综合收益和利润分配以外的其他所有者权益变动而确认的所有者权益，应当在终止采用权益法核算时全部转入当期损益
成本法转金融资产	金融资产入账	剩余股权的公允价值作为改按金融资产核算的入账价值
	长投终止确认	剩余股权在丧失控制之日的公允价值与账面价值之间的差额计入当期损益

二、成本法与权益法的转换★★（见表11-18）

表11-18　长期股权投资成本法与权益法的转换

1. 权益法增资到成本法		
同一控制下	属于一揽子交易	将各项交易作为一项取得控制权的交易，按同一控制下企业合并的原则处理
	不属于一揽子交易	初始投资成本=最终控制方认可的被合并方所有者权益账面价值×持股比例 原持有股权投资的账面价值加上取得新股支付对价的账面价值之和与初始投资成本的差额，调整资本公积，资本公积不足冲减的，调整留存收益

		续表
非同一控制下	属于一揽子交易	将各项交易作为一项取得控制权的交易，按非同一控制下企业合并的原则处理
	不属于一揽子交易	初始投资成本=原持有股权的账面价值+新增投资成本 购买日之前持有的股权投资因采用权益法核算而确认的其他综合收益，应当在处置该项投资时采用与被投资单位直接处置相关资产或负债相同的基础进行会计处理
2. 成本法转为权益法（追溯处理）		
处置投资导致投资方持股比例下降	购买时点初始投资成本调整	剩余股权的投资成本与应享有初始投资时点可辨认净资产公允价值的份额比较：前者大，不调整；反之调整留存收益等
	累计的净利润、分配现金股利	在此期间实现的净利润、分配的现金股利，调整长期股权投资和留存收益等。 若为处置当期期初至处置时实现的净利润、分配的现金股利，则调整投资收益
	累计的其他综合收益或资本公积	调整长期股权投资和其他综合收益或资本公积
因其他投增资而导致持股比例下降	调整享有权益的变动	按照新的持股比例确认本投资方应享有的原子公司因增资扩股而增加净资产的份额，与应结转持股比例下降部分所对应的长期股权投资原账面价值之间的差额计入当期损益
	权益法后续计量	按照新的持股比例视同自取得投资时即采用权益法核算进行调整

如果合并方所取得的股权一部分来自本集团内最终控制方，另一部分来自部独立第三方，一般认为自集团内取得的股权能够形成控制的，相关股权投资成本的确定按照同一控制下企业合并的有关规定处理。而自外部独立第三方取得的股权则视为形成企业合并后少数股权的购买。对于这部分少数股权的购买，在不构成一揽子交易的情况下，应按照实际支付的购买价款确定。

【例题7·单选题】2×20年1月1日，甲公司以银行存款100万元取得乙公司10%的股权，作为交易性金融资产核算，2×20年12月31日，该项金融资产的公允价值为120万元；2×21年1月1日，甲公司又以银行存款240万元取得乙公司20%的股权，能够对乙公司的生产经营施加重大影响，并准备长期持有。增资当日，乙公司可辨认净资产的公允价值为1 500万元，原股权公允价值仍为120万元。不考虑其他因素，则下列说法错误的是（ ）。

A. 增资后，甲公司应改按长期股权投资核算并采用权益法进行后续计量

B. 长期股权投资的初始投资成本为360万元

C. 长期股权投资的入账价值为360万元

D. 甲公司应确认营业外收入90万元

解析 长期股权投资的初始投资成本=120+240=360（万元），应享有乙公司可辨认净资产公允价值的份额=1 500×30%=450（万元），因此长期股权投资的入账价值为450万元，确认营业外收入90万元。 **答案** C

真题精练

一、单项选择题

1. (2020年)资产负债表日，以预期信用损失为基础，对以公允价值计量且其变动计入其他综合收益的金融资产进行减值会计处理，确认的减值损失应计入的会计科目是( )。
   A. 营业外支出
   B. 资产减值损失
   C. 其他综合收益
   D. 信用减值损失

2. (2019年)下列关于金融资产的重分类的表述中，错误的是( )。
   A. 以摊余成本计量的金融资产可以重分类为以公允价值计量且其变动计入其他综合收益的金融资产
   B. 以摊余成本计量的金融资产可以重分类为以公允价值计量且其变动计入当期损益的金融资产
   C. 以公允价值计量且其变动计入其他综合收益的金融资产可以重分类为以摊余成本计量的金融资产
   D. 以公允价值计量且其变动计入当期损益的金融资产不可以重分类为以摊余成本计量的金融资产

3. (2019年)甲公司2018年1月1日以银行存款84万元购入乙公司于当日发行的5年期固定利率债券，作为以摊余成本计量的金融资产核算。该债券的面值80万元，每年付息一次、到期还本，票面年利率为12%，实际年利率为10.66%。甲公司采用实际利率法对其利息调整进行摊销，则甲公司2018年12月31日该金融资产"债权投资——利息调整"科目的余额为( )元。
   A. 32 536
   B. 31 884
   C. 46 456
   D. 33 544

4. (2019年)非同一控制下的企业合并，购买方作为合并对价发行的权益工具发生的佣金、手续费等交易费用，应计入( )。
   A. 其他综合收益
   B. 当期损益
   C. 长期股权投资的初始确认成本
   D. 权益工具的初始确认金额

5. (2019年)甲公司从二级市场购入乙公司发行在外的普通股股票15万股，划分为以公允价值计量且其变动计入其他综合收益的金融资产，支付的价款为235万元(其中包括已宣告但尚未发放的现金股利1元/股)，另支付相关交易税费5万元。则甲公司取得的该金融资产的入账价值为( )万元。
   A. 225
   B. 220
   C. 240
   D. 215

6. (2019年)2019年6月1日，甲公司以银行存款150万元投资乙公司，持有乙公司有表决权股份的40%，能够对乙公司经营和财务施加重大影响。乙公司2019年6月1日经确认可辨认净资产的账面价值360万元、公允价值400万元，则甲公司的下列会计处理中正确的是( )。
   A. 确认投资收益10万元
   B. 确认长期股权投资初始投资成本144万元
   C. 确认投资收益6万元
   D. 确认营业外收入10万元

7. (2019年)甲公司持有乙公司30%的股权，采用权益法核算。2017年12月31日该项长期股权投资的账面价值为1 600万元。此外，甲公司还有一笔应收乙公司的长期债权500万元，该项债权没有明确的清收计划，且在可预见的未来期间不准备收回。乙公司2018年发生净亏损6 000万元。假设取得投资时被投资单位各项资产和负债的公允价值均等于账面价值，双方采用的会计政策、会计期间均相同，且投资双方未发生任何内部交易,乙公司无其他事项导致的所有者权益变动,则甲公司应承担的投资损失额为( )万元。
A. 1 600 B. 1 800
C. 2 100 D. 2 040

8.(2019年)甲公司持有乙公司70%有表决权股份,可以实施控制并采用成本法核算。2019年6月3日,甲公司出售该项投资的90%并取得价款6 000万元,相关手续已于当日办妥;甲公司将持有的剩余股份转换为以公允价值计量且其变动计入当期损益的金融资产核算。出售时该项长期股权投资的账面价值为3 000万元,剩余股权投资的公允价值为1 000万元。假设不考虑相关税费,甲公司当月应确认的投资收益为( )万元。
A. 4 000 B. 3 300
C. 3 000 D. 6 000

二、多项选择题

(2018年)企业根据金融资产的业务模式和合同现金流量的特征,可将金融资产划分为( )。
A. 以可变现净值计量的金融资产
B. 以重置成本计量的金融资产
C. 以摊余成本计量的金融资产
D. 以公允价值计量且其变动计入其他综合收益的金融资产
E. 以公允价值计量且其变动计入当期损益的金融资产

三、计算题

(2020年)甲公司与乙公司为非关联方关系,均为增值税一般纳税人,适用增值税税率13%,甲公司对乙公司投资业务的有关资料如下:
(1)2019年1月1日,甲公司以银行存款480万元取得乙公司30%的股权,当日办妥股权变更登记手续,另支付直接相关费用20万元。甲公司能够对乙公司施加重大影响。
(2)2019年1月1日,乙公司可辨认净资产账面价值为1 750万元,公允价值为1 800万元,其中库存商品公允价值为200万元,账面价值为150万元,2019年对外出售80%。除此以外,乙公司各项资产、负债的公允价值等于其账面价值。
(3)2019年度乙公司实现净利润200万元,以公允价值计量且其变动计入其他综合收益的金融资产(其他债权投资)的累计公允价值增加20万元。
(4)2020年1月1日,甲公司将所持乙公司股权的50%对外转让,取得价款320万元,相关手续当日完成,甲公司无法再对乙公司施加重大影响。将剩余股权转为以公允价值计量且其变动计入其他综合收益的金融资产,当日的公允价值为320万元。
假定甲公司与乙公司采用的会计政策、会计期间等均保持一致,不考虑其他相关税费等影响因素。
根据上述资料,回答以下问题:
(1)2019年1月1日,甲公司取得的乙公司股权投资的初始入账成本为( )万元。
A. 540 B. 560
C. 580 D. 480
(2)甲公司因持有乙公司长期股权投资2019年应确认投资收益为( )万元。
A. 66 B. 60
C. 54 D. 48
(3)2020年1月1日,甲公司出售部分乙公司长期股权投资时,应确认投资收益为( )万元。
A. 23 B. 32
C. 29 D. 26
(4)上述全部业务,对甲公司利润总额的影响金额为( )万元。
A. 120 B. 140
C. 100 D. 134

四、综合分析题

(2018年)长江公司为上市公司,2016—2017年度发生如下业务:

(1)2016年1月1日，长江公司以发行股份的方式取得非关联公司——黄河公司40%的股权。发行的普通股数量为200万股，面值为1元，发行价为12元，另发生发行费用40万元。取得股权当日，黄河公司所有者权益账面价值为4 800元，与其公允价值相等。

(2)黄河公司2016年度实现净利润3 200万元，提取盈余公积320万元，当年分配现金股利80万元，因以公允价值计量且其变动计入其他综合收益的金融资产公允价值变动增加其他综合收益240万元。

(3)2017年1月1日，长江公司以一批账面价值为1 400万元，公允价值为1 520万元的库存商品对黄河公司进行增资，进一步取得黄河公司20%的股权，实现了对黄河公司的控制。取得控制权当日，长江公司原持有的40%股权的公允价值为3 800万元，黄河公司所有者权益账面价值为8 160万元，公允价值为8 800万元，差额为一项存货评估增值引起。

(4)黄河公司2017年度实现净利润3 800万元，提取盈余公积380万元，当年分配现金股利120万元；除此之外，未发生其他引起所有者权益变动的事项，至年末，评估增值的存货已对外出售50%。不考虑增值税等相关税费影响。

(1)2016年1月1日，长江公司取得黄河公司40%股的入账价值为( )万元。
A. 800 B. 2 360
C. 2 400 D. 1 920

(2)2016年1月1日，长江公司发行股份对其所有者权益的影响金额为( )万元。
A. 40 B. 2 360
C. 2 400 D. 900

(3)2016年12月31日，长江公司所持有的黄河公司40%股权的账面价值为( )万元。
A. 2 144 B. 3 704
C. 3 744 D. 3 264

(4)长江公司取得对黄河公司的控制权之日，其对黄河公司的长期股权投资的初始投资成本为( )万元。
A. 4 784 B. 5 264
C. 5 440 D. 5 224

(5)长江公司取得对黄河公司的控制权之日，其编制的合并财务报表应确认的商誉为( )万元。
A. -16 B. 1 200
C. 2 320 D. 40

(6)2017年度长江公司个别财务报表中因对黄河公司的股权投资应确认的投资收益为( )万元。
A. 72 B. 2 088
C. 2 280 D. 1 896

真题精练答案及解析

一、单项选择题

1. D 【解析】资产负债表日，企业应当按照准则的规定，以预期信用损失为基础，对分类为以公允价值计量且其变动计入其他综合收益的金融资产进行减值会计处理并在其他综合收益中确认减值准备，同时将减值损失或减值利得计入当期损益(信用减值损失)，且不应减少该金融资产在资产负债表中列示的账面价值。

2. D 【解析】以摊余成本计量的金融资产可以重分类为以公允价值计量且其变动计入当期损益的金融资产，或者重分类为以公允价值计量且其变动计入其他综合收益的金融资产，反之亦然。因此选项D不正确。

3. D 【解析】2018年年末该金融资产的账面价值 = 84×(1 + 10.66%) - 80×12% = 83.354 4(万元)，因此"债权投资——利

息调整"科目的余额 = 83.354 4 - 80 = 3.354 4(万元)。

4. D 【解析】购买方作为合并对价发行的权益性工具或债务性工具的交易费用(如手续费、佣金等),应当计入权益性工具或债务性工具的初始确认金额。

5. A 【解析】根据题目条件,该金融资产的入账价值 = 235 - 1×15 + 5 = 225(万元)。

6. D 【解析】甲公司取得该股权投资的初始投资成本为150万元,应享有可辨认净资产公允价值的份额为 160 万元(400×40%),前者小于后者,因此应确认长期股权投资入账价值160万元,确认营业外收入 10(160-150)万元,选项 D 正确。

7. B 【解析】甲公司应承担的投资损失额 = 6 000×30% = 1 800(万元),小于长期股权投资和长期应收款的合计数 2 100(即 1 600+500)万元,因此可以确认投资损失 1 800 万元。

借:投资收益　　　　　　　　1 800
　　贷:长期股权投资——损益调整 1 600
　　　　长期应收款　　　　　　 200

8. A 【解析】根据题目条件,甲公司应确认的投资收益 = (6 000 + 1 000) - 3 000 = 4 000(万元)。

二、多项选择题

CDE 【解析】企业根据其管理金融资产的业务模式和金融资产的合同现金流量特征,将金融资产分为以下三类:①以摊余成本计量的金融资产;②以公允价值计量且其变动计入其他综合收益的金融资产;③以公允价值计量且其变动计入当期损益的金融资产。

三、计算题

(1)A;(2)D;(3)C;(4)B。

【解析】(1)长期股权投资的初始投资成本 = 480 + 20 = 500(万元),应享有乙公司可辨认净资产公允价值的份额 = 1 800×30% = 540(万元)。因此长期股权投资的初始入账成本(即初始入账价值)为 540

万元。

借:长期股权投资——投资成本　540
　　贷:银行存款　　　　　　　　500
　　　　营业外收入　(540-500)40

(2)乙公司2019年调整后的净利润 = 200 - (200 - 150)×80% = 160(万元),甲公司应确认的投资收益金额 = 160×30% = 48(万元)。

借:长期股权投资——损益调整　48
　　贷:投资收益　　　　　　　　48
借:长期股权投资——其他综合收益
　　　　　　　　　(20×30%)6
　　贷:其他综合收益　　　　　　6

(3)处置时,长期股权投资的账面价值 = 540 + 48 + 6 = 594(万元),出售部分长期股权投资应确认的投资收益金额 = 320 - 594×50% + 6 = 29(万元)。

出售部分股权:
借:银行存款　　　　　　　　　320
　　贷:长期股权投资——投资成本
　　　　　　　　　　　(540/2)270
　　　　　　　　——损益调整
　　　　　　　　　　　　(48/2)24
　　　　　　　　——其他综合收益
　　　　　　　　　　　　(6/2)3
　　　　投资收益　　　　　　　　23
借:其他综合收益　　　　　　　　6
　　贷:投资收益　　　　　　　　6

剩余股权转为金融资产核算:
借:其他权益工具投资——成本　320
　　贷:长期股权投资——投资成本
　　　　　　　　　　　(540/2)270
　　　　　　　　——损益调整
　　　　　　　　　　　　(48/2)24
　　　　　　　　——其他综合收益
　　　　　　　　　　　　(6/2)3
　　　　投资收益　　　　　　　　23

(4)对甲公司利润总额的影响额 = (1 800×30% - 500) + 48 + (320 + 320 - 594 + 20×30%) = 140(万元)

四、综合分析题

（1）C；（2）B；（3）C；（4）B；（5）D；（6）A。

【解析】（1）长投的初始投资成本=12×200=2 400（万元），权益法核算，初始投资成本2 400万元大于应享有投资日被投资方可辨认净资产公允价值的份额=4 800×40%=1 920（万元），不调整。最终入账价值为2 400万元。

（2）对所有者权益的影响额=12×200-40=2 360（万元），其分录是：

借：长期股权投资——成本　　　2 400
　　贷：股本　　　　　　　　　　　200
　　　　资本公积——股本溢价　　2 200
借：资本公积——股本溢价　　　　40
　　贷：银行存款　　　　　　　　　40

（3）2016年年末，长期股权投资的账面价值=2 400+（3 200-80+240）×40%=3 744（万元）。

借：长期股权投资——损益调整
　　　　　　　　　（3 200×40%）1 280
　　贷：投资收益　　　　　　　　1 280
借：应收股利　　　　　（80×40%）32
　　贷：长期股权投资——损益调整　32
借：长期股权投资——其他综合收益
　　　　　　　　　　（240×40%）96
　　贷：其他综合收益　　　　　　　96

（4）取得对黄河公司的控制权之日，长期股权投资的初始投资成本=3 744+1 520=5 264（万元）。

（5）合并报表中的商誉=（3 800+1 520）-8 800×（40%+20%）=40（万元）。

（6）2017年年初形成企业合并，之后长期股权投资采用成本法核算，2017年应确认的投资收益额=120×60%=72（万元）。

同步训练　限时145分钟

扫我做试题

一、单项选择题

1. 下列关于金融资产分类的说法中，错误的是（　　）。

A. 企业持有的权益工具投资不能划分为以摊余成本计量的金融资产

B. 企业持有的债券投资只能划分为以摊余成本计量的金融资产

C. 企业持有的权益工具投资可能被指定为以公允价值计量且其变动计入其他综合收益的金融资产

D. 交易性权益工具投资不能被指定为以公允价值计量且其变动计入其他综合收益的金融资产

2. 金融资产或金融负债的摊余成本是指该金融资产或金融负债的初始确认金额经有关因素调整后的结果，这些调整不包括（　　）。

A. 扣除已偿还的本金

B. 加上或减去采用实际利率法将该初始金额与到期日金额之间的差额进行摊销形成的累计摊销额

C. 加上或减去债券的面值乘以票面利率得到的应收（应付）利息

D. 扣除已发生的减值损失

3. 甲企业于2×20年1月2日以680万元的价格购进某公司当日发行的面值为600万元的公司债券，其中债券的买价为675万元，相关税费为5万元。该公司债券的票面利率为8%，实际利率为6%，期限为5年，到期一次还本付息。甲企业将其划分为以摊余成本计量的金融资产。2×20年12月31日，甲企业该金融资产的账面价值为

( )万元。

A. 680.0　　B. 720.8
C. 672.8　　D. 715.8

4. 乙公司2×20年1月3日按每张1 049元的价格溢价购入丁公司于2×20年1月2日发行的期限为5年、每张面值为1 000元、票面年利率为6%的普通债券8 000张,发生交易费用8 000元,款项以银行存款支付。该债券每年付息一次,最后一年归还本金和最后一期利息。假设实际年利率为5.33%,该公司将其作为以摊余成本计量的金融资产核算。则2×20年年末该公司持有的该批债券的摊余成本为( )元。

A. 8 000 000　　B. 8 384 000
C. 8 367 720　　D. 8 392 000

5. 2×19年1月2日甲公司购入乙公司当日发行的面值为500万元、期限为3年、票面利率为8%、每年年末付息、到期还本的债券,并将其作为以公允价值计量且其变动计入其他综合收益的金融资产核算,实际支付的购买价款为513.12万元,经测算实际利率为7%。2×19年年末该债券的公允价值为535万元,则甲公司2×20年12月31日因该项金融资产应确认的投资收益是( )万元。

A. 37.45　　B. 33.63
C. 35.63　　D. 35.47

6. 2×20年1月2日,甲公司从股票二级市场以每股30元(含已宣告但尚未发放的现金股利0.4元)的价格购入乙公司发行的股票100万股,将其作为以公允价值计量且变动计入当期损益的金融资产核算。2×20年5月10日,甲公司收到乙公司发放的上述现金股利。2×20年12月31日,该股票的市场价格为每股27元,则甲公司此项金融资产在2×20年12月31日的账面价值为( )万元。

A. 2 700　　B. 2 960
C. 2 740　　D. 3 000

7. 2×20年6月25日,甲公司按每股1.3元的价格购进某股票200万股,作为交易性金融资产核算,取得投资时另支付交易费用2万元。6月30日,该股票市价为每股1.1元。8月15日,被投资单位宣告发放现金股利,每股0.15元。9月2日,甲公司收到上述现金股利。11月2日,以每股1.4元的价格全部出售该股票。假定不考虑相关税费,甲公司从购入该股票至出售,累计实现的损益为( )万元。

A. 18　　B. 20
C. 48　　D. 50

8. 甲公司为上市公司,2×20年5月10日以830万元(含已宣告但尚未领取的现金股利30万元)的价格购入乙公司股票200万股作为交易性金融资产,另支付手续费4万元。2×20年5月30日,甲公司收到上述现金股利30万元。2×20年12月31日乙公司股票的每股市价为3.8元。2×21年3月1日乙公司宣布发放股利,甲公司享有的金额为8万元,并于2×21年4月10日收到。2×21年5月10日,甲公司以920万元的价格出售该项交易性金融资产,同时支付交易费用5万元。则甲公司处置该交易性金融资产时影响损益的金额为( )万元。

A. 119　　B. 115
C. 160　　D. 155

9. 甲公司2×19年5月10日因销售产品应收乙公司账款1 000万元,该应收账款在2×19年6月30日、2×19年12月31日、2×20年6月30日、2×20年12月31日的未来现金流量现值分别为900万元、920万元、880万元、890万元。不考虑其他因素,则2×20年度甲公司应计入信用减值损失的金额为( )万元。

A. 30　　B. 10
C. 40　　D. -10

10. 下列关于非同一控制下企业合并成本或合并中取得的可辨认资产、负债公允价值的调整的说法中,错误的是( )。

A. 自购买日算起12个月以后对企业合并成本或合并中取得的可辨认资产、负债公允价值等进行的调整，应作为前期差错处理

B. 自购买日算起12个月内取得进一步的信息表明需对原暂时确定的企业合并成本或所取得的可辨认资产、负债的暂时性价值进行调整的，应视同在购买日发生，进行追溯调整

C. 自购买日算起12个月内取得进一步的信息表明需对原暂时确定的企业合并成本或所取得的可辨认资产、负债的暂时性价值进行调整的，应同时对以暂时性价值为基础提供的比较报表信息进行相关的调整

D. 在企业合并中，购买日取得的被购买方在以前期间发生的未弥补亏损等可抵扣暂时性差异，按照税法规定可以全部用于抵减以后年度应纳税所得额，应一律予以确认

11. 下列关于国有独资企业之间无偿划拨子公司，划出企业会计处理的说法错误的是（ ）。

A. 划出企业在当期期末无需对于资产和负债进行调整

B. 在丧失控制权之日，应按照对被划拨企业的长期股权投资的账面价值，借记"资本公积（资本溢价）"

C. 在划入当期期末，需要根据经审计等确定并批复的资产和负债的账面价值对被划拨资产负债表进行调整

D. 被划拨企业的长期股权投资冲减资本公积，资本公积不足冲减的，冲减盈余公积和未分配利润

12. 下列关于取得长期股权投资核算的说法中，错误的是（ ）。

A. 以发行权益性证券方式取得非企业合并的长期股权投资，应当按照所发行权益性证券的公允价值作为初始投资成本

B. 企业进行公司制改制时，长期股权投资应以评估价值作为认定成本，与原账面价值的差额计入资本公积（资本溢价）

C. 国有全资企业之间无偿划拨子公司的，在丧失对被划拨企业的控制权之日按照长期股权投资的账面价值借记资本公积，资本公积不足冲减的，冲减盈余公积和未分配利润

D. 国有独资企业之间无偿划拨子公司，若明确批复取得长期股权投资的资金作为资本金投入的，应计入实收资本

13. A公司以定向增发股票的方式购买同一集团内另一企业持有的B公司90%股权。为取得该股权，A公司定向增发6 000万股普通股，每股面值为1元，每股公允价值为10元；支付承销商佣金、手续费50万元，为购买股权另支付评估、审计费用20万元。取得该股权时，B公司所有者权益账面价值为10 000万元，公允价值为15 000万元。假定A公司和B公司采用的会计政策相同，A公司取得该股权时应确认的资本公积为（ ）万元。

A. 3 020　　　　B. 2 930
C. 3 000　　　　D. 2 950

14. 甲公司持有乙公司35%的股权，采用权益法核算。2×19年12月31日该项长期股权投资的账面价值为1 260万元。此外，甲公司还有一笔金额为300万元的应收乙公司的长期债权，该项债权没有明确的清收计划，且在可预见的未来期间不准备收回。乙公司2×20年发生净亏损5 000万元。假定取得投资时被投资单位各项资产和负债的公允价值等于账面价值，双方采用的会计政策、会计期间相同，且投资双方未发生任何内部交易。甲公司对乙公司亏损不负额外的亏损弥补义务。则甲公司2×20年应确认的投资损失是（ ）万元。

A. 1 650　　　　B. 1 260
C. 1 560　　　　D. 1 750

15. 甲公司于2×20年1月2日以银行存款

18 000万元购入乙公司有表决权股份的40%，能够对乙公司施加重大影响。取得该项投资时，乙公司各项可辨认资产、负债的公允价值等于账面价值，双方采用的会计政策、会计期间相同。2×20年6月1日，乙公司出售一批商品给甲公司，成本为800万元，售价为1 000万元，甲公司购入后作为存货管理。至2×20年年末，甲公司已将从乙公司购入商品的50%出售给外部独立的第三方。乙公司2×20年实现净利润1 600万元。甲公司2×20年年末因对乙公司的长期股权投资应确认投资收益为（ ）万元。

A. 600 B. 640
C. 700 D. 720

16. A公司于2×19年3月以7 000万元取得B公司40%的股权，并对所取得的投资采用权益法核算，于2×19年年末确认对B公司的投资收益160万元，由于B公司可重分类进损益的其他综合收益变动确认其他综合收益40万元。2×20年1月，A公司又投资4 000万元从非关联方处取得B公司另外20%的股权。假定A公司在取得对B公司的长期股权投资以后，B公司并未宣告发放现金股利或利润。A公司按净利润的10%提取盈余公积。A公司未对该项长期股权投资计提任何减值准备。购买日，原取得40%股权的公允价值为8 000万元。假定2×19年3月和2×20年1月A公司对B公司投资时，B公司可辨认净资产公允价值分别为16 000万元和19 500万元。下列各项关于A公司对B公司长期股权投资会计处理的表述中，正确的是（ ）。

A. A公司在2×20年1月追加投资后应将长期股权投资改按成本法核算
B. 追加投资后该项投资的初始投资成本为11 000万元
C. 追加投资时，A公司应将追加投资前确认的其他综合收益40万元转入投资收益
D. 2×20年及以后B公司宣告分配现金股利时，A公司应冲减其投资成本

17. 甲公司持有乙公司30%的股权，采用权益法核算。2×20年3月1日，甲公司处置乙公司20%的股权，取得的价款为1 000万元，处置这部分股权投资后，甲公司对乙公司不再具有重大影响，甲公司将剩余股权投资指定为以公允价值计量且其变动计入其他综合收益金融资产核算。已知原股权在2×20年3月1日的账面价值为1 200万元（其中成本800万元，损益调整300万元，其他权益变动100万元）。减资当日，剩余股权投资的公允价值为500万元，则甲公司应确认的损益为（ ）万元。

A. 400 B. 300
C. 500 D. 600

18. 2×18年1月2日，甲公司以3 000万元现金取得乙公司60%的股权，能够对乙公司实施控制，当日乙公司可辨认净资产公允价值为4 500万元（假定公允价值与账面价值相等）。2×20年10月1日，乙公司向非关联方丙公司定向增发新股，增资2 700万元，相关手续于当日完成，甲公司对乙公司的持股比例下降为40%，对乙公司具有重大影响。2×18年1月2日至2×20年10月1日期间，乙公司实现净利润2 500万元，其中2×18年1月2日至2×19年12月31日期间，乙公司实现净利润2 000万元。假定乙公司一直未进行利润分配，未发生其他权益变动。甲公司按净利润的10%提取法定盈余公积。不考虑其他因素影响。2×20年10月1日，甲公司有关账务处理表述错误的是（ ）。

A. 应享有的原子公司因增资扩股而增加净资产的份额与应结转持股比例下降部分所对应的长期股权投资原账面价值之间的差额为80万元，应将其计入当期投

资收益

B. 对剩余股权视同自取得投资时即采用权益法核算进行调整而影响期初留存收益的金额为 800 万元

C. 对剩余股权视同自取得投资时即采用权益法核算进行调整而影响当期投资收益的金额为 200 万元

D. 调整后的长期股权投资账面价值为 1 800 万元

19. 某公司 2×19 年年末应收账款余额为 750 万元，经减值测试确定的预期信用损失为应收账款余额的 5%。2×20 年 2 月确认坏账损失 15 万元，2×20 年 11 月收回已作为坏账核销的应收账款 3 万元，2×20 年年末应收账款余额为 650 万元，经减值测试确定的预期信用损失为应收账款余额的 3%，该公司 2×20 年年末应计提"信用减值损失"的金额是（　　）万元。

A. -6 　　B. -30

C. 19.5 　D. 25.5

20. 关于以公允价值计量且其变动计入其他综合收益的金融资产的重分类，下列表述不正确的是（　　）。

A. 以公允价值计量且其变动计入其他综合收益的金融资产重分类为以摊余成本计量的金融资产的，应将之前计入其他综合收益的累计利得或损失转出，调整该金融资产在重分类日的公允价值，并以调整后的金额作为新的账面价值

B. 以公允价值计量且其变动计入其他综合收益的金融资产向以摊余成本计量的金融资产的重分类，不影响实际利率和预期信用损失的计量

C. 以公允价值计量且其变动计入其他综合收益的金融资产重分类为以公允价值计量且其变动计入当期损益的金融资产的，应当继续以公允价值计量该金融资产

D. 以公允价值计量且其变动计入其他综合收益的金融资产重分类为以公允价值计量且其变动计入当期损益的金融资产的，之前计入其他综合收益的累计利得或损失不必作转出处理

二、多项选择题

1. 对于企业持有的以摊余成本计量的金融资产来说，其可能产生的投资收益包括（　　）。

A. 按该项投资的面值和票面利率计算确定的利息

B. 按该项投资摊余成本和实际利率计算确定的利息收入

C. 该项投资计提的损失准备

D. 该项投资已计提的损失准备在以后持有期间得以恢复的部分

E. 处置该项投资处时的售价与其账面价值之间的差额

2. 对于被划分为或被指定为以公允价值计量且其变动计入其他综合收益的金融资产来说，下列各项中一定应当直接计入发生当期损益的有（　　）。

A. 该类金融资产公允价值的增加

B. 购买该类金融资产时发生的交易费用

C. 处置该类金融资产时应结转的其他综合收益

D. 持有期间被投资方宣告发放的现金股利

E. 持有期间以实际利率法确认的利息收入

3. 关于以公允价值计量且其变动计入其他综合收益的金融资产（债券）的核算，下列说法中正确的有（　　）。

A. 交易费用计入当期损益

B. 处置净损益计入公允价值变动损益

C. 公允价值变动计入其他综合收益

D. 按摊余成本和实际利率计算确定的利息收入，应计入投资收益

E. 计提减值时，应借记"信用减值损失"科目

4. 下列各项中，可以表明企业持有该金融资产或承担该金融负债的目的是交易性的有（　　）。

A. 取得相关金融资产或承担相关金融负债的目的,主要是为了近期出售或回购

B. 相关金融资产或金融负债在初始确认时属于集中管理的可辨认金融工具组合的一部分

C. 相关金融资产或金融负债在初始确认时有客观证据表明近期实际存在短期获利模式

D. 相关金融资产或金融负债属于符合财务担保合同定义的衍生工具或被指定为有效套期工具的衍生工具

E. 相关金融资产或金融负债属于衍生工具,但符合财务担保合同定义的衍生工具以及被指定为有效套期工具的衍生工具除外

5. 2×20年年初,甲公司购买了一项公司债券,该债券票面价值为1 500万元,票面利率为3%。剩余年限为5年,划分为交易性金融资产,取得时支付的价款为1 200万元,另支付交易费用10万元。2×20年年末按票面利率3%收到利息。2×20年年末,甲公司将该债券出售,价款为1 400万元,则以下关于交易性金融资产核算的处理正确的有( )。

A. 交易性金融资产的初始入账金额为1 210万元

B. 2×20年末因利息收益确认投资收益45万元

C. 2×20年确认公允价值变动损益300万元

D. 2×20年年末出售债券时确认投资收益200万元

E. 影响2×20年投资收益的金额为245万元

6. 下列各项中,影响当期损益的有( )。

A. 交易性金融资产在资产负债表日的公允价值大于账面价值的差额

B. 交易性金融资产在持有期间获得的债券利息

C. 债权投资发生的信用损失

D. 处置被指定为以公允价值计量且其变动计入其他综合收益的非交易性权益投资

E. 采用成本模式计量的投资性房地产转换为自用房地产

7. 下列有关不同类别金融资产之间重分类的表述中,正确的有( )。

A. 以摊余成本计量的金融资产不能重分类为以公允价值计量且其变动计入当期损益的金融资产

B. 指定为以公允价值计量且其变动计入其他综合收益的金融资产不能重分类为以公允价值计量且其变动计入当期损益的金融资产

C. 指定为以公允价值计量且其变动计入其他综合收益的金融资产不可以重分类为以摊余成本计量的金融资产

D. 以公允价值计量且其变动计入其他综合收益的金融资产可以重分类为以公允价值计量且其变动计入当期损益的金融资产

E. 以公允价值计量且其变动计入其他综合收益的金融资产重分类为以摊余成本计量的金融资产,应视同该金融资产一直采用摊余成本计量

8. 关于长期股权投资的取得,下列说法中正确的有( )。

A. 企业合并时,与发行债券相关的交易费用,计入债券初始金额

B. 非同一控制下一次性交易实现的企业合并,长期股权投资初始投资成本以付出合并对价的公允价值为基础确定

C. 同一控制下的企业合并中,合并方发生的评估咨询费计入管理费用

D. 企业合并中与发行权益性证券相关的发行费用应计入管理费用

E. 通过发行权益性证券直接取得长期股权投资的,按发行的权益性证券公允价值作为初始投资成本

9. 采用权益法核算时,下列事项中不会引起投资企业"长期股权投资"账面价值发生变动的有( )。

A. 被投资企业实现净利润或发生净亏损
B. 被投资企业提取盈余公积
C. 被投资企业宣告发放股票股利
D. 投资企业计提长期股权投资减值准备
E. 被投资企业持有的其他债权投资的公允价值发生变动

10. 对于采用权益法核算的长期股权投资来说，下列各项业务发生时，会引起投资企业资本公积发生变动的有（　　）。
   A. 被投资企业接受非控股股东的资本性现金捐赠
   B. 被投资企业的其他综合收益发生变动
   C. 被投资企业发放股票股利
   D. 被投资企业因以权益结算的股份支付确认资本公积
   E. 被投资企业用盈余公积转增资本

三、计算题

1. 甲企业系上市公司，按季对外提供中期财务报表，按季计提利息。2×20年有关业务如下：
   (1) 1月5日甲企业以赚取差价为目的从二级市场购入一批债券作为交易性金融资产核算，面值总额为2 000万元，票面年利率为6%，3年期，每半年付息一次，该债券发行日为2×19年1月2日。取得时支付的价款为2 060万元（含已到付息期但尚未领取的2×19年下半年的利息60万元），另支付交易费用40万元，全部价款以银行存款支付。
   (2) 1月15日，收到2×19年下半年的利息60万元。
   (3) 3月31日，该债券公允价值为2 200万元。
   (4) 3月31日，按债券票面利率计算利息。
   (5) 6月30日，该债券公允价值为1 960万元。
   (6) 6月30日，按债券票面利率计算利息。
   (7) 7月15日，收到2×20年上半年的利息60万元。
   (8) 8月15日，将该债券全部处置，实际收到价款2 400万元。

   根据上述资料，回答下列问题。
   (1) 2×20年1月5日取得交易性金融资产的入账价值为（　　）万元。
   A. 2 040　　　　B. 2 000
   C. 2 060　　　　D. 2 100
   (2) 截至2×20年6月30日，甲公司因该交易性金融资产累计计入投资收益科目的金额为（　　）万元。
   A. 40　　　　B. 80
   C. 20　　　　D. 60
   (3) 8月15日，处置该债券对当期营业利润的影响为（　　）万元。
   A. 440　　　　B. 500
   C. 540　　　　D. 400
   (4) 甲公司因该交易性金融资产累计影响损益的金额为（　　）万元。
   A. 360　　　　B. 460
   C. 420　　　　D. 400

2. A公司于2×19年6月18日以6 000万元取得B上市公司15%的股权，另支付交易费用50万元。当日B公司可辨认净资产公允价值为38 000万元。A公司对B公司不具有重大影响。A公司将其指定为以公允价值计量且其变动计入其他综合收益的金融资产。
   (1) 2×19年12月31日，该项投资的公允价值为7 500万元。
   (2) 2×20年1月2日，A公司又斥资27 500万元自C公司取得B公司另外55%的股权，当日B公司可辨认净资产的公允价值为49 500万元（与其账面价值相等）。至此A公司对B公司的持股比例达到70%，从而取得对B公司的控制权。新增投资当日，原股权的公允价值仍为7 500万元。A公司与C公司不存在任何关联方关系。
   (3) 2×20年B公司实现净利润4 000万元。
   (4) 2×21年1月2日，A公司将其持有的对B公司60%的股权出售给某企业，售价为33 000万元。在出售60%的股权后，A公司对B公司的持股比例变为10%，对B公司不具有重大影响，剩余股权在丧失控制权日的公允价值为5 500万元。A公司将剩余股权投资指定为以公允价值计量且其变动计入其他综合收益的金融资产。

根据上述资料，回答下列问题。

(1)A公司2×19年6月18日取得其他权益工具投资的初始成本为(　　)万元。
A. 6 250　　　　B. 6 200
C. 6 050　　　　D. 6 000

(2)A公司2×20年进行企业合并时应确认的投资收益的金额为(　　)万元。
A. 1 450　　　　B. 1 500
C. 1 350　　　　D. 0

(3)A公司该项长期股权投资在2×20年12月31日的账面价值为(　　)万元。
A. 37 450　　　　B. 37 800
C. 34 650　　　　D. 35 000

(4)2×21年A公司出售对B公司股权投资时应确认的投资收益为(　　)万元。
A. 3 000　　　　B. 500
C. 3 500　　　　D. 5 300

3. A公司对B公司进行投资的业务如下：
(1)2×18年1月2日，A公司以1 035万元(含支付的相关费用1万元)购入B公司股票400万股，每股面值1元，占B公司实际发行在外股数的30%，A公司采用权益法核算此项投资。当日B公司可辨认净资产公允价值为3 000万元。取得投资时B公司的管理用固定资产公允价值为200万元，账面价值为300万元，固定资产的预计剩余使用年限为10年，净残值为零，按照直线法计提折旧；管理用无形资产公允价值为50万元，账面价值为100万元，无形资产的预计剩余使用年限为10年，净残值为零，按照直线法摊销。
(2)2×18年B公司实现净利润300万元，提取盈余公积30万元。
(3)2×19年B公司发生亏损4 000万元，

2×19年B公司增加其他综合收益100万元。假定A公司账上有应收B公司长期应收款50万元且B公司无任何清偿计划。
(4)2×20年B公司在调整了经营方向后，扭亏为盈，当年实现净利润520万元。
假定不考虑所得税和其他事项。

根据上述资料，回答下列问题。

(1)2×18年，A公司应根据B公司净利润确认的投资收益为(　　)万元。
A. 93.00　　　　B. 90.00
C. 94.50　　　　D. 91.50

(2)2×19年，A公司应确认的投资损失为(　　)万元。
A. 1 200　　　　B. 1 195.5
C. 1 129.5　　　D. 1 179.5

(3)2×20年，A公司应确认的投资收益为(　　)万元。
A. 156.00　　　B. 160.50
C. 144.50　　　D. 150.00

(4)2×20年年末长期股权投资的账面余额为(　　)万元。
A. 124.50　　　B. 110.50
C. 66.00　　　　D. 160.50

四、综合分析题

1. 黄山公司系上市公司，在2×18年至2×20年发生与长期股权投资有关的交易或事项如下：
(1)2×18年1月2日，黄山公司以发行普通股和一项作为固定资产核算的厂房为对价，从非关联方取得甲公司25%股权，对甲公司具有重大影响，采用权益法核算，并于当日办妥相关法律手续；黄山公司向甲公司原股东定向增发2 000万股普通股，每股面值1元，每股公允价值为10元，同时支付承销商佣金、手续费等500万元，厂房账面价值为6 000万元，公允价值为10 000万元。
(2)2×18年1月2日，甲公司可辨认净资产公允价值为110 000万元，除一项使用寿命不确定的无形资产的公允价值与账面价值不同外,其他资产、负债的公允价值与账面价值相等,该无形资产的账面价值为1 600万元,公允价值为2 400万元。

(3)2×18年12月31日,该无形资产的可收回金额为1 200万元,甲公司确认了400万元的减值损失。

(4)2×18年度,甲公司实现净利润5 000万元,除此以外无其他所有者权益变动。

(5)2×19年1月2日,黄山公司以定向增发普通股方式向集团内另一企业收购其持有的甲公司30%的股权,本次增发的普通股数量为2 000万股,每股面值1元,每股公允价值为15元,同时支付承销佣金、手续费800万元,取得该股权后,黄山公司能够对甲公司实施控制。当日,最终控制方合并财务报表上的甲公司净资产账面价值为114 200万元。

(6)2×19年度,甲公司实现净利润8 000万元,除此之外无其他所有者权益变动。2×19年12月31日。

(7)2×20年4月1日,黄山公司将对甲公司的股权投资全部售出,出售价格为70 000万元。

假设黄山公司与甲公司适用的会计政策、会计期间相同,涉及的各会计期间未发生其他内部交易,不考虑相关税费。

根据上述资料,回答下列问题。

(1)2×18年1月2日,黄山公司取得甲公司25%股权时,长期股权投资的初始投资成本为( )万元。

A. 2 650 B. 30 000
C. 30 500 D. 26 000

(2)2×18年1月2日,黄山公司发行股票时所产生的承销佣金、手续费一般应计入( )。

A. 管理费用
B. 财务费用
C. 长期股权投资
D. 资本公积

(3)2×18年黄山公司对甲公司的长期股权投资确认投资收益的金额为( )万元。

A. 950 B. 1 050
C. 1 250 D. 1 300

(4)2×19年1月2日,黄山公司再次以定向增发方式增加持有甲公司股权30%后,下列处理正确的有( )。

A. 增加的长期股权投资成本31 760万元
B. 增加营业外收入960万元
C. 增加资本公积28 960万元
D. 增加管理费用800万元

(5)2×20年4月1日,黄山公司全部出售持有的甲公司的股权,应确认的投资收益金额为( )万元。

A. 4 850 B. 6 505
C. 7 190 D. 8 950

(6)黄山公司对甲公司的长期股权投资业务对利润总额的累计影响金额为( )万元。

A. 1 200 B. 5 050
C. 14 000 D. 12 240

2. 甲公司为上市公司,按净利润的10%提取盈余公积。为提高市场占有率及实现多元化经营,甲公司在2×19年及以后进行了一系列投资和资本运作,有关投资业务资料如下:

(1)2×19年1月6日,甲公司以一台设备从乙公司换取其持有的A公司3%的有表决权股份,甲公司将其指定为以公允价值计量且其变动计入其他综合收益的金融资产。甲公司换出设备的账面原值为3 200万元,已提折旧800万元,已提减值准备300万元,其公允价值为2 400万元,另支付补价200万元,假定该项交换具有商业实质。

(2)2×19年5月10日,A公司宣告派发现金股利1 000万元。2×19年12月31日该股票公允价值合计为3 000万元。

(3)2×20年7月1日,甲公司又以15 000万元的价格从A公司其他股东处受让取得A公司17%的股权,至此甲公司对 A 公司的持股比例达到 20%。取得该部分股权后，按照 A 公司章程规定，甲公司能够派人参与 A 公司的生产经营决策。当日原持有的股权投资的公允价值为 3 600 万元，A 公司可辨认净资产公允价值总额为 93 500 万元（包括 A 公司一项 X 存货公允价值高于账面价值的差额 800 万元）。

(4) 截止到 2×20 年 12 月 31 日，A 公司 X 存货已对外出售 30%。2×20 年 7 月~12 月，A 公司实现净利润 3 200 万元。

(5) 2×19 年 6 月 30 日，甲公司将其所持有的对子公司（B 公司）72% 的股权出售给某企业，售价为 15 000 万元。甲公司出售 B 公司股权前，该项长期股权投资的账面价值是 16 520 万元，出售这部分股权投资后，甲公司仅持有 B 公司 8% 的股权，因此，甲公司撤出了在 B 公司董事会的全部董事，对 B 公司不具有重大影响，甲公司将剩余股权投资指定为以公允价值计量且其变动计入其他综合收益的金融资产。剩余股权在当日的公允价值为 2 000 万元。
假定不考虑增值税、所得税等因素。
根据上述资料，回答下列问题。

(1) 下列关于增资由以公允价值计量且其变动计入其他综合收益的金融资产转为权益法核算的长期股权投资的处理，说法正确的有（　）。

A. 对于原股权，应保持其账面价值不变
B. 初始投资成本为原股权的公允价值与新增投资成本之和
C. 原股权公允价值与账面价值之间的差额应确认为留存收益
D. 原股权累计确认的其他综合收益应在增资日转入当期损益

(2) 2×19 年甲公司因取得、持有 A 公司股权而确认损益的金额为（　）万元。

A. 700　　　　　B. 300
C. 730　　　　　D. 330

(3) 2×20 年 7 月 1 日，甲公司增资当日应确认留存收益的金额为（　）万元。

A. 600　　　　　B. 1 000
C. 400　　　　　D. 200

(4) 2×20 年 12 月 31 日，甲公司持有的该项长期股权投资的账面价值为（　）万元。

A. 19 192　　　　B. 19 340
C. 19 292　　　　D. 19 228

(5) 2×19 年 6 月 30 日，甲公司减资当日以公允价值计量且其变动计入其他综合收益的金融资产的入账价值为（　）万元。

A. 1 652　　　　B. 1 562
C. 2 000　　　　D. 2 256

(6) 2×19 年 6 月 30 日，甲公司减资当日应确认的投资收益的金额为（　）万元。

A. 480　　　　　B. 640
C. 348　　　　　D. 500

3. 长江公司系上市公司，在 2×19~2×20 年发生与长期股权投资有关的交易或事项如下：

(1) 2×19 年 7 月 1 日，长江公司以发行债券为对价，从非关联方取得甲公司 80% 的股权，对甲公司形成控制，采用成本法核算，并于当日办妥相关法律手续。长江公司向甲公司原股东折价发行 5 年期面值为 4 200 万元的公司债券，发行价格为 4 000 万元，票面利率为 5%，按年付息，到期一次还本，同时支付发行费用 30 万元。

(2) 2×19 年 7 月 1 日，甲公司可辨认净资产公允价值为 4 750 万元，除一批存货的公允价值与账面价值不同外，甲公司其他资产、负债的公允价值与账面价值相等，该批存货的账面价值是 160 万元，公允价值是 240 万元。

(3) 截至 2×19 年 12 月 31 日，该批存货对外销售 30%。2×19 年度，甲公司实现净利润 620 万元（每月利润均衡），提取盈余公积 62 万元，分配现金股利 150 万元，因权益结算的股份支付而导致所有者权益增加 300 万元。

(4) 2×20 年 3 月 1 日，长江公司将其所持有的甲公司股权的一半对外销售，取得价款2 200万元。处置后，长江公司无法继续对甲公司实施控制，但仍对甲公司具有重大影响。当日，剩余股权的公允价值为2 200万元。

(5)2×19年7月1日评估增值的甲公司存货(剩余部分)于2×20年下半年全部对外销售。2×20年度，甲公司实现净利润480万元(每月利润均衡)，提取盈余公积48万元，除此以外无其他所有者权益变动。

假设长江公司和甲公司采用的会计期间和会计政策相同，均按净利润的10%提取盈余公积。不考虑除所得税以外的其他因素。

根据上述资料，回答下列问题。

(1)2×19年7月1日，长江公司取得甲公司股权的账务处理中，正确的有( )。
A. 长期股权投资的入账价值为4 000万元
B. 应付债券的入账价值为3 970万元
C. 发行费用30万元应记入管理费用
D. "应付债券——利息调整"科目的金额为200万元

(2)若所得税税率为25%，税法上认可被合并方净资产在合并日的账面价值，则合并报表中应确认的商誉金额为( )万元。
A. 0   B. 184
C. 200   D. 216

(3)2×19年，长江公司因对甲公司的长期股权投资而确认的投资收益为( )万元。
A. 476.8   B. 120
C. 356.8   D. 108.8

(4)2×20年3月，长江公司持有的长期股权投资由成本法改为权益法时应调整的留存收益为( )万元。
A. 178.4   B. 54.4
C. 86.4   D. 210.4

(5)2×20年3月追溯调整后，长期股权投资的账面价值为( )万元。
A. 2 206.4   B. 2 406.4
C. 2 174.4   D. 2 374.4

(6)上述业务对长江公司2×20年利润总额的影响额为( )万元。
A. 169.6   B. 337.6
C. 369.6   D. 401.6

同步训练答案及解析

一、单项选择题

1. B 【解析】企业持有的债券投资，如果其业务模式并不是仅以收取合同现金流量为目标，则应划分为以公允价值计量的金融资产等，故选项B不正确。

2. C 【解析】摊余成本，是指金融资产或金融负债的初始确认金额经下列调整后的结果：①扣除已偿还的本金；②加上或减去采用实际利率法将该初始确认金额与到期日金额之间的差额进行摊销形成的累计摊销额；③扣除已发生的减值损失。

3. B 【解析】2×20年12月31日，该金融资产账面价值=680×(1+6%)=720.8(万元)。
借：债权投资——成本　　　　600
　　　　　　——利息调整　　　80
　　贷：银行存款　　　　　　680
借：债权投资——应计利息　　48
　　贷：债权投资——利息调整　7.2
　　　　投资收益　　　　　　40.8

4. C 【解析】2×20年年末，乙公司持有的该债券摊余成本=(1 049×8 000+8 000)×(1+5.33%)－1 000×8 000×6%=8 367 720(元)。

5. C 【解析】2×19年年末的摊余成本=513.12－(500×8%－513.12×7%)=509.04(万元)；2×20年12月31日应确认的投资收益=509.04×7%=35.63(万元)。

6. A 【解析】交易性金融资产期末按照公允价值计量，所以2×20年12月31日，交易性金融资产的账面价值=27×100=2 700（万元）。

7. C 【解析】累计实现的损益=-2+200×0.15+200×(1.1-1.3)+200×(1.4-1.1)=48（万元）。

8. D 【解析】处置该交易性金融资产影响损益的金额=（920-5）-3.8×200=155（万元）。

9. A 【解析】2×19年6月30日，应计提的减值金额=（1 000-900）=100（万元）。
2×19年12月31日应计提的减值金额=（900-920）=-20（万元），即减值恢复20万元。
2×20年6月30日应计提的减值金额=（920-880）=40（万元）。
2×20年12月31日应计提的减值金额=（880-890）=-10（万元），即减值恢复10万元。
所以，2×20年计入信用减值损失的金额=40-10=30（万元）。

10. D 【解析】在企业合并中，购买日取得的被购买方在以前期间发生的未弥补亏损等可抵扣暂时性差异，按照税法规定可以用于抵减以后年度应纳税所得额，但如果在购买日不符合递延所得税资产确认条件，则不应予以确认。

11. C 【解析】选项C，属于划入企业的会计处理。

12. B 【解析】企业进行公司制改制时，长期股权投资应以评估价值作为认定成本，与原账面价值的差额计入资本公积（其他资本公积）。

13. D 【解析】应确认的资本公积=10 000×90%-6 000-50=2 950（万元）。

14. C 【解析】甲公司会计分录：
借：投资收益　　　　　　　　1 560
　　贷：长期股权投资——损益调整
　　　　　　　　　　　　　　1 260
　　　　长期应收款　　　　　　300

15. A 【解析】甲公司2×20年末应确认投资收益=[1 600-(1 000-800)×50%]×40%=600（万元）

16. A 【解析】选项B，追加投资之前所持被购买方的股权投资的账面价值=7 000+160+40=7 200（万元），新增投资成本为4 000万元，所以追加投资后该项投资的初始投资成本=7 200+4 000=11 200（万元）；选项C，应在处置该项投资时将该40万元的其他综合收益转入投资收益；选项D，追加投资后采用成本法核算，B公司宣告分配现金股利时，A公司应确认投资收益，不冲减投资成本。

17. A 【解析】甲公司应确认的损益=1 000+500-1 200+100=400（万元）
【思路点拨】对于剩余股权，应按照公允价值重新计量，此前因被投资方其他权益变动而计入资本公积的金额应在转为金融资产核算时计入当期损益。

18. D 【解析】①按照新的持股比例（40%）确认应享有的原子公司因增资扩股而增加净资产的份额=2 700×40%=1 080（万元）；②应结转持股比例下降部分对应的长期股权投资原账面价值=3 000×20%/60%=1 000（万元）；③应享有的原子公司因增资扩股而增加净资产的份额（1 080万元）与应结转持股比例下降部分所对应的长期股权投资原账面价值（1 000万元）之间的差额80万元应计入当期投资收益：
借：长期股权投资　　　　　　80
　　贷：投资收益　　　　　　　80
对剩余股权视同自取得投资时即采用权益法核算进行调整。
借：长期股权投资——损益调整
　　　　　　　　（2 500×40%）1 000
　　贷：盈余公积（2 000×40%×10%）80
　　　　利润分配——未分配利润
　　　　　　　（2 000×40%×90%）720
　　　　投资收益　　　（500×40%）200
因此，调整后的长期股权投资账面价值=

3 000+80+1 000=4 080(万元)。

19. A 【解析】2×20年年末坏账准备期末余额=650×3%=19.5(万元)；计提坏账准备前已有的余额=750×5%-15+3=25.5(万元)；因此2×20年应该计提的坏账准备=19.5-25.5=-6(万元)，即冲减多计提的"信用减值损失"6万元。

20. D 【解析】选项D，以公允价值计量且其变动计入其他综合收益的金融资产重分类为以公允价值计量且其变动计入当期损益的金融资产的，应当继续以公允价值计量该金融资产；同时，企业应当将之前计入其他综合收益的累计利得或损失从其他综合收益转入当期损益。

二、多项选择题

1. BE 【解析】该项金融资产按摊余成本乘以实际利率计算确定的实际利息收益，应计入投资收益，故选项B正确；选项C、D，应通过"信用减值损失"科目处理，不通过"投资收益"科目核算。

2. DE 【解析】选项A，应当计入"其他综合收益"；选项B，应当计入该类金融资产的初始入账金额；选项C，如果是将非交易性权益工具指定为该类金融资产，则处置该类金融资产时应将相关的其他综合收益转入留存收益。

3. CDE 【解析】选项A，应该计入初始确认金额；选项B，处置净损益应计入投资收益。

4. AE 【解析】金融资产或金融负债满足下列条件之一的，表明企业持有该金融资产或承担该金融负债的目的是交易性的：①取得相关金融资产或承担相关金融负债的目的，主要是为了近期出售或回购。②相关金融资产或金融负债在初始确认时属于集中管理的可辨认金融工具组合的一部分，且有客观证据表明近期实际存在短期获利模式。③相关金融资产或金融负债属于衍生工具。但符合财务担保合同定义的衍生工具以及被指定为有效套期工具的衍生工具除外。

5. BD 【解析】
借：交易性金融资产——成本　1 200
　　投资收益　　　　　　　　　　10
　　贷：银行存款　　　　　　　　　　1 210
借：银行存款　　　　(1 500×3%)45
　　贷：投资收益　　　　　　　　　　45
借：银行存款　　　　　　　　　1 400
　　贷：交易性金融资产——成本　1 200
　　　　投资收益　　　　　　　　　200
所以，影响2×20年投资收益的金额＝-10+45+200=235(万元)。

6. ABC 【解析】选项D，应计入留存收益；选项E，不产生损益。

7. BCDE 【解析】选项A，以摊余成本计量的金融资产可以重分类为以公允价值计量且其变动计入当期损益的金融资产。

8. ABC 【解析】选项D，应冲减资本公积(股本溢价)，资本公积(股本溢价)不足冲减的，应冲减留存收益；选项E，若取得长期股权投资时形成的是同一控制下的企业合并，则初始投资成本为所取得的被合并方所有者权益在最终控制方合并财务报表中的账面价值的份额，并不是所发行的权益性证券的公允价值。

9. BC 【解析】选项B、C，被投资企业提取盈余公积、宣告发放股票股利，均不影响其所有者权益的总额，因此不会影响投资企业"长期股权投资"账户金额。选项D，投资企业计提了长期股权投资减值准备，会导致长期股权投资的账面价值减少。

10. AD 【解析】选项A，被投资企业计入资本公积——股本溢价，投资企业应按其享有的份额确认资本公积——其他资本公积；选项B，被投资企业确认其他综合收益，投资企业应按其享有的份额确认其他综合收益，不确认资本公积；选项C，被投资企业的所有者权益总额未发生增减变化，投资企业无需进行账务处理；选项D，被投资企业确认资本公积——其他资本公积，投资企业应按其享有的份额确认资本公积——其他资本公积；选项E，被投资企业所有者权益总额未发生变动，因此投资企业不做处理。

三、计算题

1. (1)B；(2)C；(3)A；(4)C。

【解析】(1)取得交易性金融资产时，支付的价款中含有的已到付息期但尚未领取的利息，应记入"应收利息"，另支付的交易费用，应冲减"投资收益"，均不构成交易性金融资产的入账价值。

(2)截至2×20年6月30日，甲公司因该交易性金融资产累计计入投资收益的金额=-40+2 000×6%×6/12=20(万元)。

(3)处置该债券对当期营业利润的影响=2 400-1 960=440(万元)。

(4)累计影响损益金额=-40+(2 200-2 000)-(2 200-1 960)+30+30+(2 400-1 960)=420(万元)。

2. (1)C；(2)D；(3)D；(4)C。

【解析】(1)2×19年6月18日：

借：其他权益工具投资——成本 6 050
　　贷：银行存款　　　　　　　　6 050

2×19年12月31日：

借：其他权益工具投资——公允价值变动　　　　　　　　　1 450
　　贷：其他综合收益
　　　　　　　　(7 500-6 050)1 450

(2)A公司个别财务报表中的处理原则：A公司应当按照原持有的15%股权投资的公允价值加上新增的55%股权的投资成本之和，作为改按成本法核算的初始投资成本。购买日之前持有的其他权益工具投资原计入其他综合收益的累计公允价值变动应当在改按成本法核算时转入留存收益。相关会计分录：

2×20年1月2日：

借：长期股权投资　　　　27 500
　　贷：银行存款　　　　　　27 500

借：长期股权投资　　　　　7 500
　　贷：其他权益工具投资——成本 6 050
　　　　　　——公允价值
　　　　　　　变动　　　1 450

借：其他综合收益　　　　　1 450
　　贷：盈余公积　　　　　　　145
　　　　利润分配——未分配利润 1 305

(3)长期股权投资合并时的初始投资成本=7 500+27 500=35 000(万元)，形成合并后用成本法核算，不调整长期股权投资的账面价值。

(4)A公司出售B公司股权时确认的投资收益=33 000-35 000×60%/70%+5 500-35 000×10%/70%=3 500(万元)。

A公司个别财务报表中的处理原则：处置后的剩余股权不能对被投资单位实施共同控制或施加重大影响，应当改按《企业会计准则第22号——金融工具确认和计量》的有关规定进行会计处理，其在丧失控制之日的公允价值与账面价值间的差额计入当期损益。相关会计分录：

借：银行存款　　　　　　33 000
　　贷：长期股权投资
　　　　(35 000×60%/70%)30 000
　　　　投资收益　　　　　3 000

借：其他权益工具投资　　　5 500
　　贷：长期股权投资
　　　　(35 000×10%/70%)5 000
　　　　投资收益　　　　　　500

3. (1)C；(2)B；(3)B；(4)A。

【解析】(1)调整后的净利润=300+(300-200)/10+(100-50)/10=315(万元)，投资企业应按享有的份额编制如下会计分录：

借：长期股权投资——B公司(损益调整)
　　　　　　　　　　　　　　94.5
　　贷：投资收益　(315×30%)94.5

(2)2×18年年末，长期股权投资的账面价值=1 035+94.5=1 129.5(万元)。

2×19年，投资企业应编制的会计分录如下：

借：长期股权投资——其他综合收益
　　　　　　　　　(100×30%)30

贷：其他综合收益　　　　　　　　30
2×19年，调整后的净利润=-4 000+(300-200)/10+(100-50)/10=-3 985(万元)。
借：投资收益　(3 985×30%)1 195.5
　　贷：长期股权投资——B公司(损益调整)　　(1 129.5+30)1 159.5
　　　　长期应收款(1 195.5-1 159.5)36
(3)2×20年，B公司按固定资产和无形资产的公允价值计算调整后的净利润=520+(300-200)/10+(100-50)/10=535(万元)：
借：长期应收款　　　　　　　　36
　　贷：投资收益　　　　　　　　36
借：长期股权投资——B公司(损益调整)　　　　　　　　124.5
　　贷：投资收益　(535×30%-36)124.5
(4)2×19年年末长期股权投资的账面价值为0，2×20年年末长期股权投资账面价值增加124.5万元，故期末余额为124.5万元。

四、综合分析题

1. (1)B；(2)D；(3)B；(4)AC；(5)C；(6)D。
【解析】(1)长期股权投资的初始投资成本=10 000+2 000×10=30 000(万元)
借：固定资产清理　　　　　　　6 000
　　贷：固定资产　　　　　　　6 000
借：长期股权投资——投资成本
　　　　　　　　　　　　　　30 000
　　贷：股本　　　　　　　　　2 000
　　　　资本公积——股本溢价　18 000
　　　　固定资产清理　　　　　6 000
　　　　资产处置损益　　　　　4 000
借：资本公积——股本溢价　　　500
　　贷：银行存款　　　　　　　500
(2)支付给承销商的佣金、手续费，应冲减资本公积——股本溢价，资本公积不足冲减的，依次冲减盈余公积和未分配利润。
(3)调整后的净利润=5 000+400-(2 400-1 200)=4 200(万元)。确认投资收益的金额=4 200×25%=1 050(万元)。
借：长期股权投资——损益调整1 050
　　贷：投资收益　　　　　　　1 050
(4)2×19年1月2日黄山公司合并甲公司属于多次交易实现同一控制下企业合并，合并成本=114 200×55%=62 810(万元)。原股权的账面价值=30 000+1 050=31 050(万元)，因此应调增的长期股权投资成本=62 810-31 050=31 760(万元)，选项A正确。同一控制下的企业合并中不应确认损益，选项B错误。
本题的相关会计分录为：
借：长期股权投资　　　　　　62 810
　　贷：长期股权投资——投资成本
　　　　　　　　　　　　　　30 000
　　　　　　　　　　——损益调整1 050
　　　　股本　　　　　　　　2 000
　　　　资本公积——股本溢价　29 760
借：资本公积——股本溢价　　　800
　　贷：银行存款　　　　　　　800
因此资本公积增加的金额=29 760-800=28 960(万元)，选项C正确，选项D错误。
(5)出售时，应确认的投资收益=70 000-62 810=7 190(万元)。
借：银行存款　　　　　　　　70 000
　　贷：长期股权投资　　　　62 810
　　　　投资收益　　　　　　7 190
(6)对利润总额的累计影响数=资产处置损益4 000+持有期间的投资收益1 050+处置收益7 190=12 240(万元)

2. (1)BC；(2)D；(3)B；(4)C；(5)C；(6)A。
【解析】(1)选项A，对于原股权，应按照公允价值重新计量。选项D，对于该其他综合收益应在增资日转入留存收益。
(2)确认损益的金额=300+30=330(万元)。相关会计分录如下：
2×19年1月6日：
借：固定资产清理　　　　　　　2 100

累计折旧　　　　　　　　800
　　　固定资产减值准备　　　　300
　　　　贷：固定资产　　　　　　　3 200
　借：其他权益工具投资——成本 2 600
　　　　贷：银行存款　　　　　　　200
　　　　　　固定资产清理　　　　2 100
　　　　　　资产处置损益　　　　　300
2×19 年 5 月 10 日：
　借：应收股利　　　（1 000×3%）30
　　　　贷：投资收益　　　　　　　30
2×19 年 12 月 31 日：
　借：其他权益工具投资——公允价值变动
　　　　　　　　　　　　　　　　400
　　　　贷：其他综合收益　　　　　400
（3）2×20 年 7 月 1 日追加投资时：
　借：长期股权投资——投资成本
　　　　　　　　　　　　　　 15 000
　　　　贷：银行存款　　　　　 15 000
增值日，甲公司应将原持有股权投资在当日的公允价值与账面价值的差额，以及原计入其他综合收益的累计公允价值变动转入留存收益：
　借：长期股权投资——投资成本 3 600
　　　其他综合收益　　　　　　　400
　　　　贷：其他权益工具投资——成本 2 600
　　　　　　　　　　　　　　——公允价值
　　　　　　　　　　　　　　变动　 400
　　　　　　盈余公积　　　　　　　100
　　　　　　利润分配——未分配利润　900
（4）改按权益法核算的初始投资成本=原持有股权投资的公允价值 3 600+新增投资成本 15 000=18 600（万元）。追加投资时，初始投资成本 18 600 万元小于投资时应享有被投资单位可辨认净资产公允价值的份额 18 700 万元（93 500×20%），应调增长期股权投资 100 万元。
　借：长期股权投资——投资成本　100
　　　　贷：营业外收入　　　　　　100
2×20 年，调整后的被投资方净利润=3 200-800×30%=2 960（万元）。

　借：长期股权投资——损益调整　592
　　　　贷：投资收益　　（2 960×20%）592
2×20 年年末，长期股权投资的账面价值=18 600+100+592=19 292（万元）。
（5）因减资导致成本法核算的长期股权投资转为金融资产的，剩余股权应按照公允价值计量，因此资料（5）中的甲公司该项以公允价值计量且其变动计入其他综合收益的金融资产的入账价值为 2 000 万元。
（6）减资当日应确认投资收益的金额=132+348=480（万元）
①确认长期股权投资处置损益=15 000-16 520×72%/80%=132（万元），相关会计分录如下：
　借：银行存款　　　　　　　 15 000
　　　　贷：长期股权投资
　　　　　　　（16 520×72%/80%）14 868
　　　　　　投资收益　　　　　　　132
②剩余股权投资在减资当日的公允价值 2 000 万元与原账面价值 1 652 万元（16 520-14 868）的差额 348 万元应计入当期损益，相关会计分录如下：
　借：其他权益工具投资　　　　2 000
　　　　贷：长期股权投资　　　　1 652
　　　　　　投资收益　　　　　　　348
3.（1）AB；（2）D；（3）B；（4）B；（5）A；（6）C。
【解析】（1）账务处理是：
　借：长期股权投资　　　　　　4 000
　　　应付债券——利息调整　　　200
　　　　贷：应付债券——面值　　4 200
　借：应付债券——利息调整　　　30
　　　　贷：银行存款　　　　　　　30
（2）合并商誉=4 000-[4 750-(240-160)×25%]×80%=216（万元）。
（3）长期股权投资采用成本法核算，甲公司实现净利润时，长江公司不进行账务处理。
甲公司分配现金股利，长江公司应编制如下分录：

借：应收股利　　　　　（150×80%）120
　　　贷：投资收益　　　　　　　　　120
借：银行存款　　　　　　　　　　　120
　　　贷：应收股利　　　　　　　　　120
(4)剩余部分的初始投资成本=4 000/2=2 000(万元)，应享有投资时甲公司可辨认净资产公允价值份额=4 750×40%=1 900(万元)，前者大，不调整。
2×19年7~12月，调整后的甲公司净利润=620/2-(240-160)×30%=286(万元)。因此追溯调整时，应调整留存收益的金额=286×40%-150×40%=54.4(万元)。
『提示』2×20年1~2月实现的净利润追溯时应调整投资收益，不通过"留存收益"科目核算。
(5)追溯调整后，长期股权投资的账面价值=4 000/2+(286-150+300+480/12×2)×40%=2 206.4(万元)。
处置分录是：
借：银行存款　　　　　　　　　　2 200
　　　贷：长期股权投资　　（4 000/2）2 000
　　　　　投资收益　　　　　　　　　200
剩余股权由成本法转为权益法时，需追溯处理并调整长期股权投资的账面价值：
①2×19年7~12月，调整后的甲公司净利润=620/2-(240-160)×30%=286(万元)，相关调整分录为：
借：长期股权投资——损益调整
　　　　　　　　　　　（286×40%）114.4
　　　贷：盈余公积　　　　　　　　11.44
　　　　　利润分配——未分配利润　102.96

②针对甲公司2×19年分配现金股利这一事项，应编制的调整分录为：
借：盈余公积　　　　　　　　　　　　6
　　　利润分配——未分配利润　　　　54
　　　贷：长期股权投资——损益调整
　　　　　　　　　　　　　（150×40%）60
③针对甲公司2×19年的其他权益变动，应编制的调整分录为：
借：长期股权投资——其他权益变动
　　　　　　　　　　　（300×40%）120
　　　贷：资本公积——其他资本公积　120
④2×20年1~2月实现的净利润=480/12×2=80(万元)，对应的调整分录为：
借：长期股权投资——损益调整
　　　　　　　　　　　　（80×40%）32
　　　贷：投资收益　　　　　　　　　32
(6)2×20年3~12月，调整后的甲公司净利润=480/12×10-(240-160)×(1-30%)=344(万元)，长江公司应确认的投资收益=344×40%=137.6(万元)。
借：长期股权投资——损益调整137.6
　　　贷：投资收益　　　　　　　　137.6
因此，对2×20年利润总额的影响额=2×20年1~2月的投资收益32+处置损益200+2×20年3~12月的投资收益额137.6=369.6(万元)。
或：2×20年甲公司调整后的净利润=480-(240-160)×(1-30%)=424(万元)，对2×20年利润总额的影响额=424×40%+200=369.6(万元)。

本章知识串联

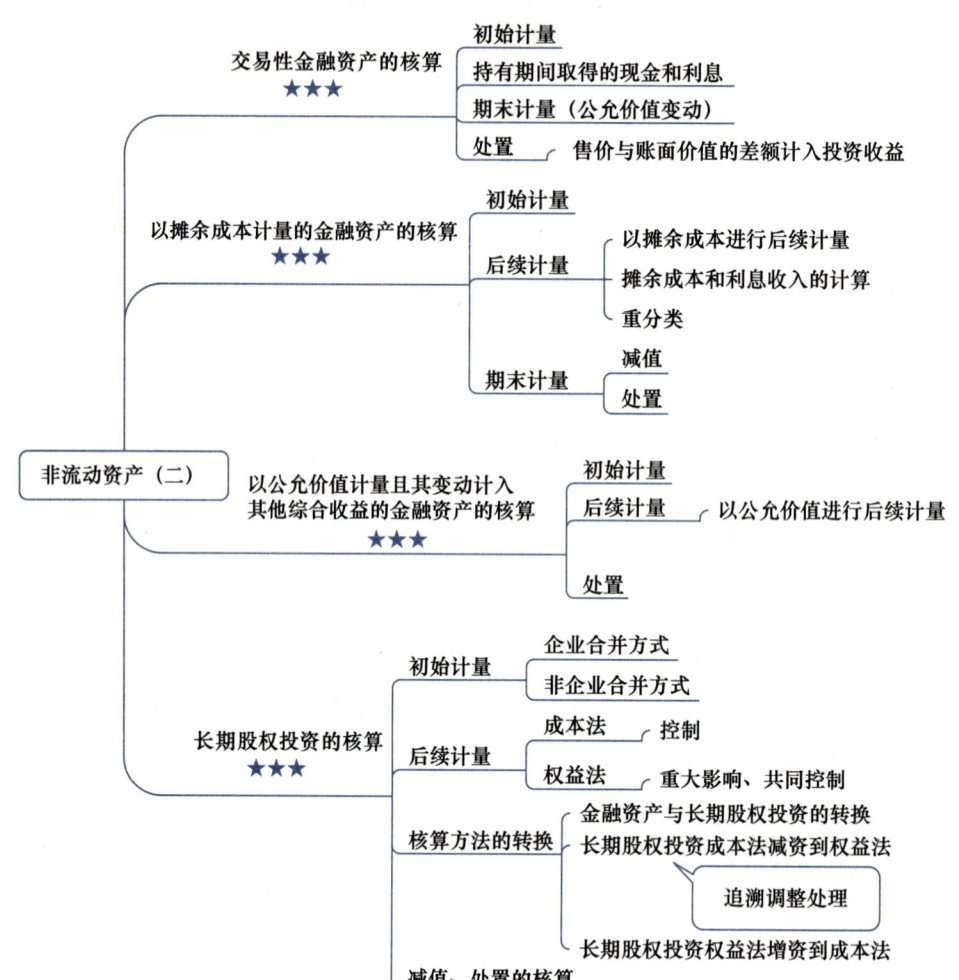

成功的路上注定荆棘遍布，我只想陪你一起完成这段不寻常的旅程。

2021年度全国税务师职业资格考试

财务与会计
应试指南 下册

■ 陈 楠　中华会计网校 编

感恩21年相伴　助你梦想成真

中国商业出版社

目录 CONTENTS

下 册

第 12 章 流动负债 247
 考情解密 247
 考点详解及精选例题 247
 真题精练 256
 真题精练答案及解析 258
 同步训练 259
 同步训练答案及解析 265
 本章知识串联 270

第 13 章 非流动负债 271
 考情解密 271
 考点详解及精选例题 271
 真题精练 287
 真题精练答案及解析 289
 同步训练 290
 同步训练答案及解析 301
 本章知识串联 307

第 14 章 所有者权益 308
 考情解密 308
 考点详解及精选例题 308
 真题精练 315
 真题精练答案及解析 316
 同步训练 317
 同步训练答案及解析 320
 本章知识串联 322

第 15 章 收入、费用、利润和产品成本 ········· 323
考情解密 ········· 323
考点详解及精选例题 ········· 323
真题精练 ········· 335
真题精练答案及解析 ········· 339
同步训练 ········· 342
同步训练答案及解析 ········· 348
本章知识串联 ········· 352

第 16 章 所得税 ········· 353
考情解密 ········· 353
考点详解及精选例题 ········· 353
真题精练 ········· 358
真题精练答案及解析 ········· 361
同步训练 ········· 362
同步训练答案及解析 ········· 368
本章知识串联 ········· 372

第 17 章 会计调整 ········· 373
考情解密 ········· 373
考点详解及精选例题 ········· 373
真题精练 ········· 377
真题精练答案及解析 ········· 379
同步训练 ········· 379
同步训练答案及解析 ········· 388
本章知识串联 ········· 395

第 18 章 财务报告 ········· 396
考情解密 ········· 396
考点详解及精选例题 ········· 396
真题精练 ········· 406
真题精练答案及解析 ········· 407
同步训练 ········· 408
同步训练答案及解析 ········· 412
本章知识串联 ········· 415

第三部分　易错易混知识点辨析

2021 年易错易混知识点辨析 ·· 419

第四部分　考前模拟试卷

2021 年考前模拟试卷 ·· 439
  模拟试卷（一）·· 439
  模拟试卷（一）参考答案及详细解析·································· 450
  模拟试卷（二）·· 459
  模拟试卷（二）参考答案及详细解析·································· 471

第12章　流动负债

考情解密

历年考情概况

本章属于较为重要的章节，难度中等，同时本章内容与涉税服务实务也颇有联系。在历年考试中，主要考查了增值税及消费税的核算、各种税费会计处理的表述、现金结算的股份支付、应付职工薪酬及其他应付款等知识点。考试中，主要以单项选择题、多项选择题形式考查，偶尔也会涉及计算题，近年平均分值在7分左右。

近年考点直击

考点	主要考查题型	考频指数	考查角度
应付职工薪酬	多选题	★★	(1)通过应付职工薪酬核算的内容； (2)非货币性福利职工薪酬的计算
增值税	多选题	★★	增值税会计核算
消费税	单选题	★★	委托加工材料的消费税
各种税费会计处理的表述	多选题	★	应计入相关资产成本的各项税金
交易性金融负债	单选题	★	交易性金融负债的基本核算要求
其他应付款	单选题、多选题	★★★	售后回购账务处理

本章2021年考试主要变化

(1)简化了应付账款、应付票据、职工薪酬相关核算的讲解；
(2)完善了出口产品相关消费税的处理思路；
(3)删除了矿产资源补偿费相关内容。

考点详解及精选例题

核心考点1　应付职工薪酬

扫我解疑难

职工薪酬包括**短期薪酬**、**离职后福利**、**辞退福利**和**其他长期职工福利**。

一、短期薪酬的核算★★（见表12-1）

表12-1 短期薪酬的核算

薪酬内容	处理规范
职工工资、奖金、津贴和补贴，职工福利费	实际发生时根据发生额计入当期损益或相关资产成本
医疗、工伤等社会保险费，住房公积金，工会经费和职工教育经费	应在职工提供服务期间，根据规定的计提基础和计提比例计算确认，计入当期损益或相关资产成本
短期带薪缺勤	（1）累积带薪缺勤，是指带薪权利可以结转下期的带薪缺勤，本期尚未用完的带薪缺勤权利可以在未来期间使用。 企业应当在职工提供了服务从而增加了其未来享有的带薪缺勤权利时，确认与累积带薪缺勤相关的职工薪酬，并以**累积未行使权利而增加的预期支付金额**计量。 （2）非累积带薪缺勤，是指带薪权利不能结转下期的带薪缺勤，本期尚未用完的带薪缺勤权利将予以取消，并且职工离开企业时也无权获得现金支付。 企业应当在职工实际发生缺勤的会计期间，确认与非累积带薪缺勤相关的职工薪酬。实务中，一般是在缺勤期间计提应付工资时一并处理
短期利润分享计划	利润分享计划同时满足下列条件的，企业应当确认相关的应付职工薪酬，**并计入当期损益或相关资产成本**： ①企业因过去事项导致现在具有支付职工薪酬的法定义务； ②因利润分享计划所产生的应付职工薪酬业务能够可靠估计。 利润分享计划同时满足上述条件的，企业应当确认相关的应付职工薪酬，并计入当期损益（管理费用）或者计入相关资产成本，**不得作为净利润的分配**
非货币性福利	借：管理费用、生产成本、在建工程等 　　贷：应付职工薪酬 借：应付职工薪酬 　　贷：主营业务收入[将自产产品发放给职工] 　　　　应交税费——应交增值税（销项税额） 　　　　累计折旧[将企业拥有的资产无偿提供给职工使用] 　　　　其他应付款等[租赁资产（短期租赁或低价值租赁）供职工无偿使用应付的租金]

『提示』以外购商品发放给职工的，在借记"应付职工薪酬"科目的同时，应结转外购商品成本，涉及增值税进项税额转出的也要进行相应处理。企业根据经营业绩或职工贡献、经济效益增长等情况提取的奖金，属于奖金计划，应当比照短期利润分享计划进行处理。

二、其他职工薪酬的处理★（见表12-2）

表12-2 其他职工薪酬的处理

薪酬类型		处理规范
离职后福利	设定提存计划	企业应当在职工为其提供服务的会计期间，将根据计划计算的应缴存金额确认为负债，并计入当期损益或相关资产成本
	设定受益计划	企业根据一定的标准（职工服务年限、工资水平等）确定每个职工离职后每期的收益水平，由此倒算出企业每期应为职工缴费的金额，并计入当期损益或相关资产成本

续表

薪酬类型	处理规范
辞退福利	应当在下列两者较早日确认辞退福利产生的职工薪酬负债，并计入当期损益： (1) 企业不能单方面撤回因解除劳动关系计划或裁减建议所提供的辞退福利时； (2) 企业确认与涉及支付辞退福利的重组相关的成本或费用时
其他长期职工福利	长期残疾福利与职工提供服务期间长短无关的，企业应当在导致职工长期残疾的事件发生的当期确认应付长期残疾福利义务

『提示』实施职工内部退休计划的，企业应当比照辞退福利处理。在内退计划符合本准则规定的确认条件时，按照内退计划规定，将自职工停止提供服务日至正常退休日期间、企业拟支付的内退职工工资和缴纳的社会保险费等，确认为应付职工薪酬，一次性计入当期损益。不能在职工内退后各期分期确认因内退职工工资和为其缴纳社会保险费等产生的义务。

三、现金结算的股份支付的账务处理★★（见表12-3）

表 12-3 现金结算的股份支付的账务处理

时点	账务处理
授予日	授予后可立即行权的股份支付： 借：管理费用、生产成本等 　　贷：应付职工薪酬
	有等待期的股份支付：授予日不做账务处理
等待期内的每个资产负债表日	借：管理费用、生产成本等 　　贷：应付职工薪酬
可行权日，根据行权的部分	借：应付职工薪酬 　　贷：银行存款
可行权日之后	期末确认负债的公允价值变动： 借：公允价值变动损益 　　贷：应付职工薪酬 或编制相反分录。 职工实际行权时： 借：应付职工薪酬 　　贷：银行存款

【例题1·单选题】2×18年12月12日，甲公司董事会批准一项股份支付协议。协议规定：2×19年1月2日，公司向其200名中层以上管理人员每人授予100份现金股票增值权，可行权条件为：这些人员自授予日起为公司连续服务3年，即可自2×21年12月31日起根据股价的增长幅度行权获取现金。预计2×19年、2×20年和2×21年年末现金股票增值权的公允价值分别为每股10元、12元和15元。2×19年有20名管理人员离开，预计未来两年还将有15名管理人员离开，2×20年实际有10名管理人员离开，预计2×21年还将有10名管理人员离开。甲公司在2×20年12月31日应确认的应付职工薪酬为（　　）元。

A. 55 000　　B. 73 000
C. 128 000　　D. 136 000

解析▶ 2×19年确认的应付职工薪酬的

金额=(200-20-15)×100×10×1/3=55 000(元)。

2×20年应付职工薪酬的余额=(200-20-10-10)×100×12×2/3=128 000(元)。

2×20年12月31日应确认的应付职工薪酬的金额=128 000-55 000=73 000(元)。

答案 ▶ B

核心考点2　增值税账务处理

一、一般纳税人增值税核算科目设置★（见图12-1）

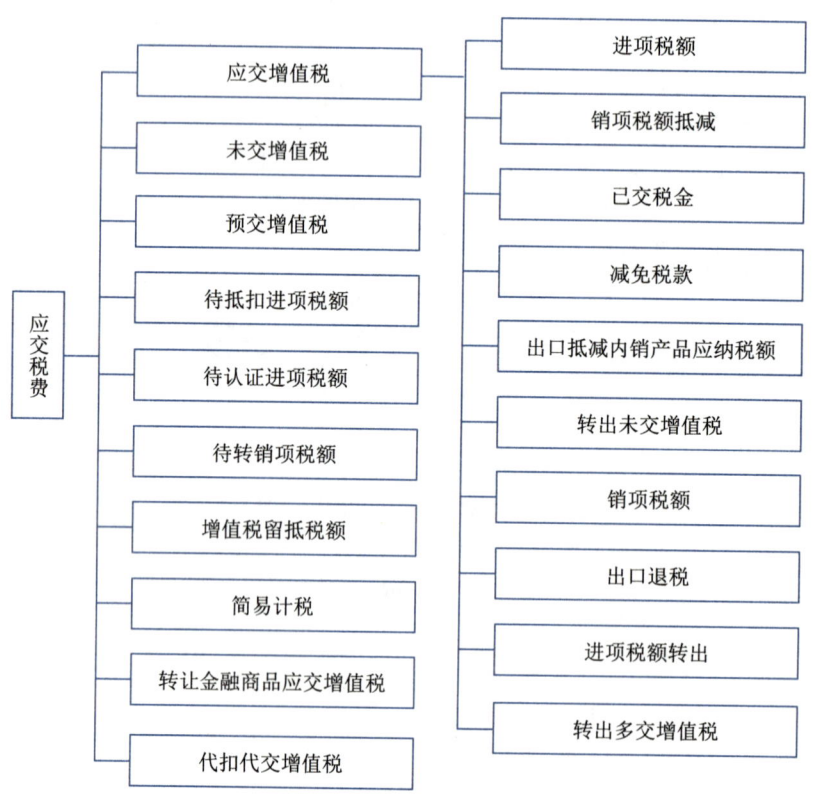

图12-1　一般纳税人增值税核算科目设置

二、一般纳税人增值税常规业务处理★★

(一)进项税额的核算

借：原材料、材料采购、委托加工物资等

　　应交税费——应交增值税(进项税额)

　贷：应付账款、银行存款等

『注意』货物已验收入库但尚未取得增值税扣税凭证，应在月末暂估处理：

借：原材料、库存商品等

　贷：应付账款——暂估应付款

下月初，用红字冲销原暂估入账金额，待取得相关增值税扣税凭证并经认证：

借：原材料、库存商品、固定资产等

　　应交税费——应交增值税(进项税额)

　贷：应付账款

(二)销项税额的核算

借：应收账款、银行存款等

　贷：主营业务收入、固定资产清理等

　　应交税费——应交增值税(销项税额)［或：应交税费——简易计税］

『提示』确认收入或利得时点早于增值税纳税义务发生时点的，应将相关销项税额计入"应交税费——待转销销项税"，于实际发生纳税义务时再转入销项税额（或简易计税）中。

（三）交纳增值税

1. 交纳当月应交的增值税

借：应交税费——应交增值税（已交税金）
　　贷：银行存款

2. 交纳以前期间未交增值税

借：应交税费——未交增值税
　　贷：银行存款

3. 预缴增值税时

借：应交税费——预交增值税
　　贷：银行存款

月末，企业应将"预交增值税"明细科目余额转入"未交增值税"明细科目。

4. 对于当期直接减免的增值税

借：应交税费——应交增值税（减免税款）
　　贷：相关损益类科目

（四）月末转出多交增值税和未交增值税

1. 对于当月应交未交的增值税

借：应交税费——应交增值税（转出未交增值税）
　　贷：应交税费——未交增值税

2. 对于当月多交的增值税

借：应交税费——未交增值税
　　贷：应交税费——应交增值税（转出多交增值税）

三、**其他增值税业务的账务处理**★（见表12-4）

表 12-4　其他增值税业务的账务处理

业务类型	处理规范
购入免税农产品	按照买价和规定的扣除率计算进项税额，并准予从销项税中扣除
进项税额抵扣情况发生改变	因发生非正常损失或改变用途，原已计入进项税额、待抵扣税额，但按规定不得从销项税额中抵扣的，应从进项税额、待抵扣税额中转出。 因取得的增值税专用发票被列入异常凭证范围而需要按规定做进项税额转出的，应贷记"应交税费——应交增值税（进项税额转出）"；后续满足相关规定的，可继续申报抵扣或重新申报出口退税。 原不得抵扣且未抵扣进项税的固定资产和无形资产，经进项税转出后，应按调整后的账面价值在剩余尚可使用寿命内计提折旧或摊销
全面试行营业税改征增值税前已确认收入，此后产生增值税纳税义务	未产生营业税纳税义务而未计提营业税的，在达到增值税纳税义务时点时，企业应在确认应交增值税销项税额的同时冲减当期收入； 已经计提营业税且未缴纳的，在达到增值税纳税义务时点时： 借：应交税费——应交营业税 　　　　　　——应交城市维护建设税等 　　贷：主营业务收入 根据调整后的收入计算确定记入"应交税费——待转销项税额"科目的金额，同时冲减收入
购买方作为扣缴义务人的账务处理	境内一般纳税人购进服务、无形资产或不动产： 借：无形资产、固定资产等 　　应交税费——应交增值税（进项税额） 　　贷：应付账款 　　　　应交税费——代扣代交增值税 实际代扣代缴增值税时： 借：应交税费——代扣代交增值税 　　贷：银行存款

业务类型	处理规范
税控系统专用设备和计税维护费用抵减增值税额	企业初次购买增值税税控系统专用设备支付的费用以及缴纳的技术维护费允许在增值税应纳税额中全额抵减的,按规定抵减的增值税应纳税额: 借:应交税费——应交增值税(减免税款) 　　贷:管理费用

四、差额征税的处理★

(一)企业发生相关成本费用允许扣减销售额的账务处理

1. 发生成本费用时

借:主营业务成本、存货等科目

　　贷:应付账款、银行存款等

2. 待取得合规增值税扣税凭证且纳税义务发生时,按照允许抵扣的税额

借:应交税费——应交增值税(销项税额抵减)/应交税费——简易计税

　　贷:主营业务成本、存货等

(二)金融商品转让按规定以盈亏相抵后的余额作为销售额的账务处理

1. 金融商品实际转让月末产生转让收益

借:投资收益等

　　贷:应交税费——转让金融商品应交增值税

产生转让损失做相反的分录。

2. 交纳增值税时

借:应交税费——转让金融商品应交增值税

　　贷:银行存款

3. 年末,本科目如有借方余额

借:投资收益等

　　贷:应交税费——转让金融商品应交增值税

五、小规模纳税人的账务处理★

小规模纳税人只需在"应交税费"科目下设置"应交增值税"明细科目,不需要设置除"转让金融商品应交增值税""代扣代交增值税"外的明细科目,且在"应交增值税"明细科目中不需要设置任何专栏。

小规模纳税人发生相关成本费用允许扣减销售额业务(差额征税业务)的,其取得合规增值税扣税凭证且纳税义务发生时,允许抵扣的税额记入"应交税费——应交增值税"科目的借方。

小规模纳税人交纳增值税时,借记"应交税费——应交增值税"科目,贷记"银行存款"科目。

核心考点3　其他应交税费

扫我解疑难

一、消费税★★

(一)外购应税消费品

(1)外购(含进口)应税消费品用于生产应税消费品,按所含税额,借记"应交税费——应交消费税"科目,贷记"银行存款"等科目;用于其他方面或直接对外销售的,不得抵扣,计入其成本。

(2)因非货币性资产交换、债务重组而换入应税消费品的,比照上述思路处理。

(二)消费税的账务处理(见表12-5)

表12-5　消费税的账务处理

业务情况	账务处理
直接对外销售产品	借:税金及附加 　　贷:应交税费——应交消费税

续表

业务情况	账务处理	
将自产应税消费品用于在建工程、非应税项目、非生产机构等其他方面	借：固定资产、在建工程、营业外支出、管理费用等 　　贷：应交税费——应交消费税	
包装物销售	随同产品出售单独计价的包装物	借：税金及附加 　　贷：应交税费——应交消费税
	企业收取的除啤酒、黄酒以外的酒类产品的包装物押金应缴纳的消费税	借：其他应付款 　　贷：应交税费——应交消费税
	企业逾期未收回包装物不再退还的包装物押金和已收取一年以上的包装物押金应缴纳的消费税	借：税金及附加 　　贷：应交税费——应交消费税
委托加工应税消费品	委托加工后以不高于受托方的计税价格对外销售或收回后用于连续生产非应税项目	借：委托加工物资 　　贷：应付账款、银行存款
	委托加工后以高于受托方的计税价格对外销售或收回后用于连续生产应税消费品	借：应交税费——应交消费税 　　贷：应付账款、银行存款
受托加工或翻新改制金银首饰	在企业向委托方交货时，按规定计算应纳消费税： 借：税金及附加 　　贷：应交税费——应交消费税	

『提示』在零售环节征收消费税的金银首饰，计税时不得扣除在委托加工或外购环节已缴纳的消费税款。

二、资源税的账务处理★（见表12-6）

表12-6 资源税的账务处理

业务情况	账务处理
企业销售应税产品按规定应缴纳的资源税	借：税金及附加 　　贷：应交税费——应交资源税
企业自产自用应税产品应缴纳的资源税	借：生产成本、制造费用 　　贷：应交税费——应交资源税
企业收购未税矿产品	借：材料采购等 　　贷：银行存款[实际支付的收购款] 　　　　应交税费——应交资源税[代扣代缴的资源税]
企业外购液体盐加工固体盐	(1)在购入液体盐时： 借：应交税费——应交资源税[允许抵扣的资源税] 　　材料采购等[外购价款扣除允许抵扣资源税后的数额] 　　贷：银行存款/应付账款

— 253 —

续表

业务情况	账务处理
企业外购液体盐加工固体盐	（2）企业加工成固体盐后，在销售时，按计算出的销售固体盐应交的资源税： 借：税金及附加 　　贷：应交税费——应交资源税 （3）将销售固体盐应纳资源税扣抵液体盐已纳资源税后的差额上交： 借：应交税费——应交资源税 　　贷：银行存款

三、土地增值税的账务处理★（见表12-7）

表12-7　土地增值税的账务处理

业务类型	账务处理
主营房地产和兼营房地产业务的企业	借：税金及附加 　　贷：应交税费——应交土地增值税
转让的土地使用权连同地上建筑物及附着物一并在"固定资产""在建工程"核算	借：固定资产清理、在建工程 　　贷：应交税费——应交土地增值税
转让的土地使用权在"无形资产"核算	借：银行存款[实际收到金额] 　　累计摊销 　　贷：应交税费——应交土地增值税 　　　　无形资产 　　　　资产处置损益[或借记]

四、其他税费的账务处理★（见表12-8）

表12-8　其他税费的账务处理

业务类型	账务处理
城市维护建设税、教育费附加、房产税、土地使用税、车船使用税	借：税金及附加 　　贷：应交税费——应交城市维护建设税、应交教育费附加、应交房产税、应交土地使用税、应交车船使用税
印花税	借：税金及附加等 　　贷：银行存款
代扣代缴个人所得税	借：应付职工薪酬 　　贷：应交税费——应交个人所得税
耕地占用税	借：在建工程 　　贷：银行存款
车辆购置税	借：固定资产 　　贷：银行存款

『提示』印花税存在一定的特殊性，如果是企业自行购买印花的部分，一般直接记入"税金及附加"，如果是企业购买有价证券等情况的，印花税属于相关的交易费用，可能计入购入资产的成本（如债权投资、其他债权投资等），也可能计入投资收益（如交易性金

融资产)。

【例题2·多选题】下列各项会计处理中,正确的有( )。

A. 印花税、耕地占用税不通过"应交税费"科目核算

B. 购入货物时即能认定其进项税额不能抵扣的,其增值税专用发票上注明的增值税额,直接计入购入货物或接受应税劳务的成本

C. 外购应税消费品用于生产非应税消费品的,按所含税额,借记"应交税费——应交消费税"科目,贷记"银行存款"等科目

D. 转让无形资产所有权的,应将按规定应交的增值税记入"资产处置损益"科目

E. 企业收购未税矿产品,按代扣代缴的资源税,借记"材料采购"等科目,贷记"应交税费——应交资源税"科目

解析 选项C,此时的消费税不能抵扣,应计入外购应税消费品成本。选项D,转让无形资产所有权,交纳的增值税不影响无形资产处置损益。

答案 ABE

核心考点4 其他流动负债

扫我解疑难

一、应付账款的核算★

应付账款一般按应付金额入账,如果由于债权单位撤销或其他无法支付的应付款项直接转入**营业外收入**。

二、应付票据的核算★

对于带息应付票据,通常应在期末对尚未支付的应付票据计提利息,计入当期财务费用。

三、其他应付款★★★

其他应付款核算的是企业除应付票据、应付账款、应交税费、短期借款、预收账款、应付职工薪酬、交易性金融负债、应付利息、应付股利、长期应付款等以外的其他各项应付、暂收其他单位或个人的款项,如存入保证金(如收取的包装物押金)、应付、暂收所属单位或个人的款项。

属于融资交易的售后回购的账务处理(见表12-9)

表 12-9 属于融资交易的售后回购的账务处理

业务阶段	账务处理
发出商品时	①借:银行存款等 　　贷:应交税费——应交增值税(销项税额) 　　　　其他应付款[售价] ②借:发出商品 　　贷:库存商品
在等待的回购期间内计提利息	回购价与售价的差额在回购期内平摊: 借:财务费用 　　贷:其他应付款
购回该商品时	①借:其他应付款[回购价] 　　应交税费——应交增值税(进项税额) 　　　　贷:银行存款 ②借:库存商品 　　贷:发出商品

【例题3·多选题】下列各项中,应通过"其他应付款"科目核算的有( )。

A. 企业承担的工伤保险费
B. 收到出租低价值包装物的押金
C. 收到的保证金
D. 属于融资交易的售后回购在实际回购

前所计提的利息

E. 企业代垫的职工宿舍水电费

解析 ▶ 选项 A，应记入"应付职工薪酬"科目；选项 E，应记入"其他应收款"科目。

答案 ▶ BCD

四、其他流动负债的核算★（见表12-10）

表 12-10　其他流动负债的账务处理

负债科目		账务处理
代销商品款	进价核算	借：受托代销商品[接收价] 　贷：受托代销商品款
	售价核算	借：受托代销商品[售价] 　贷：受托代销商品款[接收价] 　　　商品进销差价
交易性金融负债	初始确认	借：银行存款 　　投资收益[交易费用] 　贷：交易性金融负债[公允价值]
	资产负债表日公允价值变动	公允价值高于账面余额： 借：公允价值变动损益/其他综合收益 　贷：交易性金融负债 公允价值低于账面余额，则做相反的分录
	出售	①借：交易性金融负债[账面价值] 　贷：银行存款 　　　投资收益[或借记] ②借：投资收益 　贷：公允价值变动损益 或做反向分录 ③借：其他综合收益 　贷：盈余公积 　　　利润分配——未分配利润 或做反向分录

【例题 4·单选题】甲公司 2×20 年 4 月 1 日和乙公司签订一项协议，根据协议规定甲公司收到 120 万元，作为交易性金融负债核算，另外又发生了交易费用 8 万元，2×20 年 12 月 31 日该项交易性金融负债的公允价值为 105 万元，不考虑其他因素影响，则该项业务影响当年营业利润的金额是（　）万元。

A. -15　　　　B. 15
C. 7　　　　　D. -7

解析 ▶ 影响当年营业利润的金额 = -8 + 15 = 7（万元）。

答案 ▶ C

真题精练

一、单项选择题

1.（2019 年）下列不属于职工薪酬核算范围的是（　）。

A. 外聘大学教授的培训授课费
B. 支付给退休职工的养老费
C. 支付给没有签订劳务合同的董事的薪酬
D. 外包公司签派职工的工资

2.（2020 年）甲公司为增值税一般纳税人，适用的增值税税率为13%。2020年6月1日，甲公司为50名员工每人发放一台自产的商品和一件礼品作为福利。自产的商品每台成本为800元、市场售价为1 000元（不含增值税），外购礼品的每件价格为500元、增值税税额为65元，已取得增值税专用发票。不考虑其他因素，则甲公司发放该福利时，应计入"应付职工薪酬"科目的金额为( )元。

A. 78 250　　　　B. 81 500
C. 75 000　　　　D. 84 750

3. (2018年) 长江公司于2017年年初为公司管理层制订和实施了一项短期利润分享计划，公司全年的净利润指标为7 000万元。如果完成的净利润超过7 000万元，公司管理层可以获得超过7 000万元净利润部分的10%作为额外报酬。假定长江公司2017年度实现净利润8 000万元。不考虑其他因素，长江公司2017年度实施该项短期利润分享计划时应作的会计处理是( )。

A. 借：管理费用　　　　1 000 000
　　　贷：应付职工薪酬　　　1 000 000
B. 借：营业外支出　　　1 000 000
　　　贷：应付职工薪酬　　　1 000 000
C. 借：利润分配　　　　1 000 000
　　　贷：应付职工薪酬　　　1 000 000
D. 借：本年利润　　　　1 000 000
　　　贷：应付职工薪酬　　　1 000 000

4. (2018年) 委托方将委托加工应税消费品收回后用于非消费税项目，则委托方应将受托方代收代缴的消费税计入( )。

A. 其他业务成本
B. 应交税费——应交消费税
C. 收回的委托加工物资的成本
D. 管理费用

5. (2018年) 甲公司2017年6月1日采用售后回购方式向乙公司销售一批商品，销售价格为100万元，回购价格为115万元，回购日期为2017年10月31日，贷款已实际收付。假定不考虑增值税等相关税费，则2017年8月31日甲公司因此项售后回购业务确认的"其他应付款"科目余额为( )万元。

A. 100　　　　　B. 109
C. 115　　　　　D. 106

6. (2020年) 下列关于金融负债的表述中，错误的是( )。

A. 企业对所有金融负债均不得进行重分类
B. 金融负债主要包括短期借款、应付账款、预收账款、应付债券等
C. 金融负债终止确认时，其账面价值与支付对价之间的差额，应计入当期损益
D. 企业应当在成为金融工具合同的一方并承担相应义务时确认金融负债

二、多项选择题

1. (2018年) 下列关于增值税会计核算的表述中，正确的有( )。

A. "应交税费——应交增值税（转出未交增值税）"记录企业月终转出当月应缴未缴的增值税额
B. "应交税费——应交增值税（减免税款）"记录企业按照规定准予减免的增值税额
C. "应交税费——应交增值税（已交税金）"记录企业当月已缴纳的增值税额
D. "应交税费——应交增值税（应交税费——预交增值税）"核算企业转让不动产，提供不动产经营租赁服务，提供建筑服务，采用预收款方式销售自行开发的房地产项目等，以及其他按规定应预缴的增值税额
E. "应交税费——未交增值税"期末借方余额反映未缴的增值税额，贷方余额反映多缴的增值税额

2. (2019年) 一般纳税人核算应缴的增值税，应在"应交税费"的会计科目下设置的明细科目有( )。

A. 简易计税　　　B. 出口退税
C. 预交增值税　　D. 待转销项税额

E. 转出未交增值税
3. (2020年)下列一般纳税人应通过"应交税费——应交增值税(减免税款)"科目核算的有( )。
A. 当期收到的出口退税额
B. 当期直接减免的增值税额
C. 用加计抵减额抵减的应纳增值税额
D. 取得退还的增量增值税留抵税额
E. 初次购买增值税税控发票专用设备支付的费用,按规定抵减的应纳增值税额

真题精练答案及解析

一、单项选择题

1. A 【解析】职工薪酬,是指企业为获得职工提供的服务或解除劳动关系而给予的各种形式的报酬或补偿。这里所指的"职工"主要包括:①与企业订立劳动合同的所有人员,含全职、兼职和临时职工;②虽未与企业订立劳动合同、但由企业正式任命的人员,如董事会成员、监事会成员等;③在企业的计划和控制下,虽未与企业订立劳动合同或未由企业正式任命,但向企业所提供服务与职工所提供服务类似的人员,包括通过企业与劳务中介公司签订用工合同而向企业提供服务的人员。

2. D 【解析】企业以自产产品作为福利发放给职工,应当按照该产品的公允价值和相关税费计入职工薪酬和相应的成本费用中,并确认主营业务收入,同时结转成本。企业以外购商品作为福利发放给职工,应当按照该商品的公允价值和相关税费计量应计入成本费用的职工薪酬金额。因此应计入职工薪酬的金额 = 50×1 000×(1+13%)+50×(500+65)= 84 750(元)。

3. A 【解析】企业应当将短期利润分享计划作为费用处理(按受益对象进行分担,或根据相关《企业会计准则》,作为资产成本的一部分),不能作为净利润的分配。

4. C 【解析】委托加工物资收回后以不高于受托方的计税价格出售的,以及用于非消费税项目的,应将受托方代收代缴的消费税计入委托加工物资成本,借记"委托加工物资"科目,贷记"应付账款""银行存款"等科目。

5. B 【解析】确认"其他应付款"科目的金额 = 100+(115−100)/5×3 = 109(万元)。初始销售时:
借:银行存款 100
  贷:其他应付款 100
在2017年6—8月里,每月确认相应的财务费用:
借:财务费用 3
  贷:其他应付款 3

6. B 【解析】选项B,预收账款不属于金融负债。

二、多项选择题

1. ABCD 【解析】选项E,"应交税费——未交增值税"期末借方余额为多缴增值税,贷方余额为未缴增值税。

2. ACD 【解析】一般纳税人的应缴增值税,应在"应交税费"的会计科目下设置"应交增值税""未交增值税""预交增值税""待抵扣进项税额""待认证进项税额""待转销项税额""增值税留抵税额""简易计税""转让金融商品应交增值税""代扣代交增值税"10个明细科目进行核算;所以选项A、C、D是正确的。

3. BE 【解析】选项B,对于当期直接减免的增值税,借记"应交税费——应交增值税(减免税款)"科目,贷记损益类相关科目;选项E,企业初次购买增值税税控系统专用设备支付的费用以及缴纳的技术维护费允许在增值税应纳税额中全额抵减的,按规定抵减的增值税应纳税额,借记"应交税费——应交增值税(减免税款)"科目,贷记"管理费用"等科目。

同步训练 限时90分钟

扫我做试题

一、单项选择题

1. 企业对向职工提供的非货币性福利进行计量时，应选择的计量属性是（ ）。
   A. 现值 B. 历史成本
   C. 重置成本 D. 公允价值

2. 大海公司为一家生产电冰箱的企业，共有职工100名，2×20年12月，公司以其生产的成本为5 000元/台的电冰箱作为福利发放给公司职工，每台电冰箱的售价为8 000元，大海公司适用的增值税税率为13%；假定100名职工中60名为直接参加生产的职工，15名为销售人员，25名为总部管理人员。那么大海公司2×20年因该业务计入管理费用的金额为（ ）元。
   A. 226 000 B. 200 000
   C. 139 200 D. 480 000

3. 下列各项会计处理中不通过"应付职工薪酬"科目核算的是（ ）。
   A. 无偿向职工提供的短期租赁房每期应支付的租金
   B. 无偿向车间生产工人发放的劳保用品
   C. 根据已经确定的自愿接受裁减建议和预计的将会接受裁减建议的职工数量，估计的即将给予的经济补偿
   D. 外商投资企业从净利润中提取的职工奖励及福利基金

4. 甲公司实行非累积带薪缺勤货币补偿制度，对于放弃带薪休假的职工，将在基本工资的基础上进行额外补偿，额外补偿金额为放弃带薪休假期间平均日工资的2倍。2×20年，甲公司有10名管理人员放弃10天的带薪年休假，该公司平均每名职工每个工作日工资为200元，月工资为4 000元。则这10名员工放弃年休假而获得的补偿金额为（ ）元。
   A. 60 000 B. 40 000
   C. 20 000 D. 10 000

5. 2×18年1月2日，甲公司为其50名中层以上管理人员每人授予100份现金股票增值权，这些人员从2×18年1月2日起在甲公司连续服务满4年即可行权，可行权日为2×21年12月31日，根据股价的增长幅度获得现金，该股票增值权应在2×23年12月31日之前行使完毕。截至2×19年累积确认负债42 500元，2×19年年末以前没有离职人员。在2×20年有5人离职，预计2×21年有3人离职，2×20年年末该现金股票增值权的公允价值为15元，该项股份支付对2×20年当期管理费用的影响金额和2×20年年末该项负债的累计金额分别是（ ）元。
   A. 13 750，56 250
   B. 7 000，49 500
   C. 4 750，47 250
   D. 22 050，225 000

6. 下列经济业务涉及的增值税，应做进项税额转出处理的是（ ）。
   A. 将外购的原材料用于生产设备安装
   B. 已完工产成品因自然灾害发生毁损
   C. 将产成品用于偿还债务
   D. 因管理不善造成外购原材料发生损失

7. 2×20年6月30日，甲公司对其"应交税费——应交增值税"进行汇总计算本期应向税务局缴纳的增值税金额。期初留抵增值税进项税额为50万元，本期增加的进项税额为500万元，因销售事项发生的增值税销项税额1 200万元，因建造非增值税应税项目领用原材料时做进项税额转出

150 万元。则"应交税费——未交增值税"的期末余额为( )万元。
A. 650	B. 800
C. 850	D. 700

8. 下列关于金融商品转让按规定以盈亏相抵后的余额作为销售额的账务处理，正确的是( )。

A. 如产生转让收益，则借记"投资收益"等科目，贷记"应交税费——应交增值税(进项税额)"科目

B. 如产生转让损失，则借记"应交税费——应交增值税(进项税额)"科目，贷记"投资收益"等科目

C. 如产生转让收益，则借记"投资收益"等科目，贷记"应交税费——应交增值税(销项税额)"科目

D. 如产生转让损失，则借记"应交税费——转让金融商品应交增值税"科目，贷记"投资收益"等科目

9. 企业随同产品出售但单独计价的包装物，按规定应缴纳的消费税，应借记的会计科目为( )。

A. 税金及附加
B. 销售费用
C. 其他业务成本
D. 管理费用

10. 委托加工应税消费品的物资收回后用于连续生产应税消费品的，由受托方代收代缴的消费税，应借记的科目是( )。

A. 应交税费——应交消费税
B. 管理费用
C. 委托加工物资
D. 税金及附加

11. 甲公司转让土地使用权应交的土地增值税，如果土地使用权在"无形资产"科目核算的，对于土地增值税正确的会计处理方法是( )。

A. 按实际收到的金额，借记"银行存款"科目，按应交的土地增值税，贷记"应交税费——应交土地增值税"科目，同时冲销土地使用权的账面价值(即结平"累计摊销""无形资产"等科目)，按其差额，借记或贷记"资产处置损益"科目

B. 借记"固定资产清理"科目，贷记"应交税费——应交土地增值税"科目

C. 借记"在建工程"科目，贷记"应交税费——应交土地增值税"科目

D. 借记"税金及附加"科目，贷记"应交税费——应交土地增值税"科目

12. 下列关于相关税金的处理的说法中，不正确的是( )。

A. 某企业将自己开采的原油用于生产车间加工成品油，按规定计算出应缴纳的资源税计入了生产成本

B. 企业收购的未税的矿产品，代扣代缴的资源税应该记入"税金及附加"科目

C. 缴纳代扣的个人所得税时借记"应交税费——应交个人所得税"科目，贷记"银行存款"科目

D. 印花税、耕地占用税和车辆购置税缴纳的时候不通过"应交税费"科目核算

13. 下列各项税金中，应计入相关资产成本的是( )。

A. 自用厂房缴纳的房产税
B. 取得交易性金融资产支付的印花税
C. 企业购置车辆而缴纳的车辆购置税
D. 受托方代收代缴的委托加工物资的消费税

14. 甲公司为增值税一般纳税人，适用增值税税率13%。2×20年11月1日，甲公司与乙公司签订协议，向乙公司销售一批商品，成本为45万元，增值税专用发票上注明销售价格为55万元，增值税为7.15万元。协议规定，甲企业应在2×21年3月31日将所售商品购回，回购价为60万元，另需支付增值税7.8万元，假如不考虑其他相关税费。则2×20年12月31日，甲公司因该项业务确认的"其他应付款"账户的账面余额为( )万元。

A. 70.2　　　B. 60
C. 64.35　　 D. 57

15. 2×20年10月1日，甲公司经批准在全国银行间债券市场公开发行10 000万元人民币短期融资券，期限为1年，票面利率为5%，每张面值为10元，分次付息、到期一次还本。甲公司将该短期融资券指定为以公允价值计量且其变动计入当期损益的金融负债。该短期融资券的交易费用为10万元。2×20年年末，该短期融资券的市场价格为每张11元（不含利息）。则下列处理中不正确的是（　　）。

A. 2×20年10月1日发行短期融资券，应贷记"交易性金融负债——成本"科目10 000万元

B. 2×20年年末公允价值变动，应借记"公允价值变动损益"科目1 000万元，贷记"交易性金融负债——公允价值变动"科目1 000万元

C. 2×20年年末计息，应借记"投资收益"科目125万元，贷记"应付利息"科目125万元

D. 2×20年年末计息，应借记"财务费用"科目125万元，贷记"应付利息"科目125万元

16. 关于以公允价值计量且其变动计入当期损益的金融负债，下列说法错误的是（　　）。

A. "交易性金融负债"科目的资产负债表日贷方余额反映企业承担的以公允价值计量且其变动计入当期损益的金融负债的公允价值

B. 资产负债表日，公允价值高于其账面价值的差额，应贷记"其他综合收益"科目

C. 企业承担以公允价值计量且其变动计入当期损益的金融负债时发生的交易费用应该记入"投资收益"科目

D. 资产负债表日，公允价值高于其账面价值的差额，应借记"公允价值变动损益"科目

17. 2×20年12月1日，某公司在全国银行间债券市场发行了50 000万元人民币短期融资券，期限为1年，票面利率为5.8%，每张面值为100元，到期一次还本付息，发生交易费用35万元。若该公司将该短期融资券指定为交易性金融负债，则支付的交易费用应借记"（　　）"账户。

A. 财务费用
B. 投资收益
C. 交易性金融负债（本金）
D. 营业外支出

18. 下列有关负债的处理方法，不正确的是（　　）。

A. 企业转让土地使用权应交的土地增值税，借记"固定资产清理"科目，贷记"应交税费——应交土地增值税"科目

B. 销售商品形成属于融资交易的售后回购的，回购价格大于原销售价格之间的差额，应在售后回购期间按期计提利息费用，借记"财务费用"科目，贷记"其他应付款"科目

C. 企业应根据股东大会或类似机构通过的利润分配方案，按应支付的现金股利或利润，借记"利润分配"科目，贷记"应付股利"等科目

D. 交易性金融负债初始确认时，应当按照公允价值计量

19. 下列关于职工薪酬概念的表述中，错误的是（　　）。

A. 职工薪酬仅指企业在职工在职期间提供的全部货币性薪酬和非货币性福利

B. 企业因解除与职工的劳动关系给予的补偿属于职工薪酬的范畴

C. 职工包括全职、兼职和临时职工等

D. 职工个人储蓄性养老保险不属于职工薪酬核算的范围

20. 下列各项中，用于核算企业出口货物按规定计算的当期免抵退税额的是（　　）。

A. 应交税费——应交增值税（已交税金）

B. 应交税费——应交增值税(减免税款)
C. 其他应收款
D. 应交税费——应交增值税(出口退税)

21. 下列各项中，通过"应交税费"科目核算的是( )。
    A. 企业交纳的印花税
    B. 企业交纳的车船税
    C. 企业交纳的车辆购置税
    D. 企业交纳的耕地占用税

22. 下列有关土地增值税的账务处理中，表述错误的是( )。
    A. 兼营房地产业务的工业企业应将当期营业收入负担的土地增值税记入"税金及附加"科目
    B. 对于企业在项目交付使用前转让房地产取得收入而预缴的土地增值税，应借记"应交税费——应交土地增值税"科目
    C. 企业在项目全部交付使用后进行清算，收到退回多缴的土地增值税的，应贷记"应交税费——应交土地增值税"科目
    D. 企业转让的土地使用权连同地上建筑物及其附着物一并在"固定资产"科目核算的，转让时应将应交的土地增值税记入"税金及附加"科目借方

二、多项选择题

1. 2×20年12月，甲公司购买了150套单元房，拟以优惠价格向职工出售，该公司共有150名职工，其中100名为直接生产人员，40名为公司总部管理人员，10名为车间管理人员。甲公司拟向直接生产人员出售的住房平均每套购买价为80万元，向职工出售的价格为每套50万元；拟向管理人员出售的住房平均每套购买价为100万元，向职工出售的价格为每套85万元；拟向车间管理人员出售的住房平均每套购买价为90万元，向职工出售的价格为每套65万元。假定截止到2×20年底，该150名职工均购买了公司出售的住房，售房协议规定，职工在取得住房后必须在公司服务10年。在不考虑相关税费的条件下，甲公司的会计处理中正确的有( )。
   A. 甲公司出售住房时应确认的长期待摊费用为3 850万元
   B. 出售住房后甲公司应当按照直线法在10年内摊销长期待摊费用
   C. 公司应该将出售住房的价格与成本之间的差额直接计入当前损益
   D. 未来10年内每期摊销的住房售价与成本之间的差额应根据受益对象计入相关成本或当期损益
   E. 未来10年内每期摊销的住房售价与成本之间的差额计入管理费用

2. 关于以现金结算的股份支付，下列表述中正确的有( )。
   A. 等待期内每个资产负债表日不需要确认权益工具的预计行权数量变动
   B. 等待期内每个资产负债表日应确认权益工具的公允价值变动和应付职工薪酬
   C. 等待期内按照每个资产负债表日权益工具的公允价值和预计行权数量为基础计算或修正成本费用
   D. 在行权日之后，负债的公允价值变动计入所有者权益
   E. 除了立即可行权的股份支付外，授予日不进行会计处理

3. 2×20年4月1日甲企业与乙企业签订协议，向乙企业销售一批成本为80万元的商品，甲企业开具的增值税专用发票上注明，价款为90万元，增值税税额为11.7万元，同时协议约定，甲企业应在2×20年10月31日将所售商品购回，不含税回购价为100万元，甲企业货款已实际收到，不考虑其他相关税费，甲企业在发出商品时，下列会计分录正确的有( )。
   A. 借：银行存款   1 017 000
        贷：库存商品   800 000
            应交税费——应交增值税(销项税额)   117 000
            未确认融资费用   100 000
   B. 借：银行存款   1 017 000

贷：应交税费——应交增值税(销
项税额) 117 000
其他应付款 900 000
C. 借：主营业务成本 800 000
贷：库存商品 800 000
D. 借：银行存款 1 017 000
财务费用 100 000
贷：应交税费——应交增值税(销
项税额) 117 000
其他应付款 1 000 000
E. 借：发出商品 800 000
贷：库存商品 800 000

4. 甲公司为增值税一般纳税人，2×20 年 6 月 20 日为扩大办公场所购入一座办公楼作为固定资产核算，并于次月开始计提折旧。6 月 21 日取得该办公楼的增值税专用发票并认证相符，专用发票注明的金额为 1 000 万元，增值税税额为 90 万元，相关增值税取得时允许一次抵扣。则甲公司在取得该办公楼账务处理时应做的会计处理为( )。

A. 借记"固定资产"科目，金额为 1 090 万元
B. 借记"固定资产"科目，金额为 1 000 万元
C. 借记"应交税费——应交增值税(进项税额)"科目，金额为 90 万元
D. 借记"应交税费——应交增值税(销项税额)"科目，金额为 90 万元
E. 借记"应交税费——应交增值税(进项税额)"科目，金额为 54 万元

5. 下列对于"应交税费——应交增值税"专栏的表述，正确的有( )。

A. 当月缴纳以前各期未交增值税，登记在"已交税金"专栏
B. 当月缴纳当月的增值税，登记在"已交税金"专栏
C. "转出未交增值税"专栏，反映月份终了转出的未交增值税
D. "进项税额转出"专栏，反映不应从销项税额中抵扣，按照规定转出的进项税额
E. "减免税款"专栏，反映出口货物进项税额抵减内销销项税额

6. 下列各项中，属于一般纳税人在"应交税费"科目下设置的明细科目有( )。

A. 待抵扣进项税额
B. 增值税留抵税额
C. 已交税金
D. 简易计税
E. 转让金融商品应交增值税

7. 下列各项视同销售行为中，需要确认收入的有( )。

A. 未售出商品不可退回的受托代销商品业务中，受托方销售代销货物
B. 将自产或委托加工的货物用于个人消费
C. 将自产、委托加工或购买的货物无偿赠送他人
D. 将自产或委托加工或购买的货物分配给股东或投资者
E. 将购买的货物用于投资

8. 下列关于消费税的表述中，正确的有( )。

A. 企业收取的非酒类包装物押金，收取时消费税应记入"其他应付款"科目
B. 企业收取的非酒类包装物逾期押金，期满不退时消费税应记入"税金及附加"科目
C. 企业收取的白酒包装物押金，收取时消费税应记入"税金及附加"科目
D. 企业收取的白酒包装物押金，期满退回时消费税应记入"税金及附加"科目
E. 企业收取的白酒包装物押金，到期退还时，相关的消费税记入"销售费用"科目

9. 企业缴纳的下列印花税中，应计入相应资产账面价值的有( )。

A. 企业自行开发新技术成功因申请专利而缴纳的印花税
B. 企业取得的债权投资而缴纳的印花税
C. 企业在证券交易市场购买另一公司的普通股股票并作为其他权益工具投资核算而

缴纳的印花税

D. 企业在非货币性资产交换过程中因取得普通股股权（作为非企业合并的长期股权投资核算）而缴纳的印花税

E. 债权人在债务重组过程中因取得债务人的普通股股票（作为交易性金融资产核算）而缴纳的印花税

10. 下列各项，一般不通过"其他应付款"核算的有（　　）。

A. 应交职工养老保险
B. 应付已决诉讼赔偿
C. 应付未决诉讼赔偿
D. 预付购货款
E. 应付医疗保险费

11. 下列关于流动负债的说法中，错误的有（　　）。

A. 以应收债权取得质押借款的过程中，支付的手续费应借记"短期借款"科目
B. 应付账款一般按到期时应付金额的现值入账
C. 资产负债表日，交易性金融负债的公允价值高于其账面余额的差额，应贷记"公允价值变动损益"等科目
D. 金融负债主要包括短期借款、应付票据、应付账款、应付债券、长期借款等
E. 董事会通过利润分配方案中拟分配现金股利时，应贷记"应付股利"科目

三、计算题

1. 某增值税一般纳税人，适用增值税税率13%，存货按实际取得成本入账。2×20年6月的有关业务资料如下：

(1) 6月5日动产在建工程领用一批原材料，该批材料采购成本400万元，采购时支付增值税进项税额52万元，领用时该批材料计税价格为600万元。

(2) 6月10日用银行存款购进一台不需安装的机器设备，支付价款1 000万元，增值税进项税额130万元。

(3) 6月12日以一批自产的产成品对外投资，该批产成品成本为3 000万元，市场价格为5 000万元。

(4) 6月15日委托乙加工厂（一般纳税人）加工原材料一批，计划收回后继续加工应税消费品。发出原材料成本为150万元，支付的加工费为30万元（不含增值税），6月30日加工完成的原材料已验收入库，乙加工厂没有同类消费品销售价格。双方适用的增值税税率均为13%，消费税税率为10%。

(5) 因管理不善造成部分库存商品被盗，其实际成本为370万元，其中所耗原材料成本为200万元。

假定不考虑其他因素。

根据上述资料，回答下列问题。

(1) 该一般纳税人6月应确认的营业收入为（　　）万元。

A. 0　　　　　　B. 5 000
C. 5 600　　　　D. 3 000

(2) 上述事项中，需要进项税转出的金额为（　　）万元。

A. 64　　　　　B. 26
C. 96　　　　　D. 252

(3) 委托加工物资应缴纳的应交税费为（　　）万元。

A. 22.8　　　　B. 18
C. 23.9　　　　D. 4.8

(4) 该一般纳税人6月末应缴纳的增值税金额为（　　）万元。

A. 704　　　　B. 736
C. 640　　　　D. 542.1

2. 2×16年1月2日，乙公司为其100名中层以上管理人员每人授予100份现金股票增值权，这些人员从2×16年1月2日起必须在该公司连续服务3年，即可自2×18年12月31日起根据股价的增长幅度获得现金，该增值权应在2×20年12月31日之前行使完毕。乙公司估计，该增值权在负债结算之前的每一资产负债表日以及结算日的公允价值和可行权后的每份增值权现金支出额如下表：

单位：元

年份	公允价值	支付现金
2×16年	12	—
2×17年	14	—
2×18年	15	16
2×19年	20	18
2×20年	25	22

2×16年有10名管理人员离开乙公司，乙公司在2×16年年末估计在未来2年中还将有8名管理人员离开；2×17年又有6名管理人员离开公司，乙公司在2×17年年末估计在未来1年中还将有6名管理人员离开；2×18年又有4名管理人员离开，2×18年年末有40人行使股票增值权取得了现金，2×19年有30人行使股票增值权取得了现金，2×20年剩余10人行使股票增值权取得了现金。
根据上述资料，回答下列问题。
(1)2×16年乙公司应确认的应付职工薪酬为( )元。
A. 0 B. 36 000
C. 98 400 D. 32 800

(2)2×17年乙公司因该事项确认的费用为( )元。
A. 40 000 B. 32 800
C. 72 800 D. 0

(3)2×19年乙公司因该事项减少损益的金额为( )元。
A. 51 200 B. 14 000
C. 20 000 D. 60 000

(4)2×20年乙公司的处理，下列说法错误的是( )。
A. 应支付银行存款20 000元
B. 应确认当期损益-2 000元
C. 应付职工薪酬余额为0
D. 应借记"公允价值变动损益"科目2 000元

同步训练答案及解析

一、单项选择题

1. D 【解析】企业向职工提供非货币性福利的，应当按照公允价值计量。

2. A 【解析】以自产产品作为福利发放给职工的，视同销售，需要确认营业收入和销项税额。大海公司2×20年因该业务计入管理费用的金额=8 000×25×(1+13%)=226 000(元)。

3. B 【解析】向车间生产工人发放的劳保用品应通过"制造费用"科目核算

4. B 【解析】甲公司应编制的会计分录为：
借：管理费用　　　　　　　　　60 000
　　贷：应付职工薪酬——工资
　　　　　　　(10×10×200) 20 000
　　　　——非累积带薪休假
　　　　　　　(10×10×200×2) 40 000
则这10名员工放弃年休假应获得的补偿金额=10×10×200×2=40 000(元)。实际支付时：
借：应付职工薪酬——工资
　　　　　　　(10×10×200) 20 000
　　　　——非累积带薪休假
　　　　　　　　　　　　　40 000
　　贷：银行存款　　　　　　　60 000

5. C 【解析】2×20年年末确认负债(或成本费用)累计数=15×(50-5-3)×100×3/4=47 250(元)，对2×20年当期管理费用的影响金额=47 250-42 500=4 750(元)。

6. D 【解析】选项A、B进项税额允许抵扣，不需要做进项税额转出处理；选项C视同销售，需要确认销项税额。

7. B 【解析】按照规定，月初尚未抵扣的进项税额用于抵扣2×20年6月发生的销项税额，因此本期应交税费——应交增值税的余额=-500-50+1 200+150=800(万元)，将其转出计入应交税费——未交增

值税,即:

借:应交税费——应交增值税(转出未交增值税)　　800
　　贷:应交税费——未交增值税　800

8. D 【解析】如产生转让收益,则按应纳税额,借记"投资收益"等科目,贷记"应交税费——转让金融商品应交增值税"科目;如产生转让损失,则按应纳税额,借记"应交税费——转让金融商品应交增值税"科目,贷记"投资收益"等科目。

9. A 【解析】企业随同产品出售但单独计价的包装物,按规定应缴纳的消费税,借记"税金及附加"科目。

10. A 【解析】委托加工应税消费品的物资收回后用于连续生产应税消费品的,支付的消费税允许抵扣,所以应计入"应交税费——应交消费税"科目的借方。

11. A 【解析】选项B,这里是无形资产,不会出现固定资产清理科目;选项C,不应借记"在建工程",收到的金额应借记"银行存款";选项D,此时的土地增值税不通过"税金及附加"科目核算。

12. B 【解析】收购未税矿产品代扣代缴的资源税,借记"材料采购"等科目,贷记"应交税费——应交资源税"科目,选项B错误。

13. C 【解析】自用厂房缴纳的房产税计入税金及附加,选项A错误;取得交易性金融资产支付的印花税计入投资收益,选项B错误;企业委托加工应税消费品,委托方将收回的应税消费品直接对外销售(售价不高于受托方的计税价格),或委托加工后连续生产非应税销售品的,委托方应将受托方代扣代缴的消费税计入委托加工的应税消费品成本,以高于受托方计税价格对外销售或收回后用于连续生产应税消费品的,按规定准予抵扣,委托方应按代扣代缴的消费税款,借记"应交税费——应交消费税"科目,选项D错误。

14. D 【解析】"其他应付款"账户的账面余额=55+(60-55)/5×2=57(万元)。

15. D 【解析】2×20年年末计息,应借记"投资收益"科目125万元,贷记"应付利息"科目125万元。

16. B 【解析】选项B,应借记"公允价值变动损益"或"其他综合收益"科目,贷记"交易性金融负债"科目。

17. B 【解析】交易性金融负债与交易性金融资产的核算思路类似,按公允价值进行后续计量,发生的交易费用计入投资收益。

18. A 【解析】选项A,企业转让土地使用权应交的土地增值税,土地使用权与地上建筑物及其附着物一并在"固定资产"等科目核算的,借记"固定资产清理"等科目,贷记"应交税费——应交土地增值税"科目。土地使用权在"无形资产"科目核算的,按实际收到的金额,借记"银行存款"科目;按摊销的无形资产金额,借记"累计摊销"科目;按已计提的无形资产减值准备,借记"无形资产减值准备"科目;按无形资产账面余额,贷记"无形资产"科目;按应交的土地增值税,贷记"应交税费——应交土地增值税"科目;按其差额,借记或贷记资产处置损益科目。

19. A 【解析】选项A,职工薪酬是指企业在职工在职期间和离职后提供的全部货币性薪酬和非货币性福利。

20. D 【解析】实行"免、抵、退"办法的生产企业自营或委托外贸企业代理出口自产货物,按规定计算的当期免抵税额(即按规定计算的当期出口货物的进项税抵减内销产品的应纳税额),借记"应交税费——应交增值税(出口抵减内销产品应纳税额)"科目,贷记"应交税费——应交增值税(出口退税)"科目。按规定计算的当期应退税额,借记"应收出口退税款"科目,贷记"应交税费——应交增值税

（出口退税）"科目。

21. B 【解析】不通过"应交税费"科目核算的税金有印花税、耕地占用税和车辆购置税等。车船税需要通过"应交税费"科目核算。

22. D 【解析】选项D，企业转让的土地使用权连同地上建筑物及其附着物一并在"固定资产"核算的，土地增值税应在"固定资产清理"科目核算。

二、多项选择题

1. ABD 【解析】甲公司出售住房时应做如下账务处理：
借：银行存款
　　　　（100×50+40×85+10×65）9 050
　　长期待摊费用　　　　　　　3 850
　　贷：固定资产
　　　　（100×80+40×100+10×90）12 900
出售住房后的每年，甲公司应当按照直线法在10年内摊销长期待摊费用，并做如下账务处理：
借：生产成本　　　（100×30/10）300
　　管理费用　　　　（40×15/10）60
　　制造费用　　　　（10×25/10）25
　　贷：应付职工薪酬——非货币性福利
　　　　　　　　　　　　　　　　385
借：应付职工薪酬——非货币性福利
　　　　　　　　　　　　　　　　385
　　贷：长期待摊费用　　　　　385

2. BCE 【解析】选项A，在等待期内每个资产负债表日，应当以可行权情况的最佳估计数为基础，按照企业承担负债的公允价值金额，将当期取得的服务计入成本或费用和相应的负债。选项D，在可行权日之后，负债的公允价值变动计入公允价值变动损益。

3. BE 【解析】售后回购属于融资交易的，发出商品时，收到的款项确认为负债，因商品已经发出，所以将库存商品转入发出商品。
2×20年4月1日销售商品时：

借：银行存款　　　　　　　　1 017 000
　　贷：其他应付款　　　　　　900 000
　　　　应交税费——应交增值税（销项税额）　　　　　　　　117 000
发出商品：
借：发出商品　　　　　　　　　800 000
　　贷：库存商品　　　　　　　800 000

4. BC 【解析】取得办公楼时的分录为：
借：固定资产　　　　　　　　　　1 000
　　应交税费——应交增值税（进项税额）
　　　　　　　　　　　　　　　　　90
　　贷：银行存款　　　　　　　　1 090

5. BCD 【解析】选项A，应在"未交增值税"专栏登记；选项E，"减免税款"专栏，反映企业按照规定享受直接减免的增值税款。

6. ABDE 【解析】一般纳税人应交的增值税，在"应交税费"科目下设置"应交增值税""未交增值税""预交增值税""待抵扣进项税额""待认证进项税额""待转销项税额""增值税留抵税额""简易计税""转让金融商品应交增值税""代扣代交增值税"十个明细科目进行核算。

7. ABDE 【解析】将自产、委托加工或购买的货物无偿赠送他人在发生时都不确认收入，但需要按规定计算销项税，按成本结转。

8. BE 【解析】选项A，企业收取的非酒类包装物押金，收取押金时不用纳税。选项C，企业收取的白酒包装物押金，收取时消费税记入"其他应付款"科目；选项D，企业收取的白酒包装物押金，到期退还时，相关的消费税不记入"税金及附加"科目，而是记入"销售费用"科目。

9. ABCD 【解析】选项E，为受让的交易性金融资产支付的印花税应记入"投资收益"科目。

10. ACDE 【解析】选项A、E应该通过"应付职工薪酬"科目核算；选项C，通过"预计负债"科目核算。

11. ABCE 【解析】选项 A，以应收债权取得质押借款的过程中，应将实际支付的手续费记入"财务费用"科目借方；选项 B，应付账款一般按确认时的应付金额入账，不考虑时间价值问题，不按到期应付金额的现值入账；选项 C，资产负债表日，交易性金融负债的公允价值高于其账面余额的差额，应借记"公允价值变动损益"等科目；选项 E，企业应根据股东大会审议批准的利润分配方案，借记"利润分配"科目，贷记"应付股利"科目，董事会通过的利润分配方案中拟分配现金股利时，不做账务处理，但应在报表附注中披露。

三、计算题

1. (1)B；(2)B；(3)C；(4)D。

【解析】(1)业务 3 中，以自产产品对外投资，应视同销售，并在会计上确认收入。
(2)业务 5，管理不善造成库存商品被盗，进项税不能抵扣，需进项税额转出。
借：待处理财产损溢——待处理流动资产损溢　　　　　　　　　　396
    贷：库存商品　　　　　　　　　　370
        应交税费——应交增值税（进项税额转出）　　　　（200×13%）26
(3)委托加工物资应缴纳的消费税 =（150+30）/（1-10%）×10% = 20（万元）。委托加工物资应缴纳的增值税 = 30×13% = 3.9（万元）。应交税费 = 20+3.9 = 23.9（万元）。
账务处理如下：
发出：
借：委托加工物资　　　　　　　　150
    贷：原材料　　　　　　　　　　150
支付加工费及相关税费：
借：委托加工物资　　　　　　　　　30
    应交税费——应交增值税（进项税额）
                                3.9
        ——应交消费税　　　　　20
    贷：银行存款　　　　　　　　53.9
入库：
借：库存商品　　　　　　　　　　180
    贷：委托加工物资　　　　　　180
(4)业务 2：固定资产进项税额准予抵扣：
借：固定资产　　　　　　　　　1 000
    应交税费——应交增值税（进项税额）
                                130
    贷：银行存款　　　　　　　1 130
业务 3：对外投资应视同销售：
借：长期股权投资　　　　　　　5 650
    贷：主营业务收入　　　　　5 000
        应交税费——应交增值税（销项税额）　　　　　　　　　　650
借：主营业务成本　　　　　　　3 000
    贷：库存商品　　　　　　　3 000
6 月应缴纳增值税 = 650−（130+3.9−26）= 542.1（万元）。

2. (1)D；(2)A；(3)B；(4)A。

【解析】(1)2×16 年 1 月 2 日授予日不做处理。2×16 年年末应确认的应付职工薪酬和当期费用 =（100−10−8）×100×12×1/3 = 32 800（元）。2×16 年 12 月 31 日的相关会计分录如下：
借：管理费用　　　　　　　　32 800
    贷：应付职工薪酬　　　　32 800
(2)2×17 年年末应付职工薪酬余额 =（100−10−6−6）×100×14×2/3 = 72 800（元）。应确认的当期费用 = 72 800−32 800 = 40 000（元）。
(3)2×18 年应支付的现金 = 40×100×16 = 64 000（元）。2×18 年年末应付职工薪酬余额 =（100−10−6−4−40）×100×15 = 60 000（元）。应确认的当期的费用 = 60 000+64 000−72 800 = 51 200（元）。
2×19 年应支付的现金 = 30×100×18 = 54 000（元）。2×19 年年末应付职工薪酬余额 =（100−10−6−4−40−30）×100×20 = 20 000（元）。应减少的当期损益 = 20 000+54 000−60 000 = 14 000（元）。
(4)2×20 年应支付的现金 = 10×100×22 = 22 000（元）。年末应付职工薪酬余额为 0。

应确认的公允价值变动损益 = 0 + 22 000 − 20 000 = 2 000(元)(借方)。

借:公允价值变动损益　　　2 000
　贷:应付职工薪酬　　　　　　　2 000
借:应付职工薪酬　　　　　22 000
　贷:银行存款　　　　　　　　　22 000

本章知识串联

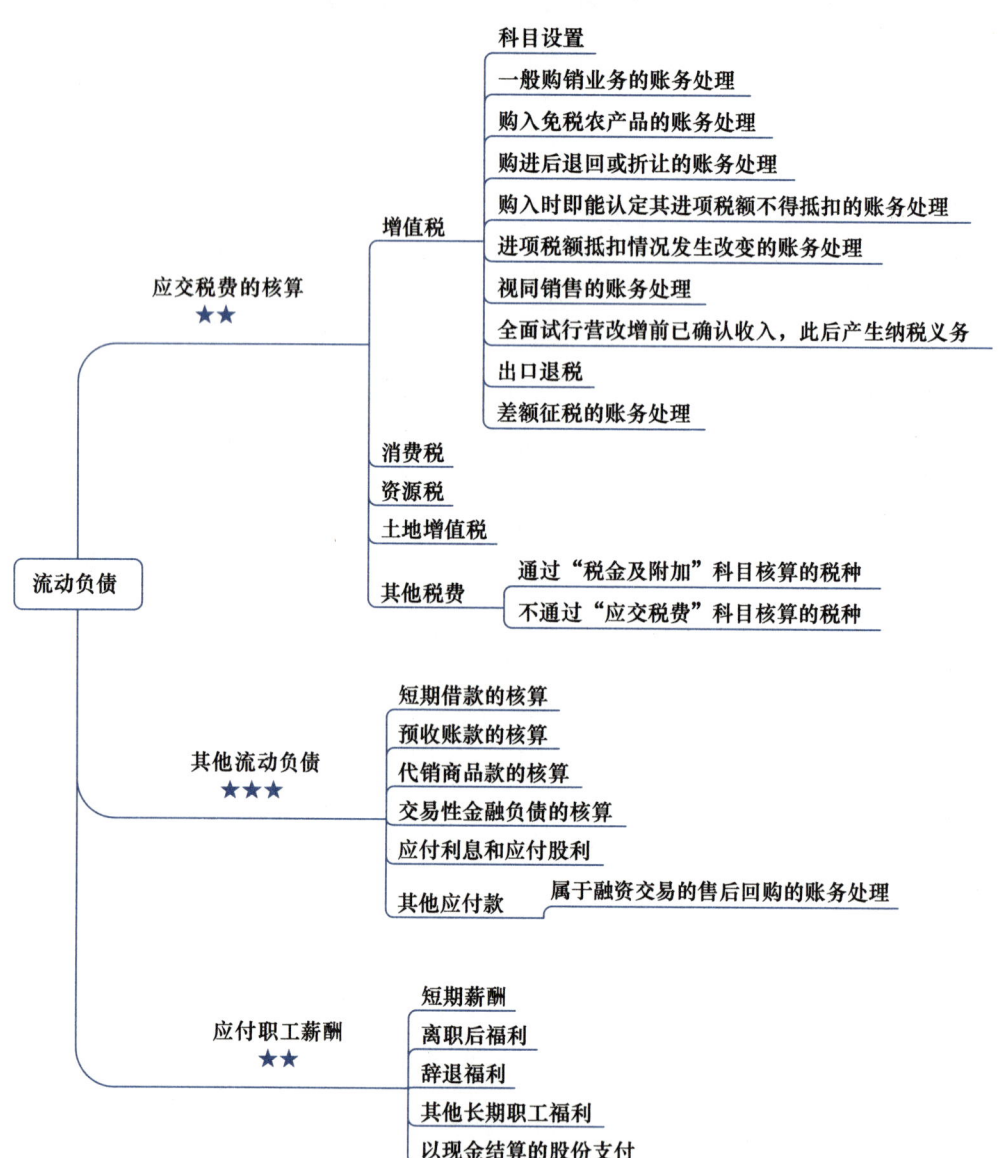

第13章 非流动负债

考情解密

历年考情概况

本章属于非常重要的章节,在往年主要考查了长期借款的核算、借款费用的核算、长期应付款、公司债券、预计负债及债务重组等知识点。考试中,主要以单项选择题和多项选择题形式考查,也会结合其他章节出现在计算题或综合题中。平均分值在13分左右。

近年考点直击

考点	主要考查题型	考频指数	考查角度
应付债券的核算	单选题、多选题	★★	(1)可转换公司债券的核算; (2)应付债券利息的核算
借款费用的确认和计量	单选题、多选题、计算题	★★★	(1)借款费用暂停或停止资本化表述判断; (2)借款费用资本化率的计算
预计负债的核算	单选题、多选题	★★★	(1)担保事项涉及诉讼情况表述的判断; (2)待执行合同转为亏损合同; (3)不属于或有事项的业务; (4)确认为预计负债满足的条件
租赁负债的核算	单选题、多选题	★★	(1)短期租赁的特殊考虑; (2)使用权资产的入账价值
债务重组的核算	综合题	★★	债务重组的概念及其账务处理原则

本章2021年考试主要变化

(1)新增土地使用权在地上建筑物建造期间的摊销额属于累计资产支出的说明;
(2)新增续租选择权、终止租赁选择权对租赁期判断的影响;
(3)新增租赁资产改良支出的处理原则;
(4)新增不得因租赁变更缩短租赁期而改按短期租赁处理的说明。

考点详解及精选例题

核心考点1 应付债券的核算

扫我 解疑难

一、一般应付债券的账务处理★(见表13-1)

表13-1 一般应付债券的账务处理

业务情况	账务处理
发行债券	借:银行存款[实际收到的现金净额] 贷:应付债券——面值[债券票面金额] ——利息调整[差额,或借记]

续表

业务情况		账务处理
持有期间计提的利息	分期付息、一次还本的债券	借：在建工程、制造费用、财务费用、研发支出等[实际利息] 　　应付债券——利息调整[差额，或贷记] 　贷：应付利息[按票面利率计算的利息]
	一次还本付息的债券	借：在建工程、制造费用、财务费用、研发支出等[实际利息] 　　应付债券——利息调整[差额，或贷记] 　贷：应付债券——应计利息[按票面利率计算的利息]

『提示』每期的实际利息＝应付债券的期初摊余成本×实际利率

每期应计利息/应付利息＝应付债券的面值×票面利率

利息调整的每期摊销金额＝实际利息－应计利息/应付利息

【例题1·单选题】甲公司于2×19年1月2日发行4年期一次还本、分次付息的公司债券，每年1月2日支付上年利息。债券面值1 000 000元，票面年利率5%，发行价格950 520元。甲公司对利息调整采用实际利率法进行摊销，经计算该债券的实际利率为6%。该债券在2×20年年末的利息调整余额为(　　)元。

A. 56 511.2　　　B. 7 453.07
C. 34 995.73　　D. 42 448.8

解析 2×19年年末实际利息费用＝应付债券的期初摊余成本×实际利率＝950 520×6%＝57 031.2(元)，利息调整的摊销金额＝57 031.2－1 000 000×5%＝7 031.2(元)；2×20年年末的实际利息＝(950 520+7 031.2)×6%＝57 453.07(元)，利息调整的摊销金额＝57 453.07－1 000 000×5%＝7 453.07(元)，2×20年年末利息调整的余额＝1 000 000－950 520－7 031.2－7 453.07＝34 995.73(元)。

答案 C

二、可转换公司债券的账务处理★★(见表13-2)

表13-2　可转换公司债券的账务处理

业务情况	账务处理
发行可转换公司债券	借：银行存款[实际收到的金额] 　贷：应付债券——可转换公司债券(面值) 　　　其他权益工具[权益成分的公允价值] 　　　应付债券——可转换公司债券(利息调整)[或借记]
转换为股票前	可转换公司债券的负债成分，在转换为股票前，其会计处理与一般公司债券相同，即按照实际利率和摊余成本确认利息费用
转换为股票时	借：应付债券——可转换公司债券(面值)[结转余额] 　　　　　　——可转换公司债券(利息调整)[结转余额，或贷记] 　　其他权益工具[权益成分的金额] 　贷：股本[股票面值×转换的股数] 　　　资本公积——股本溢价[差额] 　　　银行存款[以现金支付的不可转换股票的部分]

『提示』负债成分的公允价值＝预计未来现金流量的现值

权益成分的公允价值＝实际收到的发行价总额－负债成分的金额

如果发行可转换公司债券发生了手续费等发行费用，这个费用应在负债成分和权益成分中按照两者公允价值的比例进行分摊。

【例题2·多选题】下列关于可转换公司债券(不考虑发行费用)的会计处理中,正确的有(　　)。

A. 发行时,按实际收到的款项记入"应付债券"科目

B. 发行时,按实际收到金额与该项可转换公司债券包含的负债成分的公允价值差额记入"其他权益工具"科目

C. 未转换为股票之前,按债券摊余成本和市场实际利率确认利息费用

D. 存续期间,按债券面值和票面利率计算的票面利息记入"应付利息"科目

E. 转换为股票时,按应付债券的账面价值与可转换的股票面值的差额记入"资本公积——股本溢价"科目

解析 ▶ 选项A,按负债成分的公允价值记入"应付债券"科目,实际收到的款项扣除负债成分的公允价值后记入其他权益工具;选项D,计提的利息可能记入应付利息科目,也可能记入应付债券——应计利息科目;选项E,转股时,应结转应付债券的账面价值和其他权益工具,扣除可转换的股票面值的差额记入资本公积——股本溢价。答案 ▶ BC

核心考点2　其他非流动负债的核算★(见表13-3)

扫我解疑难

表13-3　其他非流动负债的核算

1. 长期借款	
业务过程	账务处理
取得借款	借:银行存款 　　长期借款——利息调整[或贷方] 　贷:长期借款——本金
期末计息	借:在建工程、制造费用、财务费用、研发支出等[实际利率×期初摊余成本] 　贷:应付利息[借款本金×合同利率] 　　长期借款——利息调整[差额,或借方]
归还长期借款	借:长期借款——本金 　　在建工程、制造费用、财务费用、研发支出等[差额,或贷方] 　贷:银行存款 　　长期借款——利息调整[或借方]
2. 长期应付款(分期付款购入固定资产)	
业务过程	账务处理
购入资产时	借:固定资产、在建工程、无形资产、研发支出等[购买价款的现值] 　　未确认融资费用[差额] 　贷:长期应付款[应支付的金额]
按期支付价款	借:长期应付款 　贷:银行存款
分摊未确认融资费用	借:财务费用、在建工程、研发支出等 　贷:未确认融资费用

【例题3·多选题】下列各项,不通过"长期应付款"核算的有(　　)。

A. 付款期限超过一年的辞退福利

B. 以具有融资性质的分期付款方式购入

无形资产的应付款项

C. 属于工程项目的政府资本性拨款
D. 可转化公司债券的负债成分
E. 付款期限超过一年的材料采购款

解析 选项 A，辞退福利通过"应付职工薪酬"科目核算；选项 C，计入专项应付款；选项 D，计入应付债券；选项 E，计入应付账款。

答案 ACDE

核心考点3 借款费用的确认和计量

扫我解疑难

一、借款费用的基本规范★

（一）借款费用的内容

借款费用包括借款利息、折价或者溢价的摊销、辅助费用、外币借款发生的汇兑差额。

『提示』发行债券产生的折价或溢价不属于借款费用，溢折价的摊销额才属于借款费用。

（二）资本化的资产范围

资本化的资产是指需要经过相当长时间（通常为1年以上，含1年）的购建或者生产活动才能达到预定可使用或可销售状态的固定资产、投资性房地产、存货等资产。

（三）借款费用开始、暂停、停止资本化时点的确定

开始资本化需要同时满足的条件：①资产支出已经发生；②借款费用已经发生；③为使资产达到预定可使用状态所必要的购建或生产活动已经开始。

『提示』对于不带息票据的赊购，应在实际支付票款时作为资产支出的发生日；如果企业委托其他单位建造固定资产，则企业向受托单位支付第一笔预付款或第一笔进度款时作为资产支出的发生日。

暂停资本化需要同时满足的条件：①发生**非正常中断**；②中断时间**连续超过三个月**。

『提示』a. 非正常中断通常是由于企业管理决策上的原因或者其他不可预见的原因等所导致的中断。如企业因与施工方发生了质量纠纷，或者工程、生产用料没有及时供应，或者资金周转发生了困难等。

b. 正常中断通常仅限于因购建或者生产符合资本化条件的资产达到预定可使用或者可销售状态所必要的程序，或者事先可预见的不可抗力因素导致的中断。如某些工程建造到一定阶段必须暂停下来进行质量或安全检查等。

停止资本化需要满足的条件：

①实体建造或生产工作已经全部完成或实质上已完成；

②与设计要求、合同规定或者生产要求相符或者基本相符；

③继续发生的符合资本化条件的资产上的支出金额很少或几乎不再发生。

④所购建或者生产的符合资本化条件的资产的各部分分别完工，且每部分在其他部分继续建造或者生产过程中可供使用或可对外销售，且为使该部分资产达到预定可使用或可销售状态所必要的购建或者生产活动实质上已经完成的，应当停止与该部分资产相关的借款费用的资本化。

⑤如果企业购建或者生产的资产的各部分分别完工，但必须等到整体完工后才可使用或者对外销售的，应当在该资产整体完工时停止借款费用的资本化。

『提示』借款费用的费用化部分发生在筹建期间的，记入"管理费用"，发生在非筹建期间的，记入"财务费用"；资本化部分一般通过"在建工程""制造费用""研发支出"等科目核算。

二、借款费用资本化的确认计量★★★

1. 借款费用的确认原则(见表13-4)

表13-4 借款费用的确认原则

借款费用		资本化期间	非资本化期间
专门借款	利息、折溢价摊销	资本化	费用化
	汇兑损益	资本化	费用化
	辅助费用	达到预定可使用或可销售状态之前发生的,应该根据其发生额予以资本化	
一般借款	利息、折溢价摊销	资本化(并非全部资本化,具体资本化金额的计算见表13-5)	费用化
	汇兑损益	费用化	
	辅助费用	资本化(并非全部资本化,具体资本化金额的计算见表13-5)	

2. 借款费用资本化金额的计算(见表13-5)

表13-5 借款费用资本化金额的计算

借款费用	资本化计算公式
专门借款利息	资本化金额=资本化期间内专门借款当期实际发生的利息费用-尚未动用的借款资金存入银行取得的利息收入或者进行暂时性投资取得的投资收益
一般借款利息费用	资本化金额=累计资产支出超过专门借款部分的资产支出加权平均数×所占用一般借款的资本化率 所占用一般借款的资本化率=所占用一般借款加权平均利率=所占用一般借款当期实际发生的利息之和÷所占用一般借款本金加权平均数

『提示』自行开发建造房屋建筑物的情形下,上表中的"累计资产支出"包括土地使用权在房屋建造期间计入在建工程的摊销金额。

【例题4·多选题】在资产负债表日,企业根据长期借款的摊余成本和实际利率计算确定当期的利息费用,可能借记的会计科目有( )。

A. 研发支出　　B. 制造费用
C. 合同履约成本　　D. 长期借款
E. 应付利息

解析▶ 如果利息费用资本化,则利息费用计入相关资产的成本,可能借记研发支出(无形资产)、制造费用(存货)、合同履约成本科目。
答案▶ ABC

【例题5·单选题】A公司为建造一栋办公楼于2×20年1月2日专门从银行借入2 000万元款项,借款期限为3年;2×20年2月10日,A公司为建造该办公楼购入一批工程物资,开出一张100万元的不带息银行承兑汇票,期限为6个月;2×20年3月1日,该办公楼开工兴建;2×20年4月1日,A公司领用一批自产产品,成本为30万元,该项工程4月1日以前所占用的物资均为2×20年2月10日购入的工程物资,且未发生其他现金流出。该项工程的预计工期为1年零6个月。不考虑其他因素,则该项工程借款费用开始资本化的时点为( )。

A. 2×20年1月2日
B. 2×20年2月10日
C. 2×20年3月1日
D. 2×20年4月1日

解析▶ 2×20年3月1日,虽然该项工

程的借款费用已经发生、为使资产达到预定可使用或者可销售状态所必要的购建或者生产活动已经开始，但没有发生资产支出，所以该日期不是借款费用开始资本化的时点，本题开始资本化的时点应该是4月1日，选项D正确。

答案 ▶ D

核心考点4 租赁负债的核算

扫我解疑难

一、租赁概述★

（一）租赁的一般原则

租赁，是指在一定期间内，出租人将资产的使用权让与承租人以获取对价的合同。

租赁期是指承租人有权使用租赁资产且不可撤销的期间，租赁期自租赁期开始日起计算。租赁期开始日，是指出租人提供资产使其可供承租人使用的起始日期。如果承租人在租赁协议约定的起租日或租金起付日之前，已获得对租赁资产使用权的控制，则表明租赁期已经开始。

（二）承租人的处理原则

在租赁期开始日，承租人应当对租赁确认使用权资产和租赁负债，采用简化处理方法进行处理的短期租赁和低价值资产租赁除外。

（三）短期租赁和低价值资产租赁

对于短期租赁（租赁期不超过12个月的租赁）和低价值资产租赁（全新资产时价值较低的租赁），承租人可以选择不确认使用权资产和租赁负债。作出该选择的，承租人应当将短期租赁和低价值资产租赁的租赁付款额，在租赁期内各个期间按照直线法或其他系统合理的方法计入相关资产成本或当期损益。其他系统合理的方法能够更好地反映承租人的受益模式的，承租人应当采用该方法。

『提示』（1）确定租赁期时除考虑不可撤销的租赁期间外，还应考虑以下因素：承租人有续租选择权，且合理确定**将行使**该选择权的，租赁期还应当包含续租选择权涵盖的期间；承租人有终止租赁选择权，但合理确定**将不会行使**该选择权的，租赁期应当包含终止租赁选择权涵盖的期间。

（2）包含购买选择权的租赁即使租赁期不超过12个月，也不属于短期租赁。

（3）因租赁合同变更导致租赁期缩短至1年以内的，不得改按短期租赁处理或追溯调整。

二、承租人的账务处理★★★

（一）使用权资产的初始计量

1. 使用权资产概述

使用权资产，是指承租人可在租赁期内使用租赁资产的权利。在租赁期开始日，承租人应当按照成本对使用权资产进行初始计量。该成本包括下列四项：

（1）租赁负债的初始计量金额。

（2）在租赁期开始日或之前支付的租赁付款额；存在租赁激励的，应扣除已享受的租赁激励相关金额。

（3）承租人发生的初始直接费用。

（4）承租人为拆卸及移除租赁资产、复原租赁资产所在场地或将租赁资产恢复至租赁条款约定状态预计将发生的成本。前述成本属于为生产存货而发生的，适用存货准则的规定。

2. 相关账务处理

（1）计算租赁期开始日租赁付款额的现值，并确认租赁负债和使用权资产。

借：使用权资产
　　租赁负债——未确认融资费用
　　贷：租赁负债——租赁付款额
　　　　银行存款

（2）将初始直接费用计入使用权资产的初始成本。

借：使用权资产
　　贷：银行存款

（3）将已收的租赁激励相关金额从使用权资产入账价值中扣除。

借：银行存款
　　贷：使用权资产

(二)使用权资产的后续计量

1. 使用权资产的后续计量原则

在租赁期开始日后,承租人应当采用成本模式对使用权资产进行后续计量,即,以成本减累计折旧及累计减值损失计量使用权资产。

『提示』承租人发生的租赁资产改良支出应当计入长期待摊费用。

2. 使用权资产的折旧

(1)承租人应当参照固定资产准则有关折旧规定,自租赁期开始日起对使用权资产计提折旧。使用权资产通常应自租赁期开始的当月计提折旧,当月计提确有困难的,企业也可以选择自租赁期开始的下月计提折旧,但应对同类使用权资产采取相同的折旧政策。计提的折旧金额应根据使用权资产的用途,计入相关资产的成本或者当期损益。

(2)承租人在确定使用权资产的折旧方法时,应当根据与使用权资产有关的经济利益的预期实现方式做出决定。通常,承租人按直线法对使用权资产计提折旧。

(3)使用权资产折旧年限的确定原则如表13-6所示:

表13-6 使用权资产折旧年限的确定原则

是否取得所有权	折旧年限的确定	
	一般情况	特殊情况
能够合理确定租赁期届满时取得租赁资产所有权的	租赁资产剩余使用寿命	如果使用权资产的剩余使用寿命短于前两者,则应为使用权资产的剩余使用寿命
无法合理确定租赁期届满时能够取得租赁资产所有权的	租赁期与租赁资产剩余使用寿命两者孰短的期间	

3. 使用权资产的减值

在租赁期开始日后,承租人应当按照资产减值准则的规定,确定使用权资产是否发生减值,并对已识别的减值损失进行会计处理。使用权资产发生减值的,按应减记的金额,借记"资产减值损失"科目,贷记"使用权资产减值准备"科目。使用权资产减值准备一旦计提,不得转回。

4. 对租赁负债重新计量

承租人按照有关规定重新计量租赁负债的,应当相应调整使用权资产的账面价值。

(三)租赁负债的初始计量

租赁负债应当按照租赁期开始日尚未支付的租赁付款额的现值进行初始计量。

1. 租赁付款额

租赁付款额,是指承租人向出租人支付的与在租赁期内使用租赁资产的权利相关的款项。租赁付款额包括以下五项内容:

(1)固定付款额及实质固定付款额,存在租赁激励的,扣除租赁激励相关金额。实质固定付款额是指在形式上可能包含变量但实质上无法避免的付款额。

租赁激励,是指出租人为达成租赁向承租人提供的优惠,包括出租人向承租人支付的与租赁有关的款项、出租人为承租人偿付或承担的成本等。

(2)取决于指数或比率的可变租赁付款额。

可变租赁付款额,是指承租人为取得在租赁期内使用租赁资产的权利,而向出租人支付的因租赁期开始日后的事实或情况发生变化(而非时间推移)而变动的款项。

(3)购买选择权的行权价格,前提是承租人合理确定将行使该选择权。

(4)行使终止租赁选择权需支付的款项,前提是租赁期反映出承租人将行使终止租赁选择权。

(5)根据承租人提供的担保余值预计应支付的款项。

担保余值,是指与出租人无关的一方向

出租人提供担保，保证在租赁结束时租赁资产的价值至少为某指定的金额。如果承租人提供了对余值的担保，则租赁付款额应包含该担保下预计应支付的款项，它反映了承租人预计将支付的金额，而不是承租人担保余值下的最大敞口。

2. 折现率

在计算租赁付款额的现值时，承租人应当采用租赁内含利率作为折现率；无法确定租赁内含利率的，应当采用承租人增量借款利率作为折现率。

（1）租赁内含利率，是指使出租人的租赁收款额的现值与未担保余值的现值之和等于租赁资产公允价值与出租人的初始直接费用之和的利率。

①未担保余值，是指租赁资产余值中，出租人无法保证能够实现或仅由与出租人有关的一方予以担保的部分。

②初始直接费用，是指为达成租赁所发生的增量成本。增量成本是指若企业不取得该租赁，则不会发生的成本。

（2）承租人增量借款利率，是指承租人在类似经济环境下为获得与使用权资产价值接近的资产，在类似期间以类似抵押条件借入资金须支付的利率。

（四）租赁负债的后续计量

在租赁期开始日后，承租人应按以下原则对租赁负债进行后续计量：

（1）确认租赁负债的利息时，增加租赁负债的账面金额。

承租人应当按照固定的周期性利率计算租赁负债在租赁期内各期间的利息费用，并计入当期损益，符合资本化条件的，应当按照借款费用等准则规定计入相关资产成本。

借：财务费用等

贷：租赁负债——未确认融资费用

（2）支付租赁付款额时，减少租赁负债的账面金额。

借：租赁负债——租赁付款额
　　贷：银行存款

未纳入租赁负债计量的可变租赁付款额，即，并非取决于指数或比率的可变租赁付款额，应当在实际发生时计入当期损益，但按照《企业会计准则第1号——存货》等其他准则规定应当计入相关资产成本的，从其规定。

借：营业成本类科目或销售费用等
　　贷：银行存款等

（五）租赁负债的重新计量

在租赁期开始日后，当发生下列四种情形时，承租人应当按照变动后的租赁付款额的现值重新计量租赁负债，并相应调整使用权资产的账面价值。使用权资产的账面价值已调减至零，但租赁负债仍需进一步调减的，承租人应当将剩余金额计入当期损益。

1. 实质固定付款额发生变动

如果租赁付款额最初是可变的，但在租赁期开始日后的某一时点转为固定，那么，在潜在可变性消除时，该付款额成为实质固定付款额，应纳入租赁负债的计量中。承租人应当按照变动后租赁付款额的现值重新计量租赁负债。在该情形下，承租人采用的折现率不变，即，采用租赁期开始日确定的折现率。

2. 担保余值预计的应付金额发生变动

在租赁期开始日后，承租人应对其在担保余值下预计支付的金额进行估计。该金额发生变动的，承租人应当按照变动后租赁付款额的现值重新计量租赁负债。在该情形下，承租人采用的折现率不变。

3. 用于确定租赁付款额的指数或比率发生变动时的处理（见表13-7）

表13-7 用于确定租赁付款额的指数或比率发生变动时的处理

未来租赁付款额变动的原因	折现率
浮动利率的变动	采用反映利率变动的修订后的折现率
因用于确定租赁付款额的指数或比率（浮动利率除外）的变动	采用的折现率不变

需要注意的是，仅当现金流量发生变动时，即租赁付款额的变动生效时，承租人才应重新计量租赁负债，以反映变动后的租赁付款额。承租人应基于变动后的合同付款额，确定剩余租赁期内的租赁付款额。

4. 购买选择权、续租选择权或终止租赁选择权的评估结果或实际行使情况发生变化

租赁期开始日后，发生下列情形的，承租人应采用修订后的折现率对变动后的租赁付款额进行折现，以重新计量租赁负债：

（1）发生承租人可控范围内的重大事件或变化，且影响承租人是否合理确定将行使续租选择权或终止租赁选择权的，承租人应当对其是否合理确定将行使相应选择权进行重新评估。评估结果发生变化的，承租人应当根据新的评估结果重新确定租赁期和租赁付款额。

（2）发生承租人可控范围内的重大事件或变化，且影响承租人是否合理确定将行使购买选择权的，承租人应当对其是否合理确定将行使购买选择权进行重新评估。评估结果发生变化的，承租人应根据新的评估结果重新确定租赁付款额。

上述两种情形下，承租人在计算变动后租赁付款额的现值时，应当采用剩余租赁期间的租赁内含利率作为折现率；无法确定剩余租赁期间的租赁内含利率的，应当采用重估日的承租人增量借款利率作为折现率。

三、出租人会计处理★

出租人应当在租赁开始日将租赁分为融资租赁和经营租赁。

（一）出租人对经营租赁的会计处理

1. 租金的处理

在租赁期内各个期间，出租人应采用直线法或者其他系统合理的方法将经营租赁的租赁收款额确认为租金收入。如果其他系统合理的方法能够更好地反映因使用租赁资产所产生经济利益的消耗模式的，则出租人应采用该方法。

2. 出租人对经营租赁提供激励措施

出租人提供免租期的，整个租赁期内，按直线法或其他合理的方法进行分配，免租期内应当确认租金收入。出租人承担了承租人某些费用的，出租人应将该费用自租金收入总额中扣除，按扣除后的租金收入余额在租赁期内进行分配。

3. 初始直接费用

出租人发生的与经营租赁有关的初始直接费用应当资本化至租赁标的资产的成本，在租赁期内按照与租金收入相同的确认基础分期计入当期损益。

4. 折旧和减值

对于经营租赁资产中的固定资产，出租人应当采用类似资产的折旧政策计提折旧；对于其他经营租赁资产，应当根据该资产适用的企业会计准则，采用系统合理的方法进行摊销。

出租人应当按照《企业会计准则第8号——资产减值》的规定，确定经营租赁资产是否发生减值，并对已识别的减值损失进行会计处理。

5. 可变租赁付款额

出租人取得的与经营租赁有关的可变租赁付款额，如果是与指数或比率挂钩的，应在租赁期开始日计入租赁收款额；除此之外的，应当在实际发生时计入当期损益。

（二）出租人对融资租赁的会计处理

1. 初始计量

在租赁期开始日，出租人应当对融资租赁确认应收融资租赁款，并终止确认融资租赁资产。出租人对应收融资租赁款进行初始计量时，应当以租赁投资净额作为应收融资租赁款的入账价值。

租赁投资净额为未担保余值和租赁期开始日尚未收到的租赁收款额按照租赁内含利率折现的现值之和。租赁内含利率，是指使出租人的租赁收款额的现值与未担保余值的现值之和（即租赁投资净额）等于租赁资产公允价值与出租人的初始直接费用之和的利率。

租赁收款额，是指出租人因让渡在租赁期内使用租赁资产的权利而应向承租人收取的款项，包括：

(1)承租人需支付的固定付款额及实质固定付款额。存在租赁激励的,应当扣除租赁激励相关金额。

(2)取决于指数或比率的可变租赁付款额。该款项在初始计量时根据租赁期开始日的指数或比率确定。

(3)购买选择权的行权价格,前提是合理确定承租人将行使该选择权。

(4)承租人行使终止租赁选择权需支付的款项,前提是租赁期反映出承租人将行使终止租赁选择权。

(5)由承租人、与承租人有关的一方以及有经济能力履行担保义务的独立第三方向出租人提供的担保余值。

一般账务处理如下:
借:应收融资租赁款——租赁收款额
　　贷:银行存款
　　　　融资租赁资产
　　　　资产处置损益
　　　　应收融资租赁款——未实现融资收益

若某融资租赁合同必须以收到租赁保证金为生效条件,出租人收到承租人交来的租赁保证金时:
借:银行存款
　　贷:其他应收款——租赁保证金

承租人到期不交租金,以保证金抵作租金时:
借:其他应收款——租赁保证金
　　贷:应收融资租赁款

承租人违约,按租赁合同或协议规定没收保证金时:
借:其他应收款——租赁保证金
　　贷:营业外收入等

2. 融资租赁的后续计量

出租人应当按照固定的周期性利率计算并确认租赁期内各个期间的利息收入。

一般账务处理如下:
借:银行存款
　　贷:应收融资租赁款——租赁收款额

借:应收融资租赁款——未实现融资收益
　　贷:租赁收入

四、租赁业务特殊情况★

(一)转租赁

转租情况下,原租赁合同和转租赁合同通常都是单独协商的,交易对手也是不同的企业。转租出租人对原租赁合同和转租赁合同分别根据承租人和出租人会计处理要求进行会计处理。

承租人在对转租赁进行分类时,转租出租人应基于原租赁中产生的使用权资产,而不是租赁资产(如作为租赁对象的不动产或设备)进行分类。原租赁资产不归转租出租人所有,原租赁资产也未计入其资产负债表。转租出租人应基于其控制的资产(即使用权资产)进行会计处理。

原租赁为短期租赁,且转租出租人作为承租人已采用简化会计处理方法的,应将转租赁分类为经营租赁。

(二)售后租回交易

1. 售后租回交易中的资产转让属于销售

卖方兼承租人应当按原资产账面价值中与租回获得的使用权有关的部分,计量售后租回所形成的使用权资产,并仅就转让至买方兼出租人的权利确认相关利得或损失。买方兼出租人根据其他适用的《企业会计准则》对资产购买进行会计处理,并根据本章规定对资产出租进行会计处理。

如果销售对价的公允价值与资产的公允价值不同,或者出租人未按市场价格收取租金,企业应当进行以下调整:

(1)销售对价低于市场价格的款项作为预付租金进行会计处理;

(2)销售对价高于市场价格的款项作为买方兼出租人向卖方兼承租人提供的额外融资进行会计处理。

同时,承租人按照公允价值调整相关销售利得或损失,出租人按市场价格调整租金收入。在进行上述调整时,企业应当按以下二者中较易确定者进行:

(1)销售对价的公允价值与资产的公允价值的差异;

(2)合同付款额的现值与按市场租金计算的付款额的现值的差异。

2. 售后租回交易中的资产转让不属于销售的处理(见表13-8)

表13-8 售后租回中的资产转让不属于销售的处理

交易方	转让资产的处理	收付现金的处理
卖方兼承租人	不终止确认所转让的资产	收到的现金作为金融负债
买方兼出租人	不确认被转让资产	将支付的现金作为金融资产

(三)租赁变更的会计处理*

租赁变更,是指原合同条款之外的租赁范围、租赁对价、租赁期限的变更,包括增加或终止一项或多项租赁资产的使用权,延长或缩短合同规定的租赁期等。

1. 租赁变更作为一项单独租赁处理

租赁发生变更且同时符合下列条件的,承租人应当将该租赁变更作为一项单独租赁进行会计处理:

(1)该租赁变更通过增加一项或多项租赁资产的使用权而扩大了租赁范围或延长了租赁期限;

(2)增加的对价与租赁范围扩大部分或租赁期限延长部分的单独价格按该合同情况调整后的金额相当。

2. 租赁变更未作为一项单独租赁处理

租赁变更未作为一项单独租赁进行会计处理的,在租赁变更生效日,承租人应当按照有关租赁分拆的规定对变更后合同的对价进行分摊;按照有关租赁期的规定确定变更后的租赁期;并采用变更后的折现率对变更后的租赁付款额进行折现,以重新计量租赁负债。在计算变更后租赁付款额的现值时,承租人应当采用剩余租赁期间的租赁内含利率作为折现率;无法确定剩余租赁期间的租赁内含利率的,应当采用租赁变更生效日的承租人增量借款利率作为折现率。

就上述租赁负债调整的影响、承租人应区分以下情形进行会计处理:

(1)租赁变更导致租赁范围缩小或租赁期缩短的,承租人应当调减使用权资产的账面价值,以反映租赁的部分终止或完全终止。承租人应将部分终止或完全终止租赁的相关利得或损失计入当期损益;

(2)其他租赁变更,承租人应当相应调整使用权资产的账面价值。

核心考点5 预计负债的核算

扫我解疑难

一、或有事项的相关概念★

(一)或有事项

或有事项是指过去的交易或者事项形成的,其结果须由某些未来事项的发生或不发生才能决定的不确定事项。

常见的或有事项主要包括:未决诉讼或仲裁、债务担保、产品质量保证(含产品安全保证)、承诺、亏损合同、重组义务、环境污染整治等。

(二)或有负债与或有资产

或有负债是指过去的交易或者事项形成的潜在义务,其存在须通过未来不确定事项的发生或不发生予以证实;或过去的交易或者事项形成的现时义务,履行该义务不是很可能导致经济利益流出企业或该义务的金额不能可靠计量。

或有资产是指过去的交易或者事项形成的潜在资产,其存在须通过未来不确定事项的发生或不发生予以证实。

『提示』或有负债不是负债,或有资产不

---

* 按考试要求,此处仅介绍承租人的会计处理。

是资产，因此不能确认，即对于或有资产/或有负债不做账务处理，不在资产负债表正表反映，但可能会在附注中披露。

对于或有负债、或有资产，请结合资产和负债的定义及确认条件来对比掌握。

二、预计负债的确认和计量 ★★★

（一）预计负债的确认条件（同时满足）

（1）该义务是企业承担的**现时义务**，是指与或有事项相关的义务是在企业当前条件下已承担的义务，而非潜在义务。

（2）履行该义务很可能导致经济利益流出企业，是指履行与或有事项相关的现时义务时，导致**经济利益流出企业的可能性超过50%**，具体规范见表13-9。

表13-9　经济利益流出企业的可能性判断

结果的可能性	对应的概率区间
基本确定	95%＜发生的概率＜100%
很可能	50%＜发生的概率≤95%
可能	5%＜发生的概率≤50%
极小可能	0＜发生的概率≤5%

（3）该义务的金额能够可靠地计量，指与或有事项相关的现时义务的金额能够合理地估计。

（二）预计负债的计量原则（见表13-10）

表13-10　预计负债的计量原则

计量情况		计量原则
初始计量	所需支出存在一个连续区间	该范围内各种结果发生的可能性相同的，最佳估计数应该按该区间上、下限金额的平均数确定
	所需支出不存在一个连续区间	或有事项涉及单个项目的，最佳估计数按最可能发生的金额确定；或有事项涉及多个项目的，最佳估计数按各种可能发生的金额以及发生的概率计算确定
	第三方补偿	补偿金额只有在基本确定能够收到时才能作为资产单独确认，而且确认的金额不能超过预计负债的账面价值
后续计量	资产负债表日进行复核	有确凿证据表明该账面价值不能真实反映当前最佳估计数的，应当按照当前**最佳估计数**对该账面价值进行调整
		属于会计差错的，应当根据差错更正的相关规定进行处理

三、预计负债的账务处理 ★★★

（一）常规预计负债的账务处理（见表13-11）

表13-11　常规预计负债的会计处理

1. 产品质量保证

业务情况	账务处理规范
计提产品质量保证损失	借：销售费用 　　贷：预计负债

续表

实际发生产品质量保证费用	借：预计负债 　　贷：银行存款等
特殊情况下的余额冲销	(1)针对特定批次产品确认预计负债的，在该批次的保修期结束时，应将"预计负债"余额冲销，不留余额； (2)已确认预计负债的产品，如企业不再生产，在质量保证期满后，将"预计负债"余额冲销，不留余额

2. 未决诉讼

业务情况	账务处理规范
确认预计负债	借：营业外支出[罚款等] 　　管理费用[诉讼费] 　　贷：预计负债
实际支付预计负债	借：预计负债 　　贷：银行存款

3. 对外担保事项涉及诉讼

(1)资产负债表日对诉讼情况的估计

业务情况	账务处理规范
企业已被判决败诉	借：营业外支出[法院判决的应承担的损失金额] 　　管理费用[诉讼费] 　　贷：预计负债
已判决败诉，但企业正在上诉，或者经上一级法院裁定暂缓执行，或者由上一级法院发回重审等	企业应当在资产负债表日，根据已有判决结果合理估计可能产生的损失金额，确认为预计负债，并计入当期营业外支出
法院尚未判决，如果败诉的可能性大于胜诉的可能性，并且损失金额能够合理估计的	在资产负债表日将预计担保损失金额，确认为预计负债，并计入当期营业外支出

(2)实际发生的担保诉讼损失金额与已计提的相关负债之间的差额

业务情况	账务处理规范
前期合理估计预计负债	差额直接计入当期营业外支出或营业外收入
前期估计与当时的事实严重不符	**视为滥用会计估计**，按照重大会计差错更正的方法进行会计处理
前期无法合理估计预计负债	在该项损失**实际发生的当期，直接计入当期营业外支出**

(二)亏损合同与重组义务

1. 亏损合同

待执行合同变成亏损合同的，该亏损合同产生的义务满足规定条件的，应当确认为**预计负债**。

预计负债的计量应当反映了**退出该合同**

的最低净成本，即履行该合同的成本和未能履行该合同而发生的补偿或者处罚两者之中的较低者。亏损合同的会计处理原则如表13-12所示。

表13-12 亏损合同的会计处理原则

关注要点	具体情形	账务处理原则
相关义务可撤销性	不需支付任何补偿即可撤销	不存在现时义务，不应确认预计负债
	不可撤销	存在现时义务，同时满足相关条件的，应当确认预计负债
是否存在标的资产	存在标的资产	(1)对标的资产进行减值测试并按规定确认减值损失，企业通常不需确认预计负债； (2)如果预计亏损超过减值损失，应将超过的部分确认为预计负债
	不存在标的资产	亏损合同相关义务满足预计负债确认条件时，应当确认预计负债

注：所谓不可撤销的合同义务，是指需要付出代价方可解除合同约定义务

2. 重组义务

（1）根据或有事项准则的规定，同时存在下列情况时，表明企业承担了重组义务：

①有详细、正式的重组计划，包括重组涉及的业务、主要地点、需要补偿的职工人数以及其岗位性质、预计重组支出、计划实施时间等；

②该重组计划已对外公告，重组计划已开始实施，或已向受其影响的各方通告了该计划的主要内容，从而使各方形成了对该企业将实施重组的合理预期。

（2）企业承担的重组义务满足或有事项准则规定条件的，应当确认为预计负债。

【例题6·多选题】"表明企业承担了重组义务"需同时满足的条件有（ ）。

A. 该重组义务是现时义务

B. 履行该重组义务可能导致经济利益流出企业

C. 履行该重组义务的金额能够可靠计量

D. 有详细、正式的重组计划，包括重组涉及的业务、主要地点、需要补偿的职工人数等

E. 重组计划已对外公告，已开始实施

解析 根据或有事项准则的规定，同时存在下列情况时，表明企业承担了重组义务：①有详细、正式的重组计划，包括重组涉及的业务、主要地点、需要补偿的职工人数以及其岗位性质、预计重组支出、计划实施时间等；②该重组计划已对外公告，重组计划已开始实施，或已向受其影响的各方通告了该计划的主要内容，从而使各方形成了对企业将实施重组的合理预期。

答案 ▶ DE

核心考点6 债务重组的核算

扫我解疑难

一、债务重组的定义 ★

1. 债务重组的概念

债务重组，是指在不改变交易对手方的情况下，经债权人和债务人协定或法院裁定，就清偿债务的时间、金额或方式等重新达成协议的交易。

债务重组涉及的债权和债务是指《企业会计准则第22号——金融工具确认和计量》规范的金融工具，不包括合同资产、合同负债、预计负债，但包括租赁应收款和租赁应付款。

2. 债务重组的方式

债务重组一般包括下列方式，或下列一种以上方式的组合：

（1）债务人以资产清偿债务；

（2）债务人将债务转为权益工具；

（3）除上述（1）和（2）以外，采用调整债务本金、改变债务利息、变更还款期限等方式修改债权和债务的其他条款，形成重组债权和重组债务。

无论何种原因导致债务人未按原定条件

偿还债务，也无论双方是否同意债务人以低于债务的金额偿还债务，只要债权人和债务人就债务条款重新达成了协议，就符合债务重组的定义。

二、以金融资产进行债务重组★★

（一）债务人的会计处理

债务人以单项或多项金融资产的清偿债务的，债务的账面价值与清偿债务的金融资产账面之间的差额计入投资收益等。对于分类为以公允价值计量且其变动计入其他综合收益的金融资产，应当将累计计入其他综合收益的利得或损失转出，分别计入**投资收益**或**留存收益**。

（二）债权人的会计处理

债权人受让包括现金在内的单项或多项金融资产的，应当按金融工具准则的规定进行确认和计量。金融资产初始确认时应当以其**公允价值**计量，金融资产确认金额与债权终止确认日账面价值之间的差额，记入"投资收益"科目。但是，收取的金融资产的公允价值与交易价格（即放弃债权的公允价值）存在差异的，应当根据不同情况分别确认利得损失或者予以递延。

三、以非金融资产进行债务重组★★

（一）债务人的会计处理

（1）债务人以单项或多项非金融资产清偿债务，或者以包括金融资产和非金融资产在内的多项资产清偿债务的，**不需要区分资**产处置损益和债务重组损益，**也不需要区分**不同资产的处置损益，而应将所清偿债务账面价值与转让资产账面价值之间的差额，记入"**其他收益**——债务重组收益"科目。偿债资产已计提减值准备的，应结转已计提的减值准备。

（2）债务人以包含非金融资产的处置组清偿债务的，应当将所清偿债务和处置组中负债的账面价值之和，与处置组中资产的账面价值之间的差额，记入"其他收益——债务重组收益"科目。处置组所属的资产组或资产组组合按照资产减值准则规定分摊了企业合并中取得的商誉的，该处置组应当包含分摊至处置组的商誉。处置组中的资产已计提减值准备的，应结转已计提的减值准备。

『提示』债务人偿债资产中，只要包含非金融资产，则债务账面价值与资产账面价值的差额一般计入"其他收益"。只有偿债资产均为金融资产时，才将该差额确认为"投资收益"等。应特别注意偿债资产为存货的，不应作为存货的销售处理。

（二）债权人的会计处理

1. 以资产清偿债务方式进行债务重组的一般处理原则

以资产清偿债务方式进行债务重组的，债权人初始确认受让的金融资产以外的资产时，受让资产的成本构成如表13-13所示。

表13-13　债权人受让资产的成本构成

受让资产的类别	受让资产的成本构成	
	主要成本	其他成本
存货	放弃债权的公允价值	使该资产达到当前位置和状态所发生的可直接归属于该资产的税金、运输费、装卸费、保险费等
固定资产		使该资产达到预定可使用状态前所发生的可直接归属于该资产的税金、运输费、装卸费、安装费、专业人员服务费等
无形资产		可直接归属于使该资产达到预定用途所发生的税金等
对联营/合营企业的长期股权投资		可直接归属于该资产的税金
投资性房地产		可直接归属于该资产的税金等

放弃债权的公允价值与账面价值之间的差额，应当计入当期损益(**投资收益**)。

2. 债权人受让多项资产

债权人受让多项非金融资产，或者包括金融资产、非金融资产在内的多项资产的，应当按照金融工具准则的规定确认和计量受让的金融资产；按照受让的金融资产以外的各项资产在债务重组合同生效日的**公允价值比例**，对放弃债权在合同生效日的公允价值**扣除受让金融资产当日公允价值后的净额**进行分配，并以此为基础分别确定各项资产的成本。

3. 债权人受让处置组

债务人以处置组清偿债务的，债权人应当分别按照金融工具准则和其他相关准则的规定，对处置组中的金融资产和负债进行初始计量，然后按照金融资产以外的各项资产在债务重组合同生效日的公允价值比例，对放弃债权在合同生效日的公允价值以及承担的处置组中负债的确认金额之和，扣除受让金融资产公允价值后的净额进行分配，并以此为基础分别确定各项资产的成本。

4. 债权人将受让的资产或处置组划分为持有待售类别

债务人以资产或处置组清偿债务，债权人将其划为持有待售类别的，应当在初始确认时，比较假定其不划为持有待售类别情况下的初始计量金额和公允价值减去出售费用后的净额，以两者**孰低**计量

四、债务转为权益工具★★

(一)债务人的会计处理

债务重组采用将债务转为权益工具方式进行的，债务人初始确认权益工具时，应当按照权益工具的公允价值计量，权益工具的公允价值不能可靠计量的，应当按照所清偿债务的公允价值计量。所清偿债务账面价值与权益工具确认金额之间的差额，记入"投资收益"科目。债务人因发行权益工具而支出的相关税费等，应当依次冲减资本(股本)溢价、盈余公积、未分配利润等。

(二)债权人的会计处理

债权人通常应当比照受让金融资产进行债务重组的规定进行处理，但如果形成企业合并的，应当按照企业合并准则的规定进行处理。

五、修改其他条款★★

(一)债权人的处理

(1)如果修改其他条款导致全部债权终止确认，债权人应当按照修改后的条款，以公允价值初始计量新的金融资产。新的金融资产的确认金额与债权终止确认日账面价值之间的差额计入"投资收益"科目。

(2)如果修改其他条款未导致金融资产终止确认，但导致合同现金流量发生变化的，应当重新计算该金融资产的账面余额，并将相关利得或损失计入当期损益(投资收益)。对于修改或重新议定合同所产生的所有成本或费用，企业应当调整修改后的金融资产账面价值，并在修改后金融资产的剩余期限内进行摊销。

(二)债务人的处理

(1)如果修改其他条款导致债务终止确认，债务人应当按照公允价值计量重组债务，终止确认的债务账面价值与重组债务确认金额之间的差额，记入"投资收益"科目。

(2)如果修改其他条款未导致债务终止确认，或者仅导致部分债务终止确认，对于未终止确认的部分债务，债务人应当根据其分类，继续以摊余成本、以公允价值计量且其变动计入当期损益或其他适当方法进行后续计量。对于以摊余成本计量的债务，债务人应当根据重新议定合同的现金流量变化情况，重新计算该重组债务的账面价值，并将相关利得或损失记入"投资收益"科目。对于修改或重新议定合同所产生的成本或费用，债务人应当调整修改后的重组债务的账面价值，并在修改后重组债务的剩余期限内摊销。

六、以组合方式进行债务重组的★★

(一)债务人的处理

债务重组采用以资产清偿债务、将债务

转为权益工具、修改其他条款等方式的组合进行的，对于权益工具，债务人应当在初始确认时按照权益工具的公允价值计量，权益工具的公允价值不能可靠计量的，应当按照所清偿债务的公允价值计量。对于修改其他条款形成的重组债务，债务人应当参照"修改其他条款"部分的内容，确认和计量重组债务。所清偿债务的账面价值与转让资产的账面价值以及权益工具和重组债务的确认金额之和的差额，记入"其他收益——债务重组收益"或"投资收益"（仅涉及金融工具时）科目。

(二)债权人的账务处理

债务重组采用组合方式进行的，一般可以认为对全部债权的合同条款做出了实质性修改，债权人应当按照修改后的条款，以公允价值初始计量新的金融资产和受让的新金融资产，按照受让的金融资产以外的各项资产在债务重组合同生效日的公允价值比例，对放弃债权在合同生效日的公允价值扣除受让金融资产和重组债权当日公允价值后的净额进行分配，并以此为基础分别确定各项资产的成本。放弃债权的公允价值与账面价值之间的差额，记入"投资收益"科目。

真题精练

一、单项选择题

1. （2018年）长江公司2017年1月1日发行了800万份、每份面值为100元的可转换公司债券，发行价格为80 000万元，无发行费用。该债券期限为3年，票面年利率为5%，利息于每年12月31日支付。债券发行一年后可转换为普通股。债券持有人若在当期付息前转换股票的，应按照债券面值和应付利息之和除以转股价，计算转股股数。该公司发行债券时，二级市场上与之类似但没有转股权的债券的市场年利率为9%。长江公司发行可转换公司债券初始确认时对所有者权益的影响金额为（　　）万元。（P/A，9%，3）= 2.531 3，（P/F，9%，3）= 0.772 2。

   A. 8 098.8　　　　B. 71 901.2
   C. 80 000　　　　D. 0

2. （2020年）下列关于可转换公司债券的表述中，错误的是（　　）。

   A. 初始计量时应先确定负债成分的公允价值
   B. 转换时，一般应终止确认其负债成分，并将其确认为权益
   C. 初始计量时其权益成分的公允价值应计入资本公积
   D. 发行时发生的交易费用，应在负债成分和权益成分之间进行分摊

3. （2018年）根据《企业会计准则第17号——借款费用》规定，下列借款费用在资本化时需要与资产支出额相挂钩的是（　　）。

   A. 专门借款的溢折价摊销
   B. 一般借款的利息
   C. 专门借款的利息
   D. 外币专门借款汇兑差额

4. （2020年）下列关于借款费用暂停或停止资本化的表述中，正确的是（　　）。

   A. 购建的固定资产各部分分别完工，虽该部分必须等到整体完工后才能使用，但这部分资产发生的借款费用应停止资本化
   B. 购建的固定资产部分已达到预定可使用状态，且该部分可独立提供使用，应待整体完工后方可停止借款费用资本化
   C. 购建固定资产过程中发生非正常中断，且中断时间连续超过3个月，应当暂停借款费用资本化
   D. 购建固定资产过程中发生正常中断，且中断时间连续超过3个月，应当暂停借款费用资本化

5. （2018年）2017年12月1日黄河公司对长江公司提起诉讼，认为长江公司侵犯公司

知识产权，要求长江公司赔偿损失，至2017年12月31日法院尚未对案件进行审理。长江公司经咨询律师意见，认为胜诉的可能性为40%，败诉的可能性为60%。如果败诉需要赔偿50万元，则2017年12月31日长江公司应确认预计负债的金额是( )万元。

A. 15　　　　　B. 30
C. 50　　　　　D. 0

6.（2019年）2018年12月1日，甲公司与乙公司签订一份销售合同：2019年1月12日向乙公司提供产品100台，每台不含税销售价格800元。2018年12月31日，由于原材料市场价格上涨，甲公司已生产出的100台产品，每台成本为810元。如果甲公司继续履约该合同，考虑销售费用和相关税费后预计亏损2 000元，则甲公司因该亏损合同应确认预计负债的金额为( )元。

A. 1 000　　　　B. 2 000
C. 3 000　　　　D. 0

7.（2020年）2019年12月1日，甲公司为乙公司提供债务担保，因乙公司违约，乙公司和甲公司共同被提起诉讼，要求偿还债务100万元，至年末，法院尚未做出判决。甲公司预计该诉讼很可能败诉，需承担担保连带责任，估计代偿金额为80万元，甲公司若履行担保连带责任，确定可以从第三方获得补偿50万元，并取得了相关证明。则甲公司2019年12月31日对该或有事项的会计处理中，正确的是( )。

A. 确认预计负债100万元、确认资产50万元
B. 确认预计负债80万元、确认资产50万元
C. 确认预计负债80万元、确认资产0元
D. 确认预计负债30万元、确认资产0元

8.（2019年）在租赁期开始日，企业租入的资产可以选择不确认使用权资产和租赁负债的是( )。

A. 经营租赁
B. 转租资产租赁
C. 融资租赁
D. 租赁期不足12个月的短期租赁

二、多项选择题

1.（2018年）企业经营期间发行债券采用实际利率法计算确定的利息费用，可能借记的科目有( )。

A. 财务费用　　　B. 制造费用
C. 在建工程　　　D. 管理费用
E. 研发支出

2.（2020年）根据《企业会计准则第21号——租赁》规定，下列影响使用权资产的成本的有( )。

A. 租赁负债的初始计量金额
B. 承租资产的公允价值
C. 承租人发生的初始直接费用
D. 在租赁期开始日或之前支付的租赁付款额
E. 租赁激励

3.（2019年）企业当期实际发生的担保诉讼损失金额与前期资产负债表已合理计提的预计负债的差额可能计入的会计科目有( )。

A. 营业外收入　　B. 营业外支出
C. 其他收益　　　D. 管理费用
E. 预计负债

三、计算题

（2019年）2018年1月1日甲公司正式动工兴建一栋办公楼，预计工期为1.5年，工程采用出包方式，甲公司为建造办公楼占用了专门借款和一般借款，有关资料如下：

(1)2018年1月1日，甲公司取得专门借款800万元用于该办公楼的建造，期限为2年，年利率为6%，按年支付利息、到期还本。

(2)占用的一般借款有两笔：第一笔是2017年7月1日，向乙银行取得的长期借款500万元，期限5年，年利率为5%，按年支付利息、到期还本。第二笔是

2018年7月1日,向丙银行取得的长期借款1 000万元,期限3年,年利率为8%,按年支付利息、到期还本。

(3)甲公司为建造该办公楼的支出金额如下:2018年1月1日支出500万元;2018年7月1日支出600万元;2019年1月1日支出500万元;2019年7月1日支出400万元。

(4)2018年10月20日,因经济纠纷导致该办公楼停工1个月,2019年6月30日,该办公楼如期完工,并达到预定可使用状态。

(5)闲置专门借款资金用于固定收益债券短期投资,该短期投资月收益率为0.4%。占用的两笔一般借款除用于办公楼的建造外,没有用于其他符合资本化条件的资产的购建或者生产活动。全年按360天计算。

根据上述资料,回答下列问题。

(1)甲公司2018年度专门借款利息费用的资本化金额是( )万元。
A. 40.8 B. 48.0
C. 33.6 D. 46.8

(2)甲公司2018年度占用一般借款的资本化率是( )。
A. 6.5% B. 7.0%
C. 5.0% D. 7.5%

(3)甲公司2018年度的借款费用利息的资本化金额是( )万元。
A. 52.60 B. 49.80
C. 50.55 D. 48.25

(4)甲公司2019年度的借款费用利息的资本化金额是( )万元。
A. 74 B. 52
C. 82 D. 50

真题精练答案及解析

一、单项选择题

1. A 【解析】负债成分的公允价值 = 800×100×5%×(P/A,9%,3) + 800×100×(P/F,9%,3) = 71 901.2(万元)。权益成分的公允价值 = 80 000 - 71 901.2 = 8 098.8(万元),因此发行时影响所有者权益的金额为8 098.8万元。

2. C 【解析】选项C,初始计量时权益成分的公允价值应计入其他权益工具。

3. B 【解析】一般借款,在借款费用资本化期间内,为购建或者生产符合资本化条件的资产而占用了一般借款的,应当根据累计资产支出超过专门借款部分的资产支出加权平均数乘以所占用一般借款的资本化率,计算确定一般借款应予资本化的利息金额。

4. C 【解析】购建或者生产符合资本化条件的资产的过程中发生了非正常中断,且中断时间连续超过3个月的,应当暂停借款费用的资本化。

5. C 【解析】或有事项涉及单个项目的,按照最可能发生金额确定最佳估计数,因此应确认预计负债50万元。

6. D 【解析】继续履行合同,该销售合同发生损失2 000元,标的资产的成本 = 810×100 = 81 000(元),应对标的资产计提减值准备2 000元,不确认预计负债。

7. B 【解析】预计负债应当按照履行相关现时义务所需支出的最佳估计数进行初始计量。当企业清偿预计负债所支出全部或部分预期由第三方补偿的,补偿金额只有在基本确定能够收到时才能作为资产单独确认,而且确认的补偿金额不应当超过预计负债的账面价值,并且不能作为预计负债的扣减进行处理。因此甲公司的会计分录是:

借:营业外支出　　　　　　　　80
　　贷:预计负债　　　　　　　　80
借:其他应收款　　　　　　　　50
　　贷:营业外支出　　　　　　　50

8. D 【解析】对于在租赁期开始日，租赁期不超过12个月的短期租赁以及单项租赁资产为全新资产时价值较低的低价值资产租赁，承租人可以选择不确认使用权资产和租赁负债。

二、多项选择题

1. ABCE 【解析】利息费用符合资本化条件的，可以计入在建工程(符合资本化条件的资产为固定资产)、制造费用(符合资本化条件的资产为存货)和研发支出(符合资本化条件的资产为无形资产)科目。如果不是以上情况，则需要费用化处理，计入财务费用。

2. ACDE 【解析】使用权资产的成本包括：①租赁负债的初始计量金额；②在租赁期开始日或之前支付的租赁付款额，存在租赁激励的，应扣除已享受的租赁激励相关金额；③承租人发生的初始直接费用；④承租人为拆卸及移除租赁资产、复原租赁资产所在场地或将租赁资产恢复至租赁条款约定状态预计将发生的成本。

3. BE 【解析】企业当期实际发生的担保诉讼损失金额与前期资产负债表已合理计提的预计负债的差额，直接计入或冲减当期营业外支出。

借：营业外支出
　　贷：预计负债

三、计算题

(1)A；(2)A；(3)C；(4)B。

【解析】(1)专门借款资本化金额=资本化期间的实际利息费用-资本化期间闲置资金的投资收益=800×6%-(800-500)×0.4%×6=40.8(万元)。

(2)2018年度占用一般借款的资本化率=(500×5%+1 000×8%×6/12)÷(500+1 000×6/12)=6.5%。

(3)2018年度一般借款利息费用资本化金额=(500+600-800)×6/12×6.5%=9.75(万元)；2018年度的借款费用利息的资本化=9.75+40.8=50.55(万元)。

(4)2019年度专门借款利息费用的资本化金额=800×6%×6/12=24(万元)；2019年度一般借款利息费用资本化率=(500×5%×6/12+1 000×8%×6/12)÷(500×6/12+1 000×6/12)=7%；2019年度一般借款利息费用资本金额=(300+500)×7%×6/12=28(万元)；2019年度的借款费用利息资本化金额=24+28=52(万元)。

同步训练　限时145分钟

扫我做试题

一、单项选择题

1. 甲上市公司于2×20年1月2日发行面值为2 000万元，期限为3年、票面利率为5%、到期一次还本付息的可转换公司债券，债券发行1年后可转换为股票。甲公司实际发行价格为1 920万元(不考虑发行费用)，同期普通债券市场利率为8%，已知，(P/A，8%，3)=2.577 1，(P/F，8%，3)=0.793 8。则甲公司初始确认时负债成分的金额是(　　)万元。

A. 1 920.00　　B. 1 825.31
C. 1 845.31　　D. 1 825.74

2. 甲公司按照面值发行可转换公司债券10 000万元，债券利率(年率)3%，期限为3年，到期一次还本付息。假定不附选择权的类似债券的资本市场利率为5%。不考虑其他因素，则发行时计入"应付债券——利息调整"借方金额为(　　)万元。[已知(P/F，5%，3)=0.863 8，(P/A，5%，3)=2.723 2]

A. 454.05　　　　B. 545.04
C. 584.58　　　　D. 548.95

3. 2×20年1月1日，甲公司发行2年期的可转换公司债券，每年1月1日付息、到期一次还本，面值总额为1 000万元，实际收款为1 100万元，票面利率为4%，假定该可转换公司债券中包含的负债成分的公允价值为985万元，该债券在发行1年后可以转换为甲公司普通股股票。则下列账务处理中，错误的是（　　）。

A. 确认"应付债券——可转换公司债券（面值）"1 000万元

B. 确认"其他权益工具"115万元

C. 确认"应付债券——可转换公司债券（利息调整）"115万元

D. 确认"银行存款"1 100万元

4. 下列关于企业发行可转换公司债券（不考虑发行费用）会计处理的表述中，错误的是（　　）。

A. 将负债成分确认为应付债券

B. 可转换公司债券发行价格减去负债成分的公允价值后的差额，确认为其他权益工具

C. 按债券面值计量负债成分初始确认金额

D. 负债成分公允价值与债券面值的差额记入"应付债券——可转换公司债券（利息调整）"科目

5. 2×19年2月1日，甲公司为建造一栋厂房向银行取得一笔专门借款。2×19年3月5日，以该贷款支付前期订购的工程物资款。因征地拆迁发生纠纷，该厂房延迟至2×19年7月1日才开工兴建，开始支付其他工程款。2×20年9月30日，该厂房建造完成，达到预定可使用状态。2×20年10月31日，甲公司办理工程竣工决算。不考虑其他因素，甲公司该笔借款费用的资本化期间为（　　）。

A. 2×19年2月1日至2×20年10月31日
B. 2×19年3月5日至2×20年9月30日
C. 2×19年7月1日至2×20年9月30日
D. 2×19年7月1日至2×20年10月31日

6. 下列有关借款费用的会计处理，不正确的处理是（　　）。

A. 借款存在折价或者溢价的，应当按照实际利率法确定每一会计期间应摊销的折价或者溢价金额，调整每期利息金额，通过"利息调整"明细科目处理

B. 企业应将闲置的专门借款资金在资本化期间取得的利息收入或投资收益从资本化金额中扣除，以如实反映符合资本化条件的资产的实际成本

C. 在资本化期间，外币专门借款和外币一般借款本金及利息的汇兑差额，应当予以资本化，计入符合资本化条件的资产成本

D. 在资本化期间，每一会计期间的利息资本化金额不应当超过当期相关借款实际发生的利息金额

7. A公司为建造厂房于2×20年4月1日从银行借入2 000万元的专门借款，借款期限为2年，年利率为6%。2×20年7月1日A公司采用出包的方式委托B公司为其建造厂房，并预付了1 000万元的工程款，厂房实体建造工作于当日开始，预计工期为2年。因发生工程安全事故，在2×20年8月1日至11月30日中断施工，12月1日恢复正常施工，至年末工程尚未完工。2×20年将未动用资金进行暂时性投资，获得的投资收益为10万元，其中，下半年获得的投资收益为6万元，假定每月实现的收益是均衡的。该项工程在2×20年度应予资本化的利息金额为（　　）万元。

A. 18　　　　B. 84
C. 20　　　　D. 80

8. 某企业于2×20年1月2日开始建造一项固定资产，不存在专门借款而全部占用一般借款。涉及的一般借款包括：2×20年1月2日从银行借入3年期借款3 000万元，年利率6%；2×20年1月2日发行5年期债券2 000万元，票面年利率5%，到期一次还本分次付息，发行价为2 000万元。

2×20年1月2日、4月1日、10月1日分别支出2 000万元、1 000万元、1 000万元。则2×20年一般借款资本化金额为( )万元。

A. 168.00 B. 174.60
C. 211.33 D. 205.00

9. 甲公司对外币业务按照交易发生日即期汇率折算，按季计提利息并计算汇兑损益。为建造一生产线，该公司于2×20年1月2日向银行借入100万美元，期限为3年，年利率为8%，利息按季计提，到期一次支付。2×20年1月2日借入时的市场汇率为1美元=7.0元人民币，3月31日的市场汇率为1美元=6.9元人民币，6月30日的市场汇率为1美元=6.7元人民币。假设2×20年第一、二季度均属于资本化期间，则在第二季度里，该项外币专门借款汇兑差额的资本化金额为( )万元人民币。

A. -20.4 B. 20.4
C. 20.8 D. -20.8

10. 如果清偿因或有事项而确认的负债所需支出预期全部或部分由第三方补偿，下列说法正确的是( )。

A. 补偿金额只有在很可能收到时，才能作为资产单独确认，且确认的补偿金额不应超过预计负债的账面价值
B. 补偿金额只有在基本确定能够收到时，才能作为资产单独确认，且确认的补偿金额不应超过预计负债的账面价值
C. 补偿金额只有在基本确定能够收到时，才能确认并从所需支出中扣除，且确认的补偿金额不应超过预计负债的账面价值
D. 补偿金额只有在能够收到时，才能单独确认并从所需支出中扣除

11. 某公司2×20年实现销售收入5 000万元。该公司的产品质量保证合同条款规定，在产品售出后一年内公司负责免费保修。根据以往的产品维修经验，小质量问题导致的修理费用预计为销售收入的1%；大质量问题导致的维修费用预计为销售收入的2%。2×20年度出售的产品中估计80%不会出现质量问题，15%将发生小质量问题，5%将发生大质量问题。则该公司在2×20年度因上述产品质量保证应确认的预计负债为( )万元。

A. 5.0 B. 7.5
C. 12.5 D. 150

12. 企业因对外担保事项可能产生的负债，在担保涉及诉讼的情况下，下列表述中正确的是( )。

A. 虽然企业已被判决败诉，但正在上诉，不应确认为预计负债
B. 虽然法院尚未判决，而且企业估计败诉的可能性大于胜诉的可能性，但如果损失金额不能合理估计的，则不应确认为预计负债
C. 虽然法院尚未判决，但企业估计败诉的可能性大于胜诉的可能性，因此应将担保额确认为预计负债
D. 因为法院尚未判决，企业没有必要确认预计负债

13. 2018年12月1日，甲公司与乙公司签订不可撤销的合同：甲公司应于2019年4月底前向乙公司交付一批不含税价格为500万元的产品，若甲公司违约，则甲公司需向乙公司支付违约金80万元。合同签订后，甲公司立即组织生产，至2018年12月31日发生成本40万元，因材料价格持续上涨，预计产品成本为550万元。假定不考虑其他因素，甲公司2018年12月31日因该份合同需确认的预计负债为( )万元。

A. 40 B. 10
C. 50 D. 80

14. 甲公司2×20年11月20日收到法院通知：A公司向法院提起诉讼，状告甲公司使用的某软件侵犯其专利权，要求甲公司一次性赔偿500万元。至2×20年12月

31日，法院尚未作出判决。对此项诉讼，甲公司估计败诉的可能性为60%，如果败诉，预计需向A公司支付的赔偿金额为100万元至200万元(该范围内各种结果发生的可能性相同)，并支付诉讼费用5万元。由于甲公司所使用的软件是由丙公司为其制作，甲公司已基本确定可从丙公司获得80万元补偿。对于该项未决诉讼，甲公司在2×20年12月31日应作的会计处理为( )。

A. 不确认预计负债

B. 确认预计负债155万元，同时确认其他应收款80万元

C. 确认预计负债75万元，同时确认营业外支出75万元

D. 确认预计负债155万元，但不确认或有资产

15. 2×19年9月1日，甲公司从乙公司赊购商品一批，货款共计780万元。2×20年2月1日，经双方协议，甲公司以一项设备抵偿该款项，该设备原值600万元，已提折旧240万元，公允价值700万元。假设不考虑相关税费，则甲公司因该项业务应确认的损益为( )万元。

A. 80 　　　　B. 320.00

C. 420.00 　　D. 544.80

16. 甲公司应收乙公司销货款79 000元(已计提坏账准备7 900元)，经双方协商，乙公司以一批原材料抵偿该债务。甲公司为运回该批原材料共支付运费100元。该批原材料的不含税公允价值为60 000元，可抵扣的增值税进项税额为7 800元。重组时，甲公司该项债权的公允价值为67 800元。则甲公司对该债务重组应确认的损益为( )元。

A. -3 300 　　　B. -11 100

C. -8 100 　　　D. -8 800

17. 下列各项中，不属于债务重组方式的是( )。

A. 修改债务条款，改为以固定资产清偿债务

B. 债务人将债务转为权益工具

C. 在债务到期时按原合同约定条款偿还所欠债务

D. 修改其他条款

18. 下列关于债务重组的说法中，不正确的是( )。

A. 债权人受让存货，债权人应当按其公允价值入账，重组债权的账面价值与受让资产公允价值之间的差额，确认为债务重组损失

B. 债务人采用将债务转为权益工具方式进行债务重组的，债务人初始确认权益工具时，应当按照权益工具的公允价值计量，权益工具的公允价值不能可靠计量的，应当按照所清偿债务的公允价值计量

C. 以修改其他条款进行债务重组，如果修改其他条款导致债务终止确认，债务人应当按照公允价值计量重组债务，终止确认的债务账面价值与重组债务确认金额之间的差额，计入投资收益

D. 以组合方式进行债务重组的，所清偿债务的账面价值与转让资产的账面价值以及权益工具和重组债务的确认金额之和的差额，计入其他收益或投资收益(仅涉及金融工具时)

19. 甲公司为增值税一般纳税人，适用的增值税税率为13%。甲公司与乙公司就其所欠乙公司购货款450万元进行债务重组。根据协议，甲公司以其产品抵偿债务；甲公司交付产品后双方的债权债务结清。甲公司已将用于抵债的产品发出，并开出增值税专用发票。甲公司用于抵债产品的账面余额为300万元，已计提的存货跌价准备为30万元，公允价值(计税价格)为350万元。乙公司将该应收款项分类为以摊余成本计量的金融资产，甲公司将该应付账款分类为以摊余成本计量的金融负债。不考虑其他因素，甲

公司对该债务重组应确认的债务重组收益为( )万元。
A. 44　　　　　B. 100
C. 134.5　　　 D. 180

20. 2×20 年 5 月 15 日，甲公司因购买材料而欠乙公司购货款共计 5 000 万元。2×20 年 10 月 1 日经双方协商进行债务重组，乙公司同意甲公司以 1 600 万股甲公司普通股股票抵偿该项债务(不考虑相关税费)，甲公司普通股每股面值为 1 元。当日，该债务的公允价值为 4 800 万元。2×21 年 1 月 3 日乙公司办结了对甲公司的增资手续，甲公司以银行存款支付相关手续费 1.2 万元。债转股后乙公司持有的抵债股权占甲公司总股本的 20%。甲公司这部分权益工具的公允价值不能可靠计量。甲公司将该债务作为以摊余成本计量的金融负债核算，不考虑其他因素，甲公司应确认的投资收益为( )万元。
A. 100　　　　 B. 800
C. 600　　　　 D. 200

21. 下列关于在组合方式下进行的债务重组的表述中，不正确的是( )。
A. 债务人所清偿债务的账面价值与转让资产的账面价值以及权益工具和重组债务的确认金额之和的差额，记入"投资收益"科目
B. 将债务转为权益工具的，债务人应当在初始确认时按照权益工具的公允价值计量，权益工具的公允价值不能可靠计量的，应当按照所清偿债务的公允价值计量
C. 债务重组采用组合方式进行的，债权人一般可以认为对全部债权的合同条款做出了实质性修改
D. 以组合方式进行债务重组的，对于组合中以资产清偿债务或者将债务转为权益工具方式进行的债务重组，如果债务人清偿该部分债务的现时义务已经解除，则债务人应当终止确认该部分债务

22. 下列关于租赁期的说法中，不正确的是( )。
A. 承租人有续租选择权，且合理确定将行使该选择权的，租赁期应当包含续租选择权涵盖的期间
B. 承租人有终止租赁选择权，且合理确定将会行使该选择权的，租赁期应当包含终止租赁选择权涵盖的期间
C. 在确定租赁期和评估不可撤销租赁期间时，企业应根据租赁条款约定确定可强制执行合同的期间
D. 如果不可撤销的租赁期间发生变化，企业应当修改租赁期

23. 2×20 年 1 月 1 日，A 公司与 B 公司签订一份租赁协议，协议约定，A 公司从 B 公司租入一栋办公楼，租赁期开始日为 2×20 年 1 月 1 日，租赁期限为 5 年，年租金 50 万元，于每年年末支付。A 公司预计租赁结束时恢复该办公楼租赁前使用状态将要发生的支出为 20 万元，假定该租赁业务的租赁内含利率为 8%，[(P/A，8%，5) = 3.992 7；(P/F，8%，5) = 0.680 6]，假定不考虑其他因素，A 公司于租赁期开始日应确认的使用权资产金额为( )万元。
A. 213.25　　　 B. 199.64
C. 250　　　　 D. 270

24. 2×20 年 1 月 1 日，甲公司与乙公司签订租赁合同，甲公司租入一栋写字楼，租期为三年，年租金 300 万元，于每年年末支付。甲公司无法确定租赁内含利率，其增量借款利率为 10%，假定不考虑其他因素，2×20 年租赁负债的期末报表列示金额为( )万元。[(P/A，10%，3) = 2.486 9；(P/F，10%，3) = 0.751 3]
A. 272.75　　　 B. 247.93
C. 520.68　　　 D. 446.07

二、多项选择题

1. 下列关于企业发行一般公司债券的会计处理，正确的有( )。

A. 无论是按面值发行，还是溢价发行或折价发行，均应按债券面值记入"应付债券"科目的"面值"明细科目

B. 实际收到的款项与面值的差额，应记入"利息调整"明细科目

C. 对于利息调整，企业应在债券存续期间内采用直线法进行摊销

D. 资产负债表日，企业应按应付债券的面值和实际利率计算确定当期的利息费用

E. 资产负债表日，企业应按应付债券的摊余成本和实际利率计算确定当期的利息费用

2. 下列关于可转换公司债券的说法中，正确的有（　　）。

A. 企业发行的可转换公司债券，应当在初始确认时将其包含的负债成分和权益成分进行分拆，将负债成分确认为应付债券，将权益成分确认为其他权益工具

B. 可转换公司债券在进行分拆时，应当对负债成分的未来现金流量进行折现确定负债成分的初始确认金额

C. 存续期间，按照债券面值和票面利率计算利息费用并计入财务费用、在建工程等科目

D. 发行可转换公司债券发生的交易费用，应当在负债成分和权益成分之间按照各自的相对公允价值进行分摊

E. 对于发行方而言，可转换公司债券既有负债的性质，又有权益工具性质

3. 对于发行分期付息、到期还本债券的企业来说，采用实际利率法摊销债券折溢价时（不考虑相关交易费用），下列表述正确的有（　　）。

A. 随着各期债券溢价的摊销，债券的摊余成本逐期减少，利息费用则逐期增加

B. 随着各期债券溢价的摊销，债券的摊余成本逐期接近其面值

C. 随着各期债券溢价的摊销，债券的应付利息和利息费用都逐期减少

D. 随着各期债券折价的摊销，债券的摊余成本和利息费用都逐期增加

E. 随着各期债券折价的摊销，债券的应付利息和利息费用各期都保持不变

4. 企业溢价发行5年期一次还本付息的可转换债券，发行后第2年年末（转换前）应付债券的账面价值包括（　　）。

A. 债券面值

B. 应计利息

C. 债券发行时权益成分

D. 利息调整

E. 认股权价值

5. 企业发行的可转换公司债券，期末按规定计算确定的利息费用进行财务处理时，可能借记（　　）。

A. 在建工程　　B. 财务费用

C. 利息支出　　D. 制造费用

E. 研发支出

6. 下列各项中，不应通过"长期应付款"科目核算的经济业务有（　　）。

A. 出租包装物收到的押金

B. 政府对企业投入的具有特定用途的款项

C. 向银行借入的三年期借款

D. 以分期付款方式购入固定资产发生的应付款

E. 正常购入存货发生的应付款

7. 下列各项中，属于借款费用的有（　　）。

A. 发行公司债券时发生的折价

B. 发行股票时发生的发行费用

C. 发行公司债券发生的利息

D. 发行的公司债券发生的汇兑损失

E. 发行公司债券时发生的溢价

8. 下列关于借款费用资本化暂停或停止的表述中，正确的有（　　）。

A. 资产在购建或者生产过程中发生了非正常中断，且中断时间连续超过3个月的，应当暂停借款费用资本化

B. 资产在购建或者生产过程中发生了非正常中断，且中断时间连续超过3个月的，应当停止借款费用资本化，相关借款费用后续不得再资本化

C. 资产在购建或者生产过程中发生的中断符合资产达到预定可使用或者可销售状态必要的程序，借款费用的资本化应当继续

D. 资产在购建或者生产过程中，某部分资产已达到预定可使用状态，且可供独立使用，需待整体资产完工后停止借款费用资本化

E. 资产在购建或者生产过程中，某部分资产已达到预定可使用状态，但不需整体完工后方可投入使用，应当停止该部分资产的借款费用资本化

9. 以下各项中，属于在建工程非正常中断的情况有（　　）。

A. 因与工程建设有关的劳动纠纷而连续停工4个月

B. 因可预见的不可抗力因素而连续停工4个月

C. 因工程建设资金周转困难而连续停工4个月

D. 与施工方发生质量纠纷而连续停工4个月

E. 因例行质量检查而连续停工4个月

10. 根据或有事项准则规定，表明企业承担了重组义务应同时具备的条件有（　　）。

A. 有详细、正式的重组计划

B. 重组义务满足或有事项确认条件

C. 该重组计划已对外公告

D. 重组计划已经开始执行

E. 与重组有关的直接支出已经发生

11. 下列涉及预计负债的会计处理中，错误的有（　　）。

A. 待执行合同变成亏损合同时，应当立即确认预计负债

B. 重组计划对外公告前不应就重组义务确认预计负债

C. 因某产品质量保证而确认的预计负债，如企业不再生产该产品，应将其余额立即冲销

D. 企业当期实际发生的担保诉讼损失金额与上期合理预计的预计负债相差较大时，应按重大会计差错更正的方法进行调整

E. 对于未决诉讼，如果其引起的相关义务可能导致经济利益流出，企业就应当确认预计负债

12. 下列各项中，不属于债务重组的有（　　）。

A. A企业同意发生财务困难的甲公司推迟偿还货款的期限，并减少甲公司偿还货款的金额

B. 债务人经与债权人协商，未达成一致意见，仍以现金偿还全部债务

C. 银行同意出现财务困难的企业分期偿付银行贷款

D. 经债务人同意，债权人将应收账款出售给资产管理公司

E. B公司将持有的应收票据向银行进行贴现

13. 下列债务重组中，属于以组合方式进行债务重组的有（　　）。

A. 债务人以现金清偿部分债务，同时将剩余债务展期

B. 债务人以包括金融资产和非金融资产在内的多项资产清偿债务

C. 债务人以机器设备清偿部分债务，将另一部分债务转为权益工具

D. 债权人调整债务本金、改变债务利息、变更还款期限

E. 债务人在破产清算期间用其全部资产对债务进行偿还，破产清算终结日剩余破产债务不再清偿

14. 乙公司与甲企业均为增值税一般纳税人，适用的增值税税率均为13%，2×20年5月1日，乙公司与甲企业进行债务重组，重组日乙公司应收甲企业账款账面余额为400万元，已提坏账准备40万元，其公允价值为360万元，甲企业以一批存货抵偿上述账款，存货账面余额为350万元，已计提存货跌价准备20万元，公允价值为300万元。假定不考虑其他因素。甲企业以下会计处理中不正确的有（　　）。

A. 甲企业应确认营业收入 300 万元

B. 甲企业应结转库存商品账面价值 330 万元

C. 因该债务重组影响甲企业当期损益金额为 31 万元

D. 因该债务重组影响甲企业当期损益金额为 70 万元

E. 因该债务重组，甲企业应当确认其他收益 70 万元

15. 下列各项中，不属于承租人初始直接费用的有（ ）。

A. 租赁合同的印花税

B. 租赁谈判人员的差旅费

C. 租赁谈判人员的佣金费

D. 评估是否签订租赁合同发生的法律费用

E. 租赁资产的未担保余值

16. 下列有关租赁负债后续计量的表述正确的有（ ）。

A. 在租赁期开始日后，确认租赁负债的利息时，增加租赁负债的账面金额

B. 在租赁期开始日后，支付租赁付款额时，减少租赁负债的账面金额

C. 对租赁负债进行重新计量时，使用权资产的账面价值已调减至零，但租赁负债仍需进一步调减的，承租人应当将剩余金额计入其他综合收益

D. 在租赁期开始日后，实质固定付款额发生变动的，承租人调减租赁负债的金额以将相关使用权资产的账面价值调减至零为限

E. 在租赁期开始日后，担保余值预计的应付金额发生变动，承租人应当按照变动后的租赁付款额的现值重新计量租赁负债

17. 下列关于租赁业务的账务处理表述正确的有（ ）

A. 对于短期租赁和低价值资产租赁，承租人可以选择不确认使用权资产和租赁负债

B. 承租人在对转租赁进行分类时，转租出租人应基于原租赁中产生的使用权资产，而不是租赁资产（如作为租赁对象的不动产或设备）进行分类

C. 售后租回交易中的资产转让不属于销售的，卖方兼承租方应当终止确认所转让的资产

D. 承租人可以将短期租赁和低价值资产租赁的租赁付款额，在租赁期内各个期间按照直线法或其他系统合理的方法计入相关资产成本或当期损益

E. 经营租赁下出租人提供免租期的，出租人应将实际的租金在扣除免租期后的剩余租赁期内，按直线法或其他合理的方法分配租金收入

三、计算题

1. 甲公司为扩大生产规模，拟采用发行可转换公司债券方式筹集资金，新建一条生产线包括建筑物构建，设备购买与安装两部分。

2×20 年 1 月 2 日，甲公司经批准发行 5 年期，面值为 3 000 万元，按年付息一次还本，票面利率为 6% 的可转换公司债券，实际收款额为 2 900 万元，相关款项于当月收存银行并专户存储，不考虑发行费用。发行债券 2 年后可转为普通股股票，初始转股价为每股 10 元（按转换日债券的面值与应付利息总额转股，每股面值为 1 元）。假设 2×20 年 1 月 2 日二级市场上与公司发行的可转换公司债券类似的没有附带转换权的债券的市场利率为 9%。

2×20 年 2 月 1 日，新生产线的建筑物开始施工，支付一期工程款 750 万元和部分设备款 200 万元，5 月 21 日，支付二期工程款 1 000 万元，9 月 21 日，生产线设备安装工程开始施工，支付剩余设备款 350 万元，12 月 31 日，支付建筑物工程尾款 450 万元。截至 12 月 31 日，该生产线的建筑物和设备尚未完工，预计将在 2×21 年 6 月 30 日完工。

甲公司发行可转换公司债券筹集资金的专户存款在2×20年实际取得利息收入为25.5万元，其中1月份取得的利息收入为3万元。

2×21年1月3日，甲公司支付可转换债券利息180万元。

其中，(P/F, 6%, 5) = 0.747 3，(P/A, 6%, 5) = 4.212 4，(P/F, 9%, 5) = 0.649 9，(P/A, 9%, 5) = 3.889 7。

根据以上材料，回答下列问题：

(1) 该批可转换公司债券的权益成分的初始入账金额为( )元。

A. 1 000 000　　　B. 2 501 540
C. 3 501 540　　　D. 4 501 540

(2) 该新建生产线在2×20年的借款费用资本化金额为( )元。

A. 1 961 122.95　　B. 2 159 861.40
C. 2 475 000.00　　D. 2 250 000.00

(3) 假设借款费用资本化金额按实际投入资金比例在建筑物和设备之间分配，则2×20年12月末甲公司建筑物部分的入账金额为( )元。

A. 23 727 889.12　　B. 23 568 898.36
C. 23 980 000.00　　D. 23 800 000.00

(4) 假设甲公司可转换公司债券持有人在2×22年1月2日全部转股（当日未支付2×21年的应付利息），则甲公司增加的"资本公积"为( )元。

A. 27 222 360.326　　B. 28 863 240.326
C. 29 022 360.326　　D. 28 842 360.326

2. 甲股份有限公司（以下称甲公司）于2×20年1月2日正式动工兴建一栋办公楼，工期预计为1年，工程采用出包方式，合同约定分别于2×20年1月2日、7月1日和10月1日支付工程进度款1 500万元、3 500万元和2 000万元。

甲公司为建造办公楼借入两笔专门借款：

(1) 2×20年1月2日借入专门借款2 000万元，借款期限为3年，年利率为8%，利息按年支付；

(2) 2×20年7月1日借入专门借款2 000万元，借款期限为5年，年利率为10%，利息按年支付。

闲置的专门借款资金用于固定收益债券的短期投资，月收益率为0.5%。

甲公司为建造办公楼占用了两笔一般借款：

(1) 2×18年8月1日向某商业银行借入长期借款1 000万元，期限为3年，年利率为6%，按年支付利息，到期还本；

(2) 2×19年1月2日按面值发行公司债券10 000万元，期限为3年，年利率为8%，按年支付利息，到期还本。

假设甲公司该项目如期达到预定可使用状态，除了该项目外，没有其他符合借款费用资本化条件的资产购建或者生产活动，全年按360天计算应予以资本化的利息金额。

根据上述资料，回答下列各题：

(1) 甲公司一般借款的借款费用资本化率是( )。

A. 7.68%　　　B. 7.76%
C. 7.82%　　　D. 7.91%

(2) 甲公司2×20年一般借款利息应计入财务费用的金额是( )万元。

A. 783.2　　　B. 782.4
C. 781.8　　　D. 860.0

(3) 甲公司2×20年闲置专门借款用于短期投资取得的收益应记入"投资收益"科目的金额是( )万元。

A. 0　　　　B. 2.5
C. 7.5　　　D. 15.0

(4) 甲公司2×20年为建造该办公楼的借款利息资本化金额是( )万元。

A. 322.6　　　B. 323.2
C. 347.6　　　D. 348.2

四、综合分析题

1. 甲股份有限公司（本题下称"甲公司"）为上市公司，房屋建筑物适用的增值税税率为9%，适用的所得税税率为25%，2×19年至 2×20 年发生的相关交易或事项如下：

(1) 2×19 年 8 月 31 日，甲公司就应收北辰公司账款 8 000 万元与北辰公司签订债务重组合同。合同规定：北辰公司以其拥有的一栋在建写字楼及一项对乙公司的长期股权投资偿付该项债务，北辰公司在建写字楼和长期股权投资所有权转移至甲公司后，双方债权债务结清。

2×19 年 8 月 31 日，北辰公司将在建写字楼和长期股权投资所有权转移至甲公司。截至 2×19 年 8 月 31 日，甲公司该债权已计提的坏账准备为 800 万元；北辰公司该在建写字楼的账面价值为 3 000 万元，未计提减值准备，公允价值为 4 000 万元；北辰公司该长期股权投资的账面余额为 2 600 万元，已计提的减值准备为 400 万元，公允价值为 2 000 万元。当日，甲公司上述债权的公允价值为 6 360 万元。

(2) 甲公司将取得的股权投资作为长期股权投资，持股比例为 20%，采用权益法核算。债务重组日，乙公司可辨认净资产公允价值为 11 000 万元，账面价值为 10 800 万元。其中，导致公允价值与账面价值不等是由 A 商品引起的。2×19 年 10 月 10 日，甲公司出售一批 B 商品给乙公司，B 商品成本为 600 万元，售价为 700 万元，乙公司购入的商品作为存货管理。至 2×19 年年末，乙公司 A 商品已全部对外出售，B 商品对外出售 40%。2×19 年乙公司实现净利润 4 800 万元（假设各月均衡实现）。

(3) 甲公司取得在建写字楼后，立即施工继续建造。建造过程中发生支出如下：

2×19 年 9 月 1 日支出 300 万元，2×19 年 10 月 1 日支出 500 万元，2×20 年 1 月 2 日发生支出 400 万元，2×20 年 4 月 1 日发生支出 300 万元，2×20 年 5 月 1 日至 8 月 31 日由于工程出现事故暂停施工，2×20 年 9 月 1 日继续施工发生支出 270 万元，12 月 1 日发生支出 240 万元，2×20 年年末写字楼达到预定可使用状态。

甲公司存在两笔一般借款，均为 2×17 年借入，其中第一笔借款本金 2 000 万元，5 年期，年利率 8%，第二笔借款本金 3 000 万元，8 年期，年利率 10%。

(4) 甲公司 2×20 年 10 月 20 日与丁公司签订一项商品销售合同，合同约定，甲公司应在 2×20 年末向丁公司交付 C 商品 300 万件，每件售价 5 元，若双方一方擅自违约，则需支付违约金 200 万元。甲公司签订合同后购入原材料成本为 1 200 万元，同时由于受物价上涨因素影响，国内劳动力成本骤然增加，甲公司预计加工成本为 480 万元，预计销售每件产品将发生相关税费 0.2 元。

(5) 假定不考虑其他因素影响。

根据上述资料，回答下列问题：

(1) 债务重组日，甲公司因上述债务重组应确认的损益为（　　）万元。

A. -840　　　　B. -200

C. -100　　　　D. -760

(2) 债务重组日，北辰公司因该项重组影响损益的金额为（　　）万元。

A. 1 800　　　　B. 2 440

C. 1 000　　　　D. 1 350

(3) 2×19 年年末，甲公司对乙公司的投资的账面余额为（　　）万元。

A. 2 000　　　　B. 2 268

C. 2 468　　　　D. 2 588

(4) 甲公司 2×20 年度借款费用应予费用化金额为（　　）万元。

A. 95.22　　　　B. 364.78

C. 413.85　　　　D. 460.00

(5) 甲公司 2×20 年年末写字楼达到可使用状态时入账价值为（　　）万元。

A. 7 010.00　　　B. 7 105.22

C. 6 125.92　　　D. 7 125.92

(6) 根据资料(4)，确定甲公司应确认预计负债的金额为（　　）万元。

A. 0　　　　　　B. 200

C. 240 D. 180

2. 长城公司为方便管理，于2×19年决定在A市新建一栋办公楼，为此，长城公司发生如下经济业务：

(1) 2×19年1月2日，长城公司为筹集办公楼建造资金发行一般债券，发行价格为4 200万元。该债券的期限为3年，每年年末计息并支付利息，面值为4 000万元，票面年利率为6%，另支付发行费用30万元。该公司每年年末采用实际利率法摊销债券溢折价，实际利率为4.5%。

(2) 长城公司除上述债券外，还存在以下两笔一般借款：
① 2×18年1月2日借入3 000万元，年利率为7%，期限4年，每年年末支付利息；
② 2×19年4月1日借入2 500万元，年利率为5%，期限2年，每年年末支付利息。

(3) 办公楼于2×19年1月2日采用自营方式开工建造，预计工期2年。开工当日，长城公司购买一批工程物资，成本为2 825万元，假定不考虑增值税因素。该工程物资已领用完毕。有关建造的其他支出情况如下：
2×19年4月1日支出1 500万元；2×19年9月30日支出1 680万元；2×20年1月2日支出2 000万元。

(4) 2×20年3月1日由于该工程出现人员伤亡事故，被当地安监部门要求停工整改，于2×20年9月1日恢复施工建造，并支付价款1 200万元。建造工程于2×21年1月1日完工，并由相关部门验收。

(5) 建造工程完成后，由于市场经济的变动，长城公司的经营战略重新部署，改为在B市办公，经领导层的讨论决定，于2×21年1月2日，将该栋办公楼与乙公司生产出的三台设备进行资产置换。乙公司换出设备每台的成本为3 000万元，公允价值为3 500万元。建成后办公楼的公允价值为12 000万元，同时长城公司向乙公司收取银行存款1 500万元。长城公司将取得的设备作为固定资产核算。假设该非货币性资产交换具有商业实质，不考虑增值税的影响。

假定不考虑专门借款闲置期间利息收益。
根据上述资料，回答下列问题。

(1) 2×19年1月2日，长城公司发行债券的账务处理中，正确的有( )。
A. 记入"银行存款"科目的金额为4 170万元
B. 记入"应付债券——面值"科目的金额为4 000万元
C. 记入"应付债券——利息调整"科目的金额为200万元
D. 记入"财务费用"科目的金额为30万元

(2) 2×19年长城公司一般借款的资本化率为( )。
A. 6.09% B. 6.18%
C. 6.23% D. 6.54%

(3) 2×19年长城公司的借款利息处理的表述中，正确的有( )。
A. 企业当年应偿还利息额为575万元
B. 专门借款利息的资本化额为187.65万元
C. 一般借款应费用化的利息额为296.92万元
D. 一般借款应资本化的利息额为33.41万元

(4) 2×20年，长城公司的借款利息资本化为( )万元。
A. 177.85 B. 236.62
C. 233.79 D. 240.15

(5) 该栋办公楼建造完工后的入账价值为( )万元。
A. 9 659.85 B. 9 599.48
C. 9 767.56 D. 9 770.03

(6) 2×21年长城公司取得设备的总的入账价值为( )万元。
A. 3 500 B. 5 000
C. 10 500 D. 12 000

同步训练答案及解析

一、单项选择题

1. D 【解析】初始确认时，负债成分的金额=（2 000+2 000×5%×3）×（P/F，8%，3）= 2 300×0.793 8＝1 825.74（万元）。

2. C 【解析】负债成分的公允价值=（10 000+10 000×3%×3）×（P/F，5%，3）= 9 415.42（元），所以计入"应付债券——利息调整"借方金额=10 000-9 415.42=584.58（万元）。
本题账务处理为：
借：银行存款　　　　　　　　　10 000
　　应付债券——可转换公司债券（利息调整）　　　584.58
　　贷：应付债券——可转换公司债券（面值）　　　10 000
　　　　其他权益工具　　　　　　584.58

3. C 【解析】"应付债券——可转换公司债券（利息调整）"科目的金额=1 000-985=15（万元），相关会计分录为：
借：银行存款　　　　　　　　　1 100
　　应付债券——可转换公司债券（利息调整）　　　15
　　贷：应付债券——可转换公司债券（面值）　　　1 000
　　　　其他权益工具　　　　　　115

4. C 【解析】可转换公司债券负债成分初始确认金额为未来现金流量的现值，并不是债券的面值。

5. C 【解析】借款费用同时满足下列条件的，才能开始资本化：①资产支出已经发生，资产支出包括为购建或者生产符合资本化条件的资产而以支付现金、转移非现金资产或者承担带息债务形式发生的支出；②借款费用已经发生；③为使资产达到预定可使用或者可销售状态所必要的购建或者生产活动已经开始。本题中，三个条件全部满足于2×19年7月1日，所以2×19年7月1日为开始资本化时点，而达到预定可使用状态时停止资本化，所以资本化期间的终点是2×20年9月30日。

6. C 【解析】外币一般借款本金及利息的汇兑差额应计入当期损益，不予资本化。

7. A 【解析】此题中资本化的期间只有两个月，即7月份和12月份。应予资本化的利息金额=2 000×6%×2/12-6×2/6=18（万元）。

8. A 【解析】2×20年一般借款的加权平均利率=（3 000×6%+2 000×5%）/（3 000+2 000）×100%=5.6%；2×20年一般借款资本化金额=（2 000×12/12+1 000×9/12+1 000×3/12）×5.6%=168（万元）。

9. A 【解析】在第二季度里，该项外币专门借款的本金汇兑差额=100×（6.7-6.9）=-20（万元），利息汇兑差额=100×8%×3/12×（6.7-6.9）+100×8%×3/12×（6.7-6.7）=-0.4（万元）；所以在第二季度里，该项外币专门借款汇兑差额的资本化金额=（-20）+（-0.4）=-20.4（万元）。

10. B 【解析】第三方补偿确认为资产应注意：（1）基本确定能够收到；（2）确认的补偿金额不应超过预计负债的账面价值；（3）补偿金额确认资产与支出确认预计负债独立进行。所以选项A、C、D表述不正确。

11. C 【解析】该公司在2×20年度因上述产品质量保证应确认的预计负债=5 000×（1%×15%+2%×5%）=12.5（万元）

12. B 【解析】或有事项确认为预计负债的，应当同时满足下列三个条件：①该义务是企业承担的现时义务；②履行该义务很可能导致经济利益流出企业；③该义务的金额能够可靠计量。对于未决诉讼而言，如果很可能败诉，且损失的金额能够合理估计的，应该确认预计负债；如果损失的金额不能合理估计，则不能确认预计负债。

13. B 【解析】执行合同损失 = 550 - 500 = 50(万元)；不执行合同损失 = 违约金 80(万元)，因此企业会选择执行合同，因为产品成本只有 40 万元，因此需计提 40 万元的存货跌价准备，并将超额部分[50 - 40 = 10(万元)]确认为预计负债。

14. B 【解析】败诉的可能性为 60%，满足很可能的赔偿条件，应确认的预计负债金额 = (100 + 200)/2 + 5 = 155(万元)。对于补偿金额，在基本确定能够收到时作为资产单独确认。因此，应确认的其他应收款金额为 80 万元。

15. C 【解析】根据题目资料，甲公司因该项业务应确认的损益 = 780 - (600 - 240) = 420(万元)。

16. A 【解析】根据题目资料，甲公司应确认的损益 = 67 800 - (79 000 - 7 900) = -3 300(元)。

17. C 【解析】选项 C，并不存在债权人和债务人就债务条款重新达成协议的情形，不属于债务重组。

18. A 【解析】选项 A，债权人受让存货，债权人应当按放弃债权的公允价值和使该资产达到当前位置和状态所发生的可直接归属于该资产的税金、运输费、装卸费、保险费等其他成本确定其入账价值。

19. C 【解析】甲公司债务重组应确认的重组收益 = 450 - (300 - 30) - 350 × 13% = 134.5(万元)。甲公司会计分录为：
借：应付账款　　　　　　　450
　　存货跌价准备　　　　　 30
　　贷：库存商品　　　　　　　300
　　　　应交税费——应交增值税(销项税额)　　　　　　　　　45.5
　　　　其他收益——债务重组收益　　　　　　　　　　　134.5

20. D 【解析】甲公司应确认的投资收益 = 5 000 - 4 800 = 200(万元)。甲公司的会计分录为：
借：应付账款——乙企业　　5 000
　　贷：股本　　　　　　　　1 600
　　　　资本公积——股本溢价　3 198.8
　　　　银行存款　　　　　　 1.2
　　　　投资收益　　　　　　 200

21. A 【解析】选项 A，所清偿债务的账面价值与转让资产的账面价值以及权益工具和重组债务的确认金额之和的差额，记入"其他收益——债务重组收益"或记入"投资收益"(仅涉及金融工具)科目。

22. B 【解析】承租人有终止租赁选择权，但合理确定将不会行使该选择权的，租赁期应当包含终止租赁选择权涵盖的期间。

23. A 【解析】应确认的使用权资产 = 50 × 3.992 7 + 20 × 0.680 6 = 213.25(万元)

24. A 【解析】承租人确认的租赁负债金额 = 300 × 2.486 9 = 746.07(万元)；2×20 年应确认的利息费用 = 746.07 × 10% = 74.61(万元)，2×21 年应确认的利息费用 = (746.07 + 74.61 - 300) × 10% = 52.07(万元)，2×20 年"租赁负债"项目的期末列报金额等于 2×21 年租赁负债的账面余额，即 272.75 万元(746.07 + 74.61 + 52.07 - 300 × 2)，247.93 万元(300 - 52.07)列示在 2×20 年资产负债表中"一年内到期的非流动负债"项目中。
租赁期开始日：
借：使用权资产　　　　　　746.07
　　租赁负债——未确认融资费用
　　　　　　　　　　　　　153.93
　　贷：租赁负债——租赁付款额　900
2×20 年年末：
借：财务费用　　　　　　　 74.61
　　贷：租赁负债——未确认融资费用
　　　　　　　　　　　　　 74.61
借：租赁负债——租赁付款额　300

贷：银行存款　　　　　　　　300
2×21年年末：
　　借：财务费用　　　　　　　52.07
　　　贷：租赁负债——未确认融资费用
　　　　　　　　　　　　　　　52.07
　　借：租赁负债——租赁付款额　300
　　　贷：银行存款　　　　　　　300

二、多项选择题

1. ABE 【解析】利息调整应在债券存续期间采用实际利率法进行摊销，故C项错误；资产负债表日，企业应按应付债券的摊余成本和实际利率计算确定的债券利息费用，故D项不正确。

2. ABDE 【解析】存续期间，应按照债券的摊余成本和实际利率确认利息费用并计入财务费用、在建工程等科目。

3. BD 【解析】债券溢价的情况下，随着各期债券溢价的摊销，摊余成本逐期接近面值，摊余成本逐期减少，利息费用逐期减少，但是应付利息保持不变，所以选项AC错误。债券折价的情况下，随着各期债券折价的摊销，摊余成本也是逐期接近面值，摊余成本逐期增加，利息费用逐期增加，应付利息保持不变，选项E错误。

4. ABD 【解析】转股前，一次还本付息可转换债券负债成分的账面价值，由"面值""应计利息""利息调整"明细科目组成。选项CE，记入"其他权益工具"，并不构成债券的账面价值。

5. ABDE 【解析】利息费用资本化的部分，可以计入在建工程、研发支出——资本化支出和制造费用，不能资本化的，计入财务费用。

6. ABCE 【解析】选项A，通过"其他应付款"科目核算；选项B，通过"专项应付款"核算；选项C，通过"长期借款"核算；选项E，通过"应付账款"核算。

7. CD 【解析】借款费用包括利息、溢折价的摊销额、辅助费用和汇兑损益，但是溢折价不属于借款费用，所以选项"A和E"不正确。

8. ACE 【解析】资产在购建过程中，各部分资产已达到预定可使用状态，且每部分可独立使用，应当停止该部分资产的借款资本化。

9. ACD 【解析】因可预见的不可抗力、例行质量检查而导致在建工程施工中断均属于正常情况。

10. AC 【解析】重组计划开始执行并非企业承担重组义务必须具备的条件，如果向各方通告了该计划的主要内容，从而使各方形成了对该企业将实施重组的合理预期，也是可行的。因此D选项不正确。

11. ACDE 【解析】选项A，待执行合同变为亏损合同时，应先分析是否存在标的资产，若不存在标的资产，则直接将预计损失确认为预计负债。若存在标的资产，则应判断标的资产是否发生减值，若标的资产发生了减值，应计提资产减值损失，预计损失超出资产减值的部分才能确认预计负债；选项C，因某产品质量保证而确认的预计负债，如企业不再生产该产品，应在相应的产品质量保证期满后，将预计负债的余额冲销；选项D，因前期是根据合理预计的金额确认的预计负债，不属于会计差错；选项E，预计负债的确认条件是"经济利益很可能流出企业"，而不是"可能"。

12. BDE 【解析】选项A，属于修改债权和债务的其他条款的债务重组；对于选项B，未就清偿债务的金额、时间或方式重新达成协议，不属于债务重组；选项C，就清偿债务的时间重新达成了协议，属于修改债权和债务的其他条款的债务重组；选项D，交易对手方发生改变，不属于债务重组。选项E，属于金融资产转移，但不符合债务重组定义。

13. AC 【解析】选项B，属于债务人以资产清偿债务方式；选项D，属于修改其他条款方式。选项E，属于破产清算会计的

14. ADE 【解析】甲企业相关账务处理会计分录如下：
借：应付账款　　　　　　　　400
　　存货跌价准备　　　　　　 20
　　　贷：库存商品　　　　　　　　 350
　　　　　应交税费——应交增值税（销项税额）　　　　　　　　　　 39
　　　　　其他收益　　　　　　　　　 31

15. BDE 【解析】初始直接费用，是指为达成租赁所发生的增量成本。增量成本是指若企业不取得该租赁，则不会发生的成本，如佣金、印花税等。无论是否实际取得租赁都会发生的支出，不属于初始直接费用，例如为评估是否签订租赁而发生的差旅费、法律费用等，此类费用应当在发生时计入当期损益。

16. ABE 【解析】在租赁期开始日后，当发生下列四种情形时，承租人应当按照变动后的租赁付款额的现值重新计量租赁负债，并相应调整使用权资产的账面价值。使用权资产的账面价值已调减至零，但租赁负债仍需进一步调减的，承租人应当将剩余金额计入当期损益：①实质固定付款额发生变动；②担保余值预计的应付金额发生变动；③用于确定租赁付款额的指数或比率发生变动；④购买选择权、续租选择权或终止租赁选择权的评估结果或实际行使情况发生变化。

17. ABD 【解析】选项C，售后租回交易中的资产转让不属于销售的，卖方兼承租方不应当终止确认所转让的资产，收到的现金应作为负债处理；选项E，经营租赁下，出租人提供免租期的，应当将实际的租金在整个租赁期内按直线法或其他合理的方法进行分配，免租期内应当确认租金收入。

三、计算题

1. （1）B；（2）A；（3）B；（4）D。
【解析】（1）负债成分的公允价值=3 000× 6%×(P/A，9%，5)+3 000×(P/F，9%，5)=180×3.889 7+3 000×0.649 9=2 649.846（万元）。权益成分的公允价值=发行价 2 900-负债成分的公允价值2 649.846=250.154（万元）。

（2）2×20 年的资本化期间是 2×20 年 2 月 1 日至 2×20 年 12 月 31 日，因此专门借款在 2×20 年的利息资本化金额=2 649.846× 9%×11/12-(25.5-3)=196.112 295（万元）。

（3）截至 2×20 年年末，建筑物投入的资金=750+1 000+450=2 200（万元）。设备投入的资金=200+350=550（万元）。
因此，建筑物的入账价值=2 200+ 196.112 295×[2 200/(2 200+550)]= 2 356.889 836（万元）。

（4）2×20 年 1 月 2 日：
借：银行存款　　　　　　　　　2 900
　　　贷：应付债券——可转换公司债券（利息调整）　　　　　　　 350.154
　　　　　应付债券——可转换公司债券（面值）　　　　　　　　　 3 000
　　　　　其他权益工具　　　　　 250.154
2×20 年 12 月 31 日：
借：在建工程　　　　　　　196.112 295
　　应收利息　　　　　　　　　　 25.5
　　财务费用　　　　　　　　16.873 845
　　　贷：应付利息　　　　　　　　　 180
　　　　　应付债券——可转换公司债券（利息调整）　　　　　 58.486 14
此时，应付债券的账面价值=2 649.846× (1+9%)-180=2 708.332 14（万元）。
2×21 年 1 月 3 日：
借：应付利息　　　　　　　　　　180
　　　贷：银行存款　　　　　　　　　 180
2×21 年 12 月 31 日，实际利息的金额= 2 708.332 14×9%=243.749 892 6（万元），应摊销的应付债券——可转换公司债券（利息调整）=2 708.332 14×9%-180= 63.749 892 6（万元），此时应付债券的账

面价值 = 2 708.332 14×(1+9%)-180 = 2 772.082 032 6(万元)。

2×22年1月2日转股,应付债券的利息调整明细科目的金额 = 350.154-58.486 14-63.749 892 6 = 227.917 967 4(万元);股本的金额 =(3 000+180)/10 = 318(万元),资本公积——股本溢价的金额 = 3 000+250.154+180-318-227.917 967 4 = 2 884.236 032 6(万元)。

借:应付债券——可转换公司债券(面值)　　　　　　　　　3 000
　　其他权益工具　　250.154
　　应付利息　　　　180
　贷:应付债券——可转换公司债券(利息调整)　227.917 967 4
　　股本　　　　　　318
　　资本公积——股本溢价　　2 884.236 032 6

2.(1)C;(2)C;(3)A;(4)B。

【解析】(1)甲公司一般借款的资本化率 =(1 000×6%+10 000×8%)/(1 000+10 000)×100% = 7.82%

(2)2×20年甲公司累计资产支出超过专门借款部分的资产支出加权平均数 = 1 000×6/12+2 000×3/12 = 1 000(万元)

甲公司2×20年一般借款利息的资本化金额 = 1 000×7.82% = 78.2(万元)

甲公司2×20年一般借款利息应计入财务费用的金额 = 1 000×6%+10 000×8%-78.2 = 781.8(万元)

(3)对于资本化期间,闲置的专门借款资金用于固定收益债券的短期投资取得的投资收益,应冲减在建工程成本,不在"投资收益"科目反映。

(4)2×20年的专门借款利息资本化金额 = 2 000×8%+2 000×10%×6/12-500×0.5%×6 = 245(万元)。综上,甲公司2×20年为建造该办公楼的借款利息资本化金额 = 245+78.2 = 323.2(万元)。

四、综合分析题

1.(1)A;(2)B;(3)C;(4)B;(5)C;(6)B。

【解析】(1)债务重组日,甲公司因上述债务重组应确认的损益 = 6 360-(8 000-800)= -840(万元)。

(2)债务重组日,北辰公司因该项重组影响损益金额 = 8 000-3 000-(2 600-400)-4 000×9% = 2 440(万元)。

(3)2×19年年末对乙公司投资的账面余额 = 2 000+(11 000×20%-2 000)+[4 800/12×4-200-100×60%]×20% = 2 468(万元)。

(4)2×20年一般借款加权平均资本化率 =(2 000×8%+3 000×10%)/(2 000+3 000)= 9.2%,2×20年资产支出加权平均数 =(800+400)×8/12+300×5/12+270×4/12+240×1/12 = 1 035(万元),2×20年一般借款应予资本化金额 = 1 035×9.2% = 95.22(万元),当期应予费用化金额 =(2 000×8%+3 000×10%)-95.22 = 364.78(万元)。

(5)2×19年借款费用资本化金额 =(300×4/12+500×3/12)×9.2% = 20.7(万元),故完工时,写字楼达到预定可使用状态的价值 = 4 000+300+500+400+300+270+240+20.7+95.22 = 6 125.92(万元)。

(6)选择执行合同下发生的损失额 =(1 200+480)-300×(5-0.2)= 240(万元),不执行合同发生的亏损为200万元,故甲公司应选择不执行合同,确认预计负债200万元。

2.(1)AB;(2)C;(3)BD;(4)C;(5)A;(6)C。

【解析】(1)应付债券的入账价值 = 4 200-30 = 4 170(万元)

借:银行存款　　　(4 200-30)4 170
　贷:应付债券——面值　　4 000
　　　　　　　——利息调整　　170

(2)两笔一般借款的加权资本化率 =(3 000×7%+2 500×5%×9/12)/(3 000+2 500×9/12)×100% = 6.23%

(3)2×19年,企业应偿还的利息额 = 4 000×6%+3 000×7%+2 500×5%×9/12 = 543.75(万元),选项A错误;2×19年专

门借款的利息资本化金额=(4 200-30)×4.5%=187.65(万元),选项 B 正确;2×19年一般借款资产支出加权平均数=(2 825+1 500-4 170)×9/12+1 680×3/12=536.25(万元),应予以资本化的一般借款利息=536.25×6.23%=33.41(万元),应予以费用化的一般借款利息=(3 000×7%+2 500×5%×9/12)-33.41=270.34(万元),因此选项 C 错误,选项 D 正确。分录为:

借:在建工程　　　　　　187.65
　　应付债券——利息调整　52.35
　　贷:应付利息　　　　　　　　240

借:在建工程　　　　　　33.41
　　财务费用　　　　　　270.34
　　贷:应付利息
　　　(3 000×7%+2 500×5%×9/12)303.75

(4)2×20年3月1日至9月1日暂停资本化,因此2×20年的资本化期间是6个月。

2×19年年末应付债券的账面价值=(4 200-30)×(1+4.5%)-4 000×6%=4 117.65(万元),因此2×20年专门借款的利息资本化金额=4 117.65×4.5%×6/12=92.65(万元)。

2×20年一般借款的加权资本化率=(3 000×7%+2 500×5%)/(3 000+2 500)×100%=6.09%

2×20年一般借款资产支出加权平均数=(2 825+1 500+1 680+2 000-4 170)×6/12+1 200×4/12=2 317.5(万元),应予以资本化的一般借款利息=2 317.5×6.09%=141.14(万元)。

因此,2×20年总的借款利息资本化额=92.65+141.14=233.79(万元)。

借:在建工程　　　　　　92.65
　　财务费用(倒挤)　　　92.64
　　应付债券——利息调整　54.71
　　贷:应付利息　　　　　　　　240

借:在建工程　　　　　　141.14
　　财务费用　　　　　　193.86
　　贷:应付利息
　　　(3 000×7%+2 500×5%)335

(5)该办公楼的入账价值=2 825+1 500+1 680+2 000+1 200+187.65+33.41+233.79=9 659.85(万元)。

(6)长城公司换入设备的总的入账价值=12 000-1 500=10 500(万元)。

借:固定资产清理　　　　9 659.85
　　贷:固定资产　　　　　　　　9 659.85

借:固定资产　　　　　　10 500
　　银行存款　　　　　　1 500
　　贷:固定资产清理　　　　　　9 659.85
　　　　资产处置损益　　　　　　2 340.15

本章知识串联

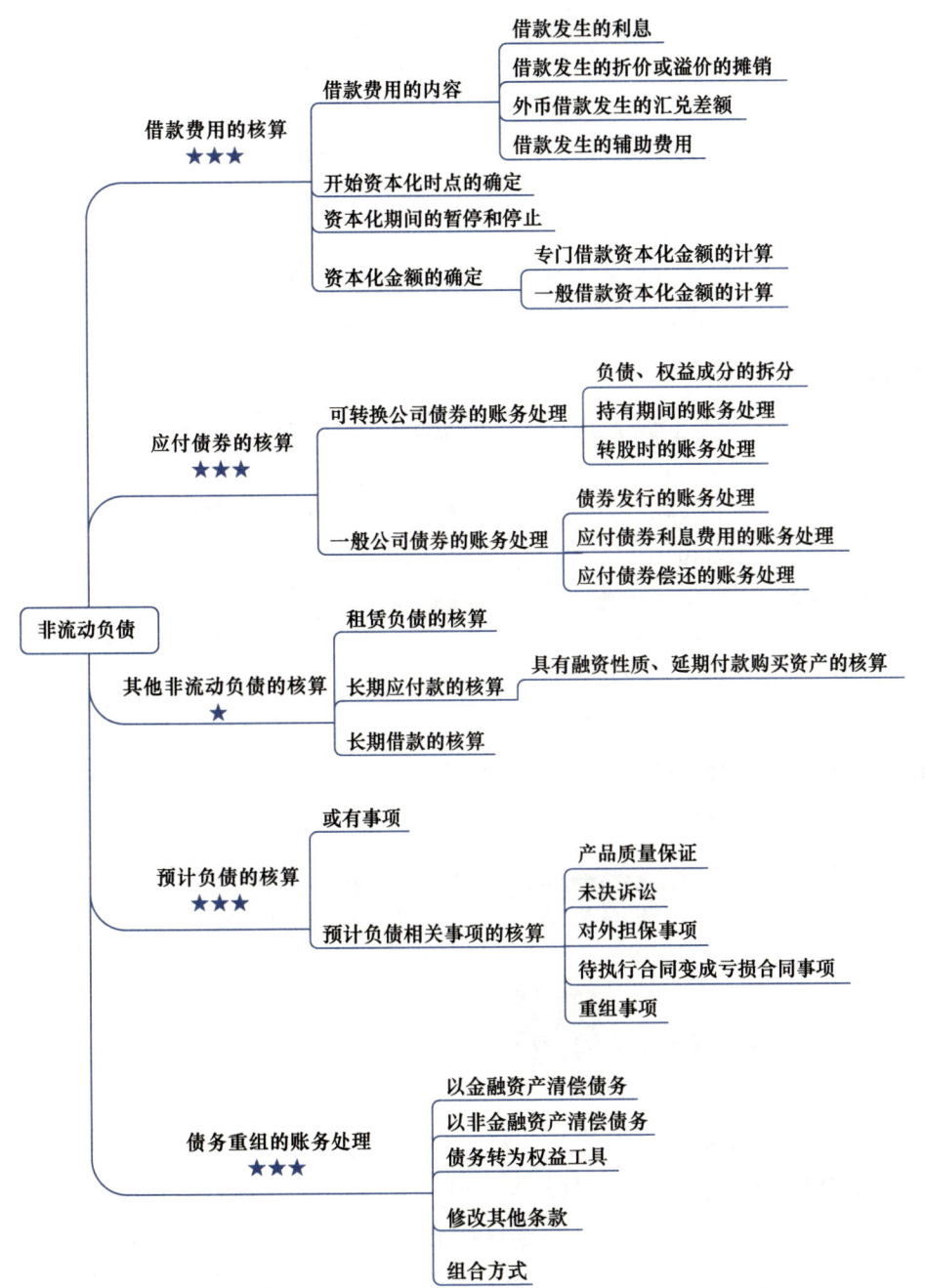

第14章 所有者权益

考情解密

历年考情概况

本章属于一般章节,往年主要考查了实收资本/股本、库存股、资本公积、其他综合收益及留存收益等知识点。考试时主要以单项选择题和多项选择题形式考查,近年平均分值在4分左右。

近年考点直击

考点	主要考查题型	考频指数	考查角度
基础类所有者权益	单选题、多选题	★	(1)所有者权益的项目构成; (2)留存收益的核算; (3)亏损弥补
特殊所有者权益	单选题	★★★	(1)库存股的核算; (2)其他综合收益的分类
金融负债与权益工具	单选题	★★	(1)金融负债的基本概念; (2)金融负债认定的基本原则

本章2021年考试主要变化

简化了关于金融负债和权益工具的区分的讲解。

考点详解及精选例题

核心考点1 基础类所有者权益

一、实收资本/股本★

(一)实收资本(股本)增加的核算(见表14-1)

表14-1 实收资本(股本)增加的核算

增资的方式	账务处理
接受投资者投入实现增资	借:银行存款等 　　贷:实收资本/股本 　　　　资本公积——资本(股本)溢价
资本公积/盈余公积转增资本	借:资本公积/盈余公积 　　贷:实收资本/股本

续表

增资的方式	账务处理
以发放股票股利的方式增资	借：利润分配——转作股本的普通股股利 　　贷：股本
可转换公司债券转为股本	参见"可转换公司债券"的内容
债务转为股本	参见"债务重组"的内容
权益结算的股份支付行权时	借：资本公积——其他资本公积 　　银行存款 　　贷：实收资本（股本） 　　　　资本公积——资本（股本）溢价

(二)实收资本(股本)减少的核算(见表14-2)

表14-2　实收资本(股本)减少的核算

减资方式	账务处理
报经批准减少注册资本	借：实收资本/股本 　　贷：库存现金/银行存款
收购并注销本企业股票	参见"库存股的核算"

『提示』 本书中，涉及冲减所有者权益时，一般顺序均为"资本公积(资本/股本溢价)→盈余公积→未分配利润"。

二、资本公积的核算★(见表14-3)

表14-3　资本公积的核算

业务情况	账务处理
投资、发行股票等形成的溢价	借：银行存款、固定资产等 　　贷：实收资本/股本 　　　　资本公积——资本（股本）溢价
权益法核算，被投资方发生除净损益、利润分配、其他综合收益变动之外的其他引起所有者权益变动的事项	借：长期股权投资——其他权益变动 　　贷：资本公积——其他资本公积 或做相反分录
以权益结算的股份支付形成的资本公积	等待期内每个资产负债表日： 借：管理费用 　　贷：资本公积——其他资本公积 行权日： 借：银行存款 　　资本公积——其他资本公积 　　贷：实收资本/股本 　　　　资本公积——资本（股本）溢价

【思路点拨】计入管理费用的金额=可行权人数×每人可行权股数×每股股票期权在授予日的公允价值×已经过等待期/等待期−上期期末止累计确认金额

三、盈余公积的核算★（见表14-4）

表14-4 盈余公积的核算

业务情况	账务处理
一般企业提取盈余公积	借：利润分配——提取法定盈余公积 　　　　　　——提取任意盈余公积 贷：盈余公积——法定盈余公积 　　　　　　——任意盈余公积
外商投资企业按规定提取的储备基金、企业发展基金、职工奖励及福利基金	借：利润分配——提取储备基金 　　　　　　——提取企业发展基金 　　　　　　——提取职工奖励及福利基金 贷：盈余公积——储备基金 　　　　　　——企业发展基金 　　应付职工薪酬
盈余公积转增资本	借：盈余公积 贷：实收资本/股本 　　资本公积——资本（股本）溢价
盈余公积弥补亏损	借：盈余公积 贷：利润分配——盈余公积补亏

四、未分配利润★

未分配利润（年末）= 年初未分配利润＋当年净利润＋其他转入－当年计提盈余公积－分配现金股利等

【例题1·单选题】下列各项业务，既不会引起留存收益总额变化，也不会引起所有者权益总额变化的是（　　）。

A．外商投资企业按规定提取发展基金
B．经股东大会决议分配现金股利
C．回购本公司股票
D．用盈余公积转增资本

解析▶ 选项A，属于留存收益内部一增一减的变动，既不影响留存收益总额，也不影响所有者权益总额；选项B，减少利润分配，增加应付股利，留存收益和所有者权益都会变化；选项C，增加库存股，减少所有者权益，不会影响留存收益，但是减少所有者权益总额；选项D，增加股本，减少盈余公积，留存收益总额变化，但是所有者权益总额不变。

答案▶ A

【例题2·多选题】下列项目中，可能引起留存收益总额发生增减变动的有（　　）。

A．提取法定盈余公积
B．发行可转换公司债券
C．用盈余公积转增资本
D．外商投资企业提取职工奖励和福利基金
E．发放股票股利

解析▶ 选项A使留存收益项目内部一增一减，且金额相等，不会引起留存收益总额发生增减变动；选项B会引起其他权益工具发生变动，不会引起留存收益变动。

答案▶ CDE

核心考点2　特殊类所有者权益

扫我解疑难

一、库存股的核算★

（一）收购本公司股份时：
借：库存股
　　贷：银行存款

（二）为减资而注销库存股时，账务处理如表14-5所示。

表14-5 注销库存股的账务处理

回购价小于回购股份的股本	回购价大于回购股份的股本
借：股本 　　贷：库存股 　　　　资本公积——股本溢价	借：股本 　　资本公积——股本溢价 　　盈余公积 　　利润分配——未分配利润 　　贷：库存股

(三)将库存股用于奖励本公司职工(如用于以权益结算的股份支付)的，则做如下账务处理：

借：银行存款[实际收到的金额]
　　资本公积——其他资本公积
　　贷：库存股
　　　　资本公积——股本溢价(倒挤)

(四)如果因对股东大会作出的公司合并、分立决议持有异议而要求公司收购其股份，转让库存股时的账务处理如表14-6所示。

表14-6 转让库存股的账务处理

转让价大于库存股账面余额	转让价小于库存股账面余额
借：银行存款 　　贷：库存股 　　　　资本公积——股本溢价	借：银行存款 　　资本公积——股本溢价 　　盈余公积 　　利润分配——未分配利润 　　贷：库存股

【例题3·单选题】下列业务中，不会引起实收资本或股本变化的是(　　)。

A. 资本公积转增资本
B. 盈余公积转增资本
C. 宣告发放股票股利
D. 接受投资

解析▶ 选项C，宣告发放股票股利企业不做处理，实际发放时：

借：利润分配——转作股本的普通股股利
　　贷：股本

答案▶ C

二、其他综合收益的核算 ★★★

其他综合收益，是指企业根据《企业会计准则》规定未在当期损益中确认的各项利得和损失。

(一)以后会计期间不能重分类进损益的其他综合收益

(1)重新计量设定受益计划净负债或净资产导致的变动；

(2)按照权益法核算因被投资单位实现不能重分类进损益的其他综合收益，投资企业按持股比例计算确认的该部分其他综合收益项目。

(3)在初始确认时，企业可以将非交易性权益工具指定为以公允价值计量且其变动计入其他综合收益的金融资产(即"其他权益工具投资")，该金融资产持有期间因公允价值变动确认的其他综合收益不得重分类进损益。

【思路点拨】终止确认其他权益工具投资时，应将原计入其他综合收益的公允价值变动金额转入留存收益。

(二)以后会计期间满足规定条件时将重分类进损益的其他综合收益

(1)符合金融工具准则规定，将符合条件的金融资产分类为"以公允价值计量且其变动计入其他综合收益"的金融资产，即"其他债权投资"，该金融资产持有期间因公允价值变动确认的其他综合收益；

(2)按照金融工具准则规定，对金融资产

重分类按规定可以将原计入其他综合收益的利得或损失转入当期损益的部分；

（3）企业将存货或自用房地产转换为采用公允价值模式计量的投资性房地产时，转换日公允价值大于账面价值的差额；

【思路点拨】如果转换日公允价值小于账面价值的差额，则是计入公允价值变动损益。

（4）现金流量套期工具产生的利得或损失中属于有效套期的部分；

（5）外币财务报表折算差额；

（6）采用权益法核算的长期股权投资，按照被投资单位实现的以后期间可重分类进损益的其他综合收益和持股比例计算的应享有或分担的份额。

【例题4·多选题】下列会计事项在进行账务处理时应通过"其他综合收益"科目核算的有（　　）。

A. 为奖励本公司职工而收购的本公司股份
B. 企业无法收回的应收账款
C. 企业取得的与日常活动无关的政府补助
D. 以公允价值计量且其变动计入其他综合收益的金融资产的期末公允价值变动利得
E. 采用权益法核算的长期股权投资，投资企业按持股比例确认的被投资单位其他综合收益变动应享有的份额

解析　回购本公司股份通过"库存股"科目核算：

借：库存股
　　贷：银行存款

无法收回的应收账款通过"坏账准备"科目核算：

借：坏账准备
　　贷：应收账款

企业取得的与日常活动无关的政府补助，一般计入营业外收支。

答案　DE

【例题5·单选题】资产负债表日，满足运用套期会计方法条件的现金流量套期产生的利得或损失，属于有效套期的，应记入（　　）科目。

A. 其他综合收益
B. 套期损益
C. 公允价值变动损益
D. 投资收益

解析　资产负债表日，满足运用套期会计方法条件的现金流量套期和境外经营净投资套期产生的利得或损失，属于有效套期的，借记或贷记有关科目，贷记或借记"其他综合收益"科目；属于无效套期的，借记或贷记有关科目，贷记或借记"套期损益"科目。

答案　A

三、其他权益工具的核算★

（一）其他权益工具核算的基本原则

企业应当以所发行金融工具的分类为基础，确定该工具利息支出或股利分配等的会计处理。

（1）对于归类为权益工具的金融工具，无论其名称中是否包含"债"，其利息支出或股利分配都应当作为发行企业的利润分配，其回购、注销等作为权益的变动处理；

（2）对于归类为金融负债的金融工具，无论其名称中是否包含"股"，其利息支出或股利分配原则上按照借款费用进行处理，其回购或赎回产生的利得或损失等计入当期损益。

（二）其他权益工具的核算

企业发行的除普通股（作为实收资本或股本）以外，按照金融负债和权益工具区分原则分类为权益工具的其他权益工具。其他权益工具投资的核算如表14-7所示。

表14-7　其他权益工具的核算

金融工具类型	账务处理
发行方发行的金融工具归类为债务工具并以摊余成本计量	借：银行存款 　　贷：应付债券——优先股、永续债（面值） 　　　　　　——优先股、永续债（利息调整）

续表

金融工具类型	账务处理	
发行方发行的金融工具归类为权益工具	借：银行存款 　　贷：其他权益工具——优先股、永续债等 **【思路点拨】** 存续期间分派的股利作为利润分配处理	
发行复合金融工具	借：银行存款 　　贷：应付债券——优先股、永续债(面值) 　　　　　　——优先股、永续债(利息调整)[负债成分的公允价值与面值的差额] 　　　　其他权益工具——优先股、永续债等[实际收到的金额扣除负债成分的公允价值后的金额]	
权益工具重分类为金融负债	借：其他权益工具——优先股、永续债等[账面价值] 　　资本公积——资本(股本)溢价[倒挤] 　　贷：应付债券——优先股、永续债(面值) 　　　　　　——优先股、永续债(利息调整) 如果资本公积不够冲减时，应依次冲减盈余公积和未分配利润	
金融负债重分类为权益工具	借：应付债券——优先股、永续债等(面值) 　　　　——优先股、永续债(利息调整) 　　贷：其他权益工具——优先股、永续债等	
赎回金融工具	赎回	借：库存股——其他权益工具 　　贷：银行存款
	注销	借：其他权益工具 　　贷：库存股——其他权益工具 　　　　资本公积——资本(股本)溢价 如果资本公积不够冲减时，应依次冲减盈余公积和未分配利润
普通股以外的金融工具转换为普通股	借：应付债券 　　其他权益工具 　　贷：股本 　　　　资本公积——股本溢价 　　　　库存现金[不够转1股的以现金支付]	

『提示』 投资方持有的永续债属于权益工具投资的，持有方一般应将其分类为以公允价值计量且其变动计入当期损益的金融资产，如属于非交易性权益工具投资，则在符合相关条件时将其指定为以公允价值计量且其变动计入其他综合收益的金融资产。

投资方持有的永续债不属于权益工具投资的，持有方应视情况将其分类为以摊余成本计量的金融资产、以公允价值计量且其变动计入其他综合收益的金融资产，或以公允价值计量且其变动计入当期损益的金融资产等。

核心考点3　金融负债与权益工具

扫我解疑难

一、金融负债和权益工具的定义★

金融工具是指形成一方的金融资产并形成其他方的金融负债或权益工具的合同。金融工具包括金融资产、金融负债和权益工具（见表14-8）。其中，合同可以是书面的，也可以不采用书面形式。

表14-8　金融负债与权益工具的概念

金融负债 （符合下列条件之一）	权益工具 （同时具备下列条件）
（1）向其他方**交付**现金或其他金融资产的**合同义务**； （2）在**潜在不利**条件下，与其他方交换金融资产或金融负债的**合同义务**； （3）将来须用或可用企业自身权益工具进行结算的**非衍生工具合同**，且企业根据该合同**将交付可变数量**的自身权益工具； （4）将来须用或可用企业自身权益工具进行结算的**衍生工具**合同，但以**固定数量**的自身权益工具**交换固定金额**的现金或其他金融资产的衍生工具合同**除外**	（1）该金融工具**不包括交付**现金或其他金融资产给其他方，或在**潜在不利条件下**与其他方交换金融资产或金融负债的**合同义务**； （2）将来须用或可用企业自身权益工具结算该金融工具的： ①如该金融工具为**非衍生**工具，**不包括交付可变数量**的自身权益工具进行结算的合同义务； ②如为衍生工具，企业**只能通过**以**固定数量**的自身权益工具**交换固定金额**的现金或其他金融资产结算该金融工具

【思路点拨】权益工具的条件（1），排除了金融负债的条件（1）和（2）；权益工具的条件（2），排除了金融负债的条件（3）和（4）。

区分金融负债和权益工具需要考虑以下因素：

（1）合同所反映的经济实质。

（2）工具的特征。有些金融工具可能既有权益工具的特征，又有金融负债的特征。

二、金融负债和权益工具区分的基本原则★★（见表14-9）

表14-9　金融负债和权益工具区分的基本原则

基本原则		判断标准
是否存在无条件地避免交付现金或其他金融资产的合同义务		如果企业不能无条件地避免以交付现金或其他金融资产来履行一项合同义务，则该合同义务符合金融负债定义
		如果企业能够无条件地避免交付现金或其他金融资产，同时所发行的金融工具没有到期日且持有方没有回售权，或虽有固定期限但发行方有权无限期延期，则此类交付现金或其他金融资产的结算条款不构成金融负债
是否通过交付固定数量的自身权益工具结算	基于自身权益工具的非衍生工具	如果发行方未来有义务交付可变数量的自身权益工具进行结算，则该非衍生金融工具是金融负债
	基于自身权益工具的衍生工具	如果发行方只能通过以固定数量的自身权益工具交换固定金额的现金或其他金融资产进行结算（"即固定换固定"），则该衍生工具是权益工具。除非满足"固定换固定"条件，否则将来须用或可用企业自身权益工具结算的衍生工具应分类为衍生金融负债或衍生金融资产

三、复合金融工具 ★

对于复合金融工具，发行方应于初始确认时将各组成部分分别分类为金融负债、金融资产或权益工具。对于复合金融工具的分拆可参见第十三章关于"可转换公司债券"的内容。

【例题6·单选题】 下列关于企业发行的分离交易可转换公司债券(认股权证符合有关权益工具定义)会计处理的表述中，不正确的是( )。

A. 将负债成分确认为应付债券

B. 分离交易可转换公司债券的发行价格减去不附认股权且其他条件相同的公司债券的公允价值后的差额，确认为其他权益工具

C. 按债券面值计量负债成分的初始确认金额

D. 按公允价值计量负债成分的初始确认金额

解析 企业应当以负债成分的公允价值作为负债成分的初始确认金额，因此选项C的表述不正确，选项D的表述正确。

答案 C

真题精练

一、单项选择题

1. (2020年)下列经济业务中，可能影响企业当期留存收益的是( )。
   A. 税后利润弥补上一年度亏损
   B. 盈余公积弥补亏损
   C. 注销库存股的账面余额
   D. 提取法定盈余公积

2. (2018年)长江股份有限公司于2017年1月1日以每股25元的价格发行1 000万股普通股股票，2018年5月31日，公司以每股20元的价格回购了其中的300万股并注销。假设2017年1月1日至2018年5月31日期间，公司没有发生任何其他权益性交易，则该回购并注销股份的事项对公司2018年末所有者权益的影响是( )。
   A. 导致2018年末其他综合收益增加
   B. 导致2018年末盈余公积减少
   C. 导致2018年末资本公积——股本溢价减少
   D. 导致2018年末未分配利润增加

3. (2020年)下列各项中，将来不会影响利润总额变化的是( )。
   A. 外币财务报表折算差额
   B. 权益法下可转为损益的其他综合收益
   C. 其他债权投资信用减值准备
   D. 其他权益工具投资公允价值变动

4. (2018年)下列关于金融负债的表述正确的是( )。
   A. 预计负债、递延所得税负债均属于金融负债
   B. 将来以固定数量的自身权益工具交换固定金额的现金的合同应确认为金融负债
   C. 将来须用或可用企业自身权益工具进行结算的非衍生工具合同，且企业根据该合同将交付可变数量的自身权益工具的，为金融负债
   D. 在满足特定条件时，企业可以对金融负债进行重分类

5. (2019年)判断一项金融工具是划分为权益工具还是金融负债，应考虑的基本原则是( )。
   A. 未来实施分配的意向
   B. 发行方对一段时期内的损益的预期
   C. 发行方未分配利润等可供分配的权益的金额
   D. 是否存在无条件地避免交付现金或其他金融资产的合同义务

二、多项选择题

1. (2018年)下列各项不属于资产负债表中所有者权益项目的有( )。
   A. 其他综合收益
   B. 其他收益

C. 其他权益工具
D. 未分配利润
E. 本年利润

2. （2019年）企业弥补经营亏损的方式有（　　）。
A. 用盈余公积弥补
B. 用以后年度税后利润弥补
C. 在规定期限内用以后年度税前利润弥补
D. 投资者增加实收资本后弥补
E. 用资本公积中的资本溢价弥补

3. （2020年）下列关于资本公积和盈余公积的表述中，正确的有（　　）。
A. "资本公积——资本（股本）溢价"可以直接用来转增资本（股本）
B. 资本公积可以用来弥补亏损
C. 盈余公积可以用来派送新股
D. 盈余公积转增资本（股本）时，转增后留存的盈余公积不得少于转增前注册资本的25%
E. 公司计提的法定盈余公积累计额达到注册资本的50%以上时，可以不再提取

真题精练答案及解析

一、单项选择题

1. C 【解析】选项C，注销库存股时，应按股票面值和注销股数计算的股票面值总额，借记"股本"科目，按注销库存股的账面余额，贷记"库存股"科目，按其差额，冲减股票发行时原计入资本公积的溢价部分，借记"资本公积——股本溢价"科目，回购价格超过上述冲减"股本""资本公积——股本溢价"科目的部分，应依次借记"盈余公积""利润分配——未分配利润"等科目，可能影响留存收益。

2. C 【解析】回购并注销股份会减少企业的股本和资本公积——股本溢价。
回购库存股的分录是：
借：库存股　　　　　　　　6 000
　　贷：银行存款　　　　　　　6 000
注销：
借：股本　　　　　　　　　　300
　　资本公积——股本溢价　 5 700
　　贷：库存股　　　　　　　　6 000

3. D 【解析】选项ABC，将来均可以转入损益，影响利润总额；选项D，其他权益工具投资公允价值变动计入其他综合收益，该其他综合收益将来不能转入损益，而是转入留存收益，不影响利润总额。

4. C 【解析】选项A，预计负债、递延所得税负债均属于非金融负债；选项B，是以固定换固定，属于权益工具；选项D，企业对所有金融负债均不得进行重分类。

5. D 【解析】金融负债和权益工具区分的基本原则：①是否存在无条件地避免交付现金或其他金融资产的合同义务；②是否通过交付固定数量的自身权益工具结算。

二、多项选择题

1. BE 【解析】资产负债表中所有者权益项目包括：实收资本（股本）、资本公积、盈余公积、未分配利润、其他综合收益、其他权益工具等。

2. ABC 【解析】企业发生经营亏损的弥补方式有三种：①用以后年度税前利润弥补，按规定企业亏损在规定期限（现行制度规定为5年）内可由税前利润弥补；②用以后年度税后利润弥补，即指超过税前利润弥补期的剩余亏损额应由税后利润弥补；③用盈余公积弥补，用盈余公积弥补亏损应当由董事会提议，经股东大会或者类似的机构批准。

3. ACDE 【解析】选项B，资本公积不得用来弥补亏损。

同步训练 限时45分钟

扫我做试题

一、单项选择题

1. 根据金融负债和权益工具的定义，下列说法中正确的是（　　）。
   A. 向其他方交付现金或其他金融资产的合同义务属于权益工具
   B. 在潜在不利条件下，与其他方交换金融资产或金融负债的合同义务属于金融负债
   C. 将来须用或可用企业自身权益工具进行结算的衍生工具合同，且企业根据该合同将交付固定数量的自身权益工具交换固定金额的现金或其他金融资产的衍生工具合同属于金融负债
   D. 将来须用或可用企业自身权益工具进行结算的衍生工具合同属于权益工具

2. 下列对复合金融工具的描述错误的是（　　）。
   A. 企业发行的复合金融工具发生的交易费用，应当在负债成分和权益成分之间按照各自的相对公允价值进行分摊
   B. 可转换公司债券是复合金融工具
   C. 企业应当在初始确认时将复合金融工具的负债和权益成分进行分拆
   D. 发行该非衍生金融工具发生的交易费用，应当计入负债成分

3. 下列关于库存股的说法中不正确的是（　　）。
   A. 库存股核算企业收购、转让或注销的本公司股份金额
   B. 注销库存股，按注销库存股的账面余额，借记"股本"科目
   C. 库存股期末借方余额反映企业持有尚未转让或注销的本公司股份金额
   D. 企业为减少注册资本而收购本公司股份的，应按实际支付的金额，借记"库存股"，贷记"银行存款"等科目

4. 下列会计事项在进行账务处理时应通过"资本公积"科目核算的是（　　）。
   A. 企业无法支付的应付账款
   B. 接受非关联方的现金捐赠
   C. 同一控制下企业合并中股权投资入账价值与支付对价的差额
   D. 为奖励本公司职工而收购的本公司股份

5. 甲公司2×20年12月31日的股本为8 000万股，面值为1元，资本公积（股本溢价）为2 000万元，盈余公积为1 000万元。经股东大会批准，甲公司以现金回购本公司股票1 000万股并注销。假定甲公司按每股2元回购股票，则在注销股份时应当冲减的"盈余公积"科目金额为（　　）万元。
   A. 0   B. 1 000
   C. 2 000 D. 500

6. 甲公司2×20年年初盈余公积项目余额为200万元，未分配利润项目余额为500万元，本期实现净利润1 000万元，提取盈余公积150万元，盈余公积转增资本100万元，甲公司盈余公积的年末余额为（　　）万元。
   A. 200   B. 50
   C. 350   D. 250

7. 某企业2×20年年初未分配利润借方余额40万元（弥补期限已超过5年），2×20年度税后利润100万元，法定盈余公积和任意盈余公积的提取比例均为10%。假定该企业2×20年度除了计提盈余公积外，无其他利润分配事项。则该企业2×20年年末未分配利润的金额为（　　）万元。
   A. 80   B. 60
   C. 48   D. 40.4

8. 甲公司2×20年发生如下交易或事项：接受现金捐赠100万元，其他权益工具投资公允价值上升40万元，应付账款2万元获得债权人豁免，持有乙公司的30%股权作为长期股权投资核算，采用权益法进行后续计量，乙公司其他权益工具投资公允价值减少100万元。上述交易或事项影响甲公司其他综合收益账面余额的金额是（　　）万元。

    A. 10　　　　　　　B. 30
    C. 40　　　　　　　D. 42

9. 下列交易或事项，不应计入"其他综合收益"的是（　　）。

    A. 采用权益法核算的长期股权投资在被投资单位其他综合收益发生增减变动时，投资企业按持股比例计算应享有的份额

    B. 企业将作为存货的房地产转为采用公允价值模式计量的投资性房地产，其转换日的公允价值小于账面价值的差额

    C. 资产负债表日，其他债权投资公允价值变动形成的利得

    D. 将债权投资重分类为其他债权投资，并以公允价值进行后续计量，重分类日金融资产的公允价值与账面价值的差额

10. 下列关于将金融负债重分类为其他权益工具的会计处理的说法中，正确的是（　　）。

    A. 在重分类日，应按金融负债的账面价值确认其他权益工具的入账价值

    B. 在重分类日，应按工具的公允价值确定其他权益工具的入账价值，公允价值与金融负债账面价值的差额计入投资收益

    C. 在重分类日，应按工具的公允价值确定其他权益工具的入账价值，公允价值与金融负债账面价值的差额按比例计入盈余公积和未分配利润

    D. 在重分类日，应按工具的公允价值确定其他权益工具的入账价值，公允价值与金融负债账面价值之间的差额，应计入资本公积（资本溢价或股本溢价），资本公积（资本溢价或股本溢价）不足冲减的，依次冲减盈余公积和未分配利润

11. 截至2×20年12月31日，甲公司共发行股票20 000万股，每股面值为1元，"资本公积——股本溢价"科目余额为55 260万元，"盈余公积"科目余额为2 000万元，"利润分配——未分配利润"科目余额为3 000万元。经股东大会批准，甲公司以现金回购本公司股票3 000万股并注销。假定甲公司按照每股21元回购股票。甲公司按照10%计提盈余公积。甲公司注销库存股时应冲减的未分配利润金额是（　　）万元。

    A. 4 266　　　　　B. 2 740
    C. 2 000　　　　　D. 2 466

12. 下列经济业务中，会导致股本增加的是（　　）。

    A. 股份有限公司实际发放股票股利

    B. 盈余公积补亏

    C. 以现金结算的股份支付换取职工提供的服务

    D. 发行可转换公司债券

13. 对股份有限公司发行股票所支付的发行费用进行核算时，不会涉及的科目是（　　）。

    A. 资本公积

    B. 盈余公积

    C. 财务费用

    D. 利润分配——未分配利润

14. 企业发生的下列交易或事项中，不会引起当期"资本公积——资本（股本）溢价"科目发生变动的是（　　）。

    A. 投资者投入的资本大于其投资比例计算的出资额

    B. 以资本公积转增股本

    C. 授予员工股票期权，在等待期内确认相关费用的相关处理

    D. 同一控制下企业合并中，合并方所取得的被合并方净资产份额小于其所支付对价的账面价值

15. 下列各项业务中，既不会引起留存收益

总额变化,也不会引起所有者权益总额变化的是( )。
A. 提取盈余公积
B. 经股东大会决议分配现金股利
C. 回购本公司股票
D. 用盈余公积转增资本

二、多项选择题

1. 金融负债和权益工具区分的基本原则包括( )。
   A. 是否存在无条件地避免交付现金或其他金融资产的合同义务
   B. 是否通过交付固定数量的自身权益工具结算
   C. 是否为以外币计价的配股权、期权或认股权证
   D. 是否存在或有结算条款
   E. 是否要求强制付息

2. 下列各项中,应作为其他权益工具核算的有( )。
   A. 企业发行作为权益工具核算的优先股
   B. 企业发行的可转换公司债券的权益成分
   C. 企业发行作为权益工具核算的永续债
   D. 以权益结算的股份支付在等待期内所确认的成本费用
   E. 重新计量设定受益计划净负债或净资产所产生的变动

3. 下列项目中,应通过"资本公积"科目核算的有( )。
   A. 债务重组中债务转为股本时权益工具的确认金额与股本面值总额之间的差额
   B. 企业增发股票形成的股本溢价
   C. 用于对外投资的固定资产的公允价值低于其账面价值的差额
   D. 企业接受外币资本投资所发生的外币折算差额
   E. 资产负债表日,满足运用套期会计方法条件的现金流量套期产生的利得或损失(属于有效套期的)

4. 下列交易或事项中,在处置相关资产时应转入当期损益的有( )。
   A. 同一控制下控股合并中确认长期股权投资时形成的资本公积
   B. 权益法下的长期股权投资,由于被投资方发生的可重分类进损益的其他综合收益变动所形成的其他综合收益
   C. 其他权益工具投资公允价值变动形成的其他综合收益
   D. 债权投资重分类为其他债权投资时形成的其他综合收益
   E. 自有房地产转换为采用公允价值模式计量的投资性房地产时形成的其他综合收益

5. 下列各项中,引起留存收益总额变动的有( )。
   A. 用上一年度实现的净利润分配现金股利
   B. 用盈余公积转增股本
   C. 用盈余公积弥补亏损
   D. 发放股票股利
   E. 外商投资企业提取企业发展基金

6. 上市公司发生的下列事项中,会直接引起其股东权益总额发生增减变动的有( )。
   A. 以发行股份作为对价取得对子公司的长期股权投资
   B. 可转换公司债券被持有人转股
   C. 其他权益工具投资公允价值变动形成损失
   D. 用盈余公积弥补以前年度亏损
   E. 溢价增发普通股股票

7. 下列各项中,属于以后期间满足条件时可以重分类进损益的其他综合收益有( )。
   A. 其他权益工具投资在持有期间发生的公允价值变动
   B. 因重新计量设定受益计划净负债或净资产形成的其他综合收益
   C. 债权投资重分类为其他债权投资时形成的其他综合收益
   D. 因外币财务报表折算差额形成的其他综合收益
   E. 现金流量套期工具利得和损失中属于有效套期部分确认的其他综合收益

同步训练答案及解析

一、单项选择题

1. B 【解析】选项A,属于金融负债;选项C、D,将来须用或可用企业自身权益工具进行结算的衍生工具合同,一般属于金融负债,但以固定数量的自身权益工具交换固定金额的现金或其他金融资产的衍生工具合同除外。

2. D 【解析】发行该非衍生金融工具发生的交易费用,应当在负债成分和权益成分之间按照各自的相对公允价值进行分摊。

3. B 【解析】注销库存股,应按股票面值和注销股数计算的股票面值总额,借记"股本"科目,按注销库存股的账面余额,贷记"库存股"科目,按其差额,借记或贷记"资本公积——股本溢价"科目,股本溢价不足冲减的,应借记"盈余公积""利润分配——未分配利润"科目。

4. C 【解析】选项A、B,均计入营业外收入;选项C,记入"资本公积——股本溢价";选项D,借记"库存股",贷记"银行存款"。

5. A 【解析】回购本公司股票时,库存股成本=1 000×2=2 000(万元):
借:库存股　　　　　　　2 000
　　贷:银行存款　　　　　　　2 000
注销本公司股票时:
借:股本　　　　　　　　1 000
　　资本公积——股本溢价　1 000
　　贷:库存股　　　　　　　　2 000
故应冲减的资本公积=1 000×2-1 000×1=1 000(万元),并不影响"盈余公积"科目。

6. D 【解析】盈余公积的年末余额=200+150-100=250(万元)。

7. C 【解析】年末未分配利润=100-40-(100-40)×20%=48(万元)。

8. A 【解析】上述交易或事项影响甲公司其他综合收益账面余额=40-100×30%=10(万元)

9. B 【解析】企业将作为存货的房地产转为采用公允价值模式计量的投资性房地产,其公允价值大于账面价值形成的差额计入其他综合收益,如果是公允价值小于账面价值形成的差额,则应该计入公允价值变动损益。

10. A 【解析】将金融负债重分类为其他权益工具的,应在重分类日按金融负债的账面价值,借记"应付债券"等科目,贷记"其他权益工具"科目。

11. B 【解析】该业务的处理是:
借:库存股　　　　　　　　63 000
　　贷:银行存款　　　　　　　　63 000
借:股本　　　　　　　　　3 000
　　资本公积——股本溢价　55 260
　　盈余公积　　　　　　　2 000
　　利润分配——未分配利润　2 740
　　贷:库存股　　　　　　　　63 000

12. A 【解析】选项B,盈余公积补亏属于留存收益内部的增减变动,不会导致股本增加;选项C,以现金结算的股份支付换取职工提供的服务时,应确认应付职工薪酬,并计入成本费用等,不会导致股本增加;选项D,发行可转换公司债券时,应借记"银行存款",贷记"应付债券""其他权益工具",不会导致股本增加。

13. C 【解析】股份有限公司发行股票支付的手续费或佣金等发行费用,应从发行股票的溢价收入(资本公积)中抵扣,如没有溢价或者溢价金额不足以支付发行费用的部分,应将不足支付的部分冲减留存收益(盈余公积和未分配利润)。

14. C 【解析】授予员工股票期权,在等待期内确认的成本费用应当记入"资本公积——其他资本公积"科目。

15. A 【解析】选项 A，属于留存收益内部一增一减的变动，既不影响留存收益总额，也不影响所有者权益总额；选项 B，会减少未分配利润，增加应付股利，导致留存收益和所有者权益均减少；选项 C，虽然回购时不影响留存收益，但是减少了所有者权益总额；选项 D，会增加股本或实收资本，减少盈余公积，留存收益总额变化，但是所有者权益总额不变。

二、多项选择题

1. AB 【解析】金融负债和权益工具区分的基本原则包括：①是否存在无条件地避免交付现金或其他金融资产的合同义务；②是否通过交付固定数量的自身权益工具结算。

2. ABC 【解析】其他权益工具核算企业发行的除普通股以外的归类为权益工具的各种金融工具，因此选项 ABC 均应作为其他权益工具核算。选项 D 应计入资本公积；选项 E 应计入其他综合收益。

3. AB 【解析】选项 C，应计入资产处置损益；选项 D，接受外币投资不会产生外币折算差额；选项 E，资产负债表日，满足运用套期会计方法条件的现金流量套期产生的利得或损失，属于有效套期的，应借记或贷记有关科目，贷记或借记"其他综合收益"。

4. BDE 【解析】选项 A，同一控制下控股合并中确认长期股权投资时形成的资本公积属于资本溢价或股本溢价，不能转入损益。选项 C，应在处置时结转入留存收益，不能转入当期损益。

5. ABD 【解析】选项 C 和 E 只是在留存收益内部发生变动，不会引起留存收益总额变动。

6. ABCE 【解析】选项 D，属于所有者权益内部增减变动，不会引起所有者权益总额变化。

7. CDE 【解析】选项 A，其他权益工具投资在持有期间发生公允价值变动所产生的其他综合收益，将在处置时转入留存收益；选项 B，因重新计量设定受益计划净负债或净资产形成的其他综合收益在原设定受益计划终止时将转入未分配利润。

本章知识串联

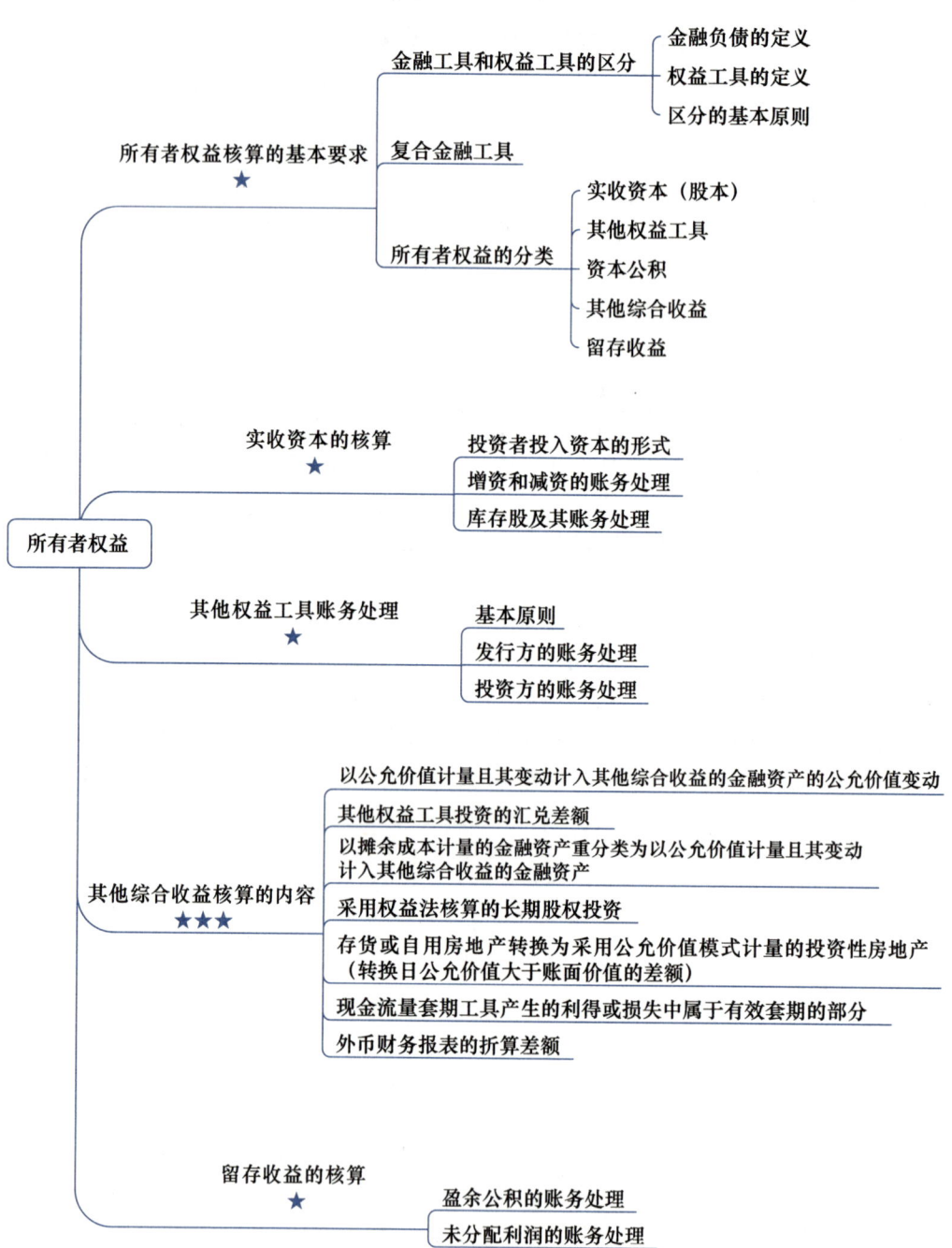

第15章 收入、费用、利润和产品成本

考情解密

历年考情概况

本章属于重点章节,在历年考试中,主要考查了收入的确认和计量、期间费用的核算、政府补助的核算及利润的核算等知识点。本章内容在考试中主要以单项选择题、多项选择题及计算题形式考查,近三年平均分值在10分左右。

近年考点直击

考点	主要考查题型	考频指数	考查角度
收入确认五步法	单选题、计算题、综合题	★★★	(1)时段履约义务的收入确认; (2)含重大融资成分时收入的计量; (3)可变对价(积分)的计量; (4)单项履约义务的判断; (5)客户合同五要素
特定交易收入确认及合同成本	单选题、计算题、综合题	★★★	(1)附退回条件时收入的确认; (2)售后回购方式下收入的确认; (3)附有质量保证条款的销售业务的处理
政府补助的核算	单选题	★	政府补助的核算要求
利润的核算	单选题、多选题	★★★	(1)管理费用核算的内容; (2)营业利润的组成

本章2021年考试主要变化

(1)新增是否构成单项履约义务的认定;
(2)明确涉及现金折扣的交易价格作为可变对价处理;
(3)简化了关于管理费用、利润的讲解;
(4)改写营业外收支的核算范围。

考点详解及精选例题

核心考点1 收入确认五步法*

扫我解疑难

收入的确认,应考虑下列五个方面(通常称为"五步法"):①识别与客户订立的合同;②识别合同中的单项履约义务;③确定交易价格;④将交易价格分摊至各单项履约义务;⑤履行各单项履约义务时确认收入。

其中,第一步、第二步和第五步主要与收入的确认有关,第三步和第四步主要与收

---

* 企业以存货换取客户的存货、固定资产、无形资产以及长期股权投资等,如具有商业实质,则按照收入准则进行会计处理;其他非货币性资产交换,一般按照非货币性资产交换准则的规定进行会计处理。

入的计量有关。

一、识别与客户订立的合同★★

（一）基本定义

合同，是指双方或多方之间订立有法律约束力的权利义务的协议，包括书面形式、口头形式以及其他可验证的形式（如隐含于商业惯例或企业以往的习惯做法中等）。

客户，是指与企业订立合同以向该企业购买其日常活动产出的商品或服务并支付对价的一方。

（二）对于合同的考虑

1. 客户合同五要件（见表15-1）

表 15-1　客户合同五要件

要件	具体规定
合同批准	合同各方已批准该合同并承诺将履行各自义务
权利义务	该合同明确了合同各方与所转让的商品相关的权利和义务
支付条款	该合同有明确的与所转让的商品相关的支付条款
商业实质	该合同具有商业实质，即履行该合同将改变企业未来现金流量的风险、时间分布或金额
对价收回	企业因向客户转让商品而有权取得的对价很可能收回

2. 合同开始日不满足"五要件"的合同，其相关处理如图15-1所示。

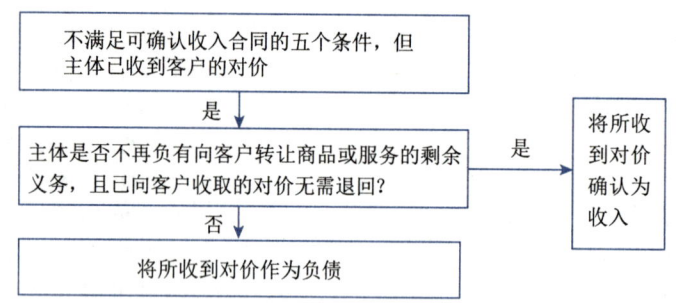

图 15-1　不满足"收入确认五条件"的合同的处理

3. 对合同五要件的后续评估

对于在合同开始日即满足"客户合同五要件"的合同，企业在后续期间无需对其进行重新评估，除非有迹象表明相关事实和情况发生重大变化。

（三）合同合并

企业与同一客户（或该客户的关联方）同时或相近时间内先后订立的两份或多份合同，相关情况如图15-2所示。

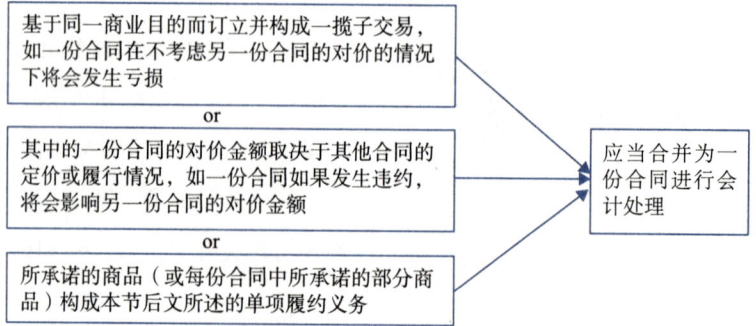

图 15-2　合同合并的情况

二、识别合同中的单项履约义务★★

(一)履约义务的含义

合同开始日,企业应当对合同进行评估,识别该合同所包含的各单项履约义务,并确定各单项履约义务是在某一时段内履行,还是在某一时点履行。

(1)履约义务,是指合同中企业向客户转让可明确区分商品的承诺。但有些情况下,企业的商业惯例、公开宣布的政策、特定声明等可能隐含了提供商品或服务的承诺。

(2)企业为履行合同而应开展的初始活动,通常不构成履约义务,除非该活动向客户转让了承诺的商品。

(二)作为单项履约义务的承诺

1. 一项可明确区分商品(或者商品或服务的组合)的承诺

【思路点拨】对于单项履约义务的判断,涉及两步判断法:首先,满足"商品或服务本身可明确区分";其次,满足"商品或服务在合同背景下可区分"。只有两个条件都满足了,才能证明相关商品或服务属于单项履约义务。

(1)商品或服务本身可明确区分。

客户能够从该商品本身或者从该商品与其他易于获得的资源一起使用中受益,即该商品能够明确区分。

(2)合同背景下可区分。

在合同层面,下列情形通常表明企业向客户转让该商品的承诺与合同中的其他承诺不可明确区分:

①企业需提供重大的服务以将该商品与合同中承诺的其他商品进行整合,形成合同约定的某个或某些组合产出转让给客户;

②该商品将对合同中承诺的其他商品予以重大修改或定制;

③该商品与合同中承诺的其他商品具有高度关联性。即合同中承诺的每一项商品均受到合同中其他商品的重大影响。

2. 一系列实质相同且转让模式相同的、可明确区分商品或服务

(1)转让模式相同。

转让模式相同是指每一项可明确区分商品均满足准则规定的在某一时段内履行履约义务的条件,且采用相同方法确定其履约进度。

(2)实质上相同的商品和服务的认定。

①当企业承诺的是提供确定数量的商品时,需要考虑这些商品本身是否实质相同;

②当企业承诺的是在某一期间内随时向客户提供某项服务时,需要考虑企业在该期间内的各个时间段(如每天或每小时)的承诺是否相同,而并非具体的服务行为本身。

三、确定交易价格★★★

(一)交易价格

交易价格是指企业因向客户转让商品而预期有权收取的对价金额。企业代第三方收取的款项(例如增值税)以及企业预期将退还给客户的款项,应当作为负债进行会计处理,不计入交易价格。

(二)不同情况下交易价格的处理

1. 可变对价

(1)可变对价的含义。

折扣、退款、返利、积分、价格折让、退货、绩效奖金、罚款、特许权使用费等项目,都可能产生可变对价。

(2)可变对价的估计如表15-2所示。

表15-2 可变对价的估计

主要情形	适用方法
合同仅有两个可能结果	最可能发生金额
企业拥有大量具有类似特征的合同,并估计可能产生多个结果时	期望值

企业按照期望值或最可能发生金额确定可变对价金额之后,包含可变对价的交易价格,应当不超过在相关不确定性消除时,累计已确认的收入极可能不会发生重大转回的

金额。

每一资产负债表日，企业应当重新估计应计入交易价格的可变对价金额。

【思路点拨】涉及现金折扣的交易价格应作为可变对价处理。

2. 合同中存在的重大融资成分

（1）合同中存在重大融资成分的，企业应当按照假定客户在取得商品控制权时，即以现金支付的应付金额（现销价格）确定交易价格。

该交易价格与合同对价之间的差额，应当在合同期间内采用实际利率法摊销。

①客户拖延付款（向客户提供融资）：
按"收取的对价－确认的交易价格"的差额确认利息收入。

②客户提前付款（从客户处取得融资）
按"确认的交易价格－收取的对价"的差额确认利息费用。

（2）合同开始日，企业预计客户取得商品或服务的控制权与客户支付价款间隔不超过一年，则可以不考虑合同中存在的重大融资成分。

3. 非现金对价

非现金对价包括实物资产、无形资产、股权、客户提供的广告服务等。客户支付非现金对价的，企业应当按照非现金对价的公允价值确定交易价格。非现金对价对交易价格的影响如表15-3所示。

表15-3 非现金对价对交易价格的影响

时间	对交易价格的影响
合同开始日	应当按照非现金对价的公允价值确定交易价格
合同开始日	公允价值不能合理估计的，应当参照其承诺向客户转让商品的单独售价间接确定交易价格
合同开始日后公允价值变动	因对价形式（如对价为股票）而发生变动的，该变动金额不应计入交易价格
合同开始日后公允价值变动	因对价形式以外的原因而发生变动的，应当作为可变对价，按照与计入交易价格的可变对价金额的限制条件相关的规定进行处理

4. 应付客户对价

应付客户对价，包括应付（或已付）客户的现金金额，也包括可与欠款抵扣的抵免或其他项目如优惠券、兑换券等，应付客户对价的核算如图15-3所示。

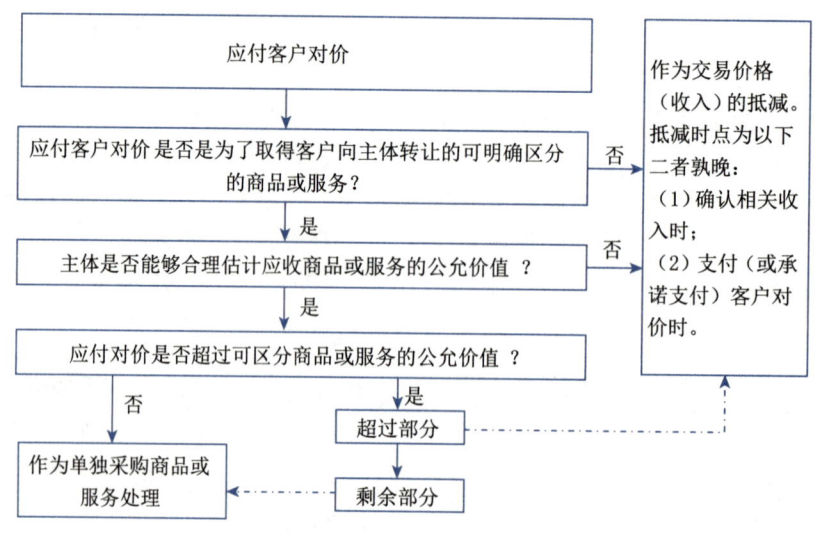

图15-3 应付客户对价的核算

四、将交易价格分摊至各单项履约义务 ★★★

当合同中包含两项或多项履约义务时,企业应当在合同开始日,按照各单项履约义务所承诺商品的**单独售价的相对比例**,将交易价格分摊至各单项履约义务。单独售价,是指企业向客户单独销售商品的价格。

(一)商品单独售价的确定方法

企业应当最大限度地采用可观察的输入值,并对类似的情况采用一致的估计方法。

单独售价无法直接观察的,企业应当综合考虑其能够合理取得的全部相关信息,采用其他方法合理估计单独售价。单独售价的估计方法如表15-4所示。

表15-4 单独售价的估计方法

方法	具体含义
市场调整法	企业根据某商品(服务)或类似商品(服务)的市场售价,考虑本企业的成本和毛利等进行适当调整后,确定其单独售价的方法
成本加成法	企业根据某商品的预计成本加上其合理毛利后的价格,确定其单独售价的方法
余值法	企业根据合同交易价格减去合同中其他商品可观察的单独售价后的余值,确定某商品单独售价的方法

企业在商品近期售价波动幅度巨大,或者因未定价且未曾单独销售而使售价无法可靠确定时,可采用余值法估计其单独售价

【思路点拨】企业应当主要选择前两种方法估计单独售价,前两种方法之间没有先后级次顺序,可任意选择。在前两种方法无法选择的情况下,则可以选择第三种。

(二)分摊合同折扣

对于合同折扣,企业应当在各单项履约义务之间按比例分摊。

有确凿证据表明合同折扣仅与合同中一项或多项(而非全部)履约义务相关的,企业应当将该合同折扣分摊至相关一项或多项履约义务。

合同折扣仅与合同中一项或多项(而非全部)履约义务相关的,且企业采用余值法估计单独售价的,应当首先按照前款规定在该一项或多项(而非全部)履约义务之间分摊合同折扣,然后采用余值法估计单独售价。

(三)可变对价的分摊

对于可变对价以及可变对价的后续变动额,将其分摊至与之相关的一项或多项履约义务,或者分摊至构成单项履约义务的一系列可明确区分商品中的一项或多项商品。

对于已履行的履约义务,其分摊的可变对价后续变动额应当调整**变动当期**的收入。

五、履行单项履约义务时确认收入 ★★★

(一)在某一时段内履行的履约义务

1. 在某一时段内履行的履约义务的判断

满足下列条件之一的,属于在某一时段内履行的履约义务:

(1)客户在企业履约的同时即取得并消耗企业履约所带来的经济利益;

(2)客户能够控制企业履约过程中在建的商品。

【思路点拨】企业在履约过程中在建的商品包括在产品、在建工程、尚未完成的研发项目、正在进行的服务等。

(3)"不可替代用途+合格收款权"的履约义务

企业履约过程中所产出的商品具有不可替代用途,且该企业在整个合同期间内有权就累计至今已完成的履约部分收取款项。

有权就累计至今已完成的履约部分收取款项,是指在由于客户或其他方原因终止合同的情况下,企业有权就累计至今已完成的履约部分收取能够补偿其已发生成本和合理利润的款项,并且该权利具有法律约束力。

2. 在某一时段内履行的履约义务的收入确认(见表 15-5)

表 15-5　某一时段内履行的履约义务的收入确认

情形	收入确认方法	履约进度确定方法	
履约进度可以合理确定	企业在该时间段内按照履约进度确认收入	产出法，根据已转移给客户的商品对于客户的价值确定进度	投入法，根据企业履行履约义务的投入确定进度
履约进度不能合理确定	企业已经发生的成本预计能够得到补偿的，应当按照已经发生的成本金额确认收入，直到履约进度能够合理确定为止		

(二)在某一时点履行的履约义务

企业应当在客户取得相关商品控制权时点确认收入。

1. 客户取得商品控制权的三个要素

取得相关商品控制权，是指能够主导该商品的使用并从中获得几乎全部的经济利益，也包括有能力阻止其他方主导该商品的使用并从中获得经济利益。客户取得商品的控制权，应同时满足下列三个要素：

(1)客户必须拥有现时权利，能够主导该商品的使用并从中获得几乎全部经济利益；

(2)客户有能力主导该商品的使用，是指客户有权使用该商品，或者能够允许或阻止其他方使用该商品；

(3)商品的经济利益，是指该商品的潜在现金流量，既包括现金流入的增加，也包括现金流出的减少。

2. 判断客户是否已取得商品控制权的迹象

(1)企业就该商品享有现时收款权利，即客户就该商品负有现时付款义务。

(2)企业已将该商品的法定所有权转移给客户，即客户已拥有该商品的法定所有权。如果企业仅仅是为了确保到期收回货款而保留商品的法定所有权，那么企业所保留的这项权利通常不会对客户取得对该商品的控制权构成障碍。

(3)企业已将该商品实物转移给客户，即客户已实物占有该商品。

(4)企业已将该商品所有权上的主要风险和报酬转移给客户，即客户已取得该商品所有权上的主要风险和报酬。

(5)客户已接受该商品。但是，如果企业无法客观地确定其向客户转让商品是否符合合同规定的条件，那么在客户验收之前，企业不能认为已经将该商品的控制权转移给了客户。

(6)其他表明客户已取得商品控制权的迹象。

(三)合同变更

合同变更，是指经合同各方同意对原合同范围或价格(或两者)作出的变更。

1. 合同变更的处理原则(见图 15-4)

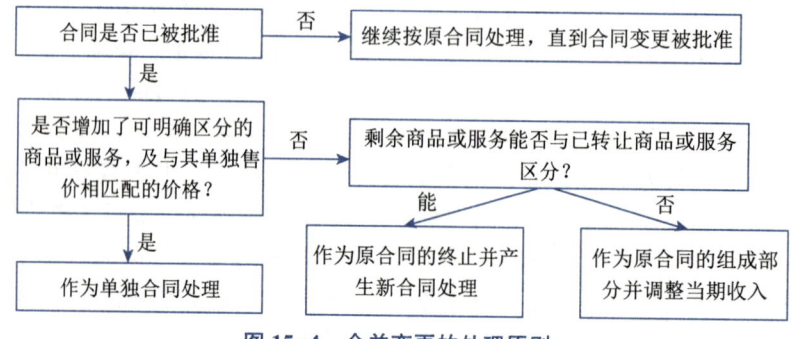

图 15-4　合并变更的处理原则

2. 对可变对价的考虑

合同变更之后发生可变对价后续变动的，企业应当区分下列三种情形分别进行会计处理：

（1）合同变更部分作为一份单独合同的，企业应当判断可变对价后续变动与哪一项合同相关，并按照分摊可变对价的相关规定进行会计处理。

（2）合同变更时将原合同未履约部分与合同变更部分合并为新合同，且可变对价后续变动与合同变更前已承诺可变对价相关的，企业应当首先将该可变对价后续变动额以原合同开始日确定的单独售价为基础进行分摊，然后再将分摊至合同变更日尚未履行履约义务的该可变对价后续变动额以新合同开始日确定的基础进行二次分摊。

（3）合同变更之后发生除（1）、（2）情形以外的可变对价后续变动的，企业应当将该可变对价后续变动额分摊至合同变更日尚未履行（或部分未履行）的履约义务。

核心考点2　特定交易的收入确认及合同成本

扫我解疑难

一、关于特定交易的会计处理★★★

（一）附有销售退回条款的销售

对于附有销售退回条款的销售，企业应当在客户取得相关商品控制权时，做相应的会计处理。附有销售退回条款的销售的会计处理如表15-6所示。

表15-6　附有销售退回条款的销售的会计处理

项目	预期退回部分	预期不会退回部分
收到的款项	预期退还金额确认为负债（预计负债）	按有权收取的总对价减去前述"预计负债"后的净额确认为收入
商品成本	账面价值扣减退回发生的成本，确认为资产（应收退货成本）	按转让商品的账面价值总额扣减前述"应收退货成本"后的净额结转成本

每一资产负债表日，企业应当重新估计未来销售退回情况，如有变化，应当作为**会计估计变更**进行会计处理。

（二）附有质量保证条款的销售

对于附有质量保证条款的销售，企业应当评估该质量保证是否在向客户保证所销售商品符合既定标准之外提供了一项单独的服务。质量保证条款的分类如表15-7所示。

表15-7　质量保证条款的分类

质保条款分类	适用准则
服务类义务	作为单项履约义务，适用收入准则
保证类义务	适用或有事项准则

（1）作为单项履约义务的质量保证应当进行相应的会计处理，并将部分交易价格分摊至该项履约义务。

（2）对于客户能够选择单独购买质量保证的，表明该质量保证构成单项履约义务。

对于客户虽然不能选择单独购买质量保证，但如果该质量保证在向客户保证所销售的商品符合既定标准之外提供了一项单独服务的，也应当作为单项履约义务。

（3）企业提供的质量保证同时包含上述两类的，应当分别对其进行会计处理，无法合理区分的，应当将这两类质量保证一起作为单项履约义务进行会计处理。

（三）主要责任人和代理人

当企业向客户销售商品涉及其他方参与其中时，企业应当判断其自身在该交易中的

— 329 —

身份是主要责任人还是代理人。

(1) 企业应当根据其在向客户转让商品前是否拥有对该商品的控制权,来判断其从事交易时的身份。主要责任人与代理人的判断及收入计量如表15-8所示。

表15-8 主要责任人与代理人的判断及收入计量

具体情形	企业身份	收入计量金额
企业在向客户转让商品前能够控制该商品	主要责任人	按照已收或应收对价总额确认收入
企业在向客户转让商品前不能够控制该商品	代理人	应当按照预期有权收取的佣金或手续费的金额确认收入*

*该金额应当按照已收或应收对价总额扣除应支付给其他相关方的价款后的净额,或者按照既定的佣金金额或比例等确定

(2) 企业作为主要责任人的情形。

①企业自该第三方取得商品或其他资产控制权后,再转让给客户。

②企业能够主导第三方代表本企业向客户提供服务。

③企业自第三方取得商品控制权后,通过提供重大的服务将该商品与其他商品整合成合同约定的某组合产出转让给客户。

(四) 附有客户额外购买选择权的销售

1. 单项履约义务的识别及收入确认

对于附有客户额外购买选择权的销售,企业应当评估该选择权是否向客户提供了一项重大权利。

对于重大权利,企业应当将其与原购买的商品单独区分,作为单项履约义务,按照各单项履约义务的单独售价的相对比例,将交易价格分摊至各单项履约义务。

其中,分摊至重大选择权的交易价格与未来的商品相关,企业应当在客户未来行使该选择权取得相关商品的控制权时,或者在该选择权失效时确认为收入。

2. 重大权利的判断

如果客户只有在订立了一项合同的前提下才取得了额外购买选择权,并且客户行使该选择权购买额外商品时,能够享受到超过该地区或该市场中其他同类客户所能享有的折扣,则通常认为该选择权向客户提供了一项重大权利。

(五) 授予知识产权许可

1. 授予知识产权许可的履约义务判断

授予知识产权许可,如构成单项履约义务的,应区分情况进行处理。授予知识产权许可履约义务的判断如表15-9所示。

表15-9 授予知识产权许可的履约义务判断

授予知识产权类型	判断原则	履约义务的判断
接触权	同时符合下列条件: ①合同要求或客户能够合理预期企业将从事对该项知识产权有重大影响的活动; ②活动对客户将产生有利或不利影响; ③活动不会导致向客户转让某项商品	时段履约
使用权	不能同时满足上述条件	时点履约

2. 包含知识产权许可的合同考虑

企业向客户授予知识产权许可同时销售其他商品的,企业应当评估该知识产权许可是否构成单项履约义务。对于不构成单项履约义务的,企业应当将该知识产权许可和其他商品一起作为一项履约义务进行会计处理。

3. 存在可变对价的特许费收入确认

企业向客户授予知识产权许可,并约定按客户实际销售或使用情况收取特许权使用费的,应当在下列两项**孰晚**的时点确认收入:①客户后续销售或使用行为实际发生;②企业履行相关履约义务。

(六)售后回购

对于不同类型的售后回购交易,企业应当区分两种情形分别进行会计处理。售后回购的会计处理如表15-10和表15-11所示。

表15-10 合同远期安排下的售后回购

回购价格约定	售后回购处理原则
回购价格小于原售价	视为租赁交易,按照租赁进行会计处理
回购价格不低于原售价	应当视为融资交易,在收到客户款项时确认金融负债,并将该款项和回购价格的差额在回购期间内确认为利息费用等。企业到期未行使回购权利的,应当在该回购权利到期时终止确认金融负债,同时确认收入

表15-11 客户选择权下的售后回购

行权考虑	售后回购处理原则
客户具有行权的重大经济动因	比照"合同远期安排下的售后回购"的处理原则
客户不具有行权的重大经济动因	企业应当将其作为附有销售退回条款的销售交易进行会计处理

在判断客户是否具有行权的重大经济动因时,企业应当综合考虑各种相关因素,包括回购价格与预计回购时市场价格之间的比较,以及权利的到期日等。

(七)客户未行使的权利

企业因销售商品向客户收取的预收款,应当确认为合同负债,待未来履行了相关履约义务,即向客户转让相关商品时,再将该负债转为收入。

当企业预收款项无需退回,且客户可能会放弃其全部或部分合同权利时,企业预期将有权获得与客户所放弃的合同权利相关的金额的,应当按照客户行使合同权利的模式按比例将上述金额确认为收入;否则,企业只有在客户要求其履行剩余履约义务的可能性极低时,才能将上述负债的相关余额转为收入。

(八)无需退回的初始费

企业在合同开始(或接近合同开始)日向客户收取的无需退回的初始费的处理原则如表15-12所示。

表15-12 无需退回的初始费的处理原则

初始费与向客户转让已承诺的商品是否相关	已承诺商品是否构成单项履约义务	收入确认
相关	构成	企业应当在转让该商品时,按照分摊至该商品的交易价格确认收入
相关	不构成	企业应当在包含该商品的单项履约义务履行时,按照分摊至该单项履约义务的交易价格确认收入
不相关	—	应当作为未来将转让商品的预收款,在未来转让该商品时确认为收入

二、合同成本★

(一)合同履约成本

(1)企业为履行合同发生的成本,不属于其他企业会计准则规范范围且同时满足下列条件的,应作为合同履约成本确认为一项资产:

①该成本与一份当前或预期取得的合同直接相关；

②该成本增加了企业未来用于履行履约义务的资源；

③该成本预期能够收回。

(2)企业应计入当期损益的支出：

①管理费用；

②**非正常消耗**的直接材料、直接人工和制造费用(或类似费用)，这些支出为履行合同发生，但未反映在合同价格中；

③与履约义务中已履行(包括已全部履行或部分履行)部分相关的支出，即该支出与企业过去的履约活动相关；

④无法在尚未履行的与已履行(或已部分履行)的履约义务之间区分的相关支出。

(二)为取得合同发生的增量成本的处理

企业为取得合同发生的增量成本预期能够收回的，应当作为合同取得成本确认为一项资产。但是，该资产摊销期限不超过一年的，可以在发生时计入当期损益。

(三)与合同成本有关的资产的后续计量

(1)摊销。与合同成本有关的资产，应当采用与该资产相关的商品收入确认相同的基础进行摊销，计入当期损益。

(2)减值。合同履约成本和合同取得成本的账面价值高于下列两项的差额的，超出部分应当计提减值准备，并确认为资产减值损失：

①企业因转让与该资产相关的商品预期能够取得的剩余对价；

②为转让该相关商品估计将要发生的成本。

以前期间减值的因素之后发生变化，使得差额高于该资产账面价值的，应当转回原已计提的资产减值准备，并计入当期损益，但转回后的资产账面价值不应超过假定不计提减值准备情况下该资产在转回日的账面价值。

在确定合同履约成本和合同取得成本的减值损失时，企业应当首先确定其他资产减值损失；然后，按照本节的要求确定合同履约成本和合同取得成本的减值损失。

企业按照金融资产减值测试相关资产组的减值情况时，应当将按照上述规定确定上述资产减值后的新账面价值计入相关资产组的账面价值。

核心考点3 政府补助的会计处理

扫我解疑难

一、政府补助概述

(一)政府补助的定义

根据政府补助准则的规定，政府补助是指企业从政府**无偿**取得货币性资产或非货币性资产。

(二)政府补助的特征

(1)政府补助是来源于政府的经济资源；

(2)政府补助是无偿的，即企业取得来源于政府的经济资源，不需要向政府交付商品或服务等对价。

(三)政府补助的分类

政府补助分为**与资产相关的政府补助**和**与收益相关的政府补助**。

与资产相关的政府补助，是指企业取得的、用于购建或以其他方式形成长期资产的政府补助。

与收益相关的政府补助，是指除与资产相关的政府补助之外的政府补助。

二、政府补助的会计处理★

(一)总的原则(见表15-13和表15-14)

表15-13 政府补助的会计处理方法

处理方法分类	具体要求
总额法	在确认政府补助时将其全额确认为收益，而不是作为相关资产账面价值或者费用的扣减

续表

处理方法分类	具体要求
净额法	将政府补助确认为对相关资产账面价值或所补偿费用的扣减

通常情况下,对同类或类似政府补助业务只能选用一种方法,同时,企业对该业务应当一贯地运用该方法,不得随意变更。

表 15-14 政府补助的具体核算要求

政府补助性质	概念及示例	账务核算要求
与企业日常活动相关	补助补偿的成本费用是营业利润之中的项目,或该补助与日常销售等经营行为密切相关,如增值税即征即退等	总额法:计入其他收益 净额法:冲减相关成本费用
与企业日常活动无关	通常由企业常规经营之外的原因所产生,具备偶发性的特征,例如政府因企业受不可抗力的影响发生停工、停产损失而给予补助等	计入营业外收支

(二)与资产相关的政府补助的会计处理

与资产相关的政府补助,应当冲减相关资产的账面价值或确认为递延收益。与资产相关的政府补助确认为递延收益的,应当在相关资产使用寿命内按照合理、系统的方法分期计入损益。按照名义金额计量的政府补助,直接计入当期损益。

相关资产在使用寿命结束前被出售、转让、报废或发生毁损的,应当将尚未分配的相关递延收益余额转入资产处置当期的损益。

(三)与收益相关的政府补助的会计处理

与收益相关的政府补助,应当分情况按照以下规定进行会计处理:

(1)用于补偿企业以后期间的相关成本费用或损失的,确认为递延收益,并在确认相关成本费用或损失的期间,计入当期损益或冲减相关成本;

(2)用于补偿企业已发生的相关成本费用或损失的,直接计入当期损益或冲减相关成本。

(四)综合性项目的政府补助

综合性项目政府补助,包含与资产相关的政府补助和与收益相关的政府补助,企业需要将其进行分解,并分别进行会计处理。难以区分的,应当将其整体归类为与收益相关的政府补助进行处理。

(五)财政贴息

企业取得政策性优惠贷款贴息的,应当区分财政将贴息资金拨付给贷款银行和财政将贴息资金直接拨付给企业两种情况分别进行会计处理。

(六)政府补助退回的会计处理

已计入损益的政府补助需要退回的,应当分别下列情况进行处理:

(1)初始确认时冲减相关资产成本的,应当调整资产账面价值;

(2)存在尚未摊销的递延收益的,冲减递延收益账面余额,超出部分计入当期损益;

(3)属于其他情况的,直接计入当期损益。

核心考点4　利润的核算

扫我解疑难

一、期间费用的核算★（见表15-15）

表15-15　期间费用的核算

期间费用	重点内容
管理费用	①发生的不满足固定资产确认条件的日常修理费和大修理费用等支出，记入"管理费用"； ②同一控制下和非同一控制下的企业合并中支付的审计、评估、咨询等中介费用均记入当期"管理费用"； ③商品流通企业管理费用不多的，可不设"管理费用"科目，应将核算内容并入"销售费用"科目； ④企业在筹建期间内发生的开办费，记入"管理费用(开办费)"科目

【思路点拨】自行研发的无形资产费用化的部分在"管理费用"科目核算，但是在利润表中单独设置"研发费用"项目列示

销售费用	①企业专设销售机构发生的不符合固定资产确认条件的修理费计入销售费用； ②在商品销售过程中发生的包装费、保险费、广告费、展览费、运输费等计入销售费用

【思路点拨】工业企业购进商品过程中发生的运费不计入销售费用，应计入存货成本

财务费用	为购建或生产满足资本化条件的资产发生的应予资本化的借款费用，在"在建工程""制造费用"等科目核算，不在"财务费用"科目核算

二、营业外收支的核算★★（见表15-16）

表15-16　营业外收支的核算

项目	核算内容
营业外收入	非流动资产毁损报废利得、与企业日常活动无关的政府补助、权益法下长期股权投资的初始投资成本小于投资时应享有被投资单位可辨认净资产公允价值份额的差额、罚没利得、确实无法支付的应付账款、盘盈利得、捐赠利得等
营业外支出	非流动资产毁损报废损失、罚款支出、公益性捐赠支出、非常损失、盘亏损失等

三、利润的核算★★★

(1)营业利润=营业收入-营业成本-税金及附加-销售费用-管理费用(不含列入"研发费用"项目的金额)-研发费用-财务费用-资产减值损失-信用减值损失+投资收益(或-投资损失)+净敞口套期收益(或-净敞口套期损失)+公允价值变动收益(或-公允价值变动损失)+资产处置收益(或-资产处置损失)+其他收益

其中：

研发费用：内部研发过程中的费用化支出、计入管理费用的自行开发无形资产的摊销。

信用减值损失：各项金融工具的信用损失。

资产处置收益(或损失)：出售划分为持有待售的非流动资产(金融工具、长期股权投资和投资性房地产除外)或处置组(子公司和业务除外)时确认的处置利得或损失，处置未划分为持有待售的固定资产、在建工程、生产性生物资产及无形资产而产生的处置利得或损失，以公允价值为基础进行计量的非货币性资产交换中换出非流动资产(金融工具、长期股权投资和投资性房地产除外)产生的利得和损失等等。

其他收益：计入其他收益的政府补助以及其他与日常活动相关且计入其他收益的项目等。

(2) 利润总额=营业利润(亏损以"－"号填列)+营业外收入-营业外支出

(3) 净利润=利润总额(亏损总额以"－"号填列)-所得税费用

【例题 1·多选题】 下列各项支出中，一般应在"管理费用"科目核算的有( )。

A. 筹建期间发生的开办费

B. 聘请中介机构费

C. 购买交易性金融资产支付的交易费

D. 购买车辆时缴纳的车辆购置税

E. 按规定标准拨付工会的工会经费

解析 选项 C，购买交易性金融资产支付的交易费应计入投资收益；选项 D，购买车辆时缴纳的车辆购置税应计入外购车辆的成本中；选项 E，工会经费应根据职工提供服务的受益对象，分别计入管理费用、生产成本、销售费用等科目。 **答案** AB

【例题 2·多选题】 下列项目中，应计入销售费用的有( )。

A. 销售商品发生的商业折扣

B. 销售部门退休人员的工资

C. 随同产品出售但不单独计价的包装物费用

D. 随同产品出售单独计价的包装物费用

E. 预计产品质量保证损失

解析 选项 A，在销售时即已发生，企业销售实现时，按扣除商业折扣后的净额确认销售收入，不需作账务处理；选项 B，应计入管理费用；选项 D，应记入"其他业务成本"科目。 **答案** CE

【例题 3·多选题】 下列项目中，应在"营业外收入"科目核算的有( )。

A. 接受非关联方捐赠

B. 出售无形资产净收益

C. 出租无形资产的收入

D. 权益法下长期股权投资的初始投资成本小于投资时应享有被投资单位可辨认净资产公允价值份额的差额

E. 接受控股股东的现金捐赠

解析 选项 B 应记入"资产处置损益"；选项 C 应记入"其他业务收入"；选项 E 应记入"资本公积——股本溢价"。 **答案** AD

真题精练

一、单项选择题

1. (2018 年)2017 年 1 月 1 日，长江公司向黄河公司销售一批商品共 3 万件，每件售价 100 元，每件成本 80 元。销售合同约定 2017 年 3 月 31 日前出现质量问题的商品可以退回。长江公司销售当日预计该批商品退货率为 12%。2017 年 1 月 31 日，长江公司根据最新情况重新预计商品退货率为 10%，假定不考虑增值税等税费。1 月未发生退货。则长江公司 2017 年 1 月应确认的收入为( )万元。

A. 264 B. 270
C. 6 D. 300

2. (2018 年)长江公司 2017 年 1 月 5 日与黄河公司签订合同，为黄河公司的办公楼安装 6 套太阳能发电系统，合同总价格为 180 万元(不含增值税)。截至 2017 年 12 月 31 日，长江公司已完成 2 套，剩余部分预计在 2018 年 4 月 1 日之前完成。该合同仅包含一项履约义务，且该履约义务满足在某一时段内履行的条件。长江公司按已完成的工作量确定履约进度为 60%。假定不考虑相关税费。长江公司 2017 年年末应确认的收入为( )万元。

A. 60 B. 108
C. 180 D. 0

3. (2020 年)企业采用售后回购方式销售商品时，回购价格高于原销售价格之间的差额，在回购期内按期分摊时应计入的会计科目是(   )。

A. 主营业务成本
B. 财务费用
C. 销售费用
D. 主营业务收入

4.（2018年）甲公司2017年6月1日采用售后回购方式向乙公司销售一批商品，销售价格为100万元，回购价格为115万元，回购日期为2017年10月31日，货款已实际收付。假定不考虑增值税等相关税费，则2017年8月31日甲公司因此项售后回购业务确认的"其他应付款"科目余额为(   )万元。

A. 100   B. 109
C. 115   D. 106

5.（2020年）下列关于政府补助的会计处理中，错误的是(   )。

A. 与资产相关的政府补助，应当冲减相关资产的账面价值或确认为递延收益
B. 与收益相关的政府补助，应当直接确认为递延收益
C. 企业直接收到的财政贴息，应当冲减相关借款费用
D. 与企业日常活动相关的政府补助，应计入其他收益或冲减相关成本费用

6.（2019年）下列关于政府补助的表述中，错误的是(   )。

A. 政府作为所有者投入企业的资本不属于政府补助
B. 有确凿证据表明政府是无偿补助的实际拨付者，其他企业只是代收代付作用，该补助应属于政府补助
C. 与收益有关的政府补助，应当直接计入其他收益
D. 与资产有关的政府补助，应当冲减相关资产的账面价值或确认为递延收益

7.（2018年）下列交易或事项，不通过"管理费用"科目核算的是(   )。

A. 技术转让费

B. 存货盘盈
C. 管理部门固定资产报废净损失
D. 排污费

8.（2020年）下列各项费用和损失，不应计入管理费用的是(   )。

A. 售后服务部门的职工薪酬
B. 行政管理部门发生的不满足资本化条件的固定资产修理费用
C. 企业筹建期间发生的开办费
D. 因管理不善导致的存货盘亏损失

9.（2018年）企业发生的下列交易或事项中，不影响发生当期营业利润的是(   )。

A. 因存货减值而确认的递延所得税资产
B. 销售商品过程中发生的包装费
C. 销售商品过程中发生的消费税
D. 销售商品过程中发生的业务宣传费

二、多项选择题

（2019年）下列各项中，影响企业当期营业利润的有(   )。

A. 与企业日常活动无关的政府补助
B. 在建工程计提减值准备
C. 固定资产报废净损失
D. 出售原材料取得收入
E. 资产处置收益

三、计算题

（2018年）长江公司于2017年1月1日签署了一份关于向黄河公司销售一台大型加工机械设备的买卖约定，该设备的销售总价为4 800万元，采用分期收款方式分6期平均收取，合同签署日收取800万元，剩余款项分5期在每年12月31日平均收取。长江公司于2017年1月1日发出该设备，并经黄河公司检验合格，设备成本为2 400万元。假定不考虑增值税等相关税费；折现率为10%。（P/A，10%，5）=3.790 8，（P/A，10%，6）=4.355 2。根据上述资料，回答下列问题。

(1) 2017年1月1日，长江公司应确认的收入金额为(   )万元。

A. 3 032.65   B. 3 832.64

C. 4 800.00　　　　D. 3 484.16

(2)2017年1月1日,长江公司应确认的未实现融资收益金额为(　)万元。

A. 0　　　　　　　B. 1 315.84
C. 1 767.36　　　　D. 967.36

(3)长江公司2017年度应摊销未实现融资收益的金额为(　)万元。

A. 223.26　　　　　B. 303.26
C. 400.00　　　　　D. 268.42

(4)长江公司2017年12月31日长期应收款的账面价值为(　)万元。

A. 1 655.90　　　　B. 2 535.90
C. 3 600.00　　　　D. 2 152.58

四、综合分析题

1. (2019年)黄河公司系一家多元化经营的上市公司,与收入有关的部分经济业务如下:

(1)其经营的一商场自2016年起执行一项授予积分计划,客户每购买10元商品即被授予1个积分,每个积分可自2017年起购买商品时按1元的折扣兑现。2016年度,客户购买了50 000元的商品,其单独售价为50 000元,同时获得可在未来购买商品时兑现的5 000个积分、每个积分单独售价为0.9元。2017年商场预计2016年授予的积分累计有4 500个将会被兑现,年末客户实际兑现3 000个,对应的销售成本为2 100元;2018年商场预计2016年授予的积分累计有4 800个将会被兑换,至年末客户实际兑现4 600个,对应的销售成本为3 200元。

(2)2018年10月8日,与长江公司签订甲产品销售合同,合同约定:销售价款500万元,同时提供"延长保修"服务,即从法定质保90天到期之后的1年内由本公司对任何损坏的部件进行保修或更换,销售甲产品和"延长保修"服务的单独售价分别为450万元和50万元,当天在交付甲产品时全额收取合同价款,甲产品的成本为360万元。黄河公司估计法定质保期内,甲产品部件损坏发生的维修费为确认的销售收入的1%。

(3)2018年11月1日,与昆仑公司签订合同,向其销售乙、丙两项产品,合同总售价为380万元,其中:乙产品单独售价为80万元,丙产品单独售价为320万元。合同约定,乙产品于合同签订日交付,成本50万元;丙产品需要安装,全部安装完毕时交付使用,只有当两项产品全部交付之后,黄河公司才能一次性收取全部合同价款。经判定销售乙产品和丙产品分别构成单项履约义务。

丙产品的安装预计于2019年2月1日完成,预计可能发生的总成本为200万元,丙产品的安装属于一段时间内履行的履约义务,黄河公司采用成本法确定其履约进度,至2018年12月31日,累计实际发生丙产品的成本为150万元。

(4)2018年12月21日,与华山公司签订销售合同,向其销售丁产品100件,销售价格为800元/件,华山公司可以在180天内退回任何没有损坏的产品,并得到全额现金退款。黄河公司当日交付全部丁产品,并收到全部货款,丁产品的单位成本为600元/件,根据以往销售经验判断,预计将会有5%的丁产品被退回。

假设上述销售价格均不包含增值税,且不考虑增值税等相关税费的影响。

根据上述资料,回答下列问题:

(1)下列关于收入确认和计量的步骤中,属于与收入计量有关的有(　)。

A. 确定交易价格
B. 识别与客户订立的合同
C. 识别合同中的单项履约义务
D. 履行各单项履约义务时确认收入
E. 将交易价格分摊至各单项履约义务

(2)针对事项(1),2018年年末"合同负债"账户的期末余额为(　)元。

A. 208.24　　　　　B. 172.02
C. 228.36　　　　　D. 218.36

(3)针对事项(3),黄河公司交付乙产品时应确认主营业务收入( )万元。
A. 80 B. 378
C. 76 D. 280

(4)针对事项(3),黄河公司 2018 年 12 月 31 日根据丙产品履约进度,下列会计处理正确的是( )。
A. 借:主营业务成本　　　1 500 000
　　　贷:合同履约成本　　　　1 500 000
B. 借:合同结算　　　　　2 280 000
　　　贷:主营业务收入　　　　2 280 000
C. 借:主营业务成本　　　1 500 000
　　　贷:合同负债　　　　　　1 500 000
D. 借:合同结算　　　　　2 850 000
　　　贷:主营业务收入　　　　2 850 000

(5)针对事项(4),黄河公司应确认预计负债( )元。
A. 4 000 B. 0
C. 3 000 D. 2 400

(6)上述交易和事项,对黄河公司 2018 年度利润总额的影响金额是( )元。
A. 1 852 861.18 B. 1 838 561.27
C. 1 986 368.21 D. 1 914 104.13

2. (2020 年)黄河公司与兴邦公司均为增值税一般纳税人,黄河公司为建筑施工企业,适用增值税税率为 9%。2019 年 1 月 1 日双方签订一项大型建造工程合同,具体与合同内容及工程进度有关的资料如下:

(1)该工程的造价为 4 800 万元,工程期限为一年半,黄河公司负责工程的施工及全面管理。兴邦公司按照第三方工程监理公司确认的工程完工量,每半年与黄河公司结算一次。该工程预计 2020 年 6 月 30 日竣工,预计可能发生的总成本为 3 000 万元。

(2)2019 年 6 月 30 日,该工程累计实际发生成本 900 万元,黄河公司与兴邦公司结算合同价款 1 600 万元,黄河公司实际收到价款 1 400 万元。

(3)2019 年 12 月 31 日,该工程累计实际发生成本 2 100 万元,黄河公司与兴邦公司结算合同价款 1 200 万元,黄河公司实际收到价款 1 500 万元。

(4)2020 年 6 月 30 日,该工程累计实际发生成本 3 200 万元,兴邦公司与黄河公司结算了合同竣工价款 2 000 万元,并支付工程剩余价款 2 332 万元。

(5)假定上述合同结算价款均不含增值税税额,黄河公司与兴邦公司结算时即发生增值税纳税义务,兴邦公司在实际支付工程价款的同时支付其对应的增值税税款。

(6)假定该建造工程整体构成单项履约义务,并属于一段时间履行的履约义务,黄河公司采用成本法确定履约进度。

不考虑其他相关税费等因素影响。

根据上述资料,回答以下问题:

(1)下列各项中,属于收入确认条件的有( )。

A. 合同各方已批准该合同并承诺将履行各自义务
B. 该合同明确了合同各方与所转让商品或提供劳务相关的权利和义务
C. 该合同具有商业实质
D. 企业因向客户转让商品而有权取得的对价可能收回
E. 该合同有明确的与所转让商品相关的支付条款

(2)2019 年 6 月 30 日,黄河公司应确认该工程的履约进度为( )。
A. 25% B. 30%
C. 33% D. 40%

(3)2019 年 6 月 30 日,黄河公司"合同结算"科目的余额为( )万元。
A. 200 B. 180
C. 160 D. 0

(4)2019 年 12 月 31 日,黄河公司应确认主营业务收入为( )万元。
A. 1 440 B. 1 600
C. 1 744 D. 1 920

(5)2020 年 6 月 30 日,黄河公司应确认主营业务成本为(　　)万元。
A. 1 300　　　B. 1 200
C. 1 100　　　D. 1 000
(6)该工程全部完工后,上述业务对黄河公司利润总额的影响金额为(　　)万元。
A. 1 600　　　B. 1 800
C. 1 200　　　D. 1 400

真题精练答案及解析

一、单项选择题

1. B 【解析】1月应确认的收入 = 3×100×(1−10%) = 270(万元)。

2. B 【解析】2017年年末应确认的收入 = 180×60% = 108(万元)。

3. B 【解析】回购价格高于原销售价格的,作为融资交易处理,二者的差额属于融资费用,在回购期内按期分摊确认为财务费用。

4. B 【解析】确认"其他应付款"项目的金额 = 100+(115−100)/5×3 = 109(万元)。
初始销售时:
借:银行存款　　　　　　　　　100
　　贷:其他应付款　　　　　　　　100
在2017年6—8月,每月应确认的财务费用:
借:财务费用　　　　　　　　　　3
　　贷:其他应付款　　　　　　　　　3

5. B 【解析】选项B,与收益相关的政府补助,应当分情况按照以下规定进行会计处理:①用于补偿企业以后期间的相关成本费用或损失的,确认为递延收益,并在确认相关成本费用或损失的期间,计入当期损益或冲减相关成本;②用于补偿企业已发生的相关成本费用或损失的,直接计入当期损益或冲减相关成本。

6. C 【解析】与收益相关的政府补助,应当分情况按照以下规定进行会计处理:①用于补偿企业以后期间的相关成本费用或损失的,确认为递延收益,并在确认相关成本费用或损失的期间,计入当期损益或冲减相关成本;②用于补偿企业已发生的相关成本费用或损失的,直接计入当期损益或冲减相关成本。

7. C 【解析】选项C,应记入"营业外支出"科目。

8. A 【解析】选项A,应计入销售费用。

9. A 【解析】选项A,计入所得税费用,不影响营业利润。

二、多项选择题

BDE 【解析】选项A,计入营业外收入;选项C,计入营业外支出,均不影响营业利润。

三、计算题

(1)B;(2)D;(3)B;(4)B。
【解析】(1)长江公司应确认的收入金额 = 800+800×(P/A,10%,5) = 3 832.64(万元)
(2)应确认的未实现融资收益金额 = 4 800−3 832.64 = 967.36(万元),相关分录如下:
借:银行存款　　　　　　　　　800
　　长期应收款　　　　　　　4 000
　　贷:主营业务收入　　　　　3 832.64
　　　　未实现融资收益　　　　967.36
(3)应摊销未实现融资收益的金额 = (4 800−800−967.36)×10% = 303.26(万元),相关分录如下:
借:未实现融资收益　　　　　303.26
　　贷:财务费用　　　　　　　303.26
借:银行存款　　　　　　　　　800
　　贷:长期应收款　　　　　　　800
(4)2017年12月31日,长期应收款的账面价值 = (4 800−800×2)−(967.36−303.26) = 2 535.9(万元)。

四、综合分析题

1. (1)AE;(2)B;(3)C;(4)AB;(5)A;(6)D。

【解析】(1)确定交易价格和将交易价格分摊至各单项履约义务主要与收入的计量相关,识别与客户订立的合同、识别合同中的单项履约义务和履行各单项履约义务时确认收入与收入的确认有关。

(2)2016年授予奖励的积分的公允价值 = 5 000×0.9 = 4 500(元),确认合同负债的金额 = 50 000×4 500/(50 000+4 500) = 4 128.44(元)。

借:银行存款　　　　　　　　50 000
　　贷:主营业务收入
　　　　[50 000/(50 000+4 500)×50 000]
　　　　　　　　　　　　　　45 871.56
　　　　合同负债　　　　　　 4 128.44

2017年,因客户兑换积分而确认的收入金额 = 4 128.44/4 500×3 000 = 2 752.29(元)。

借:合同负债　　　　　　　　2 752.29
　　贷:主营业务收入　　　　 2 752.29
借:主营业务成本　　　　　　 2 100
　　贷:库存商品　　　　　　 2 100

2018年预计2016年授予积分累计有4 800个被兑换,已经实际兑现4 600个,积分兑换收入 = 4 128.44/4 800×4 600 - 2 752.29 = 1 204.13(元)。

借:合同负债　　　　　　　　1 204.13
　　贷:主营业务收入　　　　 1 204.13
借:主营业务成本
　　　　　　　(3 200-2 100)1 100
　　贷:库存商品　　　　　　 1 100

至此,合同负债的余额 = 4 128.44 - 2 752.29 - 1 204.13 = 172.02(元)。

或:2018年还剩余200(4 800-4 600)个积分未被兑换,因此2018年年末"合同负债"账户的期末余额 = 4 128.44/4 800×200 = 172.02(元)。

(3)乙产品应分摊的交易价格 = 380/(80+320)×80 = 76(万元)。2018年11月1日的会计分录为:

借:合同资产　　　　　　　　76
　　贷:主营业务收入　　　　 76

借:主营业务成本　　　　　　 50
　　贷:库存商品　　　　　　 50

(4)丙产品应分摊的交易价格 = 380/(80+320)×320 = 304(万元);2018年12月31日丙产品的履约进度 = 150/200×100% = 75%,年末,丙产品应结转的成本金额 = 200×75% = 150(万元),应确认的收入金额 = 304×75% = 228(万元),选项A、B正确。

(5)预计退货率为5%,因此需要确认的预计负债金额 = 100×800×5% = 4 000(元)。

借:银行存款　　　　(100×800)80 000
　　贷:主营业务收入
　　　　　　　　(80 000×95%)76 000
　　　　预计负债　　(80 000×5%)4 000
借:主营业务成本
　　　　　　　　(60 000×95%)57 000
　　应收退货成本(60 000×5%)3 000
　　贷:库存商品　　(100×600)60 000

(6)事项(1),2017年因兑换积分确认收入的金额 = 4 128.44/4 500×3 000 = 2 752.29(元),2018年因兑换积分确认收入的金额 = 4 128.44 - 172.02 - 2 752.29 = 1 204.13(元),对2018年利润总额的影响 = 因兑换积分确认收入1 204.13 - 结转销售成本(3 200-2 100) = 104.13(元);

事项(2),对2018年利润总额的影响 = 甲产品销售收入4 500 000 - 成本3 600 000 - 预计法定保修费用4 500 000×1% = 855 000(元),延长保修服务暂不确认收入,待服务实际发生时才确认收入;

事项(3),对2018年利润总额的影响 = 乙产品销售收入760 000 - 乙产品成本500 000 + 丙产品根据履约进度确认收入2 280 000 - 丙产品根据履约进度结转成本1 500 000 = 1 040 000(元);

事项(4),对2018年利润总额的影响 = 丁产品确认销售收入800×100×(1-5%) - 结转主营业务成本600×100×(1-5%) = 19 000(元);

综上，以上四个事项对黄河公司2018年度利润总额的影响金额 = 104.13 + 855 000 + 1 040 000 + 19 000 = 1 914 104.13(元)。

2. (1)ABCE；(2)B；(3)C；(4)D；(5)C；(6)A

【解析】(1)当企业与客户之间的合同同时满足下列条件时，企业应当在客户取得相关商品控制权时确认收入：①合同各方已批准该合同并承诺将履行各自义务；②该合同明确了合同各方与所转让商品或提供劳务相关的权利和义务；③该合同有明确的与所转让商品相关的支付条款；④该合同具有商业实质；⑤企业因向客户转让商品而有权取得的对价很可能收回。选项D应为"很可能"。

(2)2019年6月30日，该工程的履约进度 = 900/3 000×100% = 30%。

(3)2019年6月30日，黄河公司确认的收入金额 = 4 800×30% = 1 440(万元)，合同结算价款为1 600万元，因此，黄河公司"合同结算"科目贷方余额 = 1 600 - 1 440 = 160(万元)。

借：合同履约成本　　　　　　　　900
　　贷：原材料等　　　　　　　　　　900
借：合同结算——收入结转　　　1 440
　　贷：主营业务收入　　　　　　　1 440
借：主营业务成本　　　　　　　　900
　　贷：合同履约成本　　　　　　　　900
借：应收账款　　　　　　　　　1 744
　　贷：合同结算——价款结算　　1 600
　　　　应交税费——应交增值税(销项税额)　　　(1 600×9%)144
借：银行存款　　　　　　　　　1 400
　　贷：应收账款　　　　　　　　　1 400

(4)2019年12月31日，该工程的履约进度 = 2 100/3 000×100% = 70%，黄河公司应确认收入金额 = 4 800×70% - 1 440 = 1 920(万元)。

借：合同履约成本　(2 100-900)1 200
　　贷：原材料等　　　　　　　　1 200
借：合同结算——收入结转　　　1 920
　　贷：主营业务收入　　　　　　　1 920
借：主营业务成本　　　　　　　1 200
　　贷：合同履约成本　　　　　　　1 200
借：应收账款　　　　　　　　　1 308
　　贷：合同结算——价款结算　　1 200
　　　　应交税费——应交增值税(销项税额)　　　(1 200×9%)108
借：银行存款　　　　　　　　　1 500
　　贷：应收账款　　　　　　　　　1 500

(5)2020年6月30日，黄河公司应确认主营业务成本金额 = 3 200 - 2 100 = 1 100(万元)。

借：合同履约成本
　　　　　　　　　　(3 200-2 100)1 100
　　贷：原材料等　　　　　　　　1 100
借：合同结算——收入结转　　　1 440
　　贷：主营业务收入
　　　　　　　　(4 800-4 800×70%)1 440
借：主营业务成本　　　　　　　1 100
　　贷：合同履约成本　　　　　　　1 100
借：应收账款　　　　　　　　　2 180
　　贷：合同结算——价款结算　　2 000
　　　　应交税费——应交增值税(销项税额)　　　(2 000×9%)180
借：银行存款　　　　　　　　　2 332
　　贷：应收账款　　　　　　　　　2 332

(6)对黄河公司利润总额的影响金额 = 4 800 - 3 200 = 1 600(万元)

同步训练 限时80分钟

扫我做试题

一、单项选择题

1. 关于收入的确认，下列表述不正确的是（ ）。
   A. 对于在合同开始日即满足收入确认条件的合同，企业在后续期间无须对其进行重新评估，除非有迹象表明相关事实和情况发生重大变化
   B. 对于在合同开始日不满足收入确认条件的合同，企业应当在后续期间对其进行持续评估，以判断其能否满足收入确认条件
   C. 企业在评估其因向客户转让商品而有权取得的对价是否很可能收回时，仅应考虑客户到期时支付的能力和意图
   D. 没有商业实质的非货币性资产交换，如果涉及资产的公允价值能够可靠计量，则需确认相关损益

2. 企业与同一客户同时订立的两份或多份合同，应当合并为一份合同进行会计处理的情况不包括（ ）。
   A. 该两份或多份合同基于同一商业目的而订立并构成一揽子交易
   B. 该两份或多份合同中的一份合同的对价金额取决于其他合同的定价或履行情况
   C. 该两份或多份合同中所承诺的商品构成单项履约义务
   D. 该两份或多份合同在一个月之内订立

3. 下列关于存在应付客户对价的情形的会计处理中，说法不正确的是（ ）。
   A. 企业应付客户对价超过向客户取得可明确区分商品公允价值的，超过金额应当冲减交易价格
   B. 向客户取得的可明确区分商品公允价值不能合理估计的，企业应当将应付客户对价全额冲减交易价格
   C. 企业应付客户对价是为了自客户取得其他可明确区分商品的，该应付客户对价应当冲减交易价格
   D. 在将应付客户对价冲减交易价格处理时，企业应当在确认相关收入与支付客户对价二者孰晚的时点冲减当期收入

4. 某大型超市乙与甲公司签订采购合同，合同规定：该大型超市乙一年内要向甲公司购买售价总额至少300万元的产品，同时甲公司需在合同开始时向乙公司支付15万元的不可退回款项，用作该超市更改货架的费用，以使货架适合放置甲公司产品。不考虑其他因素，则甲公司向乙公司支付的15万元的款项的处理，正确的是（ ）。
   A. 确认销售费用15万元
   B. 冲减销售收入15万元
   C. 确认财务费用15万元
   D. 确认预计负债15万元

5. 下列关于附有质量保证条款的销售履约义务识别叙述中，错误的是（ ）。
   A. 企业提供额外服务的，应当作为单项履约义务
   B. 客户没有选择权的质量保证条款中所规定的质量保证构成单项履约义务
   C. 客户能够选择单独购买质量保证的，该质量保证构成单项履约义务
   D. 企业应当考虑该质量保证是否为法定要求、质量保证期限以及企业承诺履行任务的性质等因素

6. 下列关于合同中存在重大融资成分处理的叙述中，不正确的是（ ）。
   A. 企业一般应当按照假定客户在取得商品控制权时以现金支付的应付金额确定交易价格

B. 企业一般应当按照客户在取得商品控制权时的应付总金额确定交易价格

C. 交易价格与合同对价之间的差额,一般应当在合同期间内采用实际利率法摊销

D. 合同开始日,企业预计客户取得商品控制权与客户支付价款间隔不超过一年的,可以不考虑合同中存在的重大融资成分

7. 企业向客户授予知识产权许可,并作为在某一时段内履行的履约义务确认相关收入时,企业需要考虑的因素中不包括的是( )。

   A. 合同要求或客户能够合理预期企业将从事对该项知识产权有重大影响的活动
   B. 该活动会导致向客户转让某项商品
   C. 该活动对客户将产生有利或不利影响
   D. 该活动不会导致向客户转让某项商品

8. 某健身房执行的会员政策为:月度会员300元,季度会员750元,年度会员3 000元,会员补差即可升级。某客户2×20年1月1日缴纳300元加入月度会员;2月1日补差450元,升级为季度会员。则第一季度该健身房各月应确认的收入额分别为( )。

   A. 300元,450元,0
   B. 250元,250元,250元
   C. 300元,225元,225元
   D. 300元,200元,250元

9. 2×20年1月1日,甲公司与乙公司签订一项销售合同,合同规定:甲公司向乙公司销售其生产的设备一台,价格为500万元,必须在交货后3年内支付,乙公司在合同开始时即获得该设备的控制权。该设备成本为300万元,现销价为450万元。假定不考虑相关税费,则甲公司发货时的会计处理中,正确的是( )。

   A. 确认合同资产500万元
   B. 确认主营业务收入500万元
   C. 确认主营业务成本300万元
   D. 确认财务收益50万元

10. 下列关于售后回购交易的会计处理中,不符合企业会计准则规定的是( )。

    A. 企业负有应客户要求回购商品义务的,客户具有行使该要求权重大经济动因的,企业应当将售后回购作为租赁交易或融资交易
    B. 企业因存在与客户的远期安排而负有回购义务或企业享有回购权利的,应当作为融资交易进行相应的会计处理
    C. 企业负有应客户要求回购商品义务的,客户不具有行使该要求权重大经济动因的,应当将其作为附有销售退回条款的销售交易
    D. 企业到期未行使回购权利的,应当在该回购权利到期时终止确认金融负债,同时确认收入

11. 下列关于附有销售退回条款的销售会计处理的叙述,不符合企业会计准则规定的是( )。

    A. 企业应当在客户取得相关商品控制权时,按照因向客户转让商品而预期有权收取的对价金额确认收入
    B. 企业按照预期因销售退回将退还的金额确认负债
    C. 按照所转让商品转让时的账面价值结转成本
    D. 企业应于每一资产负债表日重新估计未来销售退回情况

12. 甲公司和乙公司均为增值税一般纳税人,2×20年10月1日,甲公司向乙公司销售一批商品,增值税专用发票上注明销售价格为200万元,增值税额为26万元。该商品成本为160万元,商品已发出,款项已收到。协议规定,甲公司应在2×21年3月1日将所售商品购回,回购价为220万元(不含增值税额)。则上述事项减少甲公司2×20年营业利润的金额为( )万元。

    A. 200   B. 40
    C. 20   D. 12

13. 2×20年度，某商场销售各类商品共取得货款6 000万元，同时共授予客户奖励积分60万分，这部分奖励积分的公允价值为1元/分，该商场估计2×20年度授予的奖励积分将有90%使用。客户已购买商品的单独售价为6 000万元，每个积分的单独售价为1元。客户在2×20年没有兑换上述积分。假定不考虑增值税因素。该商场2×20年度应确认的收入总额是（　　）万元。

    A. 5 946.48　　　B. 6 045
    C. 6 050　　　　D. 6 060

14. 甲公司是一家汽车租赁公司，主要经营汽车租赁和代驾等服务。2×18年1月1日，甲公司与乙公司签订合同，每天为乙公司的员工提供班车服务。合同约定，乙公司每年向甲公司支付服务费20万元（假定该价格反映了合同开始日该项服务的单独售价）。2×19年12月31日，甲公司和乙公司双方对合同进行了变更，将2×20年的服务费调整为18万元（假定该价格反映了合同变更日该项服务的单独售价），同时以78万元的价格将合同期限延长5年（假定该价格不反映合同变更日该5年服务的单独售价），即未来6年内每年的服务费为16万元，于每年年初支付。假定不考虑增值税因素。甲公司对此事项进行的下列会计处理表述中，正确的是（　　）。

    A. 2×18年和2×19年，每年确认收入20万元
    B. 甲公司将该合同变更部分作为单独合同进行会计处理
    C. 2×20年确认的收入为18万元
    D. 2×21年确认的收入为15.6万元

15. 下列关于合同折扣的说法及会计处理不符合企业会计准则规定的是（　　）。

    A. 企业应当在各单项履约义务之间按比例分摊
    B. 合同折扣，是指合同中各单项履约义务所承诺商品的单独售价之和高于合同交易价格的金额
    C. 合同折扣仅与合同中一项或多项履约义务相关，且企业采用余值法估计单独售价的，应当首先采用余值法估计单独售价，然后在该项或多项履约义务之间分摊合同折扣
    D. 有确凿证据表明合同折扣仅与合同中一项或多项履约义务相关的，企业应当将该合同折扣分摊至相关一项或多项履约义务

16. 下列与合同成本有关的资产减值的表述中，错误的是（　　）。

    A. 合同成本的账面价值高于企业因转让与该资产相关的商品预期能够取得的剩余对价的，应计提减值
    B. 减值因素发生变化的，满足条件后可转回原计提的资产减值准备
    C. 企业测试资产组的减值情况时，应当将与合同成本有关的资产减值后的新账面价值计入相关资产组的账面价值
    D. 确定合同成本减值损失时，应先确定其他资产的减值损失，后确定合同成本的减值损失

17. 企业取得的与收益相关的政府补助如果用于补偿企业以后期间发生的相关费用或损失的，应在取得时确认为（　　）。

    A. 递延收益　　　B. 营业外收入
    C. 其他业务收入　D. 资本公积

18. 工业企业发生的下列经济业务中，不应计入财务费用的是（　　）。

    A. 支付的银行承兑汇票手续费
    B. 不附追索权的应收票据贴现息
    C. 给予购货方的商业折扣
    D. 计提的带息应付票据利息

19. 甲公司2×20年度发生的有关交易或事项如下：（1）因自然灾害发生固定资产毁损净损失1 200万元；（2）因会计政策变更调减年初留存收益560万元；（3）持有的交易性金融资产公允价值上升60万元；

(4)处置投资性房地产结转其他综合收益50万元；(5)因相关减值因素消失而转回存货跌价准备85万元。假定不考虑其他因素，上述交易或事项对甲公司2×20年度营业利润的影响是( )万元。

A. 110　　　　B. 145
C. 195　　　　D. 545

二、多项选择题

1. 判断合同成立与否时，企业与客户之间的合同必须同时满足的条件有( )。
   A. 企业与客户已经签订正式的书面合同
   B. 该合同明确了合同各方与所转让商品或提供劳务相关的权利和义务
   C. 合同各方已批准该合同并承诺将履行各自义务
   D. 企业因向客户转让商品而有权取得的对价很可能收回
   E. 该合同有明确的与所转让商品相关的支付条款，且该合同具有商业实质

2. 下列关于企业合同变更会计处理的叙述正确的有( )。
   A. 合同变更是指经合同各方批准对原合同范围或价格作出的变更
   B. 合同变更增加了可明确区分的商品及合同价款，且新增合同价款反映了新增商品单独售价的，应当将该合同变更部分作为一份单独的合同进行会计处理
   C. 新增合同价款不能反映新增商品单独售价，在合同变更日已转让的商品与未转让的商品之间可明确区分的，应当视为原合同终止，同时，将原合同未履约部分与合同变更部分合并为新合同进行会计处理
   D. 合同变更日已转让的商品与未转让的商品之间不可明确区分的，应当将该合同变更部分作为原合同的组成部分进行会计处理，由此产生的对已确认收入的影响，应当在合同变更日进行追溯调整
   E. 合同变更日已转让的商品与未转让的商品之间不可明确区分的，应当将该合同变更部分作为原合同的组成部分进行会计处理，由此产生的对已确认收入的影响，应当在合同变更日调整当期收入

3. 企业在客户取得相关商品控制权时确认收入，下列各情形中，属于客户取得商品控制权的有( )。
   A. 客户拥有现时权利，能够主导该商品的使用并从中获得几乎全部经济利益
   B. 客户有能力主导该商品的使用
   C. 只能自己使用，不能用该商品作抵押
   D. 能够获得商品几乎全部的经济利益
   E. 商品已经运抵客户仓库，但企业尚无法客观地确定该商品是否符合合同规定的条件

4. 对于在某一时点履行的履约义务，企业应当在客户取得相关商品控制权时确认收入，在判断客户是否取得商品的控制权时，企业应当考虑的迹象有( )。
   A. 客户已拥有该商品的法定所有权
   B. 客户就该商品负有现时付款义务
   C. 客户已接受该商品
   D. 客户已取得该商品所有权上的主要风险和报酬
   E. 企业已与客户签订购销合同

5. 下列情形表明企业向客户转让该商品的承诺与合同中其他承诺不可单独区分的有( )。
   A. 企业需提供重大的服务以将该商品与合同中承诺的其他商品整合成合同约定的组合产出转让给客户
   B. 该商品将对合同中承诺的其他商品予以重大修改或定制
   C. 该商品与合同中承诺的其他商品需要开在同一张增值税发票中
   D. 该商品与合同中承诺的其他商品具有高度关联性
   E. 该商品与合同中承诺的其他商品有相互独立的销售价格

6. A公司为一家电器生产企业，生产销售电器的同时也提供电器的售后维修服务，公司服务协议约定，售出电器如果因产品自

身质量问题出现需要维修事项的,则提供免费修理;如果因为客户使用不当引起的需要维修事项的,则需要客户支付相应的维修服务费。2×20 年为促进某空调的销售,A 公司在销售的同时,约定免费提供一年的维修服务,该维修服务既包括自身质量问题的修理,也包括非自身质量问题的修理。下列关于 A 公司会计处理的表述,不正确的有( )。

A. 如果这两项维修服务可以合理地区分,A 公司因空调自身质量问题提供的维修服务,需要作为单项履约义务进行会计处理

B. 如果这两项服务可以合理地区分,A 公司因空调自身质量问题提供的维修服务,应在销售发生时按照预计很可能支出的服务费用确认一项负债

C. 如果这两项服务可以合理地区分,A 公司因客户人为原因提供的维修服务,应在销售发生时按照交易价格和商品与服务的单独售价比例,分别分摊确认商品销售和服务的收入

D. 如果 A 公司这两个维修服务无法合理地区分,应当将这两类质量保证一起作为单项履约义务进行会计处理

E. 如果 A 公司这两个维修服务无法合理地区分,应当将这两类质量保证一起作为或有事项进行会计处理

7. 2×20 年 6 月 6 日,甲公司与乙公司签订合同,向乙公司销售其自产的 X、Y、Z 三种不同型号设备,合同总价款为 370 万元,这三种设备构成三项单项履约义务。甲公司经常单独出售 X 设备,其可直接观察的单独售价为 220 万元。Y 设备和 Z 设备的单独售价不可直接观察,甲公司采用市场调整法估计 Y 设备的单售价为 110 万元,采用成本加成法估计 Z 设备的单独售价为 80 万元。甲公司经常将 Y 设备和 Z 设备组合在一起出售,出售价款为 150 万元。假定不考虑增值税等因素,甲公司对此业务进行的下列会计处理中,正确的有( )。(计算结果保留两位小数)

A. 应当将三项义务合并为一项义务处理

B. 合同折扣 40 万元应由三项设备共同分摊

C. Y 设备应分摊的交易价格为 86.84 万元

D. Z 设备应分摊的交易价格为 63.16 万元

E. X 设备应分摊的交易价格为 220 万元

8. 2×20 年 6 月,甲公司向乙公司销售一批货物,销售价款为 20 万元,当月甲公司确认了相关销售收入。2×20 年 10 月,乙公司在使用过程中发现该批货物不符合规定标准,遂要求甲公司以 10 万元的价格购买乙公司的一批办公耗材,甲公司同意了乙公司的要求。上述价格均不包含增值税。甲公司 10 月的会计处理正确的有( )。

A. 若该批耗材的公允价值无法估计,甲公司不冲减当期销售收入

B. 若该批耗材的公允价值为 5 万元,甲公司应当冲减当期收入 5 万元

C. 若该批耗材的公允价值为 5 万元,甲公司取得后入账价值也为 5 万元

D. 若该批耗材的公允价值无法估计,甲公司冲减当期销售收入 10 万元

E. 若该批耗材的公允价值无法估计,甲公司冲减前期销售收入 20 万元

9. 泰山公司以每件 220 元的价格销售 50 件 A 产品,收到 11 000 元的货款。按照销售合同,客户可以在 20 天内退回任何没有损坏的产品并得到全额现金退款。每件 A 产品的成本为 150 元。泰山公司预计会有 3 件(即 6%)A 产品被退回,而且即使估算发生后续变化,也不会导致大量收入的转回。泰山公司预计收回 A 产品的成本不会太大,并认为再次出售 A 产品时还能获得利润,假设不考虑相关税费。下列关于泰山公司上述业务的会计处理正确的有( )。

A. 依据实际收取的货款金额确认收入 11 000 元

B. 依据预计有权获得的对价金额确认收入10 340元
C. 按照预计退回的部分确认负债660元
D. 依据预计不会退回的数量结转营业成本7 050元
E. 预计退货收回A产品的权利确认资产660元

10. 下列各项中，应记入"管理费用"科目的有（　）。
    A. 自然灾害造成的在产品毁损净损失
    B. 保管中发生的产成品超定额损失
    C. 自然灾害造成的原材料毁损净损失
    D. 以存货抵债的债务重组中债务人所确认的净损益
    E. 筹建期的开办费

11. 下列各项，在"销售费用"科目中核算的有（　）。
    A. 发生的业务招待费
    B. 销售产品延期交货致使购货方提起诉讼，法院判决应付的赔偿款
    C. 随同产品出售不单独计价的包装物成本
    D. 因销售商品发生的保险费
    E. 专设销售机构发生的不满足固定资产确认条件的固定资产大修理费

12. 下列各项中，通过"营业外支出"科目核算的有（　）。
    A. 处置债权投资的净损失
    B. 报废无形资产发生的净损失
    C. 工程物资在建设期发生的毁损净损失
    D. 以公允价值为基础计量的非货币性资产交换中，换出固定资产的损失
    E. 因未按时纳税缴纳产生的滞纳金

13. 甲企业2×20年发生如下交易或事项：(1)存货盘盈净收益10万元；(2)权益法核算下初始投资成本大于应享有的被投资单位可辨认净资产公允价值份额的差额50万元；(3)在建工程建设期间发生的工程物资盘亏损失20万元；(4)因自然灾害造成存货短缺净损失30万元；

(5)固定资产报废净损失100万元。根据上述资料，不考虑其他因素，下列说法正确的有（　）。
A. 甲企业2×20年因上述交易或事项而确认的营业外收入金额为0
B. 甲企业2×20年因上述交易或事项而确认的营业外支出金额为130万元
C. 甲企业2×20年因上述交易或事项而确认的营业外收入金额为10万元
D. 甲企业2×20年因上述交易或事项而确认的营业外支出金额为150万元
E. 甲企业2×20年因上述交易或事项对营业利润的影响为10万元

14. 下列会计事项中，可能影响企业利润表中营业利润的有（　）。
    A. 技术研究阶段发生的研究人员工资
    B. 计提存货跌价准备
    C. 对外出租投资性房地产获得的收入
    D. 出售固定资产取得的净收益
    E. 盘盈的固定资产

三、计算题

甲股份有限公司（以下简称"甲公司"）为上市公司，主要从事家用电器的生产和销售，产品销售价格为公允价格。2×20年，甲公司由于受国际金融危机的影响，出口业务受到了较大冲击。为应对金融危机，甲公司积极开拓国内市场，采用多种销售方式增加收入。2×20年度，甲公司有关销售业务及其会计处理如下（不考虑增值税等相关税费）：

(1) 2×20年6月30日，甲公司与乙公司签订销售合同，以800万元价格向乙公司销售一批B产品；同时签订补充合同，约定甲公司应于2×20年11月30日以810万元的价格将该批B产品购回。B产品并未发出，款项已于当日收存银行。该批B产品成本为650万元。11月30日，甲公司从乙公司购回该批B产品，同时支付有关款项。

(2) 2×20年12月1日，甲公司委托丙公

司销售 D 产品 1 000 台，商品已经发出，每台成本为 0.4 万元。合同约定：甲公司委托丙公司按每台 0.6 万元的价格对外销售 D 产品，并按销售价格的 10% 向丙公司支付劳务报酬。2×20 年 12 月 31 日，甲公司收到丙公司交来的代销清单，代销清单列明已销售代销的 D 产品 500 台。

(3)2×20 年 12 月 31 日，甲公司与丁公司签订销售合同，采用分期收款方式向丁公司销售一批 E 产品，合同约定销售价格是 4 000 万元，从 2×20 年 12 月 31 日起分 5 年于次年的 12 月 31 日等额收取。该批 E 产品的成本为 3 000 万元。如果采用现销方式，该批 E 产品销售价格为 3 400 万元。甲公司采用实际利率法摊销未实现融资收益，假定年实际利率为 6%。

根据上述资料，回答下列问题：

(1) 上述经济业务对甲公司 2×20 年度营业利润的影响额为( )万元。

A. 500　　　　　B. 620

C. 460　　　　　D. 490

(2) 根据上述资料，下列说法错误的是( )。

A. 业务(1) 2×20 年应确认财务费用 10 万元

B. 业务(2) 2×20 年应确认主营业务收入 270 万元

C. 业务(2) 2×20 年年末应确认主营业务收入 300 万元、主营业务成本 200 万元以及销售费用 30 万元

D. 业务(3) 销售当日应确认未实现融资收益 600 万元

(3) 上述经济业务对甲公司 2×20 年度营业收入的影响额为( )万元。

A. 3 700　　　　B. 3 800

C. 4 500　　　　D. 5 200

(4) 上述经济业务对甲公司 2×20 年度期间费用的影响额为( )万元。

A. 88　　　　　B. 30

C. 10　　　　　D. 40

同步训练答案及解析

一、单项选择题

1. D 【解析】没有商业实质的非货币性资产交换，无论何时，均不应确认收入。

2. D 【解析】企业与同一客户同时订立或在相近时间内先后订立的两份或多份合同，在满足下列条件之一时，应当合并为一份合同进行会计处理：①该两份或多份合同基于同一商业目的而订立并构成一揽子交易。②该两份或多份合同中的一份合同的对价金额取决于其他合同定价或履行情况。③该两份或多份合同中所承诺的商品（或每份合同中所承诺的部分商品）构成单项履约义务。选项 D 不是应当进行合同合并的情况。

3. C 【解析】企业存在应付客户对价的，一般应当将该应付对价冲减交易价格，但应付客户对价是为了自客户取得其他可明确区分商品的除外。

4. B 【解析】甲公司支付的 15 万元并非为获取单独可区分的商品，且不享有改造货架的控制权，因此甲公司应将其作为后续商品销售收入的抵减项。

5. B 【解析】客户没有选择权的质量保证条款中所规定的质量保证属于保证性质保，不构成单项履约义务，选项 B 不正确。

6. B 【解析】按照收入准则的相关规定，合同中存在重大融资成分的，企业一般应当按照假定客户在取得商品控制权时即以现金支付的应付金额确定交易价格，选项 B 不正确。

7. B 【解析】企业向客户授予知识产权许可，同时满足下列条件时，应当作为在某一时段内履行的履约义务确认相关收入，否则，应当作为在某一时点履行的履约义

务确认相关收入：①合同要求或客户能够合理预期企业将从事对该项知识产权有重大影响的活动；②该活动对客户将产生有利或不利影响；③该活动不会导致向客户转让某项商品。选项 B 不属于应当考虑的因素。

8. D 【解析】1月确认的收入：300 元；2 月确认的收入 = 750/3×2 – 300 = 200（元），3 月确认的收入 = 750 – 300 – 200 = 250（元）。

9. C 【解析】企业采用分期收款方式销售商品时，如果延期收取的货款具有融资性质，其实是企业向购货方提供的一种信贷。在满足收入确认条件时，企业应当按照应收的合同或协议价款的公允价值确定收入的金额，应收的合同或协议价款的公允价值，通常应当按照其未来现金流量现值或商品现销价格计算确定，所以甲公司应确认的主营业务收入为 450 万元。

10. B 【解析】企业因存在与客户的远期安排而负有回购义务或企业享有回购权利的，表明客户在销售时点并未取得相关商品控制权，企业应当作为租赁交易或融资交易进行相应的会计处理，其中，回购价格低于原售价的，应当视为租赁交易，选项 B 不正确。

11. C 【解析】企业按照预期将退回商品转让时的账面价值，扣除收回该商品预计发生的成本（包括退回商品的价值减损）后的余额，确认为一项资产，按照所转让商品转让时的账面价值，扣除上述资产成本的净额结转成本，选项 C 不正确。

12. D 【解析】销售方负有回购义务，且回购价格高于售价，所以应当视为融资交易进行处理。回购价格大于原售价的差额，企业应在回购期间（5 个月）按期计提利息，计入财务费用。因此影响 2×20 年营业利润的金额就是计入财务费用的金额，即 12 万元[（220 – 200）/5×3]。

13. A 【解析】根据题目资料，2×20 年度应确认的收入总额 = 6 000×[6 000/（6 000 + 60×90%）] = 5 946.48（万元）。

14. A 【解析】选项 B，合同变更日，由于新增的 5 年班车服务的价格不能反映该项服务在合同变更时的单独售价，因此，该合同变更不能作为单独的合同进行会计处理，由于在剩余合同期间需提供的服务与已提供的服务是可明确区分的，因此甲公司应当将该合同变更作为原合同终止，同时将原合同中未履约的部分与合同变更合并为一份新合同进行会计处理；新合同的合同期限为 6 年，对价 = 78 + 18 = 96（万元），因此，新合同下甲公司每年确认的收入 = 96/6 = 16（万元）；选项 C、D 均不正确。

15. C 【解析】合同折扣仅与合同中一项或多项（而非全部）履约义务相关，且企业采用余值法估计单独售价的，应当首先在该一项或多项（而非全部）履约义务之间分摊合同折扣，然后采用余值法估计单独售价，选项 C 不正确。

16. A 【解析】选项 A，合同履约成本和合同取得成本的账面价值高于下列两项的差额的，超出部分应当计提减值准备，并确认为资产减值损失：①企业因转让与该资产相关的商品预期能够取得的剩余对价；②为转让该相关商品估计将要发生的成本。

17. A 【解析】企业取得的与收益相关的政府补助，如果用于补偿企业以后期间的相关费用或损失的，在取得时确认为递延收益，并在以后确认相关费用的期间将递延收益转入当期损益或冲减成本费用。

18. C 【解析】选项 C，商业折扣是对商品价格而言的，与财务费用无关。

19. C 【解析】上述交易或事项对甲公司 2×20 年度营业利润的影响 = 60 + 50 + 85 = 195（万元），事项（1）计入营业外支出，不影响营业利润，事项（2）不涉及损益类科目，不影响营业利润。

二、多项选择题

1. BCDE 【解析】当企业与客户之间的合同同时满足下列条件时，企业应当在客户取得相关商品控制权时确认收入：①合同各方已批准该合同并承诺将履行各自义务；②该合同明确了合同各方与所转让商品或提供劳务相关的权利和义务；③该合同有明确的与所转让商品相关的支付条款；④该合同具有商业实质，即履行该合同将改变企业未来现金流量的风险、时间分布或金额；⑤企业因向客户转让商品而有权取得的对价很可能收回。

2. ABCE 【解析】《企业会计准则——收入》所称合同变更，是指经合同各方批准对原合同范围或价格出的变更。企业应当区分下列三种情形对合同变更分别进行会计处理：①合同变更增加了可明确区分的商品及合同价款，且新增合同价款反映了新增商品单独售价的，应当将该合同变更部分作为一份单独的合同进行会计处理；②合同变更不属于①所规定的情形，且在合同变更日已转让的商品或已提供的服务与未转让的商品或未提供的服务之间可明确区分的，应当视为原合同终止，同时，将原合同未履约部分与合同变更部分合并为新合同进行会计处理；③合同变更不属于①所规定的情形，且在合同变更日已转让的商品与未转让的商品之间不可明确区分的，应当将该合同变更部分作为原合同的组成部分进行会计处理，由此产生的对已确认收入的影响，应当在合同变更日调整当期收入。

3. ABD 【解析】选项C，不能表明客户对商品具有控制权。选项E，在客户验收之前，企业不能认为已经将该商品的控制权转移给了客户。

4. ABCD 【解析】在判断客户是否已取得商品控制权时企业应当考虑下列迹象：
   （1）企业就该商品享有现时收款权利，即客户就该商品负有现时付款义务。
   （2）企业已将该商品的法定所有权转移给客户，即客户已拥有该商品的法定所有权。
   （3）企业已将该商品实物转移给客户，即客户已实物占有该商品。
   （4）企业已将该商品所有权上的主要风险和报酬转移给客户，即客户已取得该商品所有权上的主要风险和报酬。
   （5）客户已接受该商品。
   （6）其他表明客户已取得商品控制权的迹象。

5. ABD 【解析】下列情形通常表明企业向客户转让该商品的承诺与合同中其他承诺不可单独区分：①企业需提供重大的服务以将该商品与合同中承诺的其他商品整合成合同约定的组合产出转让给客户。②该商品将对合同中承诺的其他商品予以重大修改或定制。③该商品与合同中承诺的其他商品具有高度关联性。选项A、B、D正确。

6. ACE 【解析】选项A，应作为或有事项处理，不构成单项履约义务；选项C，应在销售发生时按照交易价格和商品与服务的单独售价比例进行分摊，并在各项履约义务履行时分别确认收入，即提供的服务不能直接在销售时确认收入，在后续提供服务时才能确认收入；选项E，无法合理区分的，应当将这两类质量保证一起作为单项履约义务进行会计处理。

7. CDE 【解析】X、Y、Z设备的单独售价合计＝220＋110＋80＝410（万元），而该合同的合同价格为370万元，因此合同折扣＝410－370＝40（万元）。X设备销售的价格与其单独的售价一致，而Y和Z设备组合在一起的销售价格为150万元，该价格与其单独售价的差额也是40万元，因此说明该合同的合同折扣仅应归属于Y设备和Z设备。因此X设备的交易价格为220万元，Y设备的交易价格＝150×110/（110＋

80)=86.84(万元),Z设备的交易价格=150×80/(110+80)=63.16(万元)。

8. BCD 【解析】企业应付客户对价超过向客户取得可明确区分商品公允价值的,超过金额应当冲减交易价格。向客户取得的可明确区分商品公允价值不能合理估计的,企业应当将应付客户对价全额冲减交易价格,因此若该批耗材的公允价值无法估计,甲公司应冲减当期销售收入10万元,选项A和E不正确。

9. BCD 【解析】对于收入应当按照预计有权获得的对价金额10 340元[220×(50-3)]进行确认,对于退货收回A产品的权利确认为一项资产,金额为450元(150×3),选项A、E不正确。

10. BE 【解析】选项A、C计入营业外支出。

11. CDE 【解析】选项A,应计入管理费用;选项B,应计入营业外支出。

12. BE 【解析】选项A,应计入投资收益;选项C,应计入在建工程;选项D,计入资产处置损益。

13. ABE 【解析】事项(1)冲减管理费用;事项(2)本质上为商誉,不作账务处理,需作备查登记;事项(3)计入在建工程成本;事项(4)(5)确认营业外支出。所以确认的营业外收入=0;确认的营业外支出=30+100=130(万元)。因事项(1)冲减管理费用,那么对营业利润的影响为10万元。

14. ABCD 【解析】选项A,无形资产研究阶段发生的支出,发生时记入"研发支出——费用化支出",当期期末转入管理费用,影响营业利润;选项B,计入资产减值损失,影响营业利润;选项C,计入其他业务收入,影响营业利润;选项D,计入资产处置损益,影响营业利润;选项E,作为前期会计差错处理,通过"以前年度损益调整"科目核算,不影响营业利润。

三、计算题

(1)C;(2)B;(3)A;(4)D。

【解析】(1)2×20年营业利润=-10(业务1)+(300-200-30)(业务2)+(3 400-3 000)(业务3)=460(万元)。

(2)业务(1)属于具有融资性质的售后回购,收到的款项应确认为负债;回购价格大于原售价的差额,应在回购期间按期计提利息,计入财务费用。那么该项业务2×20年应确认的财务费用=(810-800)÷5×5=10(万元)。

业务(2),2×20年年末收到丙公司交来的代销清单时,确认主营业务收入300万元、结转主营业务成本200万元,并同时确认30万元的销售费用。

业务(3)为具有融资性质的分期收款销售商品,销售当日确认主营业务收入3 400万元、结转主营业务成本3 000万元,同时将3 400万元与合同约定销售价格的4 000万元之间的差额600万元确认为未实现融资收益,在合同约定收款期间内按实际利率法进行摊销,当年不需要摊销。

(3)2×20年确认收入=300(业务2)+3 400(业务3)=3 700(万元)。

(4)2×20年确认的期间费用=10(业务1)+30(业务2)=40(万元)。

本章知识串联

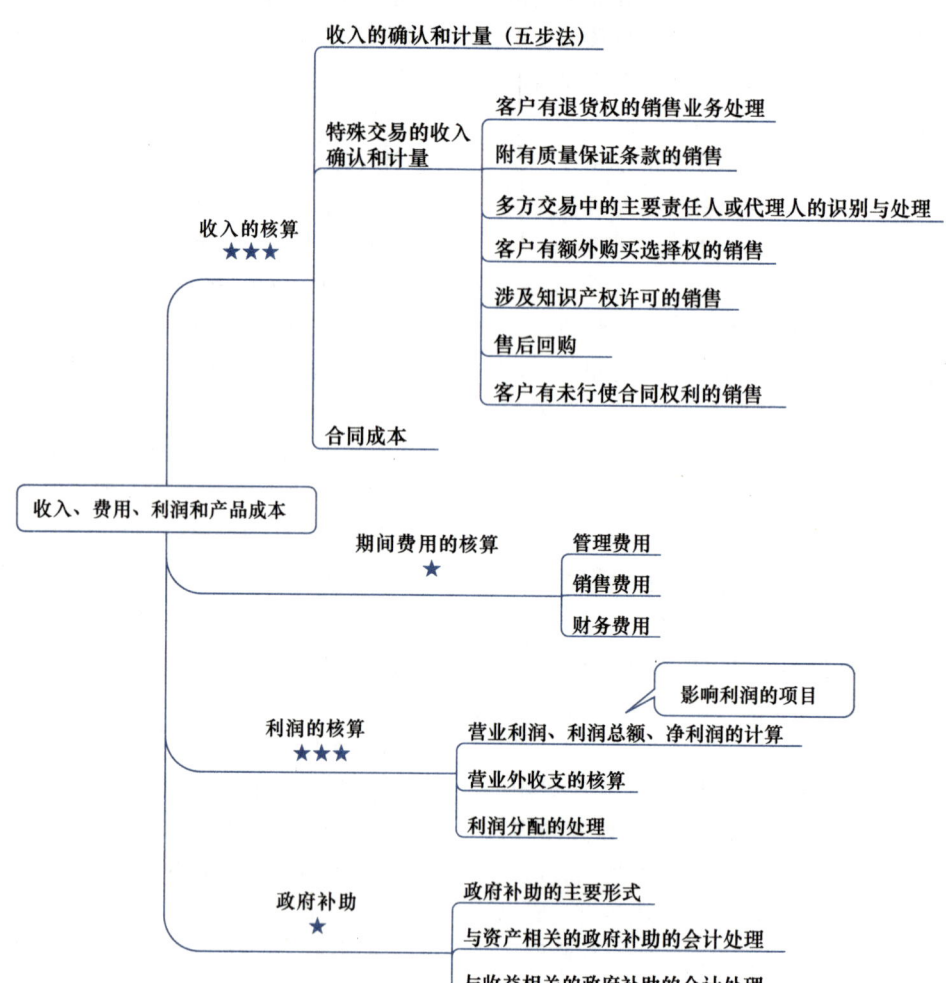

第16章 所得税

考情解密

历年考情概况
本章属于重点章节，往年主要考查了暂时性差异、递延所得税的确认与计量、所得税费用的确认与计量等知识点。考试中，各种题型均可能涉及，近年平均分值为12分。

近年考点直击

考点	主要考查题型	考频指数	考查角度
暂时性差异	单选题、多选题、综合题	★★★	(1)暂时性差异类别的判断； (2)暂时性差异金额的计算； (3)无形资产加计摊销是否属于暂时性差异
递延所得税的确认与计量	单选题、综合题	★★★	(1)递延所得税资产表述的判断； (2)递延所得税资产(负债)的计算
所得税费用的确认与计量	多选题、综合题	★★★	(1)所得税费用会计处理表述的判断； (2)所得税费用金额的计算

本章2021年考试主要变化
本章考试内容无实质性变动。

考点详解及精选例题

核心考点1　所得税核算流程

扫我解疑难

采用资产负债表债务法核算所得税的情况下，企业一般应于每一资产负债表日进行所得税核算。发生特殊交易或事项时，如企业合并，在确认因交易或事项产生的资产、负债时即应确认相关的所得税影响。

一、确认应交所得税

按照适用的税法规定计算确定当期应纳税所得额，将**应纳税所得额**与适用的所得税税率计算的结果确认为当期应交所得税，作为利润表中应予确认的所得税费用中的当期所得税部分。

二、确认递延所得税(见图16-1)

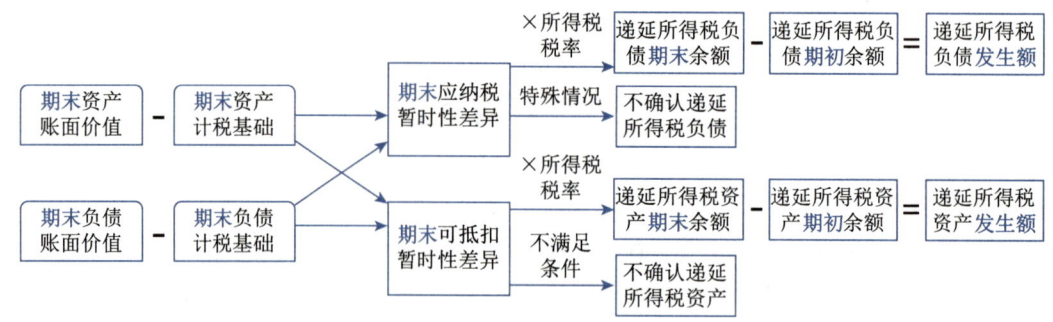

图16-1 确认递延所得税

(一)确定资产、负债的账面价值

按照相关企业会计准则规定,确定资产负债表中除递延所得税资产和递延所得税负债以外的其他资产和负债项目的账面价值。

(二)确定资产、负债的计税基础

按照企业会计准则中对于资产和负债计税基础的确定方法,以适用的税收法规为基础,确定资产负债表中有关资产、负债项目的计税基础。

(三)确定递延所得税费用

(1)比较资产、负债的账面价值与其计税基础,对于两者之间存在差异的,分别确认应纳税暂时性差异与可抵扣暂时性差异;

(2)对暂时性差异分析其性质,除企业会计准则中规定的特殊情况外,分别确定该资产负债表日递延所得税负债和递延所得税资产的应有金额;

(3)与期初递延所得税负债和递延所得税资产的余额相比,确定当期应予进一步确认的递延所得税资产和递延所得税负债金额或应予转销的金额,作为构成利润表中所得税费用的递延所得税费用(或收益)。

三、确认所得税费用

利润表中的所得税费用包括**当期所得税**和**递延所得税**两个组成部分。企业在确定当期所得税和递延所得税后,两者之和(或之差),即为利润表中的所得税费用。

核心考点2 计税基础与暂时性差异

扫我解疑难

一、资产、负债的计税基础★★

(一)资产的计税基础及其确定

资产的计税基础,是指企业收回资产账面价值的过程中,计算应纳税所得额时按照税法可以自应税经济利益中抵扣的金额,即某一项资产在未来期间计税时可以税前扣除的金额。

资产的计税基础=未来可税前列支的金额=资产成本-以前期间已税前列支的金额

(二)负债的计税基础及其确定

负债的计税基础,是指负债的账面价值减去未来期间计算应纳税所得额时按照税法规定可予抵扣的金额。

负债的计税基础=负债的账面价值-未来可税前列支的金额

【思路点拨】负债计税基础的确定关键是看税法规定以后期间能不能税前扣除,如不能税前扣除,则计税基础等于账面价值。比如,对于债务担保形成的预计负债。

二、暂时性差异★★★

暂时性差异是指资产或负债的账面价值与其计税基础之间的差额。

根据暂时性差异对**未来期间**应纳税所得额的影响,分为应纳税暂时性差异和可抵扣暂时性差异。常见的暂时性差异见图16-2。

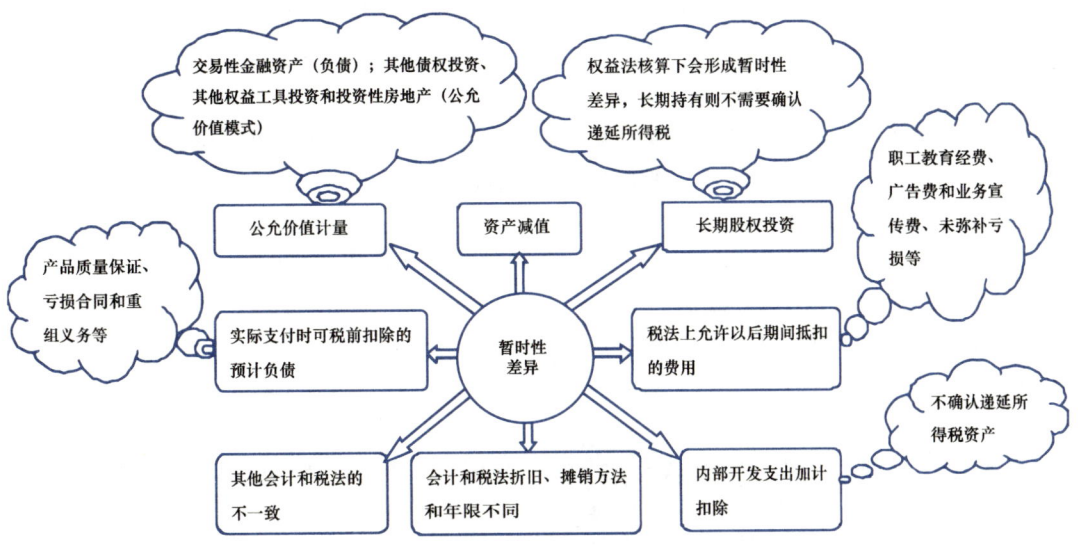

图16-2 常见的暂时性差异的情况

【思路点拨】(1) 对于内部研究开发形成的无形资产,企业会计准则规定有关研究开发支出应区分两个阶段,研究阶段的支出应当费用化计入当期损益,开发阶段符合资本化条件的支出应当资本化作为无形资产的成本;税法规定,企业开展研发活动中实际发生的研发费用,未形成无形资产计入当期损益的,在按规定据实扣除的基础上,按照实际发生额的一定比例(75%或100%等)在税前加计扣除;形成无形资产的,在上述期间按照无形资产成本的一定比例(175%或200%等)在税前摊销。考试时,题目条件会明确给出加计扣除比例,做题时严格按照题目条件给定的加计扣除比例处理即可。

如果该无形资产的确认不是产生于企业合并交易、同时在确认时既不影响会计利润也不影响应纳税所得额,则按照所得税会计准则的规定,不确认有关暂时性差异的所得税影响。

需要注意的是,这里只是不确认该暂时性差异的所得税影响,但存在着暂时性差异。

(2) 以公允价值计量且其变动计入其他综合收益的金融资产在会计上期末按公允价值计量,公允价值变动计入所有者权益(其他综合收益),税法上以成本计量,产生可抵扣暂时性差异或应纳税暂时性差异,但该差异在调整时,"递延所得税资产(负债)"科目所对应的科目不是"所得税费用"科目,而是"其他综合收益"科目。

(3) 采用公允价值模式后续计量的投资性房地产的所得税纳税规范并未有明确,本书暂时采用"比照固定资产或无形资产的规定计提折旧或摊销并税前扣除"这一观点。

(4) 企业发生的亏损,税法上允许在5年内以税前利润进行弥补,即该亏损在5年内可以抵扣各期的应纳税所得额,相应地会产生暂时性差异,此差异可定性为可抵扣暂时性差异。

【例题•单选题】甲企业2×20年为开发新技术发生研发支出共计800万元,其中研究阶段支出200万元,开发阶段不符合资本化条件的支出60万元,其余的均符合资本化条件。2×20年年末该无形资产达到预定可使用状态并确认为无形资产。根据税法规定,企业内部研发无形资产发生的研究开发费用,未形成无形资产计入当期损益的,在按照规定据实扣除的基础上,再按照研究开发费用的75%加计扣除;形成无形资产的,按照无形资产成本的175%摊销。假定该项无形资产在2×20年尚未摊销,则2×20年年末该项无形资产产生的暂时性差异为（　）万元。

  A. 130　　　　　　B. 260

  C. 405　　　　　　D. 370

解析 ▶ 无形资产研究开发过程中，研究阶段发生的支出应该予以费用化，开发阶段发生的支出符合资本化条件的应该予以资本化，所以无形资产账面价值＝800－200－60＝540（万元），无形资产计税基础为＝540×175%＝945（万元），暂时性差异金额＝945－540＝405（万元）。**答案** ▶ C

核心考点3　递延所得税的确认和计量

扫我解疑难

一、递延所得税负债（资产）的确认 ★★★

（一）递延所得税负债的确认

（1）除企业会计准则中明确规定可不确认递延所得税负债的情况以外，企业对于所有的应纳税暂时性差异均应确认相关的递延所得税负债。

除<u>直接计入所有者权益的交易或事项</u>以及<u>企业合并</u>外，在确认递延所得税负债的同时，应增加利润表中的<u>所得税费用</u>。

（2）除下列交易中产生的递延所得税负债以外，企业应当确认所有应纳税暂时性差异产生的递延所得税负债：

①商誉的初始确认；

②同时具有下列特征的交易中产生的资产或负债的初始确认：

  a. 该项交易不是企业合并；

  b. 交易发生时既不影响会计利润也不影响应纳税所得额；

  c. 所产生的资产、负债的初始确认金额与计税基础不同。

③企业对子公司、联营企业及合营企业投资相关的应纳税暂时性差异，应当确认相应的递延所得税负债。但是，同时满足下列条件的除外：

  a. 投资企业能够控制暂时性差异转回的时间；

  b. 该暂时性差异在可预见的未来很可能不会转回。

（二）递延所得税资产的确认

（1）确认的一般原则。

资产、负债的账面价值与其计税基础不同产生可抵扣暂时性差异的，在估计未来期间能够取得足够的应纳税所得额用以利用该可抵扣暂时性差异时，应当<u>以很可能取得用来抵扣可抵扣暂时性差异的应纳税所得额为限</u>，确认相关的递延所得税资产。

关于递延所得税资产的确认，需注意以下两点：

①有关的可抵扣暂时性差异产生于<u>直接计入所有者权益的交易或事项</u>，则确认的递延所得税资产也应计入<u>所有者权益</u>；

②企业合并时产生的可抵扣暂时性差异的所得税影响，应相应调整企业合并确认的商誉或应计入当期损益的金额。

（2）对与联营企业、合营企业的投资相关的可抵扣暂时性差异，同时满足下列条件的，应当确认相关的递延所得税资产：

①暂时性差异在可预见的未来很可能转回；

②未来很可能获得用来抵扣可抵扣暂时性差异的应纳税所得额。

（3）对于按照税法规定可以结转以后年度的<u>未弥补亏损</u>和<u>税款抵减</u>，应视同<u>可抵扣暂时性差异</u>处理。

（4）某些情况下，如果企业发生的某项交易或事项不是企业合并，并且交易发生时既不影响会计利润也不影响应纳税所得额，且该项交易中产生的资产、负债的初始确认金额与其计税基础不同，产生可抵扣暂时性差异的，企业会计准则中规定在交易或事项发生时不确认相应的递延所得税资产。

二、递延所得税负债（资产）的计量 ★★★

（一）基本原则

资产负债表日，对于递延所得税资产和递延所得税负债，应当根据税法规定，按照预期收回该资产或清偿该负债期间的适用税率计量：

递延所得税资产的期末余额=可抵扣暂时性差异期末余额×未来期间适用的所得税税率

递延所得税负债的期末余额=应纳税暂时性差异期末余额×未来期间适用的所得税税率

（二）对税率变化的考虑

适用税率发生变化的，应对已确认的递延所得税资产和递延所得税负债进行重新计量，除直接在所有者权益中确认的交易或事项产生的递延所得税资产和递延所得税负债以外，应当将其影响数计入变化当期的所得税费用。

（三）递延所得税资产的减值

在资产负债表日，企业应当对递延所得税资产的账面价值进行复核。如果未来期间很可能无法获得足够的应纳税所得额用以抵扣递延所得税资产的利益，应当减记递延所得税资产的账面价值。

递延所得税资产的账面价值因上述原因减记以后，继后期间根据新的环境和情况判断能够产生足够的应纳税所得额利用可抵扣暂时性差异，使得递延所得税资产包含的经济利益能够实现的，应相应恢复递延所得税资产的账面价值。

【思路点拨】企业确认的递延所得税资产和递延所得税负债均不需要折现。

核心考点4 所得税费用的核算

扫我解疑难

一、所得税费用的核算 ★★★

所得税费用=当期所得税费用+递延所得税费用

其中，当期所得税费用（应交所得税）=应纳税所得额×当期适用税率

应纳税所得额=利润总额-应纳税暂时性差异本期发生额+可抵扣暂时性差异本期发生额+(-)其他纳税调整事项

递延所得税费用=当期递延所得税负债的增加+当期递延所得税资产的减少-当期递延所得税负债的减少-当期递延所得税资产的增加

注：上述公式针对的是一般情形，不包括暂时性差异及递延所得税计入所有者权益的交易或事项及企业合并的影响等特殊情形。

【思路点拨】递延所得税资产或递延所得税负债确认的会计处理：

借：递延所得税资产
　　贷：所得税费用——递延所得税费用
　　　　其他综合收益

转回时则编制相反分录。

借：所得税费用——递延所得税费用
　　其他综合收益
　　贷：递延所得税负债

转回时则编制相反分录。

二、递延所得税的特殊处理 ★★（见表16-1）

表16-1 递延所得税的特殊处理

产生递延所得税的项目	处理规范
直接计入所有者权益的交易或事项	直接计入所有者权益的交易或事项中，相关的资产、负债的账面价值与计税基础之间形成的暂时性差异，应按照准则规定确认递延所得税资产或递延所得税负债，并计入其他综合收益或资本公积
企业合并	因企业合并产生的应纳税暂时性差异或可抵扣暂时性差异的影响，在确认递延所得税负债或递延所得税资产的同时，应调整商誉

续表

产生递延所得税的项目	处理规范
股份支付	（1）如果税法规定与股份支付相关的支出不允许税前扣除，则不形成暂时性差异。 （2）如果税法规定与股份支付相关的支出允许税前扣除，在按照会计准则规定确认成本费用的期间，企业应根据会计期末取得的信息估计可税前扣除的金额计算确定其计税基础及由此产生的暂时性差异，符合确认条件的情况下应当确认相关的递延所得税

『**总结**』（1）所得税费用的核算流程（见图16-3）：

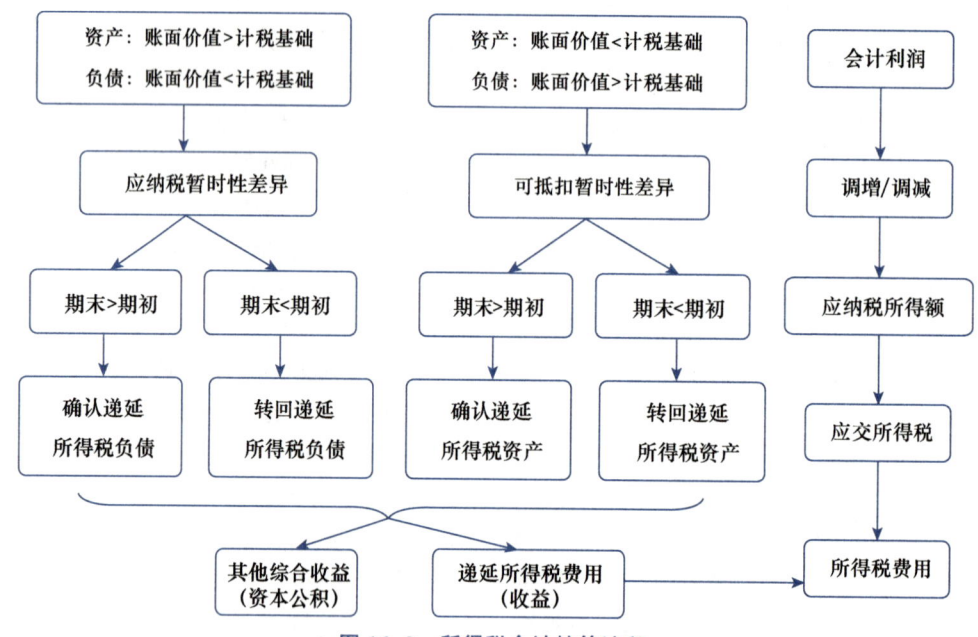

图16-3 所得税会计核算流程

（2）与递延所得税相关表述：

"递延所得税资产"的本期发生额＝当期可抵扣暂时性差异的变动额×所得税税率［假定不考虑预期税率变动等特殊情形］

"递延所得税资产"的余额＝该时点可抵扣暂时性差异余额×所得税税率

"递延所得税负债"的本期发生额＝当期应纳税暂时性差异的变动额×所得税税率［假定不考虑预期税率变动等特殊情形］

"递延所得税负债"的余额＝该时点应纳税暂时性差异余额×所得税税率

真题精练

一、单项选择题

1.（2020年）甲公司2019年内部研究开发支出共计500万元，其中研究阶段支出200万元，开发阶段支出300万元，且全部符合资本化条件。年末已达到预定用途，确认为无形资产（未摊销）。根据税法规定，企业研究开发未形成无形资产的费用按75%加计扣除；形成无形资产的，按照其成本的175%摊销。不考虑其他因素，则2019年年末甲公司开发形成的该无形资产的计税基础是（　　）万元。

A. 675　　　　B. 300
C. 725　　　　D. 525

2.（2018年）2016年1月1日，甲公司购入股票作为以公允价值计量且其变动计入其他综合收益的金融资产核算，购买价款为1 000万元，另支付手续费及相关税费4万元，2016年12月31日该项股票公允价值为1 100万元，若甲公司适用的企业所得税税率为25%，则甲公司下列表述中正确的是( )。

A. 金融资产计税基础为996万元
B. 应确认递延所得税资产24万元
C. 应确认递延所得税负债24万元
D. 金融资产入账价值为1 000万元

二、多项选择题

(2018年)企业当年发生的下列交易或事项中，可产生应纳税暂时性差异的有( )。

A. 购入使用寿命不确定的无形资产
B. 应交的罚款和滞纳金
C. 本期产生亏损，税法允许在以后5年内弥补
D. 年初交付管理部门使用的设备，会计上按年限平均法计提折旧，税法上按双倍余额递减法计提折旧
E. 期末以公允价值计量且其变动计入当期损益的金额负债公允价值小于其计税基础

三、综合分析题

1. (2018年)长江公司适用的企业所得税税率为25%，采用资产负债表债务法核算。2017年年初递延所得税资产、递延所得税负债期初余额均为0。2017年度长江公司实现利润总额1 500万元，预期未来期间能产生足够的应纳税所得额用以抵减当期确认的可抵扣暂时性差异。2017年度发生与暂时性差异相关的交易或事项如下：

(1) 7月1日，长江公司以银行存款300万元购入某上市公司股票，长江公司将其指定为以公允价值计量且其变动计入当期损益的金融资产。12月31日，该项金融资产的公允价值为460万元。

(2) 2017年年末，长江公司因产品销售计提产品质量保证费用150万元。

(3) 12月31日，长江公司将一项账面原值为3 000万元的自用办公楼转为投资性房地产对外出租。该办公楼预计可使用年限为20年。预计净残值为0。采用年限平均法计提折旧，转为对外出租前已使用6年，且未计提减值准备。转为投资性房地产后，预计能够持续可靠获得公允价值。采用公允价值模式进行后续计量，且12月31日的公允价值为2 250万元。

(4) 2017年年末，长江公司所持有的一项账面价值为900万元的固定资产经减值测试确定其预计未来现金流量现值为600万元，公允价值为750万元，预计发生的处置费用为60万元。

根据税法规定，资产在持有期间公允价值的变动不计入当期应纳税所得额。产品质量保证费用、资产减值损失在实际发生时准予在所得税前扣除。长江公司自用办公楼采用的折旧政策与税法规定相同。假定长江公司2017年度不存在其他会计与税法的差异。

根据上述资料，回答下列问题。

(1) 针对事项(3)，长江公司的会计处理中正确的有( )。

A. 借记"投资性房地产——成本"2 100万元
B. 贷记"其他综合收益"150万元
C. 贷记"公允价值变动损益"150万元
D. 借记"投资性房地产——成本"2 250万元

(2) 长江公司2017年度应交企业所得税为( )万元。

A. 425   B. 465
C. 615   D. 390

(3) 长江公司2017年度应确定递延所得税资产为( )万元。

A. 90.0   B. 115.0
C. 127.0   D. 37.5

(4) 长江公司2017年度应确认递延所得税

负债为( )万元。
A. 40.0　　　　B. 77.5
C. 115.0　　　　D. 37.5

(5)长江公司2017年度应确认所得税费用为( )万元。
A. 375.0　　　　B. 425.0
C. 412.5　　　　D. 337.5

(6)长江公司2017年度资产负债表中所有者权益总额净增加( )万元。
A. 1 225.0　　　　B. 1 237.5
C. 1 275.0　　　　D. 1 187.5

2.(2019年)黄山公司2018年适用的企业所得税税率为15%,所得税会计采用资产负债表债务法核算。2018年递延所得税资产、递延所得税负债期初余额均为0,2018年度利润表中利润总额为2 000万元,预计未来期间能够产生足够的应纳税所得额用以抵减当期确认的可抵扣暂时性差异。由于享受税收优惠政策的期限到期,黄山公司自2019年开始以及以后年度将适用企业所得税税率25%。

黄山公司2018年度发生的部分交易或事项如下:

(1)对2017年12月20日投入使用的一台设备采用双倍余额递减法计提折旧,该设备原值1 000万元,预计使用年限为5年,预计净残值为0。按照税法规定,该设备应采用年限平均法计提折旧。

(2)拥有长江公司有表决权股份的30%,采用权益法核算。2018年度长江公司实现净利润2 000万元,期末"其他综合收益"增加1 000万元。假设取得投资当日长江公司各项资产和负债的公允价值等于账面价值,双方采用的会计政策、会计期间相同。

(3)持有的一项账面价值为1 500万元的无形资产发生减值,年末经测试,预计该资产的可收回金额为1 000万元。

(4)全年发生符合税法规定的研发费用支出800万元,全部计入当期损益,享受研发费用加计扣除75%的优惠政策并已将相关资产留存备查。

(5)税务机关在9月纳税检查时发现黄山公司2017年度部分支出不符合税前扣除标准,要求黄山公司补缴2017年度企业所得税20万元(假设不考虑滞纳金及罚款)。黄山公司于次月补缴了相应税款,并作为前期差错处理。

假设黄山公司2018年度不存在其他会计和税法差异的交易或事项。

根据上述资料,回答下列问题。

(1)下列会计处理中,正确的是( )。
A. 对事项(2),应确认投资收益900万元
B. 对事项(1),2018年应计提折旧400万元
C. 对事项(5),应确认当期所得税费用20万元
D. 对事项(3),应确认资产减值损失500万元

(2)黄山公司2018年应确认的递延所得税资产为( )万元。
A. 175　　　　B. 105
C. 225　　　　D. 135

(3)黄山公司2018年度应确认的递延所得税负债为( )万元。
A. 105　　　　B. 225
C. 175　　　　D. 135

(4)黄山公司2018年度"应交税费——应交所得税"的贷方发生额为( )万元。
A. 245　　　　B. 225
C. 230　　　　D. 210

(5)黄山公司2018年度应确认的所得税费用为( )万元。
A. 185　　　　B. 250
C. 240　　　　D. 200

(6)与原已批准报出的2017年度财务报告相比,黄山公司2018年12月31日所有者权益净增加额为( )万元。
A. 2 050　　　　B. 2 020
C. 1 995　　　　D. 2 005

真题精练答案及解析

一、单项选择题

1. D 【解析】无形资产的计税基础 = 300×175% = 525(万元)。

2. C 【解析】金融资产的入账价值 = 1 000+4 = 1 004(万元)。年末，账面价值为1 100万元，计税基础不变，为1 004万元，形成的应纳税暂时性差异额 = 1 100-1 004 = 96(万元)，应确认的递延所得税负债 = 96×25% = 24(万元)。

二、多项选择题

ADE 【解析】选项A，会计上不计提摊销，而税法上计提摊销，所以会导致无形资产的账面价值大于计税基础，形成应纳税暂时性差异。选项B，属于永久性差异。选项C，属于可抵扣暂时性差异。选项D，会计角度计提的折旧金额比税法角度少，所以使得资产的账面价值比计税基础大，形成应纳税暂时性差异。

三、综合分析题

1. (1)BD；(2)A；(3)A；(4)B；(5)A；(6)B。

【解析】(1)分录如下：
借：投资性房地产——成本   2 250
　　累计折旧   (3 000/20×6)900
　　贷：固定资产   3 000
　　　　其他综合收益   150

(2)事项(1)：形成应纳税暂时性差异额 = 460-300 = 160(万元)，应确认递延所得税负债 = 160×25% = 40(万元)。

事项(2)：形成可抵扣暂时性差异额150万元，应确认的递延所得税资产 = 150×25% = 37.5(万元)。

事项(3)：账面价值为2 250万元，计税基础为3 000-900 = 2 100(万元)，形成应纳税暂时性差异150万元，应确认的递延所得税负债(对应其他综合收益) = 150×25% = 37.5(万元)。

事项(4)：固定资产减值额 = 900-(750-60) = 210(万元)，形成可抵扣暂时性差异210万元，应确认的递延所得税资产 = 210×25% = 52.5(万元)。

应交所得税 = [1 500-(460-300)+150+210]×25% = 425(万元)

(3)应确认递延所得税资产的金额 = 37.5(事项2)+52.5(事项4) = 90(万元)

(4)应确认递延所得税负债的金额 = 40(事项1)+37.5(事项3) = 77.5(万元)

(5)所得税费用 = 1 500×25% = 375(万元)或 = 425+40(事项1)-90 = 375(万元)

(6)所有者权益净增加额 = 150-150×25%+(1 500-375) = 1 237.5(万元)

2. (1)BD；(2)A；(3)B；(4)A；(5)D；(6)D。

【解析】(1)事项(1)，应计提折旧额 = 1 000×2/5 = 400(万元)，选项B正确；事项(2)，应确认的投资收益金额 = 2 000×30% = 600(万元)，选项A错误；事项(3)，应计提减值额 = 1 500-1 000 = 500(万元)，选项D正确；事项(5)，应调整2017年的所得税费用，选项C错误。

(2)应确认递延所得税资产的金额 = 50(事项①)+125(事项③) = 175(万元)

事项(1)：固定资产的账面价值 = 1 000-1 000×2/5 = 600(万元)，计税基础 = 1 000-1 000/5 = 800(万元)，形成可抵扣暂时性差异200万元，确认递延所得税资产的金额 = 200×25% = 50(万元)；

事项(3)：无形资产的账面价值是1 000万元，计税基础是1 500万元，形成可抵扣暂时性差异500万元，确认递延所得税资产的金额 = 500×25% = 125(万元)。

(3)应确认的递延所得税负债 = (2 000+1 000)×30%×25% = 225(万元)

事项(2)的分录是：

借：长期股权投资——损益调整　600
　　贷：投资收益　（2 000×30%）600
借：长期股权投资——其他综合收益
　　　　　　　　　　　　　　300
　　贷：其他综合收益（1 000×30%）300
借：所得税费用　（600×25%）150
　　其他综合收益（300×25%）75
　　贷：递延所得税负债（900×25%）225
（4）2018年度应交所得税的金额=[2 000+200（事项①）-600（事项②）+500（事项③）-800×75%（事项④）]×15%=225（万元）
事项（5）前期差错更正分录是：
借：以前年度损益调整——所得税费用
　　　　　　　　　　　　　　　20
　　贷：应交税费——应交所得税　　20
借：盈余公积　　　　　　　　　　2
　　未分配利润　　　　　　　　　18
　　贷：以前年度损益调整　　　　20
实际补缴时：
借：应交税费——应交所得税　　20
　　贷：银行存款　　　　　　　　20
因此，2018年度"应交税费——应交所得税"贷方发生额=225+20=245（万元）。
（5）2018年度应确认的所得税费用=225+600×25%-175=200（万元）
（6）所有者权益净增加额=（2 000-200）+1 000×30%×（1-25%）-20=2 005（万元）

同步训练　限时75分钟　扫我做试题

一、单项选择题

1. 下列关于资产或负债计税基础的表述中，正确的是（　　）。
   A. 资产的计税基础是指账面价值减去在未来期间计税时按照税法规定可以税前扣除的金额
   B. 负债的计税基础是指在未来期间计税时按照税法规定可以税前扣除的金额
   C. 资产的账面价值与计税基础之间的差异主要产生于初始计量标准的不同
   D. 资产在初始确认时通常不会导致其账面价值与计税基础之间产生差异

2. 下列交易或事项中，其计税基础不等于账面价值的是（　　）。
   A. 企业因销售商品提供售后服务等原因于当期确认了100万元的预计负债
   B. 企业为关联方提供债务担保确认了预计负债1 000万元
   C. 企业应交的罚款和滞纳金150万元
   D. 企业确认的国债利息收入500万元

3. 甲公司2×20年年末有一项账面原值为60万元，预计使用年限5年、预计净残值为0的固定资产，至2×20年年末已经使用2年，甲公司采用双倍余额递减法计提折旧，税法规定采用年限平均法计提折旧，使用的第一年年末计提了6万元的减值准备，则下列关于2×20年年末此资产的说法正确的是（　　）。
   A. 甲公司此固定资产的计税基础是36万元
   B. 甲公司此固定资产的计税基础是30万元
   C. 甲公司此固定资产当期产生的应纳税暂时性差异为21万元
   D. 甲公司此固定资产当期可抵扣暂时性差异余额为15万元

4. 黄山公司2×19年5月5日购入乙公司普通股股票一批，成本为2 300万元，将其划分为其他权益工具投资。2×19年年末黄山公司持有的乙公司股票的公允价值为2 900万元；2×20年年末，该批股票的公允价值为2 600万元。黄山公司适用企业所得税税率为25%。若不考虑其他因素，则2×20年黄山公司应确认应纳税暂时性差异( )万元。

A. -300　　　　　B. 300
C. 75　　　　　　D. -75

5. 某股份有限公司2×18年12月31日购入一台设备，原价为3 010万元，预计净残值为10万元，税法规定的折旧年限为5年，按直线法计提折旧，会计上按照3年计提折旧，折旧方法与税法相一致。除该事项外，历年来无其他纳税调整事项。公司采用资产负债表债务法进行所得税会计处理，适用的所得税税率为25%。该公司2×20年年末资产负债表中反映的"递延所得税资产"项目的金额为( )万元。

A. 12　　　　　　B. 60
C. 200　　　　　 D. 192

6. 甲公司为专门从事生物工程和新医药技术研发的企业，国家为了鼓励其高新产业技术的发展与创新，于2×20年将甲公司纳入高新企业行列，并规定其自2×21年1月1日起可按15%(预期税率)缴纳企业所得税。甲公司于2×20年发生经营亏损1 000万元，按照税法规定，该亏损可用于抵减以后5个年度的应纳税所得额。该公司预计其在未来5年期间能够产生的应纳税所得额为800万元。假定除上述事项外，甲公司无其他纳税调整事项，则甲公司2×20年就该事项的所得税影响，应作的会计处理是( )。

A. 确认递延所得税资产250万元
B. 确认递延所得税资产150万元
C. 确认递延所得税资产120万元
D. 确认递延所得税负债120万元

7. A公司于2×18年12月31日取得一栋写字楼并对外出租，取得时的入账金额为2 000万元，作为投资性房地产采用成本模式计量，采用直线法按20年计提折旧，预计无残值，税法折旧与会计一致；2×20年1月1日，A公司持有的投资性房地产满足采用公允价值模式计量条件，2×20年1月1日的公允价值为2 100万元，2×20年年末公允价值为1 980万元，假设适用的所得税税率为25%，且根据税法规定该房产可继续按原折旧方式计提折旧并扣除，则下列说法正确的是( )。

A. 2×20年年初应确认递延所得税资产50万元
B. 2×20年年末应确认递延所得税负债45万元
C. 2×20年年末应转回递延所得税负债5万元
D. 2×20年年末应转回递延所得税负债50万元，同时确认递延所得税资产30万元

8. 甲公司2×19年12月31日"预计负债——产品质量保证"科目贷方余额为50万元，2×20年实际发生产品质量保证费用30万元，2×20年12月31日预提产品质量保证费用40万元，税法规定因产品质量保证而计提的预计负债，可在实际发生时税前扣除。不考虑其他因素，则2×20年12月31日该项负债的计税基础为( )万元。

A. 0　　　　　　 B. 30
C. 60　　　　　　D. 40

9. 甲公司2×20年因政策性原因发生经营亏损500万元，按照税法规定，该亏损可用于抵减未来5个会计年度的应纳税所得额。该公司预计未来5年间能够产生足够的应纳税所得额弥补亏损，下列关于该经营亏损的表述中，正确的是( )。

A. 不产生暂时性差异
B. 产生应纳税暂时性差异500万元
C. 产生可抵扣暂时性差异500万元
D. 产生暂时性差异，但不确认递延所得税资产

10. 某企业本年实现税前利润 500 万元，本年发生了以下事项：为其他企业的债务进行担保而发生担保损失 10 万元。按税法规定，债务担保损失不允许在税前扣除，因交易性金融资产公允价值变动发生应纳税暂时性差异 16 万元，因存货跌价准备的转回而转回可抵扣暂时性差异 6 万元。该企业采用资产负债表债务法对所得税业务进行核算，所得税税率为 25%。不考虑其他因素，则本年利润表中列示的所得税费用为（　）万元。
    A. 122.0　　　　B. 126.0
    C. 13.5　　　　D. 127.5

11. 甲公司 2×20 年利润总额为 200 万元，适用企业所得税税率为 15%，自 2×21 年 1 月 1 日起适用的企业所得税税率变更为 25%。2×20 年发生的会计事项中，会计与税收规定之间存在的差异包括：（1）确认作为债权投资核算的国债利息收入 30 万元；（2）持有的交易性金融资产在年末的公允价值上升 150 万元，税法规定资产在持有期间确认的公允价值变动不计入应纳税所得额，出售时一并计算应税所得；（3）计提存货跌价准备 70 万元。假定甲公司 2×20 年 1 月 1 日不存在暂时性差异，预计未来期间能够产生足够的应纳税所得额用来抵扣可抵扣暂时性差异。甲公司 2×20 年度所得税费用为（　）万元。
    A. 1.5　　　　B. 30
    C. 33.5　　　　D. 39.5

二、多项选择题

1. 企业当年发生的下列会计事项中，可产生应纳税暂时性差异的有（　）。
    A. 预计未决诉讼损失
    B. 年末以公允价值计量的投资性房地产的公允价值高于其初始入账金额
    C. 年末交易性金融负债的公允价值小于其初始入账金额
    D. 年初投入使用的一台设备，会计上采用双倍余额递减法计提折旧，而税法上要求采用年限平均法计算折旧
    E. 在投资的当年年末按权益法确认被投资企业发生的净亏损

2. 下列经济业务或事项，产生可抵扣暂时性差异的有（　）。
    A. 因预提产品质量保证费用而确认预计负债
    B. 本年度发生亏损，可以结转以后年度税前弥补
    C. 使用寿命不确定且未计提减值准备的无形资产
    D. 当期购入的交易性金融资产的公允价值上升
    E. 自用房屋转为公允模式计量的投资性房地产时公允价值小于账面价值

3. 若某公司未来期间有足够的应纳税所得额抵扣可抵扣暂时性差异，则下列交易或事项中，会引起"递延所得税资产"科目余额增加的有（　）。
    A. 本期发生净亏损，税法允许在以后 5 年内税前弥补
    B. 确认债权投资发生的减值
    C. 预提产品质量保证金
    D. 转回存货跌价准备
    E. 确认国债利息收入

4. 下列关于所得税会计处理的表述中，正确的有（　）。
    A. 所得税费用仅指当期所得税费用
    B. 递延所得税及当期所得税应以企业未来适用的企业所得税税率进行计算
    C. 按照税法规定可以结转以后年度的未弥补亏损和税款抵减，应视同可抵扣暂时性差异处理
    D. 企业应在资产负债表日对递延所得税资产的账面价值进行复核
    E. 当期所得税费用等于当期应交所得税

5. 下列关于递延所得税会计处理的表述中，错误的有（　）。
    A. 企业应将当期发生的可抵扣暂时性差

异全部确认为递延所得税资产

B. 企业应将当期发生的应纳税暂时性差异全部确认为递延所得税负债

C. 企业应在资产负债表日对递延所得税资产的账面价值进行复核

D. 企业不应当对递延所得税资产和递延所得税负债进行折现

E. 递延所得税费用是按照会计准则规定当期应予确认的递延所得税资产加上当期应予确认的递延所得税负债的金额

6. 下列关于递延所得税处理的表述中，错误的有（　　）。

A. 确认递延所得税资产或递延所得税负债时，应当以预期收回该资产或清偿该负债期间的适用所得税税率计量

B. 对于资产产生的可抵扣暂时性差异，均应确认递延所得税资产

C. 适用税率发生变化的，应对已确认的递延所得税资产和递延所得税负债进行重新计量，并将其影响数计入变化当期的所得税费用

D. 递延所得税资产，均是由资产或负债的账面价值与计税基础之间的差异引起的

E. 递延所得税资产的确认应以未来期间可以取得的应纳税所得额为限

7. 甲公司适用的所得税税率为25%，其2×20年发生的交易或事项中，会计与税收处理存在差异的事项如下：①当期购入作为其他权益工具投资的股票投资，期末公允价值大于取得成本160万元；②收到与资产相关政府补助1 600万元，采用总额法核算，相关资产至年末尚未开始计提折旧。甲公司2×20年利润总额为5 200万元，假定递延所得税资产/负债年初余额为0，未来期间能够取得足够应纳税所得额利用可抵扣暂时性差异。下列关于甲公司2×20年所得税的处理中，正确的有（　　）。

A. 所得税费用为900万元

B. 应交所得税为1 300万元

C. 递延所得税负债为40万元

D. 递延所得税资产为400万元

E. 其他综合收益为-40万元

三、计算题

长城公司系上市公司，为增值税一般纳税人，企业所得税税率25%，采用资产负债表债务法核算。2×20年1月1日，"递延所得税资产"科目余额是500万元，"递延所得税负债"科目余额为0，具体如下表：

产生暂时性差异的项目	递延所得税资产余额
可弥补的以前年度亏损	350万元
计提的产品质量保证金	100万元
广告费用超过扣除限额	50万元

2×20年长城公司实现销售收入50 000万元，会计利润总额6 000万元，与企业所得税相关的交易如下：

(1) 2×20年3月1日，以4 000万元价格购入办公大楼，并在当日出租给黄河公司，年租金180万元，作为投资性房地产核算，采用公允价值模式计量。按税法规定该大楼按年限平均法计提折旧，折旧年限为20年，净残值率10%，2×20年12月31日该办公楼的公允价值为3 600万元。

(2) 2×20年6月1日，收到主管税务机关因上年享受企业所得税优惠退回的税款100万元。

(3) 2×20年11月1日，以5元/股购入丁公司股票200万股作为其他权益工具投资核算，另付交易费用10万元。2×20年12月31日，股票收盘价是7元/股。

(4) 2×20年12月1日，向光明公司出售不含税价为2 000万元的产品，成本1 500万元，合同约定光明公司收到产品后3个月内若发现质量问题可退货。截至2×20年12月31日，未发生退货，根据以往经验，退货率为10%。

(5) 2×20年度，因销售承诺的保修业务计提产品质量保证金350万元，当期实际发生保修业务费用310万元。

(6)2×20年发生广告费7 000万元,均通过银行转账支付,根据税法规定,当年广告费不超过收入15%部分可以税前扣除,超过的以后年度扣除。

长城公司均已按企业会计准则规定对上述业务进行了会计处理,预计在未来期限有足够的应纳税所得额用于抵扣暂时性差异。

根据上述资料,回答下列问题。

(1)针对事项(3),正确的处理是( )。
A. 其他权益工具投资的初始入账金额是1 000万元
B. 期末递延所得税资产的余额为97.5万元
C. 期末递延所得税负债的余额为100万元
D. 期末其他权益工具投资的账面价值为1 400万元

(2)长城公司2×20年年末"递延所得税资产"科目余额为( )万元。
A. 226.25   B. 198.75
C. 223.75   D. 236.5

(3)2×20年年末,递延所得税负债的余额为( )万元。
A. 0   B. 12.5
C. 135   D. 107.5

(4)2×20年所得税费用的金额为( )万元。
A. 1 400   B. 1 580
C. 1 475   D. 1 520

四、综合分析题

1. 长城公司系上市公司,为增值税一般纳税人,适用的企业所得税税率为25%,所得税采用资产负债表债务法核算。2×20年1月1日,"递延所得税资产"和"递延所得税负债"科目余额为零。长城公司2×20年度实现销售收入5 000万元,会计利润600万元,相关交易或事项如下:

(1)2×19年12月30日,长城公司取得一项固定资产,并立即投入使用,该固定资产原值为800万元,预计使用年限为10年,预计净残值为0,会计上采用双倍余额递减法计提折旧,与税法规定一致。2×20年年末,长城公司估计该项固定资产的可收回金额为580万元。

(2)2×20年6月1日,长城公司收到税务主管机关退回的所得税税款100万元。

(3)2×20年12月11日,向光明公司销售一批不含税价格为2 000万元的产品,产品成本为1 500万元。合同约定光明公司收到后3个月内若发生质量问题可退货。截至2×20年12月31日,上述商品未发生退回。根据经验,该产品的退货率为10%。

(4)2×20年发生广告费800万元,均通过银行存款支付,根据税法规定,当年可税前扣除的广告费为750万元,超过部分可在以后年度扣除。

(5)2×20年度,长城公司计提工资薪酬700万元,实际发放660万元,其余部分拟于2×21年7月发放;当年发生职工教育经费56.8万元,税法规定,企业实际发放的工资可在税前扣除,教育经费不超过工资总额8%的部分,准予扣除;超过部分,准予在以后纳税年度结转扣除。

长城公司上述交易或事项均按企业会计准则的规定进行了处理,预计在未来期间有足够的应纳税所得额用于可抵扣暂时性差异。假设除上述事项外,没有其他影响所得税核算的因素。

根据上述规定,回答下列问题。

(1)针对事项(1),该固定资产在2×20年年末计税基础为( )万元。
A. 680   B. 640
C. 720   D. 580

(2)针对事项(2),下列处理正确的是( )。
A. 借:银行存款   1 000 000
      贷:所得税费用——递延所得税费用
                         1 000 000

B. 借：银行存款　　　　　　1 000 000
　　贷：递延收益　　　　　　　1 000 000
C. 借：银行存款　　　　　　1 000 000
　　贷：所得税费用——当期所得税费用　　　　　　　1 000 000
D. 借：银行存款　　　　　　1 000 000
　　贷：营业外收入　　　　　　1 000 000

(3) 针对事项(5)，产生可抵扣暂时性差异为( )万元。
  A. 60　　　　　B. 44
  C. 80　　　　　D. 40

(4) 2×20年12月31日，长城公司的"递延所得税资产"余额为( )万元。
  A. 37.5　　　　B. 25
  C. 88.5　　　　D. 12.5

(5) 2×20年度，长城公司应交所得税为( )万元。
  A. 175　　　　　B. 195
  C. 150　　　　　D. 201

(6) 2×20年度长城公司应确认的所得税费用为( )万元。
  A. 50　　　　　B. 150
  C. 24　　　　　D. 201

2. 华天公司为上市公司，适用企业所得税税率25%，所得税采用资产负债表债务法核算。2×20年年初"递延所得税资产"科目余额为320万元，其中：因上年职工教育经费超过税前扣除限额确认递延所得税资产20万元，因计提产品质量保证金确认递延所得税资产60万元，因未弥补的亏损确认递延所得税资产240万元。该公司2×20年实现会计利润9 800万元，在申报2×20年度企业所得税时涉及以下事项：

(1) 2×20年12月8日，甲公司以华天公司所售产品出现严重质量问题为由而起诉华天公司。截至2×20年12月31日，法院尚未对该项诉讼进行判决，华天公司估计本公司败诉的可能性为70%，如果败诉，华天公司需向甲公司赔偿90万元。税法规定，上述诉讼赔偿损失实际发生时允许税前扣除。

(2) 2×20年2月27日，华天公司外购一栋写字楼并于当日对外出租，取得时成本为3 000万元，采用公允价值模式进行后续计量。2×20年12月31日，该写字楼公允价值跌至2 800万元。税法规定，该类写字楼应采用年限平均法计提折旧，折旧年限为20年，预计净残值率为0。

(3) 2×20年1月1日，华天公司以521.64万元购入财政部于当日发行的3年期到期还本付息的国债一批。该批国债票面金额500万元，票面年利率6%，实际利率为5%。公司将该批国债作为债权投资核算。

(4) 2×20年度，华天公司发生广告费9 000万元，其中2 800万元尚未支付。公司当年实现销售收入56 800万元。税法规定，企业发生的广告费支出，不超过当年销售收入15%的部分，准予税前扣除；超过部分，准予结转以后年度税前扣除。

(5) 2×20年度，华天公司因销售产品承诺提供保修业务而计提产品质量保证金200万元，本期实际发生保修费用180万元。

(6) 2×20年度，华天公司计提工资薪金8 600万元，实际发放8 000万元，余下部分预计在下年发放；发生职工教育经费100万元。税法规定，工资按实际发放金额在税前列支，企业发生的职工教育经费支出，不超过工资薪金总额2.5%的部分，准予扣除；超过部分，准予在以后纳税年度结转扣除。

华天公司上述交易或事项均按照企业会计准则的规定进行了处理。预计在未来期间有足够的应纳税所得额用于抵扣可抵扣暂时性差异。假设除上述事项外，没有其他影响所得税核算的因素。

根据上述资料，回答下列问题。

(1) 针对事项(1)，2×20年度华天公司应确认的暂时性差异为( )。

A. 可抵扣暂时性差异 22.5 万元
B. 应纳税暂时性差异 90 万元
C. 可抵扣暂时性差异 90 万元
D. 应纳税暂时性差异 22.5 万元

(2)针对事项(2),2×20 年度华天公司因持有该项投资性房地产应确认的暂时性差异为( )。
A. 应纳税暂时性差异 62.50 万元
B. 可抵扣暂时性差异 75 万元
C. 应纳税暂时性差异 81.25 万元
D. 可抵扣暂时性差异 81.25 万元

(3)华天公司 2×20 年度应交所得税为( )万元。
A. 2 768.25   B. 2 198.75
C. 2 199.73   D. 2 499.73

(4)华天公司 2×20 年度应确认的所得税费用为( )万元。
A. 2 143.72   B. 2 153.48

C. 2 263.72   D. 2 443.48

(5)华天公司 2×20 年 12 月 31 日"递延所得税资产"科目的余额为( )万元。
A. 376.25   B. 396.25
C. 456.25   D. 636.25

(6)假设华天公司 2×21 年 1 月 8 日以增发市场价值为 1 400 万元的本企业普通股为对价购入 T 公司 100%的净资产,华天公司与 T 公司不存在关联关系。该项合并符合税法规定的免税合并条件,且 T 公司原股东选择进行免税处理。购买日 T 公司各项不包括递延所得税在内的可辨认净资产的公允价值及计税基础分别为 1 200 万元和 1 000 万元。T 公司适用企业所得税率为 25%,则华天公司因该项交易应确认的商誉为( )万元。
A. 50   B. 100
C. 200   D. 250

同步训练答案及解析

一、单项选择题

1. D 【解析】选项 A,资产的计税基础是指未来期间计税时按照税法规定可以税前扣除的金额;选项 B,负债的计税基础是指账面价值减去在未来期间计税时按照税法规定可以税前扣除的金额;选项 C,资产的账面价值和计税基础之间的差异主要产生于后续计量。

2. A 【解析】选项 A,预计负债的计税基础=账面价值-未来允许扣除的金额=100-100=0,账面价值为 100 万元,所以账面价值大于计税基础;选项 BCD,账面价值均等于计税基础。

3. A 【解析】甲公司此固定资产在 2×19 年年末的计税基础=60-60/5×1=48(万元),账面价值=60-60×2/5-6=30(万元),资产的账面价值<计税基础,形成的可抵扣暂时性差异余额=48-30=18(万元);此固定资产在 2×20 年年末的计税基础=60- 60/5×2=36(万元),账面价值=30-30×2/4=15(万元),资产的账面价值<计税基础,可抵扣暂时性差异的余额=36-15=21(万元),2×20 年产生的可抵扣暂时性差异发生额=21-18=3(万元)。

4. A 【解析】2×20 年年末,其他权益工具投资产生的应纳税暂时性差异余额=2 600-2 300=300(万元),而 2×20 年年初的应纳税暂时性差异余额=2 900-2 300=600(万元),故 2×20 年转回应纳税暂时性差异 300 万元。

5. C 【解析】2×20 年年末固定资产的账面价值=3 010-(3 010-10)/3×2=1 010(万元),2×20 年年末固定资产的计税基础=3 010-(3 010-10)/5×2=1 810(万元)。2×20年年末资产负债表中反映的"递延所得税资产"项目的金额=(1 810-1 010)×25%=200(万元)。

6. C 【解析】甲公司应该以预计能够取得的

应纳税所得额为限，计算当期产生的可抵扣暂时性差异，由此确认的递延所得税资产＝800×15%＝120(万元)。

7. C 【解析】2×20年年初，投资性房地产的账面价值＝2 100(万元)，计税基础＝2 000-2 000/20＝1 900(万元)，应确认的递延所得税负债＝(2 100-1 900)×25%＝50(万元)；2×20年年末，投资性房地产的账面价值＝1 980(万元)，计税基础＝2 000-2 000/20×2＝1 800(万元)，递延所得税负债余额＝(1 980-1 800)×25%＝45(万元)，2×20年年末应转回递延所得税负债5万元。

8. A 【解析】税法规定因产品质量保证而计提的预计负债，可在实际发生时税前扣除，则计税基础＝账面价值(50-30+40)-可从未来经济利益中扣除的金额(50-30+40)＝0。

9. C 【解析】可以在未来5年内税前扣除的亏损，会减少企业未来期间的应纳税所得额，因此发生的亏损500万元属于可抵扣暂时性差异，应确认递延所得税资产。

10. D 【解析】本年的应交所得税＝(500+10-16-6)×25%＝122(万元)，本期确认的递延所得税负债＝16×25%＝4(万元)，本期转回递延所得税资产＝6×25%＝1.5(万元)，所得税费用＝122+4+1.5＝127.5(万元)。

11. C 【解析】因为2×20年年末的暂时性差异的转回期间的所得税税率为25%，所以2×20年年末计算递延所得税时应该采用新税率。
2×20年递延所得税负债发生额＝150×25%-0＝37.5(万元)
2×20年递延所得税资产发生额＝70×25%-0＝17.5(万元)
2×20年度应交所得税＝(200-30-150+70)×15%＝13.5(万元)
甲公司2×20年度所得税费用＝13.5+37.5-17.5＝33.5(万元)

二、多项选择题

1. BC 【解析】选项A、D、E，都产生可抵扣暂时性差异。

2. ABE 【解析】选项C，使用寿命不确定且未计提减值准备的无形资产，其账面价值等于其入账成本，税法上要对其进行摊销，所以其账面价值会大于其计税基础，产生应纳税暂时性差异；选项D，交易性金融资产公允价值上升，导致资产的账面价值大于计税基础，产生应纳税暂时性差异。

3. ABC 【解析】选项D，转回存货跌价准备是可抵扣暂时性差异的转回，会减少递延所得税资产的余额；选项E，国债利息收入不形成暂时性差异，不会引起递延所得税资产余额增加。

4. CDE 【解析】选项A，所得税费用包括当期所得税费用和递延所得税费用；选项B，递延所得税应以企业未来适用的所得税税率进行计算，而当期所得税应以企业当期适用的所得税税率进行计算。

5. ABE 【解析】选项A，确认由可抵扣暂时性差异产生的递延所得税资产，应当以未来很可能取得用来抵扣可抵扣暂时性差异的应纳税所得额为限，不能全部确认递延所得税资产。选项B，企业应当确认所有应纳税暂时性差异产生的递延所得税负债，除了商誉的初始确认；同时具有下列特征的交易中产生的资产或负债的初始确认：①该项交易不是企业合并；②交易发生时既不影响会计利润也不影响应纳税所得额(或可抵扣亏损)。选项E，递延所得税费用等于因确认递延所得税负债而产生的所得税费用减去因确认递延所得税资产而产生的所得税费用。

6. BCD 【解析】选项B，不是所有的可抵扣暂时性差异都要确认递延所得税资产，比如自行研发无形资产加计扣除形成的可抵扣暂时性差异是不确认递延所得税资产的；选项C，影响数也有可能计入所有者权益;选项 D,有些特殊项目确认的递延所得税(如未弥补亏损)并不是由资产或负债的账面价值与计税基础之间的差异引起。

7. CDE 【解析】2×20 年应交所得税 =(5 200+1 600)×25%=1 700(万元);递延所得税负债=160×25%=40(万元),对应其他综合收益,不影响所得税费用;递延所得税资产=1 600×25%=400(万元);所得税费用=1 700-400=1 300(万元)。

三、计算题

(1)D;(2)A;(3)C;(4)A。

【解析】(1)其他权益工具投资的初始入账金额=200×5+10=1 010(万元);其他权益工具投资在期末的账面价值为 1 400 万元,计税基础为 1 010 万元,形成应纳税暂时性差异 390 万元,确认递延所得税负债的金额为=390×25%=97.5(万元)。

(2)事项(1)2×20 年年末,投资性房地产的账面价值是 3 600 万元,计税基础=4 000-4 000×(1-10%)/20×9/12=3 865(万元),产生可抵扣暂时性差异 265 万元。

事项(2),冲减所得税费用 100 万元。

事项(3),其他权益工具投资的初始入账金额=200×5+10=1 010(万元);期末其他权益工具投资的账面价值为 1 400 万元,计税基础为 1 010 万元,期末其他权益工具投资的账面价值大于计税基础,产生应纳税暂时性差异 390 万元,确认递延所得税负债 97.5 万元,对应的会计科目是其他综合收益。

事项(4),2×20 年年末,该事项形成可抵扣暂时性差异=2 000×10%=200(万元),形成应纳税暂时性差异=1 500×10%=150(万元)。

事项(5),产生可抵扣暂时性差异 40 万元。

事项(6)广告费的税法上允许扣除限额=50 000×15%=7 500(万元),本年度发生

7 000 万元,年初的递延所得税资产 50 万元可转回。

因此,递延所得税资产的余额=500+(265+200+40)×25%-50-350=226.25(万元)。

(3)事项(3),产生应纳税暂时性差异 390 万元,确认递延所得税负债 97.5 万元。

借:其他综合收益　　　　　97.5
　　贷:递延所得税负债　　　　97.5

事项(4),形成应纳税暂时性差异=1 500×10%=150(万元),确认递延所得税负债=150×25%=37.5(万元)。

期末余额=期初 0+本期发生额 97.5+37.5=135(万元)

(4)2×20 年递延所得税费用的金额=150×25%-(265+200+350-310)×25%+50+350=311.25(万元)。

2×20 年应交所得税=(6 000-311.25/25%)×25%=1 188.75(万元)。

所以,2×20 年所得税费用的金额=311.25+1 188.75-100=1 400(万元)。

四、综合分析题

1. (1)B;(2)C;(3)B;(4)C;(5)D;(6)A。

【解析】(1)固定资产的计税基础=800-800×2/10=640(万元)

(2)收到退回的所得税,冲减收到当期的所得税费用。

(3)事项(5)中的可抵扣暂时性差异=(700-660)+(56.8-660×8%)=44(万元)

(4)递延所得税资产的余额=[(640-580)+2 000×10%+(800-750)+44]×25%=88.5(万元)

(5)应交所得税=[600+(640-580)+(2 000-1 500)×10%+(800-750)+44]×25%=201(万元)

(6)所得税费用=600×25%-100=50(万元)

2. (1)C;(2)B;(3)D;(4)D;(5)A;(6)D。

【解析】（1）2×20年年末，预计负债的账面价值为90万元，计税基础为0，负债的账面价值大于计税基础，产生可抵扣暂时性差异90万元。

（2）2×20年年末，投资性房地产的账面价值为2 800万元，计税基础=3 000-3 000/20×10/12=2 875（万元），资产的账面价值小于计税基础，产生可抵扣暂时性差异75万元。

（3）华天公司2×20年度的应纳税所得额=9 800+90+75-521.64×5%+（9 000-56 800×15%）+200-180+（8 600-8 000）-20/25%-240/25%=9 998.918（万元），应交所得税=9 998.918×25%=2 499.73（万元）。

（4）当期应确认的递延所得税资产=（90+75+480+200-180+600-20/25%-240/25%）×25%=56.25（万元），华天公司2×20年度应确认的所得税费用=2 499.73-56.25=2 443.48（万元）。

（5）华天公司2×20年12月31日"递延所得税资产"科目的余额=320+56.25=376.25（万元）

（6）购买日T公司考虑递延所得税的可辨认净资产公允价值=1 200-（1 200-1 000）×25%=1 150（万元），华天公司因该项交易应确认的商誉=1 400-1 150×100%=250（万元）。

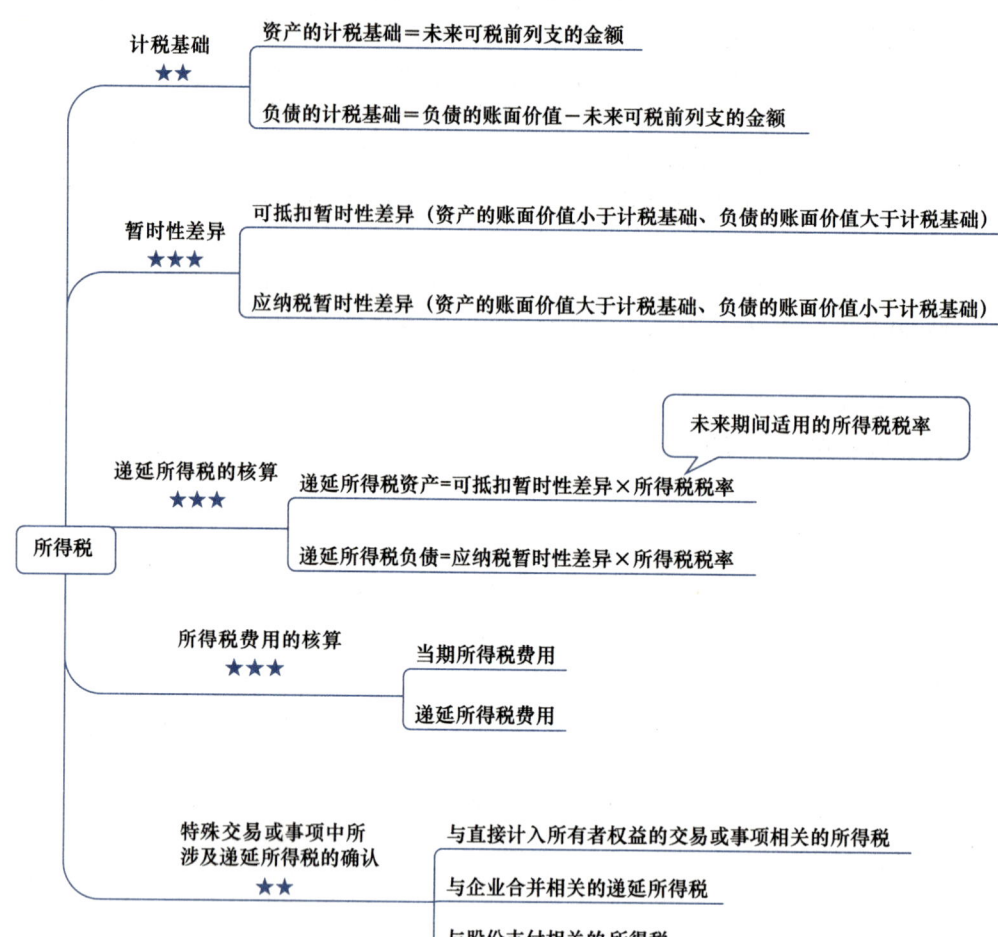

第17章 会计调整

考情解密

历年考情概况

本章属于重点章节,往年主要考查了会计政策变更、会计估计变更、前期差错更正、资产负债表日后调整事项的界定及日后调整事项的核算等知识点。本章内容在考试中主要以单项选择题和多项选择题形式考查,也可能在计算题及综合分析题中出现,近三年平均分值在8分左右。

近年考点直击

考点	主要考查题型	考频指数	考查角度
会计政策变更	单选题、多选题	★★★	(1)会计政策变更表述的判断; (2)属于会计政策变更的业务
会计估计变更	单选题	★★	会计估计变更的相关计算
前期差错更正	单选题	★★	前期差错更正对未分配利润影响金额的计算
资产负债表日后事项	单选题、多选题	★★★	(1)日后调整事项净损益金额的计算; (2)属于日后调整事项的业务; (3)属于日后非调整事项的业务

本章2021年考试主要变化

本章考试内容无实质性变动。

考点详解及精选例题

核心考点1 会计政策变更

扫我解疑难

会计政策变更,是指企业对相同的交易或事项由原来采用的会计政策改用另一会计政策的行为。也就是说,在不同的会计期间执行不同的会计政策。

一、会计政策变更的基本规范★

1. 会计政策变更的概念

2. 会计政策变更的基本条件(见表17-1)

表17-1 会计政策变更的条件类型

分类	条件
被动变更	法律、行政法规或者国家统一的会计制度等要求变更
主动变更	会计政策变更能够提供更可靠、更相关的会计信息
企业主动变更会计政策时,必须有充分、合理的证据表明其变更的合理性,并说明变更会计政策后,能够提供关于企业财务状况、经营成果和现金流量等更可靠、更相关会计信息的理由	

会计政策变更，并不意味着以前期间的会计政策是错误的，只是由于情况发生了变化，或者掌握了新的信息、积累了更多的经验，使得变更会计政策能够更好地反映企业的财务状况、经营成果和现金流量。

如果以前期间会计政策的运用是错误的，则属于前期差错，应按前期差错更正的会计处理方法进行处理。

3. 不属于会计政策变更的情况

（1）本期发生的交易或事项与以前相比具有本质差别而采用新的会计政策。

（2）对初次发生的或不重要的交易或事项采用新的会计政策。

二、会计政策变更的处理原则★★★（见表17-2）

表17-2　会计政策变更的处理原则

方法类别		处理原则
追溯调整法	账务处理	对于资产、负债、所有者权益(时点指标)的调整，仍然用相关科目；对于收入、费用类科目的调整，应用"利润分配——未分配利润"和"盈余公积"科目代替
	调整财务报表项目	调整资产负债表年初留存收益数和利润表"上年金额"栏有关项目
	特殊规范	如果会计政策变更累积影响数不能合理确定，应当采用未来适用法
未来适用法		在未来适用法下，不需要计算会计政策变更产生的累积影响数，也无须重编以前年度的财务报表，更不必调整变更当年年初的留存收益。 但应在会计政策变更当期比较出会计政策变更对当期净利润的影响数，并披露于报表附注

【思路点拨】会计政策的变更不会影响税法对应纳税所得额的计算，因此"所得税影响金额"是指递延所得税的影响金额，不会涉及应交所得税的调整。

【例题1·单选题】下列会计事项中，属于会计政策变更但不需要调整当期期初未分配利润的是( )。

A. 固定资产的折旧方法由年限平均法改为双倍余额递减法

B. 因减资导致长期股权投资的核算由成本法改为权益法

C. 投资性房地产的公允价值计量方法发生改变

D. 发出存货的计价方法由先进先出法改为移动加权平均法

解析 选项A、C属于会计估计变更，不属于会计政策变更；选项B长期股权投资由成本法转为权益法不属于会计政策变更，但是需要追溯调整。**答案** D

核心考点2　会计估计变更★★

扫我解疑难

会计估计变更，是指由于资产和负债的当前状况及预期经济利益和义务发生了变化，从而对资产或负债的账面价值或者资产的定期消耗金额进行调整。会计估计变更的相关内容如表17-3所示。

表17-3　会计估计变更的相关内容

项目	主要内容
会计估计变更常见的种类	（1）各种资产减值准备的计提：如存货可变现净值的确定，固定资产、无形资产、长期股权投资等非流动资产可收回金额的确定，金融资产减值损失的确定。 （2）各种公允价值的确定：如投资性房地产、非货币性资产交换、股份支付、债务重组、金融资产等。 （3）固定资产的折旧方法、折旧年限、预计净残值的变更。 （4）使用寿命有限的无形资产的摊销方法、摊销年限的变更。

续表

项目	主要内容
会计估计变更常见的种类	(5)递延资产的摊销期间(如长期待摊费用)的变更。 (6)收入确认中涉及的有关估计的变更。 (7)预计负债的确定。 (8)应纳税暂时性差异与可抵扣暂时性差异的确定
会计估计变更的会计处理	(1)会计估计变更仅影响变更当期的,其影响数应当在变更当期予以确认。 (2)会计估计变更既影响变更当期又影响未来期间的,其影响数应当在变更当期和未来期间予以确认

【思路点拨】企业难以将某项变更区分为会计政策变更或会计估计变更的,应当将其作为会计估计变更处理。

【例题2·单选题】甲公司在2×20年1月1日将某项管理用固定资产的折旧方法从年限平均法改为年数总和法,预计使用年限从20年改为10年。在未进行变更前,该固定资产每年计提折旧230万元(与税法规定相同);变更后,2×20年该固定资产计提折旧350万元。假设甲公司适用的企业所得税税率为25%,变更日该固定资产的账面价值与计税基础相同,则甲公司下列会计处理中错误的是( )。

A. 预计使用年限变化按会计估计变更处理

B. 折旧方法变化按会计政策变更处理

C. 2×20年因变更增加的固定资产折旧120万元应计入当年损益

D. 2×20年因该项变更应确认递延所得税资产30万元

解析 ▶ 固定资产折旧方法的变化,属于会计估计变更。 答案 ▶ B

核心考点3 前期差错更正

一、前期差错的定义和类型★

前期差错,是指由于没有运用或错误运用下列两种信息,而对前期财务报表造成省略或错报:

(1)编报前期财务报表时预期能够取得并加以考虑的可靠信息;

(2)前期财务报告批准报出时能够取得的可靠信息。

常见的前期差错包括:①计算错误;②应用会计政策错误;③疏忽或曲解事实以及舞弊;④存货、固定资产盘盈等。

【思路点拨】存货盘盈通常金额较小,对企业财务报表影响不大,所以盘盈通过"待处理财产损溢"核算,不调整以前年度报表。而固定资产单位价值高、使用年限长,清查中发现固定资产盘盈属于不正常现象,对于企业财务报表影响较大,因此固定资产盘盈作为前期差错处理,通过"以前年度损益调整"核算。

二、前期差错的会计处理★★(见表17-4)

表17-4 前期差错更正的会计处理

前期差错的重要程度		处理原则
不重要		未来适用法
重要	确定前期差错累积影响数切实可行的	追溯重述法,在对发现的前期重大会计差错进行追溯重述时,应当调整资产负债表的年初数和利润表的上年数
	确定前期差错累积影响数不切实可行的	可以从可追溯重述的最早期间开始调整留存收益的期初余额,也可以采用未来适用法

【思路点拨】(1)更正前期差错的重要程度，应根据差错的性质和金额两方面加以具体判断。

(2)发生在资产负债表日后期间的前期差错应参照资产负债表日后事项处理(见图17-1)。

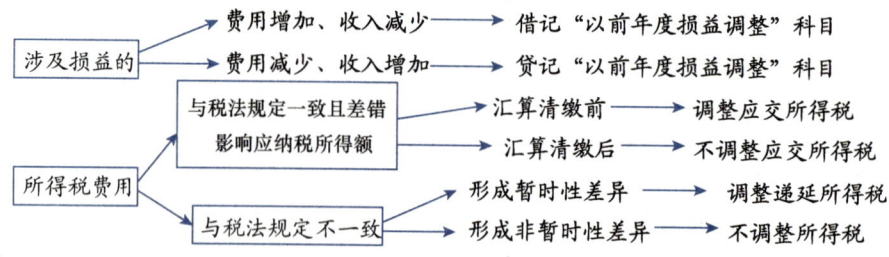

图17-1 资产负债表日后期间的前期差错更正的会计处理

核心考点4 资产负债表日后事项

扫我解疑难

一、资产负债表日后事项的概念及类型★★★

(一)资产负债表日后事项的概念

资产负债表日后事项，是指资产负债表日至财务报告批准报出日之间发生的有利或不利事项。

(1)"资产负债表日"包括年度末和中期期末。

(2)"财务报告批准报出日"是指董事会或类似机构批准财务报告报出的日期，通常是指对财务报告的内容负有法律责任的单位或个人批准财务报告向企业外部公布的日期。

【思路点拨】董事会或类似机构批准财务报告可以对外公布的日期至实际对外公布的日期之间发生的事项，也属于资产负债表日后事项，由此影响财务报告对外公布日期的，以董事会或类似机构再次批准财务报告对外公布的日期为准。

(二)资产负债表日后事项的类型(见表17-5)

表17-5 资产负债表日后事项的类型

项目	调整事项	非调整事项
特点	(1)在资产负债表日或以前已经存在，资产负债表日得以证实的事项； (2)对按资产负债表日存在状况编制的会计报表产生重大影响的事项	(1)资产负债表日并未发生或存在，完全是期后才发生的事项； (2)对理解和分析财务报告有重大影响的事项
典型事项	(1)资产负债表日后诉讼案件结案，法院判决证实了企业在资产负债表日已经存在现时义务，需要调整原先确认的与该诉讼案件相关的预计负债，或确认一项新负债； (2)资产负债表日后取得确凿证据，表明某项资产在资产负债表日发生了减值或者需要调整该项资产原先确认的减值金额； (3)资产负债表日后进一步确定了资产负债表日前购入资产的成本或售出资产的收入； (4)资产负债表日后发现了财务报表舞弊或差错	(1)资产负债表日后发生重大诉讼、仲裁、承诺； (2)资产负债表日后资产价格、税收政策、外汇汇率发生重大变化； (3)资产负债表日后因自然灾害导致资产发生重大损失； (4)资产负债表日后发行股票或债券以及其他巨额举债； (5)资产负债表日后资本公积转增资本； (6)资产负债表日后发生巨额亏损； (7)资产负债表日后发生企业合并或处置子公司； (8)资产负债表日后，企业利润分配方案中拟分配的以及经审议批准宣告发放的股利或利润

【思路点拨】两类事项的区别：调整事项存在于资产负债表日或以前，资产负债表日后提供的证据对以前已存在的事项作进一步说明；而非调整事项在资产负债表日尚未发生，但在财务报告批准报出日之前发生或存在。

二、资产负债表日后事项的会计处理★★★（见表17-6）

表17-6 资产负债表日后事项的会计处理

类型		会计处理
调整事项	涉及损益的事项	通过"以前年度损益调整"科目核算 借方记录：费用增加、收入减少→利润减少 贷方记录：费用减少、收入增加→利润增加 调整完成后，将"以前年度损益调整"科目的余额转入"利润分配——未分配利润"科目
	涉及利润分配的事项	直接调增、调减"利润分配——未分配利润"科目金额
	不涉及损益和利润分配的事项	直接调整相关项目
非调整事项		不应当调整资产负债表日的财务报表，而是应当在会计报表附注中说明事项的内容，估计对财务状况、经营成果的影响；如无法作出估计，应当说明无法估计的理由

【思路点拨】日后事项涉及所得税的处理（见图17-2）。

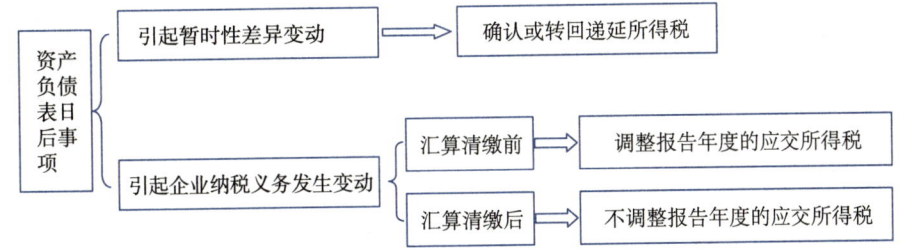

图17-2 所得税的处理

【例题3·多选题】甲公司2×20年度财务报告批准报出日为2×21年4月15日。公司发生的下列事项中，不属于资产负债表日后调整事项的有( )。

A. 2×21年1月5日发生火灾，导致上年购入的一批原材料毁损

B. 2×21年2月1日，法院判决甲公司的诉讼案件败诉（为终审判决），需赔付200万元，甲公司在上年年末已就该诉讼确认预计负债50万元

C. 公司董事会于2×21年2月5日提出了2×20年每10股分配0.5元的现金股利的利润分配预案

D. 2×21年2月9日公司向银行借入年利率7%的10 000万元长期借款

E. 2×21年3月5日因产品质量问题退回一批2×20年12月销售的商品

解析 ▶ 选项A、C、D，均属于日后非调整事项。

答案 ▶ ACD

真题精练

一、单项选择题

1.（2018年）下列关于会计政策变更的表述中正确的是( )。

A. 确定累积影响数时，不需要考虑损益变化导致的递延所得税费用的变化

B. 法律、行政法规或者国家统一会计制度

等要求变更会计政策的，必须采用追溯调整法

C. 采用追溯调整法计算出会计政策变更的累积影响数后，应当调整列报前期最早期初留存收益，以及会计报表其他相关项目的期初数和上年数

D. 企业采用的会计计量基础不属于会计政策

2. （2020年）下列事项中，属于会计政策变更的是（　　）。

A. 根据新修订的《租赁》会计准则，企业对初次发生的租赁业务采用新的会计政策

B. 固定资产折旧计提方法由年限平均法变更为双倍余额递减法

C. 因前期的会计政策使用错误而采用正确的会计政策

D. 投资性房地产后续计量由成本模式变更为公允价值模式

3. （2018年）长江公司2013年12月20日购入一项不需安装的固定资产，入账价值为540 000万元。长江公司采用年数总和法计提折旧，预计使用年限为8年，预计净残值为0。从2017年1月1日开始，公司决定将折旧方法变更为年限平均法，预计使用年限和预计净残值保持不变，则长江公司2017年该项固定资产应计提的折旧额为（　　）万元。

　　A. 45 000　　　　B. 67 500
　　C. 108 000　　　D. 28 125

4. （2019年）下列资产负债表日后事项中，属于调整事项的是（　　）。

A. 发现报告年度财务报表舞弊

B. 发生诉讼案件

C. 资本公积转增股本

D. 发生企业合并或处置子公司

二、多项选择题

1. （2019年）下列会计事项中属于会计政策变更的有（　　）。

A. 长期股权投资的后续计量由权益法变更为成本法

B. 固定资产折旧方法由工作量法变更为年数总和法

C. 对不重要的交易或事项采用新的会计政策

D. 存货的期末计价由先进先出法变更为月末一次加权平均法

E. 按新实施的《企业会计准则第14号——收入》准则确认产品销售收入

2. （2020年）下列资产负债表日后事项中，属于调整事项的有（　　）。

A. 外汇汇率发生重大变化

B. 因自然灾害导致资产发生重大损失

C. 发现报告年度财务报表存在重要差错

D. 发现报告年度财务报表舞弊

E. 资产负债表日前开始协商，资产负债表日后达成的债务重组

3. （2018年）下列资产负债表日后事项中属于非调整事项的有（　　）。

A. 发行股票和债券

B. 处置子公司

C. 发现前期重大会计差错

D. 外汇汇率发生重大变化

E. 资产负债表日存在的诉讼事件结案

4. （2020年）下列经济事项中，可能需要通过"以前年度损益调整"科目进行会计处理的有（　　）。

A. 不涉及损益的资产负债表日后事项

B. 涉及损益的资产负债表日后事项

C. 涉及损益的会计估计变更

D. 不涉及损益的前期重要差错更正

E. 涉及损益的前期重要差错更正

真题精练答案及解析

一、单项选择题

1. C 【解析】选项 A，确定累积影响数时，需要考虑递延所得税费用的变化；选项 B，法律、行政法规或者国家统一的会计准则等要求变更的情况下，企业应当分为以下情况进行处理：①法律、行政法规或者国家统一的会计准则要求改变会计政策的同时，也规定了会计政策变更会计处理办法，企业应当按照国家相关会计规定执行；②法律、行政法规或者国家统一的会计准则要求改变会计政策的同时，没有规定会计政策变更会计处理方法的，企业应当采用追溯调整法进行会计处理；选项 D，会计政策，是指企业在会计确认、计量和报告中所采用的原则、基础和会计处理方法。

2. D 【解析】选项 A，对初次发生的业务采用新准则不属于会计政策变更；选项 B，属于会计估计变更；选项 C，属于差错更正。

3. A 【解析】截止到 2016 年年末，该项固定资产累计折旧额 = 540 000×(8/36+7/36+6/36) = 315 000（万元），账面价值 = 540 000 - 315 000 = 225 000（万元）。2017 年折旧额 = 225 000/(8-3) = 45 000（万元）。

4. A 【解析】资产负债表日后发现了报告年度或以前期间财务报表舞弊或差错属于资产负债表日后调整事项。因此选项 A 正确。选项 B、C、D，属于资产负债表日后非调整事项。

二、多项选择题

1. DE 【解析】选项 A，属于正常事项；选项 B，属于会计估计变更；选项 C，对初次发生或不重要的交易或事项采用新的会计政策，不属于会计政策变更。

2. CD 【解析】选项 A、B、E，属于资产负债表日后非调整事项。

3. ABD 【解析】选项 C、E，都属于资产负债表日后调整事项。

4. BE 【解析】资产负债表日后调整事项、前期重要差错更正，需要追溯处理，涉及的损益类科目用"以前年度损益调整"科目替代，因此选项 B、E 正确；选项 A、D，不涉及损益类科目；选项 C，不需要追溯处理。

同步训练 限时100分钟

扫我做试题

一、单项选择题

1. 下列有关会计估计变更的表述中，正确的是(   )。
   A. 对于会计估计变更，企业应采用追溯调整法进行会计处理
   B. 会计估计变更的当年，如企业发生重大亏损，企业应将这种变更作为重大会计差错予以更正
   C. 会计估计变更的当年，如企业发生重大盈利，企业应将这种变更作为重大会计差错予以更正
   D. 会计估计变更，不改变以前期间的会计估计，也不调整以前期间的报告结果

2. 嘉华公司 2×20 年财务报告批准对外报出日为 2×21 年 3 月 30 日，所得税汇算清缴于 2×21 年 3 月 15 日完成，则下列事项中

属于资产负债表日后调整事项的是( )。

A. 2×21年2月25日发生的销售业务

B. 2×21年3月20日发生的2×20年12月销售业务的退回

C. 2×21年2月15日确定的利润分配中关于分配股票股利的方案

D. 2×21年4月20日发生的2×20年12月销售业务的退回

3. 大明公司2×20年度财务报告于2×21年3月31日批准报出。公司发生的下列事项中,无须在其2×20年度会计报表附注中披露的是( )。

A. 2×21年2月20日,支付8 200万元购买A公司80%的股份,并能够对其实施控制

B. 2×21年1月31日,公司遭受水灾造成厂房、存货重大毁损5 000万元

C. 2×21年1月10日,公司对外发行三年期、面值总额为100万元的债券,发行价格为120万元

D. 2×21年2月1日,发现上年应计入财务费用的20万元借款费用误计入在建工程

4. 下列关于会计调整的说法中,错误的是( )。

A. 会计政策包括企业采用的会计计量基础

B. 会计政策变更可能是因为赖以估计的基础发生了变化

C. 前期差错包括应用会计政策错误、疏忽或曲解事实以及舞弊产生的影响

D. 资产负债表日后调整事项是存在于资产负债表日或以前,资产负债表日后提供了证据对以前已存在的事项所作的进一步说明

5. 甲公司拥有一栋闲置的办公楼,2×19年1月1日将其出租,并按照企业会计准则将其确认为投资性房地产,采用成本模式进行后续计量。2×20年1月1日,由于本市房地产交易市场的成熟,已满足采用公允价值模式进行后续计量的条件,甲公司决定对投资性房地产从成本模式转换为公允价值模式计量。当日,该办公楼的公允价值为5 800万元。假设该办公楼原价5 000万元,截至2×20年1月1日,已计提折旧2 000万元(同税法折旧),减值准备200万元。甲公司采用资产负债表债务法核算所得税,所得税税率为25%,按净利润的10%计提盈余公积。2×20年1月1日,甲公司因对该变更事项进行处理而影响未分配利润的金额为( )万元。

A. 2 025   B. 2 250
C. 2 700   D. 3 000

6. 大华公司发出存货按先进先出法计价,期末存货按成本与可变现净值孰低法计价。2×20年1月1日将发出存货由先进先出法改为月末一次加权平均法。2×20年年初存货账面余额等于账面价值40 000元,期初存货数量为50千克,2×20年1月5日、10日分别购入材料600千克、350千克,单价分别为850元、800元,1月25日领用400千克,假定采用未来适用法处理该项会计政策变更,若期末该存货的可变现净值为495 000元,由于发出存货计价方法的改变对期末计提存货跌价准备的影响金额为( )元。

A. 3 000   B. 500
C. 6 000   D. 2 500

7. A公司拟在创业板上市,因此自2×20年1月1日起开始执行新会计准则体系,将所得税核算方法由应付税款法改为资产负债表债务法核算,适用的所得税税率为25%,考虑到技术进步因素,自2×20年1月1日起将一套管理设备的折旧方法由直线法改成年数总和法,按税法规定,该设备的使用年限为10年,按年限平均法计提折旧,预计净残值为0。该设备原价为900万元,使用年限为8年,已使用3年,预计净残值为0。A公司下列会计处理中,不正确的是( )。

A. 所得税核算方法的变更应追溯调整

B. 固定资产折旧方法的变更不用追溯调整
C. 应确认递延所得税资产18.5万元
D. 2×20年改按年数总和法计提的折旧额为187.5万元

8. 甲公司2×15年12月1日购入管理部门使用的设备一台，原价为1 500 000元，预计使用年限为10年，预计净残值为100 000元，采用直线法计提折旧。2×20年1月1日考虑到技术进步因素，将原估计的使用年限改为8年，预计净残值改为60 000元（仍采用直线法计提折旧），该公司的所得税税率为25%，采用资产负债表债务法进行所得税核算。则由上述会计估计变更对2×20年净利润的影响金额为减少净利润( )元。
   A. 60 000   B. 53 600
   C. -60 000   D. -53 600

9. 甲公司2×20年7月自行研发完成一项专利权，并于当月投入使用，实际发生研究阶段支出1 200万元，开发阶段支出8 000万元（符合资本化条件），确认为无形资产，按直线法摊销，预计净残值为0。2×21年1月检查发现，会计人员将其摊销期限应为8年，错误地估计为10年；2×20年所得税申报时已按会计上相关成本费用的175%进行税前扣除。税法规定该项专利权的摊销年限为8年，摊销方法、预计净残值与会计规定相同。企业所得税税率为25%，按净利润10%计提盈余公积。假定税法允许其调整企业所得税税额，不考虑其他因素，则2×21年1月该公司应( )。
   A. 调增盈余公积5.625万元
   B. 调增企业所得税税额25万元
   C. 调减未分配利润50.625万元
   D. 调增累计摊销175万元

10. 甲公司于2×20年12月发现，2×19年少计了一项管理用固定资产的折旧费用250万元，但在所得税申报表中扣除了该项折旧费用，并对其记录了62.5万元的递延所得税负债。甲公司适用的企业所得税税率为25%，公司按净利润的10%提取盈余公积。假定无其他纳税调整事项，甲公司在2×20年因此项前期差错更正而减少的未分配利润为( )万元。
    A. 168.75   B. 187.50
    C. 225.00   D. 257.50

11. 2×20年10月1日嘉华公司应收大地公司货款共计1 160万元，2×20年年末考虑预计信用损失后，计提了相当于应收账款余额5%坏账准备，2×20年财务报告于2×21年4月30日批准对外报出，同日完成所得税汇算清缴工作，适用的所得税税率为25%，按净利润10%提取盈余公积，2×21年3月15日得知大地公司发生财务困难，预计货款只能收回30%，则该项业务对嘉华公司2×20年未分配利润的影响额为( )万元。
    A. 565.5   B. -508.95
    C. 754   D. 678.6

12. 甲公司2×20年10月与乙公司签订一项供销合同，由于甲公司未按合同发货，致使乙公司发生重大经济损失。被乙公司提起诉讼，至2×20年12月31日，法院尚未判决。甲公司2×20年12月31日在资产负债表中的"预计负债"项目反映了100万元的赔偿款。2×21年3月5日经法院判决，甲公司需偿付乙公司经济损失120万元。甲公司不再上诉，并于当日支付赔偿款。甲公司2×20年度财务会计报告批准报出日为2×21年4月28日，假定所得税汇算清缴在2×21年3月25日完成，诉讼损失在实际发生时才允许税前扣除，所得税税率为25%。下列有关报告年度资产负债表中有关项目调整的正确处理是( )。
    A. "预计负债"项目调增20万元；"其他应付款"项目0；"应交税费"项目0；"递延所得税资产"项目调增5万元
    B. "预计负债"项目调减100万元；"其

他应付款"项目调增 120 万元；"应交税费"项目调减 30 万元；"递延所得税资产"项目调减 25 万元

C. "预计负债"项目调增 20 万元；"其他应付款"项目调增 120 万元；"应交税费"项目调减 30 万元；"递延所得税资产"项目调减 25 万元

D. "预计负债"项目调减 120 万元；"其他应付款"项目调增 20 万元；"应交税费"项目调减 25 万元；"递延所得税资产"项目调减 30 万元

13. 某企业对下列各项业务进行的会计处理中，一般需要进行追溯调整的是( )。
   A. 有证据表明原使用寿命不确定的无形资产的使用寿命已能够合理估计
   B. 企业将投资性房地产的后续计量方法由成本模式变更为公允价值模式
   C. 原暂估入账的固定资产在非日后期间办理完竣工决算手续
   D. 提前报废固定资产

14. 甲公司 2×20 年度财务报告拟于 2×21 年 4 月 10 日对外公告。2×21 年 2 月 29 日，甲公司于 2×20 年 12 月 10 日销售给乙公司的一批商品因质量问题被退货，所退商品已验收入库。该批商品售价为 100 万元(不含增值税)，成本为 80 万元，年末货款尚未收到，且未计提坏账准备。甲公司所得税采用资产负债表债务法核算，适用的所得税税率为 25%，假定不考虑其他影响因素，则该项业务应调整 2×20 年净损益的金额是( )万元。
   A. 15   B. 13.5
   C. -15   D. -13.5

15. 甲公司于 2×19 年 1 月购入一项商标权，合计支付价款 100 万元，合同规定受益年限为 10 年，采用直线法摊销。2×21 年 3 月，注册会计师对该公司进行审计，发现该公司针对上述商标权在 2×19 年年末本应提减值准备 10 万元，而实际提取的减值准备为 40 万元，经查该公司的做法属于滥用会计政策、人为调节利润，应予调整；2×20 年不需对该项商标权补提减值。假定该项无形资产计提减值后，仍采用直线法摊销。该项会计调整对 2×20 年度税前利润的影响净额为( )万元。(甲公司 2×20 年度财务会计报告报出日为 2×21 年 4 月 20 日)
   A. -3.33   B. 2.5
   C. 15   D. 26.67

二、多项选择题

1. 下列会计事项中，属于会计政策变更的有( )。
   A. 现金及现金等价物的确定标准的变化
   B. 投资性房地产的计量由成本模式改为公允价值模式
   C. 投资性房地产从公允价值模式计量改为成本模式计量
   D. 发出存货的计价方法由先进先出法改为移动加权平均法
   E. 减资导致长期股权投资由成本法改为权益法核算

2. 甲公司 2×20 年经董事会决议作出的下列变更中，属于会计估计变更的有( )。
   A. 将发出存货的计价方法由移动加权平均法改为先进先出法
   B. 改变离职后福利核算方法，按照新的会计准则有关设定受益计划的规定进行追溯
   C. 因车流量不均衡，将高速公路收费权的摊销方法由年限平均法改为车流量法
   D. 将一项固定资产的预计净残值由 20 万变更为 5 万元
   E. 将一台生产设备的折旧方法由年限平均法变更为双倍余额递减法

3. 下列各项业务的会计处理，已构成会计差错的有( )。
   A. 由于技术进步，将某项无形资产的摊销年限由 10 年改为 8 年
   B. 固定资产竣工决算时，对原暂估入账的固定资产成本进行调整
   C. 在权益法下，将长期股权投资初始投资

成本小于应享有被投资单位可辨认净资产公允价值份额之间的差额按确定的摊销期限平均摊销

D. 在借款费用资本化期间内，将尚未使用的专门借款的活期存款利息收入计入其他业务收入

E. 在借款费用资本化期间内，将外币一般借款所产生的汇兑差额资本化

4. 关于会计政策、会计估计变更和差错更正，下列表述中不正确的有（　　）。

A. 变更会计政策表明以前会计期间采用的会计政策存在错误

B. 确定前期差错累积影响数切实可行的，应当采用追溯重述法更正

C. 某项变更难以区分为会计政策变更和会计估计变更的，应作为会计政策变更处理

D. 会计估计变更应根据不同情况采用未来适用法或追溯重述法

E. 对重要的前期差错，均应采用追溯重述法更正

5. 甲公司 2×20 年度财务报告经董事会批准对外公布的日期为 2×21 年 3 月 30 日，实际对外公布的日期为 2×21 年 4 月 3 日。甲公司 2×21 年 1 月 1 日至 4 月 3 日发生的下列事项中，应当作为资产负债表日后调整事项核算的有（　　）。

A. 3 月 1 日发现 2×20 年 10 月接受捐赠获得的一项固定资产尚未入账

B. 3 月 11 日临时股东大会决议购买乙公司 51% 的股权并于 4 月 2 日执行完毕

C. 4 月 2 日甲公司为从丙银行借入 8 000 万元长期借款而签订重大资产抵押合同

D. 2 月 1 日与丁公司签订的债务重组协议执行完毕，该债务重组协议系甲公司于 2×21 年 1 月 5 日与丁公司签订

E. 3 月 10 日甲公司被法院判决败诉并要求支付赔款 1 000 万元，对此项诉讼甲公司已于 2×20 年年末确认预计负债 800 万元

6. 下列自资产负债表日至财务报告批准报出日之间发生的下列事项中，属于非调整事项的有（　　）。

A. 处置全资子公司

B. 董事会提出法定盈余公积分配方案

C. 董事会提出股票股利分配方案

D. 资本公积转增资本

E. 报告年度资产负债表日存在的诉讼案件在日后期间结案而对原预计负债金额的调整

7. 丁公司在资产负债表日至财务报告批准对外报出之间发生下列事项，属于资产负债表日后事项的有（　　）。

A. 收到上年度的商品销售款

B. 发生火灾导致固定资产发生重大毁损

C. 董事会作出现金股利分配决议

D. 持有的交易性金融资产大幅升值

E. 收到税务机关退回的上年应减免的企业所得税款

8. 下列会计事项中，可能会影响企业期初留存收益的有（　　）。

A. 发现上年度财务费用少计 10 万元

B. 因固定资产折旧方法由年限平均法改为年数总和法，使当年度折旧计提额比上年度增加 150 万元

C. 某研究开发项目已累计支出 200 万元，企业在上年度将不能资本化的部分计入上年度损益，本年度将符合资本化条件的部分转入无形资产

D. 本年盘亏一项固定资产

E. 盘盈一项重置价值为 10 万元的固定资产

9. 下列各项中，应在"以前年度损益调整"科目贷方核算的有（　　）。

A. 补记上年度少计的企业所得税

B. 上年度误将自用房地产转为投资性房地产的贷方差额计入公允价值变动损益

C. 上年度多计提了存货跌价准备

D. 上年度误将购入设备款计入管理费用

E. 资产负债表日至财务报告批准报出日之间发生的退回冲减以前年度销售产品的销

售收入

10. 下列各项中，一般应采用未来适用法进行会计处理的有（　　）。

A. 无形资产的使用寿命从不能确定改为10年

B. 投资性房地产的后续计量方法，由成本模式改为公允价值模式

C. 因执行新准则，将购入的以交易为目的的股票由按照成本与市价孰低法计量的短期投资改为以公允价值计量的交易性金融资产

D. 固定资产的折旧方法，由年限平均法改为年数总和法

E. 预计负债初始计量最佳估计数的确定方法，由按照上下限金额的平均数确定改为按照各种可能结果及相关概率计算确定

11. 根据《企业会计准则第28号——会计政策、会计估计变更和差错更正》的规定，下列各项会计处理中，正确的有（　　）。

A. 确定会计政策变更对列报前期影响数不切实可行的，应当从可追溯调整的最早期间期初开始应用变更后的会计政策

B. 在当期期初确定会计政策变更对以前各期累积影响数均不切实可行的，应当采用追溯调整法处理

C. 企业对会计估计变更应当采用未来适用法处理

D. 企业应当采用追溯重述法更正重要的前期差错，确定前期差错累积影响数不切实可行的除外

E. 确定前期差错累积影响数不切实可行的，可以从可追溯重述的最早期间开始调整留存收益的期初余额，也可以采用未来适用法

三、计算题

1. W公司所得税采用资产负债表债务法核算，适用的所得税税率为25%。按净利润的10%计提盈余公积。该公司在2×20年发生的有关事项如下：

(1) 考虑到技术进步因素，自2×20年1月1日起将一套办公自动化设备的预计使用年限改为5年（预计净残值和折旧方法均未改变）。该套设备系2×17年12月28日购入并投入使用，原价为810万元，预计使用年限为8年，预计净残值为10万元，采用直线法计提折旧。税法规定，该套设备的使用年限为8年，预计净残值为10万元，按直线法计提折旧。

(2) W公司在2×20年底发现了如下差错：

① 2×20年2月，W公司购入一批管理用低值易耗品，价款6 000元，将其误记为固定资产，至年底已提折旧600元并计入管理费用。W公司对低值易耗品采用领用时一次摊销的方法（同税法摊销方法），至年底该批低值易耗品已被管理部门领用50%。

② 2×20年1月3日，W公司购入一项管理部门使用的专利权，价款15 000元，会计和税法规定的摊销期均为15年，并且采用直线法进行摊销。但W公司在2×20年未予摊销（不具有重大影响）。

③ 2×20年10月3日，W公司销售一批产品给乙公司，销售价格为300 000元，商品成本为250 000元。乙公司已根据W公司开出的发票账单支付了货款，取得了提货单，但由于乙公司仓库紧张，经与W公司协商，乙公司将该批商品暂时存放在W公司仓库由W公司代为保管，预计乙公司将于2×21年1月20日将该批商品运走。该批商品被单独存放于W公司仓库，不能与W公司的其他商品相互替换，W公司无权动用该批商品。W公司会计人员认定乙公司尚未取得该批商品的控制权，故未确认收入，也未结转成本，将收到的款项确认为合同负债。

税法规定，企业应根据销售发票上注明的售价来计算应纳税所得额。假定不考虑所得税以外其他税费的影响。

根据上述资料，回答下列问题。

(1)2×20年该套办公自动化设备应计提的折旧为( )万元。

A. 100　　　　　B. 200
C. 250　　　　　D. 300

(2)事项(1)中固定资产折旧年限的变更对2×20年度净利润的影响额为( )元。

A. -750 000　　　B. -1 000 000
C. 1 000 000　　　D. 750 000

(3)2×20年底发现的会计差错对其2×20年度资产负债表中资产总额的影响额是( )元。

A. -252 800　　　B. -253 400
C. 253 400　　　D. 252 800

(4)2×20年底发现的会计差错对2×20年度利润表中净利润的影响额是( )元。

A. 37 500　　　　B. -34 950
C. -37 500　　　D. 34 950

2. W公司所得税采用资产负债表债务法,所得税税率为25%;按净利润的10%计提盈余公积。该公司在2×21年1月在内部审计时发现下列问题:

(1)2×20年年末库存钢材账面余额为305万元。经检查,该批钢材的预计售价为270万元,预计销售费用和相关税金为15万元。当时,由于疏忽,将预计售价误记为360万元,未计提存货跌价准备。

(2)2×20年12月15日,W公司购入800万元股票,作为以公允价值计量且其变动计入当期损益的金融资产核算。至年末尚未出售,12月末的收盘价为740万元。W公司误将其作为其他权益工具投资核算。

(3)W公司于2×20年1月1日支付3 000万元对价,取得了丁公司80%股权,实现了非同一控制下的企业合并,使丁公司成为W公司的子公司。2×20年丁公司实现净利润500万元,W公司按权益法核算确认了投资收益400万元。假设丁公司处于免税期。

(4)2×20年1月W公司从其他企业集团中收购了100辆巴士,并取得巴士运营牌照。W公司确认了巴士牌照专属使用权800万元,作为无形资产核算。W公司从2×20年起按照10年进行该无形资产摊销。经检查,内审人员认定该巴士牌照专属使用权没有法定年限,且无法合理确定其使用期限。假设按照税法规定,未明确使用寿命的无形资产可按不少于10年的期限摊销。

根据上述资料,回答下列问题。

(1)下列有关会计差错的处理中,不正确的是( )。

A. 对于当期发生的重要会计差错,应当调整当期相关项目的金额

B. 对于发现的以前年度影响损益的不重要会计差错,应当调整发现当期的期初留存收益

C. 对于比较会计报表期间的重要会计差错,编制比较会计报表时应调整各该期间的净损益及其他相关项目

D. 对于年度资产负债表日至财务会计报告批准报出日发现的报告年度的重要会计差错,作为资产负债表日后调整事项处理

(2)下列对上述会计差错更正的处理中,不正确的是( )。

A. 事项一中因差错更正应调整存货跌价准备的金额为50万元

B. 事项二中因差错更正应调增递延所得税资产15万元

C. 事项三中因差错更正对期初留存收益的影响额为400万元

D. 事项四中因差错更正应调增递延所得税负债20万元

(3)W公司发现的上述会计差错会减少2×20年资产负债表中资产总额的金额是( )万元。

A. 357.5　　　　B. 342.5
C. 362.5　　　　D. 370.0

(4)W对发现的会计差错进行更正后,会减少2×20年的所有者权益总额的金额是

（　　）万元。
A. 322.50　　　B. 299.25
C. 317.50　　　D. 377.50

四、综合分析题

1. S公司为上市公司，系增值税一般纳税人。所得税核算采用资产负债表债务法核算，所得税税率25%，2×20年的财务会计报告于2×21年4月30日经批准对外报出。2×20年所得税汇算清缴于2×21年4月30日完成。该公司按净利润的10%计提法定盈余公积，提取法定盈余公积之后，不再做其他分配。自2×21年1月1日至4月30日财务报表公布日之前发生如下事项：

(1)S公司2×21年2月10日收到T公司退货的产品以及退回的增值税发票联、抵扣联。该业务系S公司2×20年11月1日销售给T公司产品一批，价款150万元，增值税税率13%，产品成本105万元，T公司验收货物时发现不符合合同规定，要求退货，S公司收到T公司的通知后希望再与T公司协商，因此S公司编制12月31日资产负债表时，仍确认了收入，将此应收账款169.5万元(含增值税)列入资产负债表应收账款项目，对此项应收账款于年末计提了坏账准备8.78万元。

(2)S公司于2×21年3月10日收到N公司的通知，N公司已进行破产清算，无力偿还所欠部分货款，预计S公司可收回应收账款的40%。假定税务部门尚未批准税前扣除。该业务系S公司2×20年3月销售给N公司一批产品，价款为135万元(含增值税额)，N公司于3月收到所购物资并验收入库。按合同规定N公司应于收到所购物资后一个月内付款。由于N公司财务状况不佳，面临破产，到2×20年12月31日仍未付款。S公司已为该项应收账款提取坏账准备21万元。

(3)2×21年3月27日，经法庭一审判决，S公司需要赔偿M公司经济损失90万元。S公司不再上诉，并且赔偿款已经支付。该业务系S公司与M公司签订供销合同，合同规定S公司在2×20年9月供应给M公司一批货物，由于S公司未能按照合同发货，致使M公司发生重大经济损失。M公司通过法律要求S公司赔偿经济损失150万元，该诉讼案在12月31日尚未判决，S公司对此项诉讼已确认预计负债60万元。

(4)2×21年3月7日，S公司得知债务人北华公司2×21年2月7日由于火灾发生重大损失，S公司的应收账款有80%收不回来。该业务系S公司2×20年12月销售商品一批给北华公司，价款300万元，增值税税率13%，产品成本200万元。在2×20年12月31日债务人北华公司财务状况良好，没有任何财务状况恶化的信息，债权人按照当时所掌握的资料，按应收账款的2%计提了坏账准备。

(5)2×21年3月15日S公司与东华公司签订协议，东华公司将其持有60%的西华公司的股权出售给S公司，价款为10 000万元。

(6)2×21年3月20日S公司董事会制订提请股东会批准的利润分配方案为：分配现金股利300万元；分配股票股利400万元。

(7)2×21年4月1日，S公司经修订的进度报表表明原估计有误，2×20年实际已完成合同30%，款项未结算。该业务系2×20年2月，S公司与南华公司签订一项为期3年、900万元的合同，预计合同总成本600万元，增值税税率为9%，该合同属于某一段时间内履行的履约义务，S公司按履约进度确认该项合同的收入和成本。至2×20年12月31日，S公司估计完成劳务总量的20%，并按此确认了损益。

(8)在2×21年4月，天华公司建议用现金结算90万元赔款，余下6万元的赔款不再支付，S公司接受了以此全部结案的建议，2×21年4月收到90万元赔款。该业务系S公司与天华公司签订合同，合同中规定天华公司在2×20年内给S公司提供指定数量的电力。由于天华公司延迟了修建新发电厂的计划，致使S公司不得不以明显较高的价格从另一供电单位购买电力。在2×20年内，S公司通过法律手段要求天华公司赔偿由于其对供电合同的违约造成的经济损失共计96万元。在2×20年的后期，法院做出了天华公司赔偿S公司全部损失共计96万元的判决。在编制2×20年12月31日的资产负债表时，S公司与其法律顾问协商后得出结论认为，公司有法定权利获取赔偿款，并且天华公司不再上诉，S公司已将确定能够收到的赔款作为一项应收款项列示在资产负债表上。

按照税法规定，只有坏账损失实际发生才允许扣除；预计负债产生的损失在预提时不允许税前扣除，只有损失实际发生时，才允许税前扣除。

根据上述资料，回答下列问题。（保留两位小数）

(1) 关于S公司发生的日后事项的判断表述中，正确的为( )。

A. 事项(3)属于调整事项，需要调整报告年度报表相关项目的本期数和期末数

B. 事项(4)属于调整事项，需要调整报告年度报表相关项目的本期数和期末数

C. 事项(6)属于调整事项，需要调整报告年度报表相关项目的本期数和期末数

D. 事项(7)属于非调整事项，需要在报告年度报表附注中披露

(2) 下列关于事项(1)的会计处理，不正确的是( )。

A. 借：以前年度损益调整　　　　150
　　　应交税费——应交增值税（销项税额）　　　　　　　　　19.5
　　　　贷：应收账款　　　　　169.5

B. 借：库存商品　　　　　　　　105
　　　　贷：以前年度损益调整　　105

C. 借：坏账准备　　　　　　　8.78
　　　　贷：以前年度损益调整　8.78

D. 借：应交税费——应交所得税9.06
　　　　贷：以前年度损益调整　　6.86
　　　　　　递延所得税资产　　　2.20

(3) 由于上述事项，S公司2×20年资产负债表"资产合计"项目"期末余额"应调增( )万元。

A. 99.69　　　　B. -85.82
C. 189.69　　　D. -189.69

(4) 由于上述事项，S公司2×20年资产负债表"负债合计"项目"期末余额"应调增( )万元。

A. 111　　　　B. -111
C. 21　　　　　D. -9.15

(5) 由于上述事项，S公司2×20年资产负债表"未分配利润"项目"期末余额"应调增( )万元。

A. 69　　　　　B. -69
C. 151.82　　　D. -151.82

(6) 由于上述事项，S公司2×20年利润表"营业利润"项目"本期金额"应调增( )万元。

A. 78.69　　　　B. -78.69
C. -66.22　　　 D. 68.92

2. 甲公司为上市公司，适用的所得税税率为25%，所得税采用资产负债表债务法核算，按净利润的10%提取法定盈余公积。财务报告经董事会批准对外报出日为2×21年3月31日，2×20年度所得税汇算清缴于2×21年3月18日完成。2×21年2月内审部门在审核该公司2×20年度财务报表时，发现如下问题。

(1) 甲公司于2×20年7月1日以400万元的价格购入一套计算机软件，在购入当日将其作为管理费用处理。该计算机软件预计能在未来期间为企业带来经济利益流入，预计使用年限为5年，无残值。按照甲公司的会计政策，对无形资产采用直线法摊销，税法规定该支出应按照5年平均摊销。

(2) 甲公司一项采用成本模式计量的投资

性房地产在 2×20 年 6 月 30 日发生减值。减值之前，该投资性房地产已经使用了 5 年，其原值为 2 030 万元，预计使用年限为 20 年，预计净残值为 30 万元，采用直线法计提折旧(与税法的折旧政策相同)，以前年度未计提减值准备。经测试该资产的未来现金流量现值为 1 300 万元，公允价值减去处置费用后的净额为 1 250 万元，甲公司确认减值 280 万元。减值后，预计该资产尚可使用年限为 10 年，预计净残值为 0，采用直线法计提折旧。

(3) 2×20 年 1 月甲公司从其他公司中收购了 10 辆巴士，确认了巴士牌照专属使用权 800 万元，作为无形资产核算。甲公司从 2×20 年起按 10 年对该无形资产进行摊销，当年无减值。经检查，该巴士牌照专属使用权没有法定年限，且无法合理确定其使用期限。假设按照税法规定，未明确使用寿命的无形资产按不少于 10 年的期限摊销。

(4) 甲公司 2×20 年度因合同纠纷被起诉，至 2×20 年 12 月 31 日，该诉讼案件尚未判决，甲公司询问法律顾问，其发生 100 万元赔偿的概率为 70%，发生 50 万元赔偿的概率为 30%。据此，甲公司确认预计负债 85 万元。

甲公司认同上述经审计发现的问题并作相应的会计调整处理。

根据上述资料，回答下列问题。

(1) 针对事项(2)，甲公司的下列处理中，正确的有( )。

A. 冲减"资产减值损失"50 万元
B. 确认"投资性房地产累计折旧"5 万元
C. 确认"管理费用"5 万元
D. 冲减"递延所得税资产"11.875 万元

(2) 事项(3)进行差错更正时，对资产负债表项目的影响金额表述正确的有( )。

A. 调减无形资产 80 万元
B. 调减递延所得税资产 20 万元
C. 调增盈余公积 6 万元
D. 调增未分配利润 54 万元

(3) 在日后期间对上述事项进行调整时，应调减的"递延所得税资产"金额为( )万元。

A. 86.250   B. 98.125
C. 98.750   D. 118.125

(4) 对上述事项进行会计处理后，应调增甲公司原编制 2×20 年利润表中"营业利润"项目本年金额( )万元。

A. 312.50   B. 315.00
C. 327.50   D. 487.50

(5) 对上述事项进行会计处理后，应调整甲公司原编制 2×20 年资产负债表资产总额( )万元。

A. 389.375   B. 429.375
C. 527.500   D. 530.000

(6) 对上述事项进行会计处理后，应调整甲公司 2×20 年资产负债表"盈余公积"期末余额( )万元。

A. 39.6 875   B. 38.5 625
C. 35.4 375   D. 32.7 500

同步训练答案及解析

一、单项选择题

1. **D** 【解析】对于会计估计变更，企业应采用未来适用法进行会计处理，不调整以前期间的报告结果，不能因为企业发生重大亏损或重大盈利将会计估计变更认定为重大会计差错。

2. **B** 【解析】选项 A，属于当年的正常事项；选项 C，利润分配方案中的分配股票股利是在资产负债表日尚不存在的事项，属于非调整事项；选项 D，发生在报告年度财务报告批准报出日之后，不属于日后事项。

3. D 【解析】选项 D，属于日后调整事项，无须在报表附注中披露但应进行追溯调整。

4. B 【解析】赖以估计的基础发生了变化，是会计估计变更，不会引起会计政策变更。

5. A 【解析】甲公司因政策变更影响未分配利润的金额＝[5 800－(5 000－2 000－200)]×(1－25%)×(1－10%)＝2 025(万元)，本题的参考分录如下：

2×20 年 1 月 1 日会计政策变更的分录为：

借：投资性房地产——成本　　5 000
　　　　　　——公允价值变动
　　　　　　　　　　　　　　800
　　投资性房地产累计折旧　2 000
　　投资性房地产减值准备　　200
　贷：投资性房地产　　　　5 000
　　　递延所得税资产　　　　50
　　　递延所得税负债　　　　700
　　　盈余公积　　　　　　225
　　　利润分配——未分配利润　2 025

通过分录可以看出，影响未分配利润的金额为 2 025 万元。

6. A 【解析】先进先出法下期末存货成本＝(40 000+600×850+350×800)－40 000－350×850＝492 500(元)，不应计提存货跌价准备，而加权平均法下，单价＝(40 000＋600×850＋350×800)/(50＋600＋350)＝830(元/千克)，期末存货成本＝(50＋600＋350－400)×830＝498 000(元)，大于可变现净值 495 000 元，应计提存货跌价准备 3 000 元。故发出存货计价方法的改变对期末计提存货跌价准备的影响为 3 000 元，即多提存货跌价准备 3 000 元。

7. C 【解析】变更时，固定资产的资产账面价值＝900－900/8×3＝562.5(万元)，资产的计税基础＝900－900/10×3＝630(万元)，形成可抵扣暂时性差异 67.5 万元。

借：递延所得税资产
　　　　　　(67.5×25%)16.875

　贷：利润分配——未分配利润
　　　　　　(16.875×90%)15.187 5
　　　盈余公积 (16.875×10%)1.687 5

2×20 年改按年数总和法应计提的折旧额＝562.5×5/15＝187.5(万元)

8. A 【解析】按照原使用年限和净残值，2×20 年应计提折旧＝(1 500 000－100 000)/10＝140 000(元)，按照变更后的使用年限和预计净残值，2×20 年应计提折旧＝(1 500 000－140 000×4－60 000)/4＝220 000(元)，对 2×20 年净利润的影响＝(220 000－140 000)×(1－25%)＝60 000 (元)(减少净利润)。

9. C 【解析】参考分录：

借：以前年度损益调整　　　　100
　贷：累计摊销　　　　　　　100

借：应交税费——应交所得税
　　　　　　(175×25%)43.75
　贷：以前年度损益调整　　　43.75

借：利润分配——未分配利润　50.625
　　盈余公积　　　　　　　　5.625
　贷：以前年度损益调整　　　56.25

10. A 【解析】未分配利润应调减的金额＝(250－250×25%)×90%＝168.75(万元)

11. B 【解析】本题分录为：

借：以前年度损益调整——调整信用减值损失　　　　　　　　754
　贷：坏账准备
　　　　　[1 160×(70%－5%)]754

借：递延所得税资产　　　　188.5
　贷：以前年度损益调整——调整所得税费用　　　　　　　　188.5

借：利润分配——未分配利润　565.5
　贷：以前年度损益调整　　　565.5

借：盈余公积　　　　　　　　56.55
　贷：利润分配——未分配利润　56.55

12. B 【解析】甲公司应作的调整分录为：

借：预计负债　　　　　　　　100
　　以前年度损益调整　　　　20
　贷：其他应付款　　　　　　120

借：以前年度损益调整　　　　　25
　　　贷：递延所得税资产　　　　　25
借：应交税费——应交所得税　30
　　　贷：以前年度损益调整　　　　30
"以前年度损益调整"科目余额转入留存收益的分录略。
借：其他应付款　　　　　　　120
　　　贷：银行存款　　　　　　　　120

13. B　【解析】选项B，属于会计政策变更，应该进行追溯调整，调整期初留存收益；选项C，竣工结算后，需要调整原来的暂估价值，但不用再追溯调整已计提的折旧。

14. C　【解析】该事项属于日后调整事项，其调整分录是：
借：以前年度损益调整——营业收入
　　　　　　　　　　　　　　100
　　　贷：应收账款　　　　　　　100
借：库存商品　　　　　　　　80
　　　贷：以前年度损益调整——营业成本
　　　　　　　　　　　　　　　80
借：应交税费——应交所得税
　　　　　　　〔（100-80）×25%〕5
　　　贷：以前年度损益调整——所得税费用　　　　　　　　　　　5
因此，应调减2×20年净损益的金额＝100-80-5＝15（万元）。

15. A　【解析】2×19年年末多计提的减值准备＝40-10＝30（万元）。由此导致2×20年少计摊销额＝30/（10-1）＝3.33（万元）。
借：无形资产减值准备　　　　30
　　　贷：以前年度损益调整——2×19年资产减值损失　　　　　　30
借：以前年度损益调整——2×20年管理费用　　　　　　　　　　3.33
　　　贷：累计摊销　　　　　　　3.33

二、多项选择题

1. ABD　【解析】选项C，属于会计差错；选项E，属于正常事项。

2. CDE　【解析】选项A、B属于会计政策变更。

3. CDE　【解析】选项C，按会计准则，此差额应直接计入营业外收入；选项D，利息收入应冲减当期的借款利息费用资本化金额；选项E，外币一般借款所产生的汇兑差额应当费用化。

4. ACDE　【解析】会计政策变更并不是意味着以前的会计政策是错误的，而是采用变更后的会计政策会使得会计信息更加具有可靠性和相关性，所以选项A是不正确的；选项C，应该作为会计估计变更处理；选项D，会计估计变更应采用未来适用法；选项E，对于重要的前期差错，确定前期差错累计影响数不切实可行的，可以从可追溯重述的最早期间开始调整，也可以采用未来适用法，因此选项E的说法不正确。

5. AE　【解析】选项B、C、D所表明的状况在报告年度资产负债表日均不存在，因此均属于非调整事项。

6. ACD　【解析】选项B、E属于日后调整事项。

7. BCD　【解析】选项B、C、D属于日后非调整事项。

8. AE　【解析】选项B，固定资产折旧方法的变更属于会计估计变更，采用未来适用法，不影响期初留存收益；选项C，将资本化的部分确认为无形资产，借记"无形资产"，贷记"研发支出——资本化支出"，不影响期初留存收益；选项D，盘亏净损失计入营业外支出，不影响留存收益。

9. CD　【解析】选项A、B、E均应在"以前年度损益调整"科目借方进行核算。

10. ADE　【解析】选项A、D、E属于会计估计变更，采用未来适用法处理；选项B、C属于会计政策变更，一般采用追溯调整法处理。

11. ACDE　【解析】在当期期初确定会计政策变更对以前各期累积影响数均不切实可行的，应当采用未来适用法处理。

三、计算题

1. (1)B；(2)A；(3)B；(4)D。

【解析】(1)原年折旧额=(810-10)/8=100(万元)

已提折旧=100×2=200(万元)

2×20年应计提折旧=(810-10-200)/(5-2)=200(万元)

(2)对2×20年度所得税费用的影响额=(200-100)×25%=25(万元)

对2×20年度净利润的影响额=200-100-25=75(万元)(减少)

(3)会计差错更正的会计分录：

①借：周转材料——低值易耗品 6 000
　　贷：固定资产　　　　　　　6 000
　借：累计折旧　　　　　　　　　600
　　贷：管理费用　　　　　　　　600
　借：管理费用　　　　　　　　3 000
　　贷：周转材料——低值易耗品 3 000

②借：管理费用　　　　　　　　1 000
　　贷：累计摊销　　　　　　　1 000

③借：合同负债　　　　　　　300 000
　　贷：主营业务收入　　　　300 000
　借：主营业务成本　　　　　250 000
　　贷：库存商品　　　　　　250 000

2×20年底发现的会计差错对其2×20年度资产负债表中资产总额的影响额=6 000-6 000+600-3 000-1 000-250 000=-253 400(元)

(4)2×20年底发现的会计差错对2×20年度利润表中净利润的影响额=(600-3 000-1 000+300 000-250 000)×(1-25%)=34 950(元)

2. (1)B；(2)B；(3)A；(4)D。

【解析】(1)选项B，应视同当期的会计差错进行更正，不需要追溯重述。

(2)对于前期差错，应采用追溯重述法进行更正。具体更正如下：

①补提存货跌价准备。存货的可变现净值=预计售价270-预计销售费用和相关税金15=255(万元)；由于存货账面余额305万元，高于可变现净值255万元，需计提存货跌价准备50万元：

借：以前年度损益调整——资产减值损失
　　　　　　　　　　　　　　　　50
　贷：存货跌价准备　　　　　　　50
借：递延所得税资产　(50×25%)12.5
　贷：以前年度损益调整——所得税费用　　　　　　　　　　　　12.5
借：利润分配——未分配利润　37.50
　贷：以前年度损益调整　　　　37.50
借：盈余公积——法定盈余公积
　　　　　　　　　(37.5×10%)3.75
　贷：利润分配——未分配利润　3.75

②对于交易性金融资产，企业应按公允价值计量，并将其公允价值变动计入当期损益。对于其他权益工具投资，企业应将其公允价值变动计入其他综合收益。

借：交易性金融资产——成本　　800
　　其他权益工具投资——公允价值变动
　　　　　　　　　　　　　　　　60
　贷：其他权益工具投资——成本　800
　　　交易性金融资产——公允价值变动　　　　　　　　　　　　　　60
借：以前年度损益调整——公允价值变动损益　　　　　　　　　　　　60
　贷：其他综合收益　　　　　　　60
借：其他综合收益　　　　　　　　15
　贷：以前年度损益调整——所得税费用　　　　　　　(60×25%)15
借：利润分配——未分配利润　　40.5
　　盈余公积——法定盈余公积
　　　　　　　　　　(45×10%)4.5
　贷：以前年度损益调整　　　　　45

③对丁公司的投资应采用成本法核算，甲公司应冲回确认的投资收益。

借：以前年度损益调整——投资收益
　　　　　　　　　　　　　　　400
　贷：长期股权投资——丁公司(损益调整)　　　　　　　　　　　400
借：利润分配——未分配利润　　400

贷：以前年度损益调整　　　400
　　借：盈余公积——法定盈余公积
　　　　　　　　　　　（400×10%）40
　　　贷：利润分配——未分配利润　40
④对于无法确定使用寿命的无形资产，不摊销，甲公司应冲回已摊销的无形资产。
　　借：累计摊销　　　　（800÷10）80
　　　贷：以前年度损益调整——管理费用
　　　　　　　　　　　　　　　　　80
　　借：以前年度损益调整——所得税费用
　　　　　　　　　　　　　　　　　20
　　　贷：递延所得税负债　　　　　20
（注：在无形资产摊销时，资产的账面价值与计税价格一致；在无形资产不摊销时，每年年末产生应纳税暂时性差异80万元，应确认递延所得税负债）
　　借：以前年度损益调整　　　　60
　　　贷：利润分配——未分配利润　60
　　借：利润分配——未分配利润　6
　　　贷：盈余公积——法定盈余公积
　　　　　　　　　　　（60×10%）6
（3）对资产总额的影响额=资料1（-50+12.5）+资料2（740-740）+资料3（-400）+资料4（80）=-357.5（万元）
（4）对所有者权益总额的影响金额=资料1（-37.5）+资料2（60-15-45）+资料3（-400）+资料4（60）=-377.5（万元）

四、综合分析题

1．（1）A；（2）D；（3）B；（4）D；（5）B；（6）C。
【解析】
（1）①判断：属于调整事项。
　　借：以前年度损益调整——营业收入
　　　　　　　　　　　　　　　　150
　　　　应交税费——应交增值税（销项税额）
　　　　　　　　　　　　　　　　19.5
　　　贷：应收账款　　　　　　169.5
　　借：库存商品　　　　　　　105
　　　贷：以前年度损益调整——营业成本
　　　　　　　　　　　　　　　　105

　　借：坏账准备　　　　　　　8.78
　　　贷：以前年度损益调整——信用减值损失
　　　　　　　　　　　　　　　　8.78
　　借：应交税费——应交所得税
　　　　　　　　　　[（150-105）×25%]11.25
　　　贷：以前年度损益调整——所得税费用
　　　　　　　　　　　　　　　　11.25
　　借：以前年度损益调整——所得税费用
　　　　　　　　　　　　　　　　2.20
　　　贷：递延所得税资产
　　　　　　　　　　　（8.78×25%）2.20
②判断：属于调整事项。
　　借：以前年度损益调整——信用减值损失
　　　　　　　　　　　　　　　　60
　　　贷：坏账准备　　（135×60%-21）60
　　借：递延所得税资产　（60×25%）15
　　　贷：以前年度损益调整——所得税费用
　　　　　　　　　　　　　　　　15
③判断：属于调整事项。
　　借：以前年度损益调整——营业外支出
　　　　　　　　　　　　　　　　30
　　　　预计负债——未决诉讼　60
　　　贷：其他应付款——M公司　90
　　借：应交税费——应交所得税
　　　　　　　　　　　　（90×25%）22.5
　　　贷：以前年度损益调整——所得税费用
　　　　　　　　　　　　　　　　22.5
　　借：以前年度损益调整——所得税费用
　　　　　　　　　　　　　　　　15
　　　贷：递延所得税资产　（60×25%）15
　　借：其他应付款——M公司　90
　　　贷：银行存款　　　　　　90
（此笔分录为当年的处理，非调整分录）
④判断：属于非调整事项。由于这一情况在资产负债表日并不存在，是资产负债表日后才发生的事项。因此，应作为非调整事项在财务报表附注中进行披露。
⑤判断：属于非调整事项。这一交易对S公司来说，属于发生重大企业合并或处置子公司的业务，应在其编制2×20年度财

务会计报告时,披露与这一非调整事项有关的购置西华公司股份的事实,以及有关购置价格的信息。

⑥判断:属于非调整事项。

⑦判断:属于调整事项。

借:应收账款　　　　　　　　98.1
　　贷:以前年度损益调整——营业收入
　　　　　　　　　　　　　　　90
　　　　应交税费——应交增值税(销项税额)　　　　　　　　　　8.1

借:以前年度损益调整——营业成本
　　　　　　　　　　　　　　　60
　　贷:合同履约成本等　　　　60

借:以前年度损益调整——所得税费用
　　　　　　　　　[(90-60)×25%]7.5
　　贷:应交税费——应交所得税　7.5

⑧判断:属于调整事项。

借:以前年度损益调整——营业外支出
　　　　　　　　　　　　　　　6
　　贷:其他应收款　　　　　　6

借:应交税费——应交所得税
　　　　　　　　　　(6×25%)1.5
　　贷:以前年度损益调整——所得税费用　　　　　　　　　　1.5

借:银行存款　　　　　　　　90
　　贷:其他应收款　　　　　　90
(此笔分录为当年的处理,非调整分录)

⑨合并调整"利润分配——未分配利润"和"盈余公积":

借:利润分配——未分配利润　76.67
　　贷:以前年度损益调整　　76.67

借:盈余公积——法定盈余公积　7.67
　　贷:利润分配——未分配利润　7.67

(2)从事项(1)的分录中可以看出,选项D的处理有误。

(3)S公司2×20年资产负债表"资产合计"项目"期末余额"的调整额=-169.5+105+8.78-2.2-60+15-15+98.1-60-6=-85.82(万元)。

(4)S公司2×20年资产负债表"负债合计"项目"期末余额"的调整额=-19.5-11.25-60+90-22.5+8.1+7.5-1.5=-9.15(万元)。

(5)S公司2×20年资产负债表"未分配利润"项目"期末余额"的调整额=-76.67+7.67=-69(万元)。

(6)S公司2×20年利润表"营业利润"项目"本期金额"的调整额=-150+105+8.78-60+90-60=-66.22(万元)。

2.【答案】(1)AD;(2)CD;(3)B;(4)D;(5)A;(6)C。

【解析】

(1)甲公司错误的处理:

确认减值280万元;2×20年下半年计提折旧额=1 250/10×6/12=62.5(万元);年末投资性房地产的账面价值=1 250-62.5=1 187.5(万元),计税基础=2 030-(2 030-30)/20×5.5=1 480(万元),形成可抵扣暂时性差异额=1 480-1 187.5=292.5(万元),确认递延所得税资产额=292.5×25%=73.125(万元)。

正确的处理:

6月30日减值之前,投资性房地产的账面价值=2 030-(2 030-30)/20×5=1 530(万元),可收回金额为预计未来现金流量的现值与公允价值减去处置费用后的净额中的较高者,即1 300万元,应计提减值损失=1 530-1 300=230(万元);2×20年下半年计提折旧额=1 300/10×6/12=65(万元);年末投资性房地产的账面价值=1 300-65=1 235(万元),计税基础=2 030-(2 030-30)/20×5.5=1 480(万元),形成可抵扣暂时性差异额=1 480-1 235=245(万元),确认递延所得税资产额=245×25%=61.25(万元)。

因此差错更正分录为:

借:投资性房地产减值准备
　　　　　　　　　　(280-230)50
　　贷:以前年度损益调整——资产减值损失　　　　　　　　　　50

借:以前年度损益调整——其他业务成本
　　　　　　　　　　(65-62.5)2.5

贷：投资性房地产累计折旧 2.5
借：以前年度损益调整——所得税费用
(73.125-61.25)11.875
贷：递延所得税资产 11.875

(2)事项(3)对于无法确定使用寿命的无形资产，会计上不予摊销，甲公司应冲回已计提的摊销额：
借：累计摊销 (800/10)80
贷：以前年度损益调整——管理费用 80

"累计摊销"科目是无形资产的备抵科目，因此要调增无形资产80万元。

错误的处理中，税会处理一致，无差异。正确的处理中，该无形资产的账面价值为800万元，计税基础=800-80=720(万元)，形成应纳税暂时性差异80万元，确认递延所得税负债的金额=80×25%=20(万元)。
借：以前年度损益调整——所得税费用 20
贷：递延所得税负债 20

(3)事项(1)：该项计算机软件符合资产的确认条件，应确认为无形资产，不能计入管理费用。
调整分录如下：
借：无形资产 400
贷：以前年度损益调整——管理费用 400
借：以前年度损益调整——管理费用 40
贷：累计摊销 (400/5×0.5)40

借：以前年度损益调整——所得税费用
[(400-40)×25%]90
贷：递延所得税资产 90

事项(4)：或有事项涉及一个项目，且所需支出不存在一个连续范围的，预计负债的最佳估计数应该按照最可能发生金额确定，所以应该确认的预计负债的金额为100万元。
更正分录如下：
借：以前年度损益调整——调整营业外支出 15
贷：预计负债 15
借：递延所得税资产
[(100-85)×25%]3.75
贷：以前年度损益调整——所得税费用 3.75

因此，对递延所得税资产的调减额=90(事项1)+11.875(事项2)-3.75(事项4)=98.125(万元)。

(4)调增"营业利润"项目本年金额=(400-40)(事项1)+(50-2.5)(事项2)+80(事项3)=487.5(万元)

(5)调整资产总额=(400-40-90)(事项1)+(50-2.5-11.875)(事项2)+80(事项3)+3.75(事项4)=389.375(万元)

(6)"以前年度损益调整"科目的合计数=(400-40-90)(事项1)+(50-2.5-11.875)(事项2)+(80-20)(事项3)-(15-3.75)(事项4)=354.375(万元)

调整盈余公积的期末余额=354.375×10%=35.4375(万元)

第17章 会计调整

本章知识串联

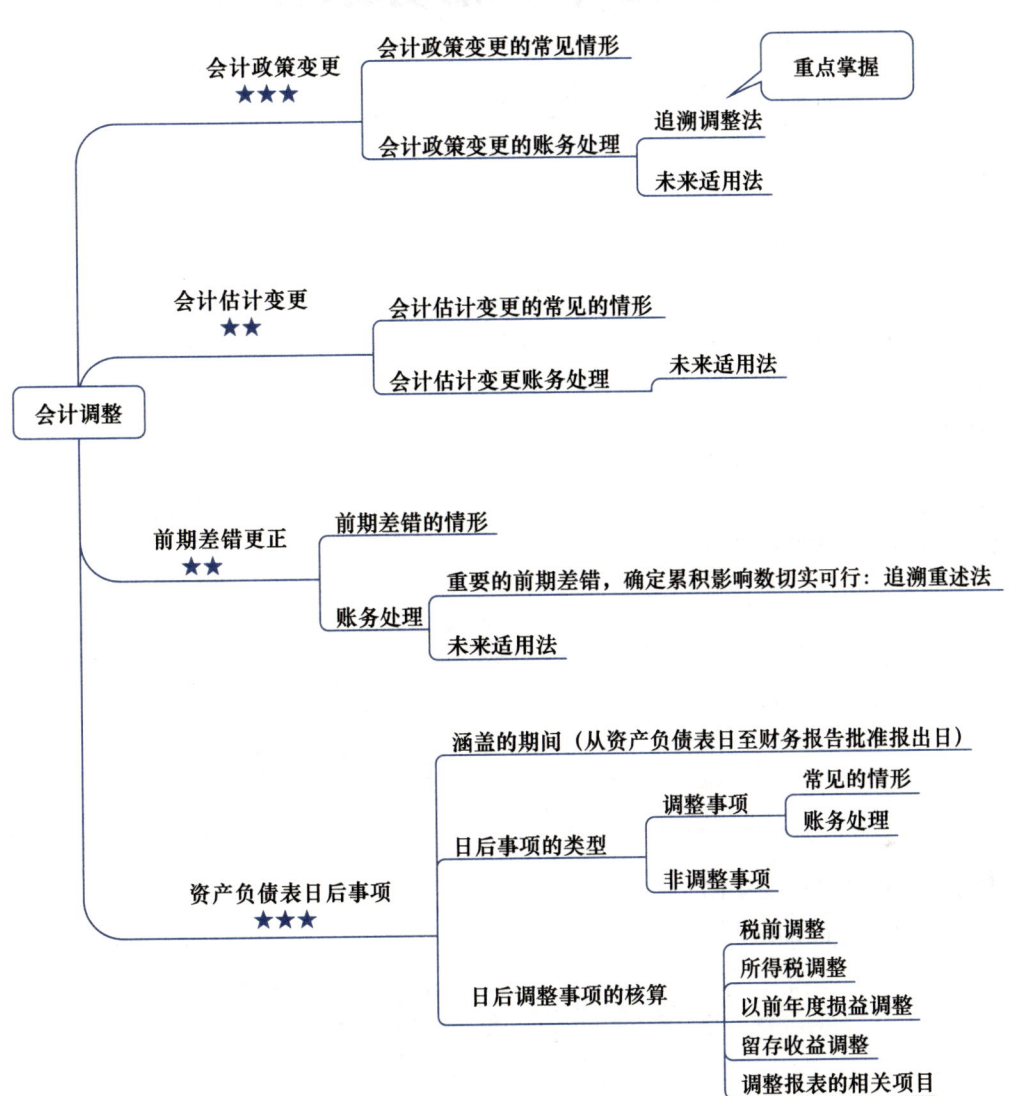

第18章 财务报告

考情解密

历年考情概况

本章在往年主要考查了资产负债表的填列、利润表及现金流量表的填列、所有者权益变动表及报表附注的披露等知识点，这些内容应予以重点关注。此外还应注意掌握企业破产清算的计量属性和科目设置、破产清算资产的确认和计量。本章在考试中主要以单项选择题和多项选择题形式进行考查，近年平均分值为5分左右。

近年考点直击

考点	主要考查题型	考频指数	考查角度
资产负债表	单选题	★★	根据总账科目直接填列的项目内容
现金流量表	单选题、多选题	★★	(1)引起筹资活动现金流量变化的事项； (2)现金流量表补充资料的填列
其他财务报表及附注	多选题	★★	(1)关联方信息披露要求； (2)所有者权益变动表的项目
企业破产清算的基本核算	单选题	★★	(1)破产企业在破产期间的资产、负债的计量属性； (2)破产企业向职工支付补偿金的核算

本章2021年考试主要变化

按相关规定更新了部分资产负债表项目的填列方法。

考点详解及精选例题

核心考点1　资产负债表

扫我解疑难

资产负债表的编制方法★★（见表18-1）

表18-1　资产负债表编制方法

项目	内容
根据总账科目的余额填列	如"其他权益工具投资""长期待摊费用""递延所得税资产""短期借款""持有待售负债""递延所得税负债""实收资本（或股本）""库存股""资本公积""其他综合收益""专项储备""盈余公积"等项目，应根据有关总账科目的余额填列

续表

项目	内容
根据总账科目的余额填列	有些项目则应根据几个总账科目的余额计算填列,如"货币资金"项目,需根据"库存现金""银行存款""其他货币资金"三个总账科目余额的合计数填列;"其他应付款"项目,需根据"其他应付款""应付利息""应付股利"三个总账科目余额的合计数填列
根据明细账科目的余额分析计算填列	"开发支出"项目,应根据"研发支出"科目中所属的"资本化支出"明细科目期末余额填列;"预收款项"项目,应根据"预收账款"和"应收账款"科目所属各明细科目的期末贷方余额合计数填列;"交易性金融资产"项目,应根据"交易性金融资产"科目的明细科目期末余额分析填列,自资产负债表日起超过一年到期且预期持有超过一年的以公允价值计量且其变动计入当期损益的非流动金融资产,在"其他非流动金融资产"项目中填列;"其他债权投资"项目,应根据"其他债权投资"科目的明细科目余额分析填列,自资产负债表日起一年内到期的长期债权投资,在"一年内到期的非流动资产"项目中填列,购入的以公允价值计量且其变动计入其他综合收益的一年内到期的债权投资,在"其他流动资产"项目中填列;"应交税费"项目,应根据"应交税费"科目的明细科目期末余额分析填列,其中的借方余额,应当根据其流动性在"其他流动资产"或"其他非流动资产"项目中填列;"一年内到期的非流动资产""一年内到期的非流动负债"项目,应根据有关非流动资产或负债项目的明细科目余额分析填列;"应付职工薪酬"项目,应根据"应付职工薪酬"科目的明细科目期末余额分析填列;"预计负债"项目,应根据"预计负债"科目的明细科目期末余额分析填列;"未分配利润"项目,应根据"利润分配"科目中所属的"未分配利润"明细科目期末余额填列;"应收款项融资"项目,应根据"应收票据""应收账款"科目的明细科目期末余额分析填列
根据总账科目和明细账科目的余额分析计算填列	"长期借款""应付债券"项目,应分别根据"长期借款""应付债券"总账科目余额扣除"长期借款""应付债券"科目所属的明细科目中将在资产负债表日起一年内到期,且企业不能自主地将清偿义务展期的部分后的金额计算填列;"其他流动资产""其他流动负债"项目,应根据有关资产或负债总账科目及有关科目的明细科目期末余额分析填列;"其他非流动负债"项目,应根据有关科目的期末余额减去将于一年内(含一年)到期偿还数后的金额填列
根据有关科目余额减去其备抵科目余额后的净额填列	"持有待售资产""长期股权投资""商誉"项目,应根据相关科目的期末余额填列,已计提减值准备的,还应扣减相应的减值准备;"在建工程"项目,应根据"在建工程"和"工程物资"科目的期末余额,扣减"在建工程减值准备"和"工程物资减值准备"科目的期末余额后的金额填列;"固定资产"项目,应根据"固定资产"和"固定资产清理"科目的期末余额,减去"累计折旧"和"固定资产减值准备"科目的期末余额后的金额填列;"无形资产""投资性房地产(成本模式)""生产性生物资产""油气资产"项目,应根据相关科目的期末余额扣减相关的累计折旧(或摊销、折耗)填列,已计提减值准备的,还应扣减相应的减值准备,折旧(或摊销、折耗)年限(或期限)只剩一年或不足一年的,或者预计在一年内(含一年)进行折旧(或摊销、折耗)的部分,仍在上述项目中列示,不转入"一年内到期的非流动资产"项目,采用公允价值计量的上述资产,应根据相关科目的期末余额填列;"长期应收款"项目,应根据"长期应收款"科目的期末余额,减去相应的"未实现融资收益"科目和"坏账准备"科目所属相关明细科目期末余额后的金额填列;"长期应付款"项目,应根据"专项应付款"和"长期应付款"科目的期末余额,减去相应的"未确认融资费用"科目期末余额后的金额填列
综合运用上述填列方法分析填列	"其他应收款"项目,应根据"其他应收款""应收利息""应收股利"科目的期末余额,减去"坏账准备"科目中有关坏账准备期末余额后的金额填列;"债权投资"项目,应根据"债权投资"科目的相关明细科目的期末余额,减去"债权投资减值准备"科目中相减值准备的期末余额后的金额分析填列,自资产负债表日起一年内到期的长期债权投资,在"一年内到期的非流动资产"项目中填列,购入的以摊余成本计量的一年内到期的债权投资,在"其他流动资产"项目中填列;"合同资产"和"合同负债"项目,应根据"合同资产"科目和"合同负债"科目的明细科目期末余额分析填列,同一合同下的合同资产

续表

项目	内容
综合运用上述填列方法分析填列	和合同负债应当以净额列示,其中净额为借方余额的,应当根据其流动性在"合同资产"或"其他非流动资产"项目中填列,已计提减值准备的,还应减去"合同资产减值准备"科目中相应的期末余额后的金额填列,其中净额为贷方余额的,应当根据其流动性在"合同负债"或"其他非流动负债"项目中填列;"存货"项目,应根据"材料采购""原材料""发出商品""库存商品""周转材料""委托加工物资""生产成本""受托代销商品"等科目的期末余额及"合同履约成本"科目的明细科目中初始确认时摊销期限不超过一年或一个正常营业周期的期末余额合计,减去"受托代销商品款""存货跌价准备"科目期末余额及"合同履约成本减值准备"科目中相应的期末余额后的金额填列,材料采用计划成本核算,以及库存商品采用计划成本核算或售价核算的企业,还应按加或减材料成本差异、商品进销差价后的金额填列。"其他非流动资产"项目,应根据有关科自的期末余额减去将于一年内(含一年)收回数后的金额,及"合同取得成本"科目和"合同履约成本"科目的明细科目中初始确认时摊销期限在一年或一个正常营业周期以上的期末余额,减去"合同取得成本减值准备"科目和"合同履约成本减值准备"科目中相应的期末余额填列

【思路点拨】(1)资产一般按照流动性大小排列,负债一般按要求清偿时间先后顺序排列。

(2)"租赁负债"项目,反映资产负债表日承租人企业尚未支付的租赁付款额的期末账面价值。该项目应根据"租赁负债"科目的期末余额填列。自资产负债表日起一年内到期应予以清偿的租赁负债的期末账面价值,在"一年内到期的非流动负债"项目反映。

(3)"使用权资产"项目,反映资产负债表日承租人企业持有的使用权资产的期末账面价值。该项目应根据"使用权资产"科目的期末余额,减去"使用权资产累计折旧"和"使用权资产减值准备"科目的期末余额后的金额填列。

(4)"递延收益"项目中摊销期限只剩一年或不足一年的,或预计在一年内(含一年)进行摊销的部分,不得归类为流动负债,仍在该项目中填列,不转入"一年内到期的非流动负债"项目。

(5)"应付账款""预付账款"科目所属各明细科目的期末借方余额应反映在"预付款项"项目。

【例题1·单选题】某企业期末"库存商品"科目的余额为200万元,"周转材料"科目的余额为20万元,"原材料"科目的余额为90万元,"材料成本差异"科目的借方余额为15万元。"存货跌价准备"科目的余额为20万元,"制造费用"科目的余额为25万元,"委托代销商品"科目的余额为240万元,"工程物资"科目的余额为30万元,假定不考虑其他因素,该企业资产负债表中"存货"项目的金额为( )万元。

A. 570　　　　B. 540
C. 600　　　　D. 590

解析 ▶ 资产负债表中"存货"项目的金额＝200+20+90+15-20+25+240＝570(万元)

答案 ▶ A

核心考点2　现金流量表

扫我解疑难

一、现金流量表的有关概念★(见表18-2)

表18-2　现金流量表相关概念

项目		内容
现金流量	现金	包括库存现金和可以随时用于支付的存款
	现金等价物	指企业持有的期限短(3个月内到期)、流动性强、易于转换为已知金额的现金、价值变动风险很小的投资

续表

项目		内容
经营活动现金流量的编制	直接法	一般是以利润表中**营业收入**为起算点,调节与经营活动有关项目的增减变动,然后计算出经营活动产生的现金流量
	间接法	间接法是指以**净利润**为起算点,调整不涉及现金收入、费用、营业外收支等有关项目,剔除投资活动、筹资活动对现金流量的影响,据此计算出经营活动产生的现金净流量

【思路点拨】特殊项目的列示:

(1)对于自然灾害损失和保险赔款:

①如果能够确定属于流动资产损失,应当列入经营活动产生的现金流量;

②属于固定资产损失,应当列入投资活动产生的现金流量;

③如果不能确定,则可以列入经营活动产生的现金流量。

(2)捐赠收入和支出涉及的现金流量,可以列入经营活动。

(3)与政府补助相关的现金流量

企业实际收到的政府补助,无论是与资产相关还是与收益相关,均在"收到其他与经营活动有关的现金"项目填列。

(4)与租赁相关的现金流量

①企业偿还租赁负债本金和利息所支付的现金,应当归为筹资活动现金流出;

②支付的短期租赁付款额和低价值资产租赁付款额以及未纳入租赁负债计量的可变租赁付款额应当归为经营活动现金流出;

③企业支付的预付租金和租赁保证金一般应当归为筹资活动现金流出,支付的与短期租赁和低价值资产租赁相关的预付租金和租赁保证金应当归为经营活动现金流出。

二、现金流量表的编制★★

(一)经营活动产生的现金流量(见表18-3)

表18-3 经营活动现金流量项目

项目	内容及填列方法
销售商品、提供劳务收到的现金	①本期销售商品和提供劳务本期收到的现金; ②前期销售商品和提供劳务本期收到的现金; ③本期预收的商品款和劳务款等; ④本期收回前期核销的坏账损失; ⑤本期销售本期退回的商品和前期销售本期退回的商品支付的现金(从本项目中扣除)。 【思路点拨】该项目还包括企业销售材料和代购代销业务收到的现金
收到的税费返还	反映企业收到返还的各种税费。如收到的减免增值税退税、出口退税、减免消费税退税、减免所得税退税和收到的教育费附加返还等,按实际收到的金额填列
收到其他与经营活动有关的现金	反映企业除上述各项目外,收到的其他与经营活动有关的现金流入。包括企业收到的罚款收入、属于流动资产的现金赔款收入、银行存款的利息收入等
购买商品、接受劳务支付的现金	①本期购买商品、接受劳务本期支付的现金; ②本期支付前期购买商品、接受劳务的未付款项; ③本期预付的购货款; ④本期发生购货退回而收到的现金(从本项目中扣除)
支付给职工以及为职工支付的现金	反映企业实际支付给职工以及为职工支付的现金。包括本期实际支付给职工的工资、奖金、各种津贴和补贴等

续表

项目	内容及填列方法
支付的各项税费	反映企业实际支付的各种税金，包括支付的教育费附加、所得税、消费税、印花税、房产税、土地增值税、车船税等。 【思路点拨】不包括支付的计入固定资产价值的耕地占用税、本期退回的增值税或所得税等
支付其他与经营活动有关的现金	反映企业除上述各项目外，支付的其他与经营活动有关的现金流出。如罚款支出、支付的差旅费、业务招待费现金支出、支付的保险费、支付给离退休人员的各种费用等

【例题2·单选题】下列事项所产生的现金流量中，属于"经营活动产生的现金流量"的是(　　)。

A. 支付应由在建工程负担的职工薪金
B. 因违反《价格法》而支付的罚款
C. 处置所属子公司所收到的现金净额
D. 分配股利支付的现金

解析 ▶ 选项AC，属于投资活动产生的现金流量；选项D，属于筹资活动产生的现金流量。

答案 ▶ B

(二)投资活动产生的现金流量(见表18-4)

表18-4　投资活动现金流量项目

报表项目	填列内容
收回投资收到的现金	反映企业出售、转让或到期收回除现金等价物以外的交易性金融资产、长期股权投资(除处置子公司及其他营业单位)以及收回长期债券投资本金而收到的现金。包括转让收益，但不包括收到的现金股利和利息
取得投资收益收到的现金	反映企业因股权性投资而分得的现金股利，从子公司、联营企业或合营企业分回利润而收到的现金，以及因债权性投资而取得的现金利息收入，但股票股利除外
处置固定资产、无形资产和其他长期资产收回的现金净额	反映企业处置固定资产、无形资产和其他长期资产收到的现金，减去为处置资产而支付的有关费用后的净额，如固定资产等因毁损而收到的保险赔款等，但现金净额为负数的除外
处置子公司及其他营业单位收到的现金净额	反映企业处置子公司及其他营业单位收到的现金，减去子公司及其他营业单位持有的现金和现金等价物以及相关处置费用后的净额
收到其他与投资活动有关的现金	反映企业除上述各项目外，收到的其他与投资活动有关的现金流入。如收到的属于购买时买价中所包含的现金股利或已到付息期的利息等
购建固定资产、无形资产和其他长期资产支付的现金	反映企业购买、建造固定资产、取得无形资产和其他长期资产所支付的现金及增值税款、支付的应由在建工程和无形资产负担的职工薪酬现金支出，但为购建固定资产而发生的借款利息资本化部分等除外
投资支付的现金	反映企业取得的除现金等价物以外的权益性投资和债权性投资所支付的现金以及支付的佣金、手续费等附加费用
取得子公司及其他营业单位支付的现金净额	反映企业为取得子公司及其他营业单位支付的现金，减去子公司或其他营业单位持有的现金和现金等价物后的净额
支付其他与投资活动有关的现金	反映企业除上述各项目外，支付的其他与投资活动有关的现金。如企业购买股票和债券时，实际支付的价款中包含的已宣告但尚未发放的现金股利或已到期尚未领取的债券的利息

【例题3·多选题】下列各项业务，会引起"投资活动产生的现金流量"发生变化的有(　　)。

A. 收回应收账款5万元
B. 转让一项专利权，取得银行存款10万元

C. 收到长期债券利息 20 万元
D. 购买股票时支付证券交易印花税和手续费 1 万元
E. 发行股票时支付的咨询费 1 万元

解析 选项 A，属于经营活动的现金流量；选项 E，属于筹资活动的现金流量。

答案 BCD

（三）筹资活动产生的现金流量（见表 18-5）

表 18-5　筹资活动现金流量项目

报表项目	填列内容
吸收投资收到的现金	反映企业收到的投资者投入的现金。包括发行股票收到的股款净额（发行收入－券商直接从发行收入中扣除的发行费用）
取得借款收到的现金	反映企业本期实际借入短期借款、长期借款以及发行债券（发行收入－承销商等直接从发行收入中扣除的发行费用）所收到的现金。但本期偿还借款支付的现金不能从本项目中扣除
收到其他与筹资活动有关的现金	反映企业除上述各项目外，收到的其他与筹资活动有关的现金流入
偿还债务支付的现金	反映企业为偿还短期借款、长期借款和应付债券的本金支付的现金。该项目不包括偿还的<u>借款利息、债券利息</u>
分配股利、利润或偿付利息支付的现金	反映企业实际支付的现金股利、利润和支付的借款利息、债券利息等，包括为购建固定资产而发生的借款利息<u>资本化部分</u>
支付其他与筹资活动有关的现金	反映企业除上述各项目外，支付的其他与筹资活动有关的现金。如支付的筹资费用、分期付款购建固定资产各期支付的款项等

（四）现金流量补充资料的编制

1. 将净利润调节为经营活动的现金流量（间接法）

经营活动产生的现金流量净额＝净利润＋不影响经营活动现金流量但减少净利润的项目－不影响经营活动现金流量但增加净利润的项目＋与净利润无关但增加经营活动现金流量的项目－与净利润无关但减少经营活动现金流量的项目

【思路点拨】（1）调整的一般原则是：资产的减少调增，资产的增加调减。负债的减少调减，负债的增加调增。从利润的角度考虑，收益类增加调减，损失类增加调增。

（2）财务费用项目应调整的是"不属于经营活动的财务费用"。

对属于经营活动产生的财务费用，若既影响净利润又影响经营活动现金流量的业务，则不需要进行调整；若影响净利润但不影响经营活动现金流量的业务，应通过调整经营性项目本身完成。

对属于投资活动和筹资活动产生的财务费用，只影响净利润，但不影响经营活动现金流量，应在净利润的基础上进行调整。即与投资活动和筹资活动有关的财务费用应全额考虑，与经营活动有关的财务费用不予考虑。

2. 不涉及现金收支的重大投资和筹资活动披露

这些投资和筹资活动虽然不涉及当期现金收支，但对以后各期的现金流量有重大影响。其包括：①债务转增资本；②一年内到期的可转换公司债券。

核心考点3　其他财务报表附注 ★

扫我解疑难

一、利润表

利润表根据各损益类科目的发生额分析填列，应特别注意下列项目的填列：

（1）"研发费用"项目，反映企业在研究与开发过程中发生的费用化支出，以及计入管理费用的自行开发无形资产的摊销。该项目应根据"管理费用"科目下的"研究费用"明细科目的发生额，以及"管理费用"科目下的"无形资产摊销"明细科目的发生额分析填列。

(2)"其他收益"项目,反映计入其他收益的政府补助,以及其他与日常活动相关且计入其他收益的项目。该项目应根据"其他收益"科目的发生额分析填列。企业作为个人所得税的扣缴义务人,根据《中华人民共和国个人所得税法》收到的扣缴税款手续费,应作为其他与日常活动相关的收益在该项目中填列。

(3)"信用减值损失"项目,反映企业按照金融工具准则的要求计提的各项金融工具信用减值准备所确认的信用损失。该项目应根据"信用减值损失"科目的发生额分析填列。

(4)其他综合收益税后净额,反映根据企业会计准则规定未在当期损益中确认的各项有关利得和损失扣除所得税影响后的净额。

(5)综合收益总额,反映企业净利润与其他综合收益扣除所得税影响后的净额的合计金额。

(6)每股收益,包括基本每股收益和稀释每股收益两项指标。

【思路点拨】对于基本每股收益的计算和稀释每股收益计算,参见本书前面相关章节的讲解。

二、所有者权益变动表★

所有者权益变动表是指反映构成所有者权益各组成部分当期增减变动情况的报表。所有者权益变动表通常包括实收资本、其他权益工具、资本公积、其他综合收益、盈余公积、未分配利润和库存股等项目的余额及相关变动情况。

三、财务报表附注

(一)财务报表附注内容

财务报表附注至少应披露如下内容,非重要项目除外:

(1)企业的基本情况;
(2)财务报表的编制基础;
(3)遵循《企业会计准则》的声明;
(4)重要会计政策和会计估计(不重要的会计政策和会计估计可以不披露);
(5)会计政策和会计估计变更以及差错更正的说明;
(6)重要报表项目的说明;
(7)或有事项和承诺事项的说明;
(8)资产负债表日后事项的说明;
(9)关联方关系及其交易的说明。

(二)对关联方的披露要求★

(1)企业无论是否发生关联方交易,均应当在附注披露与该企业之间存在控制关系的母公司和子公司有关的信息。关联方关系存在于母公司和子公司之间的,应当披露:

①母公司和所有子公司的名称;
②母公司和子公司的业务性质、注册地、注册资本(或实收资本、股本)及其当期发生的变化;
③母公司对该企业或者该企业对子公司的持股比例和表决权比例。

(2)企业与关联方发生关联方交易的,应当在附注中披露该关联方关系的性质、交易类型及交易要素。

①关联方关系的性质,是指关联方与该企业的关系,即关联方是该企业的子公司、合营企业、联营企业等。
②交易要素至少应当包括:交易的金额;未结算项目的金额、条款和条件,以及有关提供或取得担保的信息;未结算应收项目坏账准备金额;定价政策。
③关联方交易的金额应当披露相关比较数据。

(3)对外提供合并财务报表的,对于已经包括在合并范围内各企业之间的交易不予披露。

核心考点4 企业破产清算会计

破产企业会计确认、计量和报告以非持续经营为基础。

一、破产清算会计的计量属性★★

(一)企业破产清算的计量属性(见表18-6)

表 18-6　企业破产清算的计量属性

项目	计量属性	基本含义
破产清算期间的资产	破产资产清算净值	破产资产清算净值,是指在破产清算的特定环境下和规定时限内,最可能的变现价值扣除相关的处置税费后的净额
破产清算期间的负债	破产债务清偿价值	破产债务清偿价值,是指在不考虑破产企业的实际清偿能力和折现等因素的情况下,破产企业按照相关法律规定或合同约定应当偿付的金额

【例题 4·单选题】破产企业在破产清算期间的负债的计量基础是(　)。
A. 破产债务清偿价值
B. 破产债务清算净值
C. 破产债务账面余额
D. 破产债务公允价值

解析▶破产企业在破产期间的负债应当以破产债务清偿价值计量。　答案▶A

(二)企业破产清算的科目设置(见表 18-7)

表 18-7　破产清算的科目设置

科目种类	科目设置
负债类科目	应付破产费用、应付共益债务
清算净值类科目	清算净值
清算损益类科目	资产处置净损益、债务清偿净损益、破产资产和负债净值变动净损益、其他收益、破产费用、共益债务支出、其他费用、所得税费用、清算净损益

二、破产清算会计的账务处理★★

(一)破产宣告日的账务处理(见表 18-8)

表 18-8　破产宣告日的账务处理

项目	会计处理
余额结转	①原"应付账款""其他应付款"等科目中属于破产法所规定的破产费用的余额,转入"应付破产费用"科目; ②原"应付账款""其他应付款"等科目中属于破产法所规定的共益债务的余额,转入"应付共益债务"科目; ③原"商誉""长期待摊费用""递延所得税资产""递延所得税负债""递延收益""股本""资本公积""盈余公积""其他综合收益""未分配利润"等科目的余额,转入"清算净值"科目
余额调整	借:清算净值 　　相关负债科目 　　贷:相关资产科目(资产原账面价值-破产资产的清算净值) 【思路点拨】对于账面价值为零的资产,而实际的清算净值不为零的,可以做相反分录

(二)处置破产资产的账务处理(见表 18-9)

表 18-9　处置破产资产的账务处理

业务情况	账务处理
破产企业收回应收票据、应收款项类债权、应收款项类投资	借:现金/银行存款 　　资产处置净损益[倒挤,或贷记] 　　贷:应收账款/应收票据等[账面价值]

续表

业务情况	账务处理
破产企业出售各类投资	借：现金/银行存款 　　资产处置净损益[倒挤，或贷记] 贷：相关投资资产科目[账面价值]
破产企业出售存货、投资性房地产、固定资产及在建工程等实物资产	借：现金/银行存款 　　资产处置净损益[倒挤，或贷记] 贷：库存商品/投资性房地产/在建工程等[账面价值] 　　应交税费
破产企业出售无形资产	借：现金/银行存款 　　资产处置净损益[倒挤，或贷记] 贷：无形资产[账面价值] 　　应交税费
破产企业的划拨土地使用权被国家收回，国家给予一定补偿的	借：现金/银行存款 贷：其他收益
破产企业处置破产资产发生的各类评估、变价、拍卖等费用	借：破产费用 贷：现金/银行存款/应付破产费用

【思路点拨】资产的账面价值，是在破产宣告日已经进行了调整后的账面价值。

(三)债务清偿的账务处理(见表18-10)

表18-10　清偿债务

业务情况	账务处理
清偿破产费用和共益债务	借：应付破产费用/应付共益债务[按照相关已确认负债的账面价值] 　　破产费用/共益债务支出[倒挤，或贷记] 贷：现金/银行存款
按照经批准的职工安置方案，支付的所欠职工的薪酬及补偿金	借：应付职工薪酬等[账面价值] 　　债务清偿净损益[倒挤，或贷记] 贷：现金/银行存款等
支付所欠税款	借：应交税费等[账面价值] 　　债务清偿净损益[倒挤，或贷记] 贷：现金/银行存款等
清偿破产债务	①以现金或银行存款等清偿债务： 借：相关债务科目 贷：现金/银行存款等 ②以非货币性资产清偿债务： 借：相关债务科目[清偿价值] 　　债务清偿净损益[倒挤，或贷记] 贷：相关非货币性资产科目[账面价值] ③债权人依法行使抵销权： 借：相关债务科目[经法院确认的抵销金额] 　　债务清偿净损益[倒挤，或贷记] 贷：相关资产科目[账面价值]

三、其他相关破产业务的处理(见表18-11)★★

表18-11 其他相关破产业务的处理

业务情况	账务处理
破产清算期间通过清查、盘点等方式取得的未入账资产	借:相关资产科目[取得日破产资产清算净值] 　　贷:其他收益
破产清算期间通过债权人申报发现的未入账债务	借:其他费用 　　贷:相关负债科目
对资产项目按其于破产报表日的破产资产清算净值重新计量	借:相关资产科目/相关负债科目 　　贷:破产资产和负债净值变动净损益 或相反分录
破产企业作为买入方继续履行尚未履行完毕的合同	借:相关资产科目[按照收到的资产的破产资产清算净值] 　　应交税费[增值税进项税额] 　　其他费用[倒挤的借方差额] 　　贷:现金/银行存款/应付共益债务/预付款项等 　　　其他收益[倒挤的贷方差额]
企业作为卖出方继续履行尚未履行完毕的合同	借:现金/银行存款/应收账款等[应收或已收的金额] 　　其他费用[倒挤的借方差额] 　　贷:相关资产科目[转让的资产账面价值] 　　　应交税费[应缴纳相关税费] 　　　其他收益[倒挤的贷方差额]
破产管理人依法追回相关破产资产	借:相关资产科目[破产资产清算净值] 　　贷:其他收益
破产企业收到的利息、股利、租金等孳息	借:现金/银行存款等 　　贷:其他收益
破产企业在破产清算终结日,剩余破产债务不再清偿的	借:相关负债科目[账面价值] 　　贷:其他收益
在编制破产清算期间的财务报表时,有已实现的应纳税所得额的,考虑可以抵扣的金额后,应当据此提存应交所得税	借:所得税费用 　　贷:应交税费
编制破产清算期间的财务报表	借:资产处置净损益/债务清偿净损益/破产资产和负债净值变动净损益/其他收益 　　贷:清算净损益 也可能做相反分录。 借:清算净损益 　　贷:破产费用/共益债务支出/其他费用/所得税费用 根据实际结果,结转清算净损益: 借:清算净损益 　　贷:清算净值 也可能做相反分录

四、企业破产清算财务报表的列报 ★

(一)清算资产负债表

(1)清算资产负债表所列示的项目不区分流动和非流动。

(2)"应收账款"或"其他应收款"项目,应分别根据"应收账款"或"其他应收款"的科目余额填列;同时,"长期应收款"科目余额也在上述两项目中分析填列。

"借款"项目,应根据"短期借款"和"长期借款"科目余额合计数填列。

"应付账款"或"其他应付款"项目,应分别根据"应付账款""其他应付款"的科目余额填列;同时,"长期应付款"科目余额也在该项目中分析填列。

"金融资产投资"项目,应根据"交易性金融资产""债权投资"和"其他债权投资/其他权益工具投资"的科目余额合计数填列。

"清算净值"项目反映破产企业于破产报表日的清算净值。本项目应根据"清算净值"科目余额填列。

(二)清算损益表

清算损益表至少应当单独列示反映下列信息的项目:资产处置净收益(损失)、债务清偿净收益(损失)、破产资产和负债净值变动净收益(损失)、破产费用、共益债务支出、所得税费用等。

(三)清算现金流量表

清算现金流量表应当采用直接法编制,至少应当单独列示反映下列信息的项目:处置资产收到的现金净额、清偿债务支付的现金、支付破产费用的现金、支付共益债务支出的现金、支付所得税的现金等。

(四)债务清偿表

债务清偿表中列示的各项债务至少应当反映其确认金额、清偿比例、实际需清偿金额、已清偿金额、尚未清偿金额等信息。

【例题5·多选题】下列关于破产清算期间账务处理的表述中,正确的有( )。

A. 编制破产清算期间的财务报表时,应当对所有资产项目按其于破产报表日的破产资产清算净值重新计量

B. 编制破产清算期间的财务报表时,应当对所有负债项目按照破产债务清偿价值重新计量

C. 编制破产清算期间的财务报表时,期末需要将资产处置净损益等损益类科目余额转入清算净损益科目

D. 期末清算净损益科目无余额

E. 期末需要根据实际结果将清算净值转入清算净损益

解析 ▶ 选项E,期末需要根据实际结果将清算净损益转入清算净值。 答案 ▶ ABCD

真题精练

一、单项选择题

1.(2020年)编制资产负债表时,下列根据相关总账科目期末余额直接填列的项目是( )。
   A. 合同资产 B. 合同负债
   C. 递延收益 D. 持有待售资产

2.(2019年)期末同一合同下的合同资产净额大于合同负债净额的差额,如超过一年或一个正常营业周期结转的,在资产负债表中列报为( )项目。
   A. 其他流动资产
   B. 合同资产
   C. 其他非流动资产
   D. 合同负债

3.(2019年)下列业务发生后将引起现金及现金等价物总额变动的是( )。
   A. 赊购原材料
   B. 用银行存款购买一个月内到期的国债
   C. 用商品抵偿债务
   D. 用银行存款偿还债务

4.(2018年)下列项目中,应作为现金流量表补充资料中"将净利润调节为经营活动现

金流量"调增项目的是（　　）。
A. 当期递延所得税资产减少
B. 当期确认的金融资产公允价值变动收益
C. 当期经营性应收项目的增加
D. 当期发生的存货增加

5. （2020年）企业破产清算期间，应收款项类债权的收回金额与其账面价值的差额，应计入的会计科目是（　　）。
A. 资产处置净损益
B. 其他费用
C. 清算净损益
D. 破产费用

6. （2018年）破产企业按照法律、行政法规规定支付职工补偿金时，可能涉及的会计科目是（　　）。
A. 破产费用　　B. 其他费用
C. 清算净值　　D. 债务清偿净损益

二、多项选择题

1. （2018年）下列各项不属于资产负债表中所有者权益项目的有（　　）。
A. 其他综合收益
B. 其他收益
C. 其他权益工具
D. 未分配利润
E. 本年利润

2. （2020年）下列交易或事项中，属于投资活动产生的现金流量的有（　　）。
A. 支付应由无形资产负担的职工薪酬
B. 全额支付用于生产的机器设备价款
C. 固定资产报废取得的现金
D. 收到返还的增值税款
E. 经营租赁收到的租金

3. （2018年）在所有者权益变动表中，企业至少应当单独列示反映的项目有（　　）。
A. 会计政策变更的累积影响金额
B. 直接计入当期损益的利得和损失项目及其总额
C. 提取的盈余公积
D. 实收资本或股本
E. 利润总额

4. （2019年）企业与关联方发生关联交易的，在财务报表中披露的交易要素至少应包括（　　）。
A. 未结算项目的金额、条款和条件，以及有关提供或取得担保的信息
B. 已结算应收项目的坏账准备金额
C. 交易的累积影响数
D. 交易的金额
E. 定价政策

5. （2019年）下列各项中，属于企业破产清算计量方式的有（　　）。
A. 可变现净值
B. 破产负债清偿价值
C. 破产资产清算净值
D. 公允价值
E. 重置成本

真题精练答案及解析

一、单项选择题

1. C 【解析】"合同资产"和"合同负债"项目，应分别根据"合同资产""合同负债"科目的相关明细科目期末余额分析填列，同一合同下的合同资产和合同负债应当以净额列示，其中净额为借方余额的，应当根据其流动性在"合同资产"或"其他非流动资产"项目中填列，已计提减值准备的，还应减去"合同资产减值准备"科目中相应的期末余额后的金额填列；其中净额为贷方余额的，应当根据其流动性在"合同负债"或"其他非流动负债"项目中填列。"持有待售资产"项目，应根据相关科目的期末余额扣减相应的减值准备填列。

2. C 【解析】同一合同下的合同资产和合同负债应当以净额列示，其中净额为借方余额的，应当根据其流动性在"合同资产"或"其他非流动资产"项目中填列，已计提减

值准备的,还应减去"合同资产减值准备"科目中相应的期末余额;其中净额为贷方余额的,应当根据其流动性在"合同负债"或"其他非流动负债"项目中填列。期限在一年或一个正常营业周期以上的,在资产负债表中列示为其他非流动资产。

3. D 【解析】选项A、C,并无现金流量变动;选项B,是现金和现金等价物的转换,不会引起现金及现金等价物总额变动。

4. A 【解析】递延所得税资产减少,则会增加所得税费用,减少净利润,但无现金流量,因此要调增。

5. A 【解析】破产企业收回应收款项类债权,按照收回的款项,借记"现金""银行存款"等科目,按照应收款项类债权的账面价值,贷记相关资产科目,按其差额,借记或贷记"资产处置净损益"科目。

6. D 【解析】破产企业按照经批准的职工安置方案,支付的所欠职工的工资和医疗、伤残补助、抚恤费用,应当划入职工个人账户的基本养老保险、基本医疗保险费用和其他社会保险费用,以及法律、行政法规规定应当支付给职工的补偿金,按照相关账面价值借记"应付职工薪酬"等科目,按照实际支付的金额,贷记"现金""银行存款"等科目,按其差额,借记或贷记"债务清偿净损益"科目。

二、多项选择题

1. BE 【解析】资产负债表中所有者权益项目包括:实收资本(股本)、资本公积、盈余公积、未分配利润、其他综合收益、其他权益工具等。

2. ABC 【解析】选项D、E,属于经营活动产生的现金流量。

3. ACD 【解析】在所有者权益变动表上,企业至少应当单独列示反映下列项目的信息:①综合收益总额;②会计政策变更和前期差错更正的累积影响金额;③所有者投入资本和向所有者分配利润等;④提取的盈余公积;⑤实收资本、其他权益工具、资本公积、盈余公积、未分配利润等的期初和期末余额及其调节情形。

4. ADE 【解析】交易要素至少应当包括以下四项内容:①交易的金额;②未结算项目的金额、条款和条件,以及有关提供或取得担保的信息;③未结算应收项目的坏账准备金额;④定价政策。

5. BC 【解析】破产企业在破产清算期间的资产应当以破产资产清算净值计量;在破产清算期间的负债应当以破产负债清偿价值计量。

同步训练 限时75分钟

扫我做试题

一、单项选择题

1. 下列资产负债表项目中,属于根据总账账户的余额直接填列的是( )。
   A. 存货
   B. 货币资金
   C. 其他权益工具投资
   D. 其他应收款

2. 某企业2×20年12月31日"固定资产"账户余额为5 000万元,"累计折旧"账户余额为2 800万元,"固定资产减值准备"账户余额为500万元,"在建工程"账户余额为200万元,"工程物资"账户余额为400万元。该企业2×20年12月31日资产负债表中"固定资产"项目的金额为( )万元。

   A. 1 700
   B. 2 100

C. 1 650　　　　　　D. 1 900

3. 某公司2×20年年末有关科目余额如下："周转材料"科目余额为440万元，"生产成本"科目余额为335万元，"原材料"科目余额为300万元，"材料成本差异"科目的贷方余额为25万元，"存货跌价准备"科目余额为100万元，"委托代销商品"科目余额为1 200万元，"受托代销商品"科目余额为600万元，"受托代销商品款"科目余额为600万元。则该公司2×20年12月31日资产负债表中"存货"项目的金额为（　　）万元。

　　A. 1 960　　　　　　B. 2 150
　　C. 2 460　　　　　　D. 2 485

4. 在编制现金流量表时，下列现金流量属于筹资活动现金流量的是（　　）。

　　A. 当期缴纳的所得税
　　B. 收到的活期存款利息
　　C. 发行债券过程中支付的交易费用
　　D. 支付的基于股份支付方案给予高管人员的现金增值额

5. 2×20年12月31日，甲公司当年自行销售商品确认的收入600万元；委托其他公司代销商品确认的销售收入300万元，销售费用3万元；本年商品销售成本400万元，期末在产品账面价值60万元，期末计提存货跌价准备10万元；当期发生管理费用30万元，短期借款利息费用6万元，广告费支出40万元；当期持有的其他债权投资公允价值上升了40万元。甲公司适用的所得税税率为25%，假定不考虑其他因素，甲公司在2×20年度利润表中所反映的净利润的金额是（　　）万元。

　　A. 308.25　　　　　B. 326.8
　　C. 344.25　　　　　D. 342.8

6. 甲公司2×20年度发生的有关交易或事项有：持有的交易性金融资产公允价值上升100万元，收到上年度已确认的联营企业分配的现金股利50万元，因报废固定资产产生净损失20万元，因存货市价持续下跌计提存货跌价准备30万元，管理部门使用的机器设备发生日常维护支出40万元，则上述交易或事项对甲公司2×20年度营业利润的影响额是（　　）万元。

　　A. 30　　　　　　B. 50
　　C. 80　　　　　　D. 100

7. 下列关于现金流量表编制方法的说法中，错误的是（　　）。

　　A. 购入时就将在3个月内到期的短期债券投资属于现金等价物
　　B. 企业应当根据具体情况，确定现金等价物的范围，一经确定不得随意变更，如改变划分标准，应视为会计政策的变更
　　C. 我国企业会计准则规定企业应当采用直接法编报现金流量表
　　D. 编制现金流量表的间接法是以利润表中的营业收入为起算点，调节与经营活动有关的项目的增减变动，然后计算出经营活动产生的现金流量

8. 乙企业当期净利润为600万元，投资收益为100万元，与筹资活动有关的财务费用为50万元，经营性应收项目增加75万元，经营性应付项目减少25万元，固定资产折旧为40万元，无形资产摊销为10万元。假设没有其他影响经营活动现金流量的项目，该企业当期经营活动产生的现金流量净额为（　　）万元。

　　A. 400　　　　　　B. 850
　　C. 450　　　　　　D. 500

9. 黄河公司为一制造企业，2×20年取得主营业务收入为2 000万元，增值税销项税额为260万元，2×20年应收账款账户的期初数为200万元，期末数为360万元，计提坏账准备30万元，发生坏账损失20万元，预收账款账户的期初数为150万元，期末数为280万元。根据上述资料，该公司2×20年"销售商品、提供劳务收到的现金"项目的金额为（　　）万元。

　　A. 2 310　　　　　B. 2 210
　　C. 2 280　　　　　D. 2 260

10. 甲公司2×20年度共发生财务费用36 000元，其中：短期借款利息为10 000元，长期借款利息为25 000元，银行结算手续费4 000元，银行存款利息收入3 000元。则现金流量表补充资料中的"财务费用"项目应填列的金额为（　　）元。
    A. 42 000　　　　B. 39 000
    C. 38 000　　　　D. 35 000

11. 对企业与关联方发生的关联交易，不应在当期会计报表附注中作为交易要素的内容披露的是（　　）。
    A. 关联方关系的性质
    B. 未结算应收项目的坏账准备的金额
    C. 定价政策
    D. 交易的金额

12. 破产企业会计确认、计量和报告的前提是（　　）。
    A. 持续经营　　B. 非持续经营
    C. 会计分期　　D. 货币计量

13. 下列科目中，不属于清算损益类科目的是（　　）。
    A. 应付破产费用
    B. 共益债务支出
    C. 破产资产和负债净值变动净损益
    D. 所得税费用

14. 下列各项中，在破产清算期间不记入资产处置净损益的是（　　）。
    A. 破产企业收回应收款项类债权
    B. 破产企业出售各类投资
    C. 破产企业出售存货、投资性房地产
    D. 破产企业处置破产资产发生的评估、变价、拍卖费用

15. 2×20年10月1日，甲公司被宣告破产清算，取得变卖材料收入30万元，增值税销项税额3.9万元，一并存入银行，该材料的账面价值为38.6万元，则该事项影响损益的金额为（　　）万元。
    A. -5.1　　　　B. -8.6
    C. 38.6　　　　D. 0

16. 破产企业划拨土地使用权被国家收回，国家给予一定补偿的，按照收到的补偿金额，应贷记（　　）。
    A. 其他收益　　B. 递延收益
    C. 营业外收入　D. 资产处置净损益

17. 破产企业按照经批准的职工安置方案支付所欠职工的工资，将相关账面价值与实际支付的金额的差额，记入（　　）科目。
    A. 清算净值
    B. 其他收益
    C. 债务清偿净损益
    D. 其他费用

18. 下列关于破产企业处置破产资产发生的各类评估、变价、拍卖等费用的账务处理中，正确的是（　　）。
    A. 借：其他费用
          贷：银行存款等
    B. 借：其他费用
          贷：应付破产费用等
    C. 借：破产费用
          贷：应付破产费用等
    D. 借：破产费用
          贷：其他费用

19. 下列关于企业破产清算的表述中，不正确的是（　　）。
    A. 破产企业会计确认、计量和报告以持续经营为前提
    B. 企业经法院宣告破产的，破产企业应当按照法院或债权人会议要求的时点编制清算财务报表
    C. 破产企业在破产清算期间的资产应当以破产资产清算净值计量
    D. 破产企业编制的清算财务报表应当由破产管理人签章

二、多项选择题

1. 下列资产负债表项目中，可以根据相应明细账科目余额分析计算填列的有（　　）。
   A. 开发支出
   B. 应付职工薪酬
   C. 长期借款

D. 其他权益工具投资
E. 其他综合收益

2. 下列相关总账或明细账户的期末余额，影响资产负债表中"长期应收款"项目金额的有（ ）。
   A. 长期应收款
   B. 坏账准备
   C. 其他应收款
   D. 未实现融资收益
   E. 未确认融资费用

3. 企业发生的下列各项业务中，影响当期利润表中营业利润的有（ ）。
   A. 以公允价值模式计量的投资性房地产的公允价值变动
   B. 收到的因享受税收优惠而返还的消费税
   C. 期末结转的研究阶段发生的人员工资
   D. 计提无形资产减值准备
   E. 年末计算的当期所得税费用

4. 下列交易或事项产生的现金流量中，属于经营活动产生的现金流量的有（ ）。
   A. 为购建固定资产支付的耕地占用税
   B. 为购建固定资产支付的已资本化的利息费用
   C. 企业借入长期借款而收到的现金
   D. 接受的现金捐赠
   E. 企业付给生产部门人员的加班费

5. 下列交易或事项会引起筹资活动现金流量发生变化的有（ ）。
   A. 出售其他债权投资收到的现金
   B. 以投资性房地产对外投资
   C. 向投资者分配现金股利
   D. 从银行取得短期借款资金
   E. 处置固定资产收到现金

6. 下列现金支出业务中，应在"支付的其他与筹资活动有关的现金"项目反映的有（ ）。
   A. 支付现金股利
   B. 持有债权投资而收到的利息
   C. 归还长期借款
   D. 企业为发行股票支付的审计费用
   E. 分期付款购建固定资产以后各期支付的款项

7. 下列关于现金流量表项目填列的说法中，正确的有（ ）。
   A. 收到的投资性房地产租金收入，应在"收回投资收到的现金"项目中反映
   B. 以分期付款方式购建固定资产、无形资产以后各期支付的现金，应在"支付其他与筹资活动有关的现金"项目中反映
   C. 处置子公司及其他营业单位收到的现金净额一般应在"处置子公司及其他营业单位收到的现金净额"项目反映
   D. 发行债券收到的现金，应在"吸收投资收到的现金"项目中反映
   E. 现金支付的应由在建工程负担的职工薪酬，应在"购建固定资产、无形资产和其他长期资产支付的现金"项目中反映

8. 下列引起现金流量变化的项目中，属于筹资活动现金流量的有（ ）。
   A. 收到被投资企业分配的现金股利
   B. 向投资者分派现金股利
   C. 收回长期债权投资本金而收到的现金
   D. 发行股票支付的相关费用
   E. 购买专利权发生的现金支出

9. 将净利润调节为经营活动的现金流量时，属于应调减项目的有（ ）。
   A. 存货的减少
   B. 递延所得税负债的增加
   C. 投资收益的增加
   D. 计提的资产减值准备
   E. 处置固定资产产生的净收益

10. 在采用间接法将净利润调节为经营活动产生的现金流量时，下列各调整项目中，属于调增项目的有（ ）。
    A. 存货增加
    B. 经营性应收项目增加
    C. 摊销长期待摊费用
    D. 固定资产报废损失
    E. 与筹资活动有关的财务费用

11. 根据《企业会计准则》的规定，下列项目中，应当在财务报表附注中披露的有（ ）。

A. 重要报表项目的说明
B. 或有事项的说明
C. 资金增减及周转情况的说明
D. 财务报表的编制基础
E. 重要的会计政策和会计估计

12. 破产企业的原下列账户余额在破产宣告日直接转入"清算净值"账户的有( )。
A. 盈余公积
B. 其他综合收益
C. 未分配利润
D. 其他应付款
E. 递延收益

13. 破产企业的财务报表包括( )。
A. 清算资产负债表
B. 清算损益表
C. 清算利润表
D. 清算现金流量表
E. 债务清偿表

14. 下列各项中，在"清算现金流量表"中单独填列的有( )。
A. 处置资产收到的现金净额
B. 支付破产费用的现金
C. 支付所得税的现金
D. 处置资产净收益
E. 共益债务支出

15. 下列关于财务报告附注的说法中正确的有( )。
A. 应在附注的"重要会计政策的说明"中披露财务报表项目的计量基础
B. 应在附注的"重要会计政策的说明"中披露会计政策的确定依据
C. 企业应当披露会计估计中所采用的关键假设和不确定因素的确定依据
D. 附注中"重要事项的说明"一般应当按照利润表、资产负债表、现金流量表、所有者权益变动表的顺序及其报表项目列示的顺序进行披露
E. 企业应当披露会计估计变更对过去、当期和未来期间的影响金额

同步训练答案及解析

一、单项选择题

1. C 【解析】选项 A，"存货"项目是综合运用各种方法填列的；选项 B，"货币资金"项目是根据几个总账科目的余额计算填列；选项 D，"其他应收款"项目是根据"应收利息""应收股利"和"其他应收款"科目的期末余额，减去"坏账准备"科目中相关的坏账准备期末余额后的净额填列。

2. A 【解析】"固定资产"项目的金额 = 5 000 - 2 800 - 500 = 1 700(万元)。在建工程、工程物资应填列于资产负债表"在建工程"项目中。

3. B 【解析】该公司 2×20 年年末资产负债表中"存货"项目的金额 = 440 + 335 + 300 - 25 - 100 + 1 200 + (600 - 600) = 2 150(万元)。

4. C 【解析】选项 A、B、D 属于经营活动产生的现金流量。

5. A 【解析】甲公司 2×20 年利润总额 = (600 + 300) - 400 - 3 - 10 - 30 - 6 - 40 = 411(万元)，利润表中的所得税费用 = 411 × 25% = 102.75(万元)，则甲公司 2×20 年利润表中净利润的金额 = 411 - 102.75 = 308.25(万元)。

6. A 【解析】收到联营企业分配的现金股利，应借记"银行存款"，贷记"应收股利"，不影响营业利润；固定资产报废净损失在"营业外支出"科目核算，不影响营业利润；所以影响营业利润的金额 = 100 - 30 - 40 = 30(万元)。

7. D 【解析】间接法是以净利润为起算点，调整不涉及现金的收入、费用、营业外收支等有关项目，剔除投资活动、筹资活动对现金流量的影响，据此计算出经营活动产生的现金流量。

8. D 【解析】企业当期经营活动产生的现金流量净额 = 600 - 100 + 50 - 75 - 25 + 40 + 10 = 500(万元)。

9. B 【解析】销售商品、提供劳务收到的现金 = 2 000+260+（200-360）+（280-150）-20 = 2 210（万元）。

10. D 【解析】现金流量表补充资料中的"财务费用"项目应填列的金额 = 10 000 + 25 000 = 35 000（元）。现金流量表补充资料中的"财务费用"项目反映的金额是与筹资活动和投资活动相关的财务费用。银行结算手续费和银行存款利息收入与经营活动相关。

11. A 【解析】企业与关联方发生关联方交易的，应当在附注中披露该关联方关系的性质、交易类型及交易要素。选项 A，不属于交易要素的范畴。

12. B 【解析】破产企业会计确认、计量和报告以非持续经营为前提。

13. A 【解析】选项 A，应付破产费用属于负债类科目，不属于清算损益类科目。

14. D 【解析】破产企业处置破产资产发生的各类评估、变价、拍卖等费用，按照发生的金额，借记"破产费用"科目，贷记"现金""银行存款""应付破产费用"等科目。

15. B 【解析】本题的账务处理为：
借：银行存款　　　　　　　33.9
　　资产处置净损益　　　　　8.6
　贷：原材料　　　　　　　　38.6
　　　应交税费　　　　　　　 3.9

16. A 【解析】破产企业的划拨土地使用权被国家收回，国家给予一定补偿的，按照收到的补偿金额，借记"现金""银行存款"等科目，贷记"其他收益"科目。

17. C 【解析】破产企业按照经批准的职工安置方案，支付的所欠职工的工资和医疗、伤残补助、抚恤费用，应当划入职工个人账户的基本养老保险、基本医疗保险费用和其他社会保险费用，以及法律、行政法规规定应当支付给职工的补偿金，按照相关账面价值借记"应付职工薪酬"等科目，按照实际支付的金额，贷记"现金""银行存款"等科目，按其差额，借记或贷记"债务清偿净损益"科目。

18. C 【解析】破产企业处置破产资产发生的各类评估、变价、拍卖等费用，按照发生的金额，借记"破产费用"科目，贷记"现金""银行存款""应付破产费用"等科目。

19. A 【解析】破产企业会计确认、计量和报告以非持续经营为前提。

二、多项选择题

1. AB 【解析】选项 C，根据总账科目和明细账科目余额分析计算填列；选项 DE，应根据总账科目余额填列。

2. ABD 【解析】未实现融资收益和坏账准备都是长期应收款的备抵科目，会影响"长期应收款"项目的列示金额。

3. ABCD 【解析】选项 B，与日常销售等经营行为密切相关，应计入其他收益，影响营业利润；选项 E 计入所得税费用，不影响营业利润。

4. DE 【解析】选项 A，属于投资活动产生的现金流量；选项 BC，属于筹资活动产生的现金流量；选项 D，记入"收到其他与经营活动有关的现金"项目，属于经营活动产生的现金流量；选项 E，记入"支付给职工以及为职工支付的现金"项目，属于经营活动产生的现金流量。

5. CD 【解析】选项 AE，都会引起投资活动现金流量发生变化；选项 B，不会引起现金流量变动。

6. DE 【解析】选项 A，在"分配股利、利润或偿付利息支付的现金"项目反映；选项 C，在"偿还债务所支付的现金"项目反映。

7. BCE 【解析】选项 A，应在"收到其他与经营活动有关的现金"项目反映；选项 D，应在"取得借款收到的现金"项目反映。

8. BD 【解析】选项 ACE 属于投资活动产生的现金流量。

9. CE 【解析】选项 A，存货减少，说明现金增加或者经营性应收项目增加，但是不影响净利润，所以调整时应调增；选项 B，递延所得税负债增加使计入所得税费用的金额大于当期应交的所得税金额，其差额没有发生现金流出，但在计算净利润时已经扣除，所以调整时应调增；选项 D，属于未支付现金的费用，利润表中已经扣除，但是不影响现金流量，所以调整时应调增。

10. CDE 【解析】选项 A，存货增加，说明现金减少或经营性应付项目增加，所以应减去存货的增加数；选项 B，经营性应收项目增加，在调节净利润时，应减去；选项 C，长期待摊费用摊销时，计入了管理费用等，没有产生现金流量，应在净利润的基础上将其全部加回；选项 D，固定资产报废损失计入了营业外支出，使净利润减少，但这部分损失并没有影响经营活动现金流量，所以应在调节净利润时加回；选项 E，对属于投资活动和筹资活动产生的财务费用，只影响净利润，但不影响经营活动现金流量，应在调节净利润时加回。

11. ABDE 【解析】选项 C，资金增减及周转情况不需要在财务报表附注中披露。

12. ABCE 【解析】企业在破产宣告日需要将原"应付账款""其他应付款"科目中属于破产法所规定的破产费用余额和共益债务的余额，分别转入"应付破产费用"和"应付共益债务"科目。

13. ABDE 【解析】破产企业的财务报表包括清算资产负债表、清算损益表、清算现金流量表、债务清偿表及相关附注。

14. ABC 【解析】清算现金流量表应当采用直接法编制，至少应当单独列示反映下列信息的项目：处置资产收到的现金净额、清偿债务支付的现金、支付破产费用的现金、支付共益债务支出的现金、支付所得税的现金等。

15. ABC 【解析】选项 D，附注中"重要事项的说明"一般应当按照资产负债表、利润表、现金流量表、所有者权益变动表的顺序及其报表项目列示的顺序进行披露；选项 E，企业应当披露会计估计变更对当期和未来期间的影响金额。

本章知识串联

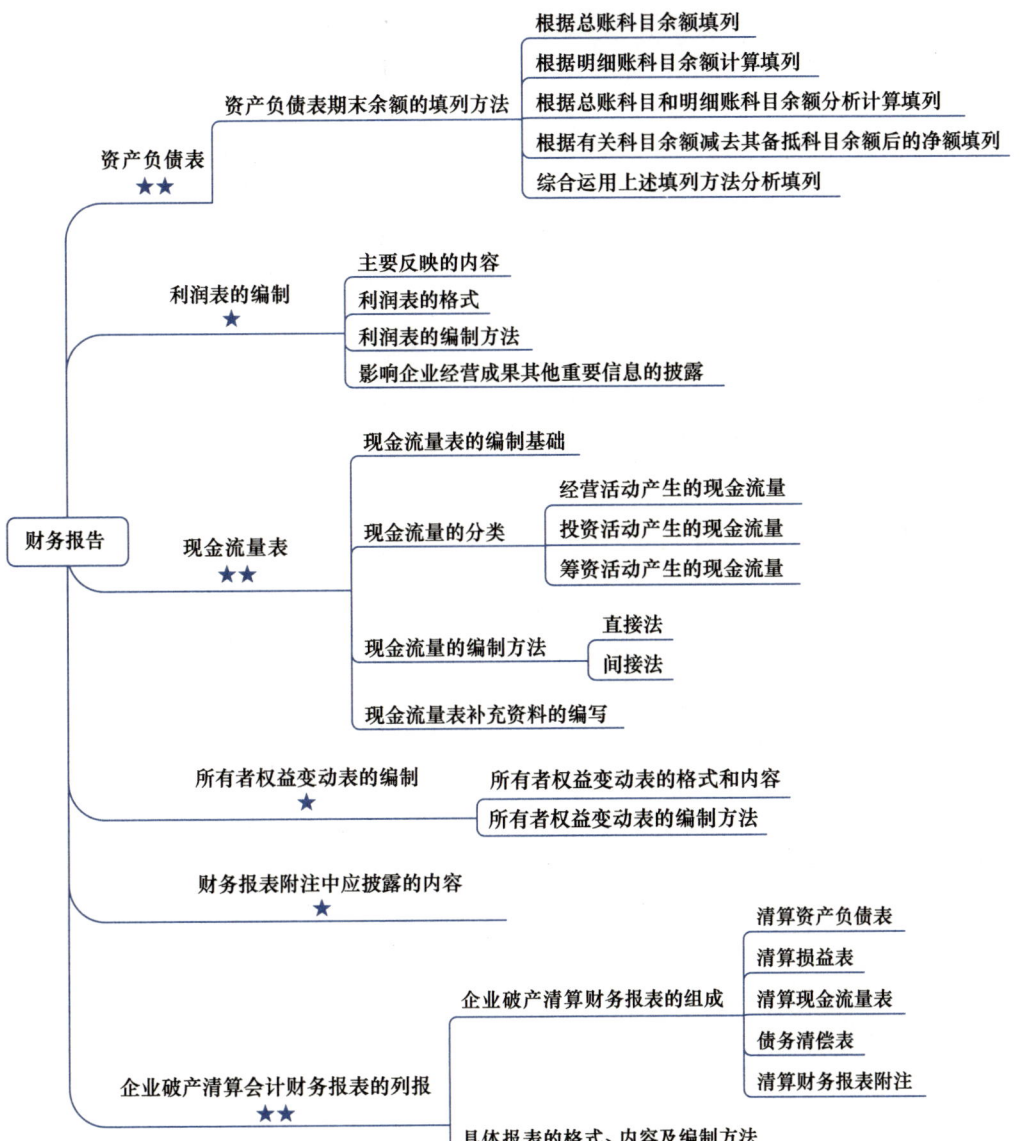

第三部分

易错易混知识点辨析

梦想成真辅导丛书

2021年易错易混知识点辨析

一、预付年金现值的计算 VS 递延年金现值的计算

(1)预付年金的现值的计算：

现值	方法1：=A×(P/A, i, n)×(1+i)
	方法2：=A×(P/A, i, n-1)+A

(2)递延年金的现值的计算(递延期为m，等额支付的期数为n)：

现值	方法1：=A×[(P/A, i, m+n)-(P/A, i, m)]
	方法2：=A×(P/A, i, n)×(P/F, i, m)

实战演练

【例题1·单选题】企业年初借得50 000元贷款，打算从第1年开始每年年初存入银行相同的款项，期限为10年，年利率12%，已知(P/A, 12%, 10)=5.650 2，则每年初应存入的金额为( )元。

A. 8 849　　　　　B. 5 000
C. 6 000　　　　　D. 7 901

解析 ▶ 因为P=A×(P/A, 12%, 10)×(1+12%)，所以A=P/[(P/A, 12%, 10)×(1+12%)]=50 000/(5.650 2×1.12)=7 901(元)。

答案 ▶ D

【例题2·单选题】某企业近期付款购买了一台设备，总价款为100万元，从第2年年末开始付款，分5年平均支付，年利率为10%，则为购买该设备支付价款的现值为( )万元。[已知(P/F, 10%, 1)=0.909 1，(P/A, 10%, 2)=1.735 5，(P/A, 10%, 5)=3.790 8，(P/A, 10%, 6)=4.355 3]

A. 41.11　　　　　B. 52.40
C. 57.63　　　　　D. 68.92

解析 ▶ P=100/5×(P/A, 10%, 5)×(P/F, 10%, 1)=20×3.790 8×0.909 1=68.92(万元)

答案 ▶ D

二、债券的资本成本 VS 普通股的资本成本

债券的资本成本=债券票面年利息×(1-所得税税率)/[债券筹资额×(1-筹资费用率)]

普通股的资本成本=预计下一年的股利/[当前股价×(1-筹资费用率)]+股利增长率

【思路点拨】如果已知上年股利为D_0，计算公式中的预计下一年的股利D等于$D_0(1+g)$。

(1)"D_0"指的是最近一期已经发放的股利；
(2)"D"指的是还未发放或最近一期即将发放的股利。
(3)"D_0"与"D"的本质区别是：与"D_0"对应的股利"已经收到"，而与"D"对应的股利"还未收到"。

实战演练

【例题1·单选题】丙公司发行4年期、面值是1 000万元的公司债券，发行价格是950万元，票面年利率为6%，筹资费用率为2%。若该公司适用企业所得税税率为25%，则发行该批债券的资本成本为( )。

A. 4.02%　　　　　B. 4.83%
C. 6.00%　　　　　D. 6.06%

解析 ▶ 债券的资本成本=1 000×6%×(1-25%)/[950×(1-2%)]=4.83%

答案 ▶ B

【例题2·单选题】某公司普通股当前市价为每股50元，拟按当前市价增发新股100万股，预计每股筹资费用率为2%，最近刚发放的每股股利为2.1元，以后每年股利增长率为6%，则该公司普通股的资本成本

为( )。

A. 10.54% B. 9.47%
C. 10.15% D. 11%

解析 K=[D_0×(1+g)]/[P×(1-F)]+g=2.1×(1+6%)/[50×(1-2%)]+6%=10.54%

答案 A

三、最后一年实际残值与预计净残值不相等时现金流量的计算 VS 最后一年实际残值与预计净残值相等时现金流量的计算

扫我解疑难

最后一年的现金流量=销售收入-付现成本-所得税+设备的变现收入+营运资金

或者：最后一年的现金流量=净利润+折旧等非付现成本+预计净残值+营运资金

所得税=[销售收入-付现成本-折旧等非付现成本-(预计净残值-实际变现收入)]×25%

净利润=[销售收入-付现成本-折旧等非付现成本-(预计净残值-实际变现收入)]×(1-25%)

在计算最后一年的现金流量时，如果实际收回的残值与预计净残值不相等，此时会产生营业外收支，影响应交所得税金额的计算，从而影响现金流量，但是营业外收支不会直接影响现金流量。如果实际收回的残值与预计净残值相等，此时就不会产生营业外收支，也不会影响应交所得税的计算。

实战演练

【例题1·单选题】 甲公司购建一条生产线用于生产新产品，生产线价值为210万元，使用寿命为5年，预计净残值为10，按直线法计提折旧，初始投入营运资金50万元，该营运资金分别在最后两年收回20%和80%。该生产线预计每年能为公司带来销售收入120万元，付现成本50万元。最后一年处置该生产线取得清理收入20万元。假设甲公司适用企业所得税税率为25%，则该公司最后一年因使用该设备产生的净现金流量为( )万元。

A. 110 B. 120
C. 90 D. 100

解析 该生产线每年计提的折旧=(210-10)/5=40(万元)，最后一年因该设备产生的现金流量=(120-50-40+10)×(1-25%)+40+10+50×80%=120(万元)。

答案 B

【例题2·单选题】 某项目固定资产原始投资1 740万元，采用年限平均法按5年计提折旧，预计净残值240万元；假设使用5年后的实际变现价值为240万元。预计该项目投产后公司每年销售收入为1 000万元，付现成本为当年销售收入的40%。假设项目投资时需要投入营运资金300万元。该投资项目在经营期末的现金净流量是( )万元。

A. 960 B. 925
C. 1 000 D. 1 065

解析 年折旧额=(1 740-240)/5=300(万元)；最后一年现金净流量=1 000×(1-40%)-(1 000×0.6-300)×25%+240+300=1 065(万元)。

答案 D

四、付现成本 VS 营业成本

扫我解疑难

营业成本指的是企业在生产经营活动中发生的所有的成本，包括付现成本和非付现成本两部分。

付现成本就是企业在经营过程中以现金支付的成本费用，比如：原材料、工人工资、税费等。

非付现成本指的是企业在经营期不以现金支付的成本费用。一般包括固定资产的折旧、无形资产的摊销额等。

实战演练

【例题1·单选题】 某企业投资方案的年销售收入为500万元，付现成本为150万元，折旧为50万元，所得税税率为25%，则该投资方案的每年现金净流量为( )万元。

A. 300 B. 225
C. 275 D. 260

解析 每年现金净流量=销售收入-付现成本-所得税=500-150-(500-150-50)×25%=275(万元),或每年现金净流量=净利润+固定资产折旧额=(500-150-50)×(1-25%)+50=275(万元)。

答案 C

【例题2·单选题】甲公司拟以600万元投资一项目,投产后年营业收入180万元,营业成本150万元(包括折旧费用),预计有效期10年,按直线法计提折旧,无残值。所得税税率为25%,则该投资方案的每年现金净流量为( )万元。

A. 82.50　　　　B. 22.50
C. 60.00　　　　D. 55.50

解析 年折旧额=600/10=60(万元),年营业现金净流量=(180-150)×(1-25%)+60=82.5(万元)。

答案 A

五、送股时计算每股收益 VS 发行可转换债券时计算每股收益

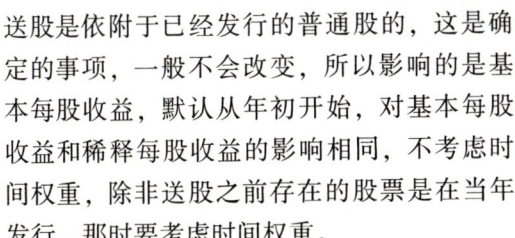
扫我解疑难

送股是依附于已经发行的普通股的,这是确定的事项,一般不会改变,所以影响的是基本每股收益,默认从年初开始,对基本每股收益和稀释每股收益的影响相同,不考虑时间权重,除非送股之前存在的股票是在当年发行,那时要考虑时间权重。

发行可转换公司债券影响稀释每股收益,一般假定可转换公司债券在当期期初即已转换成普通股,一般不考虑时间权重。如果不是年初发行的,就要考虑时间权重。

实战演练

【例题1·单选题】某公司2×20年1月2日按面值发行三年期的可转换公司债券1 000万元,票面利率为5%,利息自发行之日起每年年末支付一次。该批可转换债券自发行结束后12个月起即可转换为公司股票。每100元债券可转换为面值为1元的普通股80股。债券利息不符合资本化条件,直接计入当期损益,所得税税率为25%,2×20年净利润5 000万元,2×20年初发行在外普通股3 200万股,假设不具备转股权的类似债券的市场利率为6%,则该公司2×20年稀释每股收益为( )元。

A. 1.26　　　　B. 1.32
C. 1.15　　　　D. 0.96

解析 负债成分的公允价值=50/(1+6%)+50/(1+6%)²+1 050/(1+6%)³=973.27(万元);转换所增加的净利润=973.27×6%×(1-25%)=43.80(万元);普通股股数增加=1 000/100×80=800(万股);稀释的每股收益=(5 000+43.80)/(3 200+800)=1.26(元)。

答案 A

【例题2·单选题】甲公司所有的股票均为发行在外的普通股,每股面值1元。甲公司2×20年初股东权益金额为24 500万元,其中股本10 000万元。2月10日,董事会制定2×19年度的利润分配方案:分别按净利润的10%计提法定盈余公积;分配现金股利500万元,以10股配送3股的形式分配股票股利。该利润分配方案于3月25日经股东大会审议通过。7月1日增发新股4 500万股。为了奖励职工,于11月1日回购本公司1 500万股。2×20年可供股东分配的净利润为5 270万元。则甲公司2×20年的基本每股收益为( )元。

A. 0.53　　　　B. 0.22
C. 0.35　　　　D. 0.34

解析 甲公司2×20年发行在外的普通股加权平均数=10 000×130%×12/12+4 500×6/12-1 500×2/12=15 000(万股),甲公司2×20年的基本每股收益=5 270/15 000=0.35(元)。

答案 C

六、金融资产下的债权投资 VS 股权投资

扫我解疑难

金融资产的分类

分类	以摊余成本计量的金融资产	以公允价值计量且其变动计入其他综合收益的金融资产	以公允价值计量且其变动计入当期损益的金融资产
核算科目	债权投资	其他债权投资	其他权益工具投资	交易性金融资产
债权类投资	√	√	×	√
股权类投资	×	×	√	√

注：上表核算科目列实际为四列，对应四种科目。

实战演练

【例题·单选题】 下列属于以摊余成本后续计量的金融资产的是( )。
A. 债权投资
B. 其他债权投资
C. 其他权益工具投资
D. 交易性金融资产

答案 ▶ A

七、股权投资的核算对比

扫我解疑难

长期股权投资 VS 金融资产

适用准则	长期股权投资准则	金融工具准则	
核算科目	长期股权投资	其他权益工具投资	交易性金融资产
控制	√		注¹
对合营企业的投资	√		
重大影响	√		注²
交易为目的			√
非交易目的(注³)		√	

注¹：投资性主体对不纳入合并财务报表的子公司的权益性投资，应按照金融工具准则的有关规定核算；

注²：风险投资机构、共同基金以及类似主体持有的、在初始确认时按照规定以公允价值计量且其变动计入当期损益的金融资产，无论以上主体是否对这部分投资具有重大影响，均按照金融工具准则的有关规定进行核算；

注³：非交易目的持有的股权投资(不具有控制、重大影响或是对合营企业的投资)，通常是为出于战略目的而长期持有的权益性投资。

实战演练

【例题·多选题】 下列各项中应作为甲公司长期股权投资核算的有( )。
A. 对乙公司达到控制
B. 对丙公司达到重大影响
C. 对丁公司达到共同控制
D. 对戊公司达不到控制、共同控制和重大影响，且公允价值不能可靠计量
E. 对庚公司达不到控制、共同控制和重大影响，公允价值能够可靠计量

答案 ▶ ABC

八、长期股权投资下交易费用的处理

扫我解疑难

长期股权投资下交易费用的处理

交易费用性质	具体内容	处理原则
企业合并下为投资交易发生的	审计、法律服务、评估咨询等中介费用以及其他相关管理费用	发生时计入当期损益(管理费用)
企业合并以外方式下为购入股权交易发生的	为购入股权发生的直接相关费用(如手续费)及税金	发生时计入长期股权投资成本
为发行有价证券(作为支付对价)发生的	发行权益性工具直接相关的交易费用	冲减资本公积(资本溢价/股本溢价)[注1]
	发行债务性工具直接相关的交易费用	计入债务性工具的初始确认金额

注[1]：资本公积(资本溢价或股本溢价)不足冲减的，依次冲减盈余公积和未分配利润。

实战演练

【例题1·多选题】按照我国企业会计准则的规定，企业合并中发生的相关费用正确的处理方法有( )。

A. 同一控制下企业合并发生的审计费、评估费应计入当期损益
B. 同一控制下企业合并发生的审计费、评估费应计入企业合并成本
C. 非同一控制下企业合并发生的审计费、评估费应计入企业合并成本
D. 企业合并时与发行债券相关的手续费计入发行债务的初始计量金额
E. 企业合并时与发行权益性证券相关的费用抵减发行收入

解析▶ 选项BC，达到企业合并，无论是同一控制还是非同一控制下的企业合并发生的审计费、评估费等中介费用都应计入当期损益。

答案▶ ADE

【例题2·单选题】某投资企业于2×20年1月2日取得对甲公司40%的股权，取得投资时甲公司可辨认净资产公允价值为5 500万元，支付了2 220万元，其中包括了已经宣告但尚未发放的股利60万元，另支付相关费用5万元，则长期股权投资的入账价值为( )万元。

A. 2 225 B. 2 165
C. 2 160 D. 2 200

解析▶ 该项投资初始投资成本=2 220−60+5=2 165(万元)，享有的被投资单位可辨认净资产公允价值份额=5 500×40%=2 200(万元)，所以应该按照享有的被投资单位可辨认净资产公允价值份额确认为长期股权投资。

借：长期股权投资　　　　2 200
　　应收股利　　　　　　　　60
　贷：银行存款　　　　　　2 225
　　　营业外收入　　　　　　35

答案▶ D

九、资产类账户外币汇兑损益的借贷方 VS 负债类账户外币汇兑损益的借贷方

扫我解疑难

对于汇兑损益是借方还是贷方实际指的是对应的资产或负债科目的借贷方，如资产类汇兑损益计算出来是负数，此时表示资产减少，应该贷记该资产，表示损失；如果负债类汇兑损益，计算出来为负数，此时应该借记负债，负债减少，表示收益。

实战演练

【例题·单选题】乙公司对外币交易业务采用当月月初的市场汇率作为即期近似汇率进行折算。某年5月31日和6月1日的市场汇率

均为1美元=8.10元人民币，各外币账户5月31日的期末余额分别为银行存款5万美元、应收账款1万美元、应付账款1万美元、短期借款1.5万美元。该公司当年6月份外币收支业务如下：5日收回应收账款0.8万美元，8日支付应付账款0.5万美元，20日归还短期借款1万美元，23日出售一批货款为2.1万美元的货物，货已发出，款项尚未收到。假设不考虑相关税金，当年6月30日的市场汇率为1美元=8.05元人民币，则下列说法错误的是（ ）。

A. 银行存款外币账户产生的汇兑损益为贷方2 150元

B. 应收账款外币账户产生的汇兑损益为贷方1 150元

C. 短期借款外币账户产生的汇兑损益为借方250元

D. 当月因外币业务应计入财务费用的汇兑损失为3 050元

解析 银行存款外币账户产生的汇兑损益=(5+0.8-0.5-1)×8.05-(5+0.8-0.5-1)×8.10=-0.215（万元）（贷方）；

应收账款外币账户产生的汇兑损益=(1-0.8+2.1)×8.05-(1-0.8+2.1)×8.10=-0.115（万元）（贷方）；

短期借款外币账户产生的汇兑损益=(1.5-1)×8.05-(1.5-1)×8.10=-0.025（万元）（借方）；

应付账款外币账户产生的汇兑损益=(1-0.5)×8.05-(1-0.5)×8.10=-0.025（万元）（借方）；

当月因外币业务应计入财务费用的汇兑损失=2 150+1 150-250-250=2 800（元）。

答案 D

十、专门用于生产某种产品的原材料减值 VS 其他情况的原材料减值

在期末，对于用于生产而持有的材料等，先判断其生产的产成品是否减值，如果其产成品没有减值，则该材料也没有减值；如果其产成品发生减值，则计算该材料的可变现净值，从而判断材料是否发生减值。

不是专门为生产某产品而持有的材料，直接计算材料的可变现净值，判断其是否减值。

原材料可变现净值的计算公式

持有意图	计算公式
直接用于出售	可变现净值=估计售价-销售费用-相关税费
用于继续加工	材料可变现净值=产成品估计售价-继续加工至可销售状态的成本-销售费用-相关税费

📝 **实战演练**

【例题1·单选题】C公司为上市公司，期末对存货采用成本与可变现净值孰低计价。2×20年12月31日库存A材料的实际成本为60万元，市场购买价格为56万元，假设不发生其他交易费用。由于A材料市场价格的下降，市场上用A材料生产的甲产品的销售价格由105万元降为90万元，但生产成本不变，将A材料加工成甲产品预计进一步加工所需费用为24万元，预计销售费用及税金为12万元。C公司决定将其用于生产甲产品，不直接出售A材料。假定该公司对A材料已计提存货跌价准备1万元，则2×20年12月31日对A材料应计提的存货跌价准备为（ ）万元。

A. 30　　　　　　B. 5
C. 24　　　　　　D. 6

解析 ①甲产品的可变现净值=90-12=78（万元）；②甲产品的成本=60+24=84（万元）；③由于甲产品的可变现净值78万元低于成本84万元，表明甲产品发生了减值。

④A 材料可变现净值 = 90 - 24 - 12 = 54(万元);
⑤A 材料应计提的存货跌价准备 = 60 - 54 - 1 = 5(万元)。

答案 ▶ B

【例题 2·多选题】下列有关确定存货可变现净值的表述中,正确的有( )。
A. 无销售合同的库存商品以该库存商品的市场售价为基础
B. 有销售合同的库存商品以该库存商品的合同价格为基础
C. 用于出售的无销售合同的材料以该材料的市场价格为基础
D. 用于生产有销售合同产品的材料以该材料的市场价格为基础
E. 用于生产无销售合同产品的材料的可变现净值等于该材料的市价减去估计的销售费用以及相关税费

解析 ▶ 选项 D,用于生产有销售合同产品的材料,可变现净值的计量应以该材料生产的产品的合同价格为基础;选项 E,用于生产产品的材料的可变现净值 = 该材料所生产的产成品的估计售价 - 至完工时估计将要发生的成本 - 估计的销售费用以及相关税费。

答案 ▶ ABC

十一、委托加工物资收回后直接出售消费税的处理 VS 委托加工物资收回后用于继续加工应税消费品消费税的处理

扫我解疑难

(1)委托加工物资,委托方收回后直接销售的(售价不高于受托方计税基础),消费税计入委托加工物资的成本;若售价高于受托方的计税基础,则消费税记入"应交税费——应交消费税"借方,出售时允许抵扣原来交纳的消费税。

(2)委托加工物资,委托方收回后用于继续生产应税消费品,则消费税记入"应交税费——应交消费税"借方,待出售应税消费品时允许抵扣。

委托方对由受托方代收代缴的消费税的处理

主要情形	消费税去向
收回后以不高于受托方的计税价格出售	记入"委托加工物资"
收回后用于消费税非应税项目	
收回后以高于受托方的计税价格出售	记入"应交税费——应交消费税"
收回后用于连续生产应税消费品	

实战演练

【例题 1·单选题】A 公司委托 B 企业将一批原材料加工为半成品(为应税消费品),该半成品收回后将进一步加工为应税消费品,消费税税率 10%。A 公司发出委托加工材料 20 000 元,支付运费 1 000 元(假定不考虑运费的增值税因素),加工费 12 000 元。假设双方均为一般纳税人企业,增值税税率为 13%。A 公司收回半成品时的成本为( )元。
A. 32 000   B. 33 000
C. 35 040   D. 36 555

解析 ▶ 由于委托加工的存货需继续加工应税消费品,故 A 公司被代扣代缴的消费税不计入委托加工物资的成本。委托加工物资成本 = 20 000 + 1 000 + 12 000 = 33 000(元)。

发出原材料时:
借:委托加工物资　　　　　　　　　21 000
　　贷:原材料　　　　　　　　　　　20 000
　　　　银行存款　　　　　　　　　　 1 000

支付加工费时:
借:委托加工物资　　　　　　　　　12 000
　　应交税费——应交增值税(进项税额)
　　　　　　　　　　　　　　　　　 1 560
　　　　——应交消费税
　　[(20 000 + 12 000 + 1 000)/(1 - 10%)×10%]
　　　　　　　　　　　　　　　　　 3 667

贷：银行存款
(12 000+1 560+3 667) 17 227

材料收回时：
借：原材料　　　　　　　　33 000
　　贷：委托加工物资　　　　　　33 000

答案 ▶ B

【例题 2 · 单选题】甲企业委托乙企业加工材料一批（属于应税消费品）。原材料成本为 20 000 元，支付的加工费为 7 000 元（不含增值税），消费税税率为 10%，材料加工完成并已验收入库，将直接用于销售（售价不高于受托方计税价格）。双方均为增值税一般纳税人企业，适用的增值税税率为 13%。则该委托加工材料收回后的入账价值是（　　）元。

A. 20 000　　　　　　　B. 27 000
C. 30 000　　　　　　　D. 31 190

解析 ▶ (1) 发出委托加工材料。
借：委托加工物资——乙企业　　20 000
　　贷：原材料　　　　　　　　　　20 000
(2) 支付加工费用和税金。
消费税组成计税价格 =（20 000+7 000）÷（1-10%）= 30 000（元）
受托方代收代缴的消费税税额 = 30 000×10% = 3 000（元）
借：委托加工物资——乙企业
　　　　　　　　　(7 000+3 000) 10 000
　　应交税费——应交增值税（进项税额）
　　　　　　　　　　　　　　　　910
　　贷：银行存款　　　　　　　10 910

答案 ▶ C

十二、存货盘盈盘亏的账务处理 VS 固定资产盘盈盘亏账务处理

扫我解疑难

存货盘盈、盘亏的会计处理

项目	发生时	批准后
盘盈	借：存货类科目 　　贷：待处理财产损溢——待处理流动资产损溢	借：待处理财产损溢——待处理流动资产损溢 　　贷：管理费用
盘亏	借：待处理财产损溢——待处理流动资产损溢 　　贷：存货类科目 　　　　应交税费——应交增值税（进项税额转出） 【思路点拨】只有管理不善造成的存货盘亏才需要进项税额转出	借：管理费用[正常损耗] 　　其他应收款[保险赔款或责任人赔款] 　　营业外支出——非常损失 　　贷：待处理财产损溢——待处理流动资产损溢

固定资产的清查

项目	发生时	批准后
盘盈	借：固定资产 　　贷：以前年度损益调整	借：以前年度损益调整 　　贷：利润分配——未分配利润 　　　　盈余公积
盘亏	借：待处理财产损溢——待处理非流动资产损溢 　　累计折旧 　　固定资产减值准备 　　贷：固定资产	借：其他应收款[保险赔款或责任人赔款] 　　营业外支出 　　贷：待处理财产损溢——待处理非流动资产损溢

【思路点拨】 固定资产盘盈是最特殊的一种盘盈,它所适用的会计处理原则是前期差错更正。

实战演练

【例题·多选题】下列有关资产盘盈、盘亏的说法中,错误的有( )。
A. 现金盘亏扣除责任赔款后的净损失应列入"管理费用"
B. 存货盘亏的净损失属于营业利润范畴
C. 固定资产盘亏属于重大前期差错,应进行追溯调整
D. 固定资产的盘盈应列入发现当期的"营业外收入"
E. 自然灾害造成的存货毁损要将其进项税额转出,计入营业外支出

解析 选项 B,存货盘亏如果属于非常损失应列入"营业外支出",不属于营业利润的范畴;选项 C、D,固定资产盘盈属于重大前期差错,应进行追溯调整,而盘亏在扣除赔款后则列入当期损失;选项 E,因保管不善引起的霉烂、变质、丢失等损失才作进项税额转出,自然灾害造成毁损的存货其进项税额可以抵扣。

答案 BCDE

十三、非货币性资产交换中换入资产的入账规范 VS 债务重组中受让资产的入账规范

扫我解疑难

(1)非货币性资产交换下换入资产的入账价值,应区分下列情况进行处理:
①以公允价值计量的非货币性资产交换,换入资产的入账价值,应当以换出资产的公允价值和应支付的相关税费为基础进行计量,但有确凿证据表明换入资产的公允价值更加可靠的除外。
②以账面价值计量的非货币性资产交换,换入资产的入账价值,应当以换出资产的账面价值和应支付的相关税费为基础进行计量。
非货币性资产交换涉及相关税费的,按照相关税收规定计算确定。

(2)债务重组下受让资产的入账价值:
对于债权人因债务重组受让的相关资产,除受让的金融资产以公允价值进行计量外,其他资产应当按照下列原则以成本计量:

债权人受让资产的成本构成

受让资产的类别	受让资产的成本构成	
	主要成本	其他成本
存货	所放弃债权的公允价值	使该资产达到当前位置和状态所发生的可直接归属于该资产的税金、运输费、装卸费、保险费等
固定资产		使该资产达到预定可使用状态前所发生的可直接归属于该资产的税金、运输费、装卸费、安装费、专业人员服务费等
无形资产		可直接归属于使该资产达到预定用途所发生的税金等
对联营/合营企业的长期股权投资		可直接归属于该资产的税金等
投资性房地产		可直接归属于该资产的税金等

实战演练

【例题1·单选题】甲公司与乙公司均为增值税一般纳税人,适用的增值税税率为13%。2×20 年 4 月 1 日,甲公司以一批存货和一台生产用设备交换乙公司的一座办公楼。该批存货的账面成本为 170 万元,已计提存货跌价准备 20 万元,公允价值为 200 万元(假定等于计税价格);该项设备的账面余额为 500 万元,已计提折旧 200 万元,已计提减值

准备100万元,公允价值为300万元,假定不考虑设备和办公楼的增值税。乙公司换出办公楼的账面价值为350万元,公允价值为500万元。甲公司另向乙公司支付10万元银行存款。假设该项交换不具有商业实质,则甲公司换入办公楼的入账价值为( )万元。

A. 500 B. 386
C. 360 D. 510

解析 由于交换不具有商业实质,应采用账面价值计量。换入资产的入账价值以换出资产的账面价值确定,并且不确认相关资产的处置损益,因此换入办公楼的入账价值=(170-20)+200×13%+(500-200-100)+10=386(万元)。

借:固定资产清理　　　　　　200
　　累计折旧　　　　　　　　200
　　固定资产减值准备　　　　100
　　　贷:固定资产　　　　　　　500
借:固定资产——办公楼　　　386
　　存货跌价准备　　　　　　20
　　　贷:库存商品　　　　　　　170
　　　　　应交税费——应交增值税(销项税额)
　　　　　　　　　　　　　　　　26
　　　　　固定资产清理　　　　200
　　　　　银行存款　　　　　　10

答案 B

【例题2·多选题】2×20年12月1日,甲公司与乙公司签订债务重组协议。双方约定,甲公司以其拥有的一项无形资产抵偿所欠乙公司163.8万元货款,该项无形资产的公允价值为90万元,取得成本为120万元,已累计摊销10万元,乙公司该项应收账款的账面价值163.8万元,经评估确定该项应收账款的公允价值为153.8万元。相关手续已于当日办妥。乙公司取得该项资产后仍然确认为无形资产,不考虑增值税等相关税费及其他因素,下列关于甲、乙公司会计处理的表述中,正确的有( )。

A. 甲公司确认当期损益53.8万元
B. 乙公司确认当期损益-10万元
C. 甲公司应记入"资产处置损益"科目的金额为-20万元
D. 乙公司确认无形资产的入账金额153.8万元
E. 乙公司确认无形资产的入账金额为90万元

解析 债务人在进行会计处理时,不再单独就抵债资产的公允价值与账面价值的差额确认处置损益。因此,选项C不正确。
甲公司的会计分录:
借:应付账款　　　　　　　163.8
　　累计摊销　　　　　　　10
　　　贷:无形资产　　　　　　120
　　　　　其他收益　　　　　　53.8
乙公司的会计分录:
借:无形资产　　　　　　　153.8
　　投资收益　　　　　　　10
　　　贷:应收账款　　　　　　163.8

答案 ABD

十四、工程物资报废毁损处理 VS 在建工程报废毁损处理

扫我解疑难

工程物资盘亏、报废或毁损的处理:
(1)建设期间(未完工)发生的工程物资盘亏、报废及毁损净损失:
借:在建工程——待摊支出
　　贷:工程物资
盘盈的工程物资做相反分录。
(2)非建设期间分两种情况:
①在筹建期间,经过批准后将净损失计入管理费用:
借:管理费用
　　其他应收款
　　贷:待处理财产损溢
②非筹建期间,经过批准后将净损失计入营业外支出(批准前计入"待处理财产损溢"):
借:营业外支出
　　其他应收款
　　贷:待处理财产损溢
由以上可知工程物资的损毁、报废是不区分

正常原因和非正常原因的。

在建工程报废或毁损的处理：

(1) 如果是正常原因造成的：

①如果在建设期间，减去残料价值和过失人或保险公司等赔款后的净损失，计入继续施工的工程成本。例如 A 项目报废，计入继续施工的 B 项目，会计分录为：

借：在建工程——B 项目
　　其他应收款等
　　　贷：在建工程——A 项目

②如果在非建设期间，在筹建期间的经过批准后将净损失计入管理费用；非筹建期间的经过批准后将净损失计入营业外支出。

(2) 由于非正常原因造成的，减去残料价值和过失人或保险公司等赔款后的净损失的处理：

①筹建期间。

借：管理费用
　　其他应收款等
　　　贷：在建工程

②非筹建期间。

借：营业外支出
　　其他应收款等
　　　贷：在建工程

实战演练

【例题·单选题】下列有关固定资产的说法中，正确的是(　　)。

A. 建设期间发生的联合试车费计入管理费用
B. 建设期间发生的工程物资盘亏、毁损、报废的净损失计入营业外支出
C. 企业为建造固定资产通过出让方式取得土地使用权支付的土地出让金计入在建工程
D. 企业为建造该固定资产结算的工程价款计入在建工程

解析 ▶ 建设期间的工程物资盘亏、报废及毁损净损失以及联合试车费等计入在建工程——待摊支出，所以选项 A、B 错误；企业为建造固定资产通过出让方式取得土地使用权支付的土地出让金不作为在建工程成本，而是作为无形资产单独核算，所以选项 C 错误。
答案 ▶ D

十五、改良固定资产被替换部分的账面价值 VS 改良固定资产被替换部分的账面原值

扫我解疑难

这里要把握一个原则，即扣减的一定是被替换部分的账面价值。

如果直接给了被替换部分的账面价值，那么就直接减去；如果给出的是被替换部分的原值，那么要用"原值-累计折旧-减值准备"来计算出被替换部分的账面价值，然后再减去。

实战演练

【例题1·单选题】北方企业对其一项生产设备进行改良，该生产设备原价为 500 万元，已提折旧 250 万元，改良中发生各项支出共计 60 万元。改良时被替换部分的账面价值为 30 万元。则该项固定资产的入账价值为(　　)万元。

A. 280　　　　　　B. 250
C. 310　　　　　　D. 530

解析 ▶ 改良后的固定资产的入账价值=500-250+60-30=280(万元)。
答案 ▶ A

【例题2·单选题】甲公司为增值税一般纳税人，增值税税率为13%。为提高 A 生产线的生产能力，于 2×20 年 3 月 31 日进行改良，11 月份完工，改良期间领用外购原材料价款为 25 万元(不含税)，发生其他相关支出共计 12 万元。估计能使 A 生产线延长使用寿命 3 年。根据 2×20 年 3 月月末的账面记录，该生产线的原账面原价为 100 万元，已提的折旧为 40 万元，已提减值准备 10 万元。若被替换部分的账面原值为 20 万元，则 2×20 年 11 月份改良后该生产线的价值为(　　)万元。

A. 67　　　　　　B. 77
C. 69　　　　　　D. 75

解析 ▶ 改良后固定资产价值=(100-40-10)+12+25-(20-40×20/100-10×20/100)=77(万元)。
答案 ▶ B

十六、固定资产的后续支出 VS 固定资产的日常修理支出

扫我解疑难

固定资产发生的后续支出，符合固定资产确认条件的，应当计入固定资产成本，同时将被替换部分的账面价值扣除；不符合固定资产确认条件的，应当在发生时计入当期管理费用或销售费用。

固定资产日常修理费用，通常不符合固定资产确认条件，应当在发生时计入当期管理费用或销售费用。

📝 实战演练

【例题·单选题】 甲公司2×18年3月1日购入一台设备，不含税买价为234万元，运杂费为6万元，预计残值收入10万元，预计清理费用3万元，采用5年期直线法折旧，2×19年末该设备的公允处置净额为141.5万元，预计未来现金流量折现值为130万元，新核定的净残值为5万元，折旧期假定未发生变化。2×20年6月30日开始对该设备进行改良，改良支出总计80万元，拆除旧零件的残值收入为7万元，此零部件改良当时的账面价值为20万元，设备于2×20年末达到预计可使用状态。改良后的预计净残值为4万元，折旧期为5年，则改良后设备的入账价值为（　　）万元。

A. 181.77 B. 173.50
C. 188.77 D. 180.50

解析 ▶ 2×18年3月1日设备的入账成本＝234＋6＝240（万元）；2×18年折旧＝[240－(10－3)]÷5×9/12＝34.95（万元）；2×19年折旧＝[240－(10－3)]÷5＝46.6（万元）；2×19年末折余价值＝240－34.95－46.6＝158.45（万元）；2×19年的可收回价值应选择公允处置净额与未来现金流量折现值中较高者，即141.5万元，则当年末应提准备为16.95（158.45－141.5）万元；2×20年上半年折旧额＝(141.5－5)÷(60－21)×6＝21（万元）；2×20年改良后设备的账面价值＝(141.5－21)＋80－20＝180.5（万元）。

答案 ▶ D

十七、投资时点被投资单位资产的账面价值与公允价值不等 VS 内部交易

扫我解疑难

（1）投资时点被投资方自有资产账面价值与公允价值不相等，其调整公式如下（以下公式不考虑减值、净残值等因素；采用年限平均法计提折旧）：

存货：

调整后的净利润＝账面净利润－(投资日存货公允价值－存货账面价值)×当期出售比例

固定资产、无形资产等：

调整后的净利润＝账面净利润－(投资日资产公允价值/尚可使用年限－资产原价/预计使用年限)

（2）内部交易时的调整公式：

存货：

在交易发生当期，调整后的净利润＝账面净利润－(存货售价－存货账面价值)×(1－当期出售比例)

在后续期间，调整后的净利润＝账面净利润＋(存货售价－存货账面价值)×当期出售比例

固定资产、无形资产等：

在交易发生当期，调整后的净利润＝账面净利润－(资产售价－资产成本)＋(资产售价－资产成本)/预计使用年限×(当期折旧、摊销月份/12)

在后续期间，调整后的净利润＝账面净利润＋(资产售价－资产成本)/预计使用年限×(当期折旧、摊销月份/12)

📝 实战演练

【例题1·单选题】 甲公司2×20年1月2日以6 000万元的价格购入乙公司30%的股份，另支付相关费用30万元。购入时乙公司可辨认净资产的公允价值为22 000万元（假定乙公司各项可辨认资产、负债的公允价值与账面价值相等），双方采用的会计政策、会计期间相同。2×20年6月20日乙公司出售一批商品给甲公司，商品成本为600万元，售价为800万元，甲公司购入的商品作为存货管理。乙公司2×20年实现净利润1 200万元。至

2×20年年末，甲公司对外出售该存货30%，假定不考虑所得税因素。则该投资对甲公司2×20年度利润总额的影响为(　　)万元。

A. 912　　　　　　B. 942
C. 888　　　　　　D. 960

解析 ▶ 购入时产生的营业外收入＝22 000×30%－(6 000＋30)＝570(万元)，期末根据净利润确认的投资收益＝[1 200－(800－600)×70%]×30%＝318(万元)，所以对甲公司2×20年利润总额的影响＝570＋318＝888(万元)。

答案 ▶ C

【例题2·单选题】某投资企业于2×20年1月2日取得对联营企业30%的股权，取得投资时被投资单位的固定资产公允价值为600万元，账面价值为300万元，固定资产的预计尚可使用年限为10年，净残值为零，按照年限平均法计提折旧。被投资单位2×20年度利润表中净利润为1 000万元。不考虑所得税和其他因素的影响，投资企业按权益法核算2×20年应确认的投资收益为(　　)万元。

A. 300　　　　　　B. 291
C. 309　　　　　　D. 210

解析 ▶ 2×20年应确认的投资收益＝[1 000－(600/10－300/10)]×30%＝291(万元)。

答案 ▶ B

十八、自用房地产转换为公允价值模式计量的投资性房地产 VS 投资性房地产成本模式转为公允价值模式

扫我解疑难

(1)自用房地产转为公允价值模式计量的投资性房地产，是将非投资性房地产转为投资性房地产(自用土地使用权、固定资产、存货转换为投资性房地产)。

转换日的公允价值大于账面价值的差额贷记"其他综合收益"科目，转换日的公允价值小于账面价值的差额借记"公允价值变动损益"科目。

转换日会计处理：
借：投资性房地产——成本[转换日的公允价值]
　　累计折旧[或累计摊销]
　　固定资产减值准备[或无形资产减值准备]
　　公允价值变动损益[或贷记其他综合收益][差额，倒挤]
　贷：固定资产[或无形资产]

(2)投资性房地产由成本模式转为公允价值模式的，应当作为会计政策变更处理，将计量模式变更时公允价值与账面价值的差额，调整期初留存收益。

具体账务处理：
借：投资性房地产——成本
　　　　　　　　——公允价值变动
　　投资性房地产累计折旧(摊销)
　　投资性房地产减值准备
　贷：投资性房地产[原账面余额]
　　　利润分配——未分配利润[或借记]
　　　盈余公积[或借记]

实战演练

【例题1·单选题】甲公司拥有一项投资性房地产，采用成本模式进行后续计量。2×21年1月1日，甲公司认为该房地产所在地的房地产交易市场比较成熟，具备了采用公允价值模式计量的条件，决定对该项投资性房地产从成本模式转换为公允价值模式计量。2×21年1月1日，该写字楼的原价为3 000万元，已计提折旧300万元，公允价值为3 200万元。不考虑所得税影响。甲公司关于投资性房地产计量模式变更的处理中，正确的是(　　)。

A. 确认其他综合收益500万元
B. 确认其他综合收益200万元
C. 确认公允价值变动损益500万元
D. 调整留存收益500万元

解析 ▶ 2×21年1月1日，甲公司在由成本模式转为公允价值模式时，应作为会计政策变更，账务处理如下：
借：投资性房地产——成本　　　　　　3 000
　　　　　　　　——公允价值变动　　　200
　　投资性房地产累计折旧　　　　　　　300
　贷：投资性房地产　　　　　　　　　3 000

盈余公积 50
利润分配——未分配利润 450

答案 ▶ D

【例题2·单选题】 某公司的投资性房地产采用公允价值计量模式。2×20年6月23日，该公司将一项固定资产转换为投资性房地产。该固定资产的账面余额为400万元，已提折旧80万元，已经计提减值准备30万元。该项房地产在当日的公允价值为330万元。关于转换日的处理，下列各项表述中，正确的是( )。

A. 计入公允价值变动损益的金额为40万元
B. 投资性房地产的入账价值为290万元
C. 该项房地产在转换日的处理不影响当期损益
D. 该事项属于会计政策变更

解析 ▶ 自用房地产转换为采用公允价值模式计量的投资性房地产时，公允价值330万元大于账面价值290(400−80−30)万元的差额40万元计入其他综合收益，不计入公允价值变动损益，因此选项A错误；投资性房地产应该按照转换当日的公允价值330万元计量，因此选项B错误；非投资性房地产转为投资性房地产，不属于会计政策变更，因此选项D错误。

答案 ▶ C

十九、专门借款利息的资本化 VS 一般借款利息的资本化

扫我解疑难

资本化金额(在建工程) = 专门借款资本化金额 + 一般借款资本化金额

(1) 专门借款资本化金额 = 资本化期间专门借款利息 − 资本化期间闲置资金取得的收益(不与资产支出挂钩)

(2) 一般借款利息的资本化金额 = 至当期末止一般借款累计支出加权平均数 × 资本化率

①累计支出加权平均数的计算。
累计支出加权平均数 = Σ(每笔资产支出金额 × 每笔资产支出实际占用的天数/会计期间涵盖的天数)

②资本化率的计算(不与资产支出相挂钩)。

购建资产只占用一笔一般借款，资本化率为该项借款的利率；
购建资产占用一笔以上的一般借款，资本化率为这些借款的加权平均利率。
加权平均利率 = 借款当期实际发生的利息之和/借款本金加权平均数
其中：借款本金加权平均数 = Σ(每笔借款本金 × 每笔借款实际占用的天数/会计期间涵盖的天数)

实战演练

【例题1·单选题】 某公司于2×20年1月2日动工兴建一幢办公楼，工期为1年，公司为建造办公楼发生有关借款业务如下：(1)专门借款有两笔，分别为：①2×20年1月2日，借入专门借款2 000万元，借款期限为3年，年利率为6%，利息按年支付；②2×20年7月1日，借入专门借款2 000万元，借款期限为3年，年利率为8%，利息按年支付。专门借款闲置资金均存入银行，假定存款年利率为4%。(2)工程采用出包方式，2×20年支出如下：①1月2日支付工程进度款1 500万元；②7月1日支付工程进度款2 500万元。则2×20年借款费用资本化金额为( )万元。

A. 190　　　　　　　B. 200
C. 180　　　　　　　D. 270

解析 ▶ 借款费用资本化金额 = 2 000×6% + 2 000×8%×6/12 − 500×4%×6/12 = 190(万元)。

答案 ▶ A

【例题2·单选题】 某企业2×20年1月2日开始建造一项固定资产，未取得专门借款而全部占用一般借款。一般借款包括：2×20年1月2日从银行借入3年期借款3 000万元，年利率6%；2×20年1月2日发行5年期债券2 000万元，票面年利率5%，到期一次还本分次付息，发行价为2 000万元。2×20年1月2日、4月1日、10月1日分别支出2 000万元、1 000万元、1 000万元。则2×20年一般借款资本化金额为( )万元。

A. 168　　　　　　　B. 174

C. 205　　　　D. 211

解析 ▶ 一般借款的加权平均利率 =（3 000×6%+2 000×5%）/（3 000+2 000）= 5.6%；
一般借款资本化金额 =（2 000×12/12+1 000×9/12+1 000×3/12）×5.6% = 168（万元）。

答案 ▶ A

二十、非正常中断 VS 正常中断

暂停资本化的标准：符合资本化条件的资产在购建或者生产过程中发生了非正常中断且中断时间连续超过 3 个月的，应当暂停借款费用的资本化。

非正常中断，通常是由于企业管理决策上的原因或者其他不可预见的原因等所导致的中断。

正常中断通常仅限于因购建或者生产符合资本化条件的资产达到预定可使用或者可销售状态所必要的程序，或者事先可预见的不可抗力因素导致的中断。

中断期间借款费用的处理原则

中断情况及时间	借款费用的处理
非正常中断+连续超过 3 个月	当期损益（如财务费用）
非正常中断+未连续超过 3 个月	继续资本化
非正常中断+断续累计达到 3 个月	继续资本化
正常中断+连续超过 3 个月/未超过 3 个月	继续资本化

实战演练

【例题 1·单选题】 下列情况中，不应暂停借款费用资本化的是（　　）。

A. 由于劳务纠纷而造成连续超过 3 个月的固定资产的建造中断

B. 由于资金周转困难而造成连续超过 3 个月的固定资产的建造中断

C. 由于发生安全事故而造成连续超过 3 个月的固定资产的建造中断

D. 由于可预测的气候影响而造成连续超过 3 个月的固定资产的建造中断

解析 ▶ 由于可预测的气候影响而造成的固定资产的建造中断属于正常中断，借款费用不应暂停资本化。

答案 ▶ D

【例题 2·多选题】 以下属于非正常原因停工的情况有（　　）。

A. 因可预见的不可抗力因素而停工

B. 因与工程建设有关的劳动纠纷而停工

C. 资金周转困难而停工

D. 与施工方发生质量纠纷而停工

E. 工程、生产用料没有及时供应而停工

解析 ▶ 选项 A，属于正常原因停工。

答案 ▶ BCDE

二十一、原材料开工时一次投入计算产品成本 VS 原材料分次投入计算产品成本

原材料一次投入，在月末分配完工产品和在产品成本时，在产品同完工产品所耗费的原材料成本是相同的，即 1 件在产品和 1 件完工产品原材料成本相同。因此是按在产品的实际数量与完工产品的产量的比例直接分配材料费用。

原材料分次投入时月末在产品应根据完工程度（材料使用的程度）计算约当产量（约等于完工产品的数量），然后再在完工产品和在产品之间分配成本。

实战演练

【例题 1·单选题】 某企业基本生产车间本月新投产甲产品 300 件，月末完工 240 件，期末在产品完工率为 40%，期初在产品数量为 0。本月甲产品生产发生的费用为：直接材料 4 800 元，直接人工 1 200 元，制造费用 1 000 元。甲产品生产所耗原材料是投入时一

次性投入。月末,该企业完工产品与在产品之间的生产费用分配采用约当产量法,则本月完工甲产品的总成本为( )元。

A. 5 840　　　　　B. 5 864
C. 6 012　　　　　D. 6 363

解析 ▶ 总成本=4 800/300×240+(1 200+1 000)/(60×40%+240)×240=5 840(元)。

答案 ▶ A

【例题2·单选题】甲公司8月开始生产A产品,当月共生产120件,其中完工产品是100件,期末在产品完工率为60%,月初在产品的数量为0。本月生产A产品时分次投入原材料1 200元,直接人工2 500元,制造费用800元。月末,该企业完工产品与在产品之间的生产费用分配采用约当产量法,则本月完工A产品的单位成本为( )元。

A. 30.67　　　　　B. 40.00
C. 40.18　　　　　D. 45.00

解析 ▶ 完工A产品单位成本=(1 200+2 500+800)/(20×60%+100)=40.18(元)。

答案 ▶ C

二十二、日后期间董事会提出的利润分配方案 VS 日后期间董事会提出的盈余公积分配方案

扫我解疑难

资产负债表日后,企业制定利润分配方案,拟分配或经审议批准宣告发放股利或利润的行为,并不会致使企业在资产负债表日形成现时义务,支付义务在资产负债表日尚不存在,因此,该事项为非调整事项。

按照公司法规定,提取法定盈余公积是资产负债表日已经存在的义务,满足日后调整事项的定义,当日后期间股东大会通过的盈余公积的提取金额与董事会通过的不一致,则应作为调整事项处理。

实战演练

【例题·多选题】上市公司在其年度资产负债表日后至财务报告批准报出日前发生的下列事项中,属于非调整事项的有( )。

A. 因发生火灾导致存货严重损失

B. 以前年度售出商品发生退货
C. 董事会提出股票股利分配方案
D. 董事会提出现金股利分配方案
E. 董事会提出法定盈余公积分配方案

解析 ▶ 因发生火灾导致存货严重损失属于非调整事项;以前年度售出商品发生退货,如符合调整事项的定义,则属于调整事项;董事会提出的股票股利和现金股利分配方案都属于非调整事项。董事会提出的盈余公积计提方案属于调整事项。

答案 ▶ ACD

二十三、前期差错更正的账务处理 VS 会计政策变更的账务处理

扫我解疑难

重大前期会计差错对涉及损益的金额要通过"以前年度损益调整"科目进行核算。而会计政策变更,不通过"以前年度损益调整",调整的金额直接通过"利润分配——未分配利润""盈余公积"来核算。其他调整时涉及的会计科目直接调整即可。

本期发现前期重大差错(非日后事项),资产负债表调当年的年初数,利润表调上年数。

本期发现前期非重要差错(非日后事项),不调整相关报表项目的期初数,但应调整发现当期与前期相同的相关项目。

对于会计政策变更,同样要调整政策变更当年报表的期初金额和上年金额。

实战演练

【例题·单选题】甲公司于2×20年12月发现,2×19年少计了一项管理用固定资产的折旧费用250万元,但在所得税申报表中扣除了该项折旧费用,并对其记录了62.5万元的递延所得税负债。甲公司适用的企业所得税税率为25%,公司按净利润的10%提取盈余公积。假定无其他纳税调整事项,甲公司在2×20年因此项前期差错更正而减少的未分配利润为( )万元。

A. 168.75　　　　B. 187.50
C. 225.00　　　　D. 257.50

解析 ▶ 未分配利润应调减的金额=(250-

250×25%)×90%＝168.75(万元)。

借：以前年度损益调整——管理费用 250
　　贷：累计折旧 250
借：递延所得税负债 62.5
　　贷：以前年度损益调整——所得税费用 62.5
借：利润分配——未分配利润 187.5
　　贷：以前年度损益调整 187.5
借：盈余公积 18.75
　　贷：利润分配——未分配利润 18.75

答案 ▶ A

二十四、日后调整事项 VS 日后非调整事项

(1)调整事项和非调整事项的区别在于：调整事项是存在于资产负债表日或以前，资产负债表日后提供了新的或进一步证据的事项；而非调整事项是在资产负债表日尚未存在，是在资产负债表日以后才发生的事项。

(2)日后调整事项一般不需要在附注中进行披露，但要考虑一些特殊的情况，比如或有事项，尽管进行了调整，但仍需要在附注中进行恰当的披露。而日后非调整事项需要在附注中披露。

实战演练

【例题1·单选题】下列有关资产负债表日后事项的表述中，正确的是(　　)。

A. 资产负债表日至财务报告批准报出日之间，由董事会制定的财务报告所属期间利润分配方案中的盈余公积的提取，应作为调整事项处理

B. 资产负债表日后发生的调整事项如涉及现金收支项目的，均可以调整报告年度资产负债表的货币资金项目，但不调整报告年度现金流量表各项目数字

C. 资产负债表日后事项，作为调整事项调整会计报表有关项目数字后，还应在会计报表附注中进行披露

D. 资产负债表日至财务报告批准报出日之间，由董事会制定的财务报告所属期间利润分配方案中的现金股利，应作为调整事项处理

解析 ▶ 选项B，不调整报告年度资产负债表的货币资金项目和现金流量表各项目数字；选项C，除法律、法规以及其他会计准则另有规定外，不需要在会计报表附注中进行披露；选项D，应作为非调整事项处理。

答案 ▶ A

【例题2·单选题】企业发生的资产负债表日后事项，属于非调整事项的是(　　)。

A. 资产负债表日后诉讼案件结案，法院判决证实了企业在资产负债表日已经存在现时义务，需要调整原先确认的与该诉讼案件相关的预计负债，或确认一项新负债

B. 资产负债表日后取得确凿证据，表明一批原材料在资产负债表日发生了减值或者需要调整该项资产原先确认的减值金额

C. 资产负债表日后发生巨额亏损

D. 资产负债表日后发现了财务报表舞弊或差错

解析 ▶ 选项ABD，属于资产负债表日后调整事项。

答案 ▶ C

二十五、报表数字下坏账对现金流量表填列的影响 VS 账户数字下坏账对现金流量表填列的影响

在计算销售商品、提供劳务收到的现金时，对坏账的处理需要区分题目资料给的应收账款是报表数字还是账户余额。

(1)当期计提的坏账准备：如果题目给定的是报表数字时，则作减项处理；如果题目给定是账户(科目余额表)数字时，则不作处理。

(2)当期实际发生坏账损失：如果题目给定的是报表数字时，则不作处理；如果题目给定的是账户(科目余额表)数字时，则作减项处理。

(3)收回已核销的坏账准备：如果题目给定的是报表数字时，则不作处理；如果题目给定的是账户(科目余额表)数字时，则作加项处理。

实战演练

【例题1·单选题】 甲公司为增值税一般纳税企业。根据2×20年度账户资料，甲公司主营业务收入为1 000万元，增值税销项税额为130万元；应收账款期初余额为100万元，期末余额为150万元；坏账准备期初余额5万元，期末余额10万元。预收账款期初余额为50万元，期末余额为10万元。假定不考虑其他因素，甲公司2×20年度现金流量表中"销售商品、提供劳务收到的现金"项目的金额为（　　）万元。

A. 1 040　　B. 1 160
C. 1 180　　D. 1 260

解析 销售商品、提供劳务收到的现金 = 1 000+130−(150−100)−(50−10) = 1 040（万元）。坏账准备不涉及现金流量，不用考虑。

答案 A

【例题2·单选题】 企业2×20年主营业务收入为1 250万元，其他业务收入100万元，2×20年应收款项的报表项目期初数为150万元，期末数为120万元，2×20年发生坏账10万元，计提坏账准备12万元。则该企业2×20年"销售商品、提供劳务收到的现金"项目金额为（　　）万元。

A. 1 308　　B. 1 330
C. 1 368　　D. 1 380

解析 "销售商品、提供劳务收到的现金"项目金额 = 1 250+100+(150−120)−12 = 1 368（万元）。

答案 C

第四部分

考前模拟试卷

梦想成真辅导丛书

2021年考前模拟试卷

模拟试卷（一）

扫我做试题

一、单项选择题（共40题，每题1.5分。每题的备选项中，只有1个最符合题意。）

1. 下列关于企业财务管理目标的说法中，正确的是（　）。
   A. 利润最大化目标体现了财务管理目标与企业管理目标的一致性，是长远利益和眼前利益的有机结合
   B. 每股收益最大化考虑了利润与风险的关系
   C. 每股收益最大化可能造成企业经营行为短期化
   D. 以企业价值最大化作为财务管理目标有利于量化考核和评价

2. A公司打算投资某一项目，项目开始时一次性投资500万元，建设期为2年，营运期间为8年。若该企业要求的投资报酬率为8%，则该企业年均从该项目获得的收益为（　）万元。[已知(P/A, 8%, 8) = 5.746 6, (P/F, 8%, 3) = 0.793 8]
   A. 156.56　　B. 143.91
   C. 101.49　　D. 103.42

3. 某企业生产一种产品，单价20元，单位变动成本12元，固定成本80 000元/月，每月实际销售量为25 000件。以一个月为计算期，下列说法错误的是（　）。
   A. 盈亏临界点销售量为10 000件
   B. 安全边际为300 000元
   C. 盈亏临界点作业率为60%
   D. 边际贡献率为40%

4. 某公司息税前利润为500万元，债务资金200万元（账面价值），平均债务税后利息率为7%，所得税税率为25%，权益资金2 000万元，普通股的资本成本为15%，则公司价值分析法下，公司此时股票的市场价值为（　）万元。
   A. 2 268.00　　B. 2 406.67
   C. 2 430.00　　D. 2 740.00

5. 某公司购买一台新设备用于生产新产品，设备价值为50万元，使用寿命为5年，预计净残值为5万元，按年限平均法计提折旧（与税法规定一致）。使用该设备预计每年能为公司带来销售收入50万元，付现成本15万元，最后一年收回残值收入5万元。假设该公司适用的企业所得税税率为25%，则该项目的投资回报率为（　）。
   A. 50.00%　　B. 57.50%
   C. 60.00%　　D. 59.00%

6. 某企业拟投资购入一种贴现债券，该债券的面值为2 000元，期限为5年。若市场利率为10%，则该债券的价值为（　）元。[已知(P/A, 10%, 5) = 3.790 8, (P/F, 10%, 5) = 0.620 9]
   A. 1 241.80　　B. 2 141.48
   C. 1 244.85　　D. 1 428.48

7. 某上市公司发行一批优先股，规定的年股息率为8%。优先股的每股市价为100元，

发行时筹资费用率为2%。则该优先股的资本成本为( )。

A. 7.16% B. 8.16%
C. 9.16% D. 8%

8. 某企业全年耗用A材料2 400吨，每次的订货变动成本为1 600元，每吨材料年存货持有费率为12元，则最优订货量对应的订货批次为( )次。

A. 12 B. 6
C. 3 D. 4

9. 乙公司2×20年平均负债总额为2 000万元，权益乘数为4，经营活动现金流量净额为1 000万元，则2×20年乙公司的全部资产现金回收率为( )。

A. 0.375 B. 0.345
C. 0.315 D. 0.425

10. 下列属于企业综合绩效评价指标中评价企业债务风险状况的基本指标的是( )。

A. 现金流动负债比率
B. 带息负债比率
C. 已获利息倍数
D. 速动比率

11. 下列事项中，没有体现实质重于形式会计信息质量要求的是( )。

A. 以具有融资性质分期收款方式销售商品的核算
B. 乙公司对暂估入价的固定资产计提折旧
C. 企业负有应客户要求回购商品义务且客户具有行使该要求权重大经济动因的，作为租赁交易或融资交易处理
D. 丁公司将其持股比例为45%但是能够实施有效控制的被投资单位纳入合并范围

12. 某公司2×19年年末应收账款余额750万元，经减值测试确定的预期信用损失为应收账款余额的5%。2×20年2月确认坏账损失15万元，2×20年11月收回已作为坏账损失处理的应收账款3万元，2×20年年末应收账款余额650万元，经

减值测试确定的预期信用损失为应收账款余额的3%，该公司2×20年年末应计提"信用减值损失"的金额是( )万元。

A. -6 B. -30
C. 19.5 D. 25.5

13. 甲公司2×20年3月1日销售产品一批给乙公司，价税合计为500 000元，同日乙公司交来一张面值为500 000元，期限为6个月的无息商业承兑汇票。甲公司2×20年6月1日将应收票据向银行申请贴现，贴现率为10%。另外发生手续费100元。假定每月按30天计算。则甲公司贴现时计入财务费用的金额是( )元。

A. 12 400 B. 12 500
C. 12 600 D. 12 700

14. 2×20年1月，某外商投资企业收到外商作为实收资本投入的生产经营用设备一台，协议作价100万美元(不含增值税)，当日的即期汇率为1美元=7.25元人民币。投资合同约定汇率为1美元=7.20元人民币。另发生运输费用2万元人民币，进口关税20万元人民币，安装调试费3万元人民币，不考虑其他因素的影响，该设备的入账价值为( )万元人民币。

A. 747 B. 725
C. 722 D. 750

15. 某公司采用计划成本法核算原材料，2×20年4月初结存原材料56吨，计划成本为56 000元，材料成本差异为超支差8 400元，4月15日购入原材料72吨，支付价款71 500元，4月20日发出材料60吨，4月30日收到材料45吨，已按照计划成本暂估入账，则本月材料成本差异率为( )。

A. -6.95% B. -5.14%
C. 4.57% D. 6.17%

16. 2×18年12月10日，甲、乙公司签订了一项不可撤销合同，合同约定甲公司于2×19年12月10日以每台30万元的价格向乙公司交付5台A产品。2×18年12月

31日，甲公司库存的专门用于生产上述产品的K材料账面价值为100万元，市场销售价格为98万元，预计将K材料加工成上述产品的加工成本为40万元，销售上述产品的相关税费为15万元。不考虑其他因素，2×18年12月31日，K材料可变现净值为( )万元。
A. 95 B. 98
C. 110 D. 100

17. 下列各项中，属于企业存货的是( )。
A. 为生产A产品购进的B材料
B. 将要购进的M产品
C. 购入的工程物资一批
D. 与乙公司约定的受托代销产品，本企业为代理人

18. 2×20年12月31日甲企业对其拥有的一台机器设备进行减值测试时发现，该资产如果立即出售可以获得920万元的价款，发生的处置费用预计为20万元；如果继续使用，那么该资产预计的未来现金流量现值为888万元。该资产目前的账面价值是1 000万元，甲企业在2×20年12月31日应该计提的固定资产减值准备为( )万元。
A. 100 B. 120
C. 112 D. 20

19. 下列关于固定资产折旧会计处理的表述中，错误的是( )。
A. 固定资产在季节性停工期间应当停止计提折旧
B. 已达到预定可使用状态但尚未办理竣工决算的固定资产应当按暂估价值计提折旧
C. 自用固定资产转为成本模式后续计量的投资性房地产后仍应当计提折旧
D. 与固定资产有关的经济利益预期消耗方式发生重大改变的，应当调整折旧方法

20. 丙公司为上市公司，2×17年1月1日，丙公司以银行存款6 000万元购入一项无形资产。2×18年和2×19年年末，丙公司预计该项无形资产的可收回金额分别为4 000万元和3 556万元。该项无形资产的预计使用年限为10年，采用直线法按月摊销，预计净残值为零。该项无形资产计提减值准备后，原预计使用年限不变。假定不考虑其他因素，丙公司该项无形资产在2×20年应摊销的金额为( )万元。
A. 508 B. 500
C. 600 D. 3 000

21. 甲公司2×19年3月1日开始自行开发成本管理软件，在研究阶段发生材料费用10万元，开发阶段发生开发人员工资100万元，福利费20万元，材料费用30万元，共计150万元。其中满足资本化条件的是120万元。2×19年7月16日，甲公司自行开发成功该成本管理软件，并依法申请了专利，支付注册费2万元，律师费3万元，但使用寿命不能合理确定。2×20年12月31日该项专利权的可收回金额为80万元，假定不考虑其他因素的影响，甲公司应就该专利权计提的减值准备为( )万元。
A. 0 B. 40
C. 45 D. 34

22. 下列各项关于无形资产会计处理的表述中，正确的是( )。
A. 自行研究开发的无形资产在尚未达到预定用途前无须考虑减值
B. 非同一控制下企业合并中，购买方应确认被购买方在该项交易前未确认但可单独辨认且公允价值能够可靠计量的无形资产
C. 使用寿命不确定的无形资产在持有过程中不应该摊销也不考虑减值
D. 同一控制下企业合并中，合并方应确认被合并方在该项交易前未确认的无形资产

23. 下列关于划分为持有待售的处置组的说

法中,错误的是( )。

A. 对于持有待售的处置组确认的资产减值损失金额,如果该处置组包含商誉,应当先抵减商誉的账面价值

B. 后续资产负债表日后如果持有待售的处置组公允价值减去出售费用后的净额增加,在划分为持有待售类别后确认的资产减值损失金额内转回以前减记的金额

C. 后续资产负债表日后如果持有待售的处置组公允价值减去出售费用后的净额增加,应当首先恢复商誉的减值金额

D. 后续资产负债表日后如果持有待售的处置组公允价值减去出售费用后的净额增加,划分为持有待售类别前确认的资产减值损失不得转回

24. 2×19年1月1日,A公司以1 096.9万元的价格购入了乙公司当日发行的5年期到期一次还本付息的债券,面值1 000万元,票面年利率为8%。A公司将其划分为债权投资,每年年末确认投资收益。该债券的实际利率为5%。2×20年A公司应确认投资收益为( )万元。

A. 53.59　　　　　B. 54.85
C. 58.00　　　　　D. 57.29

25. 甲公司于2×20年3月末,以每股15元的价格购入某上市公司股票100万股,将其指定为以公允价值计量且其变动计入其他综合收益的非交易性权益工具投资,购买该股票另支付手续费20万元。2×20年6月22日,该上市公司股东大会宣告按每股1元发放现金股利。2×20年12月31日,该股票的市价为每股18元。则2×20年甲公司因该金融资产计入当期损益的金额为( )万元。

A. 100　　　　　B. 80
C. 380　　　　　D. 360

26. 2×20年1月1日甲公司取得乙公司60%股权,当日完成了股权转让手续,甲公司付出一批存货,存货的账面余额为1 000万元,已计提存货跌价准备100万元,公允价值为900万元,甲公司为该项合并发生了审计费等中介费用10万元,乙公司所有者权益账面价值为1 500万元,公允价值为1 600万元,之前甲乙公司不存在关联方关系,适用的增值税税率为13%,乙公司2×20年实现净利润500万元,发放现金股利100万元,则甲公司2×20年由于该项投资计入当期损益的金额为( )万元。

A. 60　　　　　B. 50
C. 203　　　　　D. 213

27. 甲公司2×19年年初取得乙公司10%的股权,支付银行存款300万元,当日乙公司可辨认净资产公允价值为2 800万元,所有者权益账面价值为2 500万元,将其划分为以公允价值计量且其变动计入其他综合收益的金融资产核算。2×19年12月31日,该金融资产未发生公允价值变动。2×20年5月,甲公司又从母公司A手中取得乙公司50%的股权,支付银行存款1 700万元,当日乙公司可辨认净资产公允价值为3 500万元,所有者权益账面价值为3 300万元,对乙公司实现控制,当日原投资的公允价值为350万元。假定不考虑其他因素,已知该项交易不属于一揽子交易。则增资时影响甲公司资本公积的金额为( )万元。

A. 70　　　　　B. -70
C. -20　　　　　D. 20

28. 按照企业会计准则的规定,一般工业企业发生的下列税费应计入相关资产成本的是( )。

A. 购买交易性金融资产缴纳的印花税

B. 购买厂房缴纳的耕地占用税

C. 兼营房地产业务的工业企业,由当期营业收入负担的土地增值税

D. 按规定计算的房产税

29. 甲公司为增值税一般纳税人,适用增值税税率13%。2×20年11月1日,甲公司

与乙公司签订协议，向乙公司销售一批商品，成本为 45 万元，增值税专用发票上注明销售价格为 55 万元，增值税为 7.15 万元。协议规定，甲企业应在 2×21 年 3 月 31 日将所售商品购回，回购价为 60 万元，另需支付增值税 7.8 万元，假定不考虑其他相关税费。则 2×20 年 12 月 31 日，甲公司因该项业务确认的"其他应付款"账户的账面余额为（ ）万元。

A. 67.80   B. 60.00
C. 62.15   D. 57.00

30. 下列各项中，不通过"应付职工薪酬"科目核算的是（ ）。

A. 给职工发放劳保用品
B. 车间管理人员困难补助
C. 生产工人医药费
D. 行政管理人员经常性奖金

31. 下列关于因提供产品质量保证而确认预计负债的表述中，错误的是（ ）。

A. 通常在产品售出后，根据产品质量保证条款的规定、产品的销售额以及预计质量保证费用的最佳估计数确认产品的质量保证负债金额
B. 不论保证费用的实际发生额与预计数相差是否较大，都不需要对预计比例进行调整
C. 针对特定批次产品确认预计负债，在保修期结束时，应将"预计负债——产品质量保证"余额冲销，不留余额
D. 已对其确认预计负债的产品，如企业不再生产，则应在相应的产品质量保证期满后，将"预计负债——产品质量保证"余额冲销，不留余额

32. 2×20 年 6 月 30 日，某股份有限公司的股本为 5 000 万元（面值为 1 元），资本公积（股本溢价）为 1 000 万元，盈余公积为 1 600 万元。经股东大会批准，该公司回购本公司股票 200 万股并注销，回购价为每股 3 元。不考虑其他因素，下列关于该公司注销全部库存股的会计处理中，正确的是（ ）。

A. 盈余公积减少 600 万元
B. 股本减少 600 万元
C. 资本公积减少 400 万元
D. 未分配利润减少 400 万元

33. 某游乐园执行会员制：月度会员 150 元，季度会员 400 元，年度会员 1 500 元。某客户 2×20 年 1 月 1 日缴纳 150 元加入月度会员，2 月 1 日补缴 250 元升级为季度会员。则该游乐园 3 月应确认收入（ ）元。

A. 150.00   B. 133.33
C. 125.00   D. 116.67

34. 某企业与客户签订合同销售一批商品，同时约定客户有额外购买选择权，该企业认为其授予客户的额外购买选择权为客户提供了一项重大权利。不考虑其他因素，下列关于该企业会计处理的表述中，错误的是（ ）。

A. 将该选择权作为单项履约义务
B. 将交易价格在所售商品与该选择权之间分摊
C. 企业是否向客户提供了一项重大权利，应根据其金额和性质综合判断
D. 该选择权所分摊的交易价格，应在发出商品时确认为收入

35. 甲公司为设备安装企业。2×20 年 10 月 1 日，甲公司接受一项设备安装任务。合同约定，安装期为 4 个月，合同总收入 480 万元。至 2×20 年 12 月 31 日，甲公司已预收合同价款 350 万元，实际发生安装费 200 万元，预计还将发生安装费 100 万元。假定甲公司按实际发生的成本占预计总成本的比例确定合同履约进度。甲公司 2×20 年该设备安装业务应确认的收入是（ ）万元。

A. 320   B. 350
C. 450   D. 480

36. 某厂基本生产车间本月新投产甲产品

500件,月末完工400件,在产品100件,假设月初在产品余额为0,期末在产品完工率为50%。本月甲产品生产费用为:直接材料145 000元,直接人工51 200元,制造费用100 000元。甲产品生产所耗原材料系开工时一次性投入。月末,该企业完工产品与在产品之间的生产费用分配采用约当产量法,则本月完工甲产品的单位成本为( )元。

A. 658.22 B. 626.00
C. 592.40 D. 624.62

37. 甲公司适用的所得税税率为25%。2×20年1月取得一项无形资产,成本为160万元,因其使用寿命无法合理估计,会计上视为使用寿命不确定的无形资产,不予摊销。但税法规定按10年采用直线法摊销。2×20年12月31日无形资产没有发生减值,则下列表述中,错误的是( )。

A. 可抵扣暂时性差异16万元
B. 应纳税暂时性差异16万元
C. 确认递延所得税负债4万元
D. 确认递延所得税费用4万元

38. 由于公允价值能够持续可靠取得,2×21年年初长江公司对某栋出租办公楼的后续计量由成本模式改为公允价值模式。该办公楼2×21年年初账面余额为1 500万元,已经计提折旧200万元,未发生减值,变更日的公允价值为2 000万元。该办公楼在变更日的计税基础与其原账面价值相同。假定所得税税率是25%,则长江公司出租办公楼后续计量模式变更影响期初留存收益的金额为( )万元。

A. 700.00 B. 525.00
C. 472.50 D. 575.00

39. 下列各项关于甲公司现金流量表的列示中,正确的是( )。

A. 以现金购买三个月以内到期的债券投资作为投资活动现金流出

B. 接受捐赠收到的现金记入"收到其他与经营活动有关的现金"项目
C. 购买固定资产时支付的可抵扣的增值税记入"支付的各项税费"项目
D. 分期付款购买固定资产支付的价款记入"购买商品、接受劳务支付的现金"项目

40. 甲公司为增值税一般纳税人,2×20年发生的有关交易或事项如下:(1)销售产品确认收入12 000万元,结转成本8 000万元,当期应交纳的增值税为1 060万元,有关税金及附加为100万元;(2)持有的以公允价值计量且其变动计入当期损益的金融资产当期市价上升320万元、以公允价值计量且其变动计入其他综合收益的金融资产当期市价上升260万元;(3)出售一项专利技术产生净收益600万元;(4)计提无形资产减值准备820万元。甲公司上述金融资产尚未对外出售,不考虑其他因素,甲公司2×20年营业利润是( )万元。

A. 3 400 B. 3 420
C. 4 000 D. 3 760

二、多项选择题(共20题,每题2分。每题的备选项中,有2个或2个以上符合题意,至少有1个错项。错选,本题不得分;少选,所选的每个选项得0.5分。)

41. 下列关于会计计量属性的表述中,正确的有( )。

A. 在历史成本计量下,资产按照购置资产时所付出的对价的公允价值计量
B. 在历史成本计量下,资产按照现在购买相同或者相似资产所需支付的现金或者现金等价物的金额计量
C. 在公允价值计量下,资产按照预计从其持续使用和最终处置中所产生的未来净现金流入量的折现金额计量
D. 在可变现净值计量下,资产按照其正常对外销售所能收到现金或者现金等价物的金额扣减该资产至完工时估计将要

发生的成本、估计的销售费用以及相关税费后的金额计量

E. 在公允价值计量下，资产和负债按照市场参与者在计量日发生的有序交易中，出售资产所能收到或者转移负债所需支付的价格计量

42. 下列关于存货可变现净值的说法中正确的有（　　）。

A. 在确定存货的可变现净值时，应当以取得的确凿证据为基础，并且考虑持有存货的目的、资产负债表日后事项的影响等因素

B. 为执行合同而持有的存货，其可变现净值应该以市场价格为基础计算确定

C. 企业销售合同中规定的标的资产尚未生产出来，但企业已经持有专门用于生产该存货的原材料，此时产品可变现净值应以其合同价款为基础计算确定

D. 企业持有的存货数量大于企业销售合同中规定的数量时，该存货的可变现净值应该就合同价款和市场价款的平均数考虑

E. 用于出售的材料等，应当以其预计售价作为其可变现净值的计量基础

43. 下列关于资产清查会计处理的表述中，错误的有（　　）。

A. 固定资产的盘盈属于前期重大差错，通过"以前年度损益调整"科目核算

B. 因自然灾害导致的存货盘亏，记入"营业外支出"科目

C. 无法查明原因的存货盘盈，记入"营业外收入"科目

D. 管理不善导致的存货的盘亏，扣除责任人赔偿后，记入"营业外支出"科目

E. 无法查明原因的现金盘盈记入"管理费用"科目

44. 下列关于固定资产的表述中，正确的是（　　）。

A. 固定资产涉及弃置费用的，企业应按其现值计入固定资产成本

B. 企业发生固定资产后续支出的，均应计入当期损益

C. 企业处置固定资产形成的净收益，属于直接计入所有者权益的利得

D. 企业应对所有的固定资产计提折旧

E. 固定资产折旧年限变更属于会计估计变更

45. 下列资产中，不需要计提折旧的有（　　）。

A. 已划分为持有待售的固定资产

B. 以公允价值模式进行后续计量的已出租厂房

C. 因产品市场不景气尚未投入使用的外购机器设备

D. 已经完工投入使用但尚未办理竣工决算的自建厂房

E. 处于季节性修理过程中的生产线

46. 在判断投资企业能否对被投资单位实施控制时应考虑的因素包括（　　）。

A. 投资方拥有对被投资方的权力

B. 因参与被投资方的相关活动而享有可变回报

C. 有能力运用对被投资方的权力影响其回报金额

D. 投资方与被投资方是否发生关联方交易

E. 双方采用的会计政策是否一致

47. 下列各项关于投资性房地产初始计量的表述中，正确的有（　　）。

A. 无论采用公允价值模式还是成本模式对投资性房地产进行后续计量，均应按照实际成本对投资性房地产进行初始计量

B. 只有采用公允价值模式进行后续计量的投资性房地产，取得时按照公允价值进行初始计量

C. 自行建造投资性房地产的成本，由建造该项资产达到预定可使用状态前所发生的必要支出构成

D. 外购投资性房地产的成本，包括购买价款、相关税费和可直接归属于该资产

的其他支出

E. 自行建造的投资性房地产建造期间发生的非正常损失,直接计入当期损益

48. 下列事项中,属于或有事项的有( )。
   A. 尚未审结的赔偿案件
   B. 企业的待执行合同变成了亏损合同,而且与该合同相关的义务不可撤销,并很可能导致一定金额的经济利益流出企业
   C. 存货的价值发生减损
   D. 企业为其他单位提供债务担保
   E. 未来可能发生的自然灾害

49. 下列项目中,可以记入"管理费用"科目的有( )。
   A. 业务招待费
   B. 管理部门固定资产发生的日常修理费
   C. 辞退福利
   D. 车辆购置税
   E. 同一控制下企业合并发生的审计费

50. 下列项目中,一般属于其他业务收入核算范围的有( )。
   A. 出售无形资产的净收益
   B. 投资性房地产的租金收入
   C. 现金清查盘点形成的净收益
   D. 用材料进行债务重组产生的损失
   E. 销售原材料取得的收入

51. 若某公司未来期间有足够的应纳税所得额抵扣可抵扣暂时性差异,则下列交易或事项中,可能引起"递延所得税资产"科目余额增加的有( )。
   A. 企业计提的应收账款坏账准备
   B. 因提供债务担保而确认的预计负债
   C. 转回的存货跌价准备
   D. 以公允价值计量且其变动计入其他综合收益的金融资产的公允价值暂时性下跌
   E. 自行研发无形资产的资本化支出税法上加计扣除部分

52. 下列各项中,应根据相关总账科目期末余额直接填列的有( )。

A. 短期借款
B. 交易性金融负债
C. 预付款项
D. 递延所得税负债
E. 合同资产

53. 下列有关资产负债表中资产和负债项目列示的表述中正确的有( )。
   A. 自资产负债表日起一年内到期的长期债权投资的期末账面价值在"一年内到期的非流动资产"项目反映
   B. 资产负债表日以公允价值计量且其变动计入其他综合收益的应收票据和应收账款应在"其他债权投资"项目列报
   C. "预计负债——应付退货款"明细科目在一年或一个正常营业周期内清偿的,在"预计负债"项目中反映
   D. 企业购入的以公允价值计量且其变动计入其他综合收益的一年内到期的债权投资的期末账面价值在"其他流动资产"项目反映
   E. "应付利息"和"应付股利"科目的期末余额应在"其他应付款"项目列示

54. 下列各项中,应计入销售费用的有( )。
   A. 销售商品发生的消费税
   B. 采用一次摊销法结转首次出借新包装物成本
   C. 结转出租包装物报废的残料价值
   D. 结转随同商品出售不单独计价的包装物成本
   E. 销售部门被辞退员工的补偿金

55. 下列各项中,属于协调股东与经营者之间利益冲突方式的有( )。
   A. 债权人通过合同实施限制性借债
   B. 债权人停止借款
   C. 市场对公司强行接收或兼并
   D. 债权人收回借款
   E. 将经营者的报酬与其绩效直接挂钩,如:股票期权和绩效股

56. 下列关于财务预算编制方法的说法中,正确的有( )。

A. 增量预算可能会导致无效费用开支项目无法得到有效控制
B. 弹性预算法一般适用于经营业务稳定，生产产品产销量稳定，能准确预测产品需求及产品成本的企业
C. 定期预算的预算期间与会计期间相对应，有利于对预算执行情况进行分析和评价
D. 固定预算适用于企业各项预算的编制，特别是不经常发生的预算项目或预算编制基础变化较大的预算项目
E. 零基预算有助于增加预算编制透明度，有利于进行预算控制

57. 下列关于发放股票股利和股票分割的说法中，正确的有( )。
A. 都不会对公司股东权益总额产生影响
B. 都会导致股数增加
C. 都会导致每股面额降低
D. 都可以达到降低股价的目的
E. 都会导致每股收益降低

58. 关于单项资产的β系数，下列说法中正确的有( )。
A. 表示单项资产收益率的变动受市场平均收益率变动的影响程度
B. 取决于该项资产收益率和市场资产组合收益率的相关系数、该项资产收益率的标准差和市场组合收益率的标准差
C. 当β<1时，说明其所含的系统风险小于市场组合的风险
D. 当β=1时，说明如果市场平均收益率增加1%，那么该资产的收益率也相应增加1%
E. 当β系数为0时，表明该资产没有风险

59. 应收账款保理对于企业而言，其财务管理作用主要体现在( )。
A. 改善企业的财务结构
B. 融资功能
C. 减轻企业应收账款的管理负担
D. 提高销售收入
E. 减少坏账损失、降低经营风险

60. 下列各项中不属于企业经营增长状况基本指标的有( )。
A. 总资产增长率
B. 销售(营业)利润增长率
C. 销售(营业)增长率
D. 技术投入比率
E. 成本费用利润率

三、计算题(共8题，每题2分。每题的备选项中，只有1个最符合题意。)

(一)

某企业上年销售收入为4 000万元，总成本为3 000万元，其中固定成本为600万元。假设今年该企业变动成本率将上升5个百分点，企业销售产品的利润为销售收入的25%。现有两种信用政策方案可供选择：

甲方案给予客户45天信用期限($n/45$)，预计销售收入为5 000万元，货款将于第45天收到，其收账费用为20万元，坏账损失为货款的2%。

乙方案的信用政策为($2/10$，$1/20$，$n/90$)，预计销售收入为5 400万元，将有30%的货款于第10天收到，20%的货款于第20天收到，其余50%的货款于第90天收到(前两部分货款不会产生坏账，后一部分货款的坏账损失为该部分货款的4%)，收账费用为50万元。

假设不考虑增值税因素，企业的资本成本率为8%，一年按360天计算。

根据上述资料，回答下列问题。

61. 甲方案应收账款占用资金的应计利息为( )万元。
A. 30.00   B. 32.50
C. 35.10   D. 50.00

62. 乙方案应收账款的收款时间为( )天。
A. 30   B. 45
C. 52   D. 63

63. 乙方案的现金折扣成本为( )万元。
A. 43.20   B. 32.40
C. 24.30   D. 10.80

64. 不考虑其他因素,甲方案与乙方案相比,利润将( )。
   A. 减少 30.74 万元
   B. 减少 10.74 万元
   C. 增加 97.26 万元
   D. 增加 27.26 万元

(二)

甲公司是一家洗衣机生产企业,为增值税一般纳税人,适用的增值税税率为13%。甲公司职工总数为1 000人,其中700人是生产工人,180人为行政管理人员,20人为研发人员,100人为生产管理人员。2×20年甲公司发生如下经济业务:

(1)12月,甲公司当月应发工资2 000万元,其中:生产工人工资1 500万元;生产管理人员工资200万元,行政管理人员工资250万元,研发人员工资50万元(无法区分研发的项目处于研究阶段还是开发阶段)。

(2)根据甲公司所在地政府规定,甲公司应当按照职工工资总额的10%和8%计提并缴存医疗保险费和住房公积金。甲公司分别按照职工工资总额的2%和1.5%计提工会经费和职工教育经费。

假定截至12月31日,资料(1)(2)中的上述工资或福利尚未实际发放或缴存。

(3)12月20日,甲公司决定以其生产的洗衣机为节日福利发放给公司每名职工,并在当日实际发放。每台洗衣机的售价为1 万元,成本为0.7 万元。

(4)自2×20年1月1日起,甲公司实行累积带薪缺勤制度。该制度规定,每个职工每年可享受10个工作日带薪年休假,未使用的年休假只能向后结转一个日历年度,超过1年未使用的权利作废;职工休年休假时,首先使用当年可享受的权利,不足部分再从上年结转的带薪年休假中扣除;职工离开公司时,对未使用的累积带薪年休假无权获得现金支付。

2×20年12月31日,每个职工当年平均未使用带薪年休假为7天。甲公司预计2×21年有950名职工将享受不超过8天的带薪年休假,剩余50名职工每人将平均享受12天年休假,假定这50名职工全部为总部管理人员,该公司平均每名职工每个工作日工资为500元。

根据上述资料,回答下列问题。

65. 根据资料(3),该事项对甲公司资产负债表"存货"项目的影响额为( )万元。
   A. 87   B. 204
   C. 791   D. 904

66. 根据资料(4),2×20年甲公司应确认"应付职工薪酬——累积带薪缺勤"的金额为( )万元。
   A. 2   B. 3
   C. 5   D. 10

67. 根据职工提供服务的受益对象,甲公司2×20年12月发生的应付职工薪酬应记入"管理费用"科目的金额是( )万元。
   A. 364.50   B. 303.75
   C. 542.75   D. 595.5

68. 甲公司2×20年12月"应付职工薪酬"账户的贷方发生额为( )万元。
   A. 2 430   B. 2 435
   C. 3 600   D. 3 565

四、综合分析题(共12题,每题2分。由单项选择题和多项选择题组成。错选,本题不得分;少选,所选的每个选项得0.5分。)

(一)

甲股份有限公司(本题下称"甲公司")为上市公司,房屋建筑物适用的增值税税率为9%,适用的所得税税率为25%,2×19年至2×20年发生的相关交易或事项如下。

(1)2×19年8月31日,甲公司就应收北辰公司账款8 000万元与北辰公司进行债务重组。相关债务重组协议约定:北辰公司以其拥有的一栋在建写字楼及一项对乙公司的长期股权投资偿付该项债务,北辰公司在建写字楼和长期股权投资所有权转移至甲公司后，双方债权债务结清。

当日，北辰公司将在建写字楼和长期股权投资所有权转移至甲公司。当日，甲公司该项债权的公允价值为 6 360 万元，甲公司此前已对其计提坏账准备 800 万元。北辰公司该在建写字楼的账面价值为 3 000 万元，未计提减值准备，公允价值为 4 000 万元；北辰公司该长期股权投资的账面余额为 2 600 万元，已计提的减值准备为 400 万元，公允价值为 2 000 万元。

(2) 甲公司将取得的股权投资作为长期股权投资，持股比例为 20%，采用权益法核算。债务重组日，乙公司可辨认净资产公允价值为 11 000 万元，账面价值为 10 800 万元，两者的差额是乙公司持有的 A 商品所引起的。2×19 年 10 月 10 日，甲公司出售一批 B 商品给乙公司，B 商品成本为 600 万元，售价为 700 万元，乙公司购入的商品作为存货管理。至 2×19 年年末，乙公司 A 商品已全部对外出售，B 商品对外出售 40%。2×19 年乙公司实现净利润 4 800 万元（假设各月均衡实现）。

(3) 甲公司取得在建写字楼后，立即施工继续建造。建造过程中发生支出如下：

2×19 年 9 月 1 日支出 300 万元，2×19 年 10 月 1 日支出 500 万元，2×20 年 1 月 1 日发生支出 400 万元，2×20 年 4 月 1 日发生支出 300 万元，2×20 年 5 月 1 日至 8 月 31 日由于工程出现事故暂停施工，2×20 年 9 月 1 日继续施工发生支出 270 万元，12 月 1 日发生支出 240 万元，2×20 年年末写字楼达到预定可使用状态。

甲公司存在两笔一般借款，均为 2×17 年借入，其中第一笔借款本金 2 000 万元，5 年期，年利率 8%，第二笔借款本金 3 000 万元，8 年期，年利率 10%。

(4) 甲公司 2×20 年 10 月 20 日与丁公司签订一项商品销售合同，合同约定，甲公司应在 2×20 年年末向丁公司交付 C 商品 300 万件，每件售价 5 元，若双方一方擅自违约，则需支付违约金 200 万元。甲公司签订合同后购入原材料成本 1 200 万元，同时由于受物价上涨因素影响，国内劳动力成本骤然增加，甲公司预计加工成本为 480 万元，预计销售每件产品将发生相关税费 0.2 元。

(5) 假定不考虑其他因素影响。

根据上述资料，回答下列问题。

69. 债务重组日，甲公司应确认的债务重组损失为( )万元。
 A. 840　　　　　B. 200
 C. 100　　　　　D. 760

70. 债务重组日，北辰公司因该项重组影响损益金额为( )万元。
 A. 1 800　　　　B. 2 440
 C. 1 000　　　　D. 1 350

71. 2×19 年年末，甲公司对乙公司的投资的账面余额为( )万元。
 A. 2 000　　　　B. 2 268
 C. 2 468　　　　D. 2 588

72. 甲公司 2×20 年度借款费用应予费用化金额为( )万元。
 A. 95.22　　　　B. 364.78
 C. 413.85　　　　D. 460.00

73. 2×20 年年末，甲公司写字楼达到可使用状态时的入账价值为( )万元。
 A. 7 010.00　　　B. 7 105.22
 C. 6 125.92　　　D. 7 125.92

74. 对于资料(4)，甲公司应确认的预计负债金额为( )万元。
 A. 0　　　　　B. 200
 C. 240　　　　　D. 180

(二)

甲公司为上市公司，适用的所得税税率为 25%，所得税采用资产负债表债务法核算，按净利润的 10% 提取法定盈余公积。财务报告经董事会批准对外报出日为 2×21 年 3 月 31 日，2×20 年度所得税汇算清缴于 2×21 年 3 月 18 日完成。2×21 年

2月内审部门在审核该公司2×20年度财务报表时，发现如下问题：

(1)甲公司以400万元的价格于2×20年7月1日购入的一套计算机软件，在购入当日将其作为管理费用处理。该计算机软件预计能为企业带来经济利益流入，预计使用年限为5年，无残值。按照甲公司的会计政策，对无形资产采用直线法摊销，税法规定该支出应按照5年平均摊销。

(2)甲公司一项采用成本模式计量的投资性房地产在2×20年6月30日发生减值。减值之前，该投资性房地产已经使用了5年，其原值为2 030万元，预计使用年限为20年，预计净残值为30万元，采用直线法计提折旧(与税法的折旧政策相同)，以前年度未计提减值准备。经测试该资产的未来现金流量现值为1 300万元，公允价值减去处置费用后的净额为1 250万元，甲公司确认减值280万元。减值后，预计该资产尚可使用年限为10年，预计净残值为0，采用直线法计提折旧。

(3)2×20年1月甲公司从其他公司中收购了10辆巴士汽车，确认了巴士汽车牌照专属使用权800万元，作为无形资产核算。甲公司从2×20年起按照10年进行该无形资产摊销，当年无减值。经检查，巴士牌照专属使用权没有使用期限。假设按照税法规定，无法确定使用寿命的无形资产按不少于10年的期限摊销。

(4)甲公司2×20年度因合同纠纷被起诉，至2×20年12月31日，该诉讼案件尚未判决，甲公司询问法律顾问，其发生100万元赔偿的概率为70%，发生50万元赔偿的概率为30%。据此，甲公司确认预计负债85万元。

甲公司认同上述经审计发现的问题并作相应的会计调整处理。

根据上述资料，回答下列问题：

75. 针对事项(2)，甲公司的下列处理中，正确的有( )。

A. 冲减"资产减值损失"50万元
B. 确认"投资性房地产累计折旧"5万元
C. 确认"管理费用"5万元
D. 冲减"递延所得税资产"11.875万元

76. 事项(3)进行差错更正时，对资产负债表项目的影响金额表述正确的有( )。

A. 调减无形资产80万元
B. 调减递延所得税资产20万元
C. 调增盈余公积6万元
D. 调增未分配利润54万元

77. 在日后期间对上述事项进行调整时，应调减的"递延所得税资产"金额为( )万元。

A. 86.250 B. 98.125
C. 98.750 D. 118.125

78. 对上述事项进行会计处理后，应调增甲公司原编制2×20年利润表中"营业利润"项目本年金额( )万元。

A. 312.50 B. 315.00
C. 327.50 D. 487.50

79. 对上述事项进行会计处理后，应调整甲公司原编制2×20年资产负债表资产总额( )万元。

A. 389.375 B. 429.375
C. 527.500 D. 530.000

80. 对上述事项进行会计处理后，应调整甲公司2×20年资产负债表"盈余公积"期末余额( )万元。

A. 39.687 5 B. 38.562 5
C. 35.437 5 D. 32.750 0

模拟试卷(一)
参考答案及详细解析

一、单项选择题

1. C 【解析】选项A，利润最大化可能造成经营行为的短期化，为使企业利润最大化，一些企业可能会少提折旧、少计成本、费用，这种行为严重时就可能影响到企业今后的发展;选项 B,每股收益最大化没有考虑利润与风险的关系;选项 D,以企业价值最大化作为财务管理目标也存在以下问题:①企业的价值过于理论化,不易操作;②对于非上市公司,只有对企业进行专门的评估才能确定其价值,而在评估企业的资产时,由于受评估标准和评估方式的影响,很难做到客观和准确。因此,很难量化考核和评价该指标。

2. C 【解析】P=A×(P/A,8%,8)×(P/F,8%,3)×(1+8%),所以 A=P/[(P/A,8%,8)×(P/F,8%,3)×(1+8%)]=500/[5.746 6×0.793 8×(1+8%)]=101.49(万元)。

3. C 【解析】盈亏临界点销售量=80 000/(20-12)=10 000(件);安全边际=25 000×20-10 000×20=300 000(元);盈亏临界点作业率=10 000/25 000×100%=40%,安全边际率=1-40%=60%,边际贡献率=(20-12)/20=40%。选项 C 不正确。

4. B 【解析】股票的市场价值=[500×(1-25%)-200×7%]/15%=2 406.67(万元)
『提示』公司价值分析法中,计算股票的市场价值时,实际上是假设公司各期的净利润保持不变,并且净利润全部用来发放股利,即股利构成永续年金,股票的市场价值=永续股利的现值=净利润/普通股的资本成本。

5. D 【解析】前四年的年现金净流量=50-15-[50-15-(50-5)/5]×25%=28.5(万元),最后一年的现金净流量=28.5+5=33.5(万元),年均现金净流量=(28.5×4+33.5)/5=29.5(万元),该项投资回报率=29.5/50=59%。

6. A 【解析】贴现债券的价值=2 000×(P/F,10%,5)=1 241.80(元)

7. B 【解析】优先股资本成本=(100×8%)/[100×(1-2%)]=8.16%

8. C 【解析】经济订货批量=(2×2 400×1 600/12)^{1/2}=800(吨);最优订货量下的订货批次=2 400/800=3(次)。

9. A 【解析】权益乘数=1/(1-资产负债率)=4,可以推出资产负债率=75%,所以平均总资产=2 000/75%=2 666.67(万元),全部资产现金回收率=经营活动现金流量净额/平均总资产=1 000/2 666.67=0.375,选项 A 正确。

10. C 【解析】企业债务风险状况以资产负债率、已获利息倍数 2 个基本指标和速动比率、现金流动负债比率、带息负债比率、或有负债比率 4 个修正指标进行评价。

11. B 【解析】选项 B,属于正常的会计事项,不体现实质重于形式原则。

12. A 【解析】2×20 年年末坏账准备期末应有余额=650×3%=19.5(万元);计提坏账准备前已有的余额=750×5%-15+3=25.5(万元);因此本期应该计提的坏账准备=19.5-25.5=-6(万元),即冲减多计提的"信用减值损失"6 万元。

13. C 【解析】票据到期值=票据面值=500 000(元),贴现息=500 000×10%×90/360=12 500(元),贴现额=500 000-12 500=487 500(元),企业实际收到的银行存款=487 500-100=487 400(元),计入财务费用的金额=500 000-487 400=12 600(元)。

14. D 【解析】本题中,该设备的入账价值=100×7.25+2+20+3=750(万元)。

15. D 【解析】材料成本差异率=(期初结存材料的成本差异+本期验收入库材料的成本差异)/(期初结存材料的计划成本+本期验收入库材料的计划成本)×100%=[8 400+(71 500-72×56 000/56)]/(56 000+72×56 000/56)×100%=6.17%

16. A 【解析】K 材料可变现净值=A 产成品估计售价(30×5)-至完工估计将要发生的成本 40-销售 A 产成品估计的销售费用及相关税金 15=95(万元)。

17. A 【解析】选项 B,对于未来将要购入的商品，不作为购入方的存货处理；选项 C，购入的工程物资在"在建工程"项目列示；选项 D，受托代销商品不属于企业存货的内容。

18. A 【解析】可收回金额应当根据资产的公允价值减去处置费用后的净额与资产预计未来现金流量的现值两者之间较高者确定。如资产的可收回金额低于其账面价值，应当将资产的账面价值减记至可收回金额，减记的金额确认为资产减值损失，计入当期损益，同时计提相应的资产减值准备。因此，甲企业在 2×20 年 12 月 31 日应该计提的减值准备 = 1 000-(920-20)= 100(万元)。

19. A 【解析】选项 A，应该继续计提折旧。

20. B 【解析】2×18 年 12 月 31 日无形资产账面净值 = 6 000-6 000÷10×2 = 4 800(万元)，可收回金额为 4 000 万元，账面价值为 4 000 万元；2×19 年 12 月 31 日无形资产账面价值 = 4 000-4 000÷8 = 3 500(万元)，小于可收回金额为 3 556 万元，因无形资产的减值准备不能转回，所以账面价值为 3 500 万元；2×20 年应摊销金额 = 3 500÷7 = 500(万元)。

21. C 【解析】因使用寿命不确定，所以不需要摊销，甲公司应计提的减值准备 = 120+2+3-80=45(万元)。

22. B 【解析】选项 A，对于尚未达到预定可使用状态的无形资产，无论是否存在减值迹象，都应当至少于每年年度终了进行减值测试；选项 C，使用寿命不确定的无形资产在持有过程中不应当计提摊销，但至少需要在每年年末进行减值测试；选项 D，不需要确认该金额。

23. C 【解析】后续资产负债表日后如果持有待售的处置组公允价值减去出售费用后的净额增加，以前减记的金额应当予以恢复，并在划分为持有待售类别后相关非流动资产确认的资产减值损失金额内转回，转回金额计入当期损益，但已

抵减的商誉账面价值和划分为持有待售类别前确认的减值损失不得转回。

24. D 【解析】2×19 年 12 月 31 日，A 公司持有该债券的摊余成本 = 1 096.9 + 1 096.9×5% = 1 151.75(万元)；2×20 年应确认的投资收益 = 1 151.75 × 5% = 57.59(万元)。
2×19 年 1 月 1 日：
借：债权投资——成本　　　　　1 000
　　　　　　——利息调整　　　　96.9
　　贷：银行存款　　　　　　　1 096.9
2×19 年 12 月 31 日：
借：债权投资——应计利息　　　　80
　　贷：债权投资——利息调整　　25.15
　　　　投资收益　　　　　　　　54.85
2×20 年 12 月 31 日：
借：债权投资——应计利息　　　　80
　　贷：债权投资——利息调整　　22.41
　　　　投资收益　　　　　　　　57.59

25. A 【解析】6 月 22 日，甲公司按享有的现金股利确认投资收益 100 万元；12 月 31 日，公允价值变动时，确认其他综合收益 = 18×100-(15×100+20) = 280(万元)，其他综合收益是所有者权益类科目，不影响当期损益。因此，2×20 年甲公司因该金融资产计入当期损益的金额为 100 万元。

26. B 【解析】非同一控制下，作为合并对价付出资产的公允价值与其账面价值之间的差额，计入当期损益；合并过程中发生的资产评估费、审计费也计入管理费用中；成本法下获得现金股利应确认为投资收益。因此 2×20 年计入当期损益的金额 = [900-(1 000-100)]-10+100×60% = 50(万元)。
注意：成本法下在被投资单位实现净利润或是实现其他综合收益的时候是不确认相应的长期股权投资的账面价值的变动的，也不确认投资收益或是其他综合收益的金额，只有在被投资单位宣告发

放现金股利的时候确认应收股利和投资收益,在其他情况下(除减值和追加投资)均不做处理。

27. C 【解析】本题属于同一控制下多次交易分步实现企业合并。在增资时,甲公司应按照合并日应享有被投资方所有者权益的账面价值份额作为长期股权投资的入账价值 = 3 300×(10%+50%) = 1 980(万元),而这一金额与原投资的账面价值加上新增投资付出对价的账面价值之和的差额应调整资本公积——股本溢价,所以影响资本公积的金额 = 1 980-(300+1 700) = -20(万元)。
相应的会计分录为:
2×19年年初:
借:其他权益工具投资——成本 300
　　贷:银行存款 300
2×20年5月:
借:长期股权投资——投资成本
　　　　　　　　　　　　　1 980
　　资本公积——股本溢价 20
　　贷:其他权益工具投资——成本 300
　　　　银行存款 1 700

28. B 【解析】选项A,计入投资收益;选项CD,计入税金及附加。

29. D 【解析】"其他应付款"账户的账面余额 = 55+(60-55)/5×2 = 57(万元)。

30. A 【解析】给职工发放劳保用品应该借记"制造费用"科目,贷记"周转材料——低值易耗品"科目,不通过"应付职工薪酬"科目核算。

31. B 【解析】如果保证费用的实际发生额与预计数相差较大,应及时对预计比例进行调整。

32. C 【解析】基本账务处理是:
回购:
借:库存股 (3×200)600
　　贷:银行存款 600
注销:
借:股本 200
　　资本公积——股本溢价 400
　　贷:库存股 600

33. B 【解析】1月确认的收入:150元;2月确认的收入 = 400/3×2-150 = 116.67(元);3月确认的收入 = 400-150-116.67 = 133.33(元)。

34. D 【解析】选项D,该选择权所分摊的交易价格,应在客户在未来行使购买选择权取得相关商品控制权时,或者该选择权失效时,确认相应的收入。

35. A 【解析】甲公司2×20年该设备安装业务应确认的收入 = 480×200/(200+100) = 320(万元)。

36. B 【解析】原材料是开工时一次性投入,所以材料费用应该按照实际数量来分配。完工产品的单位成本 = 145 000/(400+100)+(51 200+100 000)/(400+100×50%) = 626(元)。
『提示』如果原材料是分次投入的,则完工产品的单位成本 = (145 000+51 200+100 000)/(400+100×50%) = 658.22(元)。

37. A 【解析】账面价值=160(万元);计税基础=160-160/10=144(万元);资产账面价值>计税基础,应纳税暂时性差异为16万元;递延所得税负债=16×25%=4(万元);同时确认递延所得税费用4万元。

38. B 【解析】出租办公楼后续计量模式变更影响期初留存收益金额为[2 000-(1 500-200)]×(1-25%) = 525(万元);本题的分录处理为:
借:投资性房地产——成本 1 500
　　　　　　　　——公允价值变动
　　　　　　　　　　　　　500
　　投资性房地产累计折旧 200
　　贷:投资性房地产 1 500
　　　　递延所得税负债
　　　　　[(2 000-1 300)×25%]175
　　　　盈余公积 52.5

利润分配——未分配利润 472.5

39. B 【解析】选项A，三个月以内到期的投资属于现金等价物，可以理解为用现金买现金，所以该项业务不影响现金流量；选项C，可抵扣的增值税是随着固定资产支出发生的，与投资业务直接相关，属于投资活动现金流出，应记入"购买固定资产、无形资产及其他长期资产支付的现金"项目；选项D，分期付款购买固定资产具有融资性质，各期支付的现金属于筹资活动现金流量，应记入"支付其他与筹资活动有关的现金"项目。

40. C 【解析】营业利润=营业收入12 000-营业成本8 000-税金及附加100+公允价值变动收益320+专利技术出售净收益600-资产减值损失820=4 000（万元），以公允价值计量且其变动计入其他综合收益的金融资产公允价值变动计入其他综合收益，不影响营业利润。

二、多项选择题

41. ADE 【解析】选项B，在重置成本计量下，资产按照现在购买相同或者相似资产所需支付的现金或者现金等价物的金额计量；选项C，在现值计量下，资产按照预计从其持续使用和最终处置中所产生的未来净现金流入量的折现金额计量。

42. ACE 【解析】选项B，为执行合同而持有的存货，其可变现净值应当以合同价款为基础确定；选项D，如果企业持有的存货数量大于企业销售合同中规定的数量，超出部分的存货可变现净值应以产成品或商品的一般销售价格为基础计算确定，对于存在合同与超出合同数量部分，应该分别核算。

43. CDE 【解析】选项C，无法查明原因的存货盘盈，记入"管理费用"科目；选项D，管理不善导致的存货的盘亏，扣除责任人赔偿后，记入"管理费用"科目；选项E，盘盈现金若无法查明原因，记入"营业外收入"科目，盘亏现金若无法查

明原因，记入"管理费用"科目。

44. AE 【解析】选项B，固定资产后续支出符合资本化条件的，应计入固定资产成本，不符合资本化条件的，才计入当期损益；选项C，处置固定资产的净收益计入资产处置损益，属于计入当期利润的利得；选项D，已提足折旧仍继续使用的固定资产和单独计价入账的土地，不计提折旧。

45. AB 【解析】选项C，未使用固定资产仍需计提折旧，其折旧金额应当计入管理费用；选项D，已经完工投入使用但尚未竣工决算的在建工程应当在达到预定用途时转入固定资产，按照暂估价值入账并相应的计提折旧；选项E，处于季节性修理过程中的生产线需要继续计提折旧。

46. ABC 【解析】控制的定义包含三项基本要素：一是投资方拥有对被投资方的权力；二是因参与被投资方的相关活动而享有可变回报；三是有能力运用对被投资方的权力影响其回报金额。

47. ACDE 【解析】选项B，无论采用公允价值模式还是成本模式进行后续计量，均应按照实际成本进行初始计量。

48. ABD 【解析】选项C，存货的价值发生减损应该计提存货跌价准备，不是或有事项；选项E，属于未来将要发生的事项，并不是过去交易或事项形成的，不是或有事项。

49. ABCE 【解析】选项D，车辆购置税应计入固定资产。

50. BE 【解析】选项A，计入资产处置损益；选项C，现金盘盈的净收益一般计入营业外收入；选项D，所清偿债务账面价值与存货等相关资产账面价值之间的差额，计入其他收益，不涉及其他业务收入的确认。

51. AD 【解析】选项B，属于影响当期的非暂时性差异，不影响递延所得税资产；选项C，会导致递延所得税资产科目余额

减少；选项 E，自行研发无形资产的资本化支出在税法上允许加计扣除，其形成的税会差异属于可抵扣暂时性差异，但不确认递延所得税资产。

52. ABD 【解析】选项 E，"合同资产"项目应根据"合同资产"科目的相关明细科目的期末余额分析填列。同一合同下的合同资产和合同负债应当以净额列示，其中净额为借方余额的，应当根据其流动性在"合同资产"或"其他非流动资产"项目中填列；已计提减值准备的，填列时还应减去相应的合同资产减值准备。

53. ADE 【解析】资产负债表日以公允价值计量且其变动计入其他综合收益的应收票据和应收账款等，应在"应收款项融资"项目列报，选项 B 错误；按照《企业会计准则第 14 号——收入》的相关规定确认为预计负债的应付退货款，应当根据"预计负债"科目下的"应付退货款"明细科目是否在一年或一个正常营业周期内清偿，在"其他流动负债"或"预计负债"项目中填列，在一年或一个正常营业周期内清偿的，应在"其他流动负债"项目中填列，选项 C 错误。

54. BD 【解析】选项 A，一般应计入税金及附加；选项 C，结转出租包装物因不能使用而报废的残料价值，借记"原材料"等科目，贷记"其他业务成本"科目。选项 E，辞退福利应计入管理费用。

55. CE 【解析】选项 ABD 是协调股东与债权人之间利益冲突的方式；选项 CE 分别属于协调股东与经营者利益冲突方式中的接收和激励。

56. ACE 【解析】选项 B，固定预算法一般适用于经营业务稳定，生产产品产销量稳定，能准确预测产品需求及产品成本的企业；选项 D，零基预算适用于企业各项预算的编制，特别是不经常发生的预算项目或预算编制基础变化较大的预算项目。

57. ABDE 【解析】

内容	股票股利	股票分割
不同点	(1)面值不变； (2)股东权益结构改变； (3)属于股利支付方式	(1)面值变小； (2)股东权益结构不变； (3)不属于股利支付方式
相同点	(1)普通股股数增加(股票分割增加更多)； (2)每股收益和每股市价下降(股票分割下降更多)； (3)股东持股比例不变； (4)资产总额、负债总额、股东权益总额不变	

58. ABCD 【解析】β 系数仅衡量系统风险，并不衡量非系统风险，当 β 系数为 0 时，表明该资产没有系统风险，但不能说明该资产没有非系统风险。所以，选项 E 的说法不正确。

59. ABCE 【解析】应收账款保理对于企业而言，其财务管理作用主要体现在：①融资功能；②减轻企业应收账款的管理负担；③减少坏账损失、降低经营风险；④改善企业的财务结构。

60. ABDE 【解析】反映企业经营增长状况基本指标是销售(营业)增长率和资本保值增值率。

三、计算题

(一)

61. B 【解析】企业今年的变动成本率 = (3 000−600)/4 000+5% = 65%
应收账款占用资金的应计利息(即机会成本) = 5 000 × 45/360 × 65% × 8% = 32.5 (万元)

62. C 【解析】乙方案应收账款的收款时间=10×30%+20×20%+90×50%=52(天)

63. A 【解析】应收账款现金折扣金额=5 400×30%×2%+5 400×20%×1%=43.20(万元)

64. B 【解析】甲方案的利润=5 000×25%-32.5-20-5 000×2%=1 097.5(万元)

乙方案：

销售产品的利润=5 400×25%=1 350(万元)

应收账款的机会成本=5 400×52/360×65%×8%=40.56(万元)

现金折扣数额=5 400×30%×2%+5 400×20%×1%=43.2(万元)

坏账损失=5 400×50%×4%=108(万元)

收账费用为50万元

乙方案的利润=1 350-40.56-43.2-108-50=1 108.24(万元)

甲方案与乙方案相比，利润减少额=1 108.24-1 097.5=10.74(万元)

(二)

65. B 【解析】对存货项目的影响额=(700+100)×1×(1+13%)-0.7×1 000=204(万元)

借：生产成本 (700×1×113%)791
　　管理费用
　　　　　　[(180+20)×1×113%]226
　　制造费用 (100×1×113%)113
　　贷：应付职工薪酬——非货币性福利 1 130
借：应付职工薪酬——非货币性福利 1 130
　　贷：主营业务收入 1 000
　　　　应交税费——应交增值税(销项税额) 130
借：主营业务成本 700
　　贷：库存商品 700

66. C 【解析】甲公司在2×20年12月31日预计由于职工累积未使用的带薪年休假权利而导致预期将支付的工资负债=50×(12-10)×500/10 000=5(万元)。
借：管理费用 5
　　贷：应付职工薪酬——累积带薪缺勤 5

67. D 【解析】应记入"管理费用"科目的金额=资料(1)和资料(2)的364.5+资料(3)的226+资料(4)的5=595.5(万元)。

资料(1)和资料(2)的账务处理如下：

①应当计入生产成本的职工薪酬金额=1 500+1 500×(10%+8%+2%+1.5%)=1 822.5(万元)；

②应当计入制造费用的职工薪酬金额=200+200×(10%+8%+2%+1.5%)=243(万元)；

③应当计入管理费用的职工薪酬金额=(250+50)+(250+50)×(10%+8%+2%+1.5%)=364.5(万元)。

借：生产成本 1 822.5
　　制造费用 243
　　管理费用 364.5
　　贷：应付职工薪酬——工资 2 000
　　　　　　　　　　——医疗保险费 200
　　　　　　　　　　——住房公积金 160
　　　　　　　　　　——工会经费 40
　　　　　　　　　　——职工教育经费 30

68. D 【解析】2×20年12月"应付职工薪酬"账户的贷方发生额=2 000+2 000×(10%+8%+2%+1.5%)+1 000×1×(1+13%)+5=3 565(万元)。

四、综合分析题

(一)

69. A 【解析】甲公司应确认的债务重组损失=8 000-800-6 360=840(万元)

70. B 【解析】北辰公司因该项重组影响损益金额=8 000-3 000-4 000×9%-(2 600-400)=2 440(万元)

71. C 【解析】2×19年年末对乙公司投资的

账面余额 = 2 000+(11 000×20% - 2 000)+ (4 800/12×4 - 200 - 100×60%)×20% = 2 468(万元)

72. B 【解析】2×20 年一般借款加权平均资本化率 = (2 000×8% + 3 000×10%)/(2 000+3 000) = 9.2%。2×20 年资产支出加权平均数 = (800+400)×8/12+300×5/12+270×4/12+240×1/12 = 1 035(万元)。2×20 年一般借款应予资本化的金额 = 1 035×9.2% = 95.22(万元)。当期应予费用化金额 = (2 000×8% + 3 000×10%) - 95.22 = 364.78(万元)。

73. C 【解析】2×19 年借款费用资本化金额 = (300×4/12 + 500×3/12)×9.2% = 20.7(万元)，故完工时，写字楼达到预定可使用状态的价值 = 4 000+300+500+400+300+270+240+20.7+95.22 = 6 125.92(万元)。

74. B 【解析】对于该项合同选择执行合同下发生的损失 = (1 200+480) - 300×(5 - 0.2) = 240(万元)，不执行合同发生的亏损为 200 万元，故甲公司应选择不执行合同，确认预计负债 200 万元。

(二)

75. AD 【解析】甲公司错误的处理：
确认减值 280 万元；2×20 年下半年计提折旧额 = 1 250/10×6/12 = 62.5(万元)；年末投资性房地产的账面价值 = 1 250 - 62.5 = 1 187.5(万元)，计税基础 = 2 030 - (2 030 - 30)/20×5.5 = 1 480(万元)，形成可抵扣暂时性差异额 = 1 480 - 1 187.5 = 292.5(万元)，确认递延所得税资产额 = 292.5×25% = 73.125(万元)。
正确的处理：
6 月 30 日减值之前，投资性房地产的账面价值 = 2 030 - (2 030 - 30)/20×5 = 1 530(万元)，可收回金额为预计未来现金流量的现值与公允价值减去处置费用后的净额中的较高者，即 1 300 万元，应计提减值损失 = 1 530 - 1 300 = 230(万元)；

2×20 年下半年计提折旧额 = 1 300/10×6/12 = 65(万元)；年末投资性房地产的账面价值 = 1 300 - 65 = 1 235(万元)，计税基础 = 2 030 - (2 030 - 30)/20×5.5 = 1 480(万元)，形成可抵扣暂时性差异额 = 1 480 - 1 235 = 245(万元)，确认递延所得税资产额 = 245×25% = 61.25(万元)。
因此差错更正分录为：
借：投资性房地产减值准备
　　　　　　　　　(280-230)50
　　贷：以前年度损益调整——资产减值损失　　　　　　　　　　50
借：以前年度损益调整——其他业务成本　　　　　　　　(65-62.5)2.5
　　贷：投资性房地产累计折旧　　2.5
借：以前年度损益调整——所得税费用
　　　　　　　　(73.125-61.25)11.875
　　贷：递延所得税资产　　　　11.875

76. CD 【解析】事项(3)对于无法确定使用寿命的无形资产，会计上不予摊销，甲公司应冲回已摊销的无形资产：
借：累计摊销　　　　　(800/10)80
　　贷：以前年度损益调整——管理费用　　　　　　　　　　　　80
累计摊销是无形资产的备抵科目，因此要调增无形资产 80 万元。
错误的处理中，税会处理一致，无差异。
正确的处理中，该无形资产的账面价值为 800 万元，计税基础 = 800 - 80 = 720(万元)，形成应纳税暂时性差异 80 万元，确认递延所得税负债 = 80×25% = 20(万元)。
借：以前年度损益调整——所得税费用　　　　　　　　　　　　20
　　贷：递延所得税负债　　　　20

77. B 【解析】事项(1)：该项计算机软件符合资产的确认条件，应确认为无形资产，不能计入管理费用。
调整分录如下：
借：无形资产　　　　　　　　400

贷：以前年度损益调整——管理费
用　　　　　　　　　400
借：以前年度损益调整——管理费用
　　　　　　　　　　　　40
贷：累计摊销（400/5×0.5）40
借：以前年度损益调整——所得税费用
　　　　[（400-40）×25%]90
贷：递延所得税资产　　　90

事项(4)：或有事项涉及一个项目的，且所需支出不存在一个连续范围，预计负债的最佳估计数应该按照最可能发生金额确定，所以应该确认的预计负债的金额为100万元。

更正分录如下：
借：以前年度损益调整——调整营业外支出　　　　　　　　　　15
　　贷：预计负债　　　　　　15
借：递延所得税资产
　　　　[（100-85）×25%]3.75
贷：以前年度损益调整——所得税费用　　　　　　　　　3.75

因此，对递延所得税资产的调减额=90（事项1）+11.875（事项2）-3.75（事项4）=98.125（万元）。

78. D 【解析】调增"营业利润"项目本年金额=（400-40）（事项1）+（50-2.5）（事项2）+80（事项3）=487.5（万元）。

79. A 【解析】调整资产总额=（400-40-90）（事项1）+（50-2.5-11.875）（事项2）+80（事项3）+3.75（事项4）=389.375（万元）。

80. C 【解析】"以前年度损益调整"科目的合计数=（400-40-90）（事项1）+（50-2.5-11.875）（事项2）+（80-20）（事项3）-（15-3.75）（事项4）=354.375（万元）。

调整盈余公积的期末余额=354.375×10%=35.4375（万元）。

模拟试卷（二）

一、单项选择题（共40题，每题1.5分。每题的备选项中，只有1个最符合题意。）

1. 大兴公司当初以1 000万元购入一块土地，目前市价为900万元，如欲在这块土地上兴建厂房，则项目的机会成本为（　　）万元。
   A. 1 000
   B. 900
   C. 100
   D. 1 900

2. A公司拟购置一处房产，房主提出三种付款方案：(1)从第1年开始，每年年初支付20万元，连续支付10次，共200万元；(2)从第5年开始，每年年末支付25万元，连续支付10次，共250万元；(3)从第5年开始，每年年初支付24万元，连续支付10次，共240万元。假设A公司的资金成本率（即最低报酬率）为10%。则A公司应选择（　　）。[已知(P/A,10%,9)=5.759 0,(P/A,10%,10)=6.144 6,(P/F,10%,4)=0.683 0,(P/A,10%,13)=7.103 4,(P/A,10%,3)=2.486 9]
   A. 方案(1)
   B. 方案(2)
   C. 方案(3)
   D. 任意一种方案

3. 下列关于本量利分析的基本假设的说法中，错误的是（　　）。
   A. 企业所发生的全部成本可以按其性态区分为变动成本、固定成本和混合成本
   B. 销售收入必须随业务量的变化而变化，两者之间应保持完全线性关系
   C. 当期产品的生产量与业务量相一致，也要考虑存货水平变动对利润的影响
   D. 同时生产销售多种产品的企业，其销售产品的品种结构应不变

4. 某公司生产A产品，A产品单价为10元，2×21年该公司销售收入预测值为10 000万元，其变动成本率为40%，假定2×21年可以实现利润600万元，则其盈亏临界点的销售量为（　　）万件。
   A. 600
   B. 9 000
   C. 6 600
   D. 900

5. 甲公司拟建一条生产线，预计投产第1年的流动资金需用额为20万元，流动负债需用额为10万元；预计投产第2年流动资产需用额为40万元，流动负债需用额为15万元，则投产第2年的流动资金需用额为（　　）万元。
   A. 5
   B. 15
   C. 25
   D. 40

6. 一个投资人持有甲公司的股票，投资必要报酬率为15%。预计甲公司未来3年股利分别为0.5元、0.7元、1元。在此以后转为正常增长，增长率为8%。则该公司股票的价值为（　　）元。[已知(P/F,15%,1)=0.869 6,(P/F,15%,2)=0.756 1,(P/F,15%,3)=0.657 5]
   A. 12.08
   B. 11.77
   C. 10.08

D. 12.20

7. 下列关于流动资产投资策略的说法中，错误的是( )。

   A. 在紧缩的流动资产投资策略下，企业维持低水平的流动资产与销售收入比率

   B. 在宽松的流动资产投资策略下，企业通常会维持高水平的流动资产与销售收入比率

   C. 在宽松的流动资产投资策略下，企业的财务与经营风险较大

   D. 紧缩的流动资产投资策略可以节约流动资产的持有成本

8. 关于ABC控制法，下面说法中不正确的是( )。

   A. 对于A类产品，要重点控制

   B. 金额占到存货总金额的70%以上，而品种数量只占10%的商品是A类产品

   C. 由于C类产品品种繁多，所以需要重点控制

   D. B类产品介于A类与C类之间，可一般控制

9. 甲公司为上市公司，2×20年期初发行在外普通股股数为8 000万股，当年度，甲公司合并报表中归属于母公司股东的净利润为4 600万元，发生的可能影响其发行在外普通股股数的事项有：①2×20年4月1日，股东大会通过每10股派发2股股票股利的决议并于4月12日实际派发；②2×20年11月1日，甲公司自公开市场回购本公司股票960万股，拟用于员工持股计划。不考虑其他因素，甲公司2×20年基本每股收益是( )元/股。

   A. 0.49

   B. 0.56

   C. 0.51

   D. 0.53

10. 在不涉及补价的情况下，下列各项中，属于非货币性资产交换的是( )。

    A. 开出商业承兑汇票购买原材料

    B. 以拥有股权投资换入专利技术

    C. 以应收账款换入对联营企业投资

    D. 以外埠存款购入机器设备

11. 甲公司以人民币作为记账本位币，对期末存货按成本与可变现净值孰低计量。2×20年5月1日，甲公司进口一批商品，价款为200万美元，当日即期汇率为1美元＝6.1元人民币。2×20年12月31日，甲公司该批商品中仍有50%尚未出售，可变现净值为90万美元。当日即期汇率为1美元＝6.2元人民币。不考虑其他因素，2×20年12月31日，该批商品期末计价对甲公司利润总额的影响金额为( )万元人民币。

    A. 减少52

    B. 增加52

    C. 减少104

    D. 增加104

12. 某企业存货的日常核算采用毛利率法计算发出存货成本。该企业2×20年1月份实际毛利率为30%，2月1日的存货成本为1 200万元，2月份购入存货成本为2 800万元，销售收入为3 000万元，销售退回为300万元。该企业2月末结存存货的成本为( )万元。

    A. 1 300

    B. 1 900

    C. 2 110

    D. 2 200

13. 甲公司为一家制造企业。2×20年4月，为降低采购成本，向乙公司一次购入三套不同型号且不同生产能力的M、N和T设备。甲公司为该批设备共支付货款7 800 000元，增值税进项税额1 014 000元，包装费42 000元，全部以银行存款支付；假定M、N和T设备分别满足固定资产确认条件，公允价值分别为2 926 000元、3 594 800元和1 839 200元；甲公司实际支付的货款等于计税价格，不考虑其他相关税费。N设备的购买成本是( )元。

A. 2 744 700

B. 3 372 060

C. 1 725 240

D. 3 354 000

14. 某企业为延长甲设备的使用寿命，2×20年10月末对其进行改良，11月末完工，改良时发生相关支出共计32万元，估计其剩余使用寿命为4年，改良完工后折旧方法以及预计净残值不变。根据2×20年10月末的账面记录，甲设备的账面原价为200万元，采用直线法计提折旧，预计净残值为0，已提折旧80万元，已提减值准备30万元。若被替换部分的账面原值为50万元，则该企业2×20年对改良后的固定资产应计提的折旧额为( )万元。

A. 4.15

B. 2.07

C. 3.00

D. 3.07

15. 乙公司拥有一项账面原价为90万元、已使用2年、累计已摊销32万元、累计已确认减值损失16万元的专利权。现乙公司将其对外转让，取得转让价款（含税）74.2万元，适用的增值税税率为6%，不考虑其他相关税费，则乙公司转让该项专利权能使其利润总额增加( )万元。

A. -7.50

B. 24.50

C. 23.50

D. 28.00

16. 甲公司为增值税一般纳税人。2×20年2月，甲公司对一条生产线进行改造，该生产线改造时的账面价值为3 500万元。其中，拆除原冷却装置部分的账面价值为500万元。生产线改造过程中发生以下费用或支出：①购买新的冷却装置1 200万元，增值税额156万元；②在资本化期间内发生专门借款利息80万元；③生产线改造过程中发生人工费用320万元；④领用库存原材料200万元，增值税额26万元；⑤外购工程物资400万元（全部用于该生产线），增值税额52万元。该改造工程于2×20年12月达到预定可使用状态。不考虑其他因素，甲公司对该生产线更新改造后的入账价值是( )万元。

A. 4 000

B. 5 200

C. 5 700

D. 5 506

17. 下列关于固定资产减值的表述中，符合会计准则规定的是( )。

A. 预计固定资产未来现金流量应当考虑与所得税收付相关的现金流量

B. 固定资产的公允价值减去处置费用后的净额高于其账面价值，但预计未来现金流量现值低于其账面价值的，应当计提减值准备

C. 在确定固定资产未来现金流量现值时，应当考虑将来可能发生与改良有关的预计现金流量的影响

D. 单项固定资产本身的可收回金额难以有效估计的，应当以其所在的资产组为基础确定可收回金额

18. 甲公司2×18年3月1日以银行存款96万元购入一项无形资产，法定有效期为8年，合同规定的受益年限为5年。该无形资产2×19年末估计其可收回金额为57万元，2×20年末估计其可收回金额为45万元。甲公司对该无形资产采用直线法计提摊销，假定减值后摊销方式和摊销年限不变。甲公司2×20年末无形资产的账面价值为( )万元。

A. 39.00

B. 45.00

C. 41.60

D. 37.80

19. 乙公司2×20年1月3日按每张1 049元的价格溢价购入丁公司于2×20年1月

1日发行的期限为5年、面值为1 000元、票面年利率为6%的普通债券8 000张,发生交易费用8 000元,款项以银行存款支付。该债券每年末付息一次,最后一年归还本金并支付最后一次利息。假设实际年利率为5.33%,该公司将其作为债权投资核算。则2×20年年末该公司持有的该批债券的摊余成本为( )元。

A. 8 000 000
B. 8 384 000
C. 8 367 720
D. 8 392 000

20. 下列项目中,按《企业会计准则》的规定应冲减"交易性金融资产——成本"科目的是( )。

A. 期末以公允价值计量且其变动计入当期损益的金融资产的公允价值大于其账面余额
B. 以公允价值计量且其变动计入当期损益的金融资产的处置
C. 企业持有以公允价值计量且其变动计入当期损益的金融资产期间,被投资企业宣告发放的现金股利
D. 收到购入以公允价值计量且其变动计入当期损益的金融资产时实际支付的价款中包含的已到期尚未领取的债券利息

21. 2×21年1月2日,甲公司从二级市场购入乙公司分期付息、到期还本的债券,支付价款2 030万元,另支付相关交易费用10万元。该债券系乙公司于2×20年1月1日发行,债券总面值为2 000元,期限为5年,票面年利率为6%,每年年末支付当年度利息。甲公司将其作为以公允价值计量且其变动计入其他综合收益的金融资产核算。则甲公司购入时应记入"其他债权投资——利息调整"明细科目的金额是( )万元。

A. 20
B. 30
C. 0
D. 40

22. 甲公司2×20年5月1日以每股6元的价格购进某股票100万股,将其指定为以公允价值计量且其变动计入其他综合收益的非交易性权益工具投资,其中包含已宣告但尚未发放的现金股利每股0.1元,另付相关交易费用0.4万元。2×20年6月5日收到现金股利。6月30日该股票收盘价格为每股5元。7月20日以每股5.5元的价格将股票全部售出。则甲公司因出售该金融资产影响留存收益的金额为( )万元。

A. 10.60
B. 50.00
C. -40.40
D. -90.40

23. 2018年1月1日,甲公司发行1 500万股普通股股票从非关联方取得乙公司80%股权,发行的股票每股面值1元,取得股权当日,每股公允价值6元,为发行股票支付给券商佣金300万元。相关手续于当日完成,甲公司取得了乙公司的控制权,该企业合并不属于反向购买。乙公司2018年1月1日所有者权益账面价值总额为12 000万元,可辨认净资产的公允价值与账面价值相同。不考虑其他因素,甲公司应确认的长期股权投资初始投资成本为( )万元。

A. 9 000
B. 9 600
C. 8 700
D. 9 300

24. 甲公司于2×20年1月3日以银行存款1 000万元购入A公司40%有表决权资本,能够对A公司施加重大影响。假定取得该项投资时,被投资单位的一批存货账面价值为80万元,公允价值为120万元,除此之外其他可辨认资产、负债的公允价值等于账面价值,双方采用的会计政策、会计期间相同。12月31日

上述存货全部未对外销售,存货的可变现净值为75万元,A公司2×20年实现净利润600万元。假定不考虑所得税因素,则甲公司2×20年底应确认的投资收益为( )万元。

A. 224
B. 216
C. 240
D. 200

25. 2×20年1月1日,甲公司以银行存款3 950万元取得乙公司30%的股权,另以银行存款支付直接相关费用50万元,相关手续于当日完成,甲公司能够对乙公司施加重大影响。当日,乙公司可辨认净资产的账面价值为14 000万元,各项可辨认资产、负债的公允价值均与其账面价值相同。乙公司2×20年实现净利润2 000万元,其他债权投资的公允价值上升100万元。不考虑其他因素,下列甲公司2×20年与该投资相关的会计处理中,不正确的是( )。

A. 确认营业外收入200万元
B. 确认财务费用50万元
C. 确认其他综合收益30万元
D. 确认投资收益600万元

26. 某企业为增值税一般纳税人,适用的增值税税率为13%。2×20年12月,该企业以其生产的每台成本为150元的加湿器作为福利发放给职工。每名职工发放1台,该型号的加湿器每台市场售价为200元(不含税)。该企业共有职工200名,其中生产工人180名,管理人员20名,不考虑其他因素,下列关于该企业确认非货币性职工薪酬会计处理正确的是( )。

A. 确认管理费用4 000元
B. 确认管理费用3 000元
C. 计入生产成本27 000元
D. 应付职工薪酬最终余额为0

27. 企业的下列各项税款,一般计入相关资产成本的是( )。

A. 印花税
B. 耕地占用税
C. 资源税
D. 城市维护建设税

28. 某企业2×20年1月1日开始建造一项固定资产,未取得专门借款而全部占用一般借款。一般借款包括:2×20年1月1日从银行借入3年期借款3 000万元,年利率6%;2×20年1月1日发行5年期债券2 000万元,票面年利率5%,到期一次还本分次付息,发行价为2 000万元。2×20年1月1日、4月1日、10月1日分别支出2 000万元、1 000万元、1 000万元。则2×20年一般借款利息资本化金额为( )万元。

A. 168.00
B. 174.60
C. 211.33
D. 205.00

29. 甲公司按照面值发行可转换公司债券10 000万元,债券利率(年率)3%,期限为3年,到期一次还本付息,结算方式是持有方可以选择付现或转换成发行方的股份。另不附选择权的类似债券的资本市场利率为5%。发行时记入"应付债券——利息调整"借方金额为( )万元。[已知(P/F,5%,3)=0.863 8,(P/A,5%,3)=2.723 2]

A. 454.05
B. 545.04
C. 584.58
D. 548.95

30. 某股份有限公司按法定程序报经批准后采用收购本公司股票方式减资,回购股票支付价款低于股票面值总额的,所注销库存股账面余额与冲减股本的差额应计入( )。

A. 盈余公积
B. 营业外收入
C. 资本公积

D. 未分配利润

31. 甲公司2×20年11月10日与A公司签订一项生产线维修合同。合同规定，该维修总价款为90.4万元(含增值税额，增值税税率为13%)，合同期为6个月。合同签订日预收价款50万元，至12月31日，已实际发生维修费用35万元，预计还将发生维修费用15万元。甲公司预计履约进度为65%，提供劳务的交易结果能够可靠地估计，则甲公司2×20年末应确认的劳务收入是( )万元。
 A. 80　　　　　　B. 56
 C. 52　　　　　　D. 37

32. 中华公司从政府无偿取得10 000亩的林地，难以按照公允价值计量，只能以名义金额计量，中华公司在取得林地时贷记的会计科目是( )。
 A. 资本公积10 000元
 B. 营业外收入10 000元
 C. 其他业务收入10 000元
 D. 其他收益1元

33. 甲公司董事会做出的下列决议，属于会计政策变更的是( )。
 A. 将发出存货计价方法由先进先出法变为移动加权平均法
 B. 将自行研发无形资产的摊销年限由8年调整为6年
 C. 账龄在1年内的应收账款坏账计提比例由5%调整至8%
 D. 将符合持有待售条件的固定资产由非流动资产重分类为流动资产列报

34. 甲公司2×20年实现利润总额320万元，当年收到的国债利息收入10万元，因违法经营处以罚款5万元，当期计提存货跌价准备30万元(以前未提过跌价准备)；年末持有的交易性金融资产当期公允价值上升45万元。甲公司适用的所得税税率为25%。不考虑其他因素，甲公司2×20年应确认的所得税费用是( )万元。

 A. 75.00　　　　　B. 78.75
 C. 80.00　　　　　D. 88.75

35. 甲股份有限公司发生的下列交易或事项中，需要采用追溯调整法或追溯重述法进行会计处理的是( )。
 A. 企业账簿因不可抗力而毁坏使得政策变更累积影响数无法确定
 B. 发现以前会计期间滥用会计估计，将该滥用会计估计形成的秘密准备予以冲销
 C. 因某固定资产用途发生变化导致使用寿命下降，将其折旧年限由10年改为5年
 D. 出售某公司部分股份后对其不再具有重大影响，将长期股权投资由权益法改按金融资产核算

36. 甲公司2×20年5月1日发现2×18年12月20日达到预定可使用状态并投入使用的某工程项目未转入固定资产。2×18年年末该工程项目的账面价值为1 000万元，预计尚可使用年限为8年，预计净残值为0，采用年限平均法计提折旧。假定甲公司采用资产负债表债务法核算所得税，适用的所得税税率为25%，按照净利润的10%计提法定盈余公积。则该项差错更正对甲公司2×20年度资产负债表期初资产总额的影响为( )万元。
 A. 增加1 000万元
 B. 减少1 000万元
 C. 增加125万元
 D. 减少125万元

37. 下列关于现金流量表编制方法的表述，正确的是( )。
 A. 直接法是以净利润为起算点，而间接法是以营业收入为起算点
 B. 直接法需要调整不涉及现金的收入、费用、营业外支出等有关项目
 C. 间接法主要是按照现金收入和现金支出的类别分类
 D. 直接法便于预测企业现金流量的未来前景，间接法便于从现金流量的角度分

析净利润的质量

38. 自资产负债表日起一年内到期的长期债权投资，应填列的资产负债表项目是( )。
   A. 债权投资
   B. 其他债权投资
   C. 一年内到期的非流动资产
   D. 其他流动资产

39. 下列关于破产清算企业设置的各项会计科目中，属于负债类科目的是( )。
   A. 清算净值
   B. 应付破产费用
   C. 所得税费用
   D. 共益债务支出

40. 甲公司2×20年度发生的有关交易或事项如下：①以盈余公积转增资本5 500万元；②向股东分配股票股利4 500万元；③接受控股股东的现金捐赠350万元；④持有一项对联营企业的投资，持股比例为20%，被投资方在2×20年发生其他权益变动350万元；⑤因自然灾害发生固定资产净损失1 200万元；⑥因会计政策变更调减年初留存收益560万元；⑦持有的以公允价值计量且其变动计入当期损益的金融资产本年公允价值上升60万元；⑧持有的以摊余成本计量的金融资产转回预期损失准备180万元。假定不考虑所得税等其他因素，上述交易或事项对甲公司2×20年12月31日所有者权益总额的影响金额为( )万元。
   A. -1 280
   B. -460
   C. -1 100
   D. -635

二、**多项选择题**(共20题，每题2分。每题的备选项中，有2个或2个以上符合题意，至少有1个错项。错选，本题不得分；少选，所选的每个选项得0.5分。)

41. 下列关于破产清算会计的表述中，正确的有( )。
   A. 财务会计的会计主体、会计分期、持续经营和货币计量四个基本假设在企业破产清算时均不再适用
   B. 在破产清算会计中，资产的价值更注重以破产资产清算净值来计量
   C. 企业进入破产清算后，其会计核算的目的侧重于资产的变现和债务的偿还，不强调配比性
   D. 在破产清算中，收益性支出与资本性支出的划分仍然十分重要
   E. 破产清算会计报告的主要目标是反映破产财产的处理情况以及债务的清偿情况

42. 对于企业发生的汇兑损益，下列说法中正确的有( )。
   A. 外币计价的以公允价值计量且其变动计入当期损益的金融资产(股票类)发生的汇兑损益计入财务费用
   B. 外币专门借款发生的汇兑损益，应计入购建固定资产期间的财务费用
   C. 企业因外币交易业务所形成的应收应付款的汇兑损益，应计入当期财务费用
   D. 企业的外币银行存款发生的汇兑损益，应计入当期财务费用
   E. 企业的外币兑换业务所发生的汇兑损益，应计入当期营业外支出

43. 下列关于存货成本的表述中，正确的有( )。
   A. 商品流通企业采购商品的进货费用金额较小的，可以不计入存货成本
   B. 委托加工物资发生的加工费用应计入委托加工物资成本
   C. 非正常消耗的直接材料，应计入存货成本
   D. 企业为特定客户设计的产品直接发生的设计费用应计入产品成本
   E. 企业所发生的从事劳务提供人员的直接人工和其他直接费用以及可归属的间接费用，计入存货成本

44. 企业将自有固定资产划分为持有待售资产，需要满足的条件有（ ）。
    A. 已无使用价值的固定资产
    B. 根据类似交易中出售此类资产或处置组的惯例，在当前状况下即可立即出售
    C. 出售极可能发生，预计出售将在一年内完成
    D. 出售可能发生，预计出售将在近期完成
    E. 企业已经获得口头的购买承诺

45. 下列关于固定资产会计处理的表述中，正确的有（ ）。
    A. 固定资产日常修理费用直接计入发生当期费用
    B. 固定资产达到预定可使用状态前发生的工程物资盘亏净损失计入固定资产价值
    C. 将发生的固定资产后续支出计入固定资产成本的，应当终止确认被替换部分的账面价值
    D. 企业接受投资者投入的固定资产，按投资合同或协议约定的价值确认入账成本，不公允的除外
    E. 自行建造的固定资产，如果已达到预定可使用状态但尚未办理竣工决算手续的，可先按估计价值入账，待确定实际成本后再进行调整，对于已计提的折旧也需调整

46. 下列情形表明投资方对被投资方具有重大影响的有（ ）。
    A. 在被投资单位的董事会或类似权力机构中派有代表
    B. 参与被投资单位的财务和经营政策制定过程，但不包括股利分配政策等的制定
    C. 与被投资单位之间发生重要交易
    D. 向被投资单位派出管理人员
    E. 向被投资单位提供关键技术资料

47. 长期股权投资核算方法因减少投资需从成本法转换为权益法时，对于取得投资时点至减少投资交易日之间被投资单位可辨认净资产公允价值的变动相对于原持股比例的部分，属于此期间在被投资单位实现净损益中享有的份额，一方面应当调整长期股权投资的账面价值，另一方面应当根据具体情况调整（ ）。
    A. 其他综合收益
    B. 投资收益
    C. 留存收益
    D. 营业外收入
    E. 公允价值变动损益

48. 下列关于企业交纳的相关税费的表述中，正确的有（ ）。
    A. 主营房地产业务的企业，应由当期营业收入负担的土地增值税，借记"税金及附加"科目
    B. 企业自产自用应税产品应缴纳的资源税，借记"生产成本"科目
    C. 企业收购未税矿产品，实际支付的收购款，借记"材料采购"科目
    D. 企业按规定应交纳的环境保护税、房产税、车船税，借记"税金及附加"科目，贷记"应交税费"科目
    E. 印花税、房产税、车船税不通过"应交税费"科目来核算

49. 下列关于可转换公司债券的会计处理中，正确的有（ ）。
    A. 发行时，应当在初始确认该金融工具时将负债成分和权益成分进行分拆，如不存在发行费用的，实际收到的款项扣除负债成分的公允价值后的金额记入"其他权益工具"科目
    B. 发行时发生的交易费用，应当记入"应付债券——利息调整"科目
    C. 未转股之前，按照债券摊余成本和实际利率确认利息费用
    D. 对于发行方来说，可转换公司债券既有负债的性质，也有权益工具性质
    E. 债券持有期间，按债券面值和票面利率计算的利息应记入"应付利息"科目

50. 下列关于政府补助的说法中正确的有（　　）。
   A. 政府补助是无偿的、无条件的
   B. 政府以投资者身份向企业投入资本属于政府补助
   C. 企业从政府取得的经济资源，如果与企业销售商品等活动密切相关，且是企业商品的对价或对价的组成部分，则不属于政府补助
   D. 难以区分与资产相关还是与收益相关的政府补助，应整体归类为与收益相关的政府补助
   E. 增值税出口退税属于政府补助

51. 下列各项中，通过"制造费用"科目核算的有（　　）。
   A. 生产车间发生的机物料消耗
   B. 企业管理部门发生的固定资产日常修理费用
   C. 生产车间计提的闲置设备折旧
   D. 生产车间发生的管理人员工资
   E. 生产车间发生季节性的停工损失

52. 下列项目中，应计入销售费用的有（　　）。
   A. 销售商品发生的商业折扣
   B. 销售部门退休人员的工资
   C. 专设销售机构固定资产的折旧费
   D. 为推销产品发生的业务招待费
   E. 预计产品质量保证损失

53. 关于递延所得税资产的说法，正确的有（　　）。
   A. 资产或负债的账面价值与其计税基础不同产生应纳税暂时性差异的，应确认相关的递延所得税资产
   B. 按照稳健性原则，当期递延所得税资产的确认应以递延所得税负债的数额为限
   C. 按照税法规定可以结转以后年度的未弥补亏损和税款抵减，若企业预计未来有足够的应税所得，应视同可抵扣暂时性差异处理，确认递延所得税资产
   D. 企业合并中，按照会计规定确定的合并中取得各项可辨认资产、负债的入账价值与其计税基础之间形成可抵扣暂时性差异的，应确认相应的递延所得税资产，但不调整合并中应予确认的商誉
   E. 与直接计入所有者权益的交易或事项相关的可抵扣暂时性差异，相应的递延所得税资产应计入所有者权益

54. 下列有关会计估计变更和会计政策变更的表述中，正确的有（　　）。
   A. 对于会计估计变更，企业应采用追溯调整法进行会计处理
   B. 如果企业发生重大亏损，应当作为会计估计变更进行处理
   C. 本期发生的交易或者事项与以前相比具有本质差别而采用新的会计政策，不属于会计政策变更
   D. 会计估计变更，不改变以前期间的会计估计，也不调整以前期间的报告结果
   E. 对初次发生的或不重要的交易或者事项采用新的会计政策，不属于会计政策变更

55. 债权人与股东的矛盾表现在未经债权人同意，股东要求经营者（　　）。
   A. 改变举债资金的原定用途，将其用于风险更高的项目
   B. 举借新债
   C. 扩大赊销比重
   D. 改变资产与负债及所有者权益的比重
   E. 增加股利分配比重

56. 下列关于证券资产组合的风险与收益的表述中，错误的有（　　）。
   A. 两项证券资产组合风险的大小，等于组合中各个证券风险的加权平均数
   B. 在风险分散过程中，随着资产组合中资产数目的增加，分散风险的效应会越来越明显
   C. 市场风险是指市场收益率整体变化所引起的市场上所有资产的收益率的变动性，它是影响所有资产的风险，因而不能被分散掉

D. 单项资产或证券资产组合受系统风险影响的程度，可以通过系统风险系数（β系数）来衡量

E. 提高资产组合中收益率高的资产比重可以提高组合收益率

57. 下列属于企业股权筹资方式的有（　　）。

A. 利用留存收益

B. 发行股票

C. 吸收直接投资

D. 处置子公司股权

E. 收购子公司其他股东股权

58. 下列关于股利分配政策的说法中，正确的有（　　）。

A. 剩余股利政策先最大限度地使用留存收益来满足投资方案所需的股权资本，如有剩余就作为股利发放给股东

B. 剩余股利政策、固定或稳定增长股利政策和固定股利支付率政策，都会导致每年股利不稳定，波动较大

C. 固定或稳定增长股利政策有利于向市场传递企业正常发展的信息，增强投资者对公司的信心，稳定股票价格

D. 固定股利支付率即企业确定一个股利占盈余的比率，并在一定时期保持不变的

E. 低正常股利加额外股利政策发放的股利随着企业经营业绩的好坏而上下波动，体现了"多盈多分、少盈少分、不盈不分"的原则

59. 下列方法中能满足现金支出管理的需求的有（　　）。

A. 推迟应付款的支付

B. 提前收取应收款

C. 支票代替汇票

D. 争取现金流出与现金流入同步

E. 改进员工工资支付模式

60. 下列关于综合绩效评价内容的表述中，正确的有（　　）。

A. 综合绩效评价指标由反映企业盈利能力状况、资产质量状况、债务风险状况和经营增长状况四个方面的指标构成

B. 资产负债率、已获利息倍数是综合绩效评价中评价经营增长状况的基本指标

C. 综合绩效评价是定量分析与定性分析相结合的评价方法

D. 企业综合绩效评价指标及权重可以根据需要各自设定

E. 流动资产周转率是综合绩效评价中评价资产质量状况的修正指标

三、计算题（共8题，每题2分。每题的备选项中，只有1个最符合题意。）

（一）

甲公司股份有限公司（下称甲公司）适用的所得税税率为25%，2×20年实现净利润2 870万元，发放现金股利320万元，年末负债总额为12 500万元，年末权益乘数为1.8。其他资料如下：

（1）2×20年年初所有者权益总额为8 000万元，其中普通股股本3 000万元（每股面值1元，全部发行在外）。

（2）2×20年2月1日新发行480万股普通股，发行价格为每股6元。

（3）经股东大会同意并经相关监管部门核准，甲公司以2×20年4月30日为股权登记日发放680万份认股权证，每份认股权证可以在2×21年5月1日按照每股4.5元的价格认购1股甲公司普通股。2×20年5月至2×20年12月甲公司股票平均市场价格为每股6元。

（4）2×20年7月1日按照每股5元的价格回购200万股普通股。

根据上述资料，回答下列问题。

61. 甲公司2×20年基本每股收益是（　　）元。

A. 0.86　　　B. 0.76

C. 0.75　　　D. 0.71

62. 甲公司2×20年稀释每股收益是（　　）元。

A. 0.71　　　B. 0.76

C. 0.82　　　D. 0.83

63. 甲公司2×20年每股股利是（　　）元。

A. 0.095　　　B. 0.098

C. 0.080　　　D. 0.093
64. 甲公司 2×20 年的每股净资产是（　　）元。
　　A. 4.86　　　B. 4.76
　　C. 4.68　　　D. 4.52

（二）

甲公司 2019 年至 2020 年发生与债券相关的投资业务如下：

(1) 2019 年 1 月 1 日，甲公司从二级市场购入乙公司当日公开发行的债券 10 万张，每张面值 100 元，票面年利率为 3%，每年 1 月 1 日支付上年度利息。购入时每张支付款项 97 元，另支付相关费用 2 万元。甲公司根据其管理该债券的业务模式和该债券的合同现金流量特征，将该债券分类为以公允价值计量且其变动计入其他综合收益的金融资产。购入债券时的市场年利率为 4%。初始确认时，甲公司已经确定其不属于购入或源生的已发生信用减值的金融资产。

(2) 2019 年 12 月 31 日，由于市场利率变动，该债务工具的公允价值跌至每张 70 元，甲公司评估认为，该工具的信用风险自初始确认以来未显著增加，并计算其未来 12 个月预期信用损失为 50 万元。

(3) 2020 年 1 月 10 日，甲公司将上述债券全部出售，收到款项 802 万元存入银行。

根据上述资料，回答下列问题。

65. 2019 年 1 月 1 日甲公司取得债券记入"其他债权投资——成本"科目的金额为（　　）万元。
　　A. 1 000　　　B. 972
　　C. 1 002　　　D. 970

66. 2019 年 12 月 31 日甲公司针对该债券所做会计处理影响"其他综合收益"科目的金额为（　　）万元。
　　A. -311.88　　　B. -230.88
　　C. -280.88　　　D. -330.88

67. 甲公司持有的该项金融资产导致 2019 年利润总额减少的金额为（　　）万元。
　　A. 11.12　　　B. -38.88

C. 88.88　　　D. 50
68. 2020 年 1 月 10 日，甲公司处置该项债券对投资收益的影响额为（　　）万元。
　　A. 29.88　　　B. -128.88
　　C. 102　　　D. -178.88

四、综合分析题（共 12 题，每题 2 分。由单项选择题和多项选择题组成。错选，本题不得分；少选，所选的每个选项得 0.5 分。）

（一）

甲公司系股份有限公司，所得税税率为 25%，每年按净利润的 10% 计提法定盈余公积。2×20 年度有关资料如下：

(1) 从 2×20 年 1 月 1 日起，甲公司的所得税核算方法由应付税款法改为资产负债表债务法。2×19 年 12 月 31 日止，发生的应纳税暂时性差异的累计金额为 2 000 万元，发生的可抵扣暂时性差异的累计金额为 1 200 万元（假定无转回的暂时性差异）。计提的各项资产减值准备作为暂时性差异处理，当期发生的可抵扣暂时性差异预计能够在三年内转回。

(2) 从 2×20 年 1 月 1 日起，生产设备的预计使用年限由 12 年改为 8 年；同时，将生产设备的折旧方法由年限平均法改为双倍余额递减法。根据税法规定，生产设备采用年限平均法计提折旧，折旧年限为 12 年，预计净残值为零。上述生产设备已使用 3 年，其账面原价为 2 400 万元，累计折旧为 600 万元（未计提减值准备），预计净残值为零。

A 产品年初无在产品和产成品存货、年末无在产品存货（假定上述生产设备只用于生产 A 产品）。甲公司期末存货采用成本与可变现净值孰低法计价。年末库存 A 产品未发生减值。

(3) 从 2×20 年起，甲公司试生产某种新产品（B 产品），对生产 B 产品所需乙材料的成本采用先进先出法计价。乙材料 2×20 年年初账面余额为零。2×20 年一、二、三季度各购入乙材料 200 公斤、

300公斤、500公斤，每公斤成本分别为1 000元、1 200元、1 250元。

2×20年度为生产B产品共领用乙材料600公斤，发生人工及制造费用21.5万元，B产品于年底全部完工。但因同类产品已先占领市场，且技术性能更优，甲公司生产的B产品全部未能出售。甲公司于2×20年底预计B产品的全部销售价格为76万元(不含增值税)，预计销售所发生的税费为6万元。剩余乙材料的可变现净值为40万元。

(4)甲公司2×20年度实现利润总额为8 000万元。2×20年度实际发生的业务招待费100万元，按税法规定允许抵扣的金额为70万元；国债利息收入为2万元。假设甲公司2×20年无其他纳税调整事项。

根据上述资料，回答下列问题：

69. 甲公司2×20年度应计提的生产设备的折旧额为( )万元。
 A. 500 B. 600
 C. 620 D. 720

70. 2×20年度因设备形成的可抵扣暂时性差异为( )万元。
 A. 264.00 B. 520.00
 C. 864.00 D. 950.40

71. 甲公司2×20年库存B产品和乙材料产生的递延所得税资产的金额为( )万元。
 A. 3.30 B. 6.60
 C. 6.90 D. 7.50

72. 2×20年12月31日甲公司递延所得税负债的账面余额为( )万元。
 A. 396.00 B. 500.00
 C. 437.50 D. 586.06

73. 2×20年度甲公司的应交所得税为( )万元。
 A. 2 242.00 B. 1 944.50
 C. 2 144.50 D. 2 785.40

74. 2×20年度甲公司的所得税费用为( )万元。
 A. 2 007.00 B. 2 469.20
 C. 2 762.10 D. 2 207.00

(二)

黄河公司为增值税一般纳税人，适用的增值税税率为13%。黄河公司有甲、乙两种原材料，采用计划成本法核算，并将甲、乙两种原材料作为一类材料计算材料成本差异率，甲材料的计划单价为80元/千克，乙材料的计划单价为60元/千克。黄河公司2×20年12月份有关账户的月初余额如下：

账户名称	重量	借方余额(元)
原材料——甲材料	3 125千克(其中600千克为暂估入账)	250 000(其中暂估入账额48 000)
原材料——乙材料	5 000千克	300 000
材料成本差异	—	16 012

12月份，黄河公司有关材料收入与发出的业务如下：

(1)3日，收到上月暂估入账甲材料的发票账单，发票上注明的材料价款为50 000元，增值税6 500元，款项尚未付款。

(2)5日，从外地X单位采购甲材料一批共计5 000千克，增值税专用发票上注明的材料价款为410 000元，增值税为53 300元；X单位代垫的运费10 000元，增值税900元，款项已通过银行支付，材料尚未收到。

(3)7日，从本市Y单位采购乙材料一批共计1 500千克，增值税专用发票上注明的材料价款为82 500元，增值税为10 725元。材料已验收入库，款项未付。

(4)15日，收到从外地X单位采购的甲材料。验收时发现实际数量为4 780千克，经查明，短缺的200千克系由于供货单位少发货，要求供货方退还多付款项，另

20 千克系运输途中合理损耗。购入该批材料的运费全部由实收材料负担。

(5)12 月黄河公司发出材料的情况如下：生产车间领用甲材料 2 200 千克，乙材料 4 500 千克；对外销售甲材料 500 千克，乙材料 300 千克。

(6)12 月末，黄河公司对库存材料进行实地盘点，发现甲材料实存数小于账存数 200 千克，系管理不善造成的盘亏。

(7)黄河公司采用成本与可变现净值孰低法对期末存货进行计价并按单项比较法计提存货跌价准备。12 月 31 日，甲材料每千克的预计可变现净值为 70 元；乙材料每千克的预计可变现净值为 65 元。

根据上述资料，回答下列各题。

75. 黄河公司 2×20 年 12 月 3 日收到上月采购的甲材料发票后应编制的会计分录有( )。

A. 借：材料成本差异　　　　2 000
　　　应交税费——应交增值税（进项税额）　　　　　　　　　6 500
　　　　贷：应付账款　　　　　　8 500

B. 借：应付账款——暂估应付账款
　　　　　　　　　　　　　48 000
　　　　贷：原材料　　　　　　48 000

C. 借：材料采购　　　　　50 000
　　　应交税费——应交增值税（进项税额）　　　　　　　　　6 500
　　　　贷：应付账款　　　　　56 500

D. 借：原材料　　　　　　48 000
　　　材料成本差异　　　　2 000
　　　　贷：材料采购　　　　　50 000

76. 黄河公司 2×20 年 12 月 15 日入库甲材料的实际成本为( )元。
A. 403 600　　B. 403 200
C. 401 960　　D. 401 520

77. 黄河公司 2×20 年 12 月份的材料成本差异率为( )。
A. 2.93%　　B. 3.07%
C. 3.09%　　D. 3.10%

78. 黄河公司 2×20 年 12 月份"材料成本差异"账户的期末余额为( )元。
A. 15 592.00　　B. 14 538.40
C. 14 864.80　　D. 11 572.00

79. 黄河公司 2×20 年 12 月末发生的甲材料盘亏应记入"待处理财产损溢"账户借方的盘亏金额为( )元。
A. 16 000.00　　B. 16 496.00
C. 18 080.00　　D. 18 640.48

80. 2×20 年 12 月份黄河公司"存货跌价准备"账户月初余额为零，则黄河公司 2×20 年 12 月末因甲、乙材料而确认的资产减值损失为( )元。
A. 58 818.16　　B. 62 462.40
C. 64 916.76　　D. 64 250.52

模拟试卷（二）
参考答案及详细解析

一、单项选择题

1. B 【解析】只有土地的现行市价才是投资的代价，即其机会成本。

2. B 【解析】方案（1）：P = 20+20×(P/A, 10%, 9)= 20+20×5.759 0 = 135.18（万元）
方案（2）（注意递延期为 4 年）：
P = 25×(P/A, 10%, 10)×(P/F, 10%, 4)= 25×6.144 6×0.683 0 = 104.92（万元）
方案（3）（注意递延期为 3 年）：
P = 24×[(P/A, 10%, 13)-(P/A, 10%, 3)] = 24 × (7.103 4 - 2.486 9) = 110.80（万元）
该公司应该选择方案（2）。

3. C 【解析】产销平衡假设当期产品的生产量与业务量相一致，不考虑存货水平变动对利润的影响。

4. D 【解析】10 000×(1-40%)-固定成本=600，固定成本=5 400（万元），盈亏临界点的销售量=5 400/(10-4)=900（万件）。

5. C 【解析】第 2 年的流动资金需用额=本

年流动资产需用额40-本年流动负债需用额15=25(万元)

6. B 【解析】股票的价值=0.5×(P/F,15%,1)+0.7×(P/F,15%,2)+1×(P/F,15%,3)+1×(1+8%)/(15%-8%)×(P/F,15%,3)=0.5×0.869 6+0.7×0.756 1+1×0.657 5+1×(1+8%)/(15%-8%)×0.657 5=11.77(元)

7. C 【解析】在宽松的流动资产投资策略下，企业的财务与经营风险较小，选项C的说法不正确。

8. C 【解析】C类产品品种繁多，但资金的投入量极少，不必花费太多精力去管理，其管理质量无关大局，只需按总额控制。

9. A 【解析】甲公司2×20年发行在外普通股加权平均数=8 000×1.2-960×2/12=9 440(万股)；甲公司2×20年基本每股收益=4 600/9 440=0.49(元/股)。

10. B 【解析】选项A，取得原材料的同时确认了一项负债；选项C、D，应收账款和外埠存款属于货币性资产。

11. A 【解析】2×20年12月31日，该批商品期末发生了减值，确认资产减值损失=200×50%×6.1-90×6.2=52(万元人民币)，减少了利润总额52万元人民币。

12. C 【解析】企业采用毛利率法计算发出存货的成本时，应当首先计算确定本期销售净额及本期销售成本；然后根据本期期初存货成本和本期购入存货的成本，计算确定期末存货成本。本题中，销售净额为2 700万元(3 000-300)，本期销售成本为1 890万元[(3 000-300)×(1-30%)]，由于本期期初存货成本和本期购入存货的成本分别为1 200万元和2 800万元，则该企业本月月末存货成本为2 110万元(1 200+2 800-1 890)。

13. B 【解析】N设备的购买成本=(7 800 000+42 000)×3 594 800/(2 926 000+3 594 800+1 839 200)=3 372 060(元)。

14. B 【解析】该企业2×20年11月份改良后固定资产价值=(200-80-30)+32-(50-80×50/200-30×50/200)=99.5(万元)；或：(200-50)-80×150/200-30×150/200+32=99.5(万元)。2×20年改良后的固定资产应计提的折旧=99.5/4×1/12=2.07(万元)。

15. D 【解析】乙公司转让该项专利权能使其利润总额增加的金额=74.2/(1+6%)-(90-32-16)=28(万元)。

16. B 【解析】甲公司对该生产线更新改造后的入账价值=原账面价值3 500-拆除原冷却装置账面价值500+新的冷却装置价值1 200+资本化利息80+人工费用320+原材料200+工程物资400=5 200(万元)。

17. D 【解析】选项A，不需要考虑与所得税收付相关的现金流量；选项B，公允价值减去处置费用后的净额与预计未来现金流量现值中存在一个大于账面价值的，则不应该计提减值准备；选项C，不需要考虑与改良有关的预计现金流量。

18. A 【解析】2×19年末无形资产计提减值前的账面价值=96-96/60×(10+12)=60.8(万元)，大于可收回金额，因此需要计提减值，减值后账面价值为57万元；2×20年无形资产摊销额=57/(60-22)×12=18(万元)；2×20年末无形资产的账面价值=57-18=39(万元)，小于可收回金额，不需要计提减值，因此2×20年末无形资产的账面价值为39万元。

19. C 【解析】2×20年年末，乙公司持有的该债券摊余成本=(1 049×8 000+8 000)×(1+5.33%)-1 000×8 000×6%=8 367 720(元)。本题账务处理如下：
2×20年1月3日购入金融资产：
借：债权投资——成本　　8 000 000
　　　　　　——利息调整　400 000
　贷：银行存款　　　　　8 400 000
2×20年年末：
借：应收利息　　　　　　480 000

贷：投资收益　　　　　　447 720
　　　　债权投资——利息调整　32 280
　　借：银行存款　　　　　　480 000
　　　　贷：应收利息　　　　　480 000
2×20年年末，乙公司持有的该债券摊余成本=8 400 000-32 280=8 367 720(元)。

20. B　【解析】选项A，应增加"交易性金融资产——公允价值变动"和"公允价值变动损益"科目的金额；选项C，应借记"应收股利"科目，贷记"投资收益"科目；选项D，应借记"银行存款"科目，贷记"应收利息"科目。

21. D　【解析】购入时应记入"其他债权投资——利息调整"明细科目的金额=(2 030+10)-2 000=40(万元)。

22. C　【解析】出售金融资产时影响留存收益的金额=100×5.5-[(6-0.1)×100+0.4]=-40.4(万元)。本题账务处理为：
2×20年5月1日购入金融资产：
　　借：其他权益工具投资——成本
　　　　　　　　　　　　　　590.4
　　　　应收股利　　　　　　　10
　　　　贷：银行存款　　　　　600.4
2×20年6月5日收到现金股利：
　　借：银行存款　　　　　　　10
　　　　贷：应收股利　　　　　　10
2×20年6月30日发生公允价值变动：
　　借：其他综合收益　　　　　90.4
　　　　贷：其他权益工具投资——公允价值变动　　　　　　　　90.4
2×20年7月20日出售该资产：
　　借：银行存款　　　　　　　550
　　　　其他权益工具投资——公允价值变动　　　　　　　　　90.4
　　　　贷：其他权益工具投资——成本
　　　　　　　　　　　　　　590.4
　　　　　　盈余公积　　　　　　5
　　　　　　利润分配——未分配利润　45
　　借：盈余公积　　　　　　　9.04
　　　　利润分配——未分配利润　81.36

　　　　贷：其他综合收益　　　　90.4
出售金融资产时影响留存收益的金额=-90.4+50=-40.4(万元)。

23. A　【解析】通过非同一控制下企业合并方式取得的长期股权投资的初始投资成本=支付对价的公允价值=1 500×6=9 000(万元)；为发行股票支付的佣金、手续费应冲减"资本公积——股本溢价"。

24. A　【解析】甲公司应确认的投资收益=[600-(120-75)+(80-75)]×40%=224(万元)。

25. B　【解析】甲公司取得长期股权投资的初始投资成本=3 950+50=4 000(万元)，享有乙公司可辨认净资产公允价值份额=14 000×30%=4 200(万元)，前者小于后者，产生负商誉，差额计入营业外收入；2×20年年末，甲公司确认乙公司实现的净利润份额=2 000×30%=600(万元)，计入投资收益；2×20年年末，甲公司确认乙公司其他综合收益变动份额=100×30%=30(万元)。

26. D　【解析】形成非货币性职工福利总额确实为45 200元，但是，其将产品发放给职工时冲销掉应付职工薪酬科目金额，因此，整个过程中应付职工薪酬的金额为0。账务处理如下：
　　借：生产成本
　　　　　(200×180×113%)40 680
　　　　管理费用(200×20×113%)4 520
　　　　贷：应付职工薪酬　　　45 200
　　借：应付职工薪酬　　　　　45 200
　　　　贷：主营业务收入(200×200)40 000
　　　　　　应交税费——应交增值税(销项税额)　　　　　　　　　　　5 200
　　借：主营业务成本(150×200)30 000
　　　　贷：库存商品　　　　　30 000

27. B　【解析】选项AD，通过"税金及附加"科目核算；选项B，通过"在建工程"科目等核算；选项C，通过"税金及附加""生产成本""材料采购"等科目核算。

473

28. A 【解析】2×20 年一般借款的加权平均利率=(3 000×6%+2 000×5%)/(3 000+2 000)×100%=5.6%；2×20 年一般借款资本化金额=(2 000×12/12+1 000×9/12+1 000×3/12)×5.6%=168(万元)。

29. C 【解析】负债成分的公允价值=(10 000+10 000×3%×3)×(P/F,5%,3)=9 415.42(万元)，所以计入"应付债券——利息调整"借方金额=10 000-9 415.42=584.58(万元)。
本题账务处理为：
借：银行存款　　　　　　　　10 000
　　应付债券——可转换公司债券(利息调整)　　　　　　　　584.58
　　贷：应付债券——可转换公司债券
　　　　　(面值)　　　　　　10 000
　　　　其他权益工具　　　　584.58

30. C 【解析】如果回购股票支付的价款低于面值总额的，所注销库存股的账面余额与所冲减股本的差额作为增加"资本公积——股本溢价"处理。

31. C 【解析】不含税的合同总价款=90.4/(1+13%)=80(万元)；履约进度=65%；本期确认的收入=80×65%=52(万元)。

32. D 【解析】与资产相关的政府补助为无偿划拨的长期非货币性资产时，应按照公允价值确认和计量；公允价值不能可靠取得的，按照名义金额1元计量。

33. A 【解析】选项B、C，属于会计估计变更，选项D，既不属于会计估计变更也不属于会计政策变更。

34. B 【解析】甲公司 2×20 年的应交所得税=(320-10+5+30-45)×25%=75(万元)；递延所得税费用的金额=45×25%-30×25%=3.75(万元)；因此所得税费用=75+3.75=78.75(万元)。
另一种方法：甲公司 2×20 年的所得税费用=(320-10+5)×25%=78.75(万元)。

35. B 【解析】选项B，应作为重要会计差错更正，采用追溯重述法进行调整。

36. D 【解析】更正时应调增固定资产科目金额，同时调减在建工程科目金额。补提折旧金额=1 000/8=125(万元)。所以减少期初固定资产账面价值125万元。

37. D 【解析】选项A，直接法是以营业收入为起算点，而间接法是以净利润为起算点；选项B，间接法需要调整不涉及现金的收入、费用、营业外支出等有关项目；选项C，直接法主要是按照现金收入和现金支出的类别分类。

38. C 【解析】自资产负债表日起一年内到期的长期债权投资，应在"一年内到期的非流动资产"项目中填列。

39. B 【解析】选项A，属于清算净值类科目；选项C、D，属于清算损益类科目。

40. C 【解析】上述交易或事项对甲公司 2×20年12月31日所有者权益总额的影响金额=350+350×20%-1 200-560+60+180=-1 100(万元)，事项①、②为所有者权益的内部结转，不影响所有者权益总额。

二、多项选择题

41. BCE 【解析】选项A，货币计量基本假设在破产清算会计中还是适用的；选项D，在破产清算中，由于持续经营的假设不复存在，自然不必再对支出做类似的划分。

42. CD 【解析】选项A，外币计价的以公允价值计量且其变动计入当期损益的金融资产(股票类)发生的汇兑损益计入公允价值变动损益；选项B，外币专门借款发生的汇兑损益，符合资本化条件的应予以资本化，不符合资本化条件的应计入购建固定资产期间的财务费用；选项E，企业的外币兑换业务所发生的汇兑损益，应计入当期财务费用。

43. ABDE 【解析】根据《企业会计准则第1号——存货》的规定，企业发生的下列费用应当在发生时确认为当期损益，不计入存货成本：①非正常消耗的直接材料、直接人工和制造费用；②仓储费用（不包括在生产过程中为达到下一个生产阶段所必需的费用）；③不能归属于使存货达到目前场所和状态的其他支出。

44. BC 【解析】同时满足下列条件的非流动资产应当划分为持有待售：①根据类似交易中出售此类资产或处置组的惯例，在当前状况下即可立即出售；②出售极可能发生，即企业已经就一项出售计划作出决议且获得确定的购买承诺，预计出售将在一年内完成。

45. ABCD 【解析】选项 E，自行建造的固定资产，如果已达到预定可使用状态但尚未办理竣工决算手续的，可先按估计价值入账，待确定实际成本后再进行调整。已计提的折旧无须追溯调整。

46. ACDE 【解析】选项 B，投资方参与被投资单位的财务和经营政策制定过程，包括股利分配政策等的制定。

47. BC 【解析】对于初始投资时点至减少投资当期期初被投资单位实现的净损益，应当调整留存收益；对于减资当期期初至减资时点被投资单位实现的净损益，应当调整投资收益。

48. ABCD 【解析】选项 E，房产税和车船税通过"应交税费"科目核算。不通过"应交税费"科目核算的税费包括：印花税、耕地占用税、车辆购置税等。

49. ACD 【解析】选项 B，发行时发生的交易费用，应当在负债成分和权益成分之间按照各自的相对公允价值进行分摊；选项 E，如果是到期一次还本付息债券，债券面值和票面利率应该记入"应付债券——可转换公司债券（应计利息）"科目。

50. CD 【解析】选项 A，政府补助是有条件的，企业必须按照规定的用途和规定的方式使用其取得的政府补助；选项 B，资本性投入不属于政府补助；选项 E，增值税出口退税不属于政府补助。

51. ADE 【解析】选项 B，企业行政管理部门等发生的不满足资本化确认条件的固定资产日常修理费用和大修理费用等固定资产后续支出，在"管理费用"科目核算，不在"制造费用"科目核算；选项 C，闲置设备计提的折旧应记入"管理费用"科目。

52. CE 【解析】选项 A，商业折扣是指企业为促进销售而在商品标价上给予的扣除。在销售时即已发生，企业销售实现时，按扣除商业折扣后的净额确认销售收入，不需作账务处理；选项 B、D，均应计入管理费用。

53. CE 【解析】选项 A，产生的应纳税暂时性差异应确认递延所得税负债；选项 B，递延所得税资产的确认应以"未来期间可获得的应纳税所得额×适用所得税税率"为限；选项 D，确认的递延所得税资产应调整合并中确认的商誉。

54. CDE 【解析】选项 A，对于会计估计变更，企业应采用未来适用法进行会计处理；选项 B，企业发生重大亏损与会计估计变更无关。

55. AB 【解析】选项 AB 都会伤害债权人的利益，导致股东和债权人之间产生利益冲突。

56. AB 【解析】选项 A，只有两项证券之间的相关系数为 1 时，组合的风险才等于组合中各个证券风险的加权平均数；如果相关系数小于 1，那么证券组合的风险就小于组合中各个证券风险的加权平均数。选项 B，在证券资产组合中资产数目较低时，增加资产的个数，分散风险的效应会比较明显，但资产数目增加到一定程度时，风险分散的效应就会逐渐减弱。

57. ABC 【解析】股权筹资是企业最基本的筹资方式，它包括吸收直接投资、发行股票和利用留存收益三种基本形式。

58. ACD 【解析】选项 B，剩余股利政策、固定股利支付率政策，都会导致每年股利不稳定，波动较大，而固定或稳定增长股利政策每年的股利是固定或增长的；选项 E，固定股利支付率政策发放的股利随着企业经营业绩的好坏而上下波动，体现了"多盈多分、少盈少分、不盈不分"的原则。

59. ADE 【解析】选项 B 是收款问题，并不是现金支出的管理；选项 C，支票是见票即付，汇票并不是见票即付，用支票代替汇票会缩短现金的支出时间。

60. ACDE 【解析】综合绩效评价中评价经营增长状况的基本指标是销售（营业）增长率、资本保值增值率。选项 B，资产负债率、已获利息倍数是评价债务风险状况的基本指标。

三、计算题

（一）

61. A 【解析】2×20 年年初的发行在外普通股股数 = 3 000/1 = 3 000（万股），2×20 年发行在外普通股加权平均数 = 3 000+480×11/12−200×6/12 = 3 340（万股），基本每股收益 = 2 870/3 340 = 0.86（元）。

62. D 【解析】调整增加的普通股股数 = 680−680×4.5/6 = 170（万股），稀释的每股收益 = 2 870/（3 340+170×8/12）= 0.83（元）。

63. B 【解析】2×20 年年末的普通股股数 = 3 000+480−200 = 3 280（万股），2×20 年每股股利 = 320/3 280 = 0.098（元）。

64. B 【解析】权益乘数 = 资产总额/所有者权益总额 = （负债 12 500+所有者权益）/所有者权益 = 1.8，解得，2×20 年所有者权益年末数 = 15 625（万元）；2×20 年年末的每股净资产 = 15 625/3 280 = 4.76（元）。

（二）

65. A 【解析】"其他债权投资——成本"科目核算的是债券的面值，金额 = 10×100 = 1 000（万元）。

借：其他债权投资——成本　1 000
　贷：银行存款　　　（97×10+2）972
　　　其他债权投资——利息调整　28

66. B 【解析】该金融资产的初始入账价值 = 97×10+2 = 972（万元），2019 年 12 月 31 日甲公司针对该债券所做会计处理影响"其他综合收益"科目的金额 = 70×10−[972×（1+4%）−1 000×3%］+50 = −230.88（万元）。

计提利息：

借：应收利息　　　　　（1 000×3%）30
　　其他债权投资——利息调整 8.88
　贷：投资收益　　　（972×4%）38.88

确认公允价值变动额：

借：其他综合收益——其他债权投资公允价值变动
　　　　　　　　［（972+8.88）−10×70］280.88
　贷：其他债权投资——公允价值变动　280.88

计提减值：

借：信用减值损失　　　　　50
　贷：其他综合收益——信用减值准备　50

67. A 【解析】甲公司持有的该项金融资产导致 2019 年利润总额减少的金额 = −投资收益额（972×4%）+信用减值损失 50 = 11.12（万元）。

68. B 【解析】处置乙公司债券应确认的投资收益 = 净售价 802−账面价值 70×10−其他综合收益结转（280.88−50）= −128.88（万元）。

借：银行存款　　　　　　802
　　其他债权投资——公允价值变动
　　　　　　　　　　　　280.88
　　　　　　　　——利息调整
　　　　　　　　（28−8.88）19.12
　　其他综合收益——信用减值准备
　　　　　　　　　　　　50
　　投资收益　　　　　　128.88

贷：其他债权投资——成本　　1 000
　　其他综合收益——其他债权投资公允价值变动　　280.88

四、综合分析题

(一)

69. D 【解析】甲公司2×20年度应计提的生产设备的折旧额=(2 400-600)×2/5=720(万元)。

70. B 【解析】事项2属于会计估计变更,不追溯处理。2×20年年初该设备税会处理一致,无差异。
2×20年年末,该设备的账面价值=2 400-600-720=1 080(万元),计税基础=2 400-2 400/12×4=1 600(万元),形成可抵扣暂时性差异额=1 600-1 080=520(万元)。

71. D 【解析】B产品成本=(1 000×200+1 200×300+1 250×100)/10 000+21.5=90(万元),年末可变现净值=76-6=70(万元),发生减值。减值之后,其账面价值为70万元,计税基础为90万元,形成可抵扣暂时性差异20万元。
剩余乙材料年末成本=400×1 250/10 000=50(万元),可变现净值40万元,发生减值。
减值之后,其账面价值为40万元,计税基础为50万元,形成可抵扣暂时性差异10万元。
因此,库存B产品和乙材料产生的递延所得税资产的金额(借方)=(20+10)×25%=7.5(万元)。

72. B 【解析】因所得税核算方法变更,应调整递延所得税资产和递延所得税负债的年初数,应调增递延所得税负债贷方余额=2 000×25%=500(万元)。
借：递延所得税资产
　　　　　　　(1 200×25%)300
　　盈余公积　　　　　　　　20
　　利润分配——未分配利润　180
　　贷：递延所得税负债　　　　500

当期无新增应纳税暂时性差异,因此2×20年12月31日递延所得税负债贷方余额=500+0=500(万元)。

73. C 【解析】应交所得税=[8 000+520(事项2)+(20+10)(事项3)+(100-70)(业务招待费)-2(国债利息收入)]×25%=2 144.5(万元)。

74. A 【解析】2×20年上述两项业务产生的递延所得税资产借方发生额=(520+20+10)×25%=137.5(万元),所得税费用=2 144.5-137.5=2 007(万元)。
借：所得税费用　　　　　　2 007
　　递延所得税资产　　　　137.5
　　贷：应交税费——应交所得税
　　　　　　　　　　　　　2 144.5
或者：所得税费用=[8 000+(100-70)(业务招待费)-2(国债利息收入)]×25%=2 007(万元)。

(二)

75. CD 【解析】月末,对于尚未收到发票账单的收料凭证,应按计划成本暂估入账,借记"原材料"科目,贷记"应付账款——暂估应付账款"科目,下月初做相反分录予以冲回。下月收到发票账单时,借记"材料采购"科目和"应交税费——应交增值税(进项税额)"科目,贷记"银行存款""应付票据"等科目,并在下月末一并转入"原材料"科目。

76. A 【解析】15日入库甲材料的实际成本=410 000/5 000×(5 000-200)+10 000=403 600(元)。

77. D 【解析】12月3日产生材料成本差异=50 000-600×80=2 000(元)
12月7日产生的材料成本差异=82 500-1 500×60=-7 500(元)
12月15日产生的材料成本差异=403 600-4 780×80=21 200(元)
因此,12月份的材料成本差异率=(16 012+2 000-7 500+21 200)/[(250 000-48 000+300 000)+48 000+

1 500×60+4 780×80]×100%＝3.10%

78. A 【解析】本期新增材料成本差异额＝2 000－7 500+21 200＝15 700(元)，发出材料应负担的材料成本差异额＝[(2 200+500+200)×80+(4 500+300)×60]×3.1%＝16 120(元)。

因此"材料成本差异"账户期末余额＝16 012+15 700－16 120＝15 592(元)。

79. D 【解析】记入"待处理财产损溢"账户借方的盘亏额＝200×80×(1+3.1%)×(1+13%)＝18 640.48(元)。

80. B 【解析】期末剩余甲材料的实际成本＝(3 125+4 780－2 200－500－200)×80×(1+3.1%)＝412 812.4(元)，可变现净值＝70×(3 125+4 780－2 200－500－200)＝350 350(元)，因此减值额＝412 812.4－350 350＝62 462.4(元)。

期末剩余乙材料的实际成本＝(5 000+1 500－4 500－300)×60×(1+3.1%)＝105 162(元)，可变现净值＝65×(5 000+1 500－4 500－300)＝110 500(元)，没有减值。

因此期末要确认的资产减值损失额为62 462.4元。

你来找茬，给你奖励

"梦想成真"辅导丛书自出版以来，以严谨细致的专业内容和清晰简洁的编撰风格受到了广大读者的一致好评，但因水平和时间有限，书中难免会存在一些疏漏和错误。读者如有发现本书不足，可扫描"欢迎来找茬"二维码上传纠错信息，审核后每处错误奖励10元购课代金券。（多人反馈同一错误，只奖励首位反馈者。请关注"中华会计网校"微信公众号接收奖励通知。）

在此，诚恳地希望各位学员不吝批评指正，帮助我们不断提高完善。

邮箱：mxcc@cdeledu.com

微博：@正保文化

欢迎来找茬

中华会计网校微信公众号